宋美龄传

林家有
李吉奎　著

中华书局

图书在版编目（CIP）数据

宋美龄传/林家有,李吉奎著. —北京:中华书局,2018.6
（2023.8 重印）
ISBN 978-7-101-13193-2

Ⅰ.宋… Ⅱ.①林…②李… Ⅲ.宋美龄（1899~2003）–传记
Ⅳ.K827＝7

中国版本图书馆 CIP 数据核字（2018）第 079273 号

书　　名	宋美龄传
著　　者	林家有　李吉奎
责任编辑	欧阳红　李闻辛
责任印制	管　斌
出版发行	中华书局
	（北京市丰台区太平桥西里 38 号　100073）
	http://www.zhbc.com.cn
	E-mail:zhbc@zhbc.com.cn
印　　刷	三河市宏达印刷有限公司
版　　次	2018 年 6 月第 1 版
	2023 年 8 月第 3 次印刷
规　　格	开本/710×1000 毫米　1/16
	印张 32¼　插页 3　字数 480 千字
印　　数	13001–15000 册
国际书号	ISBN 978-7-101-13193-2
定　　价	88.00 元

宋美龄

前　言

　　人的一生非常复杂，对一个重要历史人物而言，有顺境也有逆境，有光明也有黑暗，有正确也有不正确，有伟大也有渺小，有进步作用也有负面作用。属于哪一种情况，在某一特定的历史阶段某一具体的人是以哪一种情况为主，这就要作具体的分析。研究历史，或评论人的功过是非，应切忌一切都好或一切都坏的情绪化的简单的做法，如果对某一个人一时难于作出符合实际的总体评价，那么采取就事论事的办法也是一种可行的有效的做法。

　　宋美龄出身于上海一个传教士、又是实业家和革命党人的家庭。由于父亲的开明，从小就为宋美龄创造了很好的学习环境。为把宋美龄造就为有用之材，年仅十一岁的她就被父亲送到美国读书；而宋美龄又从小聪慧、勤奋、好学，所以，她毕竟与众不同。历史的环境造就了她，她也对历史作出了明确的选择。

　　宋美龄曾经说过："我想上帝是很善良的，不让我们深入了解我们的未来。如果我们能了解我们的前景如何，我们就没有什么勇气通过最初的阶段了。"这倒是真的。宋美龄始终不了解她的未来，所以她有过盲从，有过悲观失望，虽然她常常祈祷，求上帝保佑，但是上帝在哪里呢？上帝又能赐予她什么呢？只有上帝才晓得，只有她自己才晓得。

宋美龄在现代中国算不上什么大人物,但因为她嫁给蒋介石,几十年追随蒋介石,煊赫一时,才获得颇高的知名度。其一生在国民党和国民党政权中虽没有荣任什么高官,但她并不只是一般中国家庭的贤妻良母,而是一位褪了色的政治人物。她在追随蒋介石的几十年中,在支撑蒋氏政权,在发展蒋、宋、孔三大家族的关系时,宋美龄表现得自私、狭隘、伪善,但又热爱美德、坚定勇敢、孜孜以求;她冷静明智、通情达理,但又阴险固执、神秘莫测。从她的身上,我们看到的也是一个复杂的历史人物。在中国现代史的整个发展过程中,虽然她不时扮演着一个反面的人物,然而我们也不能不承认她并非一无是处,她曾在一定的时期内在一些问题上起过积极的正面的作用,当然也包括消极的负面的作用,所以她不是简单的"爱权"的女人,而是20世纪历史上有着强烈的政治热情和民族意识的女人。

在编写本书时,我们力求根据历史的事实,还传主以本来面目,褒扬之言,贬抑之语,或渗透于字里行间,用历史的笔触去描写历史的人物,表现历史人物典型的复杂的人生。

在半个世纪时间里,宋美龄在中国政治舞台上有她特定的位置。事实上,她是宋氏家族的核心人物。就中国现代史而言,可谓有史必有斯人。长期以来,对她的评价,是"定格"在"爱权"两字上。她给人的印象,是牛奶洗身,锦衣玉食,颐指气使,擅权专横,暴戾乖张的贵妇人。坊间许多有关的小说、传记,莫不充满这类的描写。那么,我们现在要为她立传,应当如何写法呢? 这是不能不作深入考虑的问题。

首先,我们准备把本书写成一部历史传记。在书中,要写宋美龄的家庭、生活,也要写她生平活动和道德思想。以她的生平活动为主线,对于她参与蒋介石政治、军事、外交上的活动本着忠于史实的原则,如实写来,对于宋美龄的活动和生活,坚持言必有据,对每一史事,尽量能详其原委,又避免枝蔓。在一般情况下,作者不对传主作内心世界的分析与描绘。传主的活动有很多是十分重要而又不为外人所知,或缺乏文字记载的,本书只好付诸阙如。本书着重学术性,虽然不是文学传记,但作者仍然希望它具有一定程度的可读性,尽量写得通俗易懂,减少一些冗长的记事铺陈。宋美龄生平活动丰富多彩,按道理,她的传记可以写得生动活泼,引人入胜,给读者以深刻印象。但要做到这点,实在不容易,本书尽了我们的努力,但做得怎么样,实在不好说,只好让读者去评论了。

其次,本书的写作,立意在历史的还原,而不是塑造一个完美的贵妇人的形象,也不是在哗众取宠,给读者误导。由于宋美龄的特殊家世与社会关系,她与蒋介石结合,影响了中国几十年的历史。在蒋介石主政(或下野)的岁月里,她是蒋的妻子、内助、译员、代表。这几种角色集中在一个人身上,使她显得神气活现,有声有色。然而,宋美龄也有自己的人格、修养、情趣与爱好。她也有自己的七情六欲,喜怒哀乐。当然,这一切都离不开她所处的社会环境。传主究竟是卖国还是爱国,是贪赃还是清廉,是奢侈腐化还是简朴自律,是趾高气扬还是休休有容? 凡此,作者不愿轻下结论,让读者去体会,我们能做的只是全凭史料记载去作些说明。

第三,本书的写作,参考了中外多种材料,征引之处,一般均加以注明。未逐一加注者,亦在适当地方说明,并申谢意。其中一些著作,明显带有偏颇性,但为了记述需要,仍加引录。

由于考虑到本书篇幅所限,若干资料(如《蒋夫人言论集》所载)只得节略或有选择地引据,对于许多歪曲她的言论和记述也不可能详细地考证和剖释,敬请读者注意。所有征引的资料,是非之处,我们引用后亦未予置评。对此,相信读者是会理解的。

任何重要的历史人物无论其曾经如何煊赫,头顶上的光环,终有消失的一天。一切荣华富贵,实际上都不过是过眼云烟,尘埃落定之后,即使是对当事者而言,留下的也不过是这样那样的追忆,以及旁人或后人的评说。百岁老人宋美龄的经历如此地丰富,她有成功也有失败,尤其是她的晚年,由于两蒋先后谢世,李登辉、陈水扁又将台湾带到战争边缘,宋美龄为了减少烦恼,躲到美国曼哈顿公寓里打发日子。对于关心政治的宋美龄来说,这样生活未免过于落寞。她曾有"夕阳西下,断肠人在天涯"的伤感,不过在她过世时,一个强大的繁荣昌盛的中国,已经屹立在世界的东方,她的光辉,无远弗届,相信具有强烈民族主义思想的宋美龄,虽在天国亦当鼓舞于心,祈求上帝,再为中国的和平统一富强祝福。

趁本书增订本行将刊布之机,略志数言,以作开篇。

目　录

第一章　家世和教养

一、家庭影响

(一)父亲——宋耀如

宋美龄出生于上海一个既是传教士，又是实业家的家庭，同时也是一个热心政治的革命者家庭。

宋美龄的父亲——宋耀如(1861 年—1918 年)[①]，有人称他是"世界上最杰出的三位女儿的父亲"[②]。因为他的女儿宋蔼龄、宋庆龄和宋美龄所嫁的丈夫分别是孔祥熙、孙中山和蒋介石，在中国近现代的历史上均扮演了重要的角色。

宋耀如原姓韩，是客家人韩鸿翼之子。他原名韩教准(乳名阿虎)，又名嘉树、乔荪，字耀如，西名查理·琼斯·宋(Charles Jones Soong)。1861 年

[①] 宋耀如的出生年份，一般史书均作 1866 年(清同治五年)，但据海南省文昌市《韩氏族谱》记载，耀如"生于咸丰辛酉"(九月十四日)，应是 1861 年。

[②] [美]罗比·尤恩森著:《宋氏三姐妹》，世界知识出版社 1984 年版，第 1 页。

10月17日生于广东省文昌县(今海南省文昌市)昌洒墟古路园村(今庆龄乡牛路园村)一个商人之家。

海南省文昌市宋氏祖居

宋耀如远祖是河南省相州安阳人,北宋末年被迫南迁。到宋耀如已是第二十世了。他的父亲韩鸿翼是一位儒商,为人宽厚,并热心公益事业,为乡人所敬重。宋耀如的叔父韩鹏翼,娶同县宋氏为妻。韩教准(宋耀如)后来过继给堂舅——宋氏之弟,改姓"宋",后来发展成为赫赫有名的"宋氏家族",而其本姓"韩"却不为外人所知了。

宋耀如的堂舅,原名无记载。"堂舅"的英文为"uncle",译成中文时,有的写"叔父",如《宋氏家族》;有的写"舅父",如《宋氏三姐妹》;有的写"伯父",如《宋家王朝》。他先流落到美国西海岸的加利福尼亚州当修铁路的苦力,后又辗转到东海岸港口城市波士顿定居下来,开办了一个狭小的专门销售中国茶叶的店铺①。1875年十四岁的宋耀如,随同哥哥到爪哇一个远房亲戚处当学徒,订立了三年为期的契约。但契约未满,他于1878年初遇到从美国波士顿经商回国经过爪哇的堂舅,就悄悄地跟随堂舅横渡太平洋到

---

① 尚明轩、唐宝林著:《宋庆龄传》,北京出版社1990年版,第6—7页。

了美国波士顿，在堂舅开设的绿茶
商店当学徒。而美国作家斯特林·
西格雷夫著《宋氏王朝》一书（美国
纽约哈泼斯—罗公司 1985 年版）第
一章"逃跑的天朝人"记载，认为韩
教准（宋嘉树）没有过继给宋姓舅父
之事，是他十二岁时，由一未署名的
远房叔伯将他带往美国去的。他在
1879 年 1 月 8 日船员花名册上填写
的名字是"Chiao Sun"，当他学会英
语后，把"Sun"字改写成"Soon"，在
他回国后，又按中国习惯把"Soon"
字改写成"Soong"（这是"宋"字的公
认英语拼法）。就这样韩教准便姓
韩变成姓宋了①。也有人说，韩教准
过继为堂舅之子一事不可信。"韩

宋耀如

教准出身于一个贫穷的农家，其父祖辈绝不是甚么儒商。"由于拼音错误，本
姓韩却制造了一个"宋氏"家族②。究竟哪一种说法可信，因手头资料欠缺，
一时难予作结论，只好存疑。

波士顿是美国东部的大都会，美国最古老的城市。经过独立战争和南
北战争，波士顿迅速发展为美国的大商埠，它是工业中心、金融中心和现代
化港口城市。宋耀如在波士顿生活了将近一年。他不仅深受美国人的进取
精神和冒险性的熏陶，而且也为这座欣欣向荣的充满青春活力的现代化城
市所感染和鼓舞。因此，他思绪纷纭，不满足于堂舅安排他帮助经销绿茶的

---

① 参见尚明轩主编：《宋庆龄年谱长编》（上），社会科学文献出版社 2009 年版，第 3 页注③。
② 关于韩教准怎样改姓宋，他是否过继堂舅等问题，至今看法不一。请参考黄亚平、宋时娟：
《宋耀如、倪珪贞生平史实若干问题辨析》，《宋耀如及其时代国际学术研讨会论文集》，中国福利出
版社 2009 年版，第 284—307 页；寒山碧：《宋氏家族与韩氏渊源及历史聚焦》，《宋耀如及其时代国
际学术研讨会论文集》，中国福利出版社 2009 年版，第 416—427 页。

命运,梦想着去认识和探索绿茶店外的陌生世界,开始走上冒险之途,追求更远大的目标。翌年,由于受到中国留美学生的影响,宋耀如终于下定决心向已经成为他继父的堂舅提出在美国求学的要求,以便到学校去学习一门有意义的学问,将来回国谋一个理想的职业。可是,他的堂舅则要求他做一个守本分的小商人,继承他的家业,不同意耀如求学的请求①。因此,在大约三年的学徒期满后,宋耀如逃跑了。他气喘吁吁地跑到停泊政府船舶的码头,偷偷地爬上“加勒廷”号缉私船上躲藏起来。“加勒廷”船当晚启航,在远离港口的大海上,宋耀如被发现并带到加布里埃森船长面前。船长被这个东方青年的胆量所感动,于是获得同情。由于耀如具有温和幽默的气质和勤奋上进的品性,博得船长和船员们的喜爱。后来,他又随船长到南方北卡罗来纳州的威尔明顿港,船长有意识地上了岸,寻访他的朋友罗杰·穆尔上校和查德威克夫人,他们是南卫理会热诚的工作者。他们讨论了耀如的事,然后他们商量决定把耀如交给北卡罗来纳州威尔明顿的一个好朋友,第五大街卫理公会教堂的佩奇·里考德牧师。宋耀如在 1880 年 11 月接受洗礼,信奉基督教。在接受洗礼的仪式上,里考德牧师庄严地给耀如洗礼,并命名他为查理·琼斯·宋。

1880 年 11 月 7 日,第二个星期日早晨,威尔明顿《明星报》登出标题为“第五街卫理公会简短通知”的新闻:“今天早晨本教堂将举行受洗仪式,受洗者之中有一名皈依宗教的中国人,他可能是北卡罗来纳州接受基督教洗礼仪式的第一个中国人。仪式由 T. R. 里考德牧师主持。”②

这件事引起威尔明顿这个平静城市许多人的注意,一个在异国举目无亲的中国青年,竟然作出了自己皈依基督的选择,十分不简单。正是这个选择,奠定了宋耀如,尤其是他后来几个儿女在美国的地位和影响,从而也奠定了他们在中国的地位和影响。

几个月以后,里考德牧师又把年轻的宋耀如带去见朱利安·卡尔。达勒姆市的卡尔是联邦军的军人,一个纺织企业家、富翁和慈善家。他考虑支

---

① [美]罗比·尤恩森著:《宋氏三姐妹》,世界知识出版社 1984 年版,第 3 页。
② [美]西格雷夫著、丁中青等译:《宋氏王朝》,中国文联出版公司 1986 年版,第 38 页。

持耀如的生活费用，以实现其梦寐以求的学习生活。卡尔和里考德合议将耀如送进北卡罗来纳州的小城达勒姆市卫理公会的圣三一学院（后改名杜克大学）学习。朱利安·卡尔是这所学院的创始人，院长布拉克斯顿·克雷文经卡尔推荐同意接受耀如作为圣三一学院的"特别生"培养，让他先上预备班，用几个月的时间集中力量教他学好英语，并传授基督知识，讲读《圣经》。克雷文夫人不仅具体指导耀如学习英语，而且也给予他多方的关照。

1881年4月，耀如入圣三一学院仅两个月，就能用英文写出了第一批信，说明他很用功学习，也很聪明。其中有一封是写给他在海南岛的父亲的，这封信是通过在上海的南方卫理公会布道团团长、传教士扬·艾伦（林乐知）博士转给他父亲。现将宋耀如给艾伦及其父亲的信转录如下：

艾伦先生
亲爱的先生：

　　我希望得到你的帮助，我离家约有六年，我愿我的父亲知道我现在什么地方，作什么事。他们住在中国东南部广东省叫孟寿县的地方，他们有帆船从澳门开往河亥，约六天水路，我父亲中文名字是"韩宏乔"。我希望你能找到他们的所在地，我于几月前已在北卡罗来纳州威尔明顿皈依基督教，现在达勒姆主日学校和圣三一学院在帮助我，西（Si，原文如此）我急于受到教育，这样我可以返回中国并告诉人们关于我们救世主的事，请你收到我信后给我回信，我永远为此非常感谢你。再见。

尊敬你的

查理·琼斯·宋

美利坚合众国

北卡罗来纳州

达勒姆

一八八一年六月二十五日

耀如离开家乡已多年，童年的中文作文练习大部分忘了。他离乡到美国一直使用英语，在学校也是用英文写作，所以这次他给父亲写信也只能使用英文。他在信中写道：

亲爱的父亲：

　　我愿写这封信让你知道我在何处。我于一八七八年在东印度群岛，离开哥哥来到美国，幸运地我找到了耶稣基督——我们的救世主。为基督之故，上帝满足了我的要求，与我相会。现在达勒姆主日学校和圣三一学院正在帮助我，我急于受到教育，以使我能回到中国，告诉你关于达勒姆朋友们的善意和上帝的仁慈。上帝派遣他的独生子为世上所有罪人而死。我是个罪人，但由于上帝的恩典得救。我记得我还是个小孩时，你带我去一座寺庙朝拜木头菩萨。啊，父亲，纵然你礼拜一辈子，木头菩萨不会帮助人，不会有一点好处。在我们过去时代，他们不知道基督，但是我现在已找到救世主，不论我到哪里，他都安慰我。请你张开耳朵，你能听到神灵在说话，请你用眼向上看，你会看到荣耀的上帝。我深信上帝，并希望凭上帝的意志在世上再见到你。我们现在在度假，我住在达勒姆 J. S. 卡尔先生的家里。收到我的信，请立即答复，我将非常高兴收到你的信。请将我的爱给予母亲、兄弟和姐妹，也给你。我下次写信时将告诉你更多的事情。卡尔先生和太太是一个很好的基督教家庭，在我认识他们之前，他们就对我很好。祝你好，来信请寄北卡罗来纳圣三一学院。

你的儿子

韩·卡森（嘉树）

查理·琼斯·（宋）①

　　耀如在给父亲的信中，表达了他已信仰基督教，并反映了他对祖国、对父母亲和哥哥姐妹们的怀念和爱戴之情。他告诉父亲，他正在"加紧读书，以便能回到中国"效劳。这是他人生的重要节点，对他后来的经历产生重要影响。

　　耀如在圣三一学院读书时，以惊人的意志和记忆力克服学习中的困难，进步很快。他能够复述读过的《圣经》和他在布道会上听到的说教。由于耀如勤奋好学、温良幽默和富于人情味，博得院长克雷文博士及同学们的好

---

① ［美］西格雷夫著、丁中青等译：《宋氏王朝》，中国文联出版公司 1986 年版，第 46—48 页。

感。克雷文院长在 1881 年 6 月 9 日的年度报告中赞扬宋耀如"每一个方面都很出色，专心学习，一定会成功"①。但是宋耀如似乎对宗教没有特别的兴趣，对传教兴趣更少。

一年以后，宋耀如突然转学到北卡罗来纳州西邻的田纳西州纳什维尔市万德毕尔特大学神学院学习。耀如不愿意离开克雷文夫妇。但据《宋氏王朝》一书透露，这是因为耀如迷恋朱利安·卡尔的堂兄弟卡尔教授的女儿埃拉小姐，"仲夏时分，埃拉母亲突然把查理从她家撵走并不许他再回来"②。

耀如离开圣三一学院那一天极度忧伤，他临别时给克雷文太太带来了一件礼物——他做的一张吊床。并且对克雷文太太谨慎而有礼貌地讲了一番谢词，此时此刻，他突然难过地哭了起来，他"伸出臂膀搂住她的脖子，向她吻别"③。

1883 年—1885 年，宋耀如在万德毕尔特大学神学院度过了整整三个年头。在此期间，他获得了丰富的知识，尤其是神学方面的知识。他还广交朋友，为他往后的事业打下良好的基础。他的同学约翰·奥尔牧师后来回忆耀如时作了这样的评价："他脑子灵，能准确而流利地使用英语，通常他充满了机智和幽默，脾气好。小伙子们开始喜欢他，带他参加校园里的所有社交活动。他的书写体就像是复制版印出来的一样，一丝不苟，很有功力。他为同学们写名片……他复习功课很认真，所有的考试都及格，毕业时，在神学方面是班上的优等生。"④同班同学詹姆斯·芬也指出耀如"为人非常和蔼可亲和友善"。耀如的同窗好友赖特牧师后来回忆也证实，耀如"是个乐呵呵的人，喜欢尽情大笑。他在所有学生当中都很受欢迎"⑤。是一位才思敏捷、喜交朋友的好学生。

不管人们怎样地对待他、评论他，耀如则始终认为：他是一个远离家乡、

①　尚明轩、唐宝林著：《宋庆龄传》，北京出版社 1990 年版，第 13 页。
②　［美］西格雷夫著、丁中青等译：《宋氏王朝》，中国文联出版公司 1986 年版，第 51 页。
③　［美］埃米莉·哈恩著、李豫生等译：《宋氏家族》，新华出版社 1985 年版，第 9 页。
④　《回忆查理宋》，美国《世界言论》1938 年 4 月号。
⑤　［美］罗比·尤恩森著：《宋氏三姐妹》，世界知识出版社 1984 年版，第 7 页。

靠陌生人的仁慈过日子的中国青年。他思念祖国,也想念达勒姆的朋友。尽管他在国外有许多朋友和热心人帮助,但他毕竟远离亲人,久在异乡,不尽人意的事时有出现,因此他决定在 1885 年万德毕尔特大学神学院毕业后即回国。1883 年 7 月 27 日,耀如给在上海的南方卫理公会布道团负责人林乐知博士写信,表示他在神学院结束学业时回中国从事传播福音的热心。他在信中说:

亲爱的艾伦博士:

你仁慈的来信收到多日,我很高兴收到它,知道你将你的工作、生命和精神全部奉献给上帝。我希望按上帝的意旨很快见到你,我不知留在美国还有多久,但我将努力根据条件许可彻底地(原文如此)作好准备。当我结束我的学业时,我希望我能把光明带给中国人。我有生的目的是行善,使人光荣,赞美上帝,为别人作好事,拯救他们免于永恒的惩罚。愿上帝帮助我。几天前有位卫理公会的女士问到我一个不寻常的奇怪问题,她说"宋兄弟,你是一个传教士,你愿为信仰而受苦?为基督的事业而牺牲吗?"我想这对我是个奇怪的问题。但是为了我良心的缘故,我按自己感觉答复:是的,夫人,如果上帝保佑我,我愿在任何情况下为基督受苦。她又说:"如果我们信任上帝,他就会帮助我们,我们应该这样想。"愿上帝保佑我们大家,把我们的财富置于天国,以极大的热情侍候着他,我们最后就能够说,"我已忠于信仰,我已尽了力,因而我将接受生命的荣耀"。上帝祝福你和你的全部工作。

宋查理①

卫斯理堂万德毕尔特大学

田纳西州,纳什维尔

一八八三年七月二十七日

在信中宋耀如告诉林乐知,他不知道他要在美国待多久,但是,他表示当他结束学业时,他希望他能把光明带给中国人。并说他活着的目的是行善、敬人、赞美上帝。愿上帝帮助我们大家,把我们的财富置于天国,以巨大

---

① [美]西格雷夫著、丁中青等译:《宋氏王朝》,中国文联出版公司 1986 年版,第 58—59 页。

的热情侍候上帝。信的最后还说："我已忠于信仰,我已尽了力,因而我将接受生命的荣耀。"由此信可见,宋耀如是告知林乐知,待他学业结束时他有意回到中国上海从事传教做牧师。但是到了末了,宋耀如却不想走,不想到上海去。他希望先去学医,他认为有了医学知识,回国后,才能更多地、更好地帮助自己的同胞。然而,教会的牧师拒绝了耀如留下继续学医的要求,要他立即去上海,在林乐知的领导下工作。宋耀如热切关心祖国命运的思想情绪,使美国牧师们感觉到了某种与他们的目标相悖的因素。1885 年 7 月 8 日,万德毕尔特大学校长霍·马克谛耶主教给林乐知写了一封信,透露了他们的打算。信中说这年秋天就把宋耀如派到林乐知手下工作,要林立即派他从事巡回布道团工作,"即使不是坐车去,也要步行去"。对于耀如希望留下继续学医的心情,我们认为"不应该在他还没有在中国人当中努力工作之前就把他身上那个中国佬的精力耗竭用尽"。"应该让我们为之付出辛勤劳动培养的这位年轻人开始布道工作。""对他希望学医的心情,已经告诉他我们已有多得足够布道团所需的医生,不再需要了。"①

　　这位校长给林乐知写信,使耀如明白,他没有特殊照顾可指望了;他将被派到下层去。他得从一个市镇到另一个市镇步行巡回布道。这是有意使宋耀如在他同胞中丧失声誉的行动,将他贬低到农民的地位。这位大学校长、主教相信,宋耀如被卫理公会惯坏了,变得娇气,放纵任性。但是只要强迫他谦卑一点,很可能使这野心勃勃的年轻中国佬干出有用的工作②。这位校长、主教还是上海南方卫理公会布道团的负责人。他这封信毫不掩饰地表示对宋耀如的歧视和侮辱,这对于宋耀如的工作和前途是不堪设想的。

　　宋耀如在回国之前作了一次重要的旅行,先后到北卡罗纳州的达勒姆、威尔明顿和华盛顿等地,向朋友们、老师们道别。耀如向在达勒姆的卡尔一家作了最后的拜访之后,回到他在威尔明顿第五街的老教堂,为纪念里考德牧师作了一次告别布道。加布里埃森船长已经退休,住到他马撒的葡萄园

---

　　①　[美]艾尔摩·克拉克著:《中国蒋氏家族》(*The Chiangs of China*),纽约 1943 年英文版,第 22 页。

　　②　[美]西格雷夫著、丁中青等译:《宋氏王朝》,中国文联出版公司 1986 年版,第 62 页。

里,这次耀如没能去拜访他,但他不忘船长的恩情,一直同他保持书信联系。

1885年12月3日,人们送耀如上路,与他同来中国行医的传教士柏乐文博士在纳什维尔坐上火车前往堪萨斯城,然后他们从那里改乘横贯美国大陆的火车到达旧金山,再转乘太平洋邮船公司的轮船驶向日本横滨和中国上海。1886年1月,宋耀如乘的轮船终于抵达上海①。

在宋耀如到达上海前两天,林乐知在给马克谛耶主教和纳什维尔布道团委员会的一封信中公开表示了他对宋耀如的看法,他认为宋"决不会成为一名中文学者,充其量将只是一个失去民族特征的中国佬"。林乐知在信中说,也许宋查理(耀如)已经美国化,但他仍是中国人,所以他不应得到特殊的待遇。如果要支持或提升什么中国人作为美国在中国传教的需要,应该由他来选择。林乐知还造谣说:所有仍留在中国的南方卫理公会传教士都不肯接受宋耀如为助手。宋耀如上任后,林乐知只给耀如不到十五美元的月薪。年轻的宋耀如做梦也没有料想到,他这样一个爱国的中国人在自己的祖国竟然还会被外国的传教士林乐知如此地歧视。他很愤怒,心里难受极了,但也只好暂时把这一切放诸脑后,他唯一的要求是希望林乐知在他正式工作之前准他几个星期的假,让他回广东去看看海南岛的家,探望别离十年之久的父母亲。可是,林乐知拒绝了他的要求。耀如的自尊心受到极大打击,他非常不满,但他当时又必须忍耐,只好忍气吞声。然而,忍耐总是有限度的,由于林乐知横蛮霸道,处事刻薄,耀如与林乐知的矛盾加深了。为了逃避林乐知的控制,他先要求调到日本工作,但未获批准。林乐知派给耀如的第一个工作是在上海近郊吴淞传道。

吴淞是地势低洼而平坦的乡村,宋耀如就在这个贫困的乡村里,开始他的牧师生活。

半年之后,宋耀如又被派到昆山去当一名巡回传教士。昆山当时只是长江口一座邻接上海的古城,大多数居民都是佛教徒、道教徒或穆斯林,基督教会众很少。宋耀如依靠微薄的收入,租了一所村舍小屋住下来。他发

---

① 关于宋耀如留美接受教育的情况,尤云弟根据杜克大学档案馆藏材料,写有《宋耀如留美教育档案资料概述》一文,刊上海《孙中山、宋庆龄研究动态》,2014年5期。

现当地老百姓对他存有戒心,于是他决心脱去西装,穿起中国的长袍,戴上了瓜皮帽,日夜奔忙,巡回布道,并在一所教会学校教书,设法使佛教徒、道教徒、回教徒对耶稣基督发生兴趣。在苏州,他还为妇女建了一座医院。

有一天,他时来运转,在街头散步时,突然遇见了在波士顿认识的牛尚周。牛尚周听了耀如的诉苦,很是同情,当即提出了一个简单的解决办法:要他立即成家立业,娶妻生育儿女,并主动答应为他做媒,把自己心目中最完美的女子——他十九岁的妻妹,介绍给宋耀如,并想办法促成这门亲事,让耀如安下心来布道。

牛尚周的妻妹,名叫倪珪贞。为了让宋耀如和倪珪贞有接近的机会,牛尚周想出一个办法,让宋陪着大家去教堂,因为倪珪贞每个星期日必到教堂的唱诗班去唱赞美诗。有一天,宋耀如在牛尚周的帮助下,终于见到了这位使人耳目一新的女人。她脸颊丰满,有一双温柔的眼睛,平直的黑发前面梳着刘海,头上插了一串细小的珍珠,有一种不同于其他女子的特征和风度。显然,宋耀如喜欢这位姑娘。不久,经人介绍和相亲,倪珪贞的父母也对宋耀如感到满意,便于1887年仲夏的一天,为这一对年轻的夫妇举行了婚礼。

婚后,宋耀如又秘密加入了反清组织三合会,入股经营美华印书馆,并改进扩大书馆业务,出版中文圣经——《苏州方言圣约书》,及其他宗教书籍,因此西方人称他为"印《圣经》的宋查理"。他又在上海创办福丰面粉厂并任经理,同时他还投资兴办香烟厂和棉纺厂,为这些厂进口机器设备,生意日渐兴隆,企业蒸蒸日上。宋耀如虽辞去教会职务,但他却是一个虔诚而活跃的基督教徒。他参加创办了上海中国基督教青年会,与美国的上海圣经公会有密切来往。

此外,宋耀如于1894年春又结识了孙中山①。这次孙、宋相见对于宋后来成为革命者关系重大。

1894年10月,孙中山在上海由郑观应设法代领出国护照,从上海经日本到檀香山筹组革命团体兴中会,并于1895年1月回国策动反清武装起

---

① 宋耀如何时结识孙中山有1892年和1894年两种说法。1892年孙中山在香港西医书院毕业,后行医于澳门,活动于省港澳之间,似乎他当年没有到过上海。1894年春,孙中山偕同陆皓东赴上海,拟北上天津上书李鸿章,很可能就是这次经人推介与宋耀如相遇,作"终夕谈"。

义。宋耀如对孙中山的非凡勇气和信奉革命的精神表示钦佩,是国内最早一批接受孙中山革命救国道理的人,随后又成为孙中山革命的热情支持者和孙中山的忠诚挚友,曾被孙中山誉为传播民主革命思想的"隐君子"[①]。宋耀如以宗教和实业为掩护,积极支持孙中山的革命活动。1895 年兴中会发动的广州起义失败后,孙中山亡命日本,宋耀如也隐姓埋名,于 1905 年 7 月 30 日离开上海,到日本继续支持和帮助孙中山进行革命活动,随后他经常往返于中国、日本和美国之间,为孙中山筹款募捐。据说,由于宋耀如筹集经费获得成功,中国同盟会任命他担任司库,并兼任孙中山在上海党部执行秘书。但这些说法均缺乏史料根据。

在中国近代史上,宋耀如是传教士,是牧师,是商人,是革命分子。史料表明,1912 年以后,他确实襄助孙中山革命,可说是孙中山的伙伴与密友,但衡诸事实,他算不上是一位成功的革命家,由于他当牧师的传教活动时间尚短,当然也算不上是有成就的传教士,但就经商来说,他倒是一位名副其实的商人。在家庭中,宋耀如非常关心儿女,总是给他们一个快乐而舒适的生活,并经常向孩子们讲述自己青少年时期的经历,有意地培养他们具有崇高理想和锻炼他们不怕艰难困苦、不屈不挠的意志,养成谦虚自尊、热爱祖国的精神。就这一点来说,宋耀如又是中国传统家庭中,培养儿女成长的模范。

宋耀如以"不计毁誉,务必占先"的精神,希望他的儿女们都在"家"接受教育,培养崇高的爱国主义精神,但由于他敬佩美国的教育,因而及时地把子女一一送到美国读书。由于他具有远见卓识和充满苦涩的生活经历,他终于培养了宋蔼龄、宋庆龄、宋子文、宋美龄等著名人物。尽管他的子女们后来各人所走的道路不同,他们对中国的历史和社会所起的作用和影响不一,但都是中国近现代史上为人瞩目的人物。正因为如此,宋耀如也被外国人称为"模范公民,教堂的台柱,出色的丈夫和最优秀的家长"[②]。

宋耀如是宋氏家族的创始人。宋耀如的成功不在于他的事业,而在于

---

① 孙中山在《致李晓生函》中说:宋耀如虽是"从事于教会及实业,而隐则传革命之道,是亦世之隐君子也"。载《孙中山全集》第 2 卷,中华书局 1982 年版,第 342 页。

② [美]埃米莉·哈恩著、李豫生等译:《宋氏家族》,新华出版社 1985 年版,第 76 页。

他的奋斗精神和爱国情怀。他的精神凸显了人的奋斗和目标给中国和世界人类指明了正义和光明的前景。他的个人品格、热爱祖国和培养儿女的成功给人的鼓舞和力量是普世性的、不分中外的。宋耀如一生的影响已成为中国近现代人们学习和追求的代表性符号。

宋耀如从小种过田,当过学徒、水手和印刷工人。小时的贫穷使他对封建社会恐惧。他经过商也懂得攒钱的门路和艰辛。他从青少年起就懂得钱即物质财富对于个人和家庭的重要,没有钱万万不能,但有了钱也不是万万都能。所以,他倾注全力培养儿女成长,将他们送去美国留学,并要他们勤奋读书,学成后为国家效劳。而他自己则高度关注民族的前途、命运和复兴,除了积极参加和支持孙中山的革命事业外,也特别注意自己的精神和情操的锻炼。他从相信神灵到相信自己,由爱国而走向世界,又由世界而回归祖国,由相信上帝到相信孙中山,由实业救国而革命救国,他是一个成功的杰出人士。但他最大的成就不是他给国家和家庭创造了多少财富,而在于他的思想体现了爱国、革命、建设的时代主题,是他具有永恒不变的爱国情怀,具有堂堂正正地做一个永不"失去民族性"的中国人的高贵品质。

(二)母亲——倪珪贞

宋美龄的母亲倪珪贞(1869 年—1931 年)祖籍浙江余姚,出生于上海川沙。倪珪贞是我国最早皈依基督教的明代著名科学家徐光启的后裔,是一位思想上受西方影响较深的妇女,曾在上海教会办的培文女校任教员,是一个虔诚的基督教徒。早期描述宋氏家族的中英文著作均说倪珪贞的先祖徐光启在当时是一位重要的基督徒,曾经担任崇祯皇帝的礼部尚书,兼东阁大学士,而且又是教会的台柱。1582 年,耶稣会的传教士利玛窦(Matteo Ricci)来中国时,给中国带来科学和宗教,徐光启就是利玛窦改宗的二千五百名基督教徒之一。上海徐家汇天文台,就是以他家族命名的。自徐光启起,徐家世代为官。徐光启后来离开北京,回到家乡上海,住在现在上海西南部繁华的经济、文化、交通中心徐家汇。上海天主教最大的教堂,就设在徐家汇。

倪珪贞

　　倪珪贞的祖父母在很小的时候就受洗礼成为基督徒,而在生活中也绝对信守十诫。父亲倪蕴山是上海伦敦会天安堂牧师,转道上海、南汇、川沙、宝山等处传教①。父亲是一位学者,对法律学的造诣很深,有类似法律顾问那样的职位。他也是新教圣公会的教徒。因工作关系,他青年时就由浙江余姚移居上海,在徐家任家庭教师。母亲是徐光启后代,由于徐氏家族居住

---

　　① 　朱玖琳:《倪蕴山纪念碑及其人》,《孙中山宋庆龄研究信息资料》2002 年第 2 期。

上海徐家汇，后来划入法租界，教会活动得到租界当局的保护①。由于历史、宗教和政治的关系，倪蕴山家庭受西方文化影响较深，思想开明，对自己的子女一视同仁，都给予新式的教育。聪明伶俐，活泼可爱的倪珪贞仅三四岁就开始在私塾念书，八岁进小学，十四岁考入美国基督教圣公会办的培文女子高级学堂，十七岁毕业。在学期间成绩优异，尤擅长数学，喜爱弹钢琴，毕业后留校任教员。由于她热心社会慈善事业和上海艾伦纪念教堂的活动，同西方教会的许多教徒结为朋友。"她经常出门帮助穷困的人们做各种事"，只要在宗教信仰范围内所能做到的事她都不遗余力去做，因此外面世界对倪珪贞都"认为是世界上最好的女人"②。1887 年仲夏，倪珪贞与宋耀如结婚，组成了对后世影响深远的宋氏家族。倪珪贞虽是名门之后，但她的丈夫宋耀如则家道衰落，生活贫困。婚后一段时间，倪珪贞"在冬天连一条围巾都买不起，只能以旧毛巾围在脖子上御寒"③。但由于她与丈夫信仰、性格和志趣相投，丈夫亲切、热诚、随和，妻子善良、贤惠、厚道，相互理解和支持，婚后夫妻生活美满、融洽、幸福。

按照中国的传统习惯，凡事父亲做主，但事实上母亲往往是整个家庭日常生活的主宰，她不仅要孝敬老人、教育子女，还要精打细算、操持家务。倪珪贞是早期新式中国家庭主妇的样板。由于她个人受到良好的社会教育和家庭的培养，她虽是一个热衷于传道的虔诚的基督教徒，有自我牺牲的精神、循章办事的严格态度，也有管理大家庭、处理复杂事务的能力。她以慈善为怀，平时对贫苦的人们乐善好施，热心社会福利事业。她恪守宗教仪式。倪珪贞在宋耀如的帮助下，也尊敬孙中山，积极支持孙中山的革命运动。

倪珪贞有刚强的意志，对事业、家庭和孩子都有高度的责任感和极严格的要求。她按照清教徒禁欲主义的规范生活，视酗酒、赌博、跳舞等为罪恶，不允许孩子们在自己家中进行这些活动。她把这些规定视作神的意志，要

---

① 倪珪贞是不是徐光启的后代，盛永华主编的《宋庆龄年谱（1893—1981）》（广东人民出版社 2006 年版，上册，第 17—19 页）存疑。

② 李桓著：《宋美龄传》，台北天元出版社 1988 年版，第 22—23 页。

③ 刘家泉著：《宋庆龄传》，中国文联出版公司 1988 年版，第 6 页。

求孩子们在上帝面前必须规规矩矩。所有这些都对孩子们以极深刻的影响。

(三)姐姐——蔼龄、庆龄

(一)宋蔼龄

美龄有两个姐姐和一个哥哥、两个弟弟,她排行第四。姐姐蔼龄、庆龄,哥哥子文和弟弟子良、子安。

宋家合影,前排:宋子安;二排左起:宋蔼龄、宋子文、宋庆龄;
后排左起:宋子良、宋耀如、倪珪贞、宋美龄

大姐蔼龄①,1889 年出生于上海。幼年聪明、伶俐、活泼、坚强,深得父亲宋耀如宠爱。父亲经常领着她去参观印刷所、面粉厂、香烟厂和纺织厂。

---

① 宋蔼龄的"蔼"字,中外有关著述多用"霭",1932 年宋氏兄弟姐妹为他们的父母立墓碑时,立碑人中的"女蔼龄",则用"蔼"。

父亲在办公事时,蔼龄就坐在父亲办公室里平静地瞧着,扁圆的脸上毫无表情。

　　蔼龄刚五岁就说要去上学念书,她母亲笑她是胡闹,但父亲则同意蔼龄早点上学,领她去见当时上海中西女塾——马克谛耶女子学校(McTyeire School for Girls)的校长海伦·理查森①,请求让他的女孩寄宿上学。马克谛耶女校是上海专为外国小姐开设的最时髦的学校,是以那位曾经使宋耀如过上清苦的传教士生活的马克谛耶主教的名字命名的。马克谛耶女校的校长理查森小姐是个非凡的女性,是个颇有成就的教育家。当她听了宋耀如的说明后,即同意让宋蔼龄作为寄宿生入学,并亲自辅导蔼龄学习。

　　"开学了,蔼龄辞别了母亲,跟父亲一起去中西女塾。许多年后,她对女友项美丽谈起她第一天上学的情景,她还记得清清楚楚:她穿得整整齐齐,身着花格呢上衣,绿裤子;两条辫子扎着缎带;右口袋里装着一盒奶油香糖,左口袋里是一盒又苦又甜的巧克力。另一辆黄包车跟着后边,车上拉着崭新的黑色小箱子,里边装的是她的衣服和个人用品,所有东西上面都工工整整地写着寄宿学校的地址。

　　"宋查理把蔼龄留在理查逊女士的书房里,直到关上沉重的房门,离去了。这时她才哭泣起来。"②

　　在海伦·理查森小姐的悉心教导下,年幼无知的蔼龄进步很快,仅是两年时间便可以同其他同学一起正式跟班上课了。蔼龄很自豪,父亲宋耀如也暗自高兴。

　　为了实现让自己所有的孩子都能在美国受教育的理想,1904 年 5 月 28日,宋耀如便将自己宠爱的女儿蔼龄送往美国佐治亚州梅肯市的威斯里安

---

　　①　理查森,亦有人译为理查逊。
　　②　[美]西格雷夫著、丁中青等译:《宋氏王朝》,中国文联出版社 1986 年版,第 141—142 页。

女子学院(Wesleyan College for Women)学习①。这是一所著名的女子学院。在当时中国极少女子赴美留学的情况下,宋蔼龄赴美留学在中国引起极大反响。她是中国最早赴美接受高等教育的女子之一。

启程那天,宋家没有阖家到黄浦江码头为蔼龄送行,大家在虹口的宋宅同她道别,妈妈还默默地为她祈祷祝福。父亲耀如一人把蔼龄带到码头,并把她送上"高丽"号班船。这时的蔼龄思绪万千,但她强抑住自己的感情,停立在上层甲板上,目送着渐渐远去的父亲,她哭了。船驶经日本神户、横滨,经受种种波折,终于在7月25日到了旧金山,蔼龄随同步惠廉(伯克·威廉·比)牧师乘火车前往圣路易斯,然后又转车前往梅肯市。蔼龄来到梅肯后的第二个月就作为威斯里安女子学院的"预科生"入学了。

梅肯位于奥克穆尔吉河畔,是一座宁静、古老而又美丽的城市。威斯里安女子学院坐落在一座俯瞰城市的小山上,举目望去,周围到处是苍松翠柏,景色宜人。这所学院的学生主要来自美国南方的富家千金,有的虽然家境不富,但也是出身名门望族。蔼龄初到这个环境有很多不适应。但她性格倔强,很快适应了环境。她学习认真勤奋,待人不卑不亢,含蓄持重,落落大方。她不苟言笑,但并不盛气凌人,表现了中国女性特有的稳健大方,知节知礼。梅肯市的《电讯报》专门报导了这件事,并发表了该院院长格利的印象:"在学院里蔼龄往往是最受欢迎的女孩之一,她作为预科班的学生注了册,而且第一年就住在院长家里。这至少有助于她接受'新大陆'的生活习惯和穿着打扮。后来事实证明,这些对她来说,并不太难。她穿上美国服装感到很惬意,她来时就带了一箱子漂亮的花色俱全的衣服。她对西餐也不陌生,因为她父亲已教她养成了吃西餐的习惯,在他们的中国老家里西餐成了家常便饭。暑假期间,蔼龄常在美国旅行。有时出席包括康奈尔大学

---

① 关于宋蔼龄赴美国上学的时间,各书记载不一。埃米莉·哈恩在其所著《宋氏家族》一书中,说宋蔼龄在十五岁时赴美国学习,蔼龄出生于1889年,十五岁应是1904年(该书第50—51页)。西格雷夫在《宋氏王朝》一书说:1903年的一天,宋查理找步惠廉牧师征询意见,打算把蔼龄送往美国上学。步惠廉表示愿意给佐治亚州梅肯市威斯里安女子学院的杜邦·格利写信推荐。1903年夏末步惠廉收到了格利的复信,表示愿意接受蔼龄到该学院上学。步惠廉打算明年(1904年)5月28日携带眷回美国度假,借带宋蔼龄同行(该书第144、145页)。罗比·尤恩森著《宋氏三姐妹》也说是1904年5月28日宋蔼龄动身前往美国(该书第11页)。

等院校的会议。她有一次曾去首都华盛顿，向总统讲了心里话。"①这里所说的蔼龄去华盛顿见美国总统，是 1906 年的事。这年她姨夫温秉忠受慈禧太后派遣，率一教育事业团赴美，蔼龄到华盛顿陪姨夫一起出席白宫的招待会。会前她被介绍给西奥多·罗斯福总统。总统盛气凌人地问这位十六岁的中国姑娘对美国的印象如何。

据蔼龄回忆，当时她对总统说："是个非常美的国家，我在这里过得很愉快。可你们为什么说美国是一个自由的国家呢？"接着她三言两语地描述了头年她在旧金山遭受到的冷遇。"如果美国真是那么自由的话，为什么要把一个中国姑娘拒之国门外呢？我们永远不会那样对待到中国去的客人。美国还算是个自由的国度呢！"②一个中国小姑娘竟敢向美国总统说出那些话，表现了她的胆略和智慧。她不仅学习成绩优异，在音乐和表演方面也很有才华。

1909 年春，经过四年的紧张学习，蔼龄毕业，获文学士学位。在威斯里安女子学院为她举行的毕业典礼上，她特意用中国产的绸缎做了一身合体的新装，将油黑的秀发向上梳起，"卷成个光滑的高高的发髻"，并用甜美的口音向同学们朗诵了《蝴蝶夫人》剧中的一段台词。由于宋蔼龄学习成绩出色，性格坦率，待人友善，从而博得同班同学和老师的喜爱。当她离别梅肯市威斯里安女子学院乘船归国时，同学和老师无不依恋惜别。

宋蔼龄的志愿是回国从事实业建设，立志成为一名有成就的实业家。1910 年，宋蔼龄告别了在同校低年级就读的两个妹妹庆龄和美龄，离美回国到了上海。

1911 年 10 月 10 日，武昌起义后，孙中山从美国经欧洲，于 12 月底回到上海，见到宋耀如等人。孙在前往南京就任临时政府大总统前忙于各种应酬。孙中山与宋耀如两人没有长时间会晤，但孙中山赴南京就任临时大总统时，宋耀如虽没有能陪孙中山赴南京参加就职仪式，但他在上海传教士中宣传共和，表示对孙中山的支持。后孙中山辞去临时大总统，袁世凯就任

---

① ［美］罗比·尤恩森著：《宋氏三姐妹》，世界知识出版社 1984 年版，第 18—19 页。
② ［美］西格雷夫著、丁中青等译：《宋氏王朝》，中国文联出版公司 1986 年版，第 157 页。

临时政府大总统职后,任命孙中山为全国铁路督办,宋耀如被任命为全国铁路财务处长。蔼龄 1912 年 4 月一面担任孙中山的英文秘书,一面协助她父亲的工作。1912 年至 1913 年间,宋蔼龄随孙中山数次从上海出发往全国各地,并陪同孙中山及夫人卢慕贞会见袁世凯。

1913 年"二次革命"失败后,宋耀如为防止袁世凯的迫害,带妻子、儿女和管家于 8 月到达日本,起初住在神户,后来搬到东京,最后在横滨海滨山上租了一所住宅安家。一天,宋耀如去访问旅日基督教青年会,认识在该会担任总干事的孔祥熙。在言谈中,孔祥熙提到曾在纽约的一次聚会上见过宋蔼龄。那时,孔祥熙刚从奥柏林大学毕业,进入耶鲁大学研究院,蔼龄也正从梅肯市到北方旅游,两人都在美国留学,所受的教育相同。宋耀如听了非常高兴,出于热心,耀如请孔祥熙到家里吃晚饭,孔欣然同意了。在晚餐桌上就座的有宋耀如、倪珪贞、宋子安和宋子良等。孔祥熙和宋蔼龄坐在宋耀如的两旁。两人毫无拘束,谈得很投机。论人才,孔祥熙仪表堂堂,举止端庄;宋蔼龄稳健大方,谙于人情世故。而且两人同留学美国,同住教会学校,同是有钱人家。所以两人门当户对,颇为般配。孔祥熙原妻病故,宋蔼龄愿意与之结合。此后不久,孔祥熙和宋蔼龄订了婚。1914 年 9 月,孔、宋按基督教的礼仪,在横滨一所教堂里举行了婚礼。婚礼规模不大,只有宋家的人和孔祥熙的堂兄,以及几个密友前来参加。婚后,宋蔼龄与孔祥熙又在东京住了一段时间,继续协助孙中山工作。后宋蔼龄随同孔祥熙回到山西太谷主持铭贤学校(该校于 1919 年成为美国奥柏林大学的附属中学)校务。宋蔼龄辞去孙中山秘书工作,由宋庆龄接替。

宋蔼龄虽一生未在国民政府里担任过什么职务,但凭着她的各种特殊关系,撮合宋美龄和蒋介石的婚事,促使宋子文投靠蒋介石,进而又利用 1928 年后孔祥熙曾经担任南京国民政府的工商部长、财政部长及行政院长等职,执掌财柄的机会,聚敛了大量财富,形成了赫赫有名的"孔氏家族"。宋蔼龄还以孔祥熙夫人身份参加一些社会活动,威风八面。

1937 年抗日战争全面爆发后,宋蔼龄与宋美龄组织新生活运动的妇女指导委员会,并兼全国儿童保育会工作。1938 年宋蔼龄赴香港,任伤兵之友协会名誉会长。1940 年 4 月,蔼龄去重庆与妹妹庆龄等合办中国工业合作社,任顾问。在重庆时,她与庆龄等还经常到医院、防空洞、孤儿院慰劳抗日将士。1942 年 4 月,蔼龄还与庆龄等出席中美文化协会会议。1944 年在中国的倒孔潮中,蔼龄向巴西转移财产。1946 年她赴美定居。

宋蔼龄生有两子和两女,他们利用权势,在美国、香港、日本和欧洲经营房地产、股票、银行金融、旅馆业,以及石油投资。

1973 年 10 月 19 日,宋蔼龄病故于纽约哥伦比亚长老会医院,终年八十三岁[①]。遗体安放于纽约郊外凤可利夫墓园。

(二)宋庆龄

二姐宋庆龄(1893 年—1981 年),1893 年 1 月 27 日出生于上海。教名露瑟萝,学名罗莎蒙黛,又译作洛士文(Rosamonde),曾用名庆琳、庆林,化名林泰、林凯、中山琼英、马丹、苏西(又译作苏吉)等等,英文拼法是 Soong Chung Ling 或 Soong Ching Ling。1925 年后正式场合均使用孙宋庆龄。父亲宋耀如的曲折经历,以及他的为人和爱国革命的"叛逆"精神,在宋庆龄的幼小心灵中留下了深刻的印象。她也非常爱戴和仰慕孙中山,深受其爱国革命思想和坚强不屈的性格所感染,企望以他作为自己学习和模仿的楷模。宋庆龄小时温文尔雅,聪明伶俐,活泼谦和,讨人喜爱。

宋耀如夫妇对子女的教育,完全摈弃"三从四德"之类的封建传统。他们对男孩女孩都给予同样的关怀和正规的新式的教育,并培养他们对社会具有同样的责任心,以及敬业和爱国的精神。他们经常教育女儿们虽身为女人也不应妨碍自己成为祖国的有成就、有作为的公民,为国家和民族做贡献。

由于宋庆龄从小天资聪颖,才思敏捷,文静好学,善于思考,表现了过人的天赋,又受到优雅和谐、欢乐祥和的家庭生活和父母高尚情操的熏陶,她秀外慧中,性格坚强,热爱祖国,关怀民众,文雅善良,热爱生活,追求真理,厌弃邪恶,稳重腼腆,沉思内向。她是宋耀如和倪珪贞夫妇着意培养而得到最理想效果的孩子。

---

① ［美］斯宾塞(Cornelia Spencer)著:《三姐妹——中国宋氏家庭的故事》(*Three Sisters—— The Story of the Soong Family of China*),纽约 1939 年英文版,第 107 页;［日］《亚洲历史词典》,平凡社 1960 年日本版,第 5 卷。

1900年,宋庆龄七岁时,进家塾读书,十二岁才进入上海中西女塾——马克谛耶女子学校(McTyeire School for Girls)①。这个学校的课程设置,有语文、英文、历史、地理、宗教、刺绣及烹饪等。除语文课外,一律都用英语教学,连中国的历史、地理课本也是美国人编写,在美国出版,由美国教师讲授。正如埃米莉·哈恩在《宋氏家族》一书中所说:宋庆龄是一个"文静的孩子,学英语有出众的天赋,她留短头发,不讲究编好看的辫子,因此,女孩们都叫她'小辫子'"②。宋庆龄读书非常用功,常在天色很晚时还在读书。父亲劝她休息,她却以只有"把功课准备好,我才快活"作答。她勤于用脑,对什么问题都必须经过自己的独立思考,因此她经常提出各种问题并寻求合理的答案。学校里每星期三晚上都从外面邀请一些有名望的客人来主持宗教讨论会。有时宋耀如夫妇也来主持会议。讨论会鼓励孩子们提问题,经过公开讨论,解决他们信仰上的疑难问题。宋庆龄常常踊跃地提问。对此,妹妹美龄不理解。有一次,在星期三晚上讨论会结束后,美龄生气地责问姐姐庆龄:"你为什么向李牧师提问题?难道你不忠实信仰?"③美龄的反问正好说明庆龄智慧早开,具有大胆怀疑、积极探索问题的精神。

启迪宋庆龄智慧之门,培养她的爱国主义思想的第一个老师是她的父亲宋耀如。耀如经常给庆龄讲述各种有趣的故事,不少是他早年的经历,旅美华侨的苦难血泪,在异国对故乡亲人的热切思念等等。在讲述时,他把基督教的自由、博爱、平等观和孙中山的革命思想作比较,指出:只有使国家摆脱贫穷落后的命运,才能使中国平等地自立于世界之林。庆龄通过父辈们言谈和活动的影响,从幼年开始就产生关心祖国命运的爱国主义思想,她不仅开始关心国家大事,思考中国的问题,而且对孙中山的革命精神和革命事业也有一定的了解和向往。

1900年,宋庆龄才七岁。据后人传说,惠州起义前夕,孙中山于8月28日由日本抵上海,一度住在宋家,与耀如共同探索救国道路,畅谈反清革命问题。宋庆龄被大人们的谈话所吸引。孙中山的革命思想和因"痛感人间

---

① 《宋庆龄自述》,《档案与史学》1997年第1期。
② [美]埃米莉·哈恩著、李豫生等译:《宋氏家族》,新华出版社1985年版,第44页。
③ [美]埃米莉·哈恩著、李豫生等译:《宋氏家族》,新华出版社1985年版,第45—46页。

不平而终身投入革命"的献身精神,对宋庆龄起了启蒙作用。有一次她听孙中山说:中国非革命不可,我们只有推翻清政府,建立一个共和的政府,中华民族才有振兴和复兴的可能。我们应该为实现这个目的而生,要为实现这个目的而死。庆龄听到这里,轻轻地应声说:"我也要同你一样。"孙中山立刻对她说:"不错,庆龄,当然你可以帮助我,每个人都得帮助我。"她对孙中山十分崇敬,曾对人说:"我一想起孙先生所讲的话来,就忘了一切——家庭、学校等等。我一点也不为自己担心,我却担心着中国。"①小小年纪的庆龄就壮志凌云,说明她从小就与姐姐蔼龄、妹妹美龄及一般女孩子不一样。

1908 年 7 月,庆龄在上海中西女塾毕业,偕同妹妹美龄赴美国留学②。当时庆龄只不过是一个十五岁的女孩子,但学习非常认真。她在新泽西州森密特城(Summit)落叶松街五号私立补习学校补习期间,不仅学好老师教授的功课,还经常到森密特图书馆以罗莎蒙黛(Rosamonde)的名字借阅各种书籍,给那里的图书馆馆员留下深刻的印象。据当时曾给宋庆龄借过书的馆员回忆说:"她是一个害羞、漂亮的姑娘,书读得很多很广,她经常选择一些非常严肃的书来读,这些书像她这样年龄的女孩通常是不读的。"③次年她继姐姐蔼龄之后考入美国佐治亚州梅肯市基督教卫理公会办的威斯里安女子学院文学系。9 月 5 日入学④。入学后,庆龄学习勤奋,兴趣广泛,她学的虽是文学专业,但她孜孜以求地阅读了大量哲学、历史的书籍。在班上讨论问题时,她虽态度和蔼温文,声音柔和,但却雄辩滔滔,经常提出富有哲理的深刻见解,使教授们都叹为观止。一个教授甚至说:在他一生教授的学

① [美]斯宾塞著:《三姐妹——中国宋氏家庭的故事》,1939 年英文版,第 4—5、22 页。案,据日本外务省档案,孙中山于 1900 年 8 月 28 日夜(另记为"29 日午前 11 时")乘船由日本抵上海,未即上岸。经联络,29 日晚上岸赴英国驻上海总领事馆。密谈后,英方以汉口自立军事败捕人,促孙即速离沪。孙在沪日本旅店"旭馆"住了一夜,即返原航船"神户丸",9 月 1 日重返日本。有关孙此次赴沪与宋家叙谈之事,应属乌有。(参阅《孙中山年谱长篇》,中华书局 1991 年版)

② 关于宋庆龄赴美留学的时间,伊斯雷尔·爱泼斯坦著、沈苏儒译:《宋庆龄——二十世纪的伟大女性》,人民出版社 1992 年版,第 1 页和第 9 页说:宋庆龄是 1907 年去美国留学。

③ 美国《森密特先驱报》(Summit Herald),1942 年 5 月 21 日、1981 年 8 月 30 日。

④ 据威斯里安女子学院 1908 年—1909 年新生注册登记表影印原件,转引自《纪念宋庆龄同志》画册,文物出版社 1982 年版。

生中,唯有一位罗莎蒙黛(宋庆龄)女学生,使他感到"万分荣幸"①。在一次讨论会上,一位美国学生说:"历史的发展是难以估计的,那些所谓文明古国,特别是亚洲的中国,被历史淘汰了,人类的希望在欧洲、在美洲,在我们这里……"宋庆龄立刻站起来激动地反驳说:"历史确实是在不断变化的,但它永远属于亿万大众,具有五千年文明历史的中国,没有被淘汰,也不可能被淘汰,有人说中国像一头沉睡的狮子,但它决不会永远沉睡下去……有一天,东亚睡狮的吼声必将震动全世界!"②宋庆龄的讲话,充分地表现了她的爱国情感和对中华民族的崛起充满了信心,也说明她对国家对民族兴亡的关切。据宋庆龄在威斯里安女子学院的同学回忆:"庆龄才思敏捷,英语的造诣极深,在一次语法课上当教授问到一个英语语法问题时,只有这位中国姑娘能回答出来。"历史教授问她:"从历史课上学到的,你觉得哪件事最重要?"她说:"我想,一个民族要发展,只有唤起全民族的精神,否则不会有真正的进步。"她的见解,深得老师赞赏③。

在威斯里安女子学院学习期间,宋庆龄是该院院刊的文学编辑,又兼哈里斯文学社的通讯秘书。学习之余,常写一些文学作品和政治文章,在院刊发表。1911年,她在院刊《威斯里安》发表童话短文《四小点》,叙述古代一个叫杨韦林的孩子,勤奋善良,刻苦读书,并曾救助过蚂蚁;后来,他得到蚂蚁暗中帮助获得应试成功的故事④。宋庆龄通过中国古代寓言故事的内容,阐明人们善良、勤劳、因果报应的关系,反映了她世界观中纯朴的思想。同时,宋庆龄还在院刊发表政治文章《受外国教育的留学生对中国之影响》,论述了中国早期留学生在政治、教育、社会改革方面对中华民族的良好影响。她指出:"留学生对社会改革产生的影响,过去和现在都是巨大的。"文章还抨击了封建官吏的愚昧与腐败,指出:"数百年来,中国的政治一直以任人唯亲和弄虚作假为特征。政府的要职都为御用文人、朝廷亲信以及靠'政

---

① 刘家泉著:《宋庆龄传》,中国文联出版公司1988年版,第9页。
② 刘家泉著:《宋庆龄传》,中国文联出版公司1988年版,第10页。
③ 《近寻宋庆龄在美国的足迹》,《光明日报》,1990年1月26日。
④ 《威斯里安女子学院院刊》,1911年11月号;译文刊《儿童时代》第10期(1982年5月16日出版)。

治交易'青云直上的人所把持。他们对朝政一窍不通,甚至连一点装模作样的治国本领也不具备。人民悲惨的境况,层出不穷的暴动和起义,是这种选拔'能干官员'的可耻方法带来的后果。"①期望受过西方教育的留学生来改革时弊。在文中宋庆龄尽情地抒发了自己为改造和建设祖国而学习的远大胸怀和抱负。这一切都说明宋庆龄政治早熟,年纪轻轻就在思考国家和民族振兴的问题,对中国的社会和政治问题从青年起就有她自己的看法。

1912年初,宋庆龄接父亲来信,获悉革命党人于1911年10月10日发动武昌起义成功,推翻了君主专制的清政府,建立了中华民国共和政府,孙中山于同年12月29日被南京十七省代表会议选举为中华民国临时大总统,极为欣喜。为表示拥护共和,宋庆龄立即扯下学校中的清朝龙旗,踩在脚下,并挂上新国旗——五色旗,高呼:"打倒专制! 高举共和的旗帜!"②欢庆辛亥革命的胜利。4月,她又在威斯里安女子学院院刊发表《二十世纪最伟大的事件》一文,高度评价辛亥革命的伟大意义,指出:辛亥革命的光辉业绩是"意味着四万万人民从君主专制制度的奴役下解放了出来",标志着一个"残酷的剥削和自私自利"的封建王朝的覆灭,"革命已给中国带来了自由和平等",博爱尚有待于争取,但"通向博爱之路的任务,可能就落在中国这个最古老的国家身上"。"中国以它众多的人口和对和平的热爱……将作为和平的化身站出来。它必将推动那个人道主义运动,即实现世界和平。"她引证拿破仑的话说:"'一旦中国醒来,它将推动整个世界!'""实现这个预言的日子似乎为期不远了。"③宋庆龄的文章抒发了她的爱国主义激情,表达了她对推翻专制王朝的喜悦和对中国未来的希望。作为一个十九岁的少女,能有这样高的思想境界和如此深刻的见解,实在令人钦佩。

宋庆龄对中国妇女的解放,也十分关切。1913年4月,她在威斯里安女子学院院刊上又发表了《阿妈》和《现代中国妇女》两篇文章,从理论和现实两方面论述男女平等的重要性,勇敢地为妇女解放呐喊,并满怀激情地预

---

① 《威斯里安女子学院院刊》,1911年11月号;译文刊《儿童时代》第10期。
② 尚明轩、唐宝林编:《宋庆龄年谱》,中国社会科学出版社1986年版,第28页。
③ 《宋庆龄选集》上卷,人民出版社1992年版,第1—4页。

言:"中国必将成为世界上最大的、教育发达的国家,而其妇女将与男人并驾齐驱。"①

由于宋庆龄在威斯里安女子学院勤奋好学,知识渊博,态度庄重,富于理想,广交朋友,给威斯里安的校友留下深刻的印象,很多同学都称赞她是一个"理想家",认为她最鲜明的特征是"具有崇高的理想"②。

1913年春,宋庆龄在威斯里安女子学院毕业,获文学学士学位。后来,宋庆龄回忆在威斯里安学习生活时指出:"我在美国度过我的青年时代,受过美国伟大的民主传统的熏染,它已经成为我生活中伟大的力量之一,它的文化成为我所接受的教育的一部分,这对我的祖国,十分需要民主精神的祖国,是非常珍贵的。"③6月,她离开梅肯市北上,经波士顿横穿美国大陆到达加利福尼亚的旧金山。8月离美回国。这时中国"二次革命"已失败,宋耀如已偕家人避往日本。宋庆龄于8月29日抵达横滨。9月16日,宋庆龄满怀崇敬心情,带着一些革命同情者送给孙中山的礼物和一封私人信件,到东京看望孙中山。据日本外务省文件档案记载,在此后的十天中,宋庆龄曾八次去看望孙中山,她坚定地表示愿为革命尽力的决心④。翌年,宋庆龄接替她姐姐蔼龄做孙中山的英文秘书,积极帮助孙中山整理文件、处理函电,及其他许多日常工作。

11月,宋庆龄离开日本归国,抵达上海探视因病已回国的父母亲。此后,她曾几次来往于东京和上海。由于宋庆龄和孙中山有共同的理想和甘愿共同为革命事业和民族振兴的献身精神,使他们建立了深厚的战斗情谊,并且开始默默地相爱。1915年初,宋庆龄在一次准备归国时,同孙中山谈到他们的结合问题。孙中山要她认真地多考虑一些时候,并征得父母同意再作决定。6月中旬,宋庆龄又一次离东京回国,到达上海。当她向父母征求关于自己同孙中山结合的意见时,遭到全家的反对,但她不顾家人的劝阻

---

① 《威斯里安女子学院院刊》,1913年4月号。

② 美国《梅肯新闻》,1959年4月30日。

③ 宋庆龄:《中国走向民主的途中——对美国民众的广播演说》,《宋庆龄自传》,光华出版社1938年版,第38页。

④ 尚明轩、唐宝林编:《宋庆龄年谱》,中国社会科学出版社1986年版,第30—34页。

和反对,于 10 月下旬毅然离家出走,偕同朱卓文及其童年时代的好友朱卓文的女儿慕菲雅(Muphia)一起离沪赴日。10 月 24 日,她抵达东京,孙中山亲自到火车站迎接并一起回到孙的寓所。此前孙中山与前妻卢慕贞已经公证离婚。

　　1915 年 10 月 25 日上午,宋庆龄与孙中山在日本东京牛込区袋町五号日本著名律师和田瑞家中举行婚礼。委托和田瑞到东京市政厅办理结婚登记,并由和田瑞主持签订了婚姻《誓约书》共三条①。参加婚礼的只有少数友人及日人孙中山的好友山田纯三郎等。下午,又在日本友人梅屋庄吉家举行茶会,招待少数几位友人,然后共赴新居青山原宿一〇九号住宅(今新宿区百人町二丁目二十三号)。婚后,宋庆龄以夫人身份继续担任孙中山的秘书工作。

　　孙、宋的结合,双方都十分满意。宋庆龄在给美国同学安德逊(A. Anderson)的信中谈到自己和孙中山的结婚时说:"我是幸福的。我想尽量帮助我的丈夫处理英文信件……对我来说,结婚就好像是进了学校一样。不过,没有烦人的考试罢了。"②孙中山在给他的老师詹姆斯·康德黎的信中也说:"我的妻子,是受过美国大学教育的女性;是我的最早合作者和朋友的女儿。我开始了一种新的生活。这是我过去从未享受过的真正的家庭生活。我能与自己的知心朋友和助手生活在一起,我是多么幸福。"③

　　在宋庆龄与孙中山婚后十年的共同生活中,她以坚忍不拔的革命精神,辅助孙中山进行反对北洋军阀的讨袁护国和两次护法斗争。1922 年 6 月,陈炯明在广州叛变,炮轰总统府,在极端危险之中,她表现出忘我的献身精神和坚强的意志。她参与谋议孙中山与共产国际和共产党人的各种商谈,

———————————

　　① 这些内容是:"(一)尽速办理符合中国法律的正式婚姻手续。(二)将来永远保持夫妻关系,共同努力增进相互间之幸福。(三)万一发生违反本誓约之行为,即使受到法律上、社会上的任何制裁,亦不得有任何异议;而且为了保持各自的名声,即使任何一方之亲属采取何等措施,亦不得有任何怨言。"(《宋庆龄选集》下卷,人民出版社 1992 年版,第 524 页)有关孙宋结婚的时间、地点、婚约等问题,可参见尚明轩主编:《宋庆龄年谱长编》(上),社会科学文献出版社 2009 年版,第 75—82 页。

　　② [美]埃米莉·哈恩著:《宋氏姐妹》英文版,第 97—98 页,转引尚明轩、唐宝林编:《宋庆龄年谱》,中国社会科学出版社 1986 年版,第 34 页。

　　③ 黄季陆增订:《国父全集》第 5 册,台北 1974 年版,第 416 页。

为国共合作和国民党改组做了大量切实有效的工作。1924年1月中国国民党第一次全国代表大会在广州举行后,宋庆龄坚决拥护孙中山的新三民主义和联俄、联共、扶助农工的三大政策,拥护国民党与共产党的合作。为了实现全国的和平统一,她毅然于11月陪同孙中山北上。1925年3月12日,孙中山由于长期的艰苦斗争,积劳成疾,不幸与世长辞。宋庆龄强忍着巨大的悲痛,为继承和发扬孙中山的遗志进行英勇顽强的奋斗。她高举孙中山的革命旗帜,团结国民党左派,联合共产党人,迎头痛击国民党右派叛变和分裂革命阵营的各种活动和阴谋。1926年7月,国民革命军从广东出师北伐,宋庆龄积极投身到这场中国人民大革命的洪流中去。她于12月与国民政府先遣人员陈友仁、鲍罗廷等随北伐军到武汉后,即忘我地工作,积极宣传孙中山的三大政策,有力地配合了北伐战争。

1927年4月12日,蒋介石叛变革命和随后的蒋、汪合流,把一场轰轰烈烈的大革命淹没在血泊之中。宋庆龄对蒋介石背叛孙中山的三大政策,屠杀共产党人和革命群众的罪行无比愤慨。她和中国国民党左派人士以及中国共产党人毛泽东、恽代英、林伯渠等,联名发表了《讨蒋通电》,痛斥蒋介石是"叛徒""败类""民众之蟊贼"①。声讨蒋介石另立中央、反共反人民的罪行。

宋庆龄对宋美龄和宋子文是有感情的。他们是同胞姐妹和兄妹,一起长大,一起上学,当然有骨肉情、同胞爱,但她对革命更忠贞,以人民利益为重,决不让私人感情来影响自己的信仰。她常对人说:"美龄十分聪明,她拉丁文比我好得多,在音乐上也很有天才,钢琴弹得特别好。我大兄弟(宋子文)也是有能力的,就是政治上同我背道而驰。我们一说起政治,各抒己见,往往是不欢而散。我们完全是为了思想信仰的不同而分开的。"②

1927年8月中国共产党人举行南昌起义失败后,中国革命暂时转入低潮。宋庆龄为了实现孙中山访问苏联的遗愿,表达她不与蒋、汪同流合污的决心,亲赴莫斯科,向全世界宣告,孙中山的旗帜仍被中国的革命志士高举

---

① 《汉口民国日报》,1927年4月22日。

② 胡兰畦:《难忘的记忆》(未刊稿),转引自尚明轩、唐宝林著:《宋庆龄传》,北京出版社1990年版,第30页。

着。临行前，宋庆龄在上海发表了《赴莫斯科前的声明》，公开指出："中国共产党无疑地是中国内部革命力量最大的动力。公开违背孙中山三大政策的人必然失败，但是，我们决不能让他们的最后崩溃殃及孙中山留给我们的遗产。孙中山的忠实信徒们必须设法拯救那真正的国民党。"①8 月底，她与陈友仁父女等人乘一艘苏联轮船去符拉迪沃斯托克（海参崴），转乘火车到莫斯科。9 月 6 日，宋庆龄一行到达莫斯科的雅罗斯拉夫斯基车站，受到莫斯科中山大学和东方劳动者共产主义大学的学生、莫斯科各工厂的代表、华侨代表的欢迎。宋庆龄在莫斯科发表声明说：我这次访苏，是完成孙中山先生生前未能实现的愿望；她痛斥那些口头上讲的是三民主义，而实际上完全背叛三民主义的反革命派；表示"虽然中国的革命暂时丧失了它已经取得的地区，但它仍然坚强有力、朝气勃勃、充满信心"②。

　　宋庆龄正式访问莫斯科，是对蒋介石背叛孙中山三大政策的抗议和愤怒，用实际行动表明她对中国共产党的支持。在莫斯科，她两次通电蒋介石。1927 年 12 月 17 日，她在给蒋的电报中说："我正准备回国，却获悉你打算与苏俄断交并要求撤销苏俄领事馆。采取这一步骤，将是自杀行为；它将使中国陷于孤立并延缓其发展，为此，历史将要求你对此承担责任……倘若你还记得与苏俄进行合作是领袖的临终遗愿，那就该悬崖勒马，使国家免于陷入深渊。如果直到最后一刻还不采取废除断交的措施，我将留在这里，以抗议你的这个决定。"③为反驳蒋介石复电所说"您的电报和您在俄国继续逗留，不可能是自愿的"，宋庆龄又于 12 月 23 日再致电蒋介石说："我留在世界革命力量的心脏莫斯科是自愿的，就如同我的访问是一种对国民党领导人的反革命政策的自愿的抗议一样。说我似乎是在别人的迫使下行事，这完全是诽谤和对我过去所做工作的侮辱。"并指出："孙中山为了工农的幸福奋斗了四十年，他们现在正受到无耻地打着国民党旗号的残暴的反动派的屠杀。我们永垂不朽的领袖由于得到了全世界革命力量的支持，使我国革命享有威望，而你们却败坏了我国革命，把革命变为口头上追思孙中

①　《宋庆龄选集》上卷，人民出版社 1992 年版，第 50—52 页。
②　《宋庆龄选集》上卷，人民出版社 1992 年版，第 55—57 页。
③　《宋庆龄选集》上卷，人民出版社 1992 年版，第 67 页。

山的一小撮卑鄙军阀手里的工具。我将踏着革命者的足迹继续前进，这是缅怀我们领袖的唯一道路，我在这条道路上决不回头。"①当她在访苏期间，得知国内许多地方发生反抗国民党反动统治的工农武装暴动的消息后，十分高兴地发表了题为《中国目前的形势》一文，指出："这表示了一个不可征服的民族高度的决心，不论阻碍多么大，压迫多么残酷。这就保证了表面混乱的目前阶段将要过去，中国将要得到自由。"②这些铿锵有力、掷地有声的正义言词，体现了她正气凛然、洁白无瑕的革命情操。

抗日战争全面爆发后，在中华民族生死存亡的关头，宋庆龄以国家、民族利益为重，与蒋、宋、孔垄断集团建立统战关系，勇敢地进行反对日本帝国主义侵略者的斗争，为国共第二次合作，为抗日民族战争的胜利作出重大的贡献。

宋庆龄的一生是爱国革命，热爱和平，追求国家独立、民主、进步的一生，作为民族主义、国际主义、共产主义的伟大战士，她同孙中山和中国共产党人及其他爱国民主人士一起为中华民族作出了伟大的贡献，建立了丰功伟绩。

在孙中山逝世后，宋庆龄以"孙中山夫人——国母"的特殊地位和她本人的政治感召力，以一个忠贞的国民党员的立场，高举孙中山的爱国革命旗帜，在反对蒋介石的独裁统治，反对国际法西斯，与中国共产党同呼吸、共命运，走上中国共产党领导的新民主主义革命道路，最后投入社会主义革命和建设，与时俱进，为实现孙中山振兴中华的遗愿，为发展与各国人民的友好，发扬进步文化、保卫世界和平，为中国的革命和建设，为中华民族的团结、统一和国家的独立、民主、繁荣和富强，做了大量的工作，建立了光辉的业绩。1949 年 10 月 1 日中华人民共和国成立后，宋庆龄先后担任中央人民政府副主席、全国人民代表大会常务委员会副委员长。从而实现了她由民主主义者、民族主义者向共产主义者、国际主义者过渡，最后成为中国共产党党员和中华人民共和国的名誉主席。

---

① 《宋庆龄选集》上卷，人民出版社 1992 年版，第 68—69 页。

② 《宋庆龄选集》上卷，人民出版社 1992 年版，第 62 页。

宋庆龄是现代中华民族中最伟大的女性,也是为民族为国家历尽坎坷而矢志不移的伟大爱国革命志士。她功名卓著,在宋氏家族中,她的贡献最大,影响也最深远。1981 年 5 月 29 日,宋庆龄与世长辞,但她留下了她的思想和精神,全国人民永远怀念她,尊敬她。

(四)兄弟——子文、子良、子安

(一)宋子文

大哥宋子文(1894 年—1971 年),在宋耀如的子女中排行第三,是庆龄的大弟、美龄的大哥。是宋耀如的夫人倪珪贞在生下蔼龄、庆龄之后,喜得的第一位公子。子文 1894 年 12 月 4 日出生于上海同仁医院。出生后,洗礼时被命名为保罗。早年入上海圣约翰大学,毕业后于 1912 年 10 月,经上海临时稽勋局呈请袁世凯批准,赴美国留学入哈佛大学,1915 年获该校经济学硕士学位,后在纽约花旗银行工作。1917 年返国,受聘为汉冶萍公司上海总办事处秘书,旋调汉阳总公司会计处科长,不久回沪,任联华商业银行总经理,又办大洲实业公司①。在实业、金融界不甚得志的宋子文,于1923 年毅然前往广东,开始了他的政治生涯,历任广东革命政府财政厅厅长、广州中央银行行长(总裁)、国民政府财政部长等职。1927 年宁汉合流后,宋子文又历任国民政府财政部长、行政院长、中央银行行长(总裁)、中国银行行长(总裁)、外交部长、驻美特使、广东省政府主席等重要职务②。宋子文是国民党第二至六届中央执行委员,一度还是中央政治会议、中央政治委员会和中央执行委员会常务委员。但宋子文的政治生涯并非一帆风顺,中间几经波折。1949 年 1 月,他辞去广东省政府主席兼广州绥靖主任、广州行辕主任的职务,离开广州前往香港,经巴黎,后迁居美国,定居纽约。此后,除 1969 年 3 月曾经由美飞回香港,参加其弟子安的安葬仪式,8 月返回美国,便一直留住美国。在蒋介石退守台湾的几十年中,1950 年蒋介石曾

① 徐友春主编:《民国人物大辞典》,河北人民出版社 1991 年版,第 439 页。
② [日]《亚洲历史词典》第 5 卷,平凡社 1960 年日文版。另见尚明轩、唐宝林编:《宋庆龄年谱》,中国社会科学出版社 1986 年版,第 23—24 页。

邀请宋子文到台湾任职,他断然拒绝,仅于 1949 年和 1963 年两度到台湾小住。1971 年 4 月 25 日晚,宋子文在美国旧金山参加一个朋友的宴会上,误吞鸡骨,惨被鲠死,终年七十七岁。他死后,他的妻子张乐怡和女儿,仍然居住美国。

宋子文的财势,位居亲友之冠,被国人并称蒋(介石)、宋(子文)、孔(祥熙)、陈(果夫、立夫)四大家族。

宋子文是宋家的长子,是我国现代有名的经济学家和银行家。在 1927 年以前,在孙中山建立广州政权的过程中和孙中山逝世后的国民革命军北伐期间,宋子文以干练的风格,积极地开辟财源为广东革命政权和北伐军筹措经费。1923 年 10 月,孙中山征召宋子文出任两广盐务稽核所经理,其后,孙又命宋氏着手调查并整顿广东紊乱的经济秩序。这次行动的结果是 1924 年 8 月在广州成立中央银行,宋子文出任行长(总裁)。由于宋氏的努力便迅速改变了广东的财政状况,为解决广东混乱而困难的财政作出了贡献。从此,左右中国政局的江浙财团以他为代表,与国民政府建立了密切的联系。同时,宋氏也是一个控制粮食的委员会成员之一。由于财势亨通,宋子文便成为宋氏家族中最富有的人,也是当时蒋介石不得不借助来建立一个稳固政权的重要人物。他既为蒋介石政权奠定经济基础,同时又大饱私囊。所以,《大英百科全书》称宋子文"享有世界上最大的富翁的名声",是"世界首富"。

综观宋子文的一生,他的政治生涯是充满矛盾的。他有过支持孙中山革命和主张北伐统一中国的一面,又有支持蒋介石政权,但又反对蒋介石独裁的一面。作为一个复杂的人物,他扮演过各种各样的角色。他有民主的思想和追求,但又缺乏他姐姐宋庆龄那样的勇气和刚强性格。他为蒋介石出过力,又与蒋介石不无芥蒂;他对蒋介石的独裁有抵制,但又缺乏决绝的勇气。在 20 世纪 20 年代至 40 年代的中国,宋子文在政治、外交、经济和财政金融诸领域都曾有过举足轻重、别人不可取代的地位。诚如台湾陈立文教授所言:"他对于中国战时国际地位的争取,不但尽心尽力,而且有为有守";"宋子文自从任特使赴美,到出长外交部长;从处理中美借款,到总揽外交大局,一直在努力为中国建树起一个新的形象——民主、独立、团结、安定,也的确收到了一些效果。"①在国民党败退台湾后,实际上他与这个政权脱离了关系。

美国作家西格雷夫说:"宋子文既非左派,又非右派,他只是一个可以利用的吓破了胆的显贵。"②

1927年4月20日,宋子文拒绝为蒋介石"贷款"签字,使他同蒋对立起来。蒋介石封闭了宋子文在上海的办事处,撤换了宋子文的财政部长职,又命令驻广州的部队没收宋子文在南方政府银行的全部财产。于是宋子文除了同蒋介石合作,再也没有其他办法了。这位既支持过孙中山和革命政府,又对革命动摇和害怕群众的宋子文,既同蒋介石有矛盾,又不敢分离。他的大部分政治生涯都受制于这种精神状态,最终使他投入反革命营垒。对于这样一位历史人物的评价,学术界褒贬不一,仁者见仁,智者见智。

1947年2月15日,傅斯年在《这个样子的宋子文非走开不可》一文中认为,国民政府政治的失败不止一事,但用宋子文这样的行政院长,则是"不可救药的事"。他说:"今天能决定中国将来之命运者,必须会悟今天政治的严重性不在党派,不在国际,而在自己。要做的事多极了,而第一件便是请宋子文走路,并且要彻底肃清孔、宋二家侵蚀国家的势力。否则政府必然垮台。"傅斯年认为,不仅看不出宋子文"有甚么政治家的风度,而为人所知的毛病实在不少"。他说:看宋子文"这几年走下坡路的行事(以前也未必走上坡路,只是大家不知道而已),国家人民也随着他走下坡路的损失,真是写不尽,我也不屑写"。他还指出:"当政的人,总要有三分文化,他的中国文化,请化学家把他分解到一公忽,也不见踪影的,至于他的外国文化,尽管美国话流畅,交些个美国人(有美国人说,看他交接的是些什么美国人,便知道他是什么人)是决不登大雅之堂的。"至于讲到宋子文的风度,傅斯年说只要举出两件一轻一重的事为例就清楚了。"他大可不请客,既请客偏无话可说,最客气的待遇,是向你面前夹菜,此之谓喂客,非请客也。胜利后第一次到北平,时常在某家,一日,大宴会、演戏,文武百僚地方绅士毕至,他迟迟而

---

① 陈立文著:《宋子文与战时外交》,台北图书馆1991年版,第66—68页。
② [美]西格雷夫著、丁中青等译:《宋氏王朝》,中国文联出版公司1986年版,第334页。

来,来的带着某家之某人,全座骇然,此为胜利后北平人士轻视中央之始,因为当时接收笑话,尚未传遍,这事我只可说到此为止。"据此,傅斯年认为宋子文是一个无能的人,让其任行政院院长,国家吃不消他了,人民也吃不消他了,"他真该走了,不走一切垮台了"①。傅斯年对宋子文的评述是一位历史学家对现实人物的点评,也许对宋子文有些许不客气,也不一定准确,但当时国民政府已失去人心,的确如傅斯年所说"一切完了","他真该走了"。然而,把国民政府垮台的责任推卸给宋子文一个人既不符合事实,也不合情理。宋子文的本事究竟怎么样不好说,但不可否认民国时期的宋子文,又是中国政坛上一位非同小可的人物。在宋氏三兄弟中,他算是出类拔萃的。在第二次世界大战期间,他是国民政府外交界和国际关系的重要人物。在那些年中,国民政府的许多事业,都与宋子文有关,他用金钱来支撑蒋介石的国民政府,这是人所共知的事实。但由于他的西化作风和民主意识,他不满蒋介石的独裁统治,与孔祥熙之间也存在尖锐矛盾,并几次受到他们的打击,这也是人所共知的事实。

1927年大革命失败后,宋子文反对妹妹美龄与蒋介石的婚事;宋庆龄因采取反蒋立场而遭危险时,宋子文又曾给她通风报信;1933年蒋介石为了"围剿"共产党的军队,极力扩大军费开支,无限制地举借内债,遭到宋子文的反对。独断专行的蒋介石,一怒之下,解除他财政部长的职务,改任孔祥熙为财政部长。1929年宋庆龄回国参加孙中山的奉安南京活动,宋子文相陪,二人一起在浦口迎灵,在上海住宅及父母墓前挽手合影。抗日战争期间,宋庆龄一度在重庆不得不借居在宋蔼龄的住宅内,时有生命危险,又是宋子文帮助她摆脱困境,转移到安全的住处。这些都说明宋子文、宋庆龄姐弟之间情深谊笃,也表明宋子文与蒋介石之间的矛盾由来已久。

可是,宋子文一方面对蒋很不满,但当1936年西安事变蒋介石被张学良、杨虎城扣留时又多方营救,然而他对蒋介石后来扣押张学良又很愤慨,认为他不守信义,并强烈要求释放。虽然努力失败,张学良受到半个多世纪

---

① 《世纪评论》,1947年2月15日。

的软禁,但由于得到宋子文的关照,张学良的生活得到照顾[①]。

　　1945 年 5 月 31 日蒋介石任命宋子文为国民政府行政院院长,并兼任外交部长。抗日战争胜利后,由于蒋介石发动内战,国民党统治区经济迅速恶化。这期间宋子文大半时间担负调停国共冲突工作,他一直在努力劝说蒋介石放弃反共,但蒋介石不理睬宋氏的劝说,坚持反共政策,致使宋子文的调停工作很快就失败了。全面性的内战终于在 1946 年夏天爆发。国民党统治区的经济形势迅速恶化,身兼国民党政府最高经济会议主席的宋子文不得不采取紧急措施和颁布各种禁令规定来支撑逐渐崩溃的经济,而这些应急措施不但终归无效,也彻底失去了民心。宋子文四处奔走筹款也无法满足蒋介石巨大军费的开支,加上他们之间在掠夺与分赃上的争斗,他与蒋、孔、陈(果夫与立夫)之间的矛盾也日益尖锐和复杂。他们对宋子文多方攻击,因此宋氏只好于 1947 年 3 月辞去行政院长之职。9 月,蒋介石又任命宋子文为广东省主席兼国府主席广州行辕主任。而当蒋介石于 1949 年元月辞去总统之职后,宋子文在广东的职位也随即失去。

　　宋子文对近代中国社会的发展既起过消极的乃至反动的作用,但也在一定时期里有过积极的、进步的作用。在旧中国的政治舞台上,宋子文曾是正角,但他却以丑角、侏儒的角色而下去,而消逝。“以正剧始而闹剧终。”[②]

　　1971 年 4 月 25 日宋子文在美国去世。宋子文的遗体安葬在纽约郊外凤可利夫墓园。

　　(二)宋子良、宋子安

　　宋美龄的弟弟宋子良,1899 年生于上海。1913 年随父母流亡日本。1915 年春回国就读上海圣约翰大学。后赴美留学,1921 年毕业于美国凡顿贝特大学。回国后,历任国民政府外交部秘书及总务司司长、上海浚浦局

---

　　①　张学良被押解到台湾后,得到宋子文的帮助,获得一笔巨款,得以对付各方面的应酬,维持宁静的生活。提供这笔巨款的是张学良的父亲张作霖兴建东三省铁路时请的一位美籍技术顾问。这位美国人回国时,张作霖给了他一大笔钱,让他投资经商。几十年后,这位美国人成了亿万富翁,于是思报张家,到处打探张学良的下落。最后得宋子文帮助,他到台湾看望张学良,给张一笔巨款。参见洛父:《我在台湾结识了张学良将军》,《团结报》1986 年 12 月 6 日。

　　②　吴景平著:《宋子文评传》,福建人民出版社 1992 年版,第 534 页。

长、大河沟煤矿公司常务董事兼协理、中国国货银行董事兼总经理、中国建设银行公司理事、中国银行董事等职。1936 年任广东财政特派员、广东省政府委员兼财政厅长。抗日战争期间任滇缅公路总办，掌握租借事务，负责采购和运输补给品，是宋子文的得力助手。1945 年以后，曾与弟弟子安在上海开设扬子实业公司。1947 年定居美国①。

宋子良对二姐宋庆龄感情甚笃，1949 年中华人民共和国成立后，在宋家与宋庆龄对立时期，宋子良与二姐宋庆龄的关系始终较好，无奈因国内政治局势的动荡，姐弟亦未能重叙手足之情。1981 年宋庆龄病重时，宋子良曾以个人名义向二姐致电慰问，也是宋家唯一从美国发来慰问电报的人。电报内容是：

廖承志先生转

孙逸仙夫人：

获悉您患病在身，不胜难过。为您的康复而祈祷。

宋子良

1981 年 5 月 22 日

于纽约州哈里森②

宋子良 1987 年病逝于美国哈里森。

宋美龄二弟子安，1906 年生于上海。1913 年随父母流亡日本，1915 年春回国入上海圣约翰大学读书，后赴美留学，1928 年毕业于美国哈佛大学。回国后历任松江盐务稽核所经理、松江运副（辅助盐运使掌管盐务行政事宜）、中国建设银行经理及中国国货银行监察等职。1948 年担任香港广东银行董事会主席，由于定居美国旧金山，常往来于旧金山与香港之间。1969 年 2 月 28 日，宋子安在香港广东银行董事长任内，因脑溢血去世。逝世后，宋子文曾参加其丧礼。他是宋子文经营金融业的助手，也是宋家六兄弟姐妹中年纪最小而又最早去世的人。

---

① 杨家骆：《民国名人图鉴》第 2 册，1936 年版；王正元：《宋美龄的姐妹情谊》，《江苏文史资料选辑》第 9 辑，第 59 页。

② 《人民日报》，1981 年 5 月 23 日；《宋庆龄纪念集》，人民出版社 1982 年版，第 318 页。

在宋庆龄流亡海外期间,宋子安曾陪伴她旅居柏林一月有余,并游历巴黎、维也纳等地。1948 年宋子安定居美国旧金山。宋庆龄把子安视为亲姐弟妹中唯一知音,晚年还对人说子安是在弟辈中"最了解"她的。子安病故时,大陆正在"文革"中,起初宋庆龄不知道子安病故的消息,但当她从外国杂志上看到子安逝世消息时,即亲自拟写电报发给美国宋子安遗孀胡其英及家属,表示深切的哀悼①。

二、启蒙教育

宋美龄出生于哪一年?据近年来海内外一些报刊刊载有关宋美龄年龄的考证文章,有三四种说法。一般说她出生于 1899 年,但未详月日;台湾有的报刊说是 3 月 11 日,但又未注明年份;汪日章则著文说她出生于 1901 年;美国著名传记作家西格雷夫所著《宋氏王朝》一书,通过各种手段,千方百计地觅到宋氏家族的家谱,尤其对主要成员的年谱作了审慎详实的研究后指出宋美龄是清光绪丁酉年二月十二日,即 1897 年 3 月 14 日出生于上海②。这一权威性的结论提出后,许多研究者均以此为定,如台湾的李桓所著《宋美龄传》便采用此说③。然而,蒋介石亲手书写的《武岭蒋氏宗谱》却这样写着:"民国十六年继配宋氏美龄,美国韦尔斯莱大学博士……光绪二十五年己亥二月十二日生日。"光绪二十五年,即 1899 年,己亥二月十二日,即公历 3 月 23 日。蒋介石所讲的"韦尔斯莱大学"应是威斯里安女子学院,宋美龄只获取该学院的学士学位,从未获得博士。关于宋美龄的出生年月日,1948 年,武岭蒋氏重修宗谱,蒋介石与毛福梅、宋美龄的关系,以及蒋经国、蒋纬国为何人所生,均成为难题。对于这桩牵涉到蒋介石个人名誉的事,任何人均无法代笔,最后只好由蒋介石亲自撰写。蒋介石作为宋美龄的丈夫,对妻子的年龄恐不会弄错。而且此事关系到宋美龄在蒋氏家族中的地位,夫妻之间必有商量,宋美龄对蒋介石撰写有关她的生辰时间决无不知

① 张钰:《在宋庆龄身边工作二三事》,《中国建设》(纪念宋庆龄特刊),1981 年 8 月。
② 张钰:《在宋庆龄身边工作二三事》,《中国建设》(纪念宋庆龄特刊),1981 年 8 月。
③ 李桓著:《宋美龄传》,台北天元出版社 1988 年版,第 273 页。

之理。据王舜祁考证,1947年4月2日至11日,蒋介石与宋美龄夫妇回故乡浙江省奉化县溪口镇扫墓,停留十天。他们住在溪口主办的武岭学校(蒋任校长、宋任校董),逐日记载了他们的行踪,现在这本《校刊》还在。其记着:"四月三日,宋夫人四十九岁生日,晚看'群仙上寿',古装话剧。"按照奉化习惯,寿辰按虚龄计年,且以阴历为准,故那年宋美龄为49虚岁,1947年4月3日,农历为闰二月十二日。这是宋美龄为自己生日提供的证据,故宋美龄生于1899年农历二月十二日,即4月3日当无疑问①。

宋美龄是宋氏家族的幼女。她在浓厚的宗教氛围与西方生活方式的环境中度过童年。五岁之前,她在家中学习英语,五岁在圣约翰大学少年班注册入学。这所卫理公会办的教会学校专门提供给上海上流社会家庭中的女孩就读。但因为宋美龄太过年幼,无法适应住宿生活,不久即离开学校。宋耀如夫妇只好请人在家教她念书。直到美龄赴美国留学之前,她都是在家接受启蒙教育。只有在暑假,美龄才能同姐姐蔼龄、庆龄,以及她们的小兄弟欢聚在一起。但即使在暑假期间,她们的课业仍然继续。早上,她们在一位英国女教师家里上英文和拉丁文课。下午,则由从前教过宋耀如的老师,教她们学习古文。吃过中午饭后,她们通常会睡个午觉,但当她们的母亲睡着之后,她们就偷偷爬到后院玩耍。美龄非常活泼和欢跃,但相当淘气,对周围的一切都兴致盎然。

美龄对她大姐——蔼龄有深厚感情,因为这位大姐对她非常温和,很体贴和疼爱她,凡事站在美龄一边,并帮助她对付那些准备欺负她的男孩和女孩。她周身浸透着虚荣,她自恃自己有能力而忘乎所以。她孤芳自傲,无人敢理。她那种我行我素的品格与外表的美丽并不相干。她生性超然脱俗,精力旺盛,即使是小姑娘时,她就高傲、威风凛凛。她崇拜勤奋的大姐蔼龄,蔼龄让她干什么她就干什么,蔼龄发号施令,处理家务事的时候,美龄总是一旁细心体察,仿佛在作蔼龄的艺徒,准备将来取代姐姐的角色②。甚至以后连她的婚事也由大姐一手安排。

---

① 王舜祁:《宋美龄出生年月日考》,浙江省政协文史资料委员会编,《浙江文史资料选辑》第38辑,《蒋介石家世》,浙江人民出版社1988年版,第166—167页。

② 〔美〕西格雷夫著、丁中青等译:《宋氏王朝》,中国文联出版公司1986年版,第143页。

父亲宋耀如很喜爱美龄。他启发她上进，教育她如何学习和做人。但由于宋耀如对幼女过分娇惯使她傲气逼人，缺乏坚强的意志。他希望美龄勤奋学习，取得卓越的成就，有意识地培养她成为雍容优雅和有影响力的人，可是她自恃聪明，学习并不刻苦。她思想活跃，但对问题缺乏潜心思考，思想缺乏深度，对父亲、对家庭、对社会发生的一切都缺乏深思熟虑。然而，由于美龄性情活泼，长得俏丽动人，在同人交际时总是比人优胜。

宋美龄很敬爱自己的父亲，但从她后来的回忆中则很少看到她谈父亲对她的影响，反而对母亲则有很多的忆述。可见，母亲对她的影响比起父亲来更直接，也更深刻。

美龄的母亲倪珪贞是宋耀如名副其实的贤内助，也是孩子们难得的好母亲。倪珪贞善良正直，为儿女们的前途和幸福奉献出了无私的母爱。孩子们对她爱得很深，她对孩子们的影响也很大。倪珪贞的三个女孩，"庆龄是个富于幻想的漂亮孩子，也许因为她文静听话，深得母亲的宠爱，老大蔼龄是个顽皮的姑娘，她感情奔放，常叫人为她操心"①。美龄的年龄最小，加上她那"楚楚动人的外貌更使人喜爱"。她和大姐蔼龄相比，不像大姐那样身材矮胖，相貌比较平淡，像个顽皮的男童。她和二姐庆龄相比，一样娇柔，一样俊俏，从眉毛到眼睛都很相似，唯有她不如二姐庆龄长得耐看，而且她们俩的性格也迥然不同。如果说庆龄比较纤弱、文静、温柔的话，那么美龄则像大姐蔼龄一样显得傲气逼人，孤芳自赏。

比起对待父亲，美龄对母亲爱得更加深沉，更加细腻。美龄在家只读了四年书。四年后恰遇圣公会在上海办的圣约翰大学少年班招生，美龄决心一试。这次招生考试分别为初试和复试。招生考试时恰好父亲不在家。母亲对美龄的应考非常支持，应考那天，她还亲自陪同美龄去考场。女儿在屋里考试，母亲在外面等了两个小时。按考场规定，初试及格进复试，不及格就被淘汰。张榜复试那天，实在热闹。这一天，倪珪贞也领着女儿美龄去了。本来美龄知道母亲身体欠佳不让她去，可是母亲执意要去。当她看到

---

① 　[美]埃米莉·哈恩著、李豫生等译：《宋氏家族》，新华出版社 1985 年版，第 29 页。

"美龄"的名字出现在榜文上时,高兴极了,大声喊道:"美龄,有你的!"因为过于激动,只觉眼睛一黑,便瘫倒在地上了。

美龄的妈妈因这场意外的高兴诱发了心脏病。

第二天上午,美龄复试的时间,妈妈还躺在医院急救房里。美龄没有去复试。可是当妈妈醒来时,得知因自己发病女儿没有参加复试时,后悔得猛抬起右手向大腿上砸去:"都怪你!都怪你!你这个老不死的东西,毁了女儿的前程!"①

母女情长。母亲倾心爱抚子女,关心子女的教育、成长和未来的前途。子女则以敬佩的心情去体贴和热爱自己亲爱的母亲。由于孩子们接受母亲的教养最直接,因而母亲的信仰、思想和言行举止对孩子们的影响最直接、最具体、也最明显。从宋美龄后来的回忆中得知,母亲对她的影响似乎比起父亲对她的影响大得多、也深远得多。

1934年3月,宋美龄在《美国论坛》杂志发表《我的宗教观》一文,谈到父母亲对她宗教观形成的影响时,她作了很多叙述。她说:"我而且多少带些怀疑心的。我常常想,所谓忠诚、信仰、不朽等等,不免有些近乎理想的。世上所看得见的东西,我才相信,否则我就不相信。别人承认的事情,我未必因而也加以承认。换句话说:适合我父亲的宗教,不一定能引动我。那只适口舌,宛如糖衣药丸的宗教,我并不信仰的。"又说:"我知道我母亲的生活,与上帝非常接近。我认识我母亲的伟大。我在幼年时,对于母亲强迫我的宗教训练,多少有些不肯受命,但我相信这种训练,给我的影响很大。那时的家庭祈祷,往往使我厌倦,我就借着口渴为推托,偷偷地溜到外面去,这常常使母亲烦恼。那时我也像我的兄弟姐姐一样,必须常常上教堂去,而冗长的说教,使我觉得非常憎厌,可是今天想起来,这种常上教堂的习惯,养成了我作事的恒心,这真是深可感谢的训练。"宋美龄称她母亲的个性是严厉刚强,而绝对不是优柔善感,说她母亲那时对宗教的虔诚是她"幼年生活中最深刻的印象"。"或许有这样一个母亲在我心中和宗教发生了联系,就使

---

① 陈廷一著:《宋美龄传》,春秋出版社1988年版,第44—45页。

我怎样也没有法子把它舍弃了。"①1955年,宋美龄为《读者文摘》撰写《祈祷的力量》一文,又指出:"我的父母都是虔诚的基督徒。我们自幼便去主日学校和教堂,每日举行家庭祈祷。我有时因为必须坐着听冗长无味的讲道而反抗,但幸而我在不自觉中吸收了基督教的思想。""在母亲看来,祷告上帝不仅是请求他祝福她的子女,乃是等候他的旨意。对于她,宗教不是单行道。她按照他的箴言生活,公正行事,爱慈悲,谦卑地与他同行。她常向我强调这一点:我们不应当要求上帝做任何可能伤害别人的事。她的去世对于她的子女是极惨重的打击,可是对于我的打击也许比较更重,因为我是她最小的女儿,曾十分依靠她而不自知。"②

母亲对美龄的影响,当然不仅仅是宗教方面的,但不可否认宗教对宋美龄的个性、人生、意志和价值观都产生深远的影响。从宋美龄的回忆中,我们可以看到,她的启蒙教育都是在家庭中得到的,家庭的教育无论条件如何优越都比不上社会正规学校教育更全面、更加实在和符合时代潮流。但由于美龄的聪慧和勤奋,她并不比其他同龄儿童受的教育差,加上宋耀如有明确的培养目标:要美龄学好英语和古文为到美国留学打好基础和学成回国服务,从这方面看,宋耀如对儿女的期望已达到预期的目的。

父亲刚直不阿,热情爱国,乐做善事,有强烈的事业心;母亲深情、善良而又严厉。正由于父母为儿女们悉心抚育、积极培养,使美龄及兄姐弟弟都得到新式的、正规的、优等的教育。这对于她们后来成为中国现代政治、经济和外交舞台上的活跃人物有很大的关系。

三、赴美求学

当美龄八岁时,她大姐蔼龄已在美国佐治亚州梅肯市的威斯里安女子学院学习了两年。宋耀如觉得,应该把庆龄和美龄也送到美国去读书,让孩子们早点接受新学的教育。

---

① 王亚权编纂:《蒋夫人言论集》上集,台北"中华妇女反共联合会"1977年版,第1—3页。
② 宋美龄:《祈祷的力量》,台湾《读者文摘》中文版,1955年第7卷第4期。

1906 年宋耀如借赴美为孙中山筹措经费之机,在纽约与大女儿蔼龄会面,并到新泽西州的小镇森密特,为二女儿庆龄和三女儿美龄联系赴美就读学校。这个小镇有一座由克拉拉·波特温小姐创办的学校,录取小批中国学生,辅导他们报考美国的大专院校。宋耀如经过参观、交谈,很喜欢这座学校的气氛,征得校方同意,决定将两个女儿送来这里就读。美龄和姐姐庆龄于 1907 年 8 月 4 日由上海起程乘美国大北公司轮船赴美。美龄当时只有八周岁,非常活泼和欢跃,而且相当淘气,是一个非常可爱的小女孩。她对于她将要前往的美国非常好奇,而且对于她未来的理想也非常肯定。在旅美轮船上,有一位年轻的英国小姐和美龄

刚进入威斯里安女子学院就读的宋美龄

在甲板上散步,她问美龄:"你将来长大要做什么?"美龄很直接地回答:"我要当一个医生。"这个回答令这位英国小姐感到吃惊,她说:"当医生!我想你不会喜欢这个工作,你知道吗?你必须去切割人的腿!""是吗?"美龄吃了一惊。她想了一会儿,然后她又对这位英国小姐说:"那我不当医生了,因为这工作太脏了。"美龄从小有洁癖,她无法忍受脏、乱,她只想到医生穿着白洁干净的外衣,却未想到医生背后的代价与辛苦,因这位英国小姐一

说干医生这一行很脏和责任重大，她便轻易而不假思索地放弃了学医的念头①。

宋庆龄与宋美龄姐妹同行赴美留学，一个系官费，一个系自费，护送者是其姨父温秉忠。为此，温秉忠还给两江总督端方电函一封。该电函全文如下：

> 南京督宪钧鉴：今日下午率同男女学生十四人，同行自费女生宋美林、牛惠珠二人，共十八人，并随带书箱行李等，乘美大北公司米尼苏打船，经日本直至希押特路埠登岸。恳电公使照会美外部转饬该埠税关查照放行，免予留难。再，张府仁已至沪，定明晚乘轮来宁。秉忠禀。宥。光绪三十三年六月二十六日午发。②

据骆宝善先生的解读，收电人"南京督宪"即两江总督端方，发电人"秉忠"，即候选道温秉忠。电报文意甚明，没有什么费解之处。但要详知其中涵义，则须从事情的原委与细节说起。

光绪三十二年（1906 年），时为湖南巡抚的端方，作为五大臣之一，奉旨出洋赴欧美各国考察宪政。其时，清末新政方兴未艾，兴办实业，编练近代军队，移植西方政治制度，等等。一时之间，百废并举。而兴办近代教育，废除科举，尤为识者所醉心。端方为满族大员中对新政最为积极热诚者之一，且于政暇留心学问，酷好文物收藏。其时，满族大员大都被目为尸位素餐之徒，惟独这位端方获得"有学之术"的清誉。他在美国考察期间，于留心宪政之同时，还多方谋求拓展教育事业，商请美国的几所大学，特许接受中国免收学费的留学生名额。即其奏折中所说：

> 参观美国各学校，与各校校长周旋款洽，对于中国教育前途极为关注。其耶路、干尼路大学、威尔士利女大学，均愿赠给学额。惟须程度合宜，方可免收学费。③

在端方擢任两江总督之后，迅即组织落实，在两江总督辖内苏、皖、赣三

---

① 龙流编译：《宋美龄传》，农村读物出版社 1988 年版，第 44—45 页。
② 这封电报，刘路生曾在《广东社会科学》2003 年第 1 期的补白发表介绍。
③ 端方：《选派学生留学折》，《端忠敏公奏稿》卷 10。

省考选学生。于上半年选定，委派候选道温秉忠护送赴美，赶于美国学校下半年开学之前办毕入学手续。端方对于这批留学生的考选颇为慎重，且甚为满意，并接见面试了考取的各学生。他说：

> 札饬宁学司就江南各学堂详慎挑选，其苏、皖、赣学生，各该学司及教育总会咨送投考，分科考试，详定录取。据署江宁提学司陈伯陶详请咨送前来。臣传见诸生，考其学业、气质，均堪造就。遴委候选道温秉忠护送赴美。[1]

端方奏折表明，其男生为胡毅复等十名[2]，女生为宋庆林等四名。温秉忠这一致端方电报，是护送学生赴美起程当天的报告，端方奏折是此次选派赴美留学生事毕向清廷的奏报。二者合看，方为完善。端方的奏折，乃至宋氏姐妹出国留学的护照等，已经得到论者的注意，而温秉忠的电报，则未见诸海内外著述所征引。

温氏的电报参以端方奏折等显示，温秉忠率江南官费、自费生十六人，连同浙江学生一人，一行共十八人。1907 年 7 月 31 日他们获得江南海关道签发的留学护照。8 月 1 日上海各国总领事馆副总领事波爱德（Boyd）批准签发护照[3]。庆林、美林便准备出国留学。她们由上海起程经日本赴美，乘坐轮船是美国大北公司的"米尼苏打"号，目的地是美国新泽西州。抵美日期是 8 月 28 日。宋氏姐妹的名字，温电、端方折以及她们的护照，都为庆林、美林，充分表明，这就是她们幼年从学期间的正式学名。庆龄、美龄都是后来更改的。

宋氏姐妹同行赴美国，但身份不同。庆林是官费生，美林是自费生。抵美后，美林当系自由择校入学。庆林亦非按端方原联系定的威斯里安女子学院入学，而是"另择相当学堂送入"。

与宋氏姐妹同行赴美的还有一位自费生牛惠珠。盛永华主编《宋庆龄

---

① 端方：《选派学生留学折》，《端忠敏公奏稿》卷十。

② 端方奏折谓十一名，是指同行包括浙江学生曹云祥一名。江南海关道签发护照日期，参见盛永华主编：《宋庆龄年谱》（上），广东人民出版社 2006 年版，第 51 页。

③ 盛永华主编：《宋庆龄年谱》（上），广东人民出版社 2006 年版，第 53—55 页。后文叙及宋氏家庭人和事，除注明出处者外，均参用本书，不再一一注明。

年谱》谓,光绪十七年(1891年),宋氏姐妹的外祖父倪蕴山府上,有全家合影照片一帧,内有长婿牛尚周、长女倪珪贞夫妇及牛尚周的长子牛惠霖。从当时中国了解并向往西学的社会圈子,以及中国人命名习惯诸方面考察,这位牛惠珠当系牛尚周之女,与牛惠霖是兄妹,与宋氏姐妹是姨表姐妹。目下虽尚缺乏第一手证据,但这个推断当是可以成立的。

从私人的社会关系来说,温秉忠是宋氏姐妹的姨父。宋氏姐妹的外祖父倪蕴山有三女,长女倪珪金,嫁给第一批留美幼童牛尚周,即牛惠珠之母。次女倪珪贞,嫁宋耀如,即宋氏姐妹之母。三女倪秀贞,嫁温秉忠。亦即牛尚周、宋耀如、温秉忠三人均是倪蕴山女婿,温秉忠是宋氏姐妹的姨父,温秉忠带领留学生赴美,为宋庆龄和宋美龄赴美提供方便。然而,宋氏姐妹之所以能够独得命运之神的眷顾,首先还在于她俩均具备了一定的优势和条件①。

到了美国,美龄进了新泽西州森密特小镇波特温小姐的学校,尽管有二姐做伴,但美龄还是感到非常寂寞,而且非常想念家乡,惦记着父母。不过她毕竟年幼,对异国的一切都兴趣盎然,她在学校里欢蹦雀跃、活泼非常,无论是学校的花草树木,还是房屋和人,她都要盘根问底,打听清楚。发闷时,她还经常到教师家里去聊天解闷。

在森密特宋美龄度过愉快的一年之后,1908年夏天二姐庆龄和美龄同一个朋友到佐治亚州的山城德莫雷斯特避暑。秋天,庆龄转入梅肯的威斯里安女子学院就读,美龄留在德莫雷斯特进入皮德蒙特学校念书,住在大姐蔼龄一个同学的母亲摩斯夫人家里。

宋美龄在皮德蒙特读书期间,看到班内许多同学都是来自遥远山区的成年男女,他们为了维持生计和取得接受基础教育的机会而不得不含辛茹苦地奋斗,有的烧了几年炭,有的做了几年劳工,才挣得了一点钱来读书。从这些同学身上,美龄看到了真正的人生价值。她对这些同学表示钦佩,同情他们,并想力所能及地援助他们,从而认识到:"他们和他们那样的人,正

---

① 这里引述温秉忠给端方电函及考释见骆宝善2008年提供香港"宋美龄及其时代国际学术研讨会"论文,见胡春惠、陈红民主编:《宋美龄及其时代国际学术研讨会论文集》,香港珠海书院亚洲研究中心2009年版,第609—613页。

是任何民族的支柱。"由于受到同学们的影响,宋美龄在学习上也有很大进步。原来她的英语知识比较薄弱,在词语的表达上,经常出现可笑的小毛病。为了纠正这些毛病,老师教她从语法上下工夫,学会分析句子,结果收到效果,使她能比较准确地用英语将自己的意图表达出来。生理学成绩也很好,但算术成绩则较差,尤其对百分比的换算没有弄懂,据说仅能得"C等"成绩,勉强及格。

美龄在美国南方小镇德莫雷斯特生活了九个多月,对她的影响很大。她不仅对美国产生了深厚的感情,而且对南方充满了乡土之恋,连她的英语发音也带着浓郁的美国南方乡音。据宋美龄回忆:她在德莫雷斯特生活很愉快,摩斯太太待她很好。她离开皮德蒙特到北卡特法摩特,是摩斯太太亲自驾车把她送到亚特兰大城(Atlanta)亲自交给等在那里的庆龄姐姐,摩斯太太才离去。她说:之后,就不再曾回过皮德蒙特。但她对在那里度过的岁月记忆犹新,一回想起来她就感到愉快。

1909 年,美龄已经十岁了,父亲宋耀如要送她进威斯里安女子学院念书。但是宋美龄的条件,按照学校的要求就连作"特别生"都不合格。幸好由于新院长安斯沃思主教的小女儿也在学校里,她比美龄小两岁,瘦个子,十分机灵,同美龄也很要好,后来又来了第三个女孩,她叫克·马歇尔。这三个小女孩组成了非正式的特别班。她们在一起学习,又在一起娱乐玩耍,生活得很融洽。由于美龄的脾气很好,在与人交际时总是逗人喜欢,使她交了不少朋友。这对于她的学习增加了很多有利条件。学院又指派专人对美龄进行个别辅导,英语教授伯克斯夫人照管美龄的个人生活,为她做衣服,帮助她到城里买鞋。美龄在威斯里安女子学院当了三年"旁听生"后,终于在 1912 年成为该学院的一位正式学生了。美龄给人的印象,仍然是淘气孩子的印象,她学习并不特别用功,远不如她二姐庆龄勤奋和严谨。

1913 年春季学期结束,二姐庆龄从威斯里安女子学院毕业,并返回中国。美龄便从佐治亚州转学到马萨诸塞州的威尔斯利学院,以便与她在哈佛大学二年级念书的哥哥宋子文离得近一些,便于哥哥照顾她。然而,尽管威尔斯利学院长期以来就是美国一所名牌大学,但美龄并非一开始

1913年，宋美龄与威斯里安女子学院同学合影

就喜欢这所大学。在开学的第一天，美龄就走进校长办公室，操着美国南方浓重的英语口音宣称："唔，我估计，在这儿我不会呆很久。"从1913年秋至1917年夏，美龄在威尔斯利学院就读，前后共四年。大学一年级时，美龄和班里其他同学一起住在威尔斯利村。此后的三年，她住在校园内的伍德村。

美龄多年远离祖国，在美国学习并度过了性格成型时期。由于她孤身在外，不像在家那样能依赖父母，因此慢慢地学会独立思考，凡事她都有思索，都有自己的见解，决不随波逐流，这对她后来产生很大影响。一位同宋美龄住在伍德村、对她非常了解的教授写道："她对每件事情都有了不起的见解。她常常提问，问各种思想的性质，今天跑来问文学的定义，明天跑来问宗教的定义。她思考伦理道德，并为自己探索某些准则，而人们对于准则往往是不问究竟地承袭相同，按现成的和盘接过来。她是一个坚持真理的人；一旦发现向她灌输传统的谬误，她就忿忿不满。"①

---

① ［美］罗比·尤恩森著：《宋氏三姐妹》，世界知识出版社1984年版，第47页。

1937 年 11 月，威尔斯利学院校友部编写了一份关于宋美龄的学习科目和一些课外活动的概要，其中一段谈宋美龄是这样写的：她是一个有才华的学生，主修英国文学和兼修哲学。据说，她特别喜欢中古时代亚瑟王骑士传奇故事中的激烈战斗场面……在整个四年中，她学了法语、音乐理论、小提琴和钢琴，还修天文学、历史学、植物学、英文写作、圣经史和讲演。此外，1916 年夏天，她在佛蒙特大学选修过教育学，也获得学分①。

1917 年，宋美龄以优等成绩在威尔斯利学院毕业。在大学四年级时，她获得杜兰特奖学金，这是该校授予学生的最高学术荣誉奖。

在美国留学期间的宋美龄（左）、宋庆龄（右）与宋子文（中）

宋美龄自 1907 年至 1917 年，连续在美国生活了十年。在美国期间，大姐蔼龄毕业回国后，二姐庆龄负责照看小妹美龄。有三年时间庆龄实际上

---

① 辛慕轩等著：《宋美龄写真》，档案出版社 1988 年版，第 59 页。

担负起父母的职责,而美龄也很爱二姐。在以后十多年时间里,她们之间既是同胞姐妹,又是知心朋友。1915 年,庆龄打算不顾父母的反对同孙中山结婚。她写信给正在美国上大学的妹妹美龄,希望得到她的同情和理解。有一种说法认为,年轻的美龄是这个家庭里唯一赞成这桩婚事的成员①。她虽然在生活习惯与作风上受到美国很大影响,她脚蹬结实的美国鞋,身穿和大家一样的美国裙。但她经常用一些色泽明快的丝绸在自己宽大的短外套或夹克衫上做点缀,使其具有东方女人的特点。她对东方文化及其遗产的思想感情,随着年龄的增长,也愈来愈深厚。她为中国文明对世界文明的贡献感到自豪,并为西方世界竟然漠视中国文明表示遗憾。由于美龄有激情,待人真诚,又喜欢和善于交际,她始终具有内在的力量,给威尔斯利学院的师生留下深刻的印象。一位教师在为美龄作的评价中写道:"(美龄)这个人很有趣,具有内在的力量……她的性格中真正有趣的一面是她具有独立的思想,她对任何事情不停地苦苦思索。"②

　　大学时代,比任何时候对美龄的影响都大。她不仅学到了很多知识和工作的本领,更重要的是使她了解到中国和美国的不同。美国的教育不仅没有把她变为美国人而主张"全盘西化",反而使她痛感很多人不重视中国,不懂得中国对世界文明的杰出贡献,从而激发她对祖国文化的兴趣,开始认真地研究和了解中国辉煌的历史。

　　宋美龄在美国期间,对美国进行了极为广泛的游览,她对别人说:"我游遍了整个美国,实际上,美国的每一个州我都去过。每年暑假,要么就是同我父亲的朋友们在一起,要么就是去拜访我的同学。"③她对美国很熟悉和了解,但她对中国了解得很少,现在快毕业回国了,美龄当然感到有些彷徨。她常和哥哥子文在一起唉声叹气,回国后又将如何? 怎样才能适应那种几乎是陌生的生活? 但美龄明白她是中国人,她得回到自己的祖国。她也决心毕业后即回国,但她最担心的是她回国后父母包办她的婚姻。美龄的担

　　① 伊斯雷尔·爱泼斯坦著、沈苏儒译:《宋庆龄——二十世纪的伟大女性》,人民出版社 1992 年版,第 30 页。
　　② 简洁、孟忻编著:《蒋介石和宋美龄》,吉林文史出版社 1989 年版,第 59—60 页。
　　③ 简洁、孟忻编著:《蒋介石和宋美龄》,吉林文史出版社 1989 年版,第 60 页。

心不是多余的,因为两个姐姐的婚事,使父母比较满意的是大姐蔼龄同孔祥熙的婚姻,而二姐庆龄与孙中山的婚姻,则受到父母的极力反对。美龄害怕自己的婚事将由父母为她包办,为防止这类事情发生,在她回国之前,便选中了一位向她求婚的中国留美学生刘纪文,并答应在某个适当的时候结婚。刘纪文,广东东莞人,1890 年生,1910 年加入中国同盟会。1912 年冬赴日本留学,1917 年早稻田大学毕业回国,并在上海中华革命党任职,后回广东在军政府大本营任职,1923 年入剑桥大学研究,后赴欧美考察市政。1927年任国民政府南京市长。这位刘纪文文化素养当然算得是上乘,官不算太大,但也是个首都市长。刘纪文与宋美龄恋爱,并有一个口头诺言,在适当时结婚,但后来她也没有同刘纪文结婚①。对于这桩婚事学界有不同谈法,但不管如何,这事的本身的确反映了宋美龄回国前的一种心态。

四、回到祖国

1917 年 6 月,宋美龄结束了她在美国长达十年的学习生活,决定回国服务。

宋美龄何时回到上海,史书记载不明,据李桓《宋美龄传》引述宋庆龄的话:"想想看,小美龄 6 月毕业,7 月就要回到中国了,时间过得多快!她是个受人宠爱的小姑娘,大学生活多彩多姿!"②据此看来,美龄最迟在 7 月底、8 月初已回到上海。

这时的中国政局颇乱。1916 年袁世凯复辟帝制失败并毙命,由副总统黎元洪继任总统,但由于政党林立,到处都是贪嗜权力的野心家兴风作浪。第一次世界大战爆发后,原来就动荡的中国政局更加受到影响。在北京,国会反对中德、中奥断交的建议,但总理段祺瑞则指使暴徒胁迫国会通过对德宣战案,未遂,黎元洪免段祺瑞国务总理,任伍廷芳暂代。1917 年 6 月 23日,从徐州率军北上的张勋,胁迫黎元洪解散国会,7 月 1 日,张勋等在北京

---

① 据陆景武教授(广东信宜陆匡文之子、刘纪文的世侄)对本书作者之一李吉奎讲到,陆(景武)曾亲向刘纪文询问刘宋未能成婚原因,刘答称,关键在于中西文化上的差异。

② 李桓著:《宋美龄传》,台北天元出版社 1988 年版,第 74 页。

拥戴废帝溥仪复辟,但仅十二天即失败。7 月 14 日,讨逆军控制北京,恢复共和政府,黎元洪通电辞去总统职位,8 月 14 日段祺瑞政府对德宣战。孙中山为维护《临时约法》,1917 年 7 月 1 日率部分护法海军从上海到广东建立军政府,发动维护约法的护法运动。宋美龄就在这样的情势下回到中国。她回到上海,不仅未能适应上海的生活,就连中国的一切都感到不习惯,尤其讨厌当时政局的混乱。她初回国时,仍然喜穿西式的服装,中式的衣饰在她眼中总觉得怪怪的,不愿意穿。正因为这样,当时社会上和亲朋之中,有人对美龄等回国留学生抱有一定成见,认为他们穿洋服、说洋话,即使说中国话也是颠三倒四,满腔洋味,因此往往以厌恶的眼光看待他们。就连美龄的父亲宋耀如也有点后悔当初送孩子出国留学。据说后来,有一位准备送女儿到美国读书的中国朋友向宋耀如征求意见,他半认真地劝他别这么做。"别把孩子送到外国去",他懊悔地说,"他们留洋回来眼界就高了,想把一切都颠倒过来⋯⋯'爸爸,咱们为什么不买一所大点儿的房子? 爸爸,为什么不装个现代化的浴室?'听我的,别让孩子出国"[①]。

　　然而,宋美龄是一个很重视家庭的人,有着强烈的家庭自豪感和相当浓厚的服从家庭的意识。美龄的回来成了宋家的喜事,为宋家增添了很多欢悦和谐的气氛。父亲宋耀如为女儿美龄回来很是高兴,他让美龄帮助他接待亲朋好友。

　　宋美龄十年在外,对祖国语言确实有些生疏,所以她家长要做的一件事,就是找一位中国教师教她学习中文和汉语。由于童年时代的记忆,她稍加练习就能顺畅地用上海方言进行交谈,但她对汉语不以能听、能讲为满足,她还要求能读、能写。她的老师是一位私塾先生,每天教她学习中国古典文学,要求非常严格,他不仅要宋美龄跟着反复吟诵中国的古典作品,还要她认真地抄写,日复一日的学习延续了好几年。经过多年的不懈努力,宋美龄不仅能以一口流利的汉语公开发表演说,而且还会用中文写作;她不仅从中读了很多中国古代、近代的优秀文学精品,还学习中国的历史、地理,增加许多中国的历史、地理知识。这一切使她得到社会不少人的敬佩和称赞。

①　[美]西格雷夫著、丁中青等译:《宋氏王朝》,中国文联出版公司 1986 年版,第 204 页。

宋美龄在上海寓所的肖像

　　宋美龄每天的生活非常紧凑,但她很乐意助人,并能常常干一些在别人看来有失她的身份的事情。例如,她的一位童年的玩伴记得一件事,最足以表露美龄这方面的特质。《宋氏三姐妹》一书,描写了美龄如何一时冲动,请了一位英国朋友来家中陪她一起喝茶的情景。据说,这两位姑娘走进起居室,美龄按铃叫来一个佣人。然后,她环视一下房间,不耐烦地小声说:"灰尘!这些佣人简直不懂得如何打扫房间。"她叫那个佣人看看那张满是尘土的桌子,要她重新弄干净。佣人开始轻轻地拂拭这张桌面。美龄尽可能耐心地等待着,然后她自己突然抢过抹布。"不,不能那样干。"她说:"喂,像这样……"她麻利地拂去尘土,擦拭那些需要擦拭的地方,并很快地转过身来,对她的客人说:"不教他们,你就别指望他们懂得怎样干活。我料定,我这样做,好多人会说我这是丢面子。"但是她用一种极为轻蔑的口气说:"我不能去考虑那些事。"①帮助家庭做一点擦拭灰尘,只是小事一桩,对于一般中国普通家庭的孩子来说,干这点事情是普通的事儿,可是对于一个富有家庭的娇小姐能做这样的粗活,也的确不容易。这也许跟宋美龄在美国受到的务实教育有关系。

---

　　① 〔美〕罗比·尤恩森著:《宋氏三姐妹》,世界知识出版社1984年版,第53页。

　　宋家是一个富有的家庭，又是一个舒适愉快的地方。宋家的亲朋好友也都像宋家一样，拥有汽车和财富。他们经常聚会纵情欢乐。当他们为某一位家庭成员庆祝生日时，总要举行为期几天的盛大宴会，以奢华侈靡的方式来显示自己的富贵荣华。凡有这种场面出现，宋美龄必亲自出席，并常常担任重要角色。

　　宋家与外国人的交往也甚为频繁。一般从海外回来的中国人，往往不再与外国人接触，但是宋美龄则不同，她回国后却仍然与美国人保持往来。美龄回国后的翌年春天，父亲宋耀如的美国朋友卡尔访问上海。宋美龄帮助父亲热情接待。

　　卡尔是美国退休将军、老绅士。据说，宋耀如向孙中山领导的同盟会上缴了二百万美元。这笔款项数目之大使人怀疑其可靠性，但种种迹象表明，宋耀如等人曾对孙中山解囊相助则是事实。由于卡尔将军支持过中国革命，他到上海，革命党人热情地接待他也是人之常理。卡尔乘船抵达上海时，宋耀如亲自到码头迎接，并把卡尔径直接到法租界宋家住宅，把他的夫人倪珪贞和在家的子女向卡尔介绍。在后来的一些日子，宋耀如安排卡尔会见了步惠廉牧师，带他参观华美书馆的陈旧设备和商务印书馆的新大楼。宋庆龄和孙中山也在法租界莫利爱路孙家住宅接见了卡尔将军。孙中山亲自主持两次宴会招待卡尔将军，并发表了表示感谢卡尔将军支持中国革命的讲话。所有这些活动，宋美龄都参加陪同贵宾。从中美龄又认识了不少革命党人。"他们把我当王族来对待——简直把我当国王了"，卡尔在家信中写道。孙中山亲自叫人订制了三个金碧辉煌的瓷花瓶送给卡尔，由上海最好的艺人制作，算是中国政府的官方礼品，尽管孙中山这时并无公职，而所谓"政府"仅仅是想象中的产物而已。倘若还需什么证据来说明卡尔对中国革命确有贡献的话，那么，这些花瓶就是明证。他在上海受到的款待，就像当年乔治·华盛顿为感激美国大革命时期所得到的帮助而为拉斐德举行的宴会一样。卡尔跟拉斐德一样，都是"两个世界共有的英雄"[1]。以上说的是 1917 年宋美龄回国后的事，但孙中山自 1917 年 7 月至 1918 年 6 月

---

　　① 　[美]西格雷夫著、丁中青等译：《宋氏王朝》，中国文联出版公司 1986 年版，第 205—206 页。

下旬在广州,不在上海。但是,我们查找相关孙中山在美国活动的资料,并未发现有卡尔支持过孙中山的记载。而且,孙接待卡尔之事,即使是真有其事,时间也待考。

卡尔将军访华后仅几个月,宋耀如因患胃癌于 1918 年 5 月 3 日溘然长逝。这时宋美龄留学归来还不到一年。他临终时,美龄、庆龄、蔼龄都随侍在侧,亲视含殓。宋耀如一生留给亲属的是一个所谓"宋家王朝"和一个与勇敢、改革同义的名声。宋耀如曾对孙中山的革命斗争给予一定的支持,因此革命党人把他看作是亲密的战友。

宋美龄(右)与大姐宋蔼龄(左)、二姐宋庆龄(中)合影

办完父亲宋耀如的葬礼后,姐妹们便各奔东西了。两个姐姐各自回到自己丈夫的身边,安慰母亲和处理父亲身后事宜则由美龄承担。她和母亲一起把家搬到上海西摩路一栋比较宽敞的房子里住下。父亲去世,美龄久久不能自已,陷入难于忍受的悲痛之中。因为宋家随着耀如的逝去,不仅减少了许多神奇的色彩,而且整个家族也处于一个转换期。

宋美龄毕竟是一个有教养的人,她强忍着失去父亲的悲痛,整理了亡父的私人文件,并谢绝了上海好几所学校聘请她去任教的请求。从此,她尽量减少那些不必要的社会聚会,而宁愿把时间花在照料母亲,以及从事学习和参加社会公益的工作。她加入上海基督教女青年会,从事一些社会服务性工作。同时她还是全国电影检查委员会的成员。上海市议会还打破先例邀请她加入童工问题委员会。在此之前，还未有一个中国人得到过这个职位。参加社会活动，对于一个从未经受过或看见过旧中国黑暗生活的年轻女子来说，这不仅是一项使她感到惊讶而又开眼界的工作，而且也是她真正接触中国社会、了解国情的开始。正由于她参加一些社会性服务工作，使宋美龄真正步入中国社会、接触中国社会、了解中国社会。这一切，对于她往后的生涯无疑具有莫大的影响。

第二章　蒋宋联姻

一、蒋介石向宋美龄求婚

关于蒋、宋联姻的故事，传说不一。但从各种资料来看，蒋介石最初结识宋美龄是通过孙中山，恐怕是可靠的。

关于此事，美国著名女记者埃米莉·哈恩有这样的记述：

> 蒋介石第一次见到美龄是在上海孙博士的家里。他当即认定，美龄正是他理想中的姑娘。见到美龄的时候，蒋介石已经休掉了奉化的毛小姐。一天，他向孙博士提起了这门婚事。据说那时的宋美龄美丽如"盛开的玫瑰"，蒋介石一见倾心，"不稍犹豫，露求婚之意"①。他对孙先生说："我现在还没娶上老婆，您能劝宋小姐嫁给我吗？"孙中山没有去劝美龄，而是把蒋介石的意思转告了妻子庆龄。庆龄悻悻地回答说：她"宁可看到妹妹死，也不愿让她嫁给一个在广州城内至少有一两个情妇的男人，虽然他名义上没有结婚"。但是孙中山并没有把妻子拒绝的话转达给蒋介石，因为他喜欢蒋介石。他劝蒋介石说："等一等

---

① 龙中天：《宋美龄其人》，台湾《民主政治》周刊，1985 年 5 月 9 日。

吧!"蒋介石明白孙中山的意思,于是等了起来。在孙中山逝世前,蒋介石又两次提起这门亲事,但每次得到的回答都是"再等一等吧!"蒋介石为此事"等了近十年"。①

王朝柱在《宋美龄和蒋介石》一书中,引用1927年10月10日上海《交通日报》刊登一则关于宋美龄婚事的文章,指出埃米莉·哈恩所说蒋介石为了能与宋美龄结婚"等了近十年"的说法与事实不符。

《交通日报》对宋美龄的专访是这样记载:

> 问:蒋先生谓初见女士时已认为女士为其理想的伴侣,但不知当时女士,作何感想?
>
> 答:(女士微笑)此乃五年前事,当时余未注意及之。
>
> 问:结婚问题,起于何时?
>
> 答:半年前,然最近始有成协。②

据此有人认为,蒋介石与宋美龄初次见面是在1922年于上海香山路孙中山居所。可是,1922年1月至5月,孙中山在桂林和韶关督师北伐,6月16日陈炯明部属在广州发动兵变,8月14日才到达上海,1923年2月15日孙中山又偕陈友仁等离沪赴粤。如果说蒋介石是在1922年于上海孙中山住宅初见宋美龄,那只能是在8月15日以后至12月底以前,不可能是在其他时间。董显光在其所著《蒋"总统"传》中说:蒋介石"及与宋女士相稔,知其为理想之终身良伴,而向求之不得者,故不稍犹豫,露求婚之意。"又说:"其后五年间,蒋致全力于革命事业,北伐军兴,蒋即率师北上,此期间与宋女士函牍往返,仍申前请。"这里所指出的蒋介石于五年前认识宋美龄便"露求婚之意"与宋美龄答《交通日报》记者问相符,但说北伐期间蒋仍与宋美龄"函牍往返",过去我们不知何而说,现据叶永烈编著《蒋介石家书日记》则提供新的根据,蒋宋之间的确是在婚前"函牍往返"。1927年8月蒋在一封

---

① 〔美〕埃米莉·哈恩著、李豫生等译:《宋氏家族》,新华出版社1985年版,第131页。
② 王朝柱著:《宋美龄和蒋介石》,中国青年出版社1991年版,第11—12页。又见章微寒:《蒋宋联姻资料辑录》,浙江省政协文史资料委员会编,《浙江文史资料选辑》第38辑,《蒋介石家世》,浙江人民出版社1988年版,第164页。

致宋美龄的信中说:"余今无意政治活动,惟念生平倾慕之人,厥为女士。前在粤时,曾使人向令兄姐处示意,均未得要领,当时或因政治关系,顾余今退而为山野之人矣,举世所弃,万念灰绝,曩日之百对战疆,叱咤自喜,迄今思之,所谓功业,宛如幻梦。独对女士才华容德,恋恋终不能忘,但不知此举世所弃之下野武人,女士视之,谓如何耳?"[①]信上所说"余今无意政治活动",成了"举世所弃""下野武人",显然是指蒋于 1927 年 8 月 12 日在南京第一次"下野",宣布辞去本兼各职,离开南京,回到溪口故乡这段经历。这封"情书"也肯定是在这期间发的。

恋爱中的宋美龄与蒋介石在上海孔祥熙寓所合影

史书有这样的说法,蒋介石是在 1922 年 12 月初参加一项社区的基督教晚会,认识宋美龄的。这个晚会由宋子文主持,地点又是在上海香山路(莫利爱路)孙中山家中。那个时候孙中山和宋庆龄均在上海,并正在准备南下广州。说在这个晚会上,蒋介石认识活泼可爱的宋美龄[②],同宋美龄答《交通日报》专访相符。但台湾陈进金则据《蒋中正"总统"档案》指出,蒋介石在《蒋中正"总统"档案》中,首次提到宋美龄是在 1927 年 3 月 21 日,蒋云:"今日思念美妹不已。"这一天(3 月 21 日)正是国民革命军攻克上海的

---

① 叶永烈编著:《蒋介石家书日记》上册,团结出版社 2010 年版,第 26 页。
② 冀定洲著:《蒋家父子》,河南人民出版社 1989 年版,第 91 页。

日子，蒋氏在安庆军次，虽忙于战事，仍然对宋氏展开强烈的追求。"宁汉分裂"期间，在孔祥熙夫人宋蔼龄居间联系下，宋美龄应邀赴镇江同蒋介石一起游玩金山、焦山一带，使蒋、宋感情进展迅速。5月，蒋介石率领国民革命军继续北伐时，仍然经常提到："今日终日思念美妹不置。"因此，"总统档案"的编者才记下："公近数月来，常与宋美龄女士通书，其情爱益日增云。"①由此陈进金说：在3月21日前蒋氏已见宋美龄。

1927年8月13日，蒋介石政治上宣布"下野"，与宋美龄的关系却有进一步的发展。9月23日，蒋由奉化溪口故乡抵上海，除分别与胡汉民、吴稚晖和张静江等人会面外，当晚蒋氏与宋美龄有了一席长谈。之后蒋氏于《日记》上云："情绪绵绵，相怜相爱，惟此稍得人生之乐也。"②翌日（24日），宋美龄答允蒋氏的求婚。28日，蒋氏由上海搭船东渡日本请示宋母有关与宋美龄的婚事，蒋于辞别宋氏时依依不舍，曾云："三弟情绪绵绵，何忍舍诸！不惟外人不知三弟性情，即余亦于方知也。"③当天晚上，蒋于船上连致宋氏两封电文，表达思念之情，并云："不知三弟今日能安眠否？"④10月1日在长崎又致电宋美龄，并曰："近日无论昼夜，心目中但有三弟，别无所思矣！"⑤说明蒋介石在"下野"期间，与宋美龄感情日益增进。

来到日本的蒋介石，除了与日本政要讨论时局，并在神户中华会馆发表公开演讲外，主要是当面请求宋母答应婚事。蒋介石连续多次面谒宋母，宋母虽然答应蒋宋婚事，但不同意在日本举行婚礼。蒋介石失望地说："外姑不愿三弟来日本结婚，此使余不胜怅望！"⑥11月10日，蒋介石由日本

① 黄自进、潘光哲编：《蒋中正"总统"五记》"爱记"，台北世界大同文创股份有限公司2011年版，第29页。

② 黄自进、潘光哲编：《蒋中正"总统"五记》"爱记"，台北世界大同文创股份有限公司2011年版，第37页。

③ 黄自进、潘光哲编：《蒋中正"总统"五记》"爱记"，台北世界大同文创股份有限公司2011年版，第37页。

④ 黄自进、潘光哲编：《蒋中正"总统"五记》"爱记"，台北世界大同文创股份有限公司2011年版，第37—38页。

⑤ 黄自进、潘光哲编：《蒋中正"总统"五记》"爱记"，台北世界大同文创股份有限公司2011年版，第38页。

⑥ 黄自进、潘光哲编：《蒋中正"总统"五记》"爱记"，台北世界大同文创股份有限公司2011年版，第38页。

返抵上海,得知宋美龄患病,他立即前往探视,忧心地说:宋"形容枯瘦,实为操心过度故也,不胜悲忧!"①晚上,又再次探访宋美龄,"与三妹叙谈悲喜交集"。

1927年12月1日,蒋介石和宋美龄正式在上海举行结婚典礼。蒋介石撰写了《结婚感录》《勖爱妻》两篇文章,同时记下结婚当天看到宋美龄的情景。他写道:"今日见吾妻姗姗而出,如云飘霞落,平生未有之爱情,于此一时间并现,不知余身置于何处矣!"②第二天,两人终日在新房不出,蒋氏云:"乃知新婚之甜蜜,非任何事所能比拟也!"③此后,二人闲时经常驱车出游。陈进金根据《蒋中正"总统"档案》记载,分析蒋介石对宋美龄情深意挚,而婚后宋美龄更是蒋介石心目中的亲密伴侣④。

由上可见,在1927年8月以前,蒋宋之间的婚事已成定局。尽管9月份上海《民国日报》、天津《益世报》,以及美国《旧金山报》等对蒋宋之间的婚事提出质疑,但蒋介石对婚事保持沉默,不再谈蒋宋之间婚事,但知其内情者都明白,蒋介石与宋美龄结婚期已定,12月1日便在上海结婚。

蒋介石向宋美龄求婚,是不是因为爱情只有蒋介石自己才知道,从外界的观察,蒋氏追求宋美龄不仅仅是因为宋美龄的风采和优异的人际关系,更重要的是宋美龄的哥哥是宋子文,大姐夫是孔祥熙,宋、孔的财力和在国内外的影响力,另外,孔、宋家族与美国有广泛联系,这些对于蒋介石实现其野心,大有用处。更重要的,是孙中山在宋氏家族中的地位,蒋在孙死后,便以孙中山的唯一信徒自居。因此蒋介石不加踌躇,欲娶宋子文的妹妹为妻,即向宋美龄求婚。

可是,宋家很明白蒋氏追求宋美龄的目的,所以除了宋蔼龄赞成这门亲事外,宋庆龄、宋子文都反对这门亲事。美龄的母亲倪老太太也坚决反对蒋

---

① 黄自进、潘光哲编:《蒋中正"总统"五记》"爱记",台北世界大同文创股份有限公司2011年版,第40页。

② 黄自进、潘光哲编:《蒋中正"总统"五记》"爱记",台北世界大同文创股份有限公司2011年版,第41页。

③ 黄自进、潘光哲编:《蒋中正"总统"五记》"爱记",台北世界大同文创股份有限公司2011年版,第41页。

④ 陈进金:《蒋介石眼中的宋美龄——以〈蒋中正"总统"档案〉为中心》,胡春惠、陈红民主编:《宋美龄及其时代国际学术研讨会论文集》,香港珠海书院亚洲研究中心2009年版,第596页。

介石成为自己的女婿。她之所以要反对,首先因为蒋介石是一位军人。过去在有文化的中国人眼里,军人的社会地位是极为低下的,倪老太太瞧不起蒋介石这样的职业军人。其次,是因为蒋介石以前结过婚,尽管蒋氏的初次婚姻是在他十五岁时由父母包办,而且连姚妾也已经离异。陈洁如也在是年 8 月 19 日离开上海赴美,可算是离婚了,但倪老太太仍对蒋介石的这段经历印象不佳,更何况当时社会上还流行蒋介石在上海滩狂嫖滥赌的丑恶形象。再次,是因为蒋介石不是基督教徒,光是这一事实就足以使倪老太太坚定自己反对蒋介石与三女儿美龄成婚的决心。

倪老太太对蒋介石一直抱有成见。自她得知蒋介石有意娶她的小女儿为妻以后,她就极力回避与蒋介石见面和谈论这个问题。倪老太太之所以要如此,意思很明白就是表示拒绝蒋介石与美龄的婚事。如果是其他人受到这样的冷遇,都会死了这条心,因为没有母亲的允诺,宋美龄是不会以身相许的。可是蒋介石是个与众不同的人,对于他所追求的女人不达目的是誓不罢休的。他为了达到与宋美龄结婚的目的,死皮赖脸地纠缠倪老太太,以至倪老太太为了回避蒋介石不得不跑到日本躲起来,她一再表示不愿与蒋介石相见。

宋子文反对蒋介石与小妹美龄的婚事,那是因为:第一,他认为蒋介石的头脑充满帝王将相腐朽思想,和他受过多年西化教育的小妹美龄丝毫没有共同点;第二,他认为蒋介石向宋美龄求爱,如同袁世凯梦想娶一名美国女明星一样的滑稽,除去政治上的利用和对女性的占有以外,根本就不存在爱情;第三,宋美龄的情人刘纪文是他留美时认识的好友,当时刘纪文是一位受过东西方教育的文人,又是南京市市长,也算有头有面人物,且宋子文又清楚地知道他们之间的关系到了何等程度。作为一位政治家,宋子文完全明白,处在如此动荡年代的蒋介石所关心的是他的政治前途和地位,不是为了爱而去追求他的小妹美龄。蒋将来的成败,尚是个未知数,他与美龄结合是不会给美龄带来幸福的。宋子文对蒋介石如此令人厌烦地纠缠他的妹妹美龄表示不满和反感。

宋氏家族中唯有大姐蔼龄赞成小妹与蒋介石成婚。她坚信蒋介石前途无量,可为宋家谋福争光。她认为,这门亲事对宋家有利,不宜错过。

宋美龄虽然羡慕蒋介石的权势地位,但和刘纪文的关系已经非同一般,因此在开始时她无法舍弃刘纪文去投奔蒋介石。在爱情海中,她一直脚踏两只船。最终还是宋霭龄说服小妹宋美龄与蒋介石联姻。所以,人们说:决定把这个通过婚姻结成大联盟的计划付诸实施的主要策划者是宋霭龄。但是,宋美龄明确否定了这种说法。

二、宋美龄的选择

宋美龄对于自己的婚事,曾有过明确的说明。据载,1939 年 3 月,她对身边的工作人员表示:"她和蒋介石的婚姻完全是她自己的主张,并且是她自己——说服了母亲、大姐和哥哥宋子文,取得了他们的支持。她为何爱上蒋介石? 她说:最根本的原因,是她自幼崇拜英雄。她多次听到孙中山夸奖蒋介石,说他是个了不起的人才。1922 年,宋美龄在孙中山家里,第一次遇见蒋介石,感到他确实是个英雄人物"。"这项婚姻自始至终是我自己作主,自己主动的,与我阿姐何干? 可笑的事还多,别人还造谣说,和我结了婚,才走英美路线,更是天大笑话"。"还有更大的笑话哩! 说是上海青帮头领杜月笙掌握了委员长;又说,我哥哥保罗(宋子文)不同意我的婚姻,杜月笙一威吓,他就屈服了! 你想想,杜月笙再了不起,不过是上海的一个帮会头领,蒋委员长统领百万大军,还对付不了一个帮会头领? 还要受他的指使? 你们去看看,杜月笙见到委员长何等慕顺,何等献殷勤"[1]。

蒋介石确实不是平庸之辈。从 1922 年至 1927 年,仅仅是短暂五年时间,蒋介石的地位便发生了神话般的变化。1922 年 6 月 16 日,陈炯明部在广州发动兵变,孙中山在"永丰"舰上指挥军队平叛,坚持一个多月时间。6 月 23 日孙中山迁上"永丰"舰,25 日蒋介石从上海起程赴粤,29 日抵广州直奔"永丰"舰见孙中山[2]。蒋介石在孙中山遇难时,千里来救援,孙中山万分感激,因此对蒋介石给予重用。1923 年 8 月,孙中山决定派蒋介石率领"孙

---

[1] 张紫葛著:《在宋庆龄身边的日子》,中国人民大学出版社 2013 年版,第 28、29 页。
[2] 万仁元、方庆秋主编:《蒋介石年谱初稿》,档案出版社 1992 年版,第 90 页。

逸仙博士代表团"前往苏联考察军事,"目的在与苏俄共党高层干部接触,尽可能对苏俄作广泛的了解"①。考察团成员包括沈定一(中共党员)、张太雷(中共党员)和王登云。代表团在上海与共产国际驻华代表马林秘密会谈后携带马林给当时苏俄领导人列宁、托洛茨基和齐契林(当时劳农政府外交总长)诚挚的推荐函,于 8 月 16 日由上海启程,25 日从满洲里越过中苏边境,经过大约两周的旅程抵达莫斯科。代表团在苏活动为期三个月。其间蒋介石广泛地与苏共的党、政、军领导人会晤,访问了许多地方,对苏联的党务、军事和政治进行了考察。通过考察,蒋介石虽然钦佩苏联的建设意愿与活力,但另一方面又使他产生对孙中山联俄、联共政策的怀疑。尤其是苏方图占外蒙古及对孙中山积极设计的"西北军事计划"毫无兴趣,刺激特别深刻。故他日后回顾说:"我考察苏俄归来后的结果,是使我冷静下来,我深信和断定本党联俄、容共的政策,虽可有助对抗西方殖民主义于一时,但在我们革命奋斗的过程中决不能达到国家独立自由的目的;更感觉苏俄所谓'世界革命'的策略与目的,比西方殖民主义,对于东方民族独立运动,更是危险与具有威胁性。"②蒋介石回国后便反对孙中山的联俄政策。1924 年 1 月 24 日,孙中山派蒋介石为广州黄埔陆军军官学校筹备委员长。2 月 21 日,蒋介石具禀孙中山,并呈国民党中央执行委员会,坚辞筹建陆军军官学校的工作,离粤归乡。几经孙中山函电催促,坚不准辞,并派戴季陶等赴浙江奉化转达准许蒋介石不闻党政、专办学校的要求,蒋才于 4 月 14 日起程重返广州接受陆军军官学校校长职。21 日蒋到广州即见孙中山,26 日莅黄埔,入军校视事。蒋介石岂是不欲与闻党政之人? 当时他即强烈要求孙召胡汉民、许崇智返粤,以胡取代杨庶堪任广东省长,许总粤军,并罢禁烟督办杨西岩职。果然如愿,蒋本人也被任为粤军总司令部参谋长。

孙中山决策联俄后,广东形势发展很快。1924 年举行的中国国民党第一次全国代表大会,蒋介石仅是列席会议。他从这年夏天开始,以黄埔军校校长的身份办校、练兵(校军、教导团),参加镇压商团和两次东征,镇压杨希

① 〔德〕施罗曼、费德林史坦合著,辛达谟译:《蒋介石传》,台北黎明文化事业股份有限公司 1985 年版,第 23 页。

② 蒋中正著:《苏俄在中国》,台北黎明文化事业股份有限公司 1956 年版,第 20 页。

闵、刘震寰滇桂叛军。在 1926 年"三二〇中山舰事件"后，他成为广东革命政府党、政、军的实际掌权人。

1925 年 3 月 12 日孙中山病逝北京后，国民党内部开始激烈的权力之争。继 1925 年 8 月 20 日国民党左派廖仲恺被右派暗杀，1926 年 3 月 20 日凌晨，蒋介石又发动了"中山舰事件"，逮捕共产党员，有意挑起与中共的磨擦，虽然过后不久，蒋介石为继续向苏联谋求援助，假意道歉，并释放被捕者，但他实际上已控制了陆军军官学校及党政机关的领导权。没有多久，蒋又被提名为国民党中央执行委员会主席（由他暂委张静江代理），青云直上，独揽党、军大权。同时，蒋介石的北伐计划又得到正式批准。在北伐期间，军事委员会又授予他紧急处置的权力。

1926 年 7 月，国民政府誓师北伐，由蒋介石任国民革命军总司令。在国共两党的合力发动和广大人民群众的支持下，北伐军势如破竹，仅数月的时间便攻下南昌，国民政府也由广州迁往汉口。1927 年 3 月 20 日，国民革命军进入上海。3 月 24 日国民革命军占领南京。革命形势发展很快，但这不是蒋介石个人的功劳，这是人所共知的事实，但蒋介石写信给宋美龄则吹嘘，自称"百对战疆，叱咤自喜"[①]，俨然是个英雄。伴随蒋介石权势的增长，蒋在宋美龄心目中的地位也在逐渐变化。她在 1927 年 1 月给蒋介石写信，从其内容看，已非一般的问候，内谓："亲爱的大哥：我已几个月没有见到你，聆听你的教益。你在军务倥偬之中，给我来电，邀请我陪同家姐及家人往访武汉，以参观我们国民党的新猷。为此，我很感激。但是，我已于前天离开广州，前往上海探视家母。大姐仍在广州，不久可能返回上海。一俟得暇，我必当陪她参观长江各城。我趁庸之（孔祥熙）前往汉口之便，聊草数语，敬候起居。美龄。"蒋介石收此信当是有复函，但未见收录。蒋介石知道宋蔼龄在宋府中的地位，故在这位大姐身上下工夫。3 月 19 日，他致函宋蔼龄，颇示亲密，称："亲爱的大姐：敬请陪同令堂、孙夫人、令妹三小姨（美龄）、令公子令侃及令嫒等来牯岭居住。无论如何，请勿续留汉口。今夜我将离开九江，明日抵达安庆。我已悉美龄前此未来牯岭的原因（由于我的妻子）。

---

① 《蒋介石致宋美龄函》（1927 年 9 月），天津《益世报》1927 年 10 月 19 日。

你回到汉口之后,请询明三妹(美龄)的态度。你如来函,盼交专差径送安庆。嗣后每周我们均可派专差递送信件,以免有所遗失。你赞同此议吗?中正。"同时,又致函宋美龄:"美龄女士:我料想令姐已代转我给你的专函。今夜,我将离开九江向前进发,途中将在安庆停留数日,以等待你的回信。我收到你的信后,将上前线。你的态度如何?请来函详示。你可否赠我一帧最近的玉照,以使我得以经常见到你的芳影?我的想法是:令堂、孙夫人、孔夫人暨男女公子,以及你自己应当即速离开汉口,赴牯岭定居,如此较为妥适。你因我仍在江西,以为不便来与我晤面(由于我的妻子)。但我今已离开江西,你大可不必再存此种令你不安的疑虑。中正。"①这时的蒋宋的婚姻关系,已呼之欲出了。

1927 年 3 月间,中国革命进入了最紧急、最关键的阶段。革命势力向长江下游发展,锋芒直指帝国主义统治中国的中心——上海。3 月下旬,国民革命军顺利进入上海、占领南京。根据这一形势,国民革命军本来可以长驱北上,不但可以彻底消灭孙传芳、张宗昌的残余势力,并可能直捣北京,实现北伐前蒋介石在广州所说的"迎总理灵柩至南京紫金山安葬"的理想了。可是,就在这轰轰烈烈的大革命胜利声中,蒋介石则背叛了孙中山联俄、联共、扶助农工的三大政策。

孙中山逝世,廖仲恺被暗害后,国民党右派势力嚣张一时。林森、邹鲁、谢持等人,开始串通北京、上海、广州等地的右派势力,公开反对国共合作,并进行分裂国民党的阴谋。1925 年 11 月 23 日至 1926 年 1 月 4 日,他们在北京西山碧云寺孙中山灵前召开所谓国民党一届四中全会,因而参加这次会议的人,被称为西山会议派。这是从国民党内部分裂出来的一个极右的派别。他们在政治上背叛孙中山的联俄、联共政策,反苏反共;在组织上分裂国民党,非法宣布停止国民党中央执行委员会职权,取消国民党中央政治委员会,擅立伪国民党中央党部,与中国国民党第一次全国代表大会产生的国共合作组成的国民党中央党部对抗。

蒋介石新右派,为了继承老右派——西山会议派,破坏孙中山革命的三

---

① 叶永烈编著:《蒋介石家书日记》上册,团结出版社 2009 年,第 25 页。

大政策、破坏国民革命的旨意,除在 1926 年 3 月 20 日在广州制造"中山舰事件"外,还不断地采取措施加强对国民政府的控制,妄图篡夺全部武装力量和国民党的党权。5 月 15 日至 22 日,国民党二届二中全会在广州召开,在会上蒋介石以"消除疑虑,杜绝纠纷","改善中国共产党与国民党的关系"作幌子,提出"整理党务案"等提案,对共产党员在国民党内的活动施加种种限制,削弱共产党在国民党内的地位和作用,以便右派篡夺国民党的领导权。与此同时,随着革命势力的发展,蒋介石依靠手中的权力,大量收编军阀部队,发展个人势力,伺机向中国共产党人和革命群众开刀。蒋介石在 1927 年 2 月下旬和 3 月上旬,曾先后两次发表反共演说,狂妄声称他有"责任",也有权力对共产党进行"制裁"。3 月 6 日,蒋介石指使右派杀害了赣州总工会委员长、共产党员陈赞贤。16 日,他唆使其爪牙解散了拥护孙中山三大政策的国民党南昌市党部。17 日,他命令右派捣毁国民党九江市党部和市总工会,打死职工四人,打伤多人。23 日,他在安庆指使流氓捣毁国民党安徽省党部、安庆市党部和省总工会、省农民筹备处等革命团体,并打伤工作人员数十人。此外,在南京、杭州、福州、重庆等地也连续出现国民党右派捣毁国民党地方党部及群众团体,残酷地屠杀革命群众的事件。3 月 26 日,蒋介石到达上海作了周密的部署,于 4 月 12 日在上海发动了臭名昭著的"四一二"反共大屠杀,破坏了国民革命,破坏了孙中山亲手缔造的国共第一次合作。

以蒋介石为代表的国民党右派势力发动反共政变之后,立即在南京另立国民党中央和国民政府,与武汉国民党中央和国民政府相对抗。1927 年 4 月 18 日,南京国民政府开始办公,同时举行庆祝典礼,标志蒋介石所代表的大地主大资产阶级和国民党右派把持的独裁专政开始。蒋介石利用手中控制的国家机器,实行反共清党,捕杀共产党人和支持共产党的人民群众。

蒋介石在南京另立国民党中央和国民政府后,4 月 17 日,武汉国民党中央和国民政府发表声明,表示拥护孙中山的三大政策,继续坚持国民革命,斥责蒋介石"四一二"大屠杀共产党人和人民群众的罪行,并发布了《免蒋介石本兼各职令》,委任冯玉祥接替蒋介石的总司令职务,并任命唐生智为副总司令,继续北伐,希望在北伐中同冯玉祥所部会师,打通同苏联的交通线,然后再回过头来对付蒋介石。由于武汉国民政府一些领导人对讨蒋的目的不一致,这样,在武汉国民政府管辖的地区虽然掀起讨蒋高潮,但基础不巩固,加上武汉国民政府领导人的意见分歧致使内部危机日趋严重。

"七一五"汪精卫叛变后,汪曾向蒋吁请和平,希望以反共为条件实现汉、宁合流,保住领袖地位。但是,蒋介石攻击汪精卫是"勾结"共产党的祸首,拒绝与汪合作,其目的是要把汪精卫置于被告席上,排斥于国民党中央之外,由蒋介石继承国民党的正统。所以,宁、汉合流却不能合作。蒋、汪之间为争夺国民党中央和国民政府的统治权,不仅"文攻",还要"武斗",各自都利用所掌握的力量,互相吵来骂去,喋喋不休。蒋介石坚决反对宁、汉合作,而汪精卫集团则采取反蒋排共齐下的政策,当作反蒋的政治资本。汪精卫打错算盘,蒋介石破釜沉舟,中国政局变得异常的复杂,中华民族又面临新的灾难。

正当革命武装力量处于生死存亡的关头,周恩来、朱德、刘伯承、贺龙、叶挺、陈毅等人于8月1日在南昌发动起义,把敌人打得措手不及,使中国共产党从此有了一支完全由自己掌握的军队。8月2日,汪精卫从庐山跑回武汉,一面大骂共产党人如"猛兽一样,决不能听他留种于人世";一面和谭延闿、孙科、唐生智、程潜、朱培德联合于8月3日给冯玉祥打电报,表白他们已经彻底反共了,表明可与蒋介石合流了,迁都南京也是可以的。8月6日,冯玉祥致电蒋介石,主张宁、汉双方一致反共,志同道合,进行合作。此举使坚决反对宁、汉合作,怕汪精卫与自己分享统治权的蒋介石处于被动地位。

宁、汉妥协正在酝酿之中,蒋介石与新桂系的矛盾又加剧了。

以李宗仁、黄绍竑、白崇禧为首的新桂系,帮助蒋介石发动了"四一二"反革命政变,建立了南京政权,但由于蒋介石独裁专制,排斥异己的行为,引起新桂系和各方的不满。"四一二"政变后,蒋介石命令何应钦执行剿灭桂系的计划,何应钦没有执行。蒋认为何应钦"已经软化",对何产生怀疑,蒋何关系日趋恶化。李宗仁、白崇禧知道蒋介石的阴谋后,便加紧串联各方反蒋势力,并派兵控制南京四周,准备向蒋介石摊牌,逼蒋下台。何应钦还与李宗仁、白崇禧串通一气,对蒋发难。白崇禧公开顶撞蒋介石,拒绝执行对武汉作战的命令。其他一些对蒋介石不满的人士，也纷纷表示愿与武汉妥协。蒋介石意识到桂系在"逼宫"，就以辞职相威胁。胡汉民、吴稚晖等力主蒋介石留任。但是，白崇禧、何应钦、李烈钧等都同意蒋介石下野，李宗仁则表示"请总司令自决出处"。蒋介石看到局势恶劣至此，只好决定下野。支持蒋介石的胡汉民、吴稚晖、李石曾、张静江、蔡元培等也宣布辞职。

8月12日晚，蒋介石宣布辞去国民革命军总司令等本兼各职，13日离南京赴上海。14日，在上海正式发表"辞职宣言"，同日由上海经宁波回老家奉化溪口，住入雪窦寺"隐居"。其实，蒋介石下野完全是在玩弄"以退为进"的政治权术。他在溪口"隐藏"起来谋划新一轮的权力争斗。

宋美龄就是在这样的历史条件下，选择了蒋介石这样的一个人作为伴侣，这是她"爱权"的表现，也是她对历史作出勇敢而又具冒险性选择的具体表现。

三、与蒋完成婚约

既然宋美龄已下定决心选择了蒋介石作为伴侣，蒋介石也想利用他下野休息的空隙，完成他与宋美龄的婚约，了结他追求宋美龄的心愿。

蒋介石发动"四一二"政变到南京成立国民政府后，宋美龄想到嫁给蒋介石，她梦寐以求的前程——像美国总统夫人那样做中国第一夫人的愿望就要实现了。但她又坦诚地表白她绝不会做人家的姨太太，也不会把自己纯贞的爱情奉献给朝秦暮楚的人。蒋介石明白宋美龄的意思，为了能与宋美龄联婚，他采取一系列措施，首先是邀请宋美龄同游焦山联络感情。

蒋、宋畅游镇江焦山，据当时蒋介石派去上海邀请宋美龄的卫士队队长宓熙的回忆，详细经过是这样的：

> 蒋介石亲笔写了一封信，派我到上海去面交孔夫人（按，孔祥熙的夫人宋蔼龄）。我交上蒋介石的亲笔信，她含笑看信，看了之后，高兴地对我说："知道了！总司令约三妹在十五日到焦山去玩，好吧！你就住在我这里，等到十五号走吧！"这一天正是五月十三日。

五月十四日下午,我到北火车站,打算预购明天的车票,见着站长,说明来意。他问我:"你是来接蒋总司令的朋友去镇江的吗?"我说:"是的。"他说:"不用买票了,我已经预备好了一辆蒋总司令上次坐过的花车,挂在明天上午八点钟开往南京的特别快车的车头后面。"并笑容可掬地问:"你看好不好?""当然好啦!"我高兴地答道。随后就回来告知孔夫人,她也很高兴。坐在她一旁同时听到我说话的三小姐——宋美龄,也嫣然一笑。

吃过早点,等候夫人下楼。七点半,孔夫人、三小姐和另外一位中年妈妈,一同下楼,上了汽车。七点五十分到达车站,一进站就望见那辆花车,站长来打招呼,我们一行登上花车。孔夫人宋蔼龄一个人回去了。一声汽笛,离开上海北火车站。

下午三时许,火车进入镇江车站,车站上有警车警戒。蒋介石已等候在站上,他不穿军装,换一套华贵笔挺的西装,戴一顶高级草帽,足蹬白皮鞋精神奕奕,背后有一排卫士和公安局长俞子厚和车站站长站在月台上,指挥火车停下。正好花车停在蒋介石的面前,他即走上花车,同宋美龄见面。握手既毕,他急忙把宋的手提包抢在自己手里。缓步下车,改乘一辆新式轿车开到江边,换乘小汽艇,直驶焦山。焦山位于长江之中,来往必须乘船。山上有个大庙,和尚并不多,游人也不很多,环境非常幽静。

蒋、宋在焦山,每日早出晚归,游览这一带的名胜古迹。有一天到了一个清朝做过大官的家里,壁上挂着一幅唐伯虎的画,两人赞赏了一回,中午在一家有名馆子吃饭。

这样一晃就是十天,蒋介石带着卫士排回南京,叫我送宋美龄回上海。①

孙潇潇在《关于蒋介石宋美龄婚礼前后若干史事考证》一文,据蒋介石的《日记类钞》及《事略稿本》所记:

---

① 宓熙:《我在蒋介石身边的时候》,浙江省政协文史资料委员会编,《浙江文史资料选辑》第38辑,《蒋介石家世》,浙江人民出版社1988年版,第194—196页。

1927年5月14日,游汤山,入浴已,戴传贤、邵力子来谒,遂与同宿于陶庐。留二日。

5月16日,浴已,乃返城。参加交通部部长王伯群就职典礼。

5月17日,晋阎派代表来谈,表示谢意。

5月18日,上午,赴沪参加陈英士先生殉国纪念会。下午,回宁。

5月19日,批阅后,电何应钦。又二电,一电陈光甫,一电孙鹤皋。会客,与方觉慧谈校事。

5月20日,连电李宗仁、朱培德、孔祥熙、俞飞鹏。复书宋汉章。

5月21日,又于汤山入浴,浴已,宿陶庐。

5月22日,还谒明陵。

5月23日,令二十七军军长王普速照李宗仁计划,向六安攻击。电柏文蔚、朱培德。

5月24日,日本松井部长来会,与之谈二小时。

5月25日是,上干,往访松井回。晚与蒋方震谈时局。

据此,蒋介石自1927年5月15日至25日,几乎一直是在南京处理军政要务,仅有不到一天的时间去过上海一次,完全没有可能和宋美龄"到镇江焦山同游十日"。此后至27日,蒋均在南京,28日,蒋自南京去滁州,29日抵蚌埠前线视察,30日返回南京。直至31日晚上,蒋才"由象山渡焦山,宿定慧寺"。但仅停留三日,即回南京①。

宓熙回忆蒋、宋曾于婚前偕游焦山,对照蒋介石日记,在此期间确有游焦山和访宋美龄的相应记载。惟事隔数十年,诚如宓熙自己在文中所谓"疏漏谬误,在所难免",他把时间回忆为1927年5月,显然是不正确的。至于"一晃就是十天"云云,也缺乏史料依据。

宓熙是蒋介石的卫士队长,关于蒋、宋同游焦山的事可能存在,但是否1927年5月14日起在焦山度假十天的确疑问重重,也可能只有二三天,没有十天,此事待考。

查近期台北出版的《蒋中正"总统"五记》"游记",1927年5月31日午,

---

①　孙潇潇:《关于蒋介石宋美龄婚礼前后若干史事考证》,《团结报》2013年7月25日。

蒋介石又出视察，"下午二时抵镇江，游甘露寺"，"晚七时，渡象山渡至焦山，宿定慧寺。初，公于象山渡遥望，唯见焦山为一小岛，欲中止，既到，曰：'身不亲临其境，竟不知其之广大，且清雅，可喜也！'"6月1日，早起眺望，曰："惜雾重，望之不能远，然所能见者，已可称为仙界之乐土矣。"午，"自焦山入瓜洲口"，下午3时，入扬州城。2日，返镇江，游金山寺，3日早起，游沿江各庵，视察镇江城，午餐后返南京。然而，蒋介石在日记中并没有提到与宋美龄同游①。案据《蒋中正先生年谱长编》1927年5月30日所记："中午12时，由蚌埠出发返京，记曰：'车中制定《告民众及士兵布告》，终日想念梅林（宋美龄），天热昏闷，怀恨挟嫌之见甚重也，怵求之心太切，戒之。'"蒋氏在此时念宋之心至切，返京前安排宋氏等一行人赴镇江，蒋于返京后次日即赴镇江会齐游览，盘桓若干日，事出暧昧，蒋氏日记不涉同游者，亦大有可能。

在宋蔼龄撮合下，宋美龄与蒋介石谈婚论嫁。随后，蒋介石"下野"，又博得美龄的同情。当时，宋美龄向朋友透露口风说，她将与蒋介石结婚。霎时间，蒋、宋联姻的消息传遍上海。9月16日宋蔼龄在塞耶路寓所举行记者招待会，她把蒋介石和宋美龄介绍给记者，随即宣布："蒋总司令即将同我三妹结婚。"然后，大家拥到花园去给蒋、宋照相。世界各地都有报纸和杂志先后刊登了消息和照片。9月17日《纽约时报》刊登一则新闻宣布："蒋介石将与孙夫人的妹妹结婚。"该报驻上海记者密塞尔维茨发回这篇新闻时还说："蒋已同第一个夫人离婚……除了原配夫人外，蒋似乎还送走了另外两个夫人，现在已准备同宋小姐结婚了"，并请一名英国裁缝正在替蒋介石赶做礼服。9月23日，蒋介石在《日记》中说："二十三日，到上海"。"晚，访宋美龄女士，请婚事既允，乃邀王正廷与冯玉祥去，李德全女士作伐。"二十六日，"与宋女士订婚"。二十八日，"出国东渡，辞别宋女士"②。

宋美龄同蒋介石的婚事，不得到母亲——倪老太太的同意是不可能成功的。本来倪老太太对蒋介石就没有好感，如今白色恐怖的发生，倪老太太

①　黄自进、潘光哲编：《蒋中正"总统"五记》"游记"，台北世界大同文创股份有限公司2011年版，第25—26页。

②　黄自进、潘光哲编：《蒋中正"总统"五记》"爱记"，台北世界大同文创股份有限公司2011年版，第37页。

对蒋介石更加反感,她从开始就反对小女儿同蒋介石成婚。为了这个缘故,倪老太太到日本度假养病,到长崎拜访朋友。有意避开蒋介石的纠缠。

1927年9月28日,蒋介石在张群、陈群等陪同下乘日轮"上海丸"东渡日本,29日抵达长崎,再转云仙,探望宋母,登堂求婚。但宋母倪老太太不想见蒋介石,当她得知蒋介石抵日本的消息后,她立即从长崎乘飞机飞往镰仓,以避开蒋介石的纠缠。蒋介石穷追不舍,于10月3日在宋子文的带领下到了镰仓找到了宋母。

有关蒋介石见宋母征允答应他与宋美龄订婚的经过,据上海《晨报》的有关报道,大致情形如下:"蒋介石于十月三日,来晤太夫人,事前蒋系先致电,得太夫人的允可者。相约时,太夫人正在室中研究《新约圣经》,盖太夫人系一极诚笃之基督教徒也,既见蒋,勉蒋为使徒保罗。蒋告太夫人,谓对基督之道,近日亦有信仰,并乞婚焉。对太夫人以蒋对于联姻之手续,既一一办妥,毫无其他问题杂处其间,遂允其所请,许以女美龄妻之。"①

美国女记者埃米莉·哈恩对宋母在日本接见蒋介石时的记叙称:"宋母在镰仓接见了蒋介石。蒋给自己弄到了同孩提时订亲的妻子离婚的证明书,解决了人们私下纷纷议论的其他纠葛。然而,宗教信仰问题还没有解决。宋夫人问他是否愿意成为一个基督教徒,幸运的是,他的回答使宋夫人感到满意。他说:他要试一试,将尽力学习《圣经》,并且要尽力去做,但是他不能连看都没有看《圣经》就保证接受基督教的教义。宋夫人的偏见开始动摇,不久蒋介石和宋美龄订婚的事就正式宣布了。"②

有此一说,宋美龄在与蒋介石谈论婚事时,曾提出三个条件,作为双方共守的条件:第一,蒋介石必须信奉基督教,受洗礼成为基督徒;第二,宋美龄不生小孩,以保持身材,献身事业;第三,宋美龄不担任政府公职,不参加正式的高层次决策会议,只愿以蒋介石私人秘书的身份,对外从事政治活动。蒋介石对宋美龄所提条件欣然应允。

当宋母允婚后,蒋介石便在日本开始了频繁的政治活动。10月13日,

---

① 章微寒:《蒋宋联姻资料辑录》,浙江省政协文史资料委员会编:《浙江文史资料选辑》第38辑,《蒋介石家世》,浙江人民出版社1988年版,第164页。

② 〔美〕埃米莉·哈恩著、李豫生等译:《宋氏家族》,新华出版社1985年版,第152页。

蒋介石一行抵达东京。日本报纸以大字醒目标题报道蒋介石到达日本的消息。有的还称："蒋介石氏发表对日宣言,宣称对日联合之必要,蒋氏今日将拜谒中国通头山满。"头山满是日本军国主义团体黑龙会的头目。他标榜"大亚细亚主义",极力策动侵略中国大陆。头山满把蒋介石安置在他的邻居家里,两人相处得十分融洽。蒋介石亲笔写下了"亲如一家"的条幅,留在住所,以表示对日本军国主义分子的亲善。蒋介石在东京还拜访了日本军政界官员、社会名流,出席了各种招待会,并与日本首相田中义一会谈。据载,蒋介石在会谈中表示,对田中"以师长相待,毫无隔阂,愿蒙教诲"。面对这个学生,田中点拨他:国民党要"统一",否则长江以南的大片疆域,共产党将发展,会造成"极大的隐患"。日本反对中国"赤化",对共产党的发展"断难袖手旁观"。田中规劝蒋应以先行整顿江南为当务之急,不急于北伐,对北方军阀取"放任自流为上策"①。通过这次会谈,蒋介石明白,日本必将妨碍中国国民革命军北伐,以防止中国的统一。此外,蒋介石还拜会了日本其他重要军界人士,如陆军大臣白川义则、参谋总长金井范三、参谋次长南次郎等人②。

　　蒋介石在日本活动了四十四天,广泛地接触了日本各界人士,得到了日本对他的政治支持。

　　1927 年 11 月 14 日,蒋介石结束在日本行程,回到上海,当即登岸往访宋美龄。此后,他一面紧张地筹备与宋美龄举行婚礼,一面积极地进行复职的活动。

四、蒋介石解除与前妻妾的关系

　　蒋介石与宋美龄相恋的最大障碍是蒋介石曾同几个女人有过婚姻关系。宋家坚持,蒋介石与宋美龄结婚之前,必须要声明同以前同居的几个女人解除婚姻关系。

---

　　①　《田中义一与蒋介石会谈记录》,《近代史资料》1981 年第 2 期,第 119、220、222 页。
　　②　冀定洲著:《蒋家父子》,河南人民出版社 1989 年版,第 96—97 页。

蒋介石的原配发妻毛福梅,名不见经传,事不出闺阁。她的一生如梦如烟,除了奉化老乡亲看得见的,听得到的之外,多半咽在肚里,埋在她的坟墓里了!但鉴于毛福梅是蒋介石的原配,又是蒋经国的生母,虽然常年居守家乡,而其人其事与蒋氏父子的身世出处,关系非比寻常。蒋介石与宋美龄结婚后,毛福梅将如何安排?人们都想知道。

毛福梅,也有写作"福美""馥梅",学名从青,浙江省奉化县岩头村人,生于清光绪八年(1882年)十一月初九日。毛福梅的家是岩头一带的望族。父毛鼎和,世代经商,开着一间祥丰米行和一家杂货店,家道小康。毛福梅是毛鼎和的次女,出生时,算命先生说她是一颗"福星",因此自幼受到父母的特别宠爱,取名"福梅"。长大之后,中等个儿,性情恬淡,事亲极孝,虽用不着操持家计,却是母亲的得力辅佐。因为毛福梅是个从封建礼教中熏陶出来的闺秀,因此信奉着"女子无才便是德"的箴言,由父母作主要她嫁给蒋瑞元(蒋介石),自然不便表态。

1901年,十九岁的毛福梅嫁给比自己小五岁的蒋瑞元。女大于男,蒋成了一个不折不扣的小丈夫。

> 蒋、毛婚姻,是当时时代的产物,等时移势易,不免沦为时代的牺牲者,终毛福梅的一生,喜剧开始,悲剧终场。

> 蒋、毛结婚,凤凰于飞的时间,少之又少,只蒋在宁波从师顾清廉(讲学于郡城箭金学堂)读书时,福梅伴随半年多,以后蒋进保定(陆军学校),出东洋,奔走国内外,回溪口的日子,屈指可数。[①]

1903年8月,蒋瑞元赴宁波赶考,把自己的名字改为"蒋志清",从此,除了他的母亲和乡里熟人喊他阿元或瑞元之外,蒋瑞元这个大名就很少有人提及了。

1904年春,蒋志清带着毛福梅到了宁波住进植物园内一所幽静的住宅,由舅父介绍进入宁波文昌街陈家祠堂箭金学堂读书,从师顾清廉。这一时期,蒋志清对毛福梅感情较好,生活总算和谐融洽。

顾清廉对学生颇讲究因材施教,要求蒋志清勤读《孙子兵法》,并拿出

---

① 江南著:《蒋经国传》,中国友谊出版公司1988年版,第5页。

《曾文正公集》来教他。这个时候,孙中山的名字已经流传很广,顾清廉也对学生纵谈孙中山进行反清革命、在伦敦蒙难一事,谈得眉飞色舞。蒋志清听得津津有味,还不时提问,发挥其见解。顾清廉课堂遇知己,把心爱的、经自己悉心圈点过的那套《曾文正公集》,赠给蒋志清。

在革命浪潮的冲击下,蒋志清渐渐不安于现状了,他向顾清廉吐露心曲,顾清廉鼓励他:"当今青年欲成大器,留学日本,适其时也。"这席话使蒋志清坚定了目标,他终于毅然辞了顾清廉,携眷回家,开始作出洋留学的准备。

毛福梅一生中最甜蜜的生活,就这样昙花一现般地结束了。

1905 年冬,蒋志清结束了第一次留学日本的生活,回到溪口与家人团聚。此后,蒋志清考入浙江武备学堂,再进保定军校。1907 年春,又由保定军校资送留日,进振武学校学习军事,学业结束,被派赴日本北海道高田的野炮部队实习。

约在 1907 年冬,蒋志清在日本经陈英士、周淡游介绍,参加了中国同盟会。蒋摒弃了已用了多年的名字,改名为"中正",字"介石"。1909 年夏天,蒋介石从日本回上海度假。陈英士等人帮助他安排好他母亲和妻子的住处。小夫妻俩总算共同生活了一个夏天。等到蒋介石过完暑假又去日本留学时,终于绿竹生春,红梅结子,毛福梅有孕了。

1910 年农历三月十八日,毛福梅喜得贵子,蒋母通过族辈并征得介石同意,给孩子取个寄托厚望的名字——建丰(即蒋经国)。建丰出世,最快乐的自然要数蒋母王采玉了,最激动的当然是毛福梅。小建丰出世,也给宁静的溪口小街添了若干闹趣。天伦之乐,舐犊之情,使毛福梅激动得如醉如痴,只可惜好景不长。

1911 年 10 月 10 日武昌起义后,留日学生纷纷返国参加各省起义,30日,蒋介石从日本不告而归,回到上海,参与商议有关起义的事宜。并受陈英士指派到杭州,与王金发等运动浙江新军,组织敢死队,发动起义。1912年 1 月 1 日,中华民国宣告成立,孙中山在南京就任中华民国临时大总统职。浙江都督汤寿潜调任临时政府交通部总长,众议推陶成章继任浙督,加剧了沪军都督陈英士对陶的嫉恨,陈派人去上海广慈医院暗杀,1 月 14 日凌晨,陶成章遇难。因蒋介石参与刺杀陶成章一案,群情嚣然,纷纷责难,蒋介石溜回日本避风。过了一段时间,风声渐渐松了下来,这年冬,蒋介石又西装革履,重回溪口,并且带回来一位少妇——蒋的妾侍姚怡诚(怡琴),也有写作姚冶诚。姚怡诚,江苏吴县人,生于 1887 年。早年丧父,由叔父姚小宝抚养长大,后到上海谋生,成为陈英士家娘姨。据说,反袁之役失败后,沪军都督杨善德派员缉捕蒋介石,蒋逃进陈宅,躲藏在姚怡诚的卧室内。与姚氏认识后蒋纳姚为侧室,同居于上海法租界蒲石路(今长东路)。当时戴季陶住在同益里,张静江住在环龙路,三人住所相距不远,暇时过从甚密。戴季陶是蒋介石拜把兄弟,关系尤其超乎一般友谊之上。"二次革命"失败,戴蒋流亡日本,共居一室。戴已结婚,他性好渔色,但惧内特甚,瞒着他的妻子纳一日本妇女"金子"①,亦称"重松金子"为妾,遗下婴孩无人抚养,若将其领回戴家,恐遭元配钮有恒闹翻,只得与其盟弟蒋介石相商,就以此子送给蒋为养子(开始以代养为名)。此子就是蒋介石的次子蒋纬国。

蒋纬国于 1916 年 10 月 6 日,生于日本东京。纬国出生后即由日人山田纯三郎带回上海,从一岁到五岁期间先后寄养在上海姓朱和姓邱的亲戚家中,与戴季陶家人常有往来。

据蒋纬国说:"我是戴(季陶)的义子。"母亲姚怡诚与革命先进们的夫人都相处甚欢,例如居正夫人、吴忠信夫人、陈果夫夫人、陈立夫夫人等等。"从小我对她们的印象都是觉得她们很仁慈,而且她们也都对我很好。"纬国四岁为蒋收养,五岁那年纬国随蒋介石回到家乡奉化溪口,蒋介石让他认姚怡诚为养母,交姚氏抚养。姚氏自离开十里洋场的上海,来到清静的溪口山村之后,不免感到寂寞,如今添了个孩子,自然欢喜不迭。

毛福梅是中国传统女性,能平易近人,对这新来的孩子本也疼爱有加,给他做衣服,买糕点,看到他一天天长大,脸上也时时溢出由衷的欢笑。蒋介石以前不常回来,自今有了姚怡诚和纬国,则常常"托故假归"。父亲回

---

① 刘凤翰:《谈纬国先生》一文注,当时日本平民妇女,只用名,不用姓,故蒋纬国的生母只用"金子"。参见蒋纬国口述、刘凤翰整理《蒋纬国口述自传》,中国大百科全书出版社 2008 年版(代序)。

来,经国、纬国都欢叫着围上去,可父亲似乎只对着小儿子纬国逗乐,把糖果之类食物大把大把塞到纬国手里、嘴里,而经国站在一旁,他好像没有看见。毛氏实在看不下去,心里不免沉重起来,沉着脸将孩子带回房里。蒋介石是个军人,他的行动不允许别人啰嗦,谁啰嗦谁就得受惩罚,对妻子也不例外,弄得不好便饱以老拳,由是夫妻间经常勃谿。毛福梅除了带着孩子落泪,别无良策。蒋介石为了避免矛盾,在奉化城内西街岭租了一套房子,把姚氏母子迁了进去。

姚怡诚无所出,她将纬国当作亲生的儿子看待,蒋纬国长大后也视姚为亲母。每年姚母寿诞之日,蒋纬国总会通知挚友亲朋去给妈妈"热闹热闹,开心开心",在寿堂中把姚夫人请来居中端坐,蒋纬国跪下行起大礼,把这位姚夫人捧得乐滋滋的。

不久,蒋介石又与另一位女子阿凤(后改名陈洁如)相好,对姚怡诚就疏远了。阿凤原籍浙江镇海,家住骆驼桥河角头陈村。后来父亲携阿凤迁居上海①。陈父是商人,阿凤自幼生长在上海,受过中等教育,能说俄语。经张静江说媒,蒋介石又同陈阿凤生活在一起。据说,蒋介石将阿凤改名为"洁如",意思是"如同纯洁"或"如同未受世间污染",表示纯洁无瑕。

这时的蒋介石已经决心与原配夫人毛福梅离异,1921 年 4 月 4 日,蒋介石给毛福梅的胞兄毛懋卿去函,函中陈述了他与毛福梅所谓婚姻的痛苦。他说:"十年来,闻步声,见人影,即成刺激。顿生怨痛者,亦勉强从事,尚未有何等决心必欲夫妻分离也。不幸时至今日,家庭不成家庭,夫固不成认妻,妻亦不得认夫,甚至与吾慈母水火难灭之至情,亦生牵累。是则夫不夫,妻不妻,而再加以母不认子,则何有人生之乐趣也……吾今日所下离婚决心乃经十年之痛苦,受十年之刺激以成者,非发自今日临时之气愤,亦非出自轻浮的武断,须知我出此言,致此函,乃以至沉痛极悲哀的心情,作最不忍心之言也。高明如兄,谅能为代谋幸福,免我终身之苦痛。"②

1921 年 5 月,孙中山在广州就任中华民国政府非常大总统后,即筹划

① 经盛鸿:《〈陈洁如回忆录〉辨伪谈》,中山大学《历史大观园》,1993 年第 3 期。
② 叶永烈编著:《蒋介石家书日记》上册,团结出版社 2009 年版,第 12 页。

设大本营于桂林出师北伐,统一中国。经孙中山、陈炯明、胡汉民、许崇智等人多次函电催促,蒋介石在家办完母亲的丧事后,便匆匆从家乡赶回广州,协助孙中山筹划北伐大事。1922 年 1 月 18 日,蒋介石抵桂林北伐军大本营,任粤军许崇智第二军参谋长。从 1921 年至 1927 年这七年间,蒋介石或是滞居上海,或去粤军任职,或至"永丰"舰侍卫孙中山,或主办黄埔军校,或东征北伐。1922 年 6 月 29 日蒋介石抵广州登上"永丰"舰卫护孙中山,蒋挈陈洁如同行①。在蒋氏长黄埔军校期间,陈洁如住在黄埔岛。黄埔师生一直尊她为师母。据《李宗仁回忆录》所载,李蒋结拜金兰,妻室分别名为郭德洁与陈洁如。故在一段时间里,陈洁如与蒋氏的名分是毋庸置疑的。但是,陈氏好景不长,很快便有了第三者,就如此前她之与毛、姚二氏。实际,蒋介石早在北伐开始不久,即决心抛弃陈洁如。1926 年 7 月 30 日,他致函其"二兄"张静江,内称:"洁如之游心比年岁而增大,既不愿学习,又不知治家,家中事纷乱万状。此次行李应用者皆不检点,而无用者皆携来,徒增担夫之劳。请属其不管闲事,安心学习一年,或出洋留学,将来为我之助,如现在不去,必无结果也,乃害其一生耳。如何? 今日在乐昌休息,有怀,随笔书之。"②后续的发展,便不奇怪了。

北伐期间,蒋介石与宋美龄的关系日益密切。陈洁如已不为蒋所重视。蒋、宋结婚前,蒋介石给陈洁如一笔钱,安排她离国去美读书,蒋并命侍从秘书陈舜耕陪她去。而姚怡诚则以蒋纬国的养母身份移居苏州,蒋托国民革命军总司令部顾问吴忠信照料姚等生活。蒋纬国住在苏州,蒋常派侍从接纬国到南京或溪口小住数天,宠爱有加。1949 年大陆解放前夕,姚随蒋纬国去了台湾,母子仍同住在一起③。而陈洁如则在 1927 年 8 月 19 日,在张静江的两个女儿黛瑞莎和海伦的陪同下搭"杰克逊总统"号轮船离开上海前往美国,入哥伦比亚大学师范学院读了五年书。1933 年陈洁如回国后改名陈璐,隐居在上海巴黎新村(今重庆南路一六九弄八号),与养女瑶光相依为

---

① 石一流:《一个改写民国历史的女人——蒋介石第三夫人陈洁如自传》,北京师范大学出版社 1992 年版,第 143 页。

② 叶永烈编著:《蒋介石家书日记》上册,团结出版社 2009 年版,第 24 页。

③ 王金海、佐恩著:《蒋经国全传》,吉林人民出版社 1989 年版,第 8—9 页。

命。其间,蒋介石暗中派人给了她生活费。抗日战争爆发后,陈洁如深居简出,据说一次被汪精卫的妻子陈璧君遇见,意欲拉她下水出任伪职。陈洁如为逃脱魔掌,只身秘密离开上海,潜去抗战大后方,经上饶至重庆,被蒋介石秘密安置在吴忠信的家里。战后她仍在上海独居。这时养女瑶光已长大成人,经人介绍与挂有"第三方面军少将参议"职衔的陆久之结婚。国民党统治在大陆崩溃前夕,陈洁如在陆久之的劝说和影响下,拒去台湾。1949 年新中国成立后,她得到中国共产党和人民政府的关心和尊重,应邀担任上海卢湾区政协委员。1961 年 12 月,陈洁如到了北京,受到周恩来和邓颖超的亲切接见和款待。后经周恩来批准,移居香港。据说台湾方面闻讯后,以蒋经国的名义拿出一笔钱来,为她在九龙窝打老道买了一套房子。不过她仍租住在香港铜锣湾百德新街。蒋介石曾特地写了一封信,派戴季陶的儿子戴安国秘密送交陈洁如,信中说:在"昔风雨同舟的日子里,所受照拂,未尝须臾去怀"。后来陈洁如曾写有一信给蒋介石,其中有"三十多年来,我的委屈惟君知之"等语,颇为哀婉[①]。

陈洁如于 1971 年 2 月病故于香港,其女瑶光为她料理后事,并继承了她的遗产。

关于陈洁如,过去人们知之甚少。近来由于《陈洁如回忆录》的出版,对于陈洁如其人,人们逐渐有所了解,但由于她的回忆录有些重大事实有杜撰或伪造之嫌,把事实搞得真真假假,有的事实一查便知是错,有的事实一时又难于核实,所以它是一本有争议的书。杨天石先生曾发表《〈陈洁如回忆录〉作伪举证》一文就该书的有意伪造史实作了详实列举,因与蒋宋关系不大,不赘[②]。

宋美龄与蒋介石结婚之前,提出一个先决条件,就是要蒋介石与原配毛福梅及侧室姚怡诚、陈洁如脱离夫妻关系,宋美龄也与刘纪文割绝友谊之爱。

据载,蒋介石与毛福梅的婚姻关系早在 1921 年已宣告结束,但由于毛

---

① 严如平:《她诉说了一出爱情悲剧——对〈陈洁如回忆录〉的一点评述》,《我做了七年蒋介石夫人——陈洁如回忆录》,团结出版社 1992 年版,第 6—7 页。

② 杨天石:《〈陈洁如回忆录〉作伪举证》,《团结报》1993 年 4 月 10 日。

福梅的反对,并未办离婚手续。蒋介石在 1921 年 11 月曾给儿子经国、纬国一封信函,内中说:"余葬母既毕,为人子者,一生之大事已尽,此后乃可一心致力革命,更无其他之挂系。余今与尔等生母之离异,余以后之成败生死,家庭自不致因我而再有波累。余十八岁立志革命以来,本已早置生死荣辱于度外,惟每念老母在堂,总不使以余不肖之罪戾,牵连家中之老少,故每于革命临难决死之前,必托友好代致留母遗禀,以冀余死后聊解亲心于万一。今后可无此念,而望尔兄弟二人亲亲和爱,承志继先,以报尔祖母在生抚育之深恩,亦即所以代余慰藉慈亲在天之灵也。余此去何日与尔等重叙天伦,实不可知。余所望于尔等者,惟此而已,特此条示。经、纬两儿谨志毋忘,并留为永久纪念。"①1921 年以后,蒋介石虽未与原配离婚,且仍与姜氏姚怡诚同居,后又同陈洁如婚配,但为了能与宋美龄结婚,1927 年春蒋介石还是回到溪口,与毛福梅办理离婚手续。这时姚怡诚也带着蒋纬国回到溪口,住在肖三庙孙琴风家里,由孙琴风夫妇与双方讲妥离婚条件;今后姚怡诚仍由蒋按月支付生活费,蒋纬国为其抚养,姚与蒋介石脱离同居关系。毛福梅是结发夫妻,蒋介石的唯一儿子蒋经国又为毛氏所生,况且她又是一个封建礼教观念十分浓厚的旧式女子,坚决不肯与蒋介石离婚,蒋实际上也没有驱逐她出蒋家的意图,只是宋美龄坚持要蒋与前妻脱离关系才能结婚,逼于形势,不得不办个离婚手续,使宋美龄成为名副其实的蒋夫人。最后,蒋介石允许毛福梅离婚后仍住在溪口蒋家,保持丰镐房主妇的地位,才达成协议。为了完成离婚的法律手续,蒋介石找人草拟一份与毛福梅共同署名的"协议离婚书",送到奉化县政府备案。曾任武岭学校校长的张明镐在《蒋介石在溪口》一文中回忆当时蒋、毛离婚协议的情景时作了如下的叙述:"其时奉化县长徐云重,是我留日时的同学。是年 5 月间,我到奉化有事去看他,他兴奋地向我发出一阵神秘的微笑,接着对我咬耳朵说:'老张,你这次来得很巧,我给你看一件东西。'他随即从办公抽屉里郑重其事地取出一份文件递给我。我仔细一看,原来是蒋总司令与毛福梅的协议离婚书。徐云重举起右手大拇指得意地说:'本老爷三生有幸,办此千古大案。'我也诙谐地说:'贵老爷

---

① 万仁元、方庆秋主编:《蒋介石年谱初稿》,档案出版社 1992 年版,第 74—75 页。

若主持公理,在这份协议离婚书上批个"不准"二字,定必流芳百世,扬名千古!'徐反问:'敢问阁下长几个脑袋?'我为之语塞,彼此哈哈大笑。"①

王月曦在《毛福梅与蒋氏父子》一文中,谈到蒋、毛离婚风波时,说是1927年12月,蒋介石返回溪口,亲自操办这件棘手的事——向妻妾们公开宣布离婚。"蒋氏族众和亲戚都对蒋的离弃结发不以为然,谁都想感动当事人的铁石心肠"。"蒋氏族中一辈老人,他们对这位子弟公然想停妻再娶,一个个摇头叹息。"毛福梅的两位哥哥毛怡卿、毛懋卿兄弟,他们遵照父亲的意旨向蒋氏宣称:"福梅已是嫁出的囡、泼出的水,嫁鸡随鸡,嫁狗随狗,活着是蒋家人,死了是蒋家鬼。"这时蒋已下野,他怕这事闹出人命来可得不偿失,因此与毛福梅达成了一个秘而不宣的协议,毛氏被允许仍住丰镐房做她的主妇,仍被蒋身边的人尊为"大师母",双方便在"协议离婚书"上签了字②。

关于蒋、毛离婚协议的时间,上引张明镐文说是1927年5月,王月曦说是1927年12月。从当时的情况看,5月和12月恐怕都误。因为5月,蒋介石正在以南京政府军事委员会的名义,发布北伐令,全力和武汉国民政府争夺地盘,扩充自己的势力。这期间,蒋介石未曾返回溪口,当然也就谈不上有与毛福梅办理离婚协议的事。12月1日,蒋介石已与宋美龄正式结婚,蒋、毛离婚协议书既然是在蒋、宋结婚之前办妥,显然不可能是12月。根据蒋介石当时的活动情况推断,蒋、毛离婚协议书签订的时间,当在8月14日蒋介石宣布下野回溪口,至9月28日蒋离上海赴日本拜见宋母倪老太太之前比较合适。因为据人披露,蒋介石为排除宋美龄的母亲倪老太太设置的种种障碍,当他拜见宋母时拿出一份证件,说明他与原配毛氏志趣不合,已经离婚,再娶陈洁如也已离婚并已送她到美国就读。这个所谓的证件可能便是蒋介石与毛福梅的离婚协议书。所以,"在蒋、宋联姻之前,经过几度磋商,最后达成协议,宋美龄与原来的情人刘纪文断绝关系;蒋介石与原

---

① 张明镐:《蒋介石在溪口》,《文史资料选辑》第73辑;又见王金海、佐恩著:《蒋经国传》,吉林人民出版社1989年版,第9—10页。

② 章微寒《蒋宋联姻资料辑录》,浙江省政协文史资料委员会编:《浙江文史资料选辑》第38辑,《蒋介石家世》,浙江人民出版社1988年版,第128—130页。

配毛福梅离婚"①的说法较为符合实际。

蒋介石与毛福梅协议离婚后,蒋介石便匆忙在上海、宁波各报刊登离婚启事,完全是为其与宋美龄结婚制造合法的舆论根据。

五、规模空前的婚礼场面和婚后生活

1927 年 12 月 1 日,蒋介石与宋美龄在上海举行结婚典礼。

11 月 26 日,上海的报纸登出了蒋介石与宋美龄的结婚启事,其中有这样一段妙文:"中正奔走革命,频年戎马驱驰,未遑家室之私……兹定十二月一日,在上海与宋女士结婚,爱拟撙节婚礼费用,宴请朋友筵资,发起废兵院……欲为中正与宋女士结婚留一纪念。"②

12 月 1 日,蒋、宋婚礼分两次举行。因为宋美龄是基督教徒,因此在上海首先举行宗教仪式的婚礼,原请宋家的亲朋好友、卫理公会教堂牧师江长川证婚。没想到这位江牧师执行起"圣职"来十分认真,他认为蒋停妻再娶,有违基督教义,坚决拒绝为蒋、宋证婚。乃改请中华基督教青年会全国协会总干事余日章证婚。又请蔡元培作证婚人,何香凝、李德全、谭延闿、王正廷也参加证婚③。男方主婚人为蒋介石的同父异母哥哥蒋锡侯,女方主婚人为宋子文。蒋、宋婚事,原来宋子文是坚决反对的,几乎导致兄妹决裂,所以宋子文拒绝为宋美龄主婚,宋太夫人劝说无效,宋蔼龄乃商请谭延闿出面调停,宋子文才勉强同意,出面主婚。先在上海西藏路慕尔堂举行宗教婚礼,再到戈登路大华饭店舞厅补行了"中国传统味道的婚礼"。

蒋介石与宋美龄的婚礼,既隆重又显赫,辉煌宽敞的大华舞厅挤满了各

①　章微寒:《蒋宋联姻资料辑录》,浙江省政协文史委员会编:《浙江文史资料选辑》第 38 辑,《蒋介石家世》,浙江人民出版社 1988 年版,第 165 页。

②　宋平著:《蒋介石生平》,吉林人民出版社 1987 年版,第 205 页。

③　章微寒:《蒋宋联姻资料辑录》,浙江省政协文史资料委员会编:《浙江文史资料选辑》第 38 辑,《蒋介石家世》,浙江人民出版社 1988 年版,第 165 页;但据廖梦醒在《拒绝为蒋介石证婚》一文中说:她母亲何香凝当时没有答应为蒋介石证婚。她说:"1927 年 12 月,蒋介石和宋美龄要结婚了,邀请母亲去做'证婚人'。因为蒋介石不接受劝告,不肯放弃屠杀共产党的罪行,母亲拒绝了,没有参加蒋介石的婚礼。"(齐甫编:《名人眼中的蒋介石》,四川大学出版社 1993 年版,第 56 页)引注于此另备一说。

宋美龄与蒋介石的结婚照

地来的要人名流,等着观看这场轰动一时的强人结合的婚礼。像这种盛况,传媒界当然不会放过大肆渲染的机会,甚至连远在美国的《时代》周刊也以蒋、宋联姻合照做封面。

1927年12月2日的《上海时报》对蒋、宋联姻作了详细的报道:

"这是近年来的一次辉煌盛举,也是中国人的一个显赫的结婚典礼……""昨天下午举行婚礼时,大华饭店的舞厅里足足有一千三百人。当蒋介石总司令同男傧相一起出场时,桌边的椅子上坐满了人,还有许多人站着,鼓掌欢迎这位前军事领袖。"出席这次婚礼的还有上海及其他地区的中外知名人士,美国高级领事埃德温·S. 查尼汉姆(Edwin S. Cunningham)、英国总领事西德尼·巴顿(Sidney Barton)、挪威总领事阿尔(N. Aall)、日本总领事矢田七太郎(S. Yada)、法国总领事 M. 纳吉亚尔(M. Naggiar),以及其他一些国家的总领事也出席了这次结婚典礼。美国太平洋舰队司令马克·L. 布里斯托尔(Mark L. Bristol),海军上将、华北方面军司令官约翰·邓肯(John Duncan),以及其他外国驻沪高级将领也身穿便服出席了结婚典礼。

一进舞厅的大门,人们立刻就被那非常美丽的满堂花海迷住了。这些花卉是由刘易斯育婴堂布置的,整个礼堂在这花海的烘托下显得高贵隆重。在一个或许可以称为讲台的上方,悬挂着孙中山大幅肖像,肖像的一边是国民党旗,另一边是孙中山所设计的国旗。奏乐台上,一队俄罗斯乐团忙碌地进行调音、试音的工作,等待演奏门德尔松婚礼进行曲。整个礼堂的里面和外围三步一哨、五步一岗,布满了中外的便衣军警,严密地监视着整个会场,以防意外事件的发生。

蒋、宋婚礼,按程序单上的安排共有十项:(一)来宾入场;(二)主婚人和证婚人入场;(三)新郎入场;(四)新娘入场;(五)向孙中山肖像三鞠躬;(六)宣读结婚证书;(七)在结婚证书上盖章;(八)夫妻对拜;(九)新娘、新郎向主婚人鞠躬,以示感谢;(十)新郎、新娘向来宾鞠躬,以示感谢。

蒋、宋结婚典礼由蔡元培主持。结婚典礼开始时,管弦乐队奏起外国乐曲。蒋介石在男傧相的陪伴下步入舞厅。宋美龄穿着一件漂亮的银色旗袍,白色的乔其纱用一小枝橙黄色的花别着,轻轻地斜披在身上,看上去非常迷人。她那美丽的挑花透孔面纱上,还戴着一个由橙黄色花蕾编成的小花冠。饰以银线的白色软缎拖裙从她的肩上垂下来,再配上那件长而飘垂的轻纱。她穿着银白色的鞋和长袜,挽着她哥哥宋子文的臂膀,捧着一大束白色和粉红色的玫瑰花步入大厅,显得雍容华贵。她和蒋介石在结婚仪式举行之前,摆好姿势照了相。典礼开始时,蒋介石和宋美龄向位于讲台正中的孙中山肖像三鞠躬,转向右边鞠躬,再转向左边鞠躬,再向中间鞠躬。最后是宣读结婚证书内容,新郎新娘在结婚证书上盖章。然后夫妻对拜,向证婚人鞠躬,向全体来宾鞠躬。蒋、宋婚礼便告结束。新郎与新娘都没有按基督教的习惯拥抱和亲吻①。

婚礼结束后,在舞厅和威尼斯厅举行茶会。有记者说"这次结婚仪式的本身是短暂而又简单的"。但李宗仁亲眼见到的情形则是:"我和内子乘汽车去谒见蒋先生夫妇及其住宅,也照例说几句道喜吉利话。只见满客厅都是各界赠送的丰厚礼物,琳琅灿烂,光耀照人。"②有人统计,蒋介石与宋美龄在上海结婚,花费达数百万元。

蒋介石与宋美龄在上海举行盛大结婚典礼那天,上海《申报》同时刊登两则启事:一是蒋、宋联婚;一是蒋介石离婚声明。声明宣称:"毛氏发妻,早经仳离,姚、陈二妾,本无契约。"有人认为,这段文字是出自蒋介石的秘书陈布雷的手笔。

为了表示郑重,说明蒋介石身负重任,心在国家,就在他与宋美龄结婚的当天,蒋介石在报纸上发表一篇题为《我们今日》的文章,内称:"我今日得与最敬爱的宋美龄女士结婚,实为有生以来最光荣之一日"。"我们结婚以后,革命事业必定更有进步,从今可以安心担当革命的大任,我们的结婚,可以给中国旧社会以影响,同时又给新社会以贡献。"③

蒋介石与宋美龄婚后的新居设在上海拉都路三一一号。新婚夫妇头一天在此新居度过,第二天(12月2日)蒋、宋一起去了杭州,说是要在莫干山度蜜月,但蒋介石当天又从杭州返回上海。为什么蒋介石当天就回上海,此中的奥秘只有蒋介石自己才知道。

在上海大凡重要名人都要疏通关系向青帮交纳保险费,这是惯例;否则身家性命实难保住。蒋介石虽曾一度加入过青帮,而且和青帮首领杜月笙私交甚厚,但即使他身为国民革命军总司令,也仍需按例交纳保险费。宋美龄在结婚之前,从美国回来后,她的哥哥宋子文一直替她代交保险费,但她却一点也不知道。

---

① 《上海时报》,1927年12月2日;又见龙流编译:《宋美龄传》,农村读物出版社1988年版,第89—91页。

② 广西壮族自治区委员会文史资料研究委员会编:《李宗仁回忆录》下卷,广西壮族自治区政协文史资料研究委员会1980年版,第551页。

③ 上海《申报》1927年12月1日。

结婚之后,宋美龄得知蒋介石要向青帮交纳保险费,大为不满。蜜月期间,她便开始做蒋介石的工作。她认为蒋介石现在是总司令,是中国最重要的人物,不属需要交保险费的人。蒋介石也觉得宋美龄的话颇有道理,于是便决定不再向青帮交费。他和宋美龄由莫干山寺庙回到上海宅邸时,也不再向杜月笙打招呼了。杜月笙很快就得知了此事的内情,于是便演出了一场闹剧:

一天,一辆豪华的罗尔斯·罗伊斯轿车驶到西摩路宋公馆,汽车里钻出一个司机和一个漂亮的使女,说要接美龄去见她大姐蔼龄。但美龄坐上车后,汽车却拐进了青帮的魔窟杜公馆。几个小时后,蒋介石召开完紧急会议后来接宋美龄,而宋美龄仍没有回来,蒋介石越等越着急,后来详细询问了事情的经过,感到事出有疑,蒋介石心里顿时凉了半截。但在这种情况之下,蒋介石明白是不好去直接查问的,于是,他给宋子文打了个电话。宋子文听完蒋介石的叙说,很快明白了是怎么回事。他挂上电话,又拨了一个鲜为人知的私人号码。听筒里很快传来了杜月笙那熟悉而又可怕的声音。杜月笙告诉宋子文:蒋夫人安然无恙,不必担心,她健康良好。她被人发现只由一个使女陪伴,在危险的上海街道上开车。考虑到无时不有危险存在,这是非常冒失的行为。为了她的安全,她已被送到一所舒适的别墅。由于大家极为尊重她的地位,尊重她是中国新统治者的夫人,所以她得到了一切应有的礼遇。尽管大家苦心奉承,但她似乎并不高兴,拒绝进食。自举行婚礼以来,总司令公务如此繁忙,以至于未能为自己和夫人安排较为妥当的保护。在像上海这样危险的城市里,实在是疏忽大意,我对此深表遗憾。

宋子文得知底细后,立即向蒋介石作了回报后,亲自驾车前往杜月笙戒备森严的府邸,履行了"例行手续",将宋美龄从"受照顾"的别墅里领出。经过这次"劫持",宋美龄才认识到青帮杜月笙的魔力①。

宋美龄同蒋介石结婚后,过着极为豪华的生活。她在大陆仅是别墅就有多处,建筑风格各具特色。上海原贾尔业爱路(今东平路),有一幢是其父宋耀如给宋美龄作陪嫁的宅第,为美国式的花园洋房。此栋西式二层楼舍,

---

① 参见《杜月笙"劫持"宋美龄》,中山大学《历史大观园》,1989 年第 1 期。

虽说房间不多,但设计新颖漂亮,特别是那面积超过房屋三四倍的花园,绿荫如云,幽雅奇秀,堪称"闹中取静"的养憩佳境。浙江奉化溪口,又有蒋介石祖屋一栋,称"丰镐房",然而蒋的原配毛福梅离婚不离家,依然是丰镐房的主妇,宋美龄自然不便栖身。蒋介石便在附近武岭头为她修建了"乐亭",该处背山面水,景色宜人,安静舒适。在南京,宋美龄与蒋介石居住于"中央军官学校"校长官邸。抗日战争期间,宋美龄在重庆住过五个地方。据张瑾教授在《抗战时期宋美龄在重庆的官邸》一文叙述:

> 1938 年 12 月 8 日,宋美龄随蒋介石抵达战时首都重庆,至 1946 年 4 月 30 日与蒋同机飞离重庆,她前后在渝度过了近八年的抗战岁月。蒋宋夫妇在重庆有五处官邸,即:曾家岩官邸、李家花园官邸、黄山官邸、林园官邸以及小泉校长官邸。不过据重庆市档案藏"重庆市接收中央机关留渝公产管理处"全宗档案,蒋宋官邸中并无"小泉校长官邸"的提法,而是代之以"九龙坡官邸";而有关九龙坡官邸的记载仅有添置室内窗帘等内部陈设的细节,尚无法判断此处官邸与"小泉校长官邸"之关系。据重庆市文物局《第七批全国重点文物保护单位申请登记表》,"小泉校长官邸"就遗址保护区域归属看与"九龙坡官邸"似为同一处。

> 　　就地理位置而言,上述五个官邸分别坐落于重庆市区、西郊及长江南岸等处。其中,曾家岩官邸和李家花园官邸位于市区内;就占地面积而言,地处郊区的黄山官邸与林园官邸属园林式建筑群,拥有秀丽而开阔的庭院,占地面积最广的是黄山官邸。而位于市区的两个官邸则是与居民杂处的单体建筑楼;就入住的先后顺序与居住时间长短而言,黄山官邸、曾家岩官邸、李家花园官邸分别为宋美龄在渝最初入住的三处。其中,她在李家花园官邸居住的时间最短,在黄山官邸居住的时间最长;就使用功能而言,小泉校长官邸专为便于蒋介石在中央政治学校办公休息住所,其余几处官邸均兼具办公与住寓的双重功能。

　　从蒋介石日记看,黄山官邸简直就是重庆的世外桃源,这里留下蒋介石、宋美龄夫妻恩爱生活的回忆。1939 年 2 月 25 日,蒋介石携夫人到黄山休息。他在日记中感叹道:"夫妻融融,苦中甚乐也。"1940 年 5 月 20 日,蒋介石又"与夫人到黄山云岫楼休息,初入山中,月明气清,令人心神为之一快"。这一年 10 月 13 日,傍晚,为蒋介石过生日,夫妻二人"在松厅对饮茶点","甚觉自由简捷,可比任何宴会为乐也"。黄山官邸还是蒋宋家族亲友团聚之所,1942 年 5 月,宋氏三姐妹曾在黄山官邸松厅团聚。松厅旁边即是孔祥熙的二女儿孔令俊的别墅——孔园;黄山官邸内还为宋庆龄专门修了一所别墅——松籁阁。

对宋美龄来说,黄山官邸还具有"减压"的功能。她曾告诉来访的海明威夫人,说:"有时候我工作过度,无法静下心来思考,感觉像苍蝇被粘在捕蝇纸上,动弹不得。我先生会说:'现在,你到南岸下去住几天吧!'他帮我收拾行李,就送我去休息几天。"在这里,阅读可能是减压的最好方式。在谢冰心来访时,宋美龄兴奋地向她展示在云岫楼的藏书,冰心写道:"夫人还带我去了二楼,给我看了她的书斋。墙上塞满了书,使人眼花缭乱。"①

在宋美龄所有别墅中,以她自己的名字命名的两处最为令人瞩目:一是"美龄宫",二是"美庐"。美龄宫系一幢富有民族风格的宫殿式建筑,位于南京紫金山四方城东二百米处,建于 1931 年。别墅笼罩在参天古树的苍翠深处,四周筑起蜿蜒的高墙,进门便是暗香馥郁的花园,曲径通幽处,若隐若现地露出两层高的古典楼房。那绿色琉璃瓦流光溢彩,阳台汉白玉栏杆雕有千姿百态的凤凰,更添俊俏。"美庐"是宋美龄避暑之所,坐落在江西庐山的脂红路一八○号。"美庐"虽说是英式风格,却具有东方神韵,气度不凡。"美庐"上下两层,有露台和庭园,草木碧合,环境十分幽静。1946 年夏天,宋美龄曾多次陪同美国特使马歇尔的夫人,在"美庐"一带散步谈笑②。自1949 年以后,宋美龄一直未能返旧居别墅居住。近年来,宋美龄的别墅已成为旅游景观,吸引国内外游客前往猎奇揽胜。宋美龄在大陆的别墅除了展示她与蒋介石搜刮人民的血汗钱供自己享乐外,不能说明别的什么。至于蒋介石、宋美龄退守台湾的住所士林官邸和其他行宫则更加耀眼自不在话下。

---

① 张瑾:《抗战时期宋美龄在重庆的官邸》,《世纪》杂志,2014 年第 6 期。
② 《宋美龄的别墅》,原载《江苏旅游报》,转引自《羊城晚报》1992 年 6 月 15 日。

六、蒋、宋联姻给中国带来了什么?

　　蒋介石与宋美龄结婚是决定蒋介石以后政治生涯的一个重要步骤。海伦·福斯特·斯诺在她的《近代中国妇女》一书中说:"1927年12月,蒋介石同宋美龄结婚,此中意义比卫理公会派的教义还要多。"这次结婚,是他人生的一着妙棋,这使他充分如愿以偿。漂亮的、穿着讲究的、受过美国教育的宋美龄,为蒋介石那个与下层社会的现实格格不入的政权装饰了门面。"他们是否为爱情而结合,唯有他们本人才知道。"然而,这门婚姻的确是在"蒋介石、洋化华人和洋人之间沟通联络的一条渠道。在某种意义上说,宋美龄是中国旧传统的一个人质,是家族利益与政治利益之间维持信义的一项保证"①。可见,蒋介石与宋美龄结合,它的政治意义是十分明显的,难怪人们说它是一起政治婚姻了。

蒋宋联姻后的家庭合影,前排:宋蔼龄(左)、倪珪贞(中)、宋美龄(右);后排:宋子良(左一)、孔祥熙(左二)、蒋介石(左三)、宋子安(左四)

---

① 司马春秋著:《蒋、宋婚礼轰动世界》,《宋美龄写真》,档案出版社1988年版,第71—72页。

第一，加强了蒋介石与其他派系抗衡的势力。

蒋、宋结婚时，蒋介石还未正式复职。蒋介石虽孑然下野，但实力并未损伤；他身在溪口乡间，却同样指挥他的人马四处活动，在政治、军事、财政上支配着南京政权。宋子文、黄郛等人为蒋介石跑前跑后，同列强各国拉关系，并在国内各派系之间频繁往来。还有一帮"长衫佬"，如张静江、吴稚晖、李石曾等人，还声明要与蒋介石"同进退，共沉浮"，为蒋介石复职左右周旋。以李宗仁、黄绍竑、白崇禧为首的新桂系，本想把蒋介石逼下台后，由桂系拉出几位国民党头面人物来充当门面，自己独揽大权，殊不知蒋介石一下台，桂系不但未能掌握到大权，连大局也左右不了。蒋介石下野后，时刻准备复出。随着时局的日趋恶化，政界响起请蒋复职的呼声，为蒋介石重居主宰者地位造成有利气氛。

1927 年 12 月 2 日，蒋介石偕宋美龄由杭州返回上海。次日，国民党二届四中全会预备会便在他的新居——上海拉都路三一一号召开。结果，在冯玉祥、阎锡山等实力派人士的敦促下，国民党二届四中全会预备会议议决蒋介石复国民革命军总司令职，并决议由蒋介石负责筹备二届四中全会。国民党二届四中全会预备会后，蒋介石玩弄手段，将汪精卫、胡汉民、孙科、伍朝枢，一一逼迫出国远游。

1928 年 2 月 2 日至 7 日，蒋介石一手操纵的国民党二届四中全会在南京正式召开，会议通过了戴季陶起草的四中全会宣言。为期五天的会议作出四项决议，推举蒋介石为军事委员会主席、国民革命军总司令。2 月 23日，国民党中央常务委员会又推蒋介石为组织部长。3 月 7 日又推蒋介石为中央政治会议主席。从此党权、军权都落到蒋的手里[①]。

四中全会是蒋介石"四一二"政变以后所召开的第一次国民党全会，它全面篡改了孙中山三民主义的革命内容，抛弃了联俄、联共、扶助农工的三大政策，是支持蒋介石独裁的会议，也是蒋介石把党政军大权，集中在自己手里，在全国建立独裁统治的起点。

人们都知道，本来宋子文对蒋介石是有矛盾的。蒋介石取消了宋子文

---

① 鸿鸣著：《蒋家王朝》，香港中原出版社 1986 年版，第 57 页。

在上海统一江浙财政的权力,使宋极为不满。加上蒋介石发动"四一二"政变,以及制造宁汉分裂,使宋大惑不解。他认为国民革命的主旨是以党治军,就是以文人节制武人。可是,宁汉分裂,蒋介石以武力"清共",大开杀戒,文人节制武人的局面全都被推翻了! 对此,宋子文认为蒋介石的行动违背了国民革命的初衷。武汉方面中央委员、国民政府委员和军事委员会委员又联名讨蒋,呼吁"依照中央命令,去此总理之叛徒,本党之败类,民众之蟊贼"①。滞留上海的宋子文虽不敢公开斥责蒋介石,但他认为南京政府只是一种改头换面的个人独裁政权。美国记者希恩在他的回忆录里说到他当年在上海了解到的情况说:宋子文到上海时蒋介石已经叛变(按:此说有误),宋的住宅受到特务的监视,宋亦曾收到过匿名恐吓信,他虽然在留沪与回汉之间进行选择,表现出彷徨、动摇,但他认为"武汉尽管有共产党人,但仍然代表了国民党纯洁的传统"②。"他不顾人们的劝说和威胁,一直拒绝参加蒋介石的政府。"③

　　1927 年 7 月上旬,宋子文离开上海回到武汉。他携带蒋介石给宋庆龄的一封信,试图把宋庆龄和宋子文都拉入南京国民党政权之内,以与其他政治派系抗衡。信内称:"夫人尊鉴:前由庸兄④奉上一函,想已达览,未知庸兄尚在汉口否。中正等望夫人来沪,如望云霓。务请与子文、庸之兄即日回沪,所有党务纠纷,必以夫人之来有解决办法也。"但宋庆龄坚持孙中山的革命道路和他手订的联俄、联共、扶助农工三大政策,拒不与背离三民主义和三大政策的南京国民党当局合流。她公开指出:"现在本党虽然有些党员离开了孙中山手定的中国革命的道路,然而已站在本党旗帜之下的千百万中国人民,仍将遵循这条道路以达到最后的目的。所以抱着这样的信念的并不只是我一个人。我相信国民党一切忠实的党员一定都会遵循这条革命的道路。"⑤而宋子文却最终投入了蒋介石的营垒。宋子文的转变是在日本期

---

① 《汉口民国日报》,1927 年 4 月 22 日。
② [美]希恩:《个人经历》,波士顿 1969 年英文版,第 195 页。
③ [美]希恩:《个人经历》,波士顿 1969 年英文版,第 234—236 页。
④ 孔祥熙字庸之,庸兄、庸之,皆指孔祥熙。
⑤ 宋庆龄:《为抗议违反孙中山的革命原则和政策的声明》,《宋庆龄选集》上卷,人民出版社 1992 年版,第 47—48 页。

间,与前来向宋美龄求婚和订立婚约的蒋介石相晤。由于宋母同意了蒋介石与宋美龄的婚事,10 月 21 日宋子文从日本返抵上海,他与蒋介石的关系已有了重大的变化。他不仅要为这桩婚事进行筹备,还要为蒋介石与汪精卫合流牵线。从此,宋子文投入蒋介石和南京国民政府的营垒,后来还出任南京国民政府的财政部长,为蒋介石解决南京国民政府面临的财政困境尽力。

宋子文出任南京国民政府财政部长,重要的原因当然不是由于蒋、宋联姻,而是宋子文对自己历史的选择,但无疑跟蒋、宋联姻也有必然的关系。

从蒋介石方面看,由于他与宋家联姻,不论宋子文起初对蒋介石追求他的妹妹有无反感,但在操办这桩轰动上海滩乃至当时中国政坛的婚事上,宋子文是出了大力的。由于蒋、宋联姻的关系使宋子文在蒋介石眼里变得可靠、可信了,而宋子文在人们心目中,也再次成为“当朝国舅”了。这就必然使蒋介石与宋子文的关系,随着蒋介石与宋美龄联姻发生转机。

宋子文在广东期间,曾积极投身国民革命,受到孙中山的信任和器重。在国共合作共同发动国民革命的大潮中,宋子文曾与周恩来、苏兆征、吴玉章等共产党人有过接触,对轰轰烈烈的工农运动也有过由衷的叹服,但是,他毕竟同他姐姐庆龄不一样,他时而对蒋介石“武人干政”反感,后又投入蒋介石营垒,他时而坚持孙中山倡导的国共合作,时而又支持汪精卫“分共”的政策,缺乏明辨政治是非的能力和坚定的政治立场。1927 年底宁汉正式合流,蒋介石“下野”复出后,宋子文公开背弃了孙中山的三大政策,出任南京国民政府财政部长,把自己的政治前程与蒋介石捆绑在一起。这一方面,加强了蒋介石建立独裁统治的政治地位;另一方面,随着蒋介石与宋美龄完婚,中国的蒋、宋、孔三大家族已经开始合流,主宰中国的政治、经济。因此,蒋、宋联姻,无疑对中国的政局发生了举足轻重的影响。美国作家罗比·尤恩森在他的著作《宋氏三姐妹》中,就蒋介石与宋美龄的婚姻引证当时美国《时代》杂志的文章指出,这对于蒋介石是重要的,因为蒋与宋联姻使他成为“国民党先圣孙中山先生(庆龄的丈夫)死后的连襟,大银行家宋子文的妹夫,以及中国最伟大的圣人孔子著名的后裔孔祥熙先生(蔼龄的丈夫)的连襟"①。蒋介石有了宋美龄,便有了精明能干的连襟孔祥熙和内兄宋子文,他们可以商界支持蒋介石,为他的政府提供金钱以实现他拯救和稳定中国的计划。这对于蒋介石是带有决定性的支持。可见,蒋、宋联姻,不能单纯地看成是一种"英雄爱美人"的罗曼蒂克式的行为,它实质是一种政治上的行为,它是蒋、宋、孔三大家族通过婚姻关系实现政治上的结合。蒋、宋联姻后,蒋介石通过孔祥熙、宋子文对内加强了同江浙财阀、金融集团的联系,而孔、宋家族则利用蒋介石执掌党、政、军大权,官运亨通,巧取豪夺;对外则通过孔、宋家族同英、美国家的联系争取英、美政府对蒋介石政权的财政和军事上的支持及争取到英、美国家商界在中国投资。

第二,争取了美国朝野人士对蒋氏政权的支持。

蒋介石重新上台后,当务之急就是要巩固住他的最高统治地位,这除了要控制最高军事统治权外,同时,还必须加紧投靠列强,乞求援助,以取得欧美日本政府的支持。在这方面,宋美龄便是蒋介石的得力助手。宋美龄也必须要煞费苦心地为巩固蒋介石的新政权而效力。

宋美龄对中国人民的影响是微不足道的,但她与蒋介石结婚后,成为蒋介石的秘书和英语翻译,随蒋奔波于"剿共"前线,为巩固蒋氏统治竭尽全力。尤其是在同外界的接触中发挥了她的影响,引起外国人的极大注意。当然,世界各地新闻界对宋美龄的评论不一,有敬佩与仰慕者,有排斥与忌恨者,西柏林《明镜日报》(*Tagesspiege*)推崇宋美龄,说她"风范高雅,神采奕奕,饱经世故,眼界辽阔,言词犀利,颇富演说天才,当时辅佐其夫婿有若私人外交部长,她与外国商洽贷款,尤其敦睦中美关系,功不可没"②。宋美龄嫁给蒋介石,不仅开阔了蒋介石对美国的眼界,而且她陪同蒋介石参加各种外事活动,对争取美国对蒋介石政权的支持,贡献深远。

宋美龄为促使美国朝野人士对蒋介石政权的支持做了大量工作,付出了很多心血。她经常以"半官方"的身份活动,又写了一些长信、文章和书拿

---

① ［美］罗比·尤恩森著:《宋氏三姐妹》,世界知识出版社 1984 年版,第 76 页。

② ［德］施罗曼、费德林合著,辛达谟译:《蒋介石传》,台湾黎明文化事业公司 1985 年版,第 82—83 页。

到美国出版,自"九一八"事变后的抗日期间,还经常用英文向美国广播。此举对美国人却具有非同小可的迷惑力,好像一位在美国大学毕业的聪明伶俐的女学生已经接管了全中国,并由她评定那个神秘而难治的国家里所发生的一切事件的孰是孰非。虽然她看上去像东方人,但在其他任何方面都像个地道的美国人①。这样,宋美龄便是蒋介石同美国有关方面进行沟通的最佳拍档。

还有一件令美国人欣喜的事,是宋美龄同蒋介石结婚后,由于她一再促使蒋接受洗礼,成了一个基督教徒。蒋母笃信佛教,蒋介石幼年常听其母讲解佛理,亦间或引起探究宗教教义的兴趣。青年时期,蒋介石受儒家哲学影响极深。1930年蒋介石皈依基督,无疑跟出身虔诚基督教家庭的宋美龄的影响关系极大。

1930年10月23日,蒋介石和宋美龄去上海宋夫人家里,由美国江长川牧师主持仪式,接受蒋介石加入基督教洗礼,除宋庆龄外,宋家所有的人都参加了蒋介石入教洗礼仪式,表明宋家对此事的重视。

蒋介石必须加入基督教,这是与宋美龄结婚的条件之一,但是,蒋介石结婚后近三年,一直不大愿意接受洗礼。可是,宋美龄穷逼不舍。其中情况,在董显光所著《蒋"总统"传》中,引录了江长川牧师的一段回忆中讲得十分清楚。

江长川说:"民国十七年(1928年)之某日,我接到蒋夫人的一封急电,要我即来南京。我于次日清晨到达。获知蒋夫人要我以其家庭老友的资格,劝请蒋先生接受基督教,若有可能,则为担任洗礼。由于蒋先生公事甚忙,故迟至下午四时始能晤谈。甚至彼时仍恐为诸事打断谈话,于是蒋夫人提议驱车出游,且行且谈。随即备了三辆汽车,前后二辆为卫队所乘,居中一辆则由我们三人乘坐。

"当我上车时,蒋先生坚邀我坐在中间,蒋夫人在我左方,蒋先生则在右方,车行中,蒋夫人力劝蒋先生接受基督教,并正式受洗礼。她说:'我们的老友江牧师不久赴美国,此行将逗留许多月。'蒋先生则不愿意受洗礼过速。

---

① [美]西格雷夫著、丁中青等译:《宋氏王朝》,中国文联出版公司1986年版,第406页。

他答称:'我现在只读完新约第二遍,正开始读旧约,我要对基督教多知道一点,然后正式接受耶稣为我的救主。'我们继续谈了一些时,我后来赞同蒋先生的意见,建议他在我出国的时候再熟读圣经,我极愿意能在回国时为他举行洗礼。

"我在美国时,中国某一军阀对中央政府间发生内战。某日,在战争进行中,蒋先生被敌军诱困于开封附近,四面几被包围。处此失望之境,蒋先生祈祷上帝解救,并声言此次得救后,定即正式信仰基督为救主。上帝对此祈祷即予接纳,骤下大雪,为此季所罕见,固使敌军无法进迫。同时,他的援军已从南京由火车运到,结果不仅蒋先生的生命得以保全,且转败为胜。

"当我从美国回来,我遂被邀请为这位中国领袖施行洗礼。"

董书接着指出:"此后,蒋'总统'每日祈祷礼拜,绝不间断,不管国事再忙。不许他人讳言基督,各个人宗教信仰自属绝对尊重。"①

蒋介石参加基督教,接受洗礼,中国人并不感到震惊。但是,在外国人中间,尤其在美国人中间,则可以听到很多赞许的声音,认为基督教虽在中国受到批判和抵制,然而蒋介石皈依基督则是基督精神在中国复兴的一种象征,说明传教士的工作会变得容易起来。可是也有不少西方人对于蒋介石皈依基督的动机表示怀疑,例如美国期刊《基督教世纪》就发表社评指出:"人们对蒋介石加入基督教社团将持有克制的热情态度。确切地说,中国以外的教会希望在作出这次受洗是一个重大胜利的结论之前,应有一段相当长的时期,静观事态的发展……大多数有见识的基督徒都认为,康斯坦丁改变宗教信仰曾使西方都会蒙受一次最大的不幸;同样,费拉基米尔宗教信仰的改变也未被看作一次胜利,而对东欧真正的基督教来说毋宁是一次失败……当前中国局势还有其他因素应予考虑……例如,它明显而且急迫地需要外援,特别是外国贷款……需要资金是如此迫切,以致传闻鸦片贸易在官方或半官方的纵容下又兴盛起来……南京政府领导人……明白如有一个受过洗礼的基督徒当该政府领导首脑,西方对他们是会兴趣倍增的……在鼓励主席采取这一步骤时,他们心目中肯定已在盘算有哪些直接和实际利

①　宋平著:《蒋介石生平》,吉林人民出版社1987年版,第279—280页。

益……奉劝各地的基督徒,不要把这件事……看成是上帝的王国在中国取得巨大进展的具体标志。"①

宋美龄则满怀信心地向她的朋友宣传蒋介石皈依基督的情况,引起外界的注意,争取外界对蒋介石的同情和支持。她不管走到哪里,都向外国传教士和妇女俱乐部的人士发表讲话,企图将外国的教会团体、传教士和外国的基督徒集聚到自己的身边。可见,蒋介石皈依基督,为宋美龄争取美国朝野人士对国民党政府和蒋介石的支持,从而为美国在中国推行扶蒋政策产生积极的影响。

总之,蒋介石通过宋子文、宋美龄密切了同美国的关系,把美国金融界银行家、石油商人、传教士和美国政府领导人争取过来,使蒋氏政权同美国建立了良好关系。

第三,开始了蒋、宋家族联盟政治局面,加深了宋庆龄与宋美龄的裂痕。

蒋介石夺取全国统治权后,通过宋子文、蒋介石夫妇和孔祥熙夫妇的共同努力,建立起旧中国三大家族,为蒋介石后来统治中国二十二年,奠定了基础。蒋介石通过孔祥熙加强同北方军阀,特别是同阎锡山和冯玉祥的联系。蒋介石同他们达成一些权钱交易,使他们站到自己一边,并把华北的统治权交给阎锡山、冯玉祥。蒋介石又将南京政权的实业和工商部长职位交给了孔祥熙。蒋介石有权没有钱,孔祥熙、宋子文有钱又需要权,因而蒋介石利用宋子文财势最盛,并懂得怎样理财聚财,尤其在西方颇有影响的条件,把南京政权的财政部长的职位交给他。孔祥熙出身名门望族,豪富家庭,他虽没有多大本事,但他竭尽全力为蒋氏政权效命。尽管蒋介石与宋子文、蒋介石与孔祥熙之间也有矛盾,但他们在共同支撑和巩固蒋介石政权方面却同心协力,各有各的用场。如果没有宋庆龄与孙中山、宋美龄与蒋介石、宋蔼龄与孔祥熙的关系,任何家族都很难在几十年中发展得如此显赫;如果没有这个家族中的财势人物宋子文辅佐蒋介石建立起一个稳固的政府,并借助宋美龄、宋蔼龄两姐妹的魅力,透过宗教、教育等外交手段与美国建立友好

---

① ［美］西格雷夫著、丁中青等译:《宋氏王朝》,中国文联出版公司1986年版,第408—409页。

关系,任何家族都不可能成为中国最富有的人和最有权势的人。所以,蒋介石与宋美龄这桩婚姻,不仅给蒋、孔、宋三大家族带来了勃勃生机,也给中国人民带来沉重的苦难,中国人民的财富落入了蒋、孔、宋、陈(立夫、果夫)四大家族的私囊,使他们成为中国最富有的人,也成为 20 世纪 30 年代至 40 年代中国政治舞台上最活跃的人物。而且他们也都曾不同程度地影响过中国动荡的政局。

布赖恩·克罗泽在 1976 年出版的《蒋介石传记》中收集了《大公报》的创始人之一胡霖的分析,指出:"蒋的再婚是一个深思熟虑的政治行动。他希望同宋美龄结婚后能把孙夫人(宋庆龄)和宋子文拉过来。此时,蒋还开始考虑到需要寻求西方的支持。宋美龄成为他的夫人后,他就有了同西方人打交道的'嘴巴和耳朵'。另外,他对宋子文这位金融专家评价很高。但是,要说蒋不爱美龄那是不公正的。蒋显然把自己看作英雄,在中国的历史上,英雄往往爱美人。为了政治目的,蒋什么事都能干得出来。在那种情况下,另娶新妇对蒋来说是理所当然之举。"历史学家唐良礼补充了这种估计,他说:"蒋渴望独自继承孙逸仙的遗产。"①蒋介石借着同宋家联姻,除欲获得孙中山的"神秘权威"外,他更希望获取宋家政治和经济的支持,并借此建立一个亲西方的政府,扫除亲日的北京张作霖政府,防止一个亲苏的"左"倾政权。正如人们所评论的,蒋、宋联姻,"宋家拿到租界银柜的钥匙,蒋已经出卖了革命,参加了宋氏的家族。蒋为了与宋做这些买卖,他毫无迟疑地抛弃了他的朋友、他的妻子、他的信念和信仰,宋家却给他以非常宝贵的权"②。通过蒋介石与宋美龄联姻,一个蒋、宋家族联盟的政治局面开始了,但与此同时也加深了宋庆龄与宋美龄,以及宋庆龄与蒋介石之间的裂痕。

宋美龄与蒋介石结婚给宋庆龄巨大的感情伤害,因为姐妹俩原来感情甚笃,她们一同在上海、美国上学,因为美龄年幼,日常生活大都由姐姐庆龄照顾。而庆龄不顾父亲的狂怒和母亲的哀哭执意要嫁给孙中山时,美龄又支持姐姐庆龄的决定。所以庆龄很喜欢她的妹妹。现在妹妹却把自己的命

---

① 冀定洲著:《蒋家父子》,河南人民出版社 1989 年版,第 92 页。
② 冀定洲著:《蒋家父子》,河南人民出版社 1989 年版,第 100—101 页。

运同一个叛变革命的人结合在一起,自然引起庆龄失望情绪的加深。因为蒋介石的性格令人讨厌,而且在男女关系上行为又放荡不羁,在他的反革命、反共政治面目未暴露之前,宋庆龄就说过,她宁愿看着妹妹死去也不愿美龄嫁给蒋介石。但野心勃勃的美龄,出于成为中国"第一夫人"的诱惑反倒决心与蒋促成这一"双方都是出于投机"的结合。当宋美龄与蒋介石结婚,宋家沉浸在喜庆气氛时,远在莫斯科的宋庆龄则保持沉默,没有向这对夫妇祝福。

蒋介石宣称他是孙中山事业的继承人,所以他期待以宋庆龄作为桥梁,利用她以达到自己的目标,同时又试图把她的形象从人们的心中抹掉,以便树立蒋介石继承孙中山事业嫡传的假象,这使宋庆龄感到极为不爽。早在1927年8月22日,为了抗议蒋介石、汪精卫叛逆革命的行为,寻求中国革命胜利道路,并实现孙中山要她代表其访问莫斯科的愿望,宋庆龄决定访问莫斯科。是日,她发表《赴莫斯科前的声明》,阐明孙中山三大政策的正确和作用,高度赞扬三大政策的伟大业绩,表达她始终忠于孙中山思想的坚强信念,此后,她便与美龄分道扬镳,并同蒋介石的反共反苏反革命政策作坚决的斗争。从此,宋氏家族对蒋介石及其政权的态度便一分为二了,这不仅对宋家,就是对全中国都发生非同小可的影响,说明蒋介石争取宋庆龄的政策彻底失败,也说明宋庆龄具有以国家、民族利益为重的崇高品质和伟大精神。

1929年,宋庆龄从欧洲返国,回南京参加孙中山的奉安大典。5月6日,她过莫斯科,转乘横越西伯利亚的火车,于5月16日抵达东北的哈尔滨,次日到沈阳。5月22日,宋庆龄在北京碧云寺参加孙中山遗体改殓仪式。26日,她护送马拉的灵车去北京火车站。两天后灵车到达南京,蒋介石到站迎接。三天后举行家祭,宋庆龄引领孙、宋两家人行礼。蒋介石也出席这次家祭,与祭者有孙科夫妇、戴恩赛夫妇、宋子文夫妇、孔祥熙夫妇、蒋介石夫妇等孙中山亲属五十余人[①]。因为蒋介石要树立一个形象:即他不仅是孙中山的政治继承人,还是孙中山的亲属。6月1日,孙中山奉安大典在南京紫金山中山陵隆重举行。宋庆龄主持了封棺和闭墓门的仪式。"她使

---

① 尚明轩主编:《宋庆龄年谱长编》上册,社会科学文献出版社2009年,第227页。

自己站立的位置离开别人和她的家属,坚持完成这长时间的、令人难以忍受的仪式,眼看着孙的灵柩稳妥地安放进墓穴,然后就返回上海莫利爱路寓所。"①6 月 2 日,宋庆龄同母亲倪珪贞和宋子良、宋子安等返回上海。蒋介石和宋美龄要宋庆龄回来参加孙中山奉安大典的目的是想通过这一行动拉拢宋庆龄站到他们一边。6 月 17 日,宋美龄专程到上海请姐姐庆龄去南京参加国民党三届二中全会,她没有去。不去是对的,因为这次会议通过了"'人民团体组织法',规定所有团体均须服从国民政府"②。

宋庆龄回到上海后即陪同母亲到风景优美的杭州西湖休息几个星期。8 月 1 日,她应"国际反帝大同盟"之请,谴责蒋介石政权。她在电报中指出:"反革命的国民党领导人的背信弃义的本质,从来没有像今天这样无耻地暴露于世人面前。在背叛国民革命后,他们已不可免地堕落为帝国主义的工具,企图挑起对俄国的战争……恐怖行动只能唤起更广大的人民群众,加强我们战胜目前残忍的反动派的决心。"英文报纸为了不让蒋介石政权找他们的麻烦,都不发表宋庆龄这个电报。只有一家报纸例外,但是这个报纸刊登的是一则完全被颠倒了黑白的电文,这电文是从日文翻译过来,并且把宋庆龄写成是赞同恐怖政策的人。中国报纸则一概不登,以免惹事。宋庆龄说:"自从我发了电报以后,心里感到痛快多了。我必须表白自己的信念,至于我个人会遇到什么后果,那是无关紧要的。"③

蒋介石懂得宋庆龄的重要,他和宋美龄一直都想讨好宋庆龄争取她对他们的支持。不仅宋美龄亲自找姐姐倾谈,而且蒋介石还指使戴季陶夫妇去找宋庆龄,说服宋庆龄到南京去。

关于宋庆龄在上海与戴季陶谈话的内容,1929 年 10 月 20 日,宋庆龄在燕京大学出版的英文《明日之中国》(*China Tomorrow*)上发表的《与戴传贤谈话笔记》作了详细记载。发表时,原编者特加按语称:"此文是孙夫人

---

① 〔美〕兰德尔·古尔德著:《孙逸仙夫人保持信念》(英文),《民族》杂志,纽约,1930 年 1 月 22 日。

② 伊斯雷尔·爱泼斯坦著、沈苏儒译:《宋庆龄——二十世纪的伟大女性》,人民出版社 1992 年版,第 266—267 页。

③ 伊斯雷尔·爱泼斯坦著、沈苏儒译:《宋庆龄——二十世纪的伟大女性》,人民出版社 1992 年版,第 266—267 页。

亲自为《明日之中国》准备的,其真实性无可置疑。"1929 年 12 月 12 日天津《大公报》予以译载。从这篇谈话记录中,可以清楚地看到宋庆龄对蒋介石、宋美龄结合的态度,也可以看到宋庆龄对蒋介石政权的态度。在这篇谈话中,宋庆龄是有意说给蒋介石听的,实际上这是宋庆龄鄙弃蒋介石,拒绝蒋介石和宋美龄劝她去南京的宣言书。宋庆龄指出:"我明白戴君是带了蒋介石的使命来探我的消息的,戴君被我的话窘住了,默不作声。他的夫人打破沉默,问我为什么还没有到南京去。我回答说:葬仪已经过了,我为什么要到南京去呢。戴夫人继续陈述:'陵园真是美丽,您的住宅里一切设备都布置好了,我们都愿意您到那里去,您也可以就近向政府提建议。'宋庆龄说:我对于戴夫人这番口齿伶俐的话,直率严肃地指出:'谢谢你们把我的名字列上你们的中央执行委员会,其实我并不属于你们的贵党。'你们是把我当做招牌去欺骗公众,'你的好意正是一种侮辱。相信吧,没有哪个以为南京政府是代表中国人民的!'她愤怒地指出:'我除了看见你们妄肆屠杀数百万将来可以代替腐败官僚的革命青年以外,没有什么了;除了穷苦绝望的人民以外,没有什么了;除了军阀争权夺利的战争以外,没有什么了;除了对饥饿的民众的勒索以外,没有什么了。事实上,你们什么都没有做,只进行了反革命活动。'宋庆龄说:'至于说到实现孙先生《建国大纲》,我不知道哪些方面是蒋介石和他的僚属在哪里实行的。即便是他最后的遗嘱,你们每天只用做口头背诵的,你们都把它出卖了!'"①这是继宋庆龄拍给国际反帝大同盟那篇措辞激烈的电报之后,又一次措词强硬的谈话,这就更加激怒了蒋介石和他的国民党。从宋庆龄与戴季陶夫妇面对面的唇枪舌剑中,可以看到宋庆龄对蒋介石及其政权的反共反人民的愤慨②。

由此可见,宋庆龄认为蒋介石叛变了革命,也就是叛变了孙中山的事业。她虽可怜和同情她的妹妹——美龄,但她同蒋介石的鸿沟很深,她与蒋介石的矛盾不可调和。因此,宋庆龄为了国家和民族的利益,她只好把个人的感情和家族的利益置之身外。

---

① 《宋庆龄选集》上卷,人民出版社 1992 年版,第 73—78 页。
② 尚明轩主编:《宋庆龄年谱长编》上册,社会科学文献出版社 2009 年,第 229—231 页。

　　1929 年 9 月间,国际反帝大同盟在德国集会,再次选举宋庆龄为名誉主席。9 月 21 日,宋庆龄登上一艘法国邮船前往马赛,以实际行动同蒋介石及其反动政权决裂。对此,人们万分敬佩宋庆龄坚强的性格,坚持正义、爱国爱民的可贵精神和勇气①。

　　总之,蒋介石与宋美龄联姻,一方面加强了蒋介石的势力,巩固了蒋介石的反动政权;另一方面,蒋、宋联姻,蒋、宋、孔三大家族联盟,加强了蒋介石的地位,为蒋发动内战提供了物质条件,这又给中华民族带来了深重的苦难,从而大大地加深了宋庆龄与蒋介石的鸿沟,致使宋庆龄始终如一地继承孙中山的联俄、联共、扶助农工的政策,坚定不移地与蒋介石政权斗争,成为孙中山思想和事业的忠实继承者和守护者。

---

　　①　尚明轩主编:《宋庆龄年谱长编》上册,社会科学文献出版社 2009 年,第 231—232 页。

第三章　蒋介石的得力助手

一、在南京城里

南京国民政府成立后，国民党总算名义上有了一个全国性的政权。蒋介石作为南京政权实际上的领袖，国内国外面临许多重大问题。国内与桂阎冯及广东等地的军事集团的对立，工农红军的壮大，国外日本帝国主义的虎视眈眈，等等，都必须加以解决。

宋美龄同蒋介石结婚后几天便来到南京。在那里，蒋介石被推为国民党中央政治会议主席、国民革命军总司令。这个城市将成为蒋宋婚后十年的家庭生活所在。

1928年的南京是个残破老旧、缺乏管理、垃圾成堆的城市，污秽不堪，令人厌恶，到处是一片衰败景象。南京夏天闷热，冬天严寒。市民的工作和生活都十分困难，一般的政府公职人员的居住与交通条件也极不理想，因此许多政府官员的太太宁可待在上海，与丈夫定期地见面，也不愿随丈夫到南京来。可是，宋美龄却有所不同，她要陪蒋参加各种会议和宴会。尽管在生活上，宋美龄将就蒋介石，但由于两人的生活习惯、志趣爱好，各有不同，总是或多或少地带来一些麻烦。比如，蒋惯于吃中菜，宋却吃西餐，吃饭时各

婚后与丈夫蒋介石移居南京的宋美龄

吃各的，表面上看好像很超脱，但是时间一长也成为生活中的问题。此外，蒋、宋之间对一些问题的看法也时有相左，他们之间发生争吵也是常有的事。据蒋介石的侍卫回忆，因蒋介石杀害邓演达事，蒋、宋夫妇间便闹得很凶。宋美龄生气之下，就驱车走上海。每次都由宋母或大姐霭龄对双方进行劝解，促宋回去或电蒋来接。以后蒋、宋和睦，同吃中菜。宋母故去后，蒋介石与宋美龄相处更为亲昵，互称"大令"（洋人夫妇间的爱称）。宋对蒋的生活起居，关怀照顾，无微不至，一心一意帮助蒋介石工作。蒋有胃病，不宜饱食，宋加以限量，每餐两小碗，有时蒋还是想添食，宋每劝止；蒋办公之后，宋常为之整理案头文件。公余时联袂散步于官邸（军校内）小花园。宋高兴时还会提出到郊外野餐，生活十分惬意。蒋介石在南京与宋美龄的住所除中央军校后面三间小楼房外,还在孝陵卫修理了三间小平房别墅,简朴幽静,中间会客,挂中外地图;西一间挂军事地图;东一间办公和卧室,其旁一间独立小屋,为随从人员的居室。蒋每于假日要驱车去休息,偶或住宿一夜,宋嫌其处僻静,不愿宿夜。平常也于晚饭后,蒋、宋驱车到孝陵卫一带郊区兜风①。

宋美龄善于交际,而且具有独立思考的内在力量。她待人接物和蔼可亲,讲话还略带激情,从不趾高气扬,甚为侍从敬爱。蒋介石性情暴躁,对待侍从人员也经常大发脾气,大加训斥,遇到这种情况,总是宋美龄出来打圆场,并指斥蒋骂人打人,不合身份,对被训斥者、受委屈者,都要抚慰几句,或暗中唤女佣蔡妈送去进口的烟酒之类的东西进行馈赠。所以,在侍从人员的眼里,宋美龄总算可以,她没有外国首脑人物第一夫人的架势②。由于她待人态度和蔼,甚为侍从人员亲近。

宋美龄很有个性,因为她是蒋介石的妻子,成为人们注目的中心。但她不想在南京陪伴蒋介石出席各种宴会消磨时光,她利用她的影响集中精力投身于社会工作,并且很快就找到了几项能够充分发挥自己能力的事情。首先,她创办国民革命军遗族学校,培养那些已经为国和为蒋氏政权捐躯军人后代。宋美龄认为,许多孩子失去了父亲、母亲或者双亲,无人照顾。只为他们提供衣食是不够的,他们还应当受到培养,要上学读书,使他们成为中国未来的一种财富,而不致成为一种社会的负担。这些孩子如果培养得当,将会成为社会极为有用的人才。因此,1928 年她创办了南京遗族学校——国民革命军遗族学校。她的目的是为国家储才,告慰先烈在天之灵。她在办学中,打破传统的教育方法,强调要发扬学生的创造精神,并配以遵守校规、克己自制的教育,把孩子们培养成为对国家对民族有用的人才。她还针对教育者通常只强调书本知识,不注重培养学生如何将书本知识应用到实际生活中去的弊端,强调教育理念要通过实验去检证,要教学生用手和

① 孙宗宪:《为蒋介石当侍卫时的回忆》,浙江省政协文史资料委员会编:《浙江文史资料选辑》第 38 辑,《蒋介石家世》,浙江人民出版社 1988 年版,第 212—213 页。
② 居亦侨:《蒋介石的得力助手——宋美龄》,《名人眼中的蒋介石》,四川大学出版社 1993 年版,第 190—191 页。

脑结合起来,学会推理和明白做一件事的道理。宋美龄力图通过这种灵活的方法去取代学校脱离实际的管理措施。同时,她还在学校里组织农村服务俱乐部,使学生能够学以致用,帮助当地农民。她说:"我不认为自己天生就是当老师的材料,即使现在我也称不上是一个好老师。至今我仍在探索教育方法。自战争开始以来,每举办一期训练班,我都有所收获。我总是将上一班的经验在下一班的工作上应用。"①

1931 年 1 月,宋美龄、蒋介石夫妻在南京合影

　　1937 年,宋美龄应美国《世界青年》杂志之请,写了《中国的青年运动》一文,发表在该刊创刊号上。该文在谈到南京遗族学校时,她作了这样的陈述:"七年前我在南京,由政府赞助,为国民革命军将士的遗族,创设了两所学校。我们并不给那些学生以军事训练,这似乎很特殊的。我们认为国家的基本力量,并不在军事精神,大半还有赖于高尚的道德和推进经济建设的能力,所以我们特别着重农工知识与技能的训练。"②

---

①　简洁、孟忻编著:《蒋介石和宋美龄》,吉林文史出版社 1989 年版,第 79 页。
②　王亚权编纂:《蒋夫人言论集》上集,台北"中华妇女反共联合会"1977 年版,第 51 页。

宋美龄在美国上学时爱读军事专著和战争史话,她知道军队要打胜仗,除了武器先进和军事素质外,还包括心理素质和文化素质的影响。要提高部队的战斗力,就必须提高军队的各项素质,因此她关心青年人的个人生活。她发现青年军人的生活相当枯燥乏味,工作之余,难得娱乐消遣一下,因此她提议建立军官励志社(英文将其称之为 O. M. E. A),将一座矮小的小楼加以整修,作为该社的活动中心。励志社的活动包括文艺、演讲和学习会等。宋美龄还请来中国基督教青年会干事、善于鼓动的黄仁霖,大张旗鼓地发动青年军人参加励志社的各项活动。

宋美龄亲自走上街头发表演说,黄仁霖也到处鼓动,发动青年军人参加励志社,但开始时并不顺利,许多军官议论纷纷,说"宋美龄一家都是基督教徒,这女人毒着啦,连咱们总司令也拉进了基督会",并指责宋美龄、黄仁霖煽动参加励志社是想把军人拉进基督会。血气方刚的青年军人抵触情绪越来越浓,当宋美龄上街散步时向她扔东西,并威胁要放火烧掉励志社那栋房子。但是,由于励志社开办后,活动丰富多彩,歌舞晚会、文艺沙龙、学习文化、演讲竞赛、组织旅游等,对于青年军人很有吸引力。有时宋美龄还亲自参加舞会,励志社的威信大增,办得越来越兴旺,它不但在南京设立了总社,在各大城市又设立了分社,连偏远的农村都设立了俱乐部。后来励志社成为国民党军队内最大的群众组织,宋美龄和蒋介石发起的新生活运动,也是首先由励志社掀起的①。可见,宋美龄创立励志社为国民党军队中的青年军人创造了学习与娱乐的环境,对于提高他们的军事和文化素质,以及他们的生活和伦理道德都起到积极作用。

二、初识旧京

蒋宋结合后,蒋介石春风得意,急于回南京复职,但又迟迟其行,弄得南京诸公六神无主,百计催促。至 1928 年 1 月 4 日,蒋氏始行赴宁。7 日,通电国民政府复任国民革命军总司令。18 日,受任北伐全军总司令。但二期

---

① 简洁、孟忻编著:《蒋介石和宋美龄》,吉林文史出版社 1989 年版,第 79—81 页。

北伐各军阎锡山、冯玉祥、李宗仁等各大军头，心目中并不以蒋为不二的权威，北伐军费又支绌，故调度不灵。蒋氏心中颇郁闷。1 月 22 日，新妻宋美龄劝以不可杞人忧天。蒋氏年谱长编谓："本日为旧历除夕，夫人宋美龄劝以人生宜抱乐观，不可杞人忧天。先生记曰：'三妹劝余不患明日之事，甚有理也。古人谓做一日，算一日。''今日不知明日之事，此先母尝教余者也。'"①作为拥有几十万兵力的总司令，若说今日不管明日事，有当一日和尚撞一日钟的理，这绝对是假话。蒋氏心中不踏实，各大军头不拥护，四分五裂的国民党的二届四中全会迟迟开不起来，不免令人心烦。到 2 月 7 日这个全会开完，按蒋的意向决定中常委、国民政府委员人选，尤其是蒋当了国民政府军委会主席以后，一块大石头落地，蒋便立即行动起来，到徐州等前线视察、督战。但冯、阎、李各大军头均无大动作，蒋氏只得自己再赴前线。

1928 年 3 月 29 日，蒋氏以月底准备出征，对宋氏有"依依不舍"之情："人为感情动物，离别之时，更增恋爱之情，三妹待我之情之笃，与期望我之心之切，而余尚不能变化气质，改革旧习，以求德业之日进，乌乎可哉？"次日，与宋氏郊游。31 日，蒋别妻北行，车中假寐，记称："梦中如与夫人同眠，醒后凄凉，无家庭之乐，苦矣！""以别后想念之切，更应在团聚时和悦也！"②

由于蒋氏亲自到徐州等地督战，并催促各军行动，故北伐形势大有发展。5 月 2 日，蒋随部队进入济南城。但日军制造了 5 月 3 日惨案，阻止中国军队占领济南，残杀我山东外交特派员蔡公时，开炮轰击民居，死伤二千余人。中国军队只得撤出济南。日寇暴行激发中国军民斗志。北伐军转移到沿京汉路北进。阎锡山被任命为京津卫戍总司令。6 月 4 日，退出北京的张作霖被日军炸死于皇姑屯。6 月 3 日，蒋氏回到南京。8 日，北伐军进驻北京；11 日，接收天津。除东三省尚未易帜外，北伐于焉告成。蒋氏此时考虑的，是党、军各派系的"团结"问题。他用的仍然是以退为进的老戏码。6 月 12 日，致函国民党中央政治会议，请辞政治会议主席职。同日，偕宋美

---

① 吕芳上主编：《蒋中正年谱长编》（下称《蒋中正年谱》二），"国史馆"等 2014 年台北版，第 166 页。
② 《蒋中正年谱》（二），第 193—194 页。

龄乘"永健"舰游焦山,自记"在此旅行期内,将统一思想,整理党务,收束军事设施、政治诸端,草定方案,对于国民会议及外交政策亦计及之,以告国人也"。

6月13日,蒋氏夫妇晨游焦山。在舰上远眺焦山,蒋氏谓:"晓日初升,朝烟翠淡,自然界中,山水之间,平旦朝气,尤足养性,真可爱也!"已而舍舰登山,入枕江楼,上吸江亭,远眺四方。蒋氏谓:"雄博壮丽,风景无比,余焉得终老于此鹭岛上哉?"宋美龄称:"余有此同感也。"乃回枕江楼午饭。晡游招隐寺,登玉蕊亭,望甘露寺。次日游观音岩,赴扬州,游平山堂等处。17日,过镇江,游栖霞山等地。19日,游中山陵,蒋记:"与三妹相谈甚乐,其规谏有理,故感之。决自明日起,按时办事,再不决心堕气,其戒我、嫌我以懊悔,非丈夫气概,亦有理也。"①

6月26日,蒋氏偕夫人等乘"联鲸"舰至汉口转赴北平。李宗仁、冯玉祥先后会合。此次往平,计划开孙中山追悼会,与党内各领袖开最高军事会议,商议裁兵及五届全会非正式准备会议。30日,车过武胜关,抵驻马店。是日下午,天气闷热,冒暑登车,连夜北上。蒋氏笑谓夫人:"三妹得毋为溽暑而疲劳乎,为救国家民族想吾三妹必乐受此苦也。"实则此行蒋宋皆是首次,对沿途山水,具极大兴趣。7月2日抵保定。在早晨车抵石家庄时,曾下车入站觅冰,以解夫人烦渴。保定是蒋氏早年求学之地,下车入旧都署休息,二人游南郊公园。当日抵北平。7月4日早上,蒋宋冒雨至西山孙中山灵前致敬,宋氏因雨大疾走致疲劳,蒋为之解颐:"烈风雷雨勿迷,唐尧所以识虞舜之能担负天下大任也,愿吾夫人勉之。"上午,蒋宋二人赴协和医院看望疗疾的工商部长孔祥熙。随后参观集灵囿,略事游览,在北海静心斋晤阎锡山。午后游颐和园,赴碧云寺午餐。5日下午,蒋宋二人由西山碧云寺出发,游历八大处。随行仅护弁四五人。蒋着青色羽毛纱长衫、平顶帽、皮鞋,宋美龄衣青纱旗袍,意态消散,登最高峰,探珠宝洞,游碧摩岩而还。蒋介石连日忙碌,19日,公余游景山、北海,看到崇祯上吊之树,说:"凄凉不堪言状!崇祯上吊之树,至今犹生,其树之大,尚不盈尺,是何故也?"22日,又参

---

① 《蒋中正年谱》(二),第 271、272、275、276 页。

观太和等三殿及武英殿。26 日南下,经郑州转陇海线至徐州,28 日抵南京。宋美龄此行不适,返宁后即赴医院就医。是日蒋氏自记:"中午到京入寓,念夫人不适,不觉自叹曰:'孤身在室,不胜寂寞,益信人为有感情动物,仁爱之心,盖根于天性者甚深厚也。'"①宋美龄所患何病,何时出院,未见记载,8 月 3 日,蒋氏称"欲避尘扰,并去探访爱病"。8 月 10 日,因五中全会事不顺,②称"李(煜瀛)、张(静江)行后(赴沪),妻又病重,而内外左右皆集矢于余一人,苦痛益极"云云,则此时宋仍未出院也。至 27 日蒋记,"与夫人宋美龄往游吴淞,遥望海天,默思党国"云云,则此时宋病已愈矣。到了全国军政大权落入手中,控制党权之后,蒋氏志满意得。9 月 8 日,与宋美龄返溪口,作多日之游并祭祖,这是蒋宋结合后返乡第一次壮游,蒋氏在 13 日"立品敦行"中自谓"余为一代领袖"云云,顾盼自雄,大有舍我其谁的姿态,尽管李、冯、阎等并不买他的账,因国军编遣问题引起的新的军阀混战即将开始,四川、广东俱不听任。尤为严重的是,江西、湖南等地工农红军的活动愈来愈烈,迫使蒋介石不能不予以重视。

　　1929 年的中国,可以用一个"乱"字来概括。广东陈济棠实际取代了李济深、陈铭枢,开始对中央取半自主状态,改组派公开活动。广西李、白公开反蒋。湖北唐生智、张发奎成蒋敌对势力。四川内战不休。华北冯玉祥反蒋,成巨患。东三省有中东路事件。在江西,蒋军开始"剿共"。为处理冯玉祥集团及解决平津党务(被改组派控制),6 月 23 日,蒋氏夫妇又北上赴平。蒋氏不改常态,在公事鞅掌中作汗漫游。27 日,下午游故宫。7 月 2 日,登玉泉山巅,观法海寺。3 日上午游西山及大觉寺。7 日,游岫云寺。10 日,赴雍和宫开光参观。11 日,游趵突泉、大明湖。12 日,游泰山、登日观峰。蒋记:"玉皇顶东南一间馀屋,阴凉可人,余与三妹熟睡二时余,几不知有人间事矣!"7 月 14 日,蒋宋二人回到南京。

　　这年秋天,南京发生了行刺蒋氏夫妇的密谋。据载,7 月 31 日,蒋介石

_____

① 《蒋中正年谱》(二),第 296 页。

② 蒋欲任国民政府主席(提出要有人事任免权、对政治会议有交复议权、对中常会有最后决定权等),但李宗仁主张选总统,汪精卫、胡汉民被排除五中全会之外,李煜瀛、吴稚晖、张静江又不合作,故蒋对能否通过五中全会攫取大权,心中无数。

致电令陈立夫缉捕中共党员和改组派人士,其中说:"请嘱姚(琮)局长与曾扩情、蔡劲军,希将黄埔军校第三期学生前充卫队连长何昆侦获;闻逆党有9月5日在南京谋叛之举,希令卫戍部、公安局与警卫团严密防范。"又电曰:"近日改组派与各逆党麇聚于牯岭,有曹亚伯、陈少白亦与同谋,现住庐山,请派妥员数名,带领护照,切实侦获。"①但不知是部下执行不力,抑或敌人过于狡猾,事情还是发生了。8月28日,"刺客再度入室谋刺","未得逞"。"24午夜,'有刺客入室,夫人梦觉楼下有盗,心甚不安。余起而巡查,卫兵二人答应,心安乃睡。而孰知此卫兵引刺客入室,以余醒故未动手也'。25日,为此事夫人宋美龄小产,其状痛苦不堪。27日夜半,刺客再度入室,'卫兵陈鹏飞与庞永成预备刺余夫妻,其供称已入余卧室,手指已扳枪机,因以余反身咳嗽,彼乃心惊中止,是诚有命欤!'28日晨起,'蒋副官报称,昨夜卫兵闻枪声外出,以致门卫无人,后得员警报告,方知有刺客乘汽车入我家中谋刺,后因汽车夫逃脱而刺客乃逸。其实叫汽车者,即卫兵庞永成,而同谋者即当时守卫之陈鹏飞也。余得报,甚疑,乃即将陈鹏飞押至警备部审供,方得其实,而陈之主谋者为吴楚城,系南京三民公司之襄理。'陈鹏飞者即陈凤飞,与谋者盖南京市三民公司襄理吴楚城,吴为排长詹子文所唆使,其主谋者实为共产党员,先以计诱黄埔军校失业学生宁波人何昆,辗转以至于守卫之兵士。何昆系被曹亚伯所煽惑。先生(蒋)因叹曰:'吾之不死,是诚有命欤!'"②过去人们只知道蒋氏好女色,染性病,致失生殖能力,陈洁如事可作印证。此处所记宋美龄因住所有人欲行刺受惊而小产,则闻所未闻。蒋氏所记殊多可疑,但事关隐秘,别无记载,只能姑妄信之。至于行刺之事,牵涉中共、改组派,扑朔迷离,证以"中山舰事件"蒋记之语多不实,亦仅可作一谈助视之。

是年12月1日,蒋宋结婚满两周年,是日上午,二人赴溧阳视察,然后在崇礼寺中餐。蒋氏记称:"结婚二年,北伐完成,西北叛将溃退潼关,吾妻内助之力,实居其半也。"

①　《蒋中正年谱》(二),第492页。
②　《蒋中正年谱》(二),第505页。该年谱所引资料为,《蒋中正日记》(未刊本)第6册、《蒋中正"总统"档案——事略稿本》及《蒋中正"总统"五记》"困勉记"上,第202页。

三、国事难与家事分

蒋介石将北伐成功个人功劳之半归于夫人。到底有哪些事实,不详。但蒋氏之得夫人之助,至少从精神上支持这一点来,应是信非虚言。在以后的日子里,宋美龄对蒋氏之助力,愈加重要。

1930 年 5 月中旬,蒋介石下总攻击令讨伐冯阎,中原大战全面爆发,南京国民政府从它成立之日始,就是内战政府。战争不能缺钱。当时的财政部长是宋子文,令他焦头烂额的是找钱应付蒋介石的需索。6 月 22 日,蒋氏得宋子文拒绝支款之电,愤其不可理喻。此前的 19 日,因军中伙食(费)停顿,前方不安,乃电宋子文,即将预支之二百万元暂勿扣除,另发特别费三百万元,以资周转,但宋复电称为难。是日再电,请其如数支付。电谓:“勿使中(按,中正。下同)在前方为难,如果内外夹攻,则亦听之天命而已。请兄谅察。”认为“子文为人,真不可以常理喻也”。蒋氏知以官对官,各有理由,强势语言未必能奏效,便在 23 日电夫人宋美龄,让她将另转宋子文。电文说:“我兄对公对私,皆不应如此。请兄再一读致中之马电,如设身处地,我两人易地而居,则兄作如何感想? 如中为私,而求乞于兄,则可峻词严命,拒于千里之外;今为公而支款,并非为我个人而乞丐,将来历史记载未知以中为何如人也。今与兄最后之一言,如政府为财政拮据而倒,则兄尽可倒也,但政府一日存在,而中所需之款兄不能不付,希即如数照发,不得延误。”①

宋子文在收到其妹转交的蒋氏严电后,如何处理,未见记载,按理,多少会支拨一些。但政府并无“款”可用,财政部只能向沪上商家挪借。据载,上海市财政局长徐桴向上海各银行家筹款,得款一千五百万元,足供一个月军用,但须下个月财政部支付命令作抵。6 月 28 日,蒋氏电宋部长催办借款手续,又电宋美龄,谓“昨派员赴徐州中央分行支款五十万元,以未得子文兄令,迄今未复。如此情形,非万分拮据,何忍乞怜哀求,望催子文兄令速发,

① 《蒋中正年谱》(三),第 152—153 页。

以济万急"①。

蒋介石是 5 月 8 日赴陇海路前线的。7 月 4 日蒋氏收到宋美龄给他的信。蒋氏甚喜，称"一纸逾于千金，诚足慰人战地悬望耳"。但是，蒋氏的麻烦正多。山东一带战事正烈，7 月 13 日，汪精卫、阎锡山、冯玉祥、陈公博等三十余人联名发表党务宣言，在北平举行"中国国民党中央党部扩大会议"，准备另立国民政府。军事上战事危急，蒋氏不能不同时在政治战场上作战，更令人烦恼的是军费问题。蒋向宋子文屡催军费，未能如愿。7 月 19 日，宋美龄出了一个绝招，对子文表示："如你果不发，则先将我房产积蓄尽交你变卖，以充军费。若军费无着，战事失败，吾深知介石必殉难前方，决不肯愧立于人世，负其素志。如此则我如不尽节同死，有何气节？故宁先变卖私产，以充军饷，以冀胜利"云。据说，听了此话，子文心动，乃即拨款②。宋子文作为财政部长，不管当初出于何种考虑，拒绝蒋介石无限制地催索军费，是应当肯定的，不过，当蒋宋联姻，宋子文成为蒋介石的荷包以后，军费开支一事，就成为难与家事切割的国事了。

1930 年 8 月底，陇海、平汉、津浦各路战事处于胶着状态，蒋介石派吴铁城赴奉天，劝促张学良出兵入关，要宋子文筹拨五百万元作奉军出兵饷款。9 月 3 日下午，蒋由归德抵徐州，宋美龄亦飞徐相会。住了两天，宋劝蒋以国事为重，力促返前方指挥急进。6 日，蒋返归德。

张学良少不更事，不识老蒋手段如何。9 月 18 日发表巧电拥护南京国民政府，派兵入关。奉军入关，成为蒋氏结束中原大战、搞垮冯阎汪联盟的转折点，因为东三省防务空虚，又为一年后日本发动"九一八"事变、东三省沦陷埋下祸根。故此次奉军入关，实为影响中国近代历史之一大事件。

到 10 月上旬，中原战事结束在望，蒋介石的注意力转向"善后"工作和"剿共"方面。就在这个时候，宋子文表示"倦勤"，要辞职不干了，8 日蒋氏给宋美龄发了一封电报，要她转交给宋子文，内谓："善后比战时财政尤为紧要，此时无论如何困难，必须支撑。一俟后事稍有就(头?)绪，则吾辈可以对

---

① 《蒋中正年谱》(三)，第 158 页。
② 《蒋中正年谱》(三)，第 181—182 页。

党国与总理之所期,然后共同辞职游历,惟现非其时。请兄照常办事,勿辞为盼。"①但蒋介石的财政部长实在不容易做。他大概不知道文明国家财政是有预决算的,不准许计划外随意索款的。11 月 11 日,蒋以军饷时虞匮乏,严厉责备宋子文,谓"子文把持财政,必欲使军队乏饷而生变? 此人之心不可问也"②。这时蒋与宋子文均在南京,便不必劳宋美龄传。蒋对宋子文骂归骂,但他仍在考虑如何使用宋氏家族这个资源。

1930 年 10 月 23 日,蒋氏允宋太夫人之劝,在宋宅受基督教洗礼。次日,偕宋美龄返奉化扫墓、游玩,一直待到 11 月 10 日才返南京。其间,宋蔼龄及其子女还到奉化,"谈营救蒋经国返国事"。蒋经国当时在苏联人手中,中苏关系紧张,蒋又开始大力"剿共",要"营救"小蒋,只是议论而已,岂有实事可言?

蒋介石这时实际已够"独"的了。他从奉化回来,在国民政府主席、军委会委员长之外,兼了行政院院长,又兼了教育部长。让一个武人去管教育,这真是国家民族的不幸,实开吾国武人治校之恶例。其实,除了对北平一些高校"严加整饬"之外,他拿不出什么治教方针来。1931 年 1 月 23 日,蒋氏记:临睡,问夫人宋美龄曰:"人心麻木,风尚颓靡,党员堕落,青年自弃,革命基础,尚未奠定,吾其如何可乎?"夫人答云:"挽救堕风,端在教育。"蒋曰:"教育固为革命基础,然欲风靡一世,速革恶习,还在吾人尽心竭力,奋勉勤劳,为社会与国家宣导也。故自强不息,固执以诚耳。"③宋美龄是如何回应蒋氏这番言论的,无载。大凡独裁者都有多少不等的神经病,压力太大,容易情绪化。比如蒋介石,1931 年 1 月 11 日送宋美龄赴上海,还笑着说:"彼此依依,甚不愿舍,盖夫妻日久,更相爱信也。"18 日宋美龄回到南京便生病,但宋在蒋身边,蒋的情绪便好一些,否则,往往因与同僚意见分歧便躁急发怒,动辄训斥人。2 月 16 是阴历除夕,蒋氏记:"余孤苦伶仃,举目无亲,世人可怜未有如今日之我者也。叹惜不置!"国民党废除旧历新年,不放假,非但老百姓不理它这一套,蒋介石作为一个中国人,这一天因无亲属在身

---

① 《蒋中正年谱》(三),第 298—299 页。
② 《蒋中正年谱》(三),第 298—299 页。
③ 《蒋中正年谱》(三),第 345 页。

边,也痛苦不堪。随后便跑到汤山去。22日他去车站迎接宋美龄,还是去汤山。20日曾有一则日记写到待人之道,说:"国事忧闷,人事牵制,不足阻我勇气也。惟望于家事略慰于心耳。君子之交有如水,其于家人之道亦应如此乎?"①

蒋、宋结婚三年多,从外观上看,是和谐美满的,宋氏受西方教育成长,中文程度较差,有个补习过程,生活中也不无幽默;但有一个问题,对蒋介石的历史,宋氏不尽了解,所以不断出现问题。君子之交有如水,蒋氏于"家人之道"亦作如是观,岂不作伪? 家人妻孥,是命运共同体,荣枯与共;当然也有决裂之人,反唇相咬,无所不用其极者。此时之蒋、宋,固不可以水相喻。1931年3月9日蒋记,是日深夜,蒋犹写字未睡,宋氏忧蒋"身体虚弱,常终夜不能成寐",劝之节劳,为国保重。蒋感动地说:"其忧虑比其自身为尤甚,是天性至诚使然。"蒋介石要管的事太多,所以晚上也往往要处理公务。3月11日的一则记事说,他晚上修改宋子文报上的财政计划书,至深夜不休,感叹"事事非躬亲过目,无不错误,此答问改正已迟。军队精神教育之错误已极,政治训练处周佛海之颟顸甚矣"。宋美龄在旁笑着说:"自国府主席,以至书记,下及苦力、扫夫,皆由我们亲作矣。"②一个国家的统治者要事必躬亲,"日理万机",这样的国家能治理好吗?

话说回来,蒋介石对宋美龄这位"三妹",还真是呵护备至的。1931年1月26日,蒋氏虽然对江西"剿共"战事不顺感叹不已,但对妻子文字日有进步而高兴。是晚,看宋所作文字,喜曰:"日有进步,心志亦定,此最足安乐之事。家庭安乐,得趣越胜于其他一切也。"家庭安乐比其他一切都强,对照前边说的家事关系如水,两相参证,如果不是说假话,则这个家庭可能隐藏着某种难言之事。6月20日,是晚蒋氏送宋美龄"回沪。对近日有人致函意图陷害先生夫妻二人,独坐而叹曰:'昨日之函不应撕碎,应交其阅,则不致其疑,而我之心地亦可大白,但见信即恨,故一时心忙,不问是非,立即撕掉,是出于真心,决无他意。此函或为其来陷我夫妻二人,如吾人不测,反中奸

① 《蒋中正年谱》(三),第364页。
② 《蒋中正年谱》(三),第376页。

计,是不可审察也。'"①从蒋氏
所记观察,该函应属揭露蒋之
隐私而不便给宋知道之事,而
发函人又是蒋所忌恨而无法收
拾者,所指之"其"为谁,异国他
乡欲叙旧者,不指自明。宋氏
虽然不久后回到南京,便心中
芥蒂未除。

　　1931 年 9 月 18 日,蒋氏偕
夫人乘"永绥"舰赴南昌督师。
当夜发生"九一八"事变,次日
获悉,20 日下午返南京。因为
蒋介石在 2 月间幽禁立法院院
长胡汉民,引发汪精卫、孙科等

1931 年《时代》周刊封面上的蒋介石与宋美龄

人在广州另组国民政府;江西已开始第三次"剿共"战事,红军愈"剿"愈烈,
此时又发生沈阳事变,学生抗日要求高潮,蒋氏真是不遑宁处了。不知是什
么原因,宋美龄大耍脾气。9 月 27 日上午,"因夫人宋美龄一言不合,即不
别而自赴上海,甚为郁闷,曰:'国事家忧,使余更加一层苦痛。' 29 日,以夫
人返京,表示欣慰,曰:'在此危难之中,不避艰险,来共生死,无任感激。'"②
家事国事,事事闹心,便不免"怒于室而形于市"了,这便是蒋氏总感到朝中
无好人,动不动就发神经骂人、甚至打人,事后又痛责自己,自行记大过的
原因。

四、"剿共"军中伴夫行

　　1930 年到 1934 年间,蒋介石发动了五次对中国共产党领导的工农红

---

① 《蒋中正年谱》(三),第 440 页。
② 《蒋中正年谱》(三),第 518 页。

军的"围剿"。在蒋介石的"围剿"战中,工农红军伤亡惨重,但是蒋介石的军队并没有能够把工农红军消灭掉。

1934 年 5 月 5 日,参加中央军校创立十周年纪念阅兵典礼的宋美龄与外籍友人闲谈,前方的白衣妇人是汪精卫的妻子陈璧君

1933 年底,蒋介石在江西指挥"围剿"中国工农红军战斗,宋美龄也坚持要到江西山区国民党军与工农红军作战的前线去。在"剿共"军中伴夫行的日子里,蒋介石走到哪儿,宋美龄就跟随到哪儿,因此他们夫妇常常要在茅草屋、火车站和农舍里过夜。对于宋美龄来说,这是从未有过的生活。这种生活虽然艰苦,但也是她体验中国生活、了解中国情况的开始。过去她住在上海、南京的别墅里,生活有侍从和阿姨的精心照顾,现在她每到一个住地都要拖地板、抹桌子、洗床单、擦窗户。在前线的时候,每当她同蒋介石住进一所新居,哪怕是茅屋草舍,她也要挂上窗帘。她认为,到处不卫生、不文明是中国落后的表现,必须改变,如何改变?首先不要随地吐痰,要搞大扫除;其次屋内要粉刷一新,家具设备要保持完好整洁,等等。为了使军人能养成卫生、文明的习惯,宋美龄从自己做起,带头讲卫生,企图起到表率作用。

在江西"剿共"前线,宋美龄除了参加蒋介石各种会晤之外,在必要时还为蒋介石做一些翻译工作。无论什么事情,她都要和丈夫一起讨论。宋美龄兴趣广泛,她除了为国民党部队组织各种娱乐活动外,还率领救护兵,指导江西妇女想办法扶救伤员。

由于江西气候不好,生活条件简陋,宋美龄也经常闹病。1934 年 1 月,她在下山时便得了感冒,卧床不起。她利用这个机会写信给她过去在威尔斯利学院读书时的一位教师,谈到她随丈夫在江西"剿共"过程中的冒险经过。这封信是宋美龄口授由秘书代笔写成的。信中说:"我在离开上一个战地司令部后,乘舢板行四天,于本月九日到达建瓯。您或许知道,我一直跟着我丈夫在江西前线'围剿''共匪'。我担任士兵慰问团的领导,尽心指导江西妇女慰问伤兵。我们要随军向腹地推进。生活是艰苦的,但我很高兴,我的健康良好,能够坚持,这样我就能同他在一起,就能协助他。假如我静坐家中,等到中国真正实现和平,那么我们将长期无法团聚,所以我宁愿同他在一起。我军进展迅速,我们每到一处停留一般不超过两周。我们虽不得不放弃一些物质享受,但那不算什么,因为我俩互不分离,各有工作……我想到上月'围剿'中发生在江西抚州的一件事,我们的战地司令部就设在那儿。一天,夜半更深,忽然听到城墙那边劈劈啪啪传来一阵枪声。出什么事了? 我丈夫叫我赶紧穿好衣服,接着命令便衣队前去查看。这时枪声更急更猛了。寒气袭人,我直发抖,借着昏暗的烛光,我匆匆穿好衣服,挑出一些绝不可落入敌手的文件放在身边,准备万一我们不得不撤离时就扔到火炉里销毁。然后我拿出左轮枪,坐待将要发生的事。我听到我丈夫在命令所有在场卫兵组成警戒圈。这样,一旦我们真被共产党包围,也可以杀出一条路来。我们不知此刻外面发生什么事,但我们知道敌人已感到绝望,我们打了许多胜仗。他们彻底被歼的日子就在眼前,因此他们拼命挣扎,想尽一切办法消灭我们。我丈夫把身边所有的人都送到战斗部队,仅留少数卫兵,所以我们实际上毫无防备。不过,我丈夫从不要很多警卫,而且,他常拿自己的性命冒险,令人不寒而栗。这也是广为人知的事实。我若在他身边,他还稍加谨慎。不过他常对我说,一个真正的领袖切不可把自己的命看得过重,因为,对个人安危考虑过多势必要削弱军队的战斗士气。而且,我们是在为国家而战,苍天定会保佑我们的。即使我们被杀,难道还有比在战斗中死去更光荣的吗?

"再说说抚州的事件吧。一小时后卫兵送来报告。原来是城门哨兵在黑暗中把几辆载有我们自己人的卡车误认为是敌人的。在争吵中,车上一名士兵开了枪,这就激怒了守城哨兵,他们一起向假想敌人还击。挑起事端的人第二天一早便被军事法庭处决。我深为惋惜,但我想维持军纪还是必要的。在我们尚不明白这起事故的真象时,我毫不恐惧。当时我心中只考虑两件事:首先,标明我军行动方向和驻地的文件绝不能落入敌人手中;第二,一旦我要被俘,就开枪自杀,因为只有死才能保持清白、光荣,才算死得其所……

"新年前夕,我丈夫和我一起到附近山上散步。我们发现了一株白花盛开的梅树。真是个好兆头!……他小心地摘下几枝,我们回到家中,点起蜡烛,他把这几枝花装在一个小竹篮里送给了我。这是一件真正的新年礼物!我想从这件事你也会了解为什么我愿意和他共同生活,他有战士的勇气和诗人的情感!"①

可见,宋美龄对于"剿共"还是十分积极的。1935 年 2 月,宋美龄在《美国论坛》杂志,发表记载她于 1933 年底,随夫蒋介石在福建、江西边境指导"剿共"的《闽边巡礼》一文,就此时与共产党人作战遇到的艰困情况作了较为详细的记述,这对于后人了解宋美龄这段经历留下重要的史实。

蒋宋"闽边巡礼"是为了镇压"闽变"。"闽变"即福建事变,是国民革命军第十九路军在福建举行的抗日反蒋事件。在 1932 年淞沪抗战结束后,蒋介石为消灭异己,将这支原粤系部队调往福建"剿共"。该军以蒋光鼐、蔡廷锴为领导。在"剿共"初步行动遭到惨败后,转而与红军方面接触,订立抗日反蒋协定。1933 年 11 月,蒋、蔡联合李济深、陈铭枢、第三党黄琪翔等势力,于 20 日在福州成立中华共和国人民革命政府。次年 1 月,在蒋介石重兵镇压、分化瓦解之下,人民革命政府内部意见分歧,举措失当,加上红军方

① [美]西格雷夫著、丁中青等译:《宋氏王朝》,中国文联出版公司 1986 年版,第 412—414 页。上述内容也见宋美龄:《闽边巡礼》,王亚权编纂《蒋夫人言论集》上集,台北"中华妇女反共联合会"1977 年版,第 11—12 页。

面未及时施援,该政府旋即崩溃,十九路军番号亦被取消。

宋美龄在《闽边巡礼》一文中写道:我陪同丈夫到福建去,是在圣诞节那天起程的,我们走了一千多里路。一半乘飞机,一半沿着闽变发生以后临时兴筑的军用公路坐汽车而行。我们从杭州动身,坐了两小时的飞机与八个小时的汽车,就到了闽边的浦城。我们经过浙赣闽三省边境,"那里是我们东部最崎岖的地区,路又粗率不平,所以我给颠簸震荡得头都抬不起来,异常疲乏"。有时公路穿过山谷,既窄且陡,两旁高山崖巍欲堕,颇有直迫行人头上之势。宋美龄说:"有时我们沿高原边上的悬崖奔驰,开车一不小心,就会堕下深渊,有几段公路仍在筑造中,峭拔陡削,几如悬壁。一直到经过以后,我方才觉察那次旅行多么危险,多么费力。事后我丈夫深悔不该教我冒这许多危险。"宋美龄跟随蒋介石在福建不足两个月,先后到过浦城、建瓯等城镇和许多偏僻的乡间,穿越许多山地、平川、河道,与反蒋的部队周旋,弄到乡间"十室九空,疮痍遍地",许多村庄,都是杳无人影,"大半都像死寂了的世界,一眼望去,人和动物,什么都看不见,沉默像一张厚幕似的罩在断井颓垣之上"。毁灭和死亡,弥漫了村庄。人民的财产、牲畜、房屋,都已荡然无存。在这个过程中,宋美龄虽说自己经常冻得发僵,"头脑昏晕""异常疲乏"等①,但她还是坚持下去了,说明宋美龄为了推行蒋介石"攘外必先安内"的政策,对于爱国的抗日力量和那些反蒋的部队和势力怀有刻骨的仇恨,非"剿灭"不可。

由此可见,在对待共产党和工农红军以及反蒋的部队和势力的态度上,宋美龄与蒋介石是完全一致的。他们在闽赣边境指挥国民党武装部队与共产党领导的工农红军和反蒋的部队和势力作战过程中,同甘共苦,总是拿自己的生命去承担可怕的风险,除了说明他们坚持与工农革命武装为敌的政治立场之外,很显然,他们的目的就是为了迅速消灭革命的武装,以便于他们建立独裁的蒋家王朝。蒋介石和宋美龄热衷于中国人打中国人,也表现在"九一八"事变后,全面抗战以前这期间,他们完全不顾民族的大义,做亲

---

① 宋美龄:《闽边巡礼》,王亚权编纂:《蒋夫人言论集》上集,台北"中华妇女反共联合会"1977年版,第10、18页。

痛仇快的勾当,日本帝国主义侵略势力认为有机可乘,加紧了侵略步伐。

1931 年日本发动"九一八"事变,占领我国东北,1932 年日本又进攻上海,1933 年侵占了热河省,并要求中国允许华北五省"自治"。从此,日本准备发动侵华的全面战争,叫嚣要"征服中国"。日本的进犯是对中国主权的最大干涉和威胁,但是蒋介石为了巩固他的政权,一面事事对日本让步、妥协,一面对共产党领导的工农红军加强"围剿",并且还同德国希特勒勾结,共同"剿共",完全丧失了民族的自尊。德国希特勒 1933 年上台时,蒋介石要求希特勒给予帮助。因为蒋介石决心打共产党,不打日本侵略者,使希特勒感到高兴。希特勒应蒋介石的要求指派纳粹德国最著名的战略家之一的塞克特和格奥尔格·韦策尔中将为蒋介石策划"剿共"战略。塞克特的焦土政策,给江西山区人民带来了饥荒,许多乡镇夷为平地,致使一百多万无辜百姓死在蒋介石的"围剿"战役中。尽管这样,但蒋介石和宋美龄彻底消灭中共和工农红军的美梦也没有得以实现。蒋介石实施利用外国人支持他打内战的政策,不仅引起广大中国人民的义愤,也激起蒋介石集团内许多国民党人士和爱国将领的不满。共产党人一面作战,一面大量地运用各式各样的宣传手段,揭露蒋介石一伙对日本的侵略妥协退让,打共产党和工农红军,掀起内战的行径,争取广大农民的同情,扩大了红军的队伍,并进行各种掩护和斗争。城市的情形亦然。尤其是在南京政府辖下的几个大城市,同情和支持共产党的人不少。他们对孙中山与共产党合作的情形记忆犹新,所以,他们反对或不支持蒋介石与共产党和苏俄对抗。大学里的教授和学生们公开批评蒋介石和南京政府的错误,他们纷纷发表言论要求节制蒋的"独裁权"。蒋介石宣布对这些不满分子采取严厉的制裁措施,凡有要求抗日者,均予以镇压,视情况还要监禁坐大牢。不少爱国者确也因此入狱、下落不明或丧生,但蒋介石也因此丧失了人心。

宋美龄支持蒋介石坐镇江西"剿共",但从 1930 年到 1934 年间的五次大"围剿"都没有达到消灭红军的目标①。1934 年 10 月,共产党人决定撤离

---

① 蒋介石对中国工农红军实行五次反革命"围剿"的情况,可参见杨树标著:《蒋介石传》,团结出版社 1994 年版,第 210—247 页。

中央苏区,设法突破了蒋介石精心部署的封锁线,红军从江西出发,在中国转了一个半圆形的大弯,从东南的江西转移到西北陕甘宁地区,行程二万五千里,途经十一省,翻越十八条山脉,横跨二十四条河流,攻占六十二座县城,进行了八十多次战斗,于 1935 年 10 月到达陕北,顺利地完成了战略的大转移,完成了举世闻名的长征。蒋介石和宋美龄只好哀叹自己的无能,眼睁睁地看着共产党人率领的工农红军从自己的眼皮下溜走。

长征一结束,新局面就开始了。

五、"新生活运动"的倡导者

1934 年 2 月 19 日,蒋介石在南昌行营举行的扩大总理纪念周会上,作了题为《新生活运动之要义》的讲演,宣布"新生活运动"从这一天开始①。"新生活运动"自 1934 年 2 月 19 日在南昌发起,至 1948 年停办,历时有十四年之久。至于蒋介石和宋美龄为什么要提倡新生活运动,说法多种。美国作家西格雷夫在《宋氏王朝》一书中作了这样的解释。他说,1934 年美龄同委员长到长江上边松林环绕、凉爽宜人的牯岭休养胜地度假。她在那儿召见过一些正在休假的英、美传教士。传教士们认为,蒋的政府丝毫未将其获得的巨利用于民。委员长现在虽"控制"中国一块相当大的地盘,但老百姓只把那些关于统一和进步的空谈当作耳边风。传教士们指出,如果南京想取得外国政府的支持和贷款,蒋必须首先有一明确的社会福利纲领,以便在中国的外国人能有良好印象。因为,当今正值新政时期。

宋美龄很快领悟他们的意思。她向蒋提出建议,蒋立即同意她的主张。美龄于是邀请传教士一同拟定一个中国"新政"的实施细则,她称之为"新生活运动"②。

可见,"新生活运动"倡始于宋美龄,但她则说是蒋介石在江西"剿共"期中所悉心考虑而形成的,是"蒋委员长所倡导的"③。也有人说是蒋介石有

---

① 杨树标、杨菁著:《百年宋美龄》,江西人民出版社 2010 年版,第 38 页。
② [美]西格雷夫著、丁中青等译:《宋氏王朝》,中国文联出版公司 1986 年版,第 415—416 页。
③ 宋美龄:《中国的青年运动》,美国《世界青年》杂志,1937 年创刊号。

新生活运动中的宋美龄与蒋介石

鉴于历经战乱,人民伦理道德普遍低落而发起的,也有人说是蒋介石有感于日本仿效古希腊斯巴达人的精神,有利于国家民族而引发的。不管是由于什么动因而引发的,作为宋美龄跟随蒋介石在军事"围剿"共产党领导的工农红军和反蒋势力的同时,所倡导和发动的"新生活运动",无疑都是针对以前工农红军占领地区的人民而举行的运动,人们把它称之为是在"精神方面的重大战争"是有道理的。以上各种说法,各有其根据,但是也各有其片面性。

实际上,"新生活运动"的发端,至迟在1933年冬就开始了,它是蒋介石和宋美龄结束在江西实地考察战地回到南昌后,由宋美龄提议发动的,起初宋美龄只是因为她看到市容脏乱,便批评起南昌市民生活懒惰,不讲卫生,建议蒋介石指示南昌当局重视做好城市的管理和抓好卫生、文明工作。蒋介石很重视夫人的意见,立即指示秘书邓文仪,说:南昌市民污秽不堪,市容杂乱不堪。如此市风、民风,何以为行营所在地?若让异域报道出去,不是丢尽了我们的脸面?要他自即日起,起草一个文件下达南昌所有机关、团体、商店、学校,必须整理内务,搞好清洁,改善环境,振奋精神。

为何会让邓文仪来办这件事呢?因为邓是国民的"三民主义力行社"的

发起人与重要负责人之一,所以由他主持新生活运动的规划工作。力行社成员此前多赴欧洲考察,对德国社会秩序印象尤佳,反观本国社会生活杂乱无序,故改造意向迫切。早在 1933 年 11 月间,正致力镇压"闽变"的蒋介石在南昌行营"党政军调查设计委员会",分政治、党务、军事三组,制订大政方针,以力行社成员为骨干,主持其事。其中政治组设计任务之一是中国文化的改进,提出"要从教育学术和一切文化事业上,将国民心理和社会风气,以至民族的气质性能,使之革新变化,以保根本的挽救危亡,复兴民族"。因为有了这个思想理论,所以,作进一步条理化,以作实施步骤,便不难从事了。用军队"整理内务"术语和行政办法下达命令,推动这项指令,怕难以持久,不如来一个"新生活运动",把总司令训示糅合进去,一起执行。在一边旁听的熊式辉立即附和。于是由邓文仪执笔,把"新生活运动"的内容综合整理成文,书名叫《新生活运动纲要》,作者署名蒋介石,1934 年 2 月,蒋介石在南昌行营举行扩大的总理纪念周,他把该书的内容压缩为"新生活运动之要义"进行讲演,就这样"新生活运动"在大江南北热烈地推开了。1934 年 7 月,成立新生活运动总会,宋美龄置身于运动领导行列。

"新生活运动"的内容,蒋介石在南昌一个群众大会上作这样的解释。他说:"今日吾人社会中普遍弥漫着堕落的气息,结果不知分辨善恶、公私与轻重,善恶不分,则混淆是非,公私不分,则抹杀收受之界限,是非混淆,则社会趋于沦丧也。"他又指出:"新生活运动,是全国人民的精神革命运动,竭愿以简明扼要的方法,扫除国人不能应付今日环境的习惯,竭愿引领人民趋向适应现代要求的生活,此一运动特别提倡的基本道德,是'礼、义、廉、耻'。"[①]也即是说,新生活运动要求国民的全部生活,如衣食住行都要合乎民族固有的道德:礼、义、廉、耻。

"新生活运动"一宣布,在国内就遭到不少人批评,指责这一运动含有"法西斯主义的色彩"[②]。"以为全国人民衣食尚且不给,而高谈精神复兴,

---

① 蒋中正著:《苏俄在中国》,台北黎明文化事业公司 1956 年版,第 15、16 页。
② [德]施罗曼、费德林合著,辛达谟译:《蒋介石传》,台北黎明文化事业公司 1985 年版,第 100 页。

是无济于事的。"①甚至有人讥笑"新生活运动"是警察强迫人民扣上衣纽，或斤斤于企求人民生活小节的工作。

这个运动从江西南昌发起，在不到一个月的短期内，已有迅速的发展。3月11日，在南昌举行的一个有十万人参加的群众大会，约有一百四十二个团体参加，表示要把这个运动推广到全国。不久，"新生活运动"就在国民党统治区内推开，到处都见到张贴有"新生活运动"的标语，如上班要"准时"，行人要"顺序行走"，"不要拥挤"，"不要随地吐痰"，"消灭蝇鼠"，"清洁可以防病"，"戒酒"，"戒色"，"戒赌"，车辆行人靠右走，等车要排队，天天刷牙，用钱要省，要搞大扫除，注意清洁卫生等等的禁令和信条。新生活运动涉及范围广泛，连每人每天洗三次手，洗三次脸，每周洗一次澡都有要求。到1936年止，在国民党统治区各省、市、县成立新生活运动分会有一千一百三十三个。

"新生活运动"特别重要的实施项目，是禁止鸦片。早在1928年，蒋介石即为南京政权的禁毒委员会成员之一，但当时，禁毒运动尚未普及全国。1934年5月，蒋介石发布一个六年禁毒计划，彻底实行鸦片的禁售、禁种及禁运。他通令各省当局，凡党政军事人员染烟癖者，限于年内彻底戒除。一年后又制订补充条律，凡制售麻醉品者，处以死刑，协助制售者，处以五年至十年徒刑或无期徒刑，公务员违反此条律者，均处以死刑。1937年新法令规定，凡制造毒品者，不分主从，一律处死刑，犯罪人的财产一律没收。一年内此项决心禁毒的措施，配合扩大宣传，但实际上收效甚微。

很明显，由宋美龄倡始，由蒋介石推行的所谓"新生活运动"是为蒋介石的"剿共"服务的精神运动，是为了宣传蒋介石的"礼、义、廉、耻"道德标准作为他立国的基础而掀动起来的政治宣传运动。这个所谓"运动"，把蒋介石这个中国的军事独裁者捧上了精神领袖的宝座，把宋美龄也提高到改革中国旧习俗的旗手的位置，具有很大的欺骗性。从南昌推行以来，很快便在南京、上海、江苏、河北、福建、安徽、河南、浙江、湖南、山东、山西、陕西、甘肃、察哈尔、绥远、宁夏、青海、四川、贵州、云南、西康等各省市相继响应。

---

① 宋美龄:《中国的新生活》，王亚权编纂:《蒋夫人言论集》上集，台北"中华妇女反共联合会"1977年版，第22页。

宋美龄为了争取外国对她和蒋介石实施"新生活运动"的支持,在美国和上海的英文报刊,连续发表解释"新生活运动"的文章,例如,1935 年 6 月,她在《美国论坛》杂志发表《中国的新生活》;1936 年 10 月 10 日,她又在上海《字林西报》发表《舆论的形成》。她还为纪念"新生活运动"两周年和中华民国成立二十五周年发表《新生活运动》一文,反复地解释"新生活运动"的根本意义,以及提倡"新生活运动"的动机,为蒋介石评功摆好。

为什么要提倡"新生活运动"? 宋美龄联系到当时世界和中国的情况作了这样的解释。她说:"中国近年来也像其他国家一样,深深地受到了世界经济衰落的影响。各国凭了他们自己的智虑,都想从经济停滞中,找寻一条复兴的出路来。意大利有法西斯主义,德国有纳粹主义,苏联有两次五年计划,美国有新经济政策。他们的目的,都想解决经济问题,导国民进于物质的繁荣。中国也是如此,必需应付这个严重问题,而且我们还得把人民从愚陋、贫困、迷信,以及'匪乱'后种种的天灾人祸中救援出来,即使暂时把国外侵略一个问题搁开,亟待解决的事情还是很多。新生活运动,就是为了根除这种种病态而创导的。"①又说:"过去数年来,我在国内巡游了许多地方,亲眼看见,人民的生活状况,不但困苦艰难,不但简单原始,并且充满着绝大的危机;社会麻木如死,人民苟安成习,毫无希望可言。中国人心的麻痹,经过了十数世代,已经根深蒂固,倘欲重振精神,不仅有赖于爱国人士的齐心合作,共同改良,还需一种新的刺激来推动我们的工作,于是就发起了新生活运动。"②宋美龄说:实施"新生活运动"的目的是在于改善全体国民的生活,使人人都能享受愉快和有价值的生活。其实这只是一种笼络人心的、随便说说便了的表白。在当时情况下要改善国民的生活,不是靠谁出来说几句话,或推行一个什么运动就可以做得到的。国家贫穷到连人民的温饱都无法解决的地步,蒋介石又实行独裁统治,国民连起码的人权、生存权都没有,奢谈什么"享受愉快和有价值的生活",那简直是一种讽刺。

宋美龄也有说对的地方:"欲谋物质的繁荣,尤须先行发扬民族道德,建

---

① 王亚权编纂:《蒋夫人言论集》上集,台北"中华妇女反共联合会"1977 年版,第 19 页。
② 王亚权编纂:《蒋夫人言论集》上集,台北"中华妇女反共联合会"1977 年版,第 42 页。

立一种互助合作的精神,而纠正人民萎靡苟且的习尚,更是当务之急。"但是
什么才是我国民族的优良道德呢,宋美龄只能是夫唱妻随了。她说:蒋介石
"深究中国过去的历史,觉得先人遗传的良好品性,足以补救目前种种的颓
风恶习,相信我国固有的礼、义、廉、耻四种美德,是复兴民族的良药。"因此,
一种以宣扬蒋介石提倡的礼、义、廉、耻为基础的"新生活运动",便以提高人
民道德水准作为基本内容作幌子宣传开了,它的实质却是重提那湮没已久
的封建道德去维护其独裁统治。

1935 年,宋美龄、蒋介石在庐山牯岭别墅度假

所谓四种美德礼、义、廉、耻,宋美龄这样解释:"一礼,最浅显地解释,礼

就是仪节。然仪节定要自衷心流露——而不是虚伪的形式。二义，义可以略释为对人对己的尽责和服务。三廉，廉就是能辨别权利界限，不侵犯别人。换言之，就是一种公私及人己权利的辨别。四耻，耻就是觉悟与自尊。"[①]为此，宋美龄说："新生活运动"包含着除旧更新的原则，目的是鼓励人民改革生活和思想的习惯，提高他们的道德与精神，给予他们以深深的感动，使他们不论对人对己，以及对于地方团体或整个国家的事业，都发生极大兴趣[②]。

由此可见，所谓"新生活运动"就是造神运动，就是给民众以估量生活价值的新标准，也就是说以礼、义、廉、耻四种旧道德，作为国民生活的准绳，遵守蒋介石为国民的教训，改变原来导向行动。

为了实施"新生活运动"的原则和基本内容，宋美龄指出："第一步先把那四种原则实施于衣食住行；换句话说，就是先实施于生活中最普遍最必需的事项。"用"礼"来纠正他们"混乱而没有秩序的生活习惯"。"义"就是"教导人民随时必须扶助他人，使他们知道倘遇不幸，不能委诸天命，有余力的人，必须把扶助他人视为应尽的义务"，树立公共责任的观念，"养成西方人所谓的公共精神和公共意识"[③]。宋美龄说："新生活运动"的第一步，只是鼓励大众，养成有秩序的好习惯，所有居室和环境都保持清洁，然后大家的思想，也会跟着纯洁了。同样地，一村一镇一市都能讲究卫生，保守秩序，到相当时候，大家旧有的一切缺点，也就能洗刷净尽了。可见，宋美龄所说的"新生活运动"是"从最小处着手，向最大的目标迈进"[④]，就是要国民遵循旧的道德，维护新的社会秩序，接受蒋介石的独裁统治。

尽管宋美龄起劲吹嘘"新生活运动"所取得的效果，说什么"新生活运动现已风行全国，很僻远的内地城市或村镇，都整理得非常清洁；学生们竭力鼓吹卫生与清洁的益处，结果很好。凡是深明中国内地情形的游历者，假使把过去和现在的状况作一比较，谁都能说出新生活运动推行以后，各方面有

---

① 王亚权编纂：《蒋夫人言论集》上集，台北"中华妇女反共联合会"1977 年版，第 21—23 页。
② 王亚权编纂：《蒋夫人言论集》上集，台北"中华妇女反共联合会"1977 年版，第 42—43 页。
③ 王亚权编纂：《蒋夫人言论集》上集，台北"中华妇女反共联合会"1977 年版，第 24—25 页。
④ 王亚权编纂：《蒋夫人言论集》上集，台北"中华妇女反共联合会"1977 年版，第 43 页。

了多大的变化。他一定会承认新生活运动的确是进步的,的确在精神物质两方面有利国家,有利人民的"[1]。但是,正如了解情况的外国记者所指出的:"新生活运动"一开始,宋美龄就提出中国的礼、义、廉、耻四大美德。她以美国中西部那种顽强方式宣传这些美德的新内容。然而,她所提倡的"新生活"方式都体现在人人都熟悉的美国人的生活信条里。她所做的一切,充其量也只不过是"不要随地吐痰;安全第一;路要修得好;走路要小心;车辆行人靠右走;等车要排队;经常呼吸新鲜空气和沐浴阳光;见苍蝇要消灭;天天刷牙;经常服用维生素;要爱邻居;要做事;要奋力进取;用钱要节省;行动要慢;停一停,看一看,听一听;要让婴儿长得更健康;要搞大扫除;屋内要粉刷一新,家具设备都要保持完好"。对于这些生活信条,能够做到当然很好,它说明人的素质,也说明国民生活的规律化和有遵纪守法的良好习尚。可是,在一个落后的中国,人民生活贫困,缺乏教育,人的素质低下,要推行那文明的律例,改变旧有的精神和丑陋的习俗,是不容易的。只有提高人民的生活水平,加强学校和社会的教育,全面提高人的综合素质才能办得到。所以,所谓"新生活运动"的信条,中国人不喜欢,只有外国人喜欢,因此,在具体实施这些信条时便遇到许多困难。说得多,但效果都不好。老百姓连饭都吃不上,还要一天刷几次牙,洗几次脸,这诸多所谓新生活戒律,对于官员、警察和军人有一定约束,但他们都真心实意地拥护那许多生活禁规吗?那也不是。

政府官员为了取悦于蒋介石和宋美龄,对"新生活运动"的实施给予支持。尤其是部队里的指挥官派出恐怖小组在大街上巡检,若发现有人吐痰,就将其痛打一顿。任何人要是拖着脚步走路,要是进饭馆吃饭时喝葡萄酒或烈性酒,要是定的菜超过四菜一汤,要是赏小费,都会被拖出去用棍子打一顿。搽胭脂口红的姑娘,穿西装戴西式帽子的人,都被警察毫不客气地抓住,用擦不掉的红墨水在他们的皮肤上盖上"奇装异服"的印记。理发师要是给人烫卷曲的发型,售货员要是卖不伦不类的游泳衣,都会在一群旁观者

---

① 王亚权编纂:《蒋夫人言论集》上集,台北"中华妇女反共联合会"1977年版,第47页。

的面前受到侮辱①。当然，"新生活运动"也不是一无是处，例如它的一些计划，包括公共卫生运动，修建下水道，改进水的供应等等，在一些地方也已付诸实施。对葬礼也进行了改革，使葬礼不那么排场。倡导和举办集体结婚仪式，批评迷信，包括烧香、放鞭炮以及送葬时烧纸钱作为死者的买路钱的旧风俗习惯。鼓励人人每天洗手三次，洗脸三次，每周洗一次澡，青菜要先洗净煮熟再吃，开展戒烟。提倡改革生活习惯，批评不卫生、不文明的现象，应该说是一种进步的表现，是一个国家和民族同落后愚昧斗争和决裂的表现。然而，人们的多数对于那许多说教还是无动于衷。为什么？主要原因不是要不要改变旧中国生活的陋习，而是如何改变这些陋习。几千年形成的习俗和形成的意识，只能通过提高社会的经济、科学、文化教育来逐步改变，不可能通过行政命令在短期内搞一个什么运动加以解决。蒋介石为了表示对这场改革运动的支持，在上海一家外文杂志上发表了一篇文章（文章是用"美龄式"英语写成的），他写道：

"现在，绝大多数中国人的精神状态是浑浑噩噩，毫无生气。在行动中表现为好歹不识、是非不辨、公私不分。由此，我们的官员虚假伪善，贪婪腐败；我们的人民斗志涣散，对国家福利漠不关心；我们的青年颓废堕落，不负责；我们的成年人则淫邪险恶而又愚昧无知；有钱人纵欲放荡，花天酒地；而穷人则体弱污秽，潦倒于黑暗之中。所有这些导致政府的权威和纪律扫地以尽，荡然无存，终于引起社会动乱，使我们在天灾和外敌入侵面前束手无策，无能为力。"

西格雷夫说："像墨索里尼一样，蒋决心把他的国家整顿一新，教农民不随地吐痰，使火车正点。像希特勒一样，他也决心清除所有社会上、政治上的堕落者，对人民严施纪律，甚至鞭笞，在所不惜。蒋相信，法西斯主义有三根支柱——国家主义、对最高领袖的绝对忠诚以及公民的斯巴达式军事化。"②为此，蒋介石按照希特勒的褐衫党和墨索里尼的黑衫党的模式创建了一个新的秘密社团——蓝衣社。与此同时，蒋介石为了控制和监督民众，

---

① 简洁、孟忻编著：《蒋介石和宋美龄》，吉林文史出版社 1991 年版，第 93 页。
② ［美］西格雷夫著、丁中青等译：《宋氏王朝》，中国文联出版公司 1986 年版，第 418 页。

又由陈立夫建立了一个遍布每个政权机构的间谍网——中央调查统计局。加上戴笠领导的军委会调查统计局。他完成了军统和中统两大特务组织的建设,从而在蒋、宋、孔三大家族之后又形成一个权力集团——陈氏家族。从此,黑暗的中国更罩上了层层的特务监视网,人民生活在白色恐怖之中。正如人们所指出的,宋美龄、蒋介石提倡"新生活运动",正像墨索里尼一样是为了统一人们的行为和思想,确立兵营式的秩序。

宋美龄在 1940 年 6 月撰写《我将再起——新生活运动》一文,大肆吹嘘"新生活运动"所取得的成就,说什么:"为了促进国家的政治统一和激发全国人民向所茫然的爱国心,新生活运动是值得称誉的。"①但是,实际情况并不如此。这个运动借谈生活问题来束缚人们的手脚,要全国人都循规蹈矩地服从蒋介石的独裁统治,因此,它是蒋介石的理想主义与独裁国家的现实相结合的运动②。这个运动遇到很多困难,收效甚微。如果说在这个运动开展一周年之际,运动还取得一点效果的话,那么在 1936 年即运动开展两周年之际,由于"蓝衣社"到处胡作非为,"新生活运动"已经名声扫地,就连蒋介石和宋美龄也不隐瞒自己对运动结果的气愤和沮丧。正如 1937 年 4 月,宋庆龄在《亚细亚》杂志发表一篇《儒教与现代中国》的文章中所指出的:"三年以前,国内开始了一个名叫'新生活'的运动,这个运动是带了儒教气味的。"但在"新生活运动中找不到任何新东西,它也没有给人民任何东西。因此,我建议用另一种运动来代替这个学究式的运动,那就是,一种通过生产技术的改进以改善人民生活的伟大运动"③。诚如关志钢教授所述,1938年全面抗战开始后,宋美龄所领导的妇女界新生活运动转变为各种形式的服务前方抗战。1938 年 3 月,国民政府在武汉举办了为期三天的抗敌运动大会,且分别定名为"新运日""抗敌日"和"建国日"。宋美龄在第一天即"新运日"的动员大会上,讲了如下一段话:"我们知道,一旦停止抵抗,民族立成奴隶牛马,国家也就失掉他的存在。我们的国家受人侮辱,我们不得不战;我们几十万诸姑姐妹,受人蹂躏摧残,蒙千古未有之垢辱,我们不得不战;我

① 王亚权编纂:《蒋夫人言论集》上集,台北"中华妇女反共联合会"1977 年版,第 205 页。
② [苏]沃龙佐夫著、董友忧等译:《蒋介石之命运》,中共中央党校出版社 1992 年版,第 125 页。
③ 《宋庆龄选集》上卷,人民出版社 1992 年版,第 171、179 页。

们好多省区内城、市村镇各处的房屋财产尽成了灰烬,我们所有文化和实业的基础,差不多全被破坏,我们不得不战;全世界有史以来未有的奸淫掳掠,到处横行,其目的欲扫荡我同胞仅余的生活基础来满足那些军装强盗的兽欲,这一种有计划大规模的盗匪行为泛滥全国,我们更不得不战。"历数日寇野蛮侵略暴行后,宋美龄号召与会各界妇女负起"救济救护的责任,参加到全国决心坚持、决心牺牲的阵线中去,共同奋斗"。

1938 年 5 月 20 日至 25 日,宋美龄以个人名义邀请全国各党派及无党派妇女代表,在江西召开了新生活运动历史上著名的庐山妇女工作座谈会,包括中共代表邓颖超、孟庆树,知名社会民主人士史良、雷洁琼、刘清扬等在内,共有来自全国十三个省市的五十余位妇女界代表出席了此次会议。这次会议的主要议题有五项:战时妇女工作问题;如何动员妇女民众问题;如何鼓励妇女参加生产事业问题;改善妇女生活问题;妇女团体联络问题。谈话会上,宋美龄先后作了关于《战时妇女工作与新生活》和《抗战建国中妇女之责任》的讲话,希望广大妇女"以团结的精神来感应全国","和衷共济,为国家利益共同奋斗"。宋美龄在会议讲话中表示,"我个人认为我国现在最大的需要,是各党派以及社会各部门的团结合作,国家的利益高于一切。不论有什么党派的偏见,为顾全国家的利益,都应该祛除净尽"。并称"新生活运动的本身,不含政治作用","只致力于促进和平保障民众的利益,为民众服务"。宋美龄的这番表态,得到出席会议各方代表的肯定。

出席谈话会的各界代表普遍认为,为适应抗战的实际需要,必须建立一个全国性的妇女工作指导机构,而"新生活运动的组织,作我们妇女抗战建国的总机构,最为适当",因此会议决定"把一切妇女工作放在新生活运动妇女指导委员会的领导之下",共同从事抗日救亡运动。会议还通过了《动员妇女参加抗战建国大纲》《告全国妇女同胞书》,确定战时妇女新生活运动所担负的主要任务应当包括宣传、救护、征募、慰劳、救济、儿童保育、战地服务、侦查汉奸等,并决定今后将由新生活运动妇女指导委员会负责"统一全国妇女工作步骤","指示妇女抗战工作的要点"。庐山谈话会后,原新生活运动妇女指导委员会于 1938 年 7 月 1 日宣布改组。改组后的妇女指导委员会仍隶属生活运动总会,但独立开展抗战服务工作,由宋美龄担任指导长。1938 年—1942 年间,新生活运动妇女指导委员会在四川省内先后组织创办了松溉纺织实验区、乐山蚕丝实验区、重庆新运妇女工艺社、江津新运纺织厂等,以发展生产事业的方式积极服务前线抗战。此外,在儿童保育等方面,妇女指导委员会及其所属妇女抗战服务团体也都发挥了一定作用。据此,关志钢教授认为,妇女新生活运动在整个新生活运动中的特殊地位是其他社会力量无法替代的。特别是在抗日战争期间,作为全国妇女抗敌指导机关的新生活运动妇女指导委员会,在动员和组织广大妇女参加抗战,推行战时工作开展方面,发挥了积极作用。而宋美龄作为妇女新生活运动的主要组织者和领导人,其个人贡献不能否认①。

六、随夫西北行

1934 年 10 月 16 日,红军第一方面军突破蒋介石军队的重重封锁,向西挺进,蒋介石指派精锐部队尾追其后,中共离开了江西中央根据地,蒋介石感到自己的地位已固若金汤。在杭州,顾问端纳曾对蒋说过,在中国历史上没有一个统治者能把中国治理好,原因是他们不知道从何处下手。地方官僚不敢如实地汇报情况,统治者又没有时间和机会去调查。这番话引起蒋介石的深思。因此他决心偕同夫人宋美龄在全国进行一次空中旅行,巡视了华北和西北十个省份。

1934 年 10 月 4 日,蒋介石在宋美龄、张学良,澳籍政治顾问端纳和其他将军的陪同下,在赴洛阳途中到达汉口。蒋介石在日记中记:"六日,视察武昌、汉口街道,曰'市政有进步也'。"蒋介石和宋美龄在逗留汉口的几天内,召集了几次会议,主要是讨论和制订"剿共"的新计划。10 月 10 日,蒋、宋夫妇离开汉口,前往洛阳。蒋介石和宋美龄洛阳之行是为参加国民党中央军事学院洛阳分院的开学典礼,10 日,到洛阳,视察街道,蒋介石说"气象更新矣"。11 日,视察军用化学新厂,蒋介石在日记中说该厂"规模宏远,愿

---

① 关志钢:《宋美龄与新生活运动》,胡春惠、陈红民主编:《宋美龄及其时代国际学术研讨会论文集》,香港珠海书院亚洲研究中心 2009 年版,第 497—507 页。

得如期生效也"①。同时视察洛阳市的政务。学院为他们举行了欢迎仪式，蒋介石对学员发表了演说。11 日下午活动全部结束，即将离开洛阳等待着赴汉口的列车的到来。在闲谈中，端纳说：只要稍微改动一下日程，即把车厢挂在列车的另一头，就可以到西安一游了。这一想法得到蒋介石的允许，宋美龄也很赞同。于是，蒋介石、宋美龄在其他人员陪同下 12 日下午 5 时到了西安，开始了一次极为重要的旅行。在西安只有整整两天时间，但他们受到热情接待，游览了文化古迹，举行了各种座谈会、演说会，忙得不亦乐乎。

蒋介石和宋美龄在西安，不放过一切机会鼓吹他们提倡的"新生活运动"。他们还邀请该市所有外国的宗教团体参加茶话会，蒋、宋先后做即席演说，前者用汉语，后者用英语演说和交谈，赞扬传教士对中国所做的"贡献"，并呼吁他们对"新生活运动"应尽力合作。听到蒋、宋夫妇的演说，传教士们都很高兴，并表示愿意合作。宋美龄说：这种合作，"无论是对于他们自己的团体或对于新生活运动都是很有益处的"②。在座的传教士，对蒋氏夫妇倡导的"新生活运动"也表示理解和赞赏。"茶话会期间，还推选出一个代表该市各传教机构的委员会来敦促这一运动。"③宋美龄要求他们诚恳陈言，并代表蒋介石保证同传教士的合作，使在座的传教士释慰不已。于是，在座的一个人深深吸了一口气，开始陈述他的看法，随后又有六七个人发言。这次座谈会争取了外国传教士对"新生活运动"的理解和支持。

宋美龄还把西安高级官员的太太们召集到一处开会，勉励她们要关心妇女和儿童的福利，敦促她们热衷于公共事业。这些太太们答允开设一个治疗鸦片瘾的诊所。宋美龄还与她们一起参观陕西省立孤儿院，还为穷家少女开设了一个教她们经商或做工的学校。

蒋介石、宋美龄结束西安之行后，继续向西到了兰州。

兰州地处古丝绸之路要区，是一座在唐朝时期兴起已有一千多年历史的古老而又美丽的城市。甘肃省与青海、宁夏、新疆、外蒙古毗邻，是西北的

---

①　黄自进、潘光哲编：《蒋中正"总统"五记》"游记"，台北世界大同文创股份有限公司 2011 年版，第 77 页。

②　王亚权编纂：《蒋夫人言论集》上集，台北"中华妇女反共联合会"1977 年版，第 204 页。

③　简洁、孟忻编著：《蒋介石和宋美龄》，吉林文史出版社 1991 年版，第 94—95 页。

交通要道,战略地位十分重要。在此之前,国家的领导人是从不到这类地方的。这次蒋介石、宋美龄夫妇访问这个被人们认为危险的地方,张学良和顾问端纳均加劝阻,事后也遭到许多国民党高级官员的严厉批评。大多数南京官员认为,西北各省是红军经过和活动的地方,又是祖国边远地区,情况异常复杂,像蒋介石这样有地位的人到兰州,随时随地都有被暗害的可能。蒋介石夫妇外出每一分钟都有生命的危险。因此,10 月 17 日,蒋介石与宋美龄到了兰州,引起南京方面高级官员的不安。

蒋、宋夫妇在兰州,走访了羊毛厂和棉纺厂,还参观了大量的唐代古迹。他们一行还登上古长城,远望市区美丽的古建筑,还视察了兰州横跨黄河的铁桥。

距离兰州一百里左右,绵延的黄土丘被广阔的戈壁滩所替代,充满荒漠之感。在这里宋美龄等人第一次,也是唯一的一次见到了来自于小戈壁沙漠的骆驼队,在低丘附近扎营过宿。小戈壁沙漠在阳光照耀下如同平坦的溪水,泛着红色的沙浪。望着伸向广阔地平线远方的红色沙漠,辽阔无边,令人心旷神怡,给宋美龄等人留下深刻的印象。

宋美龄随蒋介石在兰州视察了工厂、游览了古迹。蒋介石在日记中称,"观此,更知中国之伟大,大可为也"。又曰:"黄河形势雄壮,西北物产丰富,倭俄虽侵略倍至,如我能自强,则无如我何!"①19 日,蒋介石、宋美龄等自兰州乘飞机向北飞往宁夏。

宁夏是回民聚居区,那里空旷而辽阔,有不少古代文化遗迹,但显得偏远、荒芜和贫穷。当飞机即将飞抵银川时,蒋、宋一行看到坟墓、农舍和人群,还在平原四处看到一些在干旱地带难以见到的湖泊,清朝驻防地破旧坍塌的城垣和高矗着的泥塔,也相继映入眼帘。

士兵列成纵队,骑兵排成圆形,伫立在机场上。飞机降落后,号角吹响,乐队奏乐,欢迎蒋介石、宋美龄和张学良、端纳等人。地方军队首领马鸿逵及其兄弟马鸿宾走上前去与他们一一握手。检阅完仪仗队后,蒋氏夫妇一

---

① 黄自进、潘光哲编:《蒋中正"总统"五记》"游记",台北世界大同文创股份有限公司 2011 年版,第 77—78 页。

行驶车行驶了许久才抵市区。

在银川,蒋介石、宋美龄登城眺望。蒋介石说:"左贺兰山,右黄河,而石咀子为夏城(银川)屏障,实西北之重镇也。"①宋美龄陪同丈夫参观了银川市制币厂、军火工厂和煤矿。还视察了建筑中由银川通向西安的陇海分线铁路。

对于宋美龄陪同蒋介石的兰州—宁夏之行,1934年10月21日上海《华北日报》作了详细报道:

> 方圆一百里左右,只有绵延无亘的尖顶、浅褐色的黄土小山丘,山丘四周被冲蚀成干裂的溪谷。水平望去,鳞次栉比的黄土丘恰似凝固的、陡峭的海洋波峰。受大自然侵蚀的小土丘成千上万,高低整齐,显得荒芜、凄凉,向各个方向伸展开去。从我们飞行的九千到一万多尺的高度向下眺望,纵是碧空如洗,也望不到黄土丘的尽头……这是一片荒凉的地带。你在地图上看到它时,万不要以为它还未被开发。人们没有开发它,是因为这里的土地不宜生存,但却能抗受住不断来自东西方人们的践踏……峡谷深处,无路径可寻,犹如步入迷宫;起源于宁夏的骆驼路一直伸向远方……从飞机的高度看到的唯一生命迹象,便是充气的牛、羊皮筏子,上面满载羊毛和牛皮,顺溪流而下,前后各三只桨来回摆动,在太阳光下熠熠反光。

这里所描述的只是甘肃和宁夏的恶劣自然条件,没有就宋美龄、蒋介石一行的观感作任何的透露,但这不是说宋美龄、蒋介石一行的西北之行,纯是旅游观光,无其他实际的意义。上海《新晚报》曾作过这样的报道:"关于中国西北的开发,时人早有众多议论。自宋子文视察那一地区后,开发工作已见端倪。当今蒋介石将军亲临其地,时人大可相信,大力开发西北的计划不久将付诸实施。"并提醒公众注意:"正值国人注意西北之际,我们仍愿提醒公众,西北乃中国文明之摇篮,矿物宝藏之集中地。凡去过西北诸省份的人必会即刻认识到中国文明之伟大。但有一点怕许多人仍未曾窥见,那便

---

① 黄自进、潘光哲编:《蒋中正"总统""五记"》"游记",台北世界大同文创股份有限公司2011年版,第78页。

是不易发现的当地民众的力量与活力。"①

由此可见,宋美龄、蒋介石一行的甘肃、宁夏之行,是为了了解那里的情况,视察那里的民情,并作一些不切实际的保证来笼络当地的军政首领,为他们治理西北创造条件,以防共产党势力的发展。

10月20日,蒋介石、宋美龄一行,自宁夏乘飞机返回西安。蒋介石在日记中曰:"见贺兰山之雄伟,而不起汉族复兴之念者,非黄帝子孙也。"21日往咸阳,谒茂陵、周陵。然后,自西安乘火车夜行返洛阳。22日晚,自洛阳以火车夜行,23日经郑州到开封。在开封,宋美龄又拟邀请当地传教士会面,讨论问题。当她获悉可以安排时,便派出私人代表邀请各个传教士机构派人参加在河南省府开封举行的茶会。茶会上,首先是蒋介石高度赞扬传教士在中国所做出的努力,并向他们保证:现任政府的政策是对传教士的工作给予最大的自由,并与他们合作。他详尽解释了在全国展开的新生活运动的宗旨,他恳请全体传教士给予合作来达到新生活运动的目标。接下来是宋美龄用英语讲话,她特别呼吁女传教士与官员的夫人合作,掀起美好家庭运动。开封高级传教士、加拿大教堂传教团的坎农·西蒙斯对蒋介石、宋美龄夫妇的呼吁给予最由衷的响应。他代表在座的二十几位传教士向他们及当地官员表示,将不惜一切努力与政府真心合作。

在开封时,顾问端纳建议蒋介石、宋美龄到山东省府济南市与省主席韩复榘会面并一同进餐。蒋氏夫妇接受端纳的意见,24日自开封到了济南,午餐后,登机续飞到北平,到协和医院休整几天。蒋介石一直患轻微消化不良,不过医生说他的症状不严重。在北平期间,30日,蒋介石、宋美龄游颐和园。11月2日登紫禁城,至朝阳门视察,4日过宣化。内蒙古政治委员会的亲王打电报给蒋介石,邀请他夫妇一行去内蒙古视察。

蒋介石派一位使者赴内蒙古,大队人马,11月5日则到察哈尔省的张家口。从张家口又转赴绥远、太原,这时,孔祥熙也从北平到了太原。蒋介石与宋美龄在太原开始分手。由于南昌有急务等待蒋介石去处理,他便于11月9日左右前往南昌。宋美龄、孔祥熙和端纳则取道于北平、天津、青

---

① 简洁、孟忻编著:《蒋介石和宋美龄》,吉林文史出版社1991年版,第98页。

岛、上海，返回南京①。

宋美龄跟随蒋介石花去一个月时间，行程数千里，巡视了华北和西北的十个省份。这次旅行虽然使她疲惫不堪，但这是她一生中重要的一次旅行。所以，人们给予很多评论。

首先，蒋介石接触到了边远地区的问题。蒋介石西北之行，争取了西北将领对他的好感和支持，改变了人们对他作为一个职业军人，不关心经济建设的形象。他所到各地都找各地官员会面、座谈，从而争取不少官员对他的支持，为他建立独裁政权创造一定条件。

其次，宋美龄在这次巡视中也出尽风头。每到一个城市，她都受到地方军政官员的热情接待，并以自己的聪明、美丽、干练出现在公众的眼前。而且她还以国家领导人夫人的身份，把所到各城市的妇女们召集起来，发表演讲，敦促她们为全国的进步尽力。她大反中国的旧习，大反大家闺秀的深居简出，以及鸦片、肮脏和贫穷的威胁。她呼吁妇女要有责任感，关心妇女自身和儿童的福利事业。这样，便在她所到之地区，树立了个人的形象。

再次，蒋介石、宋美龄在兰州、绥远、开封、太原及其他城市都同外国教会拉关系，同传教士座谈，争取外国教会和传教士同他们合作，使各地教会合作委员会相继成立，从而又改变了他们同外国的关系，在争取外国支持方面又迈出了重要一步。这一切都对蒋介石个人，以及宋美龄提升自己的影响力产生了重要作用。

七、航空委员会秘书长

1931年"九一八"事变，日本开始发动侵略我国东北的军事行动。次日，沈阳全城被日军占领。一夜之间沈阳的兵工厂、制炮厂及二百架飞机，完全落入日寇之手，损失达十八亿元以上。由于张学良执行不抵抗政策，日寇乘机分兵进攻安东、本溪、营口、牛庄等处。长春全城沦陷。日军又派海军占领秦皇岛。不久，日军进犯黑龙江，攻陷齐齐哈尔。不到三个月，辽、

①　简洁、孟忻编著：《蒋介石和宋美龄》，吉林文史出版社1991年版，第98—100页。

吉、黑三省及数十名城,就被国民党政府的不抵抗政策完全断送给日本侵略者。

1932年3月9日,在日本侵略者的导演下在长春正式成立了伪"满洲国",由日本侵略军操纵溥仪称帝,粉墨登场。从此,溥仪的"满洲国"成为日本的傀儡政权,东北成为日本的殖民地。

日本侵略军占领我国东北三省以后,又先后在天津、塘沽、青岛、厦门、福州、上海等地挑衅,激起全国人民的义愤。1932年1月28日,日寇进攻上海,驻淞沪的十九路军在总指挥蒋光鼐、军长蔡廷锴指挥下,在上海工人、学生,以及广大人民支持下奋起英勇抗战,给全国人民巨大鼓舞。但为了防止战争扩大,国民党政府下令将坚持抗战的十九路军调离上海,移驻福建,日寇便将上海作为日后进攻中国的重要堡垒。

"九一八"事变开始的民族危机,激起全国人民的爱国热情,全国人民都在反对蒋介石的不抵抗主义和日寇的侵略行动。国民党所属的部分中央军和地方军曾对日军进行局部武装抵抗,但未能有效地阻止日本的侵略扩张。在中国共产党的领导下,组织了东三省的抗日义勇军和抗日联军,坚持抗日斗争。全国各地的学生、工人、市民,纷纷罢课、罢工、罢市游行示威,要求国民政府抗日,动员民众收复失地。

1931年11月7日至20日,中国共产党在江西瑞金的叶坪,召开了第一次全国工农兵代表大会。大会宣布了中华苏维埃共和国临时中央政府的成立,改瑞金为瑞京。从这时起到长征,瑞金成为中国历史上的第一个红都。正值日寇入侵、民族危机日益严重的时刻成立的中华苏维埃共和国临时中央政府,揭露日本帝国主义侵略中国的罪行,号召人民起来反抗日本帝国主义与国际帝国主义的侵略,反抗国民党统治者的投降卖国罪行。蒋介石奉行"攘外必先安内"的方针,发动军队对革命根据地进行"围剿"。国民党政府的倒行逆施政策,更加激起人民的愤怒。

面对日本侵略和红军的发展,蒋介石深感兵力不足,特别在"剿共"第一线,火炮不足,不能构成立体式作战,焦躁不安。宋子文为了推行"联合欧美、抵御日本"的方针,于1933年4月18日乘船离开上海,取道日本赴美,5月1日抵达美国西部城市西雅图,5月6日抵达华盛顿。从5月8日起,宋子文同美国总统罗斯福、国务卿赫尔、国务院远东司司长贺百克、国会参议院外交委员会主席毕德门等,多次举行会谈。

宋子文在与美方的会谈中,强调中国的财政困难,争取美国的经济援助,以便改变经济和军事落后的局面。会谈结果,宋子文与罗斯福发表了一个联合声明,内称:"我们一致认为,没有政治上的安定,就不可能实现经济稳定……我们真诚希望和平能得到保障,并且立即采取裁军的实际措施。与此相关的,我们自然想到了近两年来远东事态的严重发展,已经影响了世界的和平。远东两个大国的军队发生了敌对性冲突。为了使目前世界各国重建政治和平与经济稳定的努力获得成功,我们希望立即停止这种敌对行动。"①这个声明虽然没有点日本的名,但实际上表明了美国政府对日本武装入侵中国感到不安与不满。由于对日战争和江西"剿共"引起军费开支激增,财政状况恶化,宋子文希望美国能够同意中国暂缓支付庚子赔款,未能如愿以偿,但还是同美国金融复兴公司签订了棉麦借款合同,得到一笔援助。这无疑也是宋子文出访美国的一个胜利。这次访美也表明宋子文成为国民党中央政权中亲美派的代表。

8月29日,宋子文返抵上海。10月28日,宋子文宣布辞去财政部长及行政院副院长职务。这明显是宋子文对日本持强硬的主张与蒋介石为代表的国民党当局对日妥协方针发生的矛盾与冲突。虽然宋子文访美成功,加深了他同蒋介石之间的矛盾,但却为宋美龄推行亲美方针奠定基础。

还在宋子文出访美国之前,处于内外交困的蒋介石,为了"剿共"的需要,就曾打算成立一个航空委员会,以便加强对航空部队的领导和建设,并于1932年12月就此事征询过宋氏家族中的有关人士,如宋子文、孔祥熙、宋蔼龄、宋美龄等人的意见。他们都认为,要建航空部队,那当然好,这不仅是威风八面,更重要的是可以加速"剿共"的步伐!蒋介石认为,建立航空部队一事,是显示国威军威的象征,当然也装点蒋、宋家族的门面。

1936年2月,宋美龄开始担任航空委员会秘书长。

蒋介石决心从黄埔军校第六期学生中挑选一小批人在南京成立航空

---

① 《美国对外关系文件》,1933年第3卷,第337页。

班,并在军政部下面设立航空署。然后在南京、洛阳、南昌成立三个航校,培养一批精干的飞行员。航空委员会由周至柔担任主任,宋美龄任秘书长。为了组建空军,宋美龄精力和财力投了进去。她筹集资金购买飞机,为了把中国的空军统管起来,她还把许多时间花在研究有关航空理论,以及钻研飞机设计和有关各种飞机部件优缺点的技术等方面。

尽管航空委员会组建了,但当时在航空委员会注册的各种杂牌飞机已经不能使用,可供作战用的飞机不到一百架。新组装的意大利菲亚特式飞机的质量又非常差,有的初次试飞就摔了下来。

1936年正值蒋介石五十寿辰,缺乏经费的国民政府国防当局,借此机会掀起了广泛的"献机祝寿"运动,从全国民众中筹款向美国、英国购买了一百架老式的霍克驱逐机和海盗机,扩编了空军装备。宋美龄还专门赴美请求派人来中国帮助培训飞行员和航空技术修理及管理人员。宋美龄作为中国航空委员会的秘书长,到了美国受到美国总统罗斯福夫人及各界人士的欢迎。罗斯福还在白宫会见了宋美龄。宋美龄通报了近年来中国风云变幻的形势,讲到了蒋介石如何到江西井冈山地区"剿共"等情况。她也讲到"九一八"事变以来,日本加紧侵略中国,日本在中国狂轰滥炸中国的城镇,残杀中国人民的情况。宋美龄说她这次来美国的目的,主要是想把这些严峻的形势向总统通报,以便美国采取应有的防范措施,帮助中国给日本以惩罚。中国已着手成立航空委员会,抵抗日本的侵扰。她说:她"受中国航空委员会委托,来贵国一是解决飞机和经济援助问题,二是请贵国指派技术人员帮助中国培训飞行员。希望贵国政府满足我们的要求。要现钱现在拿不出,但日后我们是不会忘记的"。罗斯福答应给中国提供有限的援助。但罗斯福说:当前把飞机和物品运往中国存在巨大的困难,但是美国正在努力把东西运进去。

宋美龄访美取得成功,人们对宋美龄的外交才能甚是佩服。

为了让美国援助的飞机能运往中国,宋美龄雇用了美国威廉·波利公司在中国建立中央飞机制造公司,来负责这项工作。

美国总统罗斯福为使美国的飞机能在中国发挥作用,发布了一道命令,允许军事人员辞职,同波利的中央飞机制造公司签订合同,去中国与日本军作战一年，此后他们还可以重新回到他们原来在美国军队的岗位上工作。还答应给每个应征到中国的军人每月发七百五十美元的薪饷，外加旅行津贴、住房和每年三十天薪饷照发的假期。中央飞机制造公司同意每击落一架日军飞机发给五百美元奖金。

从此，美国志愿大队到了中国。这个大队的队长是陈纳德。这是他的中国姓名，全名是克莱尔·李·陈纳德。他以美国志愿人员的身份同由宋美龄领导的中国航空委员会签订了合同到中国，官阶变成了上校。他的月薪一千美元，外加津贴、汽车、译员，并有权驾驶中国任何飞机。陈纳德等一组人员于 1937 年 5 月初抵达上海，由罗伊·霍尔布鲁克带领晋见蒋介石及宋美龄①。

6 月 3 日，宋美龄接见了陈纳德。这次会见将改变他的后半生。当陈纳德与霍尔布鲁克在等候会见时，一个穿着一套印花布衣服的年轻女人轻飘飘地走进室内，陈纳德并不明白她是蒋夫人，直到霍氏介绍之后，他才为之一震，对未能起身致意而感到失礼。当晚，他在日记中写道："蒋介石夫人阁下见了我，以后我要称呼她'公主'。"事后他回忆说："这是委员长夫人。她比我想象的要年轻二十岁，说英语时带着很浓厚的美国南方腔。这是一次我难以忘怀的会见。时至今日，我对她还是十分佩服。"②他们谈到关于建立一支现代化空军的设想，以及任命陈纳德为顾问之事。她要他视察空军设施，从南京开始。

第二天，陈纳德与端纳认识。陈纳德刚到中国，对中国的政情一窍不通，给他上"政治课"的是蒋介石的顾问、澳大利亚人端纳。"端纳把国民党政府上层的复杂而又微妙的政治关系和裙带结，向陈纳德作了介绍，他怕陈纳德搞不清楚这'剪不断理还乱'的关系，简明扼要地概括成一点：'你只跟委员长和夫人打交道，别的人可以不介意。'陈纳德记住了这一点，也认真做到这一点，遇事直通'夫人'。"这位澳大利亚人端纳，后来告诉他许多中国政情内幕，以及对蒋氏夫妇的评价，使陈纳德后来能经受考验，做事有了思想

①　卓文义：《宋美龄对空军的情感与贡献》，胡春惠、陈红民主编：《宋美龄及其时代国际学术研讨会论文集》，香港珠海书院亚洲研究中心 2009 年版，第 423—440 页。
②　[美]萨姆森·杰克著：《陈纳德》，东方出版社 1990 年版，第 14—15 页。

准备。端纳对陈纳德谈到,蒋委员长是一位权欲熏心的人,必要时,他会很狠心的。可他是一个爱国志士,他愿为中国做任何事,特别是想打赢日本这场仗。你是军人,可以同他像军人一样地交谈。永远跟他说实话,你会干得不错的。至于蒋夫人,尽管她是妇道人家,却像钢铁一样坚强。她像委员长一样,在政治上很有抱负,权欲极强。打赢战争对她来说是至高无上的事。你只跟委员长和夫人打交道,其他人都是听命于他们的。陈纳德将这些话当作金玉良言,在华期间,信守不渝。

陈纳德先后视察了南京、南昌和洛阳的空军设施和训练情况,发现南京机场是泥地,一逢下雨,便无法使用。财政部长孔祥熙访问意大利时,请来了顾问,购买了一些飞机。教练机有意大利式、美国式的,轰炸机则有俄式、美式和意式的。在洛阳的意大利航校,训练很差,所有毕业的驾驶员除了起飞和降落外,几乎再也干不了什么。意大利人在南昌的装配厂生产的菲亚特战斗机在战斗中证明是容易着火的废物,另外装配的萨沃亚轰炸机,也只能当运输机使用。到"七七"事变爆发,中国空军名义上有五百架飞机,只有九十一架能起飞战斗。陈纳德对此感到厌恶和懊丧,但他准备为中国空军建设尽力。卢沟桥抗日枪声刚响,陈纳德立即致电蒋介石,愿以任何身份为中国政府效劳。7月26日,他致函航空委员会秘书长宋美龄,请求立即拟定合同,交航委会批准,交由其本人签署。

陈纳德参与了中国空军的训练、作战。国民政府迁都重庆、南京失陷后,宋美龄先是让陈纳德去湖南芷江成立一所航校。不久,宋又在香港给他打电话,要他去昆明,尽力把1937年8月间已筹办的航校办起来,招募中国学员,不管要付出多少代价,仗还是要打下去的。他得到蒋介石的授权,负责所有的训练。他还领导建设了一个复杂的地面空袭警报系统。在未沦陷地区,衡阳、柳州、桂林、零陵、芷江、宝庆等地建筑机场。1939年10月,按照合同,陈纳德休假一个月,返回美国。1940年2月12日,宋美龄和端纳在香港启德机场迎接返回任职的陈纳德,介绍了他不在期间所发生的一切①。

陈纳德在中国一干就是七八年。他拥有在他的祖国美国所无法想象的

---

① [美]萨姆森·杰克著:《陈纳德》,东方出版社1990年版,第57页。

权力和优厚的报酬。在抗日战争期间,陈纳德及其领导的美国志愿空军,帮助过中国人民抗击日本侵略者,战果是辉煌的。陈纳德"飞虎队",以及后来的美国空军第十四航空队在中国都享有声望。1945 年 8 月 1 日,也就是对日作战胜利前的半个月,陈纳德以美国空军少将身份离开中国战区,其十四航空队的领导职务也被解除。1945 年 12 月,陈纳德又回到上海,在宋美龄的支持下,开办一家航空公司——"CAT"(民航空运队),成为与国民党官办的"中国航空公司"和"中央航空公司"鼎足而立的第三家航空公司,刚成立时以运送联合国救济物资为主,客运为辅。到 1947 年—1948 年,这个空运队卷入了中国内战,帮助国民党打共产党。

宋美龄从 1936 年 2 月起担任航空委员会秘书长,期间还短期担任过航空委员会主任,迄 1939 年 7 月辞秘书长职,总计三年多,而担任航空委员会委员则有十年之久,对中国空军建设做了很多工作。但她领导的航空委员会也腐败透顶。据端纳回忆:航空委员会虽在杭州成立了中央航空学校,训练中国的飞行员。理论上这所学校受美国专家领导,但因学校内部的权力纷争倾轧,造成一片混乱。为了整顿这所学校,1936 年 10 月,端纳来到该校。他立即找到了问题的症结所在——官吏贪赃枉法。因此他利用背后有蒋介石的权威作后盾,革除了一些人员,将学校领导权完全交给美国人。端纳一到南京,又立即着手改组航空委员会,让宋美龄出任航空委员会主任,消除委员会内部人员的权力倾轧和腐败现象。端纳和宋美龄在航空委员会及其他有关部门揭露出一件件贪污贿赂、腐败行为的丑闻,并决心将这些人清除出航空委员会,但蒋介石拒绝清除这些不良分子,声称这样做会使他失去一支空军。端纳发怒了。他找到宋美龄,不厌其烦地对她说:"你要摆脱这个该死的工作。你辞职吧。如果你不辞职,有一天你会因整个混乱受到责难。"端纳说,他非常喜欢和钦佩宋美龄,但对她忽视他的意见和宽容她自己圈子里的贪污贿赂行为深为不满和苦恼。在端纳的恳求下,宋美龄终于辞去了航空委员会主任的职务①。

1937 年 3 月 12 日,宋美龄在上海英文《大美晚报》《中国之航空》副刊

---

① ［美］厄尔·艾伯特·泽勒著、徐慰曾等译:《端纳传》,新华出版社 1993 年版,第 321 页。

发表《航空与统一》一文,强调发展航空事业的重要性,说:"一切促进中国统一的新发明,或许要推飞机的功绩,最为伟大。飞机清除距离的能力和促进边省与各省间,或边省与中央间的密接而消除其误会猜疑,恰好成为正比例",她强调中国幅员广大,利用飞机,发展航空交通尤有需要,并高兴地指出:"中国不久以前,既没有飞机场,又没有飞机",但"如今于航空总站以外,凡是全国各城市,虽短距离间,也都筑有临时机场,必要时可随处降落,以策飞行的安全,日后并将随时增辟,原有的机场也将改良扩大……将来各大城市必定有精良的机场和航空交通的设备,到那时,中国在世界航空发达的诸国之间,也将获得相当的地位了"①。这是宋美龄为其在航空委员会所做的工作的一个简要的总结和展望。

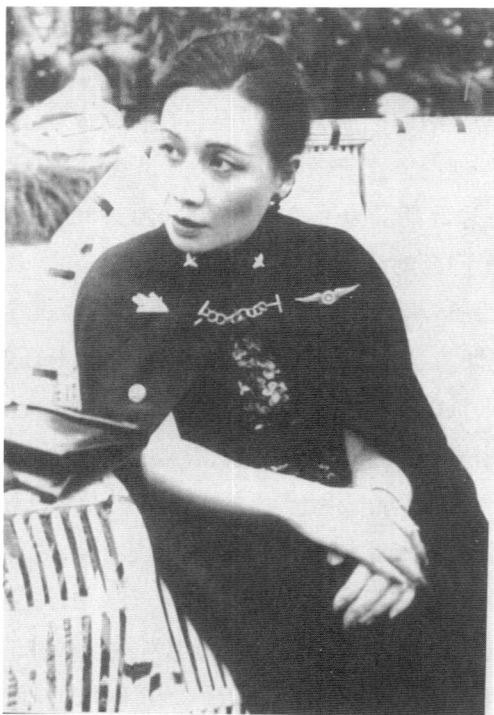

抗战时期的重庆,宋美龄在公开场合总是佩戴着"中国空军"的金质徽章,她积极参与建立中国空军,被誉为"中国空军之母"

---

① 王亚权编纂:《蒋夫人言论集》上集,台北"中华妇女反共联合会"1977年版,第90—93页。

1937 年,中国的抗日战争全面展开后,美国政府为保持其所谓"中立"立场,不准中国以现金向美国购买的飞机运送出口,宋美龄对此感到十分恼火。10 月 12 日她以《中国固守立场》为题发表文章。她在文章中详细地开列日本在上海启衅两个多月来使用飞机轰炸中国,给中国人民带来的悲痛情况后,指责美国政府"禁止船舶运输军火来华,并且拒绝颁发赴华美籍教练员的护照",是"阻挠我们寻觅自卫的途径,并且间接地帮助敌人,完成他们打击我国至屈膝的威胁。这种意欲保持中立的举动,实则不过助桀为虐,还有什么疑义呢?"[①]宋美龄在这篇文章里说了蒋介石不敢说也不会说的话。这不仅表现了宋美龄对日本侵略者滥炸中国无辜百姓的愤慨,也表现她的勇气,警告美国政府要履行诺言,允许中国向美国购买的飞机出口,让飞行员能及时来华。

这一切都说明,宋美龄为了旧中国的航空事业是费尽心思的,她为蒋介石的空军做了大量工作,由于她身份特殊,所以起了别人起不到的作用。

宋美龄以第一夫人的特殊身份对空军的事务具有一言九鼎的影响力。她担任航空委员会秘书长时间并不长,但从抗战前至抗战中期这一段时间确实很重要。

后来,国民党空军为感谢宋美龄,专机队以一架 C-47 专机命名"美龄"号,以表示对她的崇敬。1963 年 2 月 1 日,蒋介石在冈山主持空军军官学校学生毕业典礼之后,台湾"空军总司令"陈嘉尚,将一枚荣誉飞鹰胸章呈献宋美龄,由蒋介石亲为夫人佩挂。并恭呈献词一篇,赞颂宋美龄对中国空军的恩泽。蒋氏称赞夫人:"为我国空军建军,展布新猷……惠爱朝野,简册留芬,允垂世范。"台湾空军官兵及眷属,也将宋美龄称为国民党的"空军之母"。

---

① 王亚权编纂:《蒋夫人言论集》上集,台北"中华妇女反共联合会"1977 年版,第 104—109页。

第四章 "他们低估了蒋夫人"

一、临潼枪声——西安事变

"九一八"事变后,日寇迅速占领了东北三省。1932 年 3 月 9 日,成立伪"满洲国"。1933 年 3 月 4 日,日军占领热河承德。在蒋介石"全力剿共"决策下,一味对日妥协,1933 年 3 月 6 日,在北平的张学良下野,东北军调往陕西"剿共"。蒋介石先后搞垮了冯玉祥的察哈尔民众抗日同盟军和镇压了"闽变"。1934 年 10 月,江西工农红军在第五次"围剿"中失利,开始长征,并于次年 10 月抵达陕北。

在全国人民抗日要求高涨的形势下,蒋介石罔顾民意,于 1935 年 6 月签订了《秦德纯—土肥原贤二协定》,7 月又签订了《何应钦—梅津美治郎协定》,实际承认了日本在察哈尔及冀东的特殊地位。迨 11 月底蒋介石主持拟订"华北自治办法"六条交何应钦北上办理之后,华北实际已在日本军队的监视之下。

1935 年 10 月 2 日,蒋介石在西安成立西北"剿匪"总司令部,自兼总司令,以张学良为副总司令。形势日益危急,蒋介石不得不考虑适当调整内外政策。自 1932 年 12 月中苏两国恢复外交关系后,南京政府在国际上多了一个朋友。1935 年 8 月 1 日,还在长征途中的中国共产党,以中华苏维埃中央政府与中共中央名义,发表《为抗日救国告全体同胞书》,号召停止内战一致抗日,组织国防政府和抗日联军。

1935 年 11 月,蒋介石嘱咐陈立夫设法打通与中共的联系,陈交曾养甫负责。曾找北洋大学时期的同学谌小岑去找关系,从而启动了国共两党的联络。1936 年 1 月,蒋介石会见苏联驻华大使,表示可与中共谈判。但是,蒋并未改变其"剿共"的方针。在同年 8 月解决"两广事变"后,更于 10 月下旬赴西安,部署东北军与第十七路军进攻陕北红军。他对张学良、杨虎城与中共的来往自有所闻,故决定由蒋鼎文出任晋陕宁绥四省的"剿匪"总司令。11 月 24 日,张学良到洛阳向蒋介石报告西北的"前线的紧张的形势",蒋决定赴西安"震慑",12 月 4 日,蒋飞赴西安。

1936 年 12 月 12 日,在古城西安发生了一件震惊中外的事变,史称西安事变。张学良晚年在他的口述历史中回忆说:"我跟蒋先生两个冲突,没旁的冲突",就是两句话:他是要"安内攘外",我是要"攘外安内"①。所以西安事变之发生是张学良、杨虎城两位将军为了促使蒋介石改变"攘外必先安内"的错误政策,实行抗日救国而发动的。他们一举扣留了蒋介石和正在西安的国民党高级将领陈诚、蒋鼎文、朱绍良、卫立煌、陈调元等,宣布成立抗日联军临时西北军事委员会,并发表《时局宣言》,提出了八项政治主张:"一、改组南京政府,容纳各党各派共同负责救国。二、停止一切内战。三、立即释放上海被捕之爱国领袖。四、释放全国一切政治犯。五、开放民众爱国运动。六、保障人民集会结社一切政治自由。七、确实遵行总理遗嘱。八、立即召开救国会议。"②

张学良、杨虎城发动西安事变,据蒋介石的顾问端纳回忆,主要是由于蒋介石顽固坚持不同共产党联合抗日,损伤了张学良的爱国热情。端纳说:1936 年深秋的一天,少帅(即张学良)由西安坐飞机来南京拜访端纳。端纳热情地接待了张学良,双方广泛地交换了对当时政治形势的看法。张学良

---

① 唐德刚撰:《张学良口述历史》,中国档案出版社 2007 年版,第 122 页。
② 《张学良等十九人对时局通电》,西安《解放日报》,1936 年 12 月 13 日。

对端纳说:"在中国没有诚实人的位置。"端纳回应少帅道:"喔！你是什么时候发现了这个道理的?"张学良作了一个绝望的姿势后说:"要不是我的家乡被占,要不是日本鬼子还踩在我父亲坟上的话","我真的想辞职不干了"。他想说服蒋介石接受共产党联合抗日的主张,但肯定是徒劳无功的,因为"蒋的脑袋像石头一样顽固","他讲的一切就是命令,我是总司令,我已下命令。你和其他每个人都必须服从!"少帅站起身来,脸带苦恼。他凝视着窗外,过了一会儿接着说:"我不知道该怎么办。我的部下不愿打共产党。他们不是怕共产党的子弹。他们听信共产党对他们讲的话。共产党说:'我们是中国人,你们也是中国人。为什么你们要打我们。他们当官发了财,他们不给你们发饷。他们自己有汽车,有小老婆,吃得好穿得好,而你们什么也没有。'"张学良躺在椅子中,过了一会儿又说:"他们讲的每一件事当然都是真的。但是我能够做什么呢? 老蒋总说,我们一定要打共产党。"端纳劝张学良将他的抱怨写下来,交给蒋介石。他照着做了,然后返回西安①。

可见,张学良、杨虎城发动西安事变的真正目的是反对蒋介石一心反共不抗日。

为了推行"攘外必先安内"的方针,蒋介石动员全面"剿共",但是共产党不仅没有被消灭,反而在1935年1月遵义会议确立了毛泽东在中共党内的领导地位后,中央工农红军在他的领导下转危为安。在毛泽东及其他中共中央领导人的指挥下,红军四渡赤水,巧渡金沙江,强渡大渡河,飞夺泸定桥,粉碎了蒋介石妄图把红军变为"石达开第二"的幻想。8月下旬,红军右路军在毛泽东为首的中共中央领导下,克服重重困难,走过荒无人烟的茫茫草地,在甘孜地区歼灭了国民党一个师,打开了通向甘肃南部的门户。对此,蒋介石大为震惊。在黔驴技穷的情况下,他又于9月7日发电给"剿匪军"第三路总司令朱绍良,再令其悬赏缉拿毛泽东等红军领导人。但是,毛泽东于9月17日率中央工农红军主力,攻占了岷山天险腊子口,随后又翻越六盘山高峰。1935年10月19日到达陕北根据地保安县吴起镇,与红军

---

① ［美］厄尔·艾伯特·泽勒著、徐慰曾等译:《端纳传》,新华出版社1993年版,第321—322页。

第十五军团胜利会师,重新开设了全国革命的大本营。蒋介石的"剿共"方针遭到彻底失败。尽管蒋介石命令张学良将东北军十五万人转移到陕西参加"剿共",总司令部设在西安,但并未能阻止红军向西北转移。1935年春,到欧洲休息一年的张学良返回中国,蒋介石任命他担任豫鄂皖"剿匪"军副司令。他参加了几次"剿共"行动。1935年9月蒋介石又在西安成立了西北"剿匪"总司令部,蒋介石自任总司令,副总司令是张学良。10月22日,蒋介石偕宋美龄自南京飞往西安,部署东北军、西北军对红军作战。10月29日,蒋介石偕宋美龄转到洛阳,部署中央军及马鸿逵的部队进攻红军。

这时,蒋介石虽坐镇洛阳监督对红军作战,但东北军前线各军则对蒋介石的命令阳奉阴违,按兵不动[①]。

他们为什么按兵不动?

主要的原因是张学良及其顾问越来越怀疑,是否需要同中共领导的红军互相残杀? 张学良的西北军同中共领导的部队打仗仅四个月就损失近三个师的兵力,遭到如此巨大的损失,张学良说:这样做不仅"对不起国家,对不起部下",也对不起东北老家抗日救国的老百姓。

1935年10月22日《哈尔滨新闻》在一篇社论中指出:"现在日军的进攻目标不是赤塔和库伦,而是成都。主要目标是镇压中国红军,然后打击张学良,打击蒋介石的军队。"张学良听取了顾问们的建议,共产党人同样是中国人,我们不能自己打自己,要一致抗日打击外国侵略者。但张暂时仍服从蒋介石的命令。在张学良和杨虎城部队的指挥官中,不满蒋介石不抗日的声音越来越大,张学良意识到有必要重新考虑自己的立场。11月,张学良出席国民党"五大"会议,他期望国民党考虑日益高涨的反日情绪,作出组织反击日寇的决定。但是蒋介石在大会上只是呼吁"寻求同占领者的协调关系",他强调:"和平未到完全绝望之时,决不放弃和平,牺牲未到最后关头,亦决不轻言牺牲"的方针。张学良问蒋介石:若是为"剿匪"付出如此昂贵的代价,那么还有什么力量抗日? 当时已出任国民党政府行政院长和国民党

---

① 魏宏运主编:《民国史纪事本末》(四)"西安事变",辽宁人民出版社1999年版,第611—662页。

中央政治委员会副主席的蒋介石无法帮助张学良找到可以接受的答案。

当时胡宗南率国民党中央军第一军,按蒋介石的命令,派兵"剿共",在山城堡被红军击败,伤亡惨重。蒋介石严电斥责张学良,追究责任,限期复电。张学良上下作难,凄然泪下,曰:"我遭国难家仇,受国人唾骂为不抵抗将军,对不起国家,对不起部下,处此环境,有何面目……"1936年春,蒋介石会见张学良、杨虎城,劝诫他同阎锡山军队联合进攻红军和陕西苏区,但未得到他们的同意。为什么?1936年9月22日张学良为陈明抗日主张致蒋介石电中说了其中的理由。他指出:"居今日而欲救亡图存,复兴民族,良以为除抗日外,别无他途……良年来拥护统一,服从领袖,人纵有所不谅,我亦矢志不渝,固为份所当然,情不自已,亦以深仇未复,隐痛日甚,愧对逝者,愧对国人,所日夜隐忍希冀者,惟在举国一致之抗日耳。"①9月24日,蒋介石复电张学良,劝其"不可与言而与之言者,以后请勿与之言",并嘱其对所部"严戒其慎行谨言,勿中奸计"②。针对张学良的消极反共要求积极抗日的态度,蒋介石不得不采取各种措施强迫张学良把枪口对准中共。11月23日,蒋介石下令在上海逮捕"救国运动"的著名人士沈钧儒、邹韬奋、李公朴、章乃器、王造时、沙千里、史良等"七君子",激起全国人民的公愤和抗议。此外,蒋介石还指使上海军警查封十四家主张抗日的报刊,派遣由一千五百名"蓝衣社"成员组成的特工队深入张学良的驻地。这些做法是对爱国力量的挑衅,对张学良、杨虎城的不信任,局势因此越来越紧张。

12月3日,张学良到洛阳见蒋介石,第一次向蒋介石提出建议:停止"剿共",和中共合作抗日,并要求蒋介石释放"七君子"。蒋介石一开始就严厉训斥张学良,说他决不能停止"剿共"。对张学良要求释放"七君子"一事,蒋介石斥责张学良说:"全国只有你一个人是这样想的。"这使张学良十分难堪。

12月4日,蒋介石在张学良的陪同下,由洛阳再次飞往西安,宋美龄通常是陪着蒋介石的,这次她因病去了上海治疗。蒋介石这次到西安是要亲

---

① 《西安事变史料》上册,台北"中央文物供应社"1983年版,第59—60页。
② 《西安事变史料》上册,台北"中央文物供应社"1983年版,第62页。

自督战。蒋介石到西安,既没有仪仗队,也没有隆重的欢迎仪式。他认为这是对他个人的侮辱。而聚集在机场的东北军青年军官,向蒋介石请愿,要求停止内战,一致抗日。蒋介石对此十分生气,他要求张学良严厉惩治这些"不忠诚"的军人。蒋介石对张学良、杨虎城讲,东北军与西北军必须继续"剿共",否则即将东北军调往福建,西北军调到安徽,另派蒋鼎文为"剿共"前敌总指挥。蒋还命胡宗南部到陕西边境切断东北军、西北军与红军的联系。面对这种情况,张学良、杨虎城深知无论接受哪一种办法,前途都不堪设想。

早在 1936 年 6 月 22 日,张学良在对长安军官训练团全体教职学员的讲话中就强调指出:"我们中华民族的生死关头已经到了!抗战是中华民族唯一的出路,抗日是东北军最大的使命"。"你们认为我的路对,请你们坚决地随我来!你们发觉我的决心动摇,请你们把我打死!假如我中途被敌人致死,请你们还要更坚决地继续我的遗志向前进!失地收复之日才算完成了我们东北军孤臣孽子的任务。"①

1936 年 12 月 7 日,张学良再度向蒋介石提出劝告,停止反共,一致抗日。张说:日本人占领东北之后,华北又落入他们手中,民族命运危在旦夕,不组织抗日,就不能救中国,不停止内战,不统一国家,就不能同日本人作战。张学良讲到激动时,声泪俱下。但当他说到对中共的态度,蒋介石猛地骂张"年轻无知",并拍案说:"你就拿枪打死我,我也不能停止剿共!"②

12 月 8 日,张学良和杨虎城看望蒋介石,目的是向蒋施加影响,使其能在统一战线的范围内,采取与中共一致抗日的行动。然而,蒋介石铁了心,声称:"无论如何,现在必须镇压共产党的活动。若是谁敢违抗这个命令,国民党中央就不能不采取适当的措施。"面对蒋介石的强硬态度,张学良军队中的一些军官,如"抗日同志会""青年军官团"的军人都在酝酿对蒋介石采取强制他接受停止反共、答应抗日的措施。但张学良深怕由此引起内战,则说服自己的战友和部下,再等待一些时日,如果不能说服蒋介石采取爱国立

---

① 周毅、张友坤、张忠发主编:《张学良文集》下卷,香港同泽出版社 1996 年版,第 387 页。

② 黄元超主编:《中国现代史》上册,人民出版社 1982 年版,第 457 页。

场,立即抗日,那就应该服从他。然而张学良又提醒说,一旦爆发新的内战,谁不抗日,谁主张打内战谁就是"千古罪人"。

12月9日,西北各界救国会组织万余名学生在西安举行纪念"一二·九"学生爱国运动一周年的群众大会和示威游行。游行的学生情绪激昂,向张、杨递交了请愿书,要求全面停止内战,共同抗日。游行学生自西安步行去蒋介石的驻地临潼华清池,要求蒋介石答应抗日。行至十里铺,蒋介石布置军队,进行阻拦,并打电话给张学良、杨虎城,命令他们对游行学生"格杀勿论"。这是镇压的信号。张学良见局势严重,急驰车到十里铺,劝学生回西安。学生群众高呼:"我们愿意为救国而死。我们前进吧!"群众悲愤号哭,张学良为之感动拭泪,激发了他的爱国热情与勇气。他向聚集在一起的学生发表了很动情的讲话,要求爱国者相信他,他和他们一样怀有同样的心情,他对学生说:"在一星期内,我准有满足你们心愿的事实答复你们!"①

12月10日,张学良、杨虎城再次看望蒋介石,再次请求蒋介石接受"停止内战,一致抗日"的要求,并痛切陈词,要求蒋介石采纳。蒋介石不仅严词拒绝,还强令屠杀西安抗日青年,镇压人民的抗日运动。蒋介石的表现使张学良大失所望,在这种情况下,张学良、杨虎城两将军决定采取行动,扣留蒋介石,实行"兵谏"。

12月12日,蒋介石就要离开西安。11日夜晚,张学良和杨虎城以及他们的部下一起计划,决定在天亮前发动兵谏,扣留蒋介石。张命令自己的守卫营和十五师袭击华清池蒋介石的宿舍,拘留蒋介石。十七军接到命令,拘禁了在该管区内的国民党司令部人员、宪兵和警察,封锁机场。经过一番周折,蒋介石终于被张学良的部属拘禁,这就是著名的西安事变。

关于张学良、杨虎城发动西安事变,蒋介石的顾问端纳后来在回忆中,引证张学良的话讲道:

少帅对我说过:"长期以来,我就为消耗国力打中国人而不抗日感到苦恼,委员长来西安后,我问他为什么不抗日,我说红军也是中国人。"蒋像平时被质问那样,立刻发火,指责张是布尔什维克,强调打日本的时间尚未到

---

① 宋平著:《蒋介石生平》,吉林人民出版社1987年版,第358页。

来。少帅反驳说："我不敢说你的话不错。但'九一八'事变时,你说我们还须准备,再用两年工夫,可把日军驱逐出境。现在已过去五年,我们不能老是向人民说,我们还在准备。因为敌人已经长驱直入我国。现在,政府像一个银行,如果总是拖欠,就会失去信用。我们只讲空话,也要失信,因此只有三种选择:抗日、退让、投降。"蒋听了这话更为恼火,叫嚷道:"我决不投降。"

张学良根据端纳的建议,写信给蒋介石请求调换工作,要求到华北去打日本。张对端纳说:"如蒋介石要继续坚持'剿共',可让别人去,因为我的部下除了打日本外,不愿打别人。"然而,蒋介石坚持要"剿共"。少帅警告说,这样打下去,兵心不稳。少帅还告诉端纳他还提到请蒋介石注意当时上海大肆搜捕人的事。据端纳回忆,张还把他对蒋介石说的话告诉他:"你把许多爱国人士投进牢狱,这和袁世凯的做法毫无二致。"少帅向蒋申诉说:"你根据别人告发说某人是共产党人,就把他们抓来枪杀流放,但他们和你我一样,都是中国人而已。"听到这话,蒋当然又是大发雷霆。12 月 11 日,张学良、杨虎城一起见蒋介石,陈情西安学生要上街游行,要求停止"剿共",共同抗日。蒋介石用极其粗暴的语言责骂张学良。蒋对张学良说:你让学生他们来,"我可以开机关枪打他们"。张学良心想"你不敢打日本人,你敢打学生。我火了,我想你能开机关枪打学生,我也能开机关枪打你"①。回到西安后,张学良召集部下宣布说:"我恐怕和他的关系已到尽头,我不能再忍受这种污辱。"②

综上可见,张学良、杨虎城发动西安事变是被蒋介石逼出来的。他们的目的是通过兵谏强迫蒋介石接受停止内战、共同抗日的主张。张学良说:"我没有私心!""我做那件事情(西安事变)没有私人利益在里头",要是考虑个人的地位、利益,"我就没有西安事变"③。这是张学良、杨虎城应人民的要求,为抗日救国所采取的爱国行动。这一事变由发生到顺利解决,促成了国共两党的第二次合作,为中国人民全面抗日和胜利创造了条件。

---

① 林博文著:《张学良宋子文档案大揭秘》,上海人民出版社 2010 年版,第 46—47 页。

② [美]厄尔·艾伯特·泽勒著、徐慰曾等译:《端纳传》,新华出版社 1993 年版,第 324—326 页。

③ 唐德刚撰:《张学良口述历史》,中国档案出版社 2007 年版,第 121 页。

二、营救蒋介石

张学良在扣留蒋介石等人的当日即致电中共领导人毛泽东、周恩来,告知:"吾等为中华民族及抗日前途利益计,不顾一切,今已将蒋及重要将领陈诚、朱绍良、蒋鼎文、卫立煌等扣留,迫其释放爱国分子,改组联合政府。兄等有何高见? 速复,并将红军全部集中环县,以便共同行动,以防胡(按,胡宗南)敌南进。"①同时,张学良也分电孔祥熙和宋美龄,在《致宋美龄电》中,张指出:"介公为奸邪所误,违背全国公意,一意孤行,致全国之人力、财力,尽消耗于对内战争,置国家民族生存于不顾。学良以待罪之身,海外归来,屡尽谏诤,率东北流亡子弟含泪剿共者,愿冀以血诚促其觉悟。此次绥东战起,举国振奋,介公以国家最高领袖,当有以慰全国殷殷之望;乃自到西北以来,对于抗日只字不提,而对青年救国运动,反横加摧残。伏思为国家,为民族生存计,不忍以一人而断送整个国家于万劫不复。大义当前,学良不忍以私害公,暂请介公留住西安,妥为保护,促其反省,决不妄加危害。"②张学良还与杨虎城联名致电时任军事委员会副委员长的冯玉祥,以及时为国民党中央政治委员会的李烈钧、参谋总长程潜等人,报告捉蒋的原因和目的。

西安事变的第二天,即 12 月 13 日,张闻天主持中共中央政治局常委扩大会议,出席会议的有毛泽东、周恩来、朱德、张国焘、博古、林彪、林伯渠、吴亮平、欧阳钦、文林、洪涛等。会议就西安事变进行讨论。毛泽东首先发言。他指出:这次事变是有革命意义的,他的行动,他的纲领都有积极的意义,是应该拥护的。我们的口号是召集救国大会,其他口号都是附属在这一口号下,这是中心的一环。周恩来作了长篇发言,着重分析了南京政府内部各派系和各地方军阀对事变采取的态度,也分析了国际上各种力量的动向,提出中国共产党人应取的对策。对当前的紧急问题,他认为,在军事上应该准备迎击南京方面对西安的夹击,"在政治上不采取与南京对立",应努力争取蒋

① 毕万闻主编:《张学良文集》(2),新华出版社 1992 年版,第 1053—1054 页。
② 杨天石:《孔祥熙所藏西安事变期间未刊电报》,《团结报》第 1158 号,第 2 版。观周毅等主编:《张学良文集》下卷,香港同泽出版社 1996 年版,第 443—444 页。

之大部,如林森、孙科、宋子文、孔祥熙等都应争取,对冯玉祥更应争取,孤立何应钦,要深入群众运动,巩固我们的力量。他说:"我们的统一战线已获得初步的成功,我们的党应准备走上政治舞台,同时要注意地下党的艰苦工作,应有很正确的组织工作。"①张闻天指出:"张学良这次行动是揭破民族妥协派的行动,向着全国性的抗日方向发展"。"对妥协派应尽量争取分化、孤立,我们不采取与南京对立方针。"②大家发言后,毛泽东最后说:我们现在处在一个历史事变的新阶段。在这个阶段,前途上摆着许多通路,同时也有很多困难。敌人要争取很多人到他们方面去,我们也要争取很多人到我们方面来。针对张国焘在会上所说:"在西安事件意义上,第一是抗日,第二是反蒋",毛泽东着重强调:应该把抗日援绥③的旗帜举得更明显,在军事上采取防御的方针,不把反蒋与抗日并列④。当天中午,毛泽东、周恩来再电张学良,告"恩来拟来西安与兄协商尔后大计,拟请派飞机赴延安来接"。

中共中央的正确决策为和平解决西安事变铺平了道路。然而,亲日派头子何应钦则想趁机制造事端,取蒋介石而代之。他于 12 月 16 日,就任讨逆军总司令,部署对西安的讨伐行动,并欲派出大批空军轰炸西安,只因孔祥熙、宋子文、宋美龄的坚决反对,轰炸西安城,怕将蒋介石炸死,才改为只轰炸了西安的近郊。中央军也开到华县,与杨虎城的西北军发生战斗。12 月 17 日,日本外相声明:警告南京国民政府"绝对不能与张学良妥协,否则,日本政府将不能坐视"。日寇要求南京政府进攻张、杨,并提出日本愿予军事援助。

这时,被刺伤在欧洲养病的亲日派头子汪精卫,在 17 日也接到电报。他决定迅速回国,企图代替蒋介石,在日本的支持下重新上台。

---

①　周恩来在中共中央政治局会议上的发言记录,1936 年 12 月 13 日,参见金冲及主编:《周恩来传》,人民出版社、中央文献出版社 1989 年版,第 325 页。

②　张培森主编:《张闻天在 1935—1938 年谱》,中共党史出版社 1997 年版,第 159 页。

③　1936 年 10 月中旬,日本侵略者指挥伪蒙军向我绥远东部发起猛攻。绥远守军在傅作义统率下奋起反击,在 24 日收复日伪重要据点百灵庙。中国共产党发出援绥通电,认为不能坐视绥远局部抗战而不救。

④　金冲及主编:《周恩来传》,人民出版社、中央文献出版社 1989 年版,第 326 页。

形势十分危急。为避免内战,争取和平解决西安事变,张学良、杨虎城在紧张地与中共和各方爱国人士进行协商,中国共产党一方面揭露日本侵略者和亲日派利用西安事变扩大内战的阴谋;一方面决定同国民党左派合作,争取中间派,反对亲日派,迅速和平解决西安事变,使全国抗日统一战线得以迅速建立。宋美龄也紧张地展开营救蒋介石、解决西安事变的活动。

12月12日,张学良拍给孔祥熙、宋美龄的电报,由于南京方面有意扣压,使孔、宋等人无法知道西安扣留蒋介石的真实情况。

其时还担任航空委员会主任的宋美龄,因公去上海,端纳恰好也在。据端纳说:12日下午他回到饭店的房间,看到桌子上放了好几个电话留言,要他马上给蒋夫人回话。他打电话在孔祥熙家找到蒋夫人,她轻声地要他马上过去。他来到孔家时,宋氏家族的几个成员已经聚在那里了。宋美龄紧张地说:“西安已发生了兵变!委员长被绑架处死了。”端纳登时回答说:“我绝不相信。首先,我不相信少帅会造反;其次,我也不相信委员长已经遇害。”当晚,孔祥熙夫妇、宋美龄和端纳一起离沪去南京,计划由端纳赶紧去西安了解真相。

第二天早上,这四个人正在早餐时,军政部长何应钦等人进来了,宋美龄告诉何:她和端纳要去西安。何应钦对端纳说:“任何人都不能去西安,我们正对西安进行讨伐,委员长已经遇难。”端纳反驳说:“你说委员长已经死了,我说他没有死,在真相弄清之前,你不能进攻。”何厉声说:“他死了,我们已下讨伐令。”①

端纳对张学良十分了解,相信他不会杀害蒋介石。可是等了一个上午,仍然没有得到张学良的音信,使他感到焦虑,宋美龄也发出端纳即将启程西安的电报,但仍没有得到西安方面的回应。到了中午,端纳与宋美龄商议决定端纳即日飞往洛阳,次日飞往西安。14日一早,端纳携带宋美龄致蒋介石、张学良的信件即乘飞机飞往洛阳转西安。宋美龄在给蒋介石的信中说:“南京是戏中有戏。”②端纳飞往洛阳,在转往西安之前,接到宋美龄的电话,

---

① [美]厄尔·艾伯特·泽勒著、徐慰曾等译:《端纳传》,新华出版社1993年版,第322—323页。

② 申伯纯:《西安事变纪实》,人民出版社1979年版,第141页。

说她已得到张学良的复电,张要求端纳马上飞往西安。

　　端纳到了西安,张学良即问:"你接到我的电报没有?事件发生后我就拍去电报了。"端纳回答说,到他离开洛阳前,才听说这个电报。张学良很气愤,说:"一定有人捣鬼,把电报扣压了,南京尽干缺德的事。"

　　张学良在会见端纳时,详细地向他说明扣留蒋介石的经过,并说明他们扣蒋的原因和态度,以及蒋介石的表现。张学良对端纳说:"情报员告诉我,南京已对西安下讨伐令,这说明他们想叫委员长死。"他们这样做是为了夺权。端纳听后,即提出要去见蒋介石。于是他们一起到了杨虎城的总部,在那里端纳看到蒋介石住在一间小屋,他躺在一张木床上,面朝墙,用被蒙着头。没有卫生设备。端纳见到蒋即说:"你好,委员长。"蒋转过身坐起来,流着泪说:"我知道你会来。"端纳说:"我已经来了","蒋夫人也要来。"委员长脸上顿时变色,他对端纳大声说:"你不能带她来!你不能把她带到这个贼窝来。"①他再一次转身面朝墙,用被把自己盖起来。

　　端纳望着张学良,然后眺望窗外,好几分钟一声不响,于是张说:"你对委员长说几句吧。"端纳对蒋说:"我的意思,你应该离开这个地方,这里不是你住的地方。"蒋介石转过身来,从头上把被子拉开,怒目环视。约莫过了一会儿,他说:"我跟你走。"于是,张学良、端纳和蒋介石三人走进汽车开进城里。到达新住所时,蒋请张坐下,张却立正站着,没有就坐。从扣留蒋介石以来,张学良几天没有睡好觉了,显得非常疲惫,端纳请张先回家吃饭。关上门后,蒋介石带着绝望的神情,挥手大叫:"完了,一切都完了。"端纳也没有再同蒋介石谈下去,而吩咐佣人好好照料蒋,然后到张学良家去了。

　　吃过晚饭后,端纳对张学良说:"我带来你该读读的东西,它就是委员长的日记。"端纳把日记交给张学良。在张翻阅时,端纳接着说:"我相信你会发现委员长的爱国心是比你们想象的更为强烈些,现在你一定要向下面说明,他们的前途有赖于拯救委员长。因为南京有帮人想要搞掉他取而代之。他们掌权之后,你们就会变成叛逆和匪徒。为避免这个,你们必须竭尽全力

---

①　[美]厄尔·艾伯特·泽勒著、徐慰曾等译:《端纳传》,新华出版社1993年版,第324—328页。扣蒋地点有不同说法,这是据端纳回忆。

拯救委员长。"张将日记放下说:"我看,蒋先生一直在秘密准备抗日战争,我要以新的眼光看他。"端纳这个回忆真假暂不去管它,但他说明一个问题,即围绕蒋介石的问题,南京方面各有各的打算,如果处理不好,事关张学良、杨虎城个人的安危事小,重新掀起大规模的内战则事大。经过与端纳的交谈,张学良应允听从其劝告,一起给宋美龄发出电报,同时给美国《纽约时报》、英国路透社和其他通讯社发去电讯,报告蒋介石平安健在。张学良还请孔祥熙和宋美龄一起来西安,谈判解决有关问题①。

宋美龄对端纳、张学良电报的真实性深信不疑,但她对大量耸人听闻的报道深感惶惑,没有表示要立即飞往西安。为了解除宋美龄的疑虑,端纳准备飞往洛阳,好用电话向宋美龄交流西安方面及蒋介石现时的情况。

端纳到洛阳后,即与宋美龄通话,要她尽力制止轰炸西安,因为那样将会危及蒋介石的生命。宋要他马上回南京,说她为了制止南京军界一些人的夺权活动感到困难重重。端纳起初回答,他不能回南京,因他已同张学良和蒋介石许诺要回西安。12月16日,宋美龄又两次同端纳通话,结果端纳飞回了西安。

回西安后,端纳即去见蒋介石,报告他与宋美龄通话交谈的情况。宋美龄在电话中询问,孔祥熙现在正代理行政院院长,离不开南京,宋子文可否代孔前去西安。经过端纳与张学良等人商谈决定请宋子文即来西安。17日晨,蒋鼎文带了蒋介石给何应钦停止军事行动三天的手令赶赴南京。

12月20日,宋子文抵达西安后立即和蒋介石商谈,随后宋子文宣布:在他们的领袖被扣留情况下,"不谈任何条件",只有待对方同意放人再谈条件。几小时后,端纳飞往南京。第二天(12月21日),他到南京宋美龄官邸,商量结果,决定22日宋美龄与端纳一起飞往西安。宋美龄到西安时,张学良、杨虎城到机场迎接。宋美龄到了张学良家,稍事休息喝茶后,宋即去见蒋介石。

当蒋介石看到宋美龄走进住处时,大声嚷叫道:"我知道你会来,今晨我

---

① 张学良给宋美龄、孔祥熙的邀请电,见周毅、董慧云、张忠发主编:《张学良文集》下卷,香港同泽出版社1996年版,第443页。

念《旧约》,书上说,耶和华要做件新事,他要打发一个女人去保护一个男人。"[1]

西安事变后,宋美龄为搭救蒋介石,乘机抵达西安

张学良建议宋美龄同中共代表周恩来对话。

周恩来是 17 日的晚上同秦邦宪(博古)、叶剑英等一起到达西安的。张学良把周恩来安置在自己的公馆里,当晚周、张的谈话一直进行到深夜。张学良叙述了蒋介石被扣留后的表现、南京方面的反应。当前,最迫切的问题是如何处置蒋介石。张学良说,据他个人看,争取蒋抗日,现在最有可能。他的意见是:只要蒋答应停止内战,一致抗日,应该放蒋,并拥护他做全国抗日的领袖。周恩来对张的看法立刻明确表示同意,力争说服蒋介石,答应停止内战,一致抗日的条件,就释放他回去。周恩来提出这样明确的意见,加

---

① 厄尔·艾伯特·泽勒著、徐慰曾等译:《端纳传》,新华出版社 1993 年版,第 334 页。

强了张学良和平解决西安事变的决心。周恩来同张学良还一起商定了五项
条件:(一)停止内战,中央军全部开出潼关;(二)下令全国援绥抗战;(三)宋
子文负责成立南京过渡政府,肃清一切亲日派;(四)成立抗日联军;(五)释
放政治犯,实现民主,武装群众,开救国会议,先在西安开筹备会。

据蒋介石日后公布的资料,1936 年 12 月 20 日,他曾留下三份遗嘱,即
致宋美龄、蒋经国兄弟及全国同胞遗嘱。其中致宋美龄及两儿遗嘱称:

贤妻爱鉴:

兄不自检束,竟遭不测之祸,致令至爱忧伤,罪何可言。今事既至
此,惟有不愧为吾妻之丈夫,亦不愧负吾总理与吾父吾母一生之教养,必
以清白之身还我先生,只求不愧不作无负上帝神明而已。家事并无挂
念。惟经国与纬国两儿皆为兄之子,亦即吾妻之子,万望至爱视如己出,
以慰吾灵。经儿远离十年,其近日性情如何,兄固不得而知;惟纬儿至孝
知义,其必能克尽孝道。彼于我遭难前一日尚来函,极欲为吾至爱其孝
道也。彼现驻柏林,通信可由大使馆转。甚望吾至爱能去电以慰之为感。

中正

又嘱

经、纬两儿:

我既为革命而生,自当为革命而死,甚望两儿不愧为我之子而已。
我一生惟有宋女士为我惟一之妻,如你们自认为我之子,则宋女士亦即
为两儿惟一之母。我死之后,无论何时,皆须以你母亲宋女士之命是
从,以慰吾灵。是属。

父

"致全国同胞遗嘱"写道:

中正不能为国自重,行居轻简,以致反动派乘间煽惑所部构陷生
变。今事至此,上无以对党国,下无以对人民,惟有一死以报党国者报
我人民,期无愧为革命党员而已。我死之后,中华正气乃得不死,则中
华民族终有继起复兴之一日。此中正所能自信,故天君泰然,毫无所系

念。惟望全国同胞对于中正平日所明告之信条：一、明礼义；二、知廉耻；三、负责任；四、守纪律，人人严守而实行之，则中正虽死犹生，中国虽危必安。勿望以中正个人之生死而有顾虑也。

中华民国万岁！

中国国民党万岁！

三民主义万岁！

国民政府万岁！

国民革命军万岁！

廿五年十二月二十日　蒋中正[①]

为何此前不立遗嘱，当他已见了南京来人，事件已出现转机之后才立遗嘱呢？不可理解。12月20日，蒋介石在日记中说："张学良导宋子文、端纳入见，宋子文以夫人函示公，公视之咽呜不言良久，叫学良、端纳出，宋子文独留，公以预所书遗嘱三纸予之，又告以日记被张学良所得，并嘱转达中央，进兵攻陕方略，谈半小时，促之出，曰'久谈恐为张学良所疑也'。"[②]可见，蒋的三份遗嘱是在宋子文到西安时写就，目的是告勉国人，生与死对于我蒋某人都无所谓，即希望国人继承他为国献身的意志。这明显是在欺骗国人，欺骗舆论。

当宋子文飞抵西安时，张学良坦率地告诉宋子文：东北军、十七路军和红军三方面已经共同商定了和平解决的方针。只要蒋介石答应张、杨通电中的八项主张，三方面将一致同意释放蒋介石，随后陪同他一起去见蒋介石。蒋看到他带来宋美龄的信上说"倘子文去后，三日内不能返京，则不得再阻余飞西安，与君共生死"[③]，就哭了起来。

宋子文在西安，知道周恩来已先期到达，感到事情难办了。陪同宋来西安的郭增恺[④]建议宋去见周恩来，但宋顾虑被何应钦抓把柄，不敢单独同周会

① 参见叶永烈编著：《蒋介石家书日记》上册，团结出版社2010年版，第31—32页。

② 黄自进、潘光哲：《蒋中正"总统"五记》"困勉记"下，台北世界大同文创股份有限公司2010年版，第534页。

③ 王亚权编纂：《蒋夫人言论集》上集，台北"中华妇女反共联合会"1977年版，第69页。

④ 郭增恺系十七路军参议，因涉嫌撰写抗日救亡的小册子《活路》被捕，此次由宋从宁带来西安，做杨虎城的工作。

面,就由郭增恺去见周恩来。周告诉他:这次事变中共并未参与,对事变主张和平解决,希望宋子文认清大势,权衡利害,劝蒋介石改变政策,为国家民族作出贡献,并说:"只要蒋先生抗日,共产党当全力以赴,并号召全国拥护国民政府,结成抗日统一战线。"①郭增恺向宋子文转达了周恩来的意见。宋子文喜出望外,对中国共产党的态度十分赞赏。第二天(21日),即飞回南京报告去了。

22日,宋子文、宋美龄、蒋鼎文等一起到了西安,蒋介石见到宋子文、宋美龄后即表示:改组政府,三个月后开救国会议,改组国民党,同意联俄联共②。他还提出两个条件:一是他本人不出头,由宋氏兄妹代表他谈判;二是商定的条件,他以"领袖的人格"作保证,而不作任何书面签字。西安方面以民族利益为重,答应了他这两个条件。

23日上午,双方在张学良住所开始正式会谈。蒋方面由宋子文,西安方面由张学良、杨虎城、周恩来出席。周恩来首先提出中共及红军六项主张:(一)停战、撤兵至潼关外;(二)改组南京政府,排逐亲日派,加入抗日分子;(三)释放政治犯,保障民主权利;(四)停止"剿共",联合红军抗日,共产党公开活动(红军保存独立组织领导。在召开民主国会前,苏区仍旧,名称可冠抗日或救国);(五)召开各党各派各界各军救国会议;(六)与同情抗日国家合作③。以上六项条件要蒋介石接受并保证实行。蒋介石接受六项条件,中共、红军赞成由他统一中国,一致抗日。宋子文同意,并答应向蒋介石转达。

下午,双方继续就组织过渡政府、撤兵、放蒋等问题进行讨论。宋子文力言先成立过渡政府,三个月后再彻底改组;宋提议由蒋下令撤兵,蒋即回南京,到后再释放沈钧儒等爱国七领袖。周恩来坚持中央军先撤走,爱国领袖先释放。蒋如同意上述办法,我们与蒋直接讨论各项问题(即前述六项)。宋子文答可先见宋美龄。

---

① 金冲及主编:《周恩来传》,人民出版社、中央文献出版社1989年版,第336页。

② 周恩来:《关于西安事变的三个电报》,《周恩来选集》上卷,人民出版社1980年版,第70页。

③ 周恩来:《关于西安事变的三个电报》,《周恩来选集》上卷,人民出版社1980年版,第70—71页。

24 日上午,谈判继续进行。蒋方由宋子文、宋美龄两人出席,西安方面仍由张学良、杨虎城、周恩来出席。宋美龄明确表示赞成停止内战,说:"我等皆为黄帝裔胄,断不应自相残杀,凡内政问题,皆应在政治上求解决,不应擅用武力。"①在谈判中,广泛地讨论了下列问题:

子,孔、宋组行政院,宋负绝对责任保证组织满人意政府,肃清亲日派。丑,撤兵及调胡宗南等中央军离西北,两宋负绝对责任。蒋鼎文已携手令停战撤兵(现前线已退)。寅,蒋允许归后释放爱国领袖,我们可先发表,宋负责任释放。卯,目前苏维埃、红军仍旧。两宋担保促蒋停止"剿共",并可经张手接济(宋担保我与张商定多少即给多少)。三个月后抗战发动,红军再改番号,统一指挥,联合行动。辰,宋表示不开国民代表大会,先开国民党会,开放政权,然后再召集各党各派救国会议。蒋表示三个月后改组国民党。已,宋答应一切政治犯分批释放,与孙夫人商办法。午,抗战发动,共产党公开。未,外交政策:联俄,与英、美、法联络。申,蒋回后发表通电自责,辞行政院长。西,宋表示要我们为他做抗日反亲日派的后盾,并派专人驻沪与他秘密接洽②。

下午,周恩来与宋子文会晤,通过宋子文同蒋约定,晚间在蒋住处周恩来与蒋介石会见。周恩来在宋子文、宋美龄陪同下去见蒋介石。在会见中,周恩来问蒋介石为什么不肯停止内战。宋美龄说:以后不"剿共"了,这次多亏周先生千里迢迢来斡旋,实在感激得很。接着蒋介石作了三点表示:"子,停止'剿共',联红军抗日,统一中国,受他指挥。丑,由宋(子文)、宋(美龄)、张(学良)全权代表他与周(恩来)解决一切(所谈如前)。寅,他回南京后,周可直接去谈判。"③

东北军和十七路军的高级领不相信蒋介石的诺言,不同意释放他回南京。25 日,他们联名给宋子文写信,意谓商定的条件必须有蒋的签字,中央

---

① 《西安事变简史》,中国文史出版社 1986 年版,第 86 页。
② 周恩来:《关于西安事变的三个电报》,《周恩来选集》上卷,人民出版社 1980 年版,第 72—73 页。
③ 林博文:《张学良、宋子文档案大揭秘》,上海人民出版社 2010 年版,第 159 页,宋子文后来追忆的《宋子文西安事变日记》与上引文字略有不同,但意思则一致。

军必须先撤至潼关以东,方能放蒋,否则虽张、杨答应了,他们亦必誓死反对。蒋闻此事,大为吃惊,立即派宋去见张学良,宋要求西安方面让蒋介石、宋美龄及他在 25 日离开西安回南京。张学良怕夜长梦多,闹出乱子来,也觉得不如把蒋介石早点放走,以免发生意外,故表示愿意立即亲自送蒋回南京。此举杨虎城虽不赞成,但他尊重张学良,只得随他。关键是张、杨均未与周恩来打招呼,鲁莽行事,引出严重后果。

12 月 25 日下午 3 时许,张学良、杨虎城陪同蒋介石、宋子文、宋美龄等悄悄离开住地,乘车直奔西郊机场,即乘飞机离开西安经洛阳转往南京。

西安事变终得和平解决。

周恩来说:"西安事变之和平解决,意味着中国的政治生活走入一个新的阶段的开端:子,进攻红军战斗走向停止;丑,对外退让政策将告终结;寅,国内统一战线初步局面的形成;卯,陕甘两省变成抗日根据地之现实的可能性。"①

西安事变的和平解决,周恩来起了重要的作用。宋子文和宋美龄在关键时刻,听从端纳的劝告作了积极的回应,对西安事变的和平解决也创造了良好的条件。问题的完满解决取决于各方从民族的利益去考虑,采取了妥协的政策。和平解决西安事变的做法是正确的,因为它避免了一场内战,开始了一个联合抗日的新局面。

三、《西安事变回忆录》讲了些什么?

关于西安事变的发生与解决,蒋介石后来写了《西安半月记》,宋美龄写了《西安事变回忆录》,端纳指出,蒋介石的《西安半月记》和宋美龄的《西安事变回忆录》对事实的真相,自然都有所删改②。

宋美龄的《西安事变回忆录》,写于 1937 年 1 月,是在西安事变和平解决后不久写就的,按理对事情的原委应该是记忆犹新的。文中所记西安事

---

① 周恩来:《关于西安事变的三个电报》,《周恩来选集》上卷,人民出版社 1980 年版,第 73—74 页。

② [美]厄尔·艾伯特·泽勒著、徐慰曾等译:《端纳传》,新华出版社 1993 年版,第 324 页。

变发生后,南京方面军中利用事件发生的时机进行权力之争,及宋美龄从中斡旋力求和平解决的经过,大致是可信和可靠的,因为宋美龄看穿了亲日派何应钦的计谋,她的丈夫蒋介石可能成为何应钦轰炸西安的牺牲品,所以她竭尽全力阻止实施轰炸西安的计划,表明她是有意和平解决西安事变。但在这个小册子中,宋美龄明显地有意回避了许多关键性的问题,所以她的《西安事变回忆录》有参考价值,但不是真实的记录,其中掺杂有许多歪曲的记载,特别明显的是有意颂蒋,借此掩世人的耳目。

首先,是宋美龄写《西安事变回忆录》带有为蒋介石辩解的个人情感。

尽管宋美龄在回忆录中,谈到西安事变的和平解决时,说是"决定我国命运最后一次革命正义之斗争",决不能把它当作"中国既往一般称兵作乱之叛变"的平息所可比拟,因为它"包涵个人与全国各种复杂问题",蓄积其间。因此,她表示要把其中的事实"准确明了"地表现出来。还说要做到这点,固非易事,只有"排除个人之情感,以客观的态度,分析各方面同时活跃之经过,方能窥得其真相之全豹"。然而,宋美龄虽然表白要以"准确明了"的态度去叙述西安事变的经过,对事实给予实事求是的评介,可是真正的情况则相去甚远。比如,张学良发动兵谏,扣蒋的真正目的,正如少帅自己所说:"时至今日,国家民族之存亡,已至最后关头,非立起抗日,绝不足以图救亡,无论表面形势如何好转,不于事实方面彻底实施,徒以局部应付,实难冀其有效。弟等屡经涕泣陈述,匪唯屡蒙斥止,抑且决不听容。弟等既不忍见介公之自弃令名,尤不忍见国家之地致覆灭,万不得已,始有文日之举……如介公果即积极领导全国实行抗日,则弟等束身归罪,誓所不辞。"① 而《西安事变回忆录》只引张学良、杨虎城"涕泣净谏,屡遭重斥,故不得不对介公为最后之净谏,保其安全,促其反省",而只字未提张、杨要求"停止内战,共同抗日"的主张。反而在回忆录中称,端纳给她电报说:"委员长健康如恒,张学良已承认劫持领袖之错误,唯自称其动机为爱国。"② 不说张学良为什么要发动西安事变。宋美龄在回忆录中多处提到张学良,并引张的话:"我

---

① 毕万闻主编:《张、杨复程潜等四人电》,《张学良文集》(2),新华出版社 1992 年版,第 1088 页。

② 王亚权编纂:《蒋夫人言论集》上集,台北"中华妇女反共联合会"1977 年版,第 64 页。

等劫持委员长,自知不当;唯我自信,我等所欲为者,确为造福国家之计划。然委员长坚拒不愿与我等语,自被禁后,怒气不可遏,闭口不愿发一言。深愿夫人婉劝委员长暂息怒气;并望转告我等实一无要求,不要钱,不要地盘,即签署任何文件亦非我等所希望。"①在这里,宋美龄还是有意不写上张学良要求蒋介石答应"停止内战,共同抗日"的主张。

由此可见,宋美龄在回忆录中,有意回避张学良、杨虎城两将军扣蒋的动机和发动西安事变的根本原因,是担心人们对蒋介石不抗日,只"剿共",引起怨恨,带来副作用。因此,宋美龄通过写回忆录的形式,为蒋介石辩解,以此来维护蒋介石的形象。宋美龄对 12 月 12 日晨,张学良、杨虎城率领部众在西安袭击临潼华清池蒋介石的住所,发生西安事变,蒋介石在枪声中翻过围墙,冒雪逃到骊山上,躲进岩洞里,被孙铭久搜到拘留、监禁在杨虎城的陕西绥靖公署的新城大楼的经过只字不提,也未讲蒋介石在被拘留时的情绪和沮丧的表现。对于蒋被拘留,张学良、杨虎城去劝告蒋介石接受他们在时局宣言中提出的八项主张,蒋介石只看到前几条,就斥责张、杨为叛徒,"指责张是布尔什维克"。蒋介石对张、杨说:"我从不改变政策,我的政策都是正确的。"诸如上述情况,都是人所共知的事实,然而宋美龄在回忆录中均未提及。总之,凡是对蒋介石在西安事变后所表现出的悲观、沮丧、粗鲁、顽固,均未言及,这是可以理解的,因为写了则有损蒋介石的人格和形象。

《西安事变回忆录》谈到"委员长之性情,每有计划,非俟其成熟,不愿告人;遇他人向其陈述意见时,或有不容异议之见,而以对其部下尤甚"②,这明显是在为蒋辩解。因为要辩解,就必须隐讳许多事实真相。因此,这本回忆录,从史料价值方面看就大打折扣。

其次,是对在西安事变中起主要作用的周恩来有意回避事实真相。

西安事变的和平解决,周恩来起了关键性的作用,张学良说:"我是跟周恩来见面了","中国现代人物,我最佩服是周恩来,我最佩服他"。周恩来要

---

① 王亚权编纂:《蒋夫人言论集》上集,台北"中华妇女反共联合会"1977 年版,第 75 页。
② 王亚权编纂:《蒋夫人言论集》上集,台北"中华妇女反共联合会"1977 年版,第 84 页。

我去劝说蒋先生要他放弃"剿共",蒋先生对我说:"我不'剿共',我不'剿共',跟共产党合作。"①可是宋美龄在回忆录中,虽然谈到一位"参加西安组织中之有力分子",并谓"此人在西安组织中甚明大体",并说到她曾同此人长谈了两小时,"彼详述整个中国革命问题,追溯彼等怀抱之烦闷,以及彼等并未参加西安事变,与如何酿成劫持委员长之经过"。"此人"不说便知是周恩来。宋美龄在回忆录中不仅隐去周恩来的名字,对周恩来同她和宋子文谈判中的许多问题也作了不真实的叙述。比如,蒋介石说:由宋子文、宋美龄"担保蒋确停止'剿共'","三个月后改组国民党",分批释放政治犯,"抗战发动,共产党公开","蒋回后发表通电自责,辞行政院长"等内容,则缄默不载。12 月 24 日晚 10 时过后,周恩来会见蒋介石。周恩来、蒋介石见面谈了些什么? 对此,张学良是清楚的,但在几十年后当日本记者问他时,他还说:"对不起,我不能讲。"②因为张怕说了对一些人不利。然宋美龄是当事人,既然自己表白过要将真实情况明了告诉国人,就应该如实说去,但宋美龄有意不谈。据周恩来当时给中共中央的电报中说:"蒋已病,我见蒋,他表示:'停止剿共,联共抗日,统一中国,受他指挥。'"并说由宋子文、宋美龄、张学良代表他和周恩来"解决一切"。对于这一切,宋美龄在回忆录中有意置若罔闻。相反,却大肆渲染她与周会谈时如何"嘱其转告各方,反对政府实为不智",还说什么蒋介石"对共产党亦抱此宽大之怀,故常派飞机向共产党散发传单,劝告彼等,如能悔过自新,作安分之良民,决不究其既往,一念从善"③。明眼人一看便知,这是宋美龄在编造历史,有意迷惑视听。

　　根据各种记载,周恩来与宋子文、宋美龄谈判,或周恩来与蒋介石见面,都没有涉及宋美龄上面所述的问题与情况。正如日本 NHK(日本广播协会)记者在专访张学良的记录中所指出:"宋美龄在《西安事变回忆录》中故意隐去了周恩来的名字,这正好说明当时解决这一事件的重要钥匙掌握在周恩来的手里。"又说:张学良与杨虎城围绕释放蒋介石的问题,发生了分

---

①　唐德刚撰:《张学良口述历史》,中国档案出版社 2007 年版,第 124 页。

②　管宁、张友坤译注:《缄默 50 余年张学良开口说话——日本 NHK 记者专访录》,辽宁人民出版社 1992 年版,第 133 页。

③　王亚权编纂:《蒋夫人言论集》上集,台北"中华妇女反共联合会"1977 年版,第 81—82 页。

歧,是周恩来挽救了这场危机①。这个说法比较实在。周恩来是西安事变和平解决的关键人物,而宋美龄在《西安事变回忆录》中有意掩盖周恩来在西安斡旋各方人士中的情况和所起的作用,这是对历史的不尊重。

再次,是关于释放蒋介石的条件,《西安事变回忆录》记述不清。

张学良说:我扣留蒋介石是为了"停止内战",我释放蒋介石也是为了"反对内战"。放蒋的决定是"我自己作出的,没有受到外来的压力"。又说:在放蒋问题上,当时他和杨虎城"有点儿意见分歧,但没有外来的压力。当时主张内战的人不希望蒋先生返回南京。我对南京有这种感觉。谁这样主张? 请你不要问了。在这件事上,我负一切责任"②。从其他记载中得知,释放蒋介石是以蒋介石答应"停止内战,一致抗日"作保证。在 12 月 23 日夜间张学良、周恩来与宋子文、宋美龄的谈判中,两宋为了事变得到迅速解决,也作出了说服蒋介石答应"停止内战,一致抗日"的决定。

张学良在《西安事变忏悔录》中写道:"我如果再继续扣押蒋介石,南京政府与我们之间就会发生新的内战。我是为了反对内战才发动这次事件的,如果发生新的内战,就会鸡飞蛋打了。这是我与杨虎城看法不同之处。"围绕释放蒋介石的问题,张学良与杨虎城产生了意见分歧,争论中有些歇斯底里,差点儿决裂。张说:周恩来听我们争论,是他出面挽救了这场危机。"过了一会儿,我们通过周重新开始商谈。周虽然帮助了我,但我还是认为既然抗日的目的达到了,就绝不能再纠缠抗日以外的事。问题的解决如果再拖下去,事态也许会朝相反的方向发展……我们明明是反对内战的,现在却有可能引起更大的内战。我们的目的是抗日,如今反而制造了与日本勾结的机会。"③

周恩来在关于西安事变给中共中央的电报中也证实张学良的记述是符合事实的。周说:"蒋临行时对张、杨说:今天以前发生内战,你们负责;今天

---

① 管宁、张友坤译注:《缄默 50 余年张学良开口说话——日本 NHK 记者专访录》,辽宁人民出版社 1992 年版,第 130—131 页。

② 管宁、张友坤译注:《缄默 50 余年张学良开口说话——日本 NHK 记者专访录》,辽宁人民出版社 1992 年版,第 133 页。

③ 管宁、张友坤译注:《缄默 50 余年张学良开口说话——日本 NHK 记者专访录》,辽宁人民出版社 1992 年版,第 131 页。

以后发生内战,我负责。今后我绝不'剿共'。我有错,我承认;你们有错,你们亦须承认。"①

然而,宋美龄在《西安事变回忆录》中,避而不谈张学良、周恩来与她和宋子文谈判中涉及的"停止内战"与共产党合作,实现共同抗日的问题,也不提蒋介石答应"停止内战,不'剿共',一致抗日"的表态,通篇均是指责张学良,把张释放蒋介石的原因归结为是他已经认错,"愿担负此次事变全部之责任",还说:张释放蒋,并亲自护送蒋回南京"足使此后拟以武力攫夺权利者,知所戒惧而不敢轻易尝试",把张学良的仁至义尽的爱国勇敢行为,斥为"负责叛变之军事长官,竟急求入京,躬受国法之裁判,实为民国以来之创举"②。这就完全歪曲了事实的真相。

总之,宋美龄在《西安事变回忆录》中,说了好些不重要的枝节问题,有意回避了许多实质性的要害问题。该小册子歪曲了西安事变发生与和平解决的事实真相,但也提供了一些参考性的史料。由于这个回忆录是宋美龄为了维护蒋介石的声誉和地位而有意撰写的政治宣传品,因此带有浓厚的个人感情色彩和政治倾向是可以理解的,但我们在使用宋美龄这篇回忆录提供的材料时要特别注意鉴别真伪,考证事实,不能把它当作信史来对待。

四、"我们对不起张学良"

1936 年 12 月 25 日下午 3 时许,张学良、杨虎城陪同蒋介石、宋子文及宋美龄悄悄离开住地,乘车直奔西安市西郊机场。临行前,蒋介石对张学良、杨虎城继续强调说:要停止内战,"今后我绝不'剿共'",并再次重申:(一)他已下令东路军退出潼关以东,中央军决定离开西北。(二)委托孔(祥熙)、宋(子文)为行政院正副院长,责孔、宋与张(学良)商组政府名单,蒋决定何应钦出洋,朱绍良及中央人员离开陕、甘。(三)蒋允回京后释放爱国七

---

① 周恩来:《关于西安事变的三个电报》,《周恩来选集》上卷,人民出版社 1980 年版,第 73 页。

② 王亚权编纂:《蒋夫人言论集》上集,台北"中华妇女反共联合会"1977 年版,第 88 页。

领袖。(四)联红(军)容共。蒋主张为了对外,现在红军、苏区仍不变,经过张暗中接济红军,俟抗战起,再联合行动,改番号。(五)蒋意开国民大会。(六)他主张联俄联英美①。张学良当即表示:愿意陪同蒋介石回南京。接着就在飞机旁写了一个手令,大意是:余去南京期间,东北军由于学忠统率,听从杨虎城副主任委员指挥。

张学良要陪同蒋介石等回南京,起初蒋介石"反对甚力,称无伴行之必要,彼应留其军队所在地,并以长官资格命其留此",后因宋美龄、宋子文赞成张学良意,蒋才"允其同行"②。

周恩来事先并不知道张学良要登机跟着蒋介石等人飞南京。当周得知消息时,便急忙乘车赶往机场劝阻,可是汽车到了机场,飞机已经起飞了。周恩来叹息地说道:"张汉卿(张学良的字)就是看《连环套》那些旧戏中毒了,他不但(像窦尔敦那样)摆队送(黄)天霸,还要负荆请罪啊!"③据担任此次具有历史意义飞行驾驶的飞行员里昂纳德所记,他们在飞机上的表情,张学良形容憔悴、紧张;蒋介石面部憔悴,在座机唯一的包厢里入睡;蒋夫人则从机窗往外眺望,一种怡乐的微笑隐约可见;端纳自言自语;宋子文则有时看看文件④。

关于送蒋介石回南京一事,五十年后张学良在回答日本 NHK 记者专访时是这样说的:"我这个人是我自己做事我负责任,尤其我是个军人。我这种行动我自己负责任。所以我到南京,我自己是请罪的。我这个请罪,包括预备把我枪毙的。我不管当年是怎么个情形,我临走,我都把我的家眷交给了我的一个部下,我的女学生,是当时的军长(按,此处记忆可能有误)。我把家交给她了。我是军人,自己做的事自己负责任,没有别的想法。同时我反对内战。那时我要不那样做,内战就会扩大。为了停止内战,我决心牺牲自己。"他还说:去南京的事是"自己决定的,但杨虎城他们想拉住

① 周恩来、博古致中共中央书记处的电报,1936 年 12 月 24 日,转引金冲及主编:《周恩来传》,人民出版社、中央文献出版社 1989 年版,第 338 页。
② 王亚权编纂:《蒋夫人言论集》上集,台北"中华妇女反共联合会"1977 年版,第 88 页。
③ 申伯纯著:《西安事变纪实》,人民出版社 1979 年版,第 198 页。
④ [美]厄尔·艾伯特·泽勒著、徐慰曾等译:《端纳传》,新华出版社 1993 年版,第 335—336页。

我"。周恩来知道此事,"为了制止我,他跟到飞机场来了。周恩来是打算把我劝回去。他恐怕我在南京会出什么事。但我认为,作为军人来说,我的行动就等于是谋反。谋反就要判罪,该判死刑就判死刑"①。张学良事后的说法,跟他当年发动西安事变时的心态有很大的不同。他当时决心陪同蒋介石回南京是想证明他的行动的光明正确,无非想说明发动西安事变扣蒋是为了抗日救国,并不是为了自己。可在五十年后,他则说:他送蒋介石回南京是有意赴京请罪,接受军事法庭惩治。张学良为何一定要送蒋回南京,这个暂且不论它。从事实看,不管出自于什么动机,张学良陪同蒋介石回南京都是犯了历史性的错误。他幼稚地登上了蒋介石的座机,就注定了他后来的结局。蒋介石的座机由西安飞往洛阳。由洛阳转飞南京时,蒋介石与张学良便分乘不同的飞机。

12月26日中午12时45分,蒋介石乘坐的飞机到达南京。蒋介石和宋美龄受到了国民政府要员的欢迎。蒋介石能平安返抵南京是宋美龄对西安事变进行斡旋不无微劳。两个小时后,张学良的飞机也到达南京,张学良被送往宋子文的公馆,软禁起来。12月30日,蒋介石在南京组织高等军事法庭悍然对张学良开庭审理。31日,高等军事法庭正式开庭审理张学良的所谓"罪行"。张在审判庭上答辩中严正指出:"我曾将我们(的)意见,前后数次口头及书面上报告过委员长。我们一切的人都是爱国的人。我们痛切的难过国土年年失却,汉奸日日增加,而爱国之士所受之压迫反过于汉奸,事实如殷汝耕(按,汉奸)同沈钧儒相比如何乎。我们也无法表现意见于我们的国人,也无法贡献于委员长,所以用此手段以要求领袖容纳我的主张。我可以说,我们此次并无别的要求及地盘金钱等,完全为要求委员长准我们作抗日一切的准备及行动,开放一切抗日言论,团结抗日一切力量起见。"并声明,他这次来南京是为了"维护纪律,不隳我中国在国际地位",恢复领袖之尊严,"此事余一人负责",一切的惩罚我甘愿领受。张学良还指出:"我们

---

① 管宁、张友坤译注:《缄默50余年张学良开口说话——日本NHK记者专访录》,辽宁人民出版社1992年版,第137—138页。

的主张,我不觉得是错误的。"①最后,南京军事委员会高等法庭,以"暴力威迫长官罪"判处张学良有期徒刑十年,剥夺公民权利五年。显然,这个宣判违背蒋介石在西安时的承诺,故宋子文请求蒋介石指令军事法庭改判,解除对张学良监禁。1937 年 1 月 15 日,蒋介石又特赦张学良无罪,决定"交军事委员会严加管束"。张学良被转移至浙江省奉化县溪口软禁起来。

1938 年 7 月,英国驻华大使卡尔在与蒋介石会谈时,劝说蒋介石释放监禁中的张学良,让他参加对日作战,蒋介石未予理睬。9 月,张学良曾上书蒋介石,要求允许他率领东北军去与日本侵略军作战,同样遭蒋介石拒绝。整个抗日战争期间,张学良从溪口被转移到安徽黄山,后又转移到江西萍乡,湖南郴州、沅陵,贵州修文、桐梓等地,拘禁处所不定。1946 年 11 月,张学良被用飞机从重庆转移到了台湾。从 1946 年至 1956 年,张学良被软禁新竹清泉(井上温泉)、高雄西子湾,1960 年自高雄西子湾搬至北投。

从 1937 年 1 月溪口软禁到 1991 年 3 月,台湾当局才允许张学良离开台湾到美国去看望他的子女,张学良被软禁了整整五十四个年头。这期间张学良究竟受到怎么样的待遇,我们不可能知道得很多。但据日本 NHK 记者所载,"谈到自溪口以来的软禁生活,张学良面露笑容"。他认为那并不像人们所想象的那样充满悲剧色彩。他说在那期间他读了许多书,还努力研究宗教问题。张学良说:"我每天靠读书什么的打发日子。我对这个时期的生活非常满意。这几十年,我读了许多的书,懂得了许多事情。我也研究宗教。不光研究基督教,也研究佛教。原来我学的是中国的儒学。"还说:"原来非常喜欢历史。我研究明史,因为蒋'总统'说希望我研究研究明史。蒋'总统'喜欢礼教,因此我也学习礼教。事前我对这些个东西全都不懂。研究礼教就得学习明史,这叫作明儒学案,于是我就学习明史。"张学良还写了不少关于明史的文章,不过后来他把它全扔了。虽然有些舍不得,但还是扔了。为什么? 他说:"历史上记载的事,不一定全是真的。"也有人说是因为他曾提出到台湾大学讲授明史,但没有被接受,因此将明史撂下,把写下

① 《西安事变档案史料选编》,第 81—83 页,转引自毕万闻主编:《张学良文集》(2),新华出版社 1992 年版,第 1109—1111 页。

的明史文章扔了,开始研究基督教,并且想当个牧师①。

尽管尚缺少充分的根据去说明张学良在被囚禁以后,蒋介石对他的态度怎么样,但从各种情况去分析,张学良与宋子文、宋美龄的友谊,却是情意悠远。据说:"宋美龄经常向张学良说对不起。"②在张学良所说的"如果他说起西安事变就会给别人带来麻烦"的人中,肯定也包括宋美龄在内。所以张学良对西安事变得到和平解决的内中原因总是持审慎的态度,他总是以"不便多说"来加以搪塞,也许是有原因的。

1991年3月上旬,在张学良离台赴美探亲前夕,当台湾《中国时报》记者问他:宋美龄对他的信仰方面有何影响时,张答:"蒋夫人是真正的基督徒。我在年轻时对佛教很有研究,刚刚来台湾住在高雄时和佛教界印顺法师常常来往,从前也向班禅法师请教过佛法。有一次蒋夫人和老'总统'(按,蒋介石)到高雄来看我,我很得意对他们说关于对佛教的研究,蒋夫人却说:'汉卿你又走错路了!'后来我和我太太在正式结婚时领洗,以后就常去凯歌堂做礼拜。从前老先生(蒋公)在时,每个礼拜他们夫妇都来,最近我还是到士林去,但是老夫人腿不好,已经好几个礼拜没有在凯歌堂出现。"③从各方面情况看,张学良与宋美龄之间是能相互理解和谅解的。所以,宋美龄说"我们对不起张学良",也许是她的真实感情流露。

宋美龄所说的"我们对不起张学良",是对自西安事变以来,蒋介石对张学良采取的政策的一个明确结论。

张学良的态度是:对于西安事变"我不愿说太多,外边发表的也多,大家也差不多都知道这些事情。我不是不愿用言语伤害到他人。这件事留给历史去评论吧。它爱怎么评就怎么评,事情清清楚楚摆在那里"④。

张学良说得也对,历史只有让历史去评论,让研究历史的人去评论。

---

① 管宁、张友坤译注:《缄默50余年张学良开口说话——日本NHK记者专访录》,辽宁人民出版社1992年版,第143—144页。

② 管宁、张友坤译注:《缄默50余年张学良开口说话——日本NHK记者专访录》,辽宁人民出版社1992年版,第163页。

③ 毕万闻主编:《张学良文集》(2),新华出版社1992年版,第1177页。

④ 张学良:《答美国之音记者问》(1991年5月19日发表),见毕万闻主编:《张学良文集》(2),新华出版社1992年版,第1187页。

张学良到台湾后与蒋介石、宋美龄之间的关系的确很复杂，是恩是仇长期来人们议论纷纷，有猜测，有质疑，也有同情和寄予希望张学良出来将西安事变后他被囚禁的情况说清楚，但张学良就是不多讲，欲言又止，看来他也无法讲清楚说明白。浙江大学陈红民教授在《解读张学良与宋美龄的几封信》一文介绍，"上个世纪末，张学良重获自由，移居美国。其后，他与夫人将个人资料移交给美国哥伦比亚大学的善本与手稿图书馆（Rare Book and Manuscript Library）保存，于2002年6月向外界公开。张学良的资料内容非常丰富，包括口述历史、往来信件、手稿、学习笔记、日记、艺术品、印刷品（出版品、剪报）等。哥伦比亚大学对资料做了复制（现供阅读的信件、日记等多为复制品）、整理、分类与编目工作，并定名为'张学良、赵一荻文件与口述资料'。张学良资料保管权归哥伦比亚大学善本与手稿图书馆，知识产权仍归张学良公子张闾琳（Robert Chang）"。

陈红民曾去哥伦比亚大学抄录了部分张学良与宋美龄的往来函件。据说，张学良与宋美龄的往来信件有百封之多。陈教授说："张学良与宋美龄的关系可追溯到1925年他们在上海初次见面。中原大战结束后，张学良携妻于凤至到南京参加会议。宋美龄热情招待，并与于结成了'干姐妹'。1936年西安事变发生，宋美龄飞赴西安救夫，张学良释放蒋介石并护送回南京，宋美龄当面向张担保其安全。此后，蒋介石囚禁张学良，宋美龄一度大发雷霆，觉得失信于张学良。然而蒋介石决心已定，宋美龄曾叹'对不起张学良'，在无法改变蒋决心的情况下，宋美龄一直与张学良保持着密切的联系，不忘友谊，尽量给幽禁中的张学良一些关心。宋时常赠张以年赐、水果、食物及资助等，对张相当尊重，在一些英文信中，仍以'Marshal Chang Hsueh-liang'（张学良元帅）相称，张与在美国家人的信件联络，亦多由宋中转。而张学良对宋美龄的关心感激涕零，写信时用词谦卑。"

从陈红民引录张学良给宋美龄的几封信中，除了说明张学良对宋美龄的关怀，以及他生活中的一些情况外，没有透露出什么有关西安事变后他被囚禁的冤屈和不平之类的言词，对于了解西安事变本身没有太多帮助。不过正如陈红民教授所说，张学良到台湾后，宋美龄对张学良的关心，除了大量地送各种礼物、书籍杂志外，还体现在三个细节上：（一）1950年6月1日张学良五十岁生日时,宋美龄为他祝大寿,不但派人送来面制寿桃之类,还把蒋介石给张学良的祝寿信函一并送到。(二)数次约见张学良,其中1950年4月宋在桃园大溪蒋家别墅见张,1957年8月,宋到高雄见了张。这次见面中,宋美龄劝张学良等放弃佛教皈依基督教,后宋美龄又介绍董显光教张氏夫妇研习英文圣经。(三)原本称于凤至"凤姐姐"的宋美龄不喜欢赵四小姐,但随着岁月的洗礼,宋美龄对赵四小姐越加敬重,并促成其结婚。1964年7月4日,六十四岁的张学良与五十一岁的赵四小姐,在台北杭州南路一位美籍牧师的家里按宗教仪式举行婚礼,宋美龄参加了这个简朴的婚礼。

第五章 "中国女强人"

一、蒋经国从苏联归来

　　1937 年 4 月,蒋经国带着苏联籍妻子芳娘和三岁的儿子爱伦(蒋孝文),乘轮从海参崴返国,回到阔别十一年多的故乡。

　　先是,1925 年 10 月,蒋经国与冯玉祥的儿子,朱执信的女儿,汪精卫的儿子、女儿等一起从广州启程,赴苏留学。对于经国留苏,蒋介石当初是如何考虑的,史料记载不同。一种说法是,蒋一方面阿谀奉承国民党右派及上海黑社会,一方面向莫斯科暗送秋波,大谈反帝斗争,甚至号召进行世界革命。作为中国共产主义青年团团员的蒋经国真诚地响应父亲的号召,去苏联留学。但是,陈洁如在其自传中记述,是李石曾校长交给经国一个世界奖学金协会颁发的奖学金名额,供其在莫斯科读书的,蒋介石事先并不知道,获悉后表示反对,认为去那么远,有什么用? 又说我付不起他的费用,告诉他不要去。经陈洁如劝说,才让经国去。行前和抵苏后,蒋经国都曾得到他这位"上海姆妈"的帮助①。

在苏联,蒋经国取名尼古拉·弗拉吉米罗维奇·叶利札罗夫,他曾在苏孙逸仙大学(即中山大学),后经共产国际执委会的推荐,到列宁格勒托尔马乔夫工农红军军事学院就读,1930 年 2 月,被吸收为联共(布)预备党员。他曾当过工人,也任过一个集体农庄的主席。30 年代初,他来到正在建设中的乌拉尔重型机器厂。在该厂,他做钳工,做突击队员,被选为车间副主任,兼行政管理科长。1936 年 11 月 16 日,他请求转为正式党员,12 月 7 日《重型机器制造业报》印刷车间党员大会决定一致同意他转为联共(布)正式党员。1937 年 1 月,《重型机器制造业报》被指责为缺乏应有的自我批评精神和布尔什维克的警惕性,不止一次发表充满敌意的和小资产阶级的文章,叶利札罗夫被区委解除了在该报代理责编的职务,随后他被任命为斯维尔德洛夫斯克市苏维埃组织部副部长②。

在 1927 年"四一二"蒋介石发动反共政变后,蒋经国曾发表声明,强烈谴责其父的反动罪行。在他的党员转正申请书中,也称蒋介石是伟大的中国革命的叛徒,是中国黑暗的反动势力的头子。对于儿子在政治上的表态,蒋介石不会不清楚。但是,在西安事变的处理过程中,蒋介石可能已与周恩来谈到要将经国找回,并请予以帮助之事。但经国的返回,是通过中国驻苏大使馆联系的。蒋廷黻大使在接到蒋介石的电报后,马上同苏联当局交涉,几天之后,找到了蒋经国,他被接到中国大使馆并告知了他父亲的要求。大使让他和妻儿一起回国。4 月中旬,他们一行抵达上海后,蒋介石派杭州笕桥航空学校总务处长陈舜耕到上海将经国夫妇接到杭州。在杭州,他们与宋美龄会了面,认了娘③。

蒋经国的生母毛福梅,在蒋介石与宋美龄结婚时,蒋氏同第二任夫人陈洁如、妾氏姚怡诚,在法律上已离异,但毛氏仍住溪口丰镐房。据载,蒋每次

---

① 石一流:《一个改写民国历史的女人——蒋介石第三夫人陈洁如自传》,北京师范大学出版社 1992 年版,第 211—216 页。

② [苏]沃龙佐夫著、董友忱等译:《蒋介石之命运》,中共中央党校出版社 1992 年版,第 285—293 页。

③ 关于蒋经国认母之事,有几种说法,此处据唐瑞福、汪日章:《蒋介石的故乡》,见《浙江文史资料选辑》第 23 辑,浙江人民出版社 1983 年版,第 59 页。

回溪口,都要到丰镐房与毛氏叙谈,毛氏也照例要为蒋做几样家乡菜,每年还要送几十斤奉化芋艿头、咸菜之类的食品到南京去,二人的关系并未因形式上的离婚而断绝。宋美龄每次陪蒋回溪口,也总要带些貂皮、人参给毛氏,三人表面上尚能和睦相处。

父亲与生母离异再娶,这是为人子者所难堪之事。经国为毛氏独生子,纬国为戴季陶私生子,由毛氏、姚氏抚育,蒋、宋结婚,经国在苏时即闻知此事,大不以为然,但返国后只能面对现实,对宋氏称以"母亲",母子相处良好。

毛氏思儿心切,一旦经国带着洋媳妇芳娘及长孙爱伦回来,跪在膝下,不禁悲喜交集,破涕为笑。她为经国补办了婚礼,经国长袍马褂,芳娘凤冠霞帔,婚礼在丰镐房举行。经国补习了中国的古文,芳娘则学习国语及宁波话。1938 年 1 月,蒋经国由熊式辉关照,遵父命到江西任省保安处副处长兼四区(赣州)行政督察专员,正式登上了中国政治舞台。毛氏以芳娘名字欠佳,改为方良。方良相夫教子,入乡随俗,成为地道的中国妇人。

二、支持国共合作共同抗日

随着日寇侵华日逼,南京国民政府在呼吁美英援助的同时,也在调整与苏联的关系,争取苏援。在相关活动中,宋美龄成为不可或缺的角色。

1937 年 4 月 3 日,蒋介石在上海法租界宋邸会见了苏联驻华大使鲍格莫洛夫,宋美龄在场并任翻译。蒋对苏联在西安事变中所持的立场表示感谢。卢沟桥事变爆发后,全面抗战开始,迫于需要,南京政府希望苏方增加对华军事贷款,并将战机等军用物资尽快运来中国。苏方则提出两国间先签订《互不侵犯条约》。为此,蒋介石再度约见鲍大使,仍由宋美龄任翻译,在场的还有张群。双方围绕互不侵犯条约的争论,蒋介石除了申明条约不能有损害中国主权的内容之外,坚持不能将军事供货问题与互不侵犯条约用任何形式联系起来,将签订后者作为前者的报酬。蒋要求先签订军事援助协定,鲍大使则希望先签订互不侵犯条约,至少二者同时签订。双方僵持不下,宋美龄出来调和,称鲍大使的思维完全是西方式的,蒋的思维则是东方式的,蒋愿意无条件地与苏联签订互不侵犯条约,但是不愿意把这件事做起来像是为军事供货条约而付的报酬,他原则上同意签署条约而不要求苏方对军事供货承担任何义务。这种说词对讨论气氛有所缓和。鲍大使在致该国外交部报告中写道:"我国关于互不侵犯条约的建议显然出乎蒋介石的预料,也是他不愿为之的。从他妻子的表现我得出一个印象,她非常希望我们达成协议,对蒋介石的拖宕很不满意。"①

到了8月18日,蒋再次约见鲍格莫洛夫,国民政府外交部长王宠惠、次长徐谟参加。宋美龄告诉鲍,自战争爆发以来,日本已损伤三十二架飞机,中国只损失八架。鲍大使谓:"中国人因战事顺利而情绪高昂。"②21日,双方签订《互不侵犯条约》。次日,该大使在报告中称,蒋介石最后时刻仍在犹豫,但在孙科等人的压力下,使签约在昨晚得以实现。又称:"我认为应该指出,现任航空委员会主任委员的蒋夫人是很愿意抗日的"。"我认为最好尽快把我们的飞机空运来华,因为这一定会特别加强抗日派的地位。"③

在国民党与中共关系的调整方面,宋美龄同样发挥了积极作用。在和平解决西安事变过程中,宋美龄对中共解决两党关系的诚意有了一定程度的了解。从1937年初开始的两党代表进行的数次谈判,宋均有所介入,在开始时的严重分歧中,她起过协调疏通作用。

西安事变后,国内和平基本上已实现,两党合作共同抗日问题便摆到了议事日程上来。1937年1月25日,中共中央致电在西安的周恩来,批准他所拟出的与国民党谈判的方针:(一)可以服从三民主义,但对放弃共产主义,绝无谈判余地;(二)承认国民党在全国的领导,但取消共产党绝不可能;国民党如能改组成民族革命联盟性质的党,则共产党可以加入,但仍保持其独立组织;(三)红军改编后,人数应为六七万人④。2月9日,中共代表周恩来、

---

① 《苏联驻华全权代表致苏联外交人民委员部的电报》(1931年8月2日),李玉贞译:《中苏外交文选译》(下),《近代史资料》总八十号,第206—209页。

② 《苏联驻华全权代表致苏联外交人民委员部的电报》(1931年8月2日),李玉贞译:《中苏外交文选译》(下),《近代史资料》总八十号,第211页。

③ 《苏联驻华全权代表致苏联外交人民委员部的电报》(1931年8月2日),李玉贞译:《中苏外交文选译》(下),《近代史资料》总八十号,第217—218页。

④ 《周恩来书信选集》,中央文献出版社1988年版,第129页。

叶剑英、秦邦宪(博古),与国民党代表顾祝同、张冲、贺衷寒开始谈判。经过一个多月磋商,双方意见大体趋于一致,双方商定由周恩来拟就条文,交蒋介石决定。但顾、贺在条文中加进了一些不利于中共的文字,中共中央书记处认为所改各点太不成话,完全不能承认,须重开谈判。西安已无可再谈,蒋约周恩来赴上海见面。

周恩来于3月22日飞抵上海。他先同宋美龄会晤,将根据中共中央十五项谈判条件拟成的书面意见交宋,请她转交蒋介石。在谈话中,宋"表示中共可以合法存在"①。由于此时蒋已有意避免内战和进行抗日,故在两党关系上有所松动。在杭州进行的蒋、周会谈中,条件有了转机,在随后进行的谈判中,双方就红军编为三个师,在西安设办事处,南京从3月份开始接济红军的薪饷等问题上达成了协议。

两党关系虽然朝好的方向发展,但在制定共同纲领、停止全国"剿共"和释放政治犯等问题上,意见仍难一致。6月4日,周恩来上庐山。8日至15日,周恩来与蒋介石断断续续地进行多次会谈。宋美龄亦于4日自上海经九江抵达牯岭,与宋子文、张冲等参加了与中共的会谈。5月25日中共中央指示周恩来"须力争办到"下述几点:(一)特区政府委员名单;(二)红军的指挥权问题;(三)要求取缔破坏两党合作的行为;(四)取缔破坏红军、苏区的行为;(五)增加红军的防地②。会谈开始后,中共方面还将《御侮救亡复兴中国的民族统一纲领(草案)》交给蒋方。蒋研究中共意见后认为,对中共的策略"可立于主动地位",但认为决不能允许"收编的部队"设一总机关自行统率。9日,蒋对周恩来表示,中共在谈判中"要求甚多",要求中共改变观念,减低目标,注重实际,云云。对前述民族统一纲领草案,则表示多种不同意见。会谈未达成任何协议。僵局出现后,周恩来在宋子文与宋美龄等人方面寻找突破口。他向宋氏兄妹等人陈述以政治名义管理军队之不妥,红军改编三个师以上的统帅机关应给予军事名义。希望他们向蒋介石转达此意。至于国共合作的组织问题,周表示中共方面还须继续研究。经过反

① 《周恩来年谱(1898—1949)》(修订本),中央文献出版社1989年版,第367页。
② 逄先知主编:《毛泽东年谱(1893—1949)》上卷,人民出版社1993年版,第676、677页。

复磋商,迄无成效。被称为"第一次庐山会谈"便这样结束了。看来,宋美龄尽管对中共欲有所帮助,但终于作用不大。至于她是否能离开蒋介石去独立思考问题,他人就无从妄测了。

6月17日,蒋介石以国民政府名义邀请全国各大学教授及各界领袖上庐山谈话,时间初步定在7月15日至8月15日。中共方面是被邀请者之一,中央政治局立即开会研究两党谈判问题,预拟谈判方案,指示周恩来起草《中共中央为公布国共合作宣言》,预备进行第二次庐山会谈。果然,6月26日,国民党电邀周恩来再上庐山谈判。中共中央指示,待拟好国共合作宣言后才上山。正在准备当中,"七七"卢沟桥事变发生了。

7月8日,中共中央通电全国,呼吁全国民众支持国共两党亲密合作以抵抗日寇的新进攻。13日,抵达庐山的周恩来、林伯渠、秦邦宪一行,会见了宋美龄、蒋鼎文、宋子文等人,希望他们为国共第二次庐山会谈助力。随后周恩来等人在会见蒋介石时,递交了上述宣言的文本。蒋方与会诸人,如宋美龄、宋子文、邵力子、张冲等均对宣言持肯定态度,认为宣言宜及早公布,但蒋介石态度较为冷淡,认为中共16日发表的"团结御侮宣言"乃系"藉此哄骗中外",对苏区改制,红军改编问题,蒋氏也态度强硬,认为红军改编后各师应直隶行营,政治机关只管联络。周恩来等人表示,在力争无效后,将不得不返回宁、沪,暂观时局变化。不过,只要有一线希望,还得努力。7月18日,周恩来与宋美龄等再次会谈,周希望以《中共中央为国共合作宣言》作为两党合作的政治基础,并由国民党将其发表。又将关于谈判的十二条意见通过宋美龄交给蒋介石。宋美龄等人虽然表示理解中共方面的请求,并为之斡旋,但终究成效不大,随着蒋介石7月20日下山,第二次庐山会谈也就宣告结束。

全面抗战开始后,让中共军队参加对日作战,以减轻国民党军队面临的压力,已是蒋之所需,故对中共的态度也有所变化。他表示红军应迅速改编,出动抗日。8月1日,蒋又令张冲急电中共方面,邀毛泽东、朱德、周恩来即来南京,共商国防问题。毛泽东、张闻天在8月3日致周恩来等人的电报中,提出此次赴南京谈判须求得解决的五条方针:(一)发表宣言;(二)确定政治纲领;(三)决定国防计划;(四)发表红军指挥系统及确定初步补充数量;(五)红军作战方针①。

"八一三"上海抗战后的局势、实际需要和国共合作的日趋明朗化,使南京谈判有了转机。但直到 9 月 29 日,中央社才正式发表《中国共产党为公布国共合作宣言》。与之相配合,30 日,国民党承认中共的合法地位。抗日民族统一战线正式形成。

在南京谈判过程中,宋美龄为谈判能取得成果作出了努力。

卢沟桥事变后,蒋介石夫妇在南京对各国记者发表坚持抗战的宣言

她主张与中共合作的态度,与她主张抗击日寇侵略,是紧密联系在一起的。当时南京政府内部,以汪精卫为首的亲日派势力十分强大,所以她能明确地站在国家民族自尊自信的立场上以言抗敌,不是那么容易的。宋美龄做到了。不仅如此,她还是蒋介石表态抗日的有力支持者。蒋介石在 7 月 17 日发表庐山谈话后,19 日又发表《最后关头》这一重要宣言(即 17 日在谈

①　《周恩来年谱(1898—1949)》(修订本),中央文献出版社 1989 年版,第 382 页。

话会第二次全体会议上的发言稿)。对于他决心抵拒亲日派压力的这一壮举,蒋氏在19日的日记中写道:"余决心发表告国民书,人人以为可危,阻不欲发,我则以为转危为安,独在此举;但当一意应战,核发战斗序列,不再作回旋之想矣"①。蒋介石认为,无论安危成败在所不计,惟此为对倭最后之方针耳。曾经跟着汪精卫走了一阵,后来又回到蒋介石身边的陶希圣,也有一节记载。据载,8月初,蒋介石约了张伯苓、蒋梦麟、胡适、梅贻琦及陶希圣,到黄埔路官邸午餐,宋美龄还以空军的情形相告。她对抗战胜利有充分信心,很重要的一条是人民动员起来了,已经枪口一致对外了。同月,宋美龄在美国《论坛》杂志发表著名的文章《中国是不可征服的》,评价蒋介石在国难当头停止"攘外必先安内"的方针,人民的抗日运动高涨起来了。她强调,国民党如果愿意遵循孙中山联合工农的政策,它绝不应拒绝共产党在救国工作中给予的帮助。国共合作是绝对必要的,所有的力量必须团结在一起。

西安事变的和平解决,为国共两党捐弃前嫌共同抗日打开了死结,但蒋介石并非心甘情愿地参加中共所设计的抗日民族统一战线。比较起来,作为蒋介石夫人的宋美龄,则是更积极、更主动地与中共搭建一致抗日的舞台。在抗战开始阶段,她的作用尤为突出。对于这个历史功绩,人们不会忘记。

三、向国外宣传与争取国际援助

卢沟桥事变后,日本侵略者气焰十分嚣张,陆相杉山元上奏天皇,声言三个月内征服中国。中国面临亡国危险关头,各党派各团体举国一致共赴国难,已成为不甘俯首当马牛的中国人的共同呼声。7月17日,蒋介石在庐山第二次谈话会上发表长篇演讲。他提出四点主张,并表示我们希望和平而不苟安,准备应战而决不求战,但是,"如果战端一开,就是地无分南北,年无分老幼,无论何人,皆有守地抗战之责任,皆应抱定牺牲一切之决

---

① 黄自进、潘光哲编:《蒋中正"总统"五记》"困勉记"下,台北世界大同文创股份有限公司2011年版,第563页。

心"①。

7月15日,中共代表周恩来在庐山向蒋介石递交了《中共中央为国共合作宣言》,双方开始谈判。8月22日,南京政府正式发布将红军改编为国民革命军的命令。双方继续为国共合作问题进行谈判,抗日民族统一战线正在逐步落实。但是,在国际上,对法西斯绥靖的主张仍然占上风。对于中国的抗战,英、美作壁上观。中国政府一再呼吁英、美进行斡旋,也希望它们利用自己的地位,通过"国联"制裁日本,但不见任何反应。更有甚者,英、法、比三国怕引起日本不满,竟先后在9月间取消了对华出售飞机、军火的协定。蒋介石曾向美国记者指出:我国抗战,非仅为中国本身之存亡而战,亦为维护世界之和平而战。制止日本之侵略行为,乃为九国公约(非战公约)签字国及国联会员国之责任。如果说南京政府和蒋介石的要求是对西方国家的政府而发的话,那么,宋美龄的谈话和文章、信函,则主要是向民间呼吁,通过民间影响其政府改变政策,支援中国抗战。

1937年2月21日,宋美龄向美国公众广播,介绍"前进的中国",力图说服美国听众,称中国正在进步大道上勇往迈进,凡此都是新生活运动三年来所取得的成就。她要听众相信,"最近政府的施政纲领中,开发国家资源和扩充国民生计的计划都将一一实现"。又称,"我国现在所任命的官吏,都是有才能的人,他们都愿献身国家;把新生活运动的规律作为立身准绳,努力为公,一面促进国内的和平,一面与平等待我的国家,力求诚意的合作"②。她的讲话将中国描绘出一个美好的前景,尽管所说缺乏真实感,但作为国际宣传,改变中国形象,仍不失为一种用心良苦的努力。

8月13日,日寇在上海发动进攻,从而开始了"八一三"抗战。日军在遭到中国军队顽强抵抗后,丧心病狂地在上海周围地区狂轰滥炸,造成大量民众的伤亡,其中包括美国等国侨民。上海战事危及租界和列强在华权益,但英美等国并未因此而进行干涉。对其中利害关系,当然有必要使美国人民明白。因此,9月12日,宋美龄向美国国民广播,发表《告美国民众》。

---

① 《先"总统"蒋公全集》第1册,第2卷,第1064页。
② 王亚权编纂:《蒋夫人言论集》下集,台北"中华妇女反共联合会"1977年版,第958页。

在这个长篇讲话的开头,她说:今天向美国人民演讲,很觉得难于措词,因为最近在上海和附近各处,连续发生了不幸事件,使一部分美国和别国的侨民,丧失生命,遭受损伤,或感受其他的苦痛,这种悲惨的回忆,至今仍旧萦绕着我的胸臆。她指出,日本军阀不愿意看到在统一的中华民族中,蜕化出一个近代的国家来。日本军阀一方面依其计划决心在征服中国,一方面又编造种种谎言,欺骗世界人民;它将侵华只作为一种事变,不承认是一场战争。

对于日本在华的暴行已给中国带来巨大的灾难,但却未能惊醒世界,宋美龄感到奇怪,她指出:"列强的签订九国公约,原欲避此巨祸,也为了特别保证中国的独立与完整,免受日本军阀的侵略。列强又曾订立巴黎非战公约,防遏战争,并且组织国联,用这双重的保障来制止侵略国家向弱国作无理的侵凌。奇怪的是,这些条约,今竟荡然不存,开历史未有的先例。更奇怪的是,积年累月逐渐形成的战时国际法,它复杂的结构,原是节制战时行为,保护非战斗人员的,竟也同这些条约同化了灰烬。所以我们今天重复回返到了弱肉强食的野蛮时代,不仅战士捐躯疆场,连他们的家属妇孺,也难幸免,这些都是日本军阀正在中国肆行无忌的行为。"

在历数日本暴行之后,宋美龄继续说:"然而条约的崩溃,与夫二十世纪重复发现这种大规模残杀无辜的惨剧,文明各国也不能无咎。在一九三一年日本军阀强夺东三省的时候,列国曾纵容它的开端,到了一九三二年,日本轰炸睡梦之中的上海闸北居民,列国实纵容它的继续。而现在呢,日本再度大举侵略,铁蹄差不多踏遍了中国全境,列国竟也熟视无睹。"她又说,世界各国,倘使果真默许日本军阀这种疯狂的屠杀和野蛮的摧残,那么人类文化,已临末日了[①]。

她表示,中国即使如此困难,也仍将竭力援助在华外侨。她特别称赞海外侨胞的忠诚,认为这是中国取胜的一大因素。她感谢友邦人士的同情与鼓舞,这是无上的激励,她认为这种同情是必要的。我们正须依仗着世界各

---

① 王亚权编纂:《蒋夫人言论集》下集,台北"中华妇女反共联合会"1977年版,第964—972页。

国的智慧与公平,使日本军阀朝夕孜孜所散播的荒诞流言,对于世界及中国,不致发生不良的影响;并且还希望我们的主张和努力,得到中国素所信守与维护的条约的援助。

在充分介绍中国所面临的危机之后,宋美龄动情地问她的听众:"请告诉我,西方各国坐视着这样的残杀和破坏,噤无一词,是不是可以称作讲求人道,注重品德,尚尚仁义,信仰耶稣文明的胜利象征呢?再则,现在第一等强国,袖手旁观,好像震慑于日本的暴力,不敢出一语抵评,是不是可以看作国际道德,耶稣道德,或所谓西方优美道德坠落的先声呢?""八一三"抗战未能扭转战局。11月,上海沦陷。12月,南京失守。在上海、南京保卫战中,宋美龄经常跟随蒋介石在前线,她在前线主要是慰问将士,激扬士气。正如她向西方听众宣布的:中国将抗战到底,"纵使大好河山,悠远历史,都涂染了鲜红的血液,或毁灭在猛烈的火焰之中,亦所不惜"。

宋美龄的讲话对美国政府并未起到什么作用,两天以后美国政府宣称它坚持中立,不过问日本侵华战争。对此中国政府对美国提出抗议。但是,宋美龄的讲话已吸引了西方听众,她成为向亚洲以外的世界提供有关中国情况的传播员。她的工作也使欧洲和美国的新闻界大为注目,不断约她写文章或讲话,她有针对性地应约发表言论,被西方新闻界称之为"中国女强人"。

1937年8月7日,美国记者福尔顿·沃斯勒在《自由》杂志上刊出采访录《中国女强人的声音》。

这位记者在上海宋美龄的寓所采访了女主人。埃米莉·哈恩在她的著作中摘引了这个采访录,其中写道:"她穿一件黑绸绣花中式旗袍,旗袍两侧的开口一直到膝盖,恰似一位小公主。她走起路来优雅、敏捷,有一种不畏压力的矫健感。我从她那双迷人的黑眼睛中立刻就看出,美龄身上蕴含着巨大的和平与行动的矛盾情感。她的目光中流露出一种以个人的精神对和平的理解——但我以为从这目光中我也看到了失意,似乎美龄一生中都在摸索如何实现这一和平,而时间总是不够。她个子不高,头发黑亮,浓密,从那可爱、聪明的脸颊边轻柔地披洒下来。皮肤白净细腻……"在谈话中,她谈到传教士的作用,佩服在华传教士的献身精神与所忍受的困苦,认为没有宗教不能拯救中国,而只有政治力量是不够的。

她还对这位记者谈到重新建设中国发展经济,办教育,并为新生活运动辩护,认为要在这个运动中体现理想。她还否认这个运动中有法西斯主义,她指出中国绝不采取法西斯主义,因为中国有古老和灿烂的文化、正义感和对自由的热爱,"新生活运动坚决摒弃一切违反孙中山先生的原则以及出卖人民的严密控制的手法"①。新生活运动是宋美龄的心血所在,是她一生得意之作,在国内外遭到非议的情况下深加辩护,是完全可以理解的。但是,蒋介石统治的真相如何,则是另外一回事了。"中国女强人"的称呼使她感到荣耀,是否符合事实,她并不计较,但至少她是力图塑造这个形象,历史的环境也给她提供了一个活动的舞台,在此后八年左右的时间里,她为中国人民的抗战和世界反法西斯斗争四处活动,她做了她能做的宣传和其他实际工作,她没有令西方读者过于失望。

四、组织妇女抗敌与从事救济难民伤兵

宋美龄决心将新生活运动开展下去,尽管国内外舆论在评价这个运动时指出这个所谓运动无非是一套微不足道的举止规则而已。1937年5月6日,在上海召开全国基督教协进会第十一届年会时,宋美龄亲自出席会议,她大力赞扬基督教会与新生活运动合作取得的"成就",希望进一步开展这种合作。她将改造国家与改造人的责任寄托在这种合作之上②。她的讲话被印成中英文书面材料广为散发。8月1日,她把在南京的领导人的妻子女儿召集起来,建议妇女齐心协力,支持抗战,赢得战争。她向妇女们指出,妇女工作不只局限于生产军火和办医院,还应教育大众。她认为这场战争是消耗持久战。但是,大多数人对这场迫在眉睫的战争的规模和意义还认识不足。她希望在座的妇女应当教育她们的姐妹们了解爱国主义的原则和卫生以及耕田种地的重要性。她指出新生活运动作为建设性的纲领,还应

---

① ［美］埃米莉·哈恩著、李豫生等译:《宋氏家族》,新华出版社1985年版,第272、273页。

② 邓述堃:《宋美龄——基督教——新生活运动》,《文史资料选辑》第93辑,文史资料出版社1984年版,第71—76页。

该继续,尽管战争暂时把它变成防御的机器①。

"八一三"上海抗战开始后,京沪地区的妇女抗敌活动也迅速开展起来。上海妇女界也组织"中国妇女抗敌后援会"。1937 年 8 月 1 日,宋美龄成立了"中国妇女慰劳自卫抗战将士总会"。她在成立会上讲话,建议妇女齐心合力,帮助赢得抗日战争。它的总会设在南京,分电各省市成立分会。其中上海分会最为活跃,积极宣传抗战,救护伤兵,救济难民,推销公债,等等。宋庆龄积极支持妇慰总会的工作。8 月 4 日,她与何香凝将此前(7 月 22 日)在上海成立的"中国妇女抗敌后援会"改称为"中国妇女慰劳自卫抗战将士总会"上海分会,从属于南京妇慰总会。居住在上海的孔祥熙夫人宋蔼龄,也以其地位及财力,作了重要贡献。

宋美龄继续进行妇女工作的宣传。9 月间,她在南京接受路透社记者的访问,专门谈到"中国妇女的战时职责"。她认为,战争的时候,妇女应当留在后方,进行男子原有的工作,这样,男子就能开赴前线,捍卫国家。这是妇女的职责。当然,如果需要,妇女也可以上前线。她说,她已经发起一种妇女运动,激励全国各地的妇女,唤起她们"高度意识的爱国心与责任心,因此可以给男子以必要的帮助"。她介绍中国妇女参加红十字会工作,慰劳将士,担任募捐,组织演讲队,使全国的民众,了解国家的实情,以及迫不得已而从事抗战,必须奋斗求生的处境②。

10 月 6 日,宋美龄应澳大利亚悉尼某刊物之请,发表《战争与中国女性》一文,谈到中国妇女在实践"不尚空谈,惟有苦干"的训条,正在全力从事救济战祸的工作。这时,日本已宣称"打击中国使屈膝",整个军事态势,进攻南京是迟早要发生之事,首都已开始疏散官员眷属。11 月 20 日,国民政府正式宣布迁到重庆办公。但蒋介石夫妇迟迟未离开南京,在等德国大使的斡旋。12 月 1 日,政府在重庆正式办公。次日,德国驻华大使陶德曼从汉口到南京求见蒋介石。据载,陶德曼被引进宋美龄的办公室时,美龄正坐在办公桌后,向陶氏热情地打了招呼,在寒暄一阵之后,德国大使递交了建

---

① 〔美〕埃米莉·哈恩著、李豫生等译:《宋氏家族》,新华出版社 1985 年版,第 263—264 页。

② 王亚权编纂:《蒋夫人言论集》下集,台北"中华妇女反共联合会"1977 年版,第 1521—1526 页。

议书,放在桌子上。陶德曼说:"这并不是我个人的意见,您要明白,夫人。"宋从容地将文件推向一边,说:"我想不是的,告诉我,孩子们怎么样?"三天后,蒋答复说:只要日本继续对中国诉诸武力,和平谈判是不可能的①。12月7日上午,蒋氏夫妇乘飞机离开南京,抵达江西星子,在观桥别墅暂住。13日,首都卫戍总司令唐生智奉蒋介石令分兵撤退,随后日军占领南京,对中国人民进行惨绝人寰的大屠杀,南京城陷入腥风血雨之中。被日寇惨杀的中国军民达三十万人之多。

南京失陷后,重庆成为陪都,但在此后的十一个月中,中国的政治重心实际在武汉。蒋氏夫妇、孔祥熙、宋子文在武汉,中共方面参加政府工作的周恩来也在武汉。日本飞机不断袭击这座集结了中国政要的城市。

从1938年1月份开始,宋美龄继续发表讲话,向美国、加拿大、澳洲等地的外国友人邮寄函件,揭露日本残暴的侵华战争,呼吁西方强国援助中国抗战。这一年,政府方面汇集了宋美龄的广播讲话、信件、新闻报道等文件,未加任何润色,编印了一本《战争与和平通讯》。由于出版仓促和文字未曾加工,包括作者本人在内对该书都不满意,但却真实地反映了宋美龄在当时的心境和思想。

1937年9月,抗日民族统一战线形成后,国共两党关系比较融洽,妇女运动的发展也较为健康。当时所有的妇女组织——救亡协会、女青年会等,以及新的战时团体,如在全国有着一百个以上的分会组织的全国妇女救济会及全国战时孤儿收容会等,于1938年5月25日至6月3日,在庐山开会,成立统一的妇女组织——新生活运动妇女指导委员会②,由宋美龄任指导长。参加庐山会议的各方妇女,有五十多人。中共方面出席的代表有邓颖超(周恩来夫人)、孟庆树(陈绍禹[即王明]夫人)。主席团除宋美龄外,还有李德全、吴贻芳、沈慧莲和曾宝荪,共五人。会议开得比较成功,结束时,发表了一个《告全国女同胞书》,里面谈到:"在妇女民众总动员之前,健全的机构及干部人才的训练是断不可少的……必定先要训练干部工作人员,才

---

① ［美］埃米莉·哈恩著、李豫生等译:《宋氏家族》,新华出版社1985年版,第277—278页。

② 《宋庆龄选集》上卷,人民出版社1992年版,第355页。

1938 年初,蒋介石与宋美龄在江西牯岭

能到各处去推动一般的妇女民众,所以我们决定于适当的时期内,设立妇女干部工作人员训练班。"

妇女指导委员会是一个真正的统一战线组织。国民党、共产党和无党无派的妇女站在平等的地位,参加会议的讨论。这个委员会成立后,其工作计划不仅包括援助孤儿和受伤的军民,并且包括进行文娱活动来慰劳前线军队,教育农村的妇女,出版杂志,恢复和改良手工业方法来发展地方生产,以及训练这一切干部的领袖与组织人员。

在妇女指委会里任职的,有一些是响应抗日统一战线的号召才参加这项工作的。其中,刘清扬任训练组组长,史良任联络委员会主任,沈兹九任文化事业组组长。据刘清扬事后回忆,宋美龄想办好指委会,但对各项工作都心中无数,手下又无得力之人,对国民党女党棍又看不上眼,所以才不得不重用刘、沈、史这些民主色彩鲜明的妇女运动领袖。但她还是怕共产党,当她告诉刘清扬(刘和其丈夫张申府[嵩年]是周恩来在法国加入中共的介绍人,后脱党,但仍与中共关系密切)要刘担任训练组组长时,刘警惕到将要发生什么问题,便摇头说:"我看不相宜吧!"宋反问:"为什么呢?"刘冷静地笑着说:"我要训练的是真能为群众服务、为祖国赴汤蹈火的干部,那样一来,会有人说我刘清扬是共产党,专门训练出一些共产党。那样,夫人你就不好办了。"宋忍不住笑起来:"啊呀,你说的一点也不错,陈立夫就对我说你是共产党,不能让你来训练干部。可是我相信你不是共产党,只要训练出能为抗日工作的干部就行,陈立夫他们管不了我的事,你做你的好了。"刘表示:"好吧,夫人如一定交给我这个任务,我就试试看吧。"①

宋美龄身边有英国人牧恩波、华籍美国人戴师母及澳籍端纳。总干事张蔼贞是宋的亲信,沈慧莲是军统的人。第一期训练班设在懿训女中。宋对这四十多个学员十分关注,几乎每天都到训练班去,纠正她们起、立、行、坐的姿态,教她们洗碗抹桌,收拾房间,要她们在日常生活中体会到人生与服务的意义。她做示范,到伤兵医院去为伤兵换药,缝制战士棉衣,照顾难童。有时师生在屋顶阳台做游戏,宋也来"与民同乐"。她有时穿得花枝招展,有时又穿衬衣工装,也拍了许多相片拿去宣传。学员毕业后分到乡下去做抗日救国宣传服务队,宋美龄还悄悄坐车去湖北孝感,了解群众的反映。群众纷纷反映,说是来了些女学生,自称是蒋夫人的学生,鼓舞大家抗日救

---

① 刘清扬:《回忆新运妇女指导委员会训练组》,《文史资料选辑》第85辑,文史资料出版社1983年版,第57—59页。

国，不做亡国奴，要节约捐输，妇女也要过问国家大事，过新生活，劳动生产，带好孩子，等等。又说学生们演过戏给他们看，帮他们打扫卫生，抱孩子，搞家务。宋美龄调查了几处，反映很好，她才去孝感城勉慰队员。

国民党、三青团要控制训练班，第二期学员主要是三青团干部人员训练班转过去的。当然其中主要还是爱国的抗日青年，特务是少数。第三班是在重庆办的，妇指会后来设在求精中学办公。在重庆，妇指会还办了高级干部训练班，训练各省妇女干部。妇指会在抗日战争期间，从前方抢救了两万多儿童到后方抚养，培养了上千名妇女干部，她们以"蒋夫人的学生"为名，在群众中做抗日工作，深受赞扬，因此宋美龄和妇女指导委员会在后方甚至在国外，享有很高的荣誉。在妇指会里，实际也有不少共产党员，真正起作用的是这些共产党人，以及党的同情者。蒋介石在挑起两党磨擦，按"限共""溶共"的同时，妇指会也维持着斗而不破的局面。到1940年，训练组的工作改由浮图关中央训练团来承担，便是出于"防共"这个原因。

2008年，美籍华人李又宁教授写了一篇文章，题目是《从〈工作八年〉一书看抗战时期蒋夫人领导中国妇女的贡献》。《工作八年》是新运妇女指导委员会编辑并发行的。1946年7月1日出版，由南京印书馆印刷。李又宁教授说，此书早已绝版，所以她把它当成一种史料重印，并加介绍。

我们现在所能看到的，是李教授的介绍文章。《工作八年》是总结新运妇女指导委员会成立后，八年的工作总结。文章摘引书中介绍宋美龄召集庐山妇女座谈会的情况："二十七年（1938年）5月20日，四十八个妇女工作领袖聚集在庐山，她们来自汉口、南京，来自福建、香港，来自昆明、重庆，来自全国各个角落。他们不分职业范围，不分思想派别，不分宗教信仰，应蒋夫人的邀请，到庐山来讨论战时妇女的任务，讨论如何增强抗战的效能，讨论如何动员与发扬中国妇女的伟大力量。""那时，正是徐州危急，津浦线上开展着剧烈的争夺战，千百万将士正在前线浴血抗战，千百万难胞正在向后方流亡，中华民族正在经历一个严重的考验时期，这四十八个妇女工作领袖的会聚，是有着多么重要的意义啊！"

这个会最重要的成果是订定了《动员妇女参加抗战建国工作大纲》，以"新运妇女指导委员会为推行一切工作的总机构。组织上，它由蒋介石任会长、宋美龄任指导员、张蔼贞任总干事。下设总务、训练、文化事业、生产事业、生活指导、慰劳工作、儿童保育、战地服务及联络委员会,另外各省市设妇女工作委员会"。

李教授的文章分项提要介绍各成绩。她写道:"抗战时期,在蒋夫人的领导下,中国妇女第一次全国性地动员起来。她们有一个共同的目标、共同的组织、共同的领袖、共同的计划,团结合作,共赴国难,这是空前的"。"新运妇女指导委员会的八年工作,宗旨明确,务实踏实,组织分明,同心协力,因此成效卓著,不但完成了蒋夫人对它作为'酵母'的期许,而且让全世界看到了中国妇女的力量。妇女们在抗战中是尽了最大力量的,如果说二次世界大战中美英苏三国妇女曾创造了辉煌的功绩,那末,作为联合国之一的中国妇女在抗战中也作了最大的贡献。"①

五、视察伤兵中途遇车祸

西安事变解决后,虽然中苏之间恢复邦交成为现实;但是日本侵略中国的节节进逼,中国政府内部亲日派势力的活跃,西方强国对中国坐视不救,仍有可能使日本亡华野心得逞。中国一旦对日屈服,苏联便处于日、德两国东西夹击之势,斯大林充分认识到了这种危险性。1937 年 8 月 20 日,《中苏互不侵犯条约》订立,随后,苏方派遣飞机志愿队在南京、武汉对日作战。到 9 月初,苏联运来了战斗机七十二架,轰炸机五十四架,侦察机十二架,以及一批火炮、战车、弹药等军用品。11 月,与中国政府签订了五千万美元的借款协定,以后两年,还相继提供了共两亿美元的贷款。12 月 25 日,中国方面又以桐油担保,向美国借到两千五百万美元贷款。

苏联的援助无疑是重要的。宋美龄作为航空委员会秘书长,对空军的作战尤为重视。1937 年 10 月 12 日,在美国《论坛》杂志 11 月号上,刊登了宋美龄写的《中国固守立场》一文,专门谈到中国空军对日作战经过,这些战

---

① 李又宁:《从〈工作八年〉一书看抗战时期蒋夫人领导中国妇女的贡献》,胡春惠、陈红民主编:《宋美龄及其时代国际学术研讨会论文集》,香港珠海书院亚洲研究中心 2009 年版,第 215—221 页。

斗,当然有苏、美两国的志愿人员参加。苏联历史学者沃龙佐夫曾写道:宋美龄支持空军,常常同丈夫参观机场,主持为飞行员举办的宴会,在宴会上为苏联志愿飞行员敬酒,祝贺他们成功地摧毁了日本设在台湾的最大空军基地,给所有苏联参战人员颁奖①。在保卫大武汉时期,苏联志愿人员作出了重要贡献,也付出了巨大牺牲。可惜,在整个国际社会,类似这种援助,毕竟太少了;中国空军没有制空权,中国军民的地面活动,便不能不受制于日本。宋美龄遇上的一次车祸,便与日机空袭有关,这次车祸,几乎使她丧生。

埃米莉·哈恩在《宋氏家族》一书的第二十五章中,记述了这次车祸的经过:

外国人心目中所创造的这一新偶像(按,指将蒋夫人比作埃莉诺·罗斯福、贞德、鲍狄茜——引者),或者说一对偶像,由于一位粗心的司机的缘故,险些在(1937年)10月23日消逝。当天,蒋夫人和端纳以及一名副官前往上海看望伤兵和处理其他一些政务。她像往常一样穿着工作装——一条蓝色羊毛便裤,一件衬衫——没有一处可以显示出她的身份,只不过她所乘的轿车马力很大,速度很快。后面还跟着一辆,里面坐着另一名副官。

车子驶入"危险区"后,他们开始留意天空,观察日本的轰炸机。

事情大约发生在4点30分。当几架轰炸机飞到上空时,小车陷进了路边的凹地。司机加速,但前轮撞到一块凸地,车被弹回一大段距离。在一般情况下,小车这时是可以重新掌握方向的,但不巧前轮又撞到一块凸地上,于是整个轿车翻出了公路,车里的人从后座中被甩了出来。端纳感到自己飞了起来;而且看到美龄和副官的身体在他眼前飞掠过去,他摔倒在翻倒的小车旁,有些战栗,但却没受伤。

端纳站起身,立即赶到美龄身边。她躺在一个泥潭里,失去了知觉。她脸上满是泥泞,四肢瘫软,但似乎没有擦伤,尽管脸色像纸一样白。端纳把美龄拖出泥潭,弯下身听她呼吸。虽然她一动不动,但却还

---

① 〔苏〕沃龙佐夫著、董友忱等译:《蒋介石之命运》,中共中央党校出版社1992年版,第162—163页。

活着……

"夫人！"端纳叫道。"夫人？"

一群农民聚拢了来。第二辆车上的副官也赶到了现场。端纳轻轻地摇着美龄瘫软的身体。

"喂，醒醒"，端纳粗声地说。"你最好醒一醒，睁开眼看看。"然后他开始唱了起来，"她轻松地飞向天空，秋千上那勇敢的少女……喂，夫人，醒醒！我希望你能现在看一看自己，你绝对是个美人！"

仍旧没有反应，夫人还是昏迷。一种恐惧的疑惑向端纳袭来……"你身上都是泥！"端纳吼叫道："你的脸上、裤子上和……哦，上帝，她没救了。"他自语道。

这时，美龄微微动了动，呻吟了一声。端纳即刻站了起来，把手放在她的腋下，扶她站了起来。"好啦"，他说道。嗓门很大，好像从没想到过她不行了似的。"你没事，你能走。来，咱们去找个住舍。"

美龄摇摆地站了起来，似乎摸不清头脑。"我恐怕不能走。"她反驳说。但端纳不容她考虑，挽着她朝一家最近的农舍走去。走到时，他还不停地对美龄说她如何像一个泥美人。端纳把美龄装有衣服的手提包交给她，劝她去换一条裤子。美龄单独一个人时，又险些昏过去，多亏端纳使劲地敲门，催她动作快点。

她再次坐到车里考虑下一步计划时，面色显得苍白。"我们现在这里"，端纳说，手里挥着一张地图。"如果你想回南京，我很高兴。但假如我们继续往前走的话，我们仍可以在进城之前视察一下伤兵，时间很充裕。你怎么想？"

美龄考虑了一下。"继续去上海"，她说道。轿车又起动了。这次开得慢了些。美龄静静地坐在车子里，听着自己的呼吸，想看看身体什么地方出了毛病。"我不能呼吸"，她突然惊恐地说。"一呼吸就疼。"

"那就别呼吸"，端纳不在乎地说。"肋骨断了"，他想到。"可不呼吸我就会死……"

然而夫人活了下来，尽管很痛苦。她当晚10点钟视察了伤兵，第二天一早安全到家。医生发现她确实摔断了肋骨，于是强迫她安静地卧床休息。她稍有些好转时,端纳便是位最同情的看望者。

"车祸发生时你怎么那样冷酷?"她问端纳。

"因为",端纳不无得意地说,"如果让一个女人倒下来,说她受了伤,她就再也爬不起来了。"①

在兵荒马乱的岁月,发生一宗车祸,并不是什么稀罕的事。问题是,遭到车祸的是蒋夫人。但是,这件事虽为国内外所获悉,却不曾广为宣扬。从这件事的发生,可以看出宋美龄是勇于冒险犯难的女人,在日机疯狂的时刻,仍敢于在缺乏护卫的条件下进行公务活动,这种爱国抗日的胆略,自然值得充分肯定。到撤退武汉之后,刘清扬还代表华北人民对她慰问,这也反映了当时人民对她的尊敬。

六、为保卫大武汉而奔走

国民政府为适应抗战需要,1938 年元旦,进行改组,孔祥熙任行政院长(兼财政部长)。2 月 1 日,蒋介石委任周恩来为国民政府军委会政治部副部长。国共合作,共赴国难。

这时,日本政府在军事、政治两方面施加压力。1 月 9 日,日本驻华大使川越茂在上海发表谈话,表示不承认国民政府,又通过德国驻华大使陶德曼,要中国政府答应其条件。在 1 月 16 日近卫首相发表不以国民政府为对手的声明后,中国政府于 19 日发表强硬声明,谴责日本侵略。次日,中国又召回驻日大使许世英,日本大使川越茂于 28 日返国,中日两国完全断交。在 1937 年 12 月 24 日韩复榘放弃济南后,徐州危殆,从 1938 年 3 月 5 日开始,蒋介石、李宗仁即部署对日军矶谷、板垣两师团的作战。自 3 月 6 日至 4 月 6 日,以台儿庄作战为中心的徐州大会战,歼敌两万余人,这是抗日战争以来取得的最大胜利。由于日军合围徐州,5 月 15 日中国军队突围,19 日,徐州沦陷。

在徐州弃守之前,蒋介石即开始筹划保卫武汉。为阻敌西进包围武汉,

---

① [美]埃米莉·哈恩著、李豫生等译:《宋氏家族》,新华出版社 1985 年版,第 267—270 页。

6月9日,蒋下令炸开郑州黄河花园口,顿时洪水滔天,数千里成泽国,淹死数十万人,更多的人成了灾民。但是,从战略上说,此举无法阻击日军进犯,仅是暂时起了阻敌作用。至10月中旬,日军已形成三面进攻武汉之势。

尽管日军进攻武汉是必行之势,但蒋氏夫妇一直坚持保卫大武汉的斗争。如前所述,宋美龄在武汉开展妇女抗日救国运动,成立了妇女指导委员会,开展各项活动。5月20日,她召集的庐山妇女谈话会,就是为了成立妇指会而进行的。她在谈话会上的讲话,与当时举国一致对日作战的精神,是完全一致的。她是要妇女领袖们聚在一起,对解决涉及抗战的许多重大问题,有所帮助。她用回答外国人发问的话,讲到团结的问题。她说:"中国现在确是团结起来了,统一起来了,这次日本帝国主义不宣而战的侵略,使全国人民饱受痛苦和困顿,要是这些痛苦和困顿还不能够教训中国人,觉悟到协力同心的必要性和重大性,那么,中国就只配亡国,永远不会再有希望了。"又说:"我个人认为我国现在最大的需要是各党各派以及社会各部门的团结合作,国家的利益高于一切,不论有什么党派的偏见,为顾全国家的利益都应该祛除净尽。在今天的中国,以促成团结为第一件要事,而促成团结,要从密切联络相互认识做起。"

宋美龄希望妇女界领袖们将谈话会的决议贯彻下去。她说,"我们中国人有个大毛病,空言和议论太多,切实的行动太少,妇女尤其如此。以致一切工作,往往不能发生持久的效果。我希望我们这一次就不是如此,庐山上的浓雾,看上去非常凝重,可是飘忽得很,一转眼间,会烟消云散,无影无踪。我们今天在这里开会,我希望我们的一切讨论和决议,能够成为一种具体的基础,以制定有价值的工作纲领,而不要像庐山的浓雾一样。"她心里计划的工作,认为平时与战时都重要的,包括:战时妇女工作问题,如何动员妇女民众,如何鼓励妇女参加生产事业,改善妇女生活问题,妇女团结联络问题。她要把所讨论的问题都纳入新生活运动的轨道,以达到目的①。

中共方面对宋美龄在抗战初期所作出的贡献,尤其是动员妇女参加抗战的努力,予以充分的评价。汉口《新华日报》1938年5月25日,在短评中

---

① 王亚权编纂:《蒋夫人言论集》下集,台北"中华妇女反共联合会"1977年版,第697—702页。

写道:"为了扩大和巩固抗日民族统一战线,蒋夫人才亲自领导全国妇女界领袖,商讨如何使二万万同胞能动员起来,团结起来,参加神圣的抗战……蒋夫人的这项极端重要的伟大工作,是值得每个人敬佩的。"

在武汉时期的宋美龄,可以说是为了抗战,全力以赴,她与妇女界领袖频繁来往,与基督教教友讲话,收到几千封各方面人士的来信,并对其中一部分作答。她还陪同蒋介石到河南前线视察。当然,更主要的,是她担当起做妇女指导委员会的领导工作,到处发表讲话,举办训练班,等等。从1938年3月15日起,她一连三天,搞抗敌运动大会,鼓励同胞发扬民族精神。宋美龄在18日发表《从艰苦中缔造崭新的民族》一文,揭示发动这次运动大会的重大意义,她说:"这三天就分别表现我中华民族当前最急迫的三种需要,我们要唤起同胞一致的注意。一致的奋起。第一天是新运日,要全国同胞切实实践新生活运动的信条;第二天是抗敌日,要全国同胞继续坚强他们抗战的决心与毅力;第三天是建国日,要全国同胞在日寇凶残破坏的瓦砾堆中,筹划怎样可以重建我广博繁荣的新国家。我们同处在一个遭遇大难的国家中,受苦受辱的人们,应该上下一心,大家联合起来,激励我们爱国的热忱,鼓足我们奋斗的勇气,贡献每一个人的精神力和物质力,向着独一无二的目的迈进。"①总之,这个时期宋美龄宣传工作中的主题是抗战建国。

宋美龄还一以贯之致力于救济难童的工作。早在1938年4月4日,她在《妇女生活》杂志上撰文《谨为难童请命》。她号召"全民一致起来,有力的出力,有钱的出钱,来帮助那些无家可归无力自给的被难同胞"。又说:现在成千成万的儿童,有的父母死亡,成了流浪的孤儿,有的虽有父母,但他的家庭已经穷无立锥之地,衣食都成问题。这些儿童全是要我们去照顾的,怎样解决他们的衣食住问题和教育问题,全是我们的责任。他们都是未来中国的壮丁,也就是支持国家实力的一部分,我们怎能任他们去流浪,变成乞丐,变成匪徒,变成嗷嗷待哺饿殍。为了民族的荣誉打算,我们断不能让这种惨象扩大,就我们爱护儿童的天性上来说,我们也不忍见这成千成万天真的小

---

① 王亚权编纂:《蒋夫人言论集》上集,台北"中华妇女反共联合会"1977年版,第112—119页。

孩流浪无依;可是最重要的,为完成我们保全国家实力的任务起见,我们更不能坐视这些儿童被难而不救。她号召大家响应战时儿童保育会的募款运动,为实现最低目标保育两万儿童的费用而努力,并设法将这些难童运送到后方安全的几个中心去。然后训练他们,使之具自力求生的本能①。显然是在她的影响下,1938年3月,蒋介石曾下令各地,确切调查难民中之孤儿,设法移送后方安顿。

由于日寇侵华带来中华民族的灾难,毫无抵抗能力的儿童遭受比成年人更为悲惨的劫难。除了被屠杀、掠夺,还经受流亡,留在原地的,则受到奴化教育。因此,为民族未来着想,战时儿童保育成为妇女领袖们和社会人士所关注的问题。

1937年8月1日,中国妇女慰劳自卫抗战将士总会在南京成立后,宋美龄号召"保卫国家的完整,保卫民族的生命,应该尽人人的力量,来抵抗敌人的侵略",妇慰总会的委员们便提出发起组织儿童教养院,此议得到宋美龄的支持,她也亲自寻找设教养院的院址。

1937年12月南京沦陷,妇慰总会在武汉办公,它继续筹划儿童保育工作。这时,国共合作局面已成,在邓颖超等中共人士推动下,1938年1月20日,《妇女生活》杂志刊登了由沈钧儒起草、李德全、邓颖超等人签名的《战时儿童保育会缘起》,号召全国各界人士"有钱出钱","有力出力",共同担负起救助难童的重任。这篇文章刊出后,宋蔼龄、庆龄、美龄三姐妹等妇女界名流纷纷签名支持。2月13日,《新华日报》刊登时评《救济与保育我们的儿童》,表示希望政府、社会各界对保育儿童的工作给予极大的注意和帮助。李德全等人决定邀请宋美龄出面领导战时儿童保育会工作,这当然是考虑到保育工作者需要得到政府与各界人士的支持,宋美龄的地位和影响力,正适合担任这份工作。她接受了这项邀请。2月28日,宋美龄在保育会筹备会议上,讨论了建立儿童保育院、经费募捐、儿童教养等问题。她说:"此等中国将来之主人,如不及时教养,良心固然有亏,民族前途更受极大

---

① 王亚权编纂:《蒋夫人言论集》上集,台北"中华妇女反共联合会"1977年版,第120—124页。

影响。现在保育会既有人才努力工作,经济方面当在可能范围内,尽力协助。"①

战时儿童保育会于 1938 年 3 月 10 日在汉口圣罗以女子中学举行成立大会。宋美龄对出席大会的七百余位来宾与妇女界人士发表演说,她说:"在这个抗战剧烈的时期,对于战区和非战区儿童们如何教养,如何保护,使无家可归以及失去父母亲的儿童们,不至于流离失所,不至于孤苦无依,不至于游惰失教,岂不是应该由我们毅然担当起这个责任来么?儿童保育决不是一件平凡而普通的工作,实在是于国家民族很大关系的基本工作。儿童是未来的国民,是民族幼苗","这不单是为人道,我们应该如此做;为救国,我们应该如此做;为支持抗战与建立战后的新中国,我们更应该如此做!"②会议选举五十五名理事,以宋美龄为理事长,李德全任副理事长。在12 月举行的理事会第一次会议上,又推选宋美龄、李德全等十七人为常务理事,常务理事会处理日常事务。分设秘书处及设计、组织、宣传、保育、经济、输送六个委员会,于是日开始办公。如同宋庆龄日后所说,保育会成了宋美龄的领地。

战时儿童保育会成立后,要求各省成立分会和保育院或临时保育院。武汉失陷前夕,保育总会迁往重庆,继续筹集经费,从事抢救难童等工作。各地分会主任,多由该地行政首长夫人担任,上行下效,教养合一,成效显著。经过两年多努力,取得了一定的成绩。1939 年 10 月 20 日,宋美龄在全国儿童保育院院长会议上谈到,已经保育了两万个儿童,每月经费二十五万元,除国家补助大约四分之一以外,大部分都是辛劳募捐得来的。她指出,还有几十万几百万流离、困苦的儿童得不到救济,还有许多工作要做。这个成绩的取得并不是容易的。1938 年 4 月 14 日,她在给纽约某朋友的信中,便谈到她组织机关,收容难童,募集经费之事,她说:"因为航空委员会费去我太多时间,所以辞去了该会的职务,俾有充分余暇去从事救济难民,尤其是救济难童,以及别种工作。我把航空委员会的职务让给家兄子文,于

---

① 肖如平:《宋美龄与战时的儿童保育会》,胡春惠、陈红民主编:《宋美龄及其时代国际学术研讨会论文集》,香港珠海书院亚洲研究中心 2009 年版,第 291—302 页。
② 王亚权编纂:《蒋夫人言论集》上集,台北"中华妇女反共联合会"1977 年版,第 543—547 页。

宋美龄陪同蒋介石视察四川省綦江县(今重庆市綦江区),与当地的女学生交谈

是自己好从事别方面的工作了。"①为募集经费,宋美龄真是不遗余力。她在 1940 年 11 月 21 日对美发表广播演讲,感谢美国妇女界对中国的援助。讲到保育会时,她说:"我们战时儿童保育院,目前的经验和成就,在儿童教育史中可说是没有先例,因为生活程度的高涨,这个快乐的小集团,在政府的接济以外,如今更迫切地需要外界的援助。这些难童表示着中国未来的希望,他们从自身艰苦的经验里,正像整个中国的国民那样,认识了合作团结的重要。"据统计,1938 年 3 月到 1943 年 6 月,国民政府与各地方政府共拨费用一千三百七十万九千九百九十七元,其余费用由海外华人及外国友

①　王亚权编纂:《蒋夫人言论集》上集,台北"中华妇女反共联合会"1977 年版,第 543—547 页。

人所捐,是保育会主要经费来源①。在她领导之下救济难童的总委员会,做具体的收集、运输、遣送等工作。各处的教会在这项工作中,也尽了一份力。

武汉是九省通衢,无险可守。1938 年 6 月下旬,日军占九江,即沿江西进,10 月中旬,武汉已闻到敌军的炮声。10 月 21 日,南方重镇广州失守。10 月 25、26、27 日,汉口、汉阳、武昌三镇相继弃守。蒋介石的战略思想是保存实力,长期抗战。此时武汉地位已失去重要性,如勉强保持,则最后必失,不如决心自动放弃,保全若干力量,以为持久抗战与最后胜利之根基。在放弃汉口前夕,24 日晚,蒋氏夫妇乘飞机撤往湖南衡阳的南岳,但飞机迷失方向,只得返回汉口。次早 4 时南飞,日寇已迫近汉口城外十五公里之地。11 月 13 日凌晨,湖南当局在蒋介石"焦土战术"思想指导下,火烧长沙。12 月初,蒋氏夫妇来到重庆,在陪都领导抗战。

---

① 肖如平:《宋美龄与战时的儿童保育会》,胡春惠、陈红民主编:《宋美龄及其时代国际学术研讨会论文集》,香港珠海书院亚洲研究中心 2009 年版,第 291—302 页。

第六章　陪都雾蒙蒙

一、迁都重庆

1938年11月25日，蒋介石召开南岳军事会议，总结第一期作战，提出了第二期抗战设想，总的估计是，第二期抗战就是转守为攻、转败为胜的时候。实际上，这种反攻一直等到1945年秋天。武汉撤守以后，日寇未进攻长沙，蒋介石有意将统帅部迁回长沙。但长沙大火之后，大机关已无法安置，12月初，蒋氏夫妇只好来到山城重庆。从此重庆正式成为陪都。

蒋介石对其居所，一向不太讲究。有的记述称，蒋矫情自饰，不住惹人注意的住宅。在南京时，住中山陵陵园附近和城内香林寺（黄埔路）中央军校校园。到了重庆，住过曾家岩德安里张群的住宅和黄山附近蒋的别墅。又称，蒋同宋美龄的生活很难搞到一起，有时共食，一般是分别进餐，各不相扰。这种说法不会是无根之谈，但家庭生活还牵涉到一些政治因素。按蒋的生活习惯，下午6点后，他往往偕夫人乘车出巡，或者悠闲散步。晚餐在7点半进食，这时常常邀请高级官员和政府行政官员共餐，他们边吃边讨论当前的有关问题。在这种场合，宋美龄就不一定都参与，她有自己的事情。

抗战以来，蒋介石身体状况良好，与宋美龄的照拂是分不开的。重庆气候条件不好。每年 10 月至第二年 4 月多雾。4 月以后,除了气候炎热,多雨水,便是日本飞机常来轰炸,空袭警报一拉,便要钻防空洞。日机空袭使许多平民伤亡,房屋焚毁。空袭之后,宋美龄总是为难童、难民的救恤奔走。例如,1939 年"五三""五四"日寇对重庆的狂轰滥炸,造成惨重伤亡及财产损失。第一天炸死了许多平民,当局在第二日准备了更紧急的指令和通知。但天刚黑,敌人的飞机又来了。由于警报系统出了毛病,紧急警报没拉响,解除警报声却响了起来。几分钟后,敌机出现,发现城里没有实行灯火管制,炊烟四起,人们从防空洞里涌出来,充斥在街道上。在日本飞机轰炸之后,数以千计的人丧生。火灾整整烧了一夜。消防队和警察一直在英勇地扑灭火灾和抢险。

1940 年 8 月 23 日,在重庆大轰炸中,宋美龄赴灾区视察,到难民饮食茶粥摊上亲自施粥慰问灾民

这场空袭,真是令人怵目惊心,在街旁,在空地上,街头巷尾,到处摆着棺材。妇女指导委员会做了许多救济工作。孤儿们分别由负责他们的妇女

照看。第二日清晨之前,六千多儿童被送往农村,让他们走得越远越好,直到他们能进一步得到援助为止。

蒋介石在 5 日清晨来到一个遭毁的地区,他一个人沿街来回走动。他表示对发生这一事件,他本人要负完全的责任。《陈纳德传》的作者写道:1939 年,飞机还刚开始在战争中发挥作用。为数不多的中国将军在用轰炸机炸毁中国泥土城墙时懂得了它的价值。中国人开始懂得炸弹在对付不设防城市时的破坏力量。蒋介石早已看到空中力量的潜力,特别是在地面上的战事处于胶着状态时,他更感到空军的重要性。

刘清扬日后谈到这次空袭时写道,"日寇到底在这山城上空落下多少炸弹,真难计数。当时我们的飞机、高射炮有限,防空设备差,只有束手挨炸。警报一来,人流像潮水一般涌向郊区,尤其是通往化龙桥、小龙坎、沙坪坝、磁器口的一条路上,更是烟尘弥漫,难民载道。拖儿带女不说,还有不少病人,也一路抬着走。我提议由妇女指委会沿途设水站,供应些简单吃食。我选择一些热心的工作人员,自己也参加,沿路八九个站上全树起了新生活运动妇女指导委员会茶水站的布幡,借用沿路的小店或民房,供应茶水和粥。报纸上刊载了茶水站造福人群的新闻,蒋夫人领导妇指会有方的声名传播开了。茶水站供应了四五天,至难民疏散已毕而止"[①]。

蒋氏夫妇对于卖力为他们服务的人,还是关心的。陈布雷便是一个例子。迁都重庆后,陈布雷住在美专街一号。这位日日夜夜为蒋氏效劳的幕僚长,感动了宋美龄。在当时交通不便的情况下,宋总是想尽办法从印度空运三五牌香烟、美国奶粉,按时送给陈布雷。1939 年 4 月以后,陈由于工作繁忙,精神疲惫。蒋氏夫妇发现以后,宋美龄对陈布雷表示:"陈主任,你身体不好,不要硬撑,主席很不放心,嘱我告诉你,是不是易地疗养?是不是到昆明去休养,那边气候好。所有休养费用,交通工具,我会关照的。"陈布雷感激地回答:"多谢蒋先生和夫人关心,去昆明太远,万一蒋先生有事,恐有不便。"到 5 月上旬,宋美龄又来到陈布雷住所,捎去蒋的亲笔信:"易地疗养

---

①　刘清扬:《回忆新运妇女运动指导委员会》,《文史资料选辑》第 85 辑,文史资料出版社 1983 年版,第 68 页。

不便,可在近郊疗养,修书敦促,请即离渝,保重身体。"之后,陈到北碚休养去了。休养期间,仍在整理蒋介石日记,书写讲稿、函札,黾勉从事,孜孜不懈[①]。

二、汪精卫投敌后的蒋氏夫妇

在孙中山晚年,汪(精卫)、胡(汉民)、廖(仲恺)是他最重要的助手。孙中山死后不久,广州政府内部发生廖仲恺被刺事件。廖死,胡因涉嫌出国,主持广州军事的蒋介石地位突然窜高,成为唯一有力量与汪抗衡的人。"中山舰事件"后不久,汪也走了,形成蒋氏一人独大的局面。从 1925 年到 1938 年的十四年中,蒋、汪二人几次分合,始终各怀鬼胎,未能真诚共事。1938 年 3 月 29 日至 4 月 1 日,国民党在武汉召开临时全国代表大会,讨论党务问题与施政方针。决定实行总裁制,选举蒋介石为总裁,汪精卫为副总裁。此举标志着蒋氏在国民党内独裁地位进一步强化,权力更进一步集中。蒋任总裁、中央军事委员会委员长,汪则任副总裁、中央政治委员会主席、国民参议会议长。抗战军兴,蒋介石不仅控制了军队、特务系统,行政院长兼财政部长孔祥熙又是受蒋颐指气使的连襟,所以在中国权力的天平上,蒋、汪之间,无疑是向蒋一边倾斜。对于毕生追求权力的汪精卫来说,自然是心有不甘,思有以改变之。

自中国全面抗战开始后,日本政府一面对中国予以军事打击,节节进逼;另一方面又开展"和平运动",即对中国政府内的蒋、汪两集团,进行政治诱降。蒋、汪两个集团都有自己的对日联络渠道,联络从未中断过。武汉弃守以后,日方放慢了军事进攻,主要采取政治诱降的手段活动。

1938 年 11 月,汪精卫的代表高宗武、梅思平在上海与日本特务头子土肥原贤二,订立了"重光堂协议",商定成立汪记伪政权之措施,实现中日"和平"的条件(包括订立"防共协定"、承认"满洲国"、承认日本在华经济优先权等)及汪氏叛逃办法。12 月 18 日汪精卫夫妇及秘书人等乘机潜往昆明,在

---

① 王泰栋:《陈布雷外史》,中国文史出版社 1988 年版,第 127 页。

云南省主席龙云的安排下,次日下午飞越南河内,正式走上了背叛国家民族的罪恶道路。

汪精卫与日本人有来往,蒋介石是知道一些的,但他计划出逃,因属诡秘活动,蒋不清楚其事。20 日,蒋介石乘飞机到西安,转乘火车到武功农校驻节。21 日,蒋氏正在武功主持军事会议,得行政院副院长张群报告,始知汪已离昆明去了河内。蒋去电龙云询其详情,22 日得龙云电,电中称:"汪临行时明言与敌倭有约,到港商洽申倭和平事件。"蒋氏在日记中曰:"不料兆铭糊涂卑劣至此,诚无可救药矣。"他哀叹:"呜呼!党国不幸,乃出此无廉耻之徒!"①汪氏出逃,消息无法掩盖,蒋介石公开言论,是谴责近卫声明。对汪则仍留有余地,蒋还通过各种关系,要汪勿公开主和,表示与中央异致,予敌可乘之机。并派人送去护照,望赴欧洲暂事休息。但是,汪投敌主意已定,他和追随他的亲信研究后,12 月 31 日,在香港《南华日报》刊登了投敌宣言——"艳电"。这则通电是 29 日(艳日)拟定的,它是以公开向国民党中央党部,总裁及中央执、监委提出建议的形式发表出来的。不管用了多少漂亮言词,它实质上是"处处为敌人要求,曲意文饰;不惜颠倒是非,为敌张目;更复变本加厉,助其欺蒙"(《开除汪兆铭党籍决议》文)。"艳电"发表后,举国同声怒斥,指汪为叛徒、国贼,纷纷要求缉拿严惩。1939 年 1 月 1 日,在蒋介石主持的国民党中央执、监委员会临时紧急会议上,决定永远开除汪的党籍,并撤除一切职务。蒋主张对汪的处分不要过于严厉,对参与汪氏行动的人,也不要追究,这样做,缩小打击面,稳定人心,孤立汪氏,使蒋在政治上处于有利地位。汪精卫已出逃,蒋介石在国民党内已无足以比肩而立的人了,成了名副其实的总裁。汪精卫的出逃,在重庆国民党统治集团内消除了蒋介石的最大对手,对于蒋大权独揽,无疑是提供了一个机会,他可以随心所欲地行使权力。但是,汪精卫集团投日,蒋怎么办?如果蒋介石不走汪精卫的道路,那么,在日本人的政治诱降与军事进逼面前,要进行抗战,就得寻求外国,尤其是美、英的援助。在这方面,与美国有广泛而紧密联系的宋氏

---

① 黄自进、潘光哲编:《蒋中正"总统"五记》"困勉记"下,台北世界大同文创股份有限公司 2011 年版,第 645—646 页。

兄弟姐妹，便有了施展本领的天地了。

美援，可以说是蒋介石长期抗日的生命线。1938年9月，胡适被任命为驻美大使。经过胡适的活动，罗斯福总统于是年年底宣布贷款两千五百万美元给中国，而美国此时仍对日本提供石油、钢铁等战略物资。

据载，1939年夏天，蒋致函罗斯福，呼吁美国援助，内谓："中国急盼美国政府暨金融界人士，进一步及时提供援华物资。鉴于日本企图破坏我之货币和经济组织，值此转折关头之大量援助，将对我们起到无法估量的作用。"与此相配合，宋美龄告诉美国读者："我们希望能够得到可靠的援助，使我们继续战斗下去。如果民主国家不能确保提供援助，那么，总有一天会因为让日本打败中国而追悔莫及……当人们想到民主国家是如何让……中国灭亡时，有理由怀疑他们的头脑是否出了毛病。"①早在1937年11月27日，宋子文（这时已辞去政府行政职务，任国府委员、中国银行董事长）赴香港闲居。1940年6月，宋被蒋介石委任为其私人代表，赴美国处理有关事务，谋求更多的财政援助。宋子文求援经历了许多困难，随着形势的发展，他的活动取得了一些成效。他在为蒋氏政权经营借款的同时，也聚敛了大量财富。宋子文求援成功对于蒋介石因财政困难和汪精卫出逃而造成的政治危机起到稳定作用。

三、三姐妹走到了一起

宋美龄患有荨麻疹病，这种病的患者在受到气候或情绪发生波动时，便会复发，这是一种奇痒，令人夜不成眠的折磨人的疾病，她常常苦于这种神经性皮炎。波谲云诡的政治斗争，紧张忙碌的战时生活，使居于中国第一夫人高位的宋美龄的身心承受着巨大压力。

对于到重庆初期的宋美龄，熟悉她的情况的埃米莉·哈恩在其书中写道："虽然蒋夫人断言她的身体很好，并且不是那种称之为健康不佳的人，但她健康状况并不令人满意。成年累月地生活在多雾的重庆，连续数小时

---

① ［美］西格雷夫著、丁中青等译：《宋家王朝》，中国文联出版公司1986年版，第515页。

为师范学校的女孩们讲课,失眠和过度操劳,使她颅穴发炎,遭受到最痛苦疾病的折磨。在 1937 年 12 月,香港来的塔尔伯特大夫为她动了手术,此后几天里,他守护在她身边,不让她去进行公共讲演,他还竭力地劝她到阳光充足的地方去。蒋夫人感到自己不能离开总司令,有一次她到前线去了一趟,这等于自己打破了规定。她不甘欣然从命的另一个理由是,师范学校正在培养一个最为重要的班级,这一班的女孩将成为本校在全国各地附属学校的教师,她不能在学生们在领受她的几番教诲之前就进入社会。"①这里说的师范学校,可能是妇女指导委员会办的训练班,宋美龄对这个训练班抓得很紧,前面已讲过。妇指会在武汉、湖南两期干训班毕业后,在重庆办起第三期及以后几期。第三期学员原来在武汉,是陈诚的部下,共四百四十八名战干团女生。她们住在求精中学宿舍。开学以后训练班领导刘清扬发动她们除茅草,清理操场。宋美龄听了汇报,大为高兴,开会为她们庆功。据刘清扬说,宋美龄还曾在重庆华贵的嘉陵宾馆请第三班学员四百多人吃西餐。为了训练她们如何吃西餐,她高站在椅子上,说明使用刀叉汤匙、切面包、吃沙拉、喝汤的种种规矩。"当时孙夫人宋庆龄也在场,她转过头来对我耳语说:你们指导长要把学生训练成大使夫人啦,其实美国穷人吃饭也用手抓。"宋美龄后来还办了四川班、护士班及各省派来受训的高干班。

　　宋美龄的颅穴手术没有完全成功,至少传说是如此。1940 年 2 月 5日,她以休养为词,到香港去了。宋美龄此行虽然有治疗休养的计划,但是,还有更重要的事要她去做,这就是就近从侧面协助蒋方代表"宋子良"与日方的秘密谈判工作②;另外,就是设法将宋庆龄请到重庆来。

　　1939 年 1 月,在国民党五届五中全会上,蒋介石将"做了日军傀儡的汉奸"与"不服命令的共产党"作为政府面临的"两大内敌"的思想加以贯彻,"整理党务"成为主要议题,研究如何与共产党作积极之斗争,确定"防共、限共、溶共"的方针,设立了"防共委员会",在《国防最高委员会组织大纲案》

---

①　[美]埃米莉·哈恩著、李豫生等译:《宋氏家族》,新华出版社 1985 年版,第 316 页。
②　杨树标:《蒋介石传》,团结出版社 1989 年版,第 407 页。

中,规定蒋"对于党政军一切事务,得不依平时程序,以命令为便宜之措施",真正到了"乾纲独断"的地步。事实证明,在抗战进入第二阶段不久,蒋介石便开始一边抗日,一边反共;他一边抗日,又一边与日本联络,他始终没有放弃与日本和谈的活动。

但从"七七"事变发生,迄1938年1月15日,蒋介石与白崇禧、蒋鼎文等,商决苏、鲁、豫、皖战略,晚,研究倭情,曰:"此一星期中,倭敌以宣战、否认我国民政府,与继续军事、自由行动等等威胁逼迫。"16日,蒋对德国大使调停作指示:"应明白德大使,如倭再提苛刻条件,则应拒绝转达。"①20日,蒋介石通过德国驻华大使陶德曼与日本进行调停,在中国驻日大使下旗归国后,调停宣告失败。此外,重庆政府外交部亚洲司司长高宗武,受命同亚洲司日本科科长董道宁一起,与日本"满铁"驻南京事务所主任西义显联络。董、高先后赴日本。高之赴日,蒋介石事先不知道。高先后会见了日本近卫首相与板垣征四郎陆相。日方坚持要蒋介石下野,意在由汪精卫主持政府。蒋对此大为恼火。高由此被日方利用专为汪精卫服务。

汪精卫投日之后,日本手中有了一个工具,用他来向重庆施加压力,想在1940年年底以前使蒋介石屈服。当时中国政治舞台上,只有蒋介石才有实力和影响。为了争取蒋介石,日方加紧活动,1939年9月15日,日本参谋本部拟定《以建立中央政府为中心处理事变的最高方针》,指出,"建立新中央政府的工作,其实质包括促成重庆停战的指导,吸收其武力、财力"。

1939年10月,日本在南京成立"中国派遣军总司令部",11月底,参谋本部的铃木卓尔中佐被派驻香港,策划与重庆政府的联络工作。在此之前,孔祥熙通过其亲信,先后与日本人萱野长知、板垣征四郎及日本驻香港领事中村丰一接触,但都未能成功②。

"八一三"抗战上海失陷后,宋蔼龄、宋庆龄、宋子文、宋子良姊弟先后转移到香港。

---

① 黄自进、潘光哲编:《蒋中正"总统"五记》"困勉记"下,台北世界大同文创股份有限公司2011年版,第594页。

② 杨凡译:《日本外交档案中有关孔祥熙与日本"和谈"的记录》,《孔祥熙其人其事》,中国文史出版社1990年版,第132—137页。

据日本参谋本部中国课负责人今井武夫回忆,铃木卓尔到香港后,经香港大学教授张治平的斡旋,提出要会见宋子良。宋子良当时任西南运输公司主任。不久,蒋介石获悉此项要求,同意与日人秘密接触。但是,对于宋子良出面一事,因种种关系,颇费周章。后来戴笠设计,在军统人员中挑选了一名精通外事且长相与宋子良酷似之干部名曾广者,冒名顶替,与日本人接触。据前军统浙江站负责人童德诚、章微寒记述,军统内并无曾广其人,可能是当时任军统香港站站长的林新衡的化名。蒋介石这样做,当然是留有余地,可进可退。1939 年 12 月下旬,这位化名宋子良的人与铃木卓尔(日本驻港武官)第一次会见,相互交换了意见。宋美龄在 1940 年 2 月 5 日抵港后,住进香港沙逊街孔宅。5 月 7 日,报纸刊登了宋美龄到香港治疗牙病的消息。

蒋、日秘密谈判从 1940 年 3 月 7 日至 10 日正式进行。蒋方代表为宋子良(曾广)、章友三(最高国防会议秘书,前驻德大使)、陈超霖(陆军中将、重庆行营参谋处副处长);日方代表铃木卓尔、今井武夫、白井茂树(大佐,参谋本部第八课课长),地点在香港东肥洋行。蒋方证明书由最高国防会议秘书长张群签发,日方则系陆相畑俊六颁发。谈判分歧在中国承认"满洲国"、日本在华部分驻军及对汪精卫政府的处理问题。原来汪伪政权准备在 3 月 12 日成立,因谈判开始,日方同意延至 3 月 30 日。由于蒋方以承认伪满一时不易决定,使日方大为不满,汪伪政府便于 30 日成立了。这四天谈判,结果用电报发往重庆,并设立联络组,逐日乘班机往返于港渝之间,与在重庆谈判一样方便。这时宋庆龄住在九龙嘉连边道二十五—二十七号宋子文寓所。宋庆龄对美龄来香港,自然是知道的,但对其来港究为何事,则未必十分了解。

蒋、日双方谈判在 4 月 11 日以后继续进行,直到 7 月,仍在讨论双方由局部停战到全面停战,以至结成"东亚联盟"的问题。但因不久日、德、意结成轴心国同盟关系,美、英两国加强了对重庆的援助,另外汪精卫伪政权建立后,日本人加强对汪伪政权的经营,故蒋、日之间的"和平运动"谈判也因此中断了。

1940 年 2 月,宋美龄自重庆飞往香港后,获悉返国休息的陈纳德将取道香港回中国大陆,她决定以朋友的身份到机场去欢迎他。2 月 12 日星期六(按原文如此)下午 3 时抵达时,天气寒冷和阴霾。当夜,蒋夫人和端纳在香港启德机场迎接陈纳德,向他介绍他不在期间所发生的一切。陈纳德传记的作者写道:晚上 8 点 30 分他遇到他们时,夫人还像以往那样美丽,穿着一件黑色大衣,围着一个貂皮领子。夫人在介绍空军训练计划时,端纳没有说话。计划进行得不妙,原因是缺乏驾驶员和飞机。好在中国空军已得到一批鹰式 75 飞机,并已部署在中国的各个空军基地。她希望能听到他从美国带来一些令人鼓舞的消息,但是,陈纳德没有什么可以告慰他们的。2 月 15 日,陈纳德取道桂林赴重庆,宋美龄则继续她在香港未完的活动①。

自抗日战争爆发以后,国共两党关系暂时得以改善,形成第二次国共合作的局面。出于结成统一战线共赴国难的需要,宋庆龄对蒋介石的态度也有所变化。国难使宋氏三姐妹走到一起,至少是暂时得以团圆。

1940 年 4 月 7 日,宋氏三姐妹在重庆聚首,宋美龄(左一)、宋蔼龄(左二)、宋庆龄(左四)与蒋介石合影

对于这段历史,埃米莉·哈恩在《宋氏家族——父女·婚姻·家庭》一书中作了详细的叙述。她在书中写道:

---

① 〔美〕杰克·萨姆森著:《陈纳德》,东方出版社 1990 年版,第 57 页。

　　后来的六个星期里，香港沙逊街的那所房子里呈现出一片繁忙的景象。孙夫人此时也离开了自己的住宅，搬了过来。在这些快活的日子里，三姐妹完全忘记了她们各自的公开作用，这是多年来她们第一次心安理得地摒除政治上的分歧，"联合阵线"已在这所房子里成为事实。三姐妹一起闲聊，一起烹饪，一起开玩笑这些都是外人无法理解的、昔日家中的笑话。她们互相试穿衣服，美龄要买一条便裤，并向孔夫人保证，去重庆时，她一定穿这条裤子。她决心带她两位姐姐一同回去。

　　即将到来的旅行，被安排在汪精卫临近就职典礼的日子，这真是个绝妙的主意。如果三姐妹在首都重庆的大庭广众中露面，那么人们就不再会相信宋家分裂以及政府分裂的谣言了。姐妹们同意了这种安排，只是庆龄做出规定，要求孔夫人答应一个多月后陪她一同返回香港，不要忧虑飞机空袭或沉迷于热闹的场面而拿不定主意，无限期地留在四川。庆龄在这块殖民地有工作要做，她不想失去自己喜爱的姐姐陪她。

　　随之而来的是一场使蔼龄感到为难的经历。这期间，人们给她拍照，她本人要接受新闻界的采访，在自己家中举行会议，还要亲自发表许多讲话。三姐妹出席了许多讨论会。在此期间，蒋夫人不断地摧毁孔夫人过去多年来筑起的一堵腼腆的城墙。孙夫人也随声附和，认真劝导蔼龄从隐居生活中走出来。她们的建议取得成功。在香港有影响的妇女召开的一次会议上，孔夫人被选为伤兵之友协会的主席。"因为没人比她更适合这个职务"，当人们意识到这个选择由孙夫人庆龄提出时，一些人为此瞠目结舌。激进报纸在发表评论时都没提到这句话。

　　三姐妹动身的前夕，蒋夫人宣称她已痊愈，此后，她们干了一件惊人的事情。三人一起出现在香港饭店并在那里用餐。这个举动令人感到惊奇有两个原因：首先是因为她们三人中任何一人从未在这种地方露面；其次是十年来人们从未见过她们团聚在一起。其实有一天晚上，孔夫人曾在此大庭广众中露过面，这全是因为她的弟弟子良去看她并坚持要她这样干的结果。

埃米莉·哈恩在书中介绍了宋子良动员他的大姐到香港饭店用晚餐的经过。她接着写道：

坐进封闭的轿车里,他们庄重气派地驶向香港饭店,子良催她通过前厅走入电梯,然后乘电梯通过众人跳舞的舞厅,又升越上面的几层楼,到达顶层的餐厅。子良这天晚上包订了餐厅。在这间富丽堂皇的餐厅里显得清静雅致,子良小心谨慎邀请来的这伙人都是蔼龄平时老见的熟人,他们衣冠楚楚地坐在这里用餐,除了侍者外,没有一个外人进入餐厅。吃过饭,他们就回家了。

对于这次餐会,埃米莉·哈恩进一步作了描述:

这一次,一切都变了,宋氏姐妹坐在舞厅里,背对墙壁,看着香港的名流,英国的洋行经理和官员,风流的英国女郎以及一些中国的百万富翁偕夫人在吃喝、跳舞。消息很快传开,不一会舞厅看起来像挤满人群的温布尔登闹市区。当对对舞侣踏着舞步经过那张长桌时,他们的头转来转去,似乎人人都长了猫头鹰似的脖子。一双双眼睛按英国礼貌许可的限度目不转睛地盯着她们。千真万确,宋氏姐妹在那里,全都在一起——孔夫人温文尔雅,风采卓著。新近康复的蒋夫人容光焕发。孙夫人穿一身黑衣服,她头发平滑光亮,双眼流露出欢快的神情。

"我相信她们两人会在那里",一个新闻记者断言,"但想不到孙夫人也在那里,她从来不和其他两人在一起,也从未和她们一起光临过这个英帝国的前哨所!"

"这里是芬兰",另一个人强调说,"你注意听我的话,这里是芬兰,她现在一定完全憎恶俄国人了,这是一种倒退的倾向,这完全是在芬兰。"

"不,不对,"前者突然说道,"我知道你所指的是何许人,那应该是汪精卫。"他们转过脸,再次盯向墙边那张桌子旁三位正在平静地吃晚餐的中国夫人,似乎她们并不是象征性的人物。[①]

3月8日,庆龄、美龄姐妹和大姐蔼龄,还一起出席香港各界纪念"三八"国际妇女节茶话会。一时盛况,备受世人注目。28日,宋美龄又召集香港各界爱国团体举行联席会议,目的是研究如何在香港开展"伤兵之友"运

---

① [美]埃米莉·哈恩著、李豫生等译:《宋氏家族》,新华出版社1985年版,第317—320页。

动。她在发言中充分赞扬宋庆龄通过保卫中国同盟(保盟)和中国工业合作社(工合)为援助中国的战争受灾同胞所做的工作。在此之后,保盟受委托审计香港"伤兵之友"运动的所有账目。后来,宋庆龄被聘为重庆"伤兵之友"总社理事。在 1940 年 5 月 15 日出版的《保卫中国同盟新闻通讯》第十六期上,刊登宋美龄撰写的《"伤兵之友"运动》,以及《"伤兵之友"运动在香港——蒋夫人盛赞孙夫人》的报道①。

《宋氏家族》的作者接着描述了这三位中国夫人离开香港飞往重庆的经过:"1940 年 4 月 1 日(按,应是 3 月 31 日——引者),三姐妹悄然离开香港飞往重庆,她们乘坐的是一架中国民航公司第一流的著名'D. C3'型飞机。几乎没有什么人看见启德机场这一忙忙碌碌的场面,机器快速地装载货物,孔夫人准备了氧气,三姐妹各自的行李中都有一条便裤,这是蒋夫人这一天带来的。后来,虽然蔼龄和庆龄被劝告穿上这种服装,但她们却坚持要穿长外套。只有美龄完全像照片上的那样,没有穿外套,并对自己的着装不感到难堪。三姐妹在秘密的气氛中离去,但到达时却受到热烈的公开欢迎。两位姐姐是第一次来重庆,对庆龄来讲,这是她多年来第一次脚踏实地地访问国民政府。她住在孔家顶层的一间房子里,这间房子曾经是一个军阀姨太太居住的地方。"②

蒋介石派侍从室主任张治中前往机场迎接三位夫人。她们联袂来重庆,自然成为陪都的新闻热点,经过各种报道和记述,三姐妹的亲情被得到广泛的赞扬,到了八十年代,又成为电视剧等文艺作品所重抹油彩和渲染,更广为传布。

宋庆龄的挚友、《宋庆龄——二十世纪的伟大女性》的作者爱泼斯坦不赞成这种过分私人化和情绪化的记述。不过在他的著作中仍然谈到了她们之间互相支持的史事,他写道:"她们最初被人发现在一起是在香港一家旅馆里。消息传出后,人群聚集在这家旅馆门口(不只是为了满足对名人的好奇心,而是表达了绝大多数中国人对民族团结的热望)。后来,她们在一次

---

① 宋时娟:《抗战时期的宋美龄与宋庆龄》,胡春惠、陈红民主编:《宋美龄及其时代国际学术研讨会论文集》,香港珠海书院亚洲研究中心 2009 年版,第 521—533 页。

② [美]埃米莉·哈恩著、李豫生等译:《宋氏家族》,新华出版社 1985 年版,第 317—320 页。

集会上先后讲话,这次集会是为了成立宋美龄领导的全国性组织'伤兵之友社'香港分社。最异乎寻常的是,宋美龄公开赞扬宋庆龄通过保卫中国同盟和中国工业合作协会(迄今为止两者均为国民党所禁忌)为中国的战争灾胞所做的工作。

"据《保卫中国同盟新闻通讯》(以下称《保盟通讯》)报道:'在香港,保卫中国同盟被委托审计'伤兵之友'运动的所有账目。保盟除了积极从事这一工作外,还首次捐款五百元港币用于该运动的行政管理开支,用于救济目的之款项则不计在内。

"更加令人惊奇的是,这一期封面刊登了宋美龄为该《通讯》撰写的专稿《'伤兵之友'运动》。此文引述第一次世界大战后欧洲的经验教训,详细论述在这一次大战以后中国的伤兵安置工作(应该做什么,不应该做什么),对当前战场上的需要则一笔带过。但引起人们注意的倒不在于文章的内容,而是文章发表的场合。保盟总算第一次得到了来自国民党权力圣殿的默许。还有,要求保盟审计'伤兵之友'账目一事也是以一种含蓄的方式承认保盟正直无私的声誉。这些都是在救济工作及整个国家统一战线工作中解冻——即使是暂时的——迹象。(主要的冰块当然并未融化,对解放区的继续封锁即是其中之一。)"

爱泼斯坦继续写道:"这就是著名的'三姐妹团聚'的背景。但当时的论述几乎可以说无奇不有,每个新闻来源都按它自己的需要加以渲染。在香港,流传着古老的'浪子回头'的谣言——宋庆龄因苏德条约和苏芬战争而感到'幻想破灭',回到了自己亲属的怀抱之中。在重庆,描绘出一个任性的姐妹最后承认蒋介石和他的政府的明智——在相互宽恕和既往不咎的氛围之中。"他认为,"事实上,三姐妹对于在不很紧张的情况下聚会固然感到愉快,但此事的基础既不是任何一方放弃政治信仰,也不是纯粹的私人关系。就像中国各党派战时的统一战线一样,这里面'既有团结,又有斗争。'"[①]这种观点当然是有见地的,唯其如此,宋氏三姐妹之抵渝,才受到如此程度之重视。

---

① 伊斯雷尔·爱泼斯坦著、沈苏儒译:《宋庆龄——二十世纪的伟大女性》,人民出版社 1992 年版,第 364—365 页。

埃米莉·哈恩写道：欢迎夫人们的到来成了如此狂热的社会活动,以致不得不为此订立了一条规矩:她们任何一人都不许接受私人的邀请,仅仅各个协会和委员会才特许招待她们。蒋夫人在招待会、晚会和讨论会上,频频向人们介绍自己的客人。除了这次访问的政治意义外,美龄显然很喜欢她的姐姐们陪伴她。从照片上可看到她发自内心深处自豪的微笑,这是动人的微笑,因为当知名人士表明也有私人的感情时,不知什么原因,我们总是对此产生一种亲切的感觉。

在短短的七个星期中,山城重庆充满着令人回味的温馨气氛,这是战时紧张中难得的和谐日子。

四、山城新闻的热点

在日本飞机频繁向重庆轰炸的时刻,宋氏三姐妹飞来山城,给紧张的战时生活带来一种新的气氛。

为欢迎孔夫人宋蔼龄和孙夫人宋庆龄,在三姐妹抵达重庆的第二天,蒋介石和夫人宋美龄在住所草坪上举行宴会。据载,重庆所有显要的中外女士均应邀出席。对每个人来讲,这都是件兴奋的事情。埃米莉·哈恩认为,在这个场合,对孙夫人宋庆龄尤其是如此。一群特别亲密而又热情的年轻学生和妇女把孙夫人团团围住。他们都是共产主义的同情者,而且绝大多数人从未见过宋庆龄,这次料想不到的机会使他们感到格外高兴。他们挥舞着题词簿和照相机,紧紧地拥在她的座位旁,以致使她喘不过气来。庆龄感到腼腆,但责任感促使她平静下来,她脸上的表情也随着这种矛盾的心理而起变化。突然间,庆龄似乎再也忍受不下去了,猛地从她的崇拜者中冲出,像一个年轻女孩一样跑进屋里去了。

这时的宋美龄与她的二姐不同,人们重视的好像更主要是她的外表形象:"蒋夫人的眼睛使她美丽的容貌与众不同。她的眼睛的确很大,细长的眼梢一直延伸到脸颊骨的边缘。她潇洒出众的风度不是做作出来的,而是她本性的体现:她穿任何衣服看起来都显得洒脱漂亮,而且总是很合身。"

宋氏三姐妹抵达重庆,对于正在从事抗战大业的国人来说,起了极大的振奋作用。不管其政治面貌如何,各报都加以报导和新闻追踪。4月2日,中央社的专讯中说:"孔夫人、孙夫人暨蒋夫人于3月31日联袂来渝。孔夫人暨孙夫人尚系初次访问战时首都,彼等对于增强抗战力量,咸备最大热忱,故此次利用蒋夫人赴港疗养返渝之机会,相偕同来。三位夫人同来后方,将共同从事抗战建国之工作,致力于奠定新中国基础,发扬中国旧有光荣。据悉三夫人将视察各种合作事业与救济机关。"重庆各报转载了此电讯。这条电讯没有说到孔夫人、孙夫人在重庆只是作短期停留的事,可能是出于策略,更可能是尚无法了解她们二位的行止动向。

4月3日,中共长江局机关报重庆《新华日报》发表短评《欢迎孙夫人来渝》,对于孙夫人来渝表示欢迎,对初次来渝的孔夫人也表示敬慰。它称赞孙夫人始终积极地坚决地为实现中山先生的遗教而奋斗,始终和广大人民站在一起,领导着妇女界,不倦地为中华民族的解放而努力。该报表示相信,今后,"重庆的、以至全国的妇女界在孙夫人、蒋夫人的领导下,一定能够获得进一步的团结,能够使妇女运动有更迅速的、广泛的和深入的发展"。这则短评似乎各方面都兼顾到了,事实上重点是欢迎孙夫人。宋美龄是妇女指导委员会指导长,无论从名义上和国统区范围而言,她都是出尽风头的妇女界领袖。该短评将中国妇女界的团结与进步首先寄希望于孙夫人,然后才提到蒋夫人,其轻重之所在,自不待言了。

4月3日,孔、孙二位夫人在宋美龄陪同下,视察了新生活运动妇女指导委员会,并与该会工作人员合影留念。然后,三位夫人接见了妇指会高级干部训练班;同高干班学员共进午餐。下午3时,她们又驱车前往歌乐山,视察战时儿童保育会第一保育院。

4月5日,在宋美龄陪同下,孔夫人、孙夫人来到重庆郊区,参观"工合"(工业合作社)所属的军毯合作制造厂、印刷合作社等单位,详细了解生产状况、工人工资及健康状况。接着,巡视了被敌机轰炸后的重庆市区,参观公共防空洞。

4月7日,孔夫人、孙夫人一起出席了由宋美龄主持的在黄山官邸"为欢迎孙、孔两夫人莅渝"而举行的盛大欢迎会。宋美龄首先致辞,她说:"我不是演讲,今天开这个会,是为了欢迎孙夫人和孔夫人,同时介绍两位夫人和大家见面;孙夫人和孔夫人不仅是我的姐姐,而且是全国姊妹们的同志。"她说得亲切、得体,全场气氛轻松、愉快。

接着,在草坪上的贵宾们听了宋庆龄的讲话。她对听众说:"这次回来,和孔夫人看到了不少地方遭致敌机轰炸的残迹,看到了不少同胞的受难,但也看到了许多姐妹们的努力工作,值得我们警惕和兴奋。"她希望妇女们更加努力,更多注重妇女的教育工作,不要做表面文章,要做实际工作。她还提出召开国民大会问题,妇女要能多参加国民大会,因为民主政治的实施与妇女解放有着很重要的关系,宪政运动和妇女也是不能分离的。她还希望妇女们都能够起来做坚持抗战的工作。孙夫人的讲话受到热烈的反应,听众报以热烈的掌声。

在会上,蒋介石也致词欢迎。这是蒋第一次在公开场合向宋庆龄致意。从蒋介石方面来说,这次欢迎会是一次政治上的巨大胜利,它不但体现了宋氏家族内部的和谐和团结,也反映了长期以来与他站在敌对立场上的国母——孙中山夫人现在支持了他的抗战事业,无异承认了他在中国国民党内的领袖地位,也是中国战时的领导人。这次欢迎会,还体现了中国抗日力量的团结。凡此,都是宋美龄邀请孙夫人来重庆所追求的目标。当然,宋庆龄也有她自己的立场,第二天(4 月 8 日),她对《新华日报》题词"抗战到底",无疑是她充分意识到抗战有中途结束、投降妥协的危险,故题此以警告国人。

4 月 8 日,三姐妹到重庆"伤兵之友社"医院,慰问伤兵,同时还慰问被俘的日军伤兵。接着,参观了中苏儿童生活照片展览会。

4 月 11 日,蒋介石、宋美龄举行宴会招待苏联驻华大使潘友新夫妇,孔夫人、孙夫人被邀出席。大使借花献佛,热烈欢迎两位夫人来渝,为抗日救亡运动做出新贡献。

4 月 15 日,孔祥熙、宋蔼龄夫妇举行欢迎宴会,宋庆龄、蒋介石夫妇出席。国民政府各院、部长夫妇,英、美、法、苏四国驻华大使,中外来宾三百余人,也出席了宴会[①]。

4 月 18 日,宋氏三姐妹应重庆中央广播电台及国际广播电台之邀请,

---

① 　尚明轩等编:《宋庆龄年谱》,中国社会科学出版社 1986 年版,第 123—125 页。

在上午 7 时对美国听众发表广播讲话,通过美国 NBC 电台向全美转播。宋美龄在讲话中首先表示:"我所说的话,是要请一切爱好自由的人们知道中国应该立即得到正义的援助,这是中国的权利。中国为了正义,已经经过了将近三年之流血和困苦的奋斗,我们请你们制定美国法律的国会议员,对下列两件事必须做到一件,或者是对于侵略不再表示恐惧,或者停止鼓励侵略的行动,也就是对日禁运汽油、煤油,以及其他战争原料。"宋美龄继续说道:"我们并不是没有放弃战斗的可能,但我们仍旧在这样困难坚(艰)苦的情形之下,不怕挫折,为着自由而继续抗战。我不知道贵国的国会议员,曾否想到,万一中国被日本军阀的武力征服了将发生何等的情形?结果是很明显的。日本军阀将保有它完满的海陆空军实力,并且可以利用中国的领土、人力和资源,来和民主国家为难,日本军阀会给民主国家以强大的打击,抢夺印度支那、缅甸、马来群岛、荷属东印度、澳洲和纽西兰等地,日本军阀也许不会占领菲律宾。它相信只要它不侵犯到美国的领土,不论美国国民作何感想,美国国会议员是不会采取反抗日本军阀的步骤的,可是它能够整个地控制太平洋,攫夺了那些地方,所有的资源,让它去支配,这样它就不再需要美国这个市场,不必向美国购买汽油煤油,以及其他的东西。这几年来理应急剧崩溃的民主主义,由于中国的坚强抵抗与牺牲而得以避免了。若果美国继续帮助日本军阀,竟使日本军阀在东方逞它的野心,那么事态的发展,就不堪闻问了。"

宋美龄进一步指出:"假使不幸而发生这种情形,一定有更可怕的结果!据说日本的海军,正在疯狂地加以扩充,秘密建造了几条大型的战舰,一有机会,它侵占荷属东印度是很容易的举动,日本军阀如存心为此,机会是一定有的,它幸灾乐祸地预料荷兰会牵入欧战的漩涡,你们就可以看得出它的用心,你们并可以明白那种无法隐藏的阻止列强保护南洋群岛的计划,苟日本军阀的阴谋得逞,那就是它更进一步地完成了'田中奏折'中所预定的野心。如果列强不认识援助中国抗战的重要,日本是有获得这种侥幸收获的可能。由于我们的抵抗日本军阀侵略,我们已把它的军队牵制在中国的泥沼之中,而使它动弹不得,只要能给我们以正义的同情,到相当时期,一定能使他们完全失败,然后它就根本不能助长人类的祸患,摧残民主主义和人道正义来扰乱世界的安宁。那时节,世人将会公认我们的功绩对于整个人类是怎样珍贵的贡献,问题只在能不能对我们表示正义的同情,这个问题只能让美国人民、美国国会议员给我们一个答复。炸弹的爆炸声,虽使中国的同胞震耳欲聋,但是仍旧渴望着听一听贵国方面的答复。"①

这个讲话,是在孔夫人宋蔼龄讲完后的补充讲话,在中国抗战进入第四个年头之际,英、美等列强仍在纵容日本侵略,宋美龄再晓以利害,甚至用中国可能放弃战斗——即对日妥协来警告美国。从此也可以看出,所谓西方"民主"国家,与日本军阀是一种什么关系了。在此之前的 2 月 10 日,日军占领了海南岛,但英、法两国均未表态,宋美龄指出日军将对印支半岛、缅甸、马来群岛采取行动,事实是不幸而言中了。不仅如此,日军在不久之后占领香港、新加坡、菲律宾等地,对英、美挑衅,这正是所谓民主国家推行绥靖政策带来的结果。

宋氏三姐妹在山城视察了妇指会、妇女训练班、"工合"所属单位、保育院、伤兵病院和公共防空洞,了解了城乡人民生活,也遇到过日机空袭。她们同样钻防空洞,在洞中,秉烛商讨形势,一待就是几个小时,领略了紧张的战时生活味道。

4 月 22 日,宋氏三姐妹乘飞机从重庆到成都访问。25 日,她们视察了"工合"成都事务所,参观了"工合"产品展览。27 日,宋美龄在成都励志社举行欢迎茶会,孔夫人、孙夫人出席,应邀参加的有成都各界妇女四百余人。

一位德国籍的女士王安娜,即王炳南夫人,她是宋庆龄的朋友,根据她的记载,在宋氏三姐妹重庆活动期间,她曾经出席过几次正式招待会。她对这三姐妹的表现,有比较深入的观察。她写道:"蒋夫人总是被恭维和崇拜自己的随从所包围……还有几名作为'顾问'的传教士……即使在这些人中,也很少有人敢于持与这位独裁的'第一夫人'不同的意见。因为反对意见在她看来简直是冒渎神灵……

"我常常想:'孙夫人与这样的世界的确是合不来的。'她总是讨厌人多,对在公众之前出头露面经常有一种羞怯感。特别是被迫发言时,她觉得浑

---

① 王亚权编纂:《蒋夫人言论集》下集,台北"中华妇女反共联合会"1977 年版,第 988—990 页。

身很不舒服。在一次花园酒会上,因为围到她身边去的人实在太多了,她竟像一只羚羊似地一溜烟跑进屋去。"

王安娜继续写道:"对自己的家族即'宋家王朝'在抗日战争中所扮演的不幸角色,她并不抱幻想。她不赞同蒋介石的专横、非民主的行为,孔夫人的投机生意,以及蒋夫人不适时宜的奢侈生活。和好朋友在一起时,孙夫人常常以辛辣或讥讽的言词谈及这些事情。但是她并不进一步表明自己的看法。这不仅由于她在政治上是惊人的老练,而且是因为长年以来她已学会了控制自己⋯⋯"①

对于宋庆龄在重庆进行"上层的统一战线"活动,蒋介石方面对她是有所考虑的,即将她留在重庆,并设法不让她多所评论。王安娜写道:宋庆龄早就说过,"不久我便要回香港。我按照姐姐和妹妹的愿望到重庆来了,但这里并不是我生活的地方。香港有更有益的工作等待着我,不是像这里那样,当展品"②。

5月9日,在宋美龄的陪同下,宋蔼龄、宋庆龄返回香港。由于汪伪方面宣传国共合作将会分裂,宋庆龄在返港之后,对中外记者发表谈话,这篇谈话,5月31日重庆《新华日报》全文发表。在这四点谈话中,既肯定抗战以来的进步现象,也批评了存在的问题,并反击关于重庆方面分裂问题。她指出:"抗战中之祖国,其发展与进步,实足使人鼓舞兴奋,最大多数之人民,对抗战信念甚为坚定。"又指出:"中国地大物博人众,可凭借者甚厚,只要坚持抗战,必可战胜日寇,已成为绝大多数同胞之共同信念。"但是,政治方面虽有许多进步,却未达到应有之程度。如一部分人员视抗战建国纲领为具文,对领袖、对主义,空言拥护者不乏其人,对于抗战中改善民生,尚少明确具体之实际办法,此则不能不令人深为遗憾。她最后说:"本人回港后,不断有人以国内团结问题见询,敌伪报纸且不断造谣,称本人赴渝与此有关,本人实则迄未预闻其事。际此民族危机千钧一发之际,国内各党派均有一致

---

① 伊斯雷尔·爱泼斯坦著、沈苏儒译:《宋庆龄——二十世纪的伟大女性》,人民出版社 1992 年版,第 368—369 页。

② 伊斯雷尔·爱泼斯坦著、沈苏儒译:《宋庆龄——二十世纪的伟大女性》,人民出版社 1992 年版,第 367 页。

团结对外之认识，日寇汪逆宣传国内分裂在即，只能说是他们的梦想。际此大敌当前，国难未除，我信贤明当局，均不愿为亲者所痛、仇者所快之举，为日寇所乘。只有少数不明大势之人，故作恶化之宣传，实妄人也。日来敌伪新闻机关不断造谣，可见彼等企求我民族阵营自相分裂如何殷切，其用心之深，可以想见，吾人岂可不加以警惕。"[1]

宋庆龄的言论如此，并不表明她不知道国共分裂之可能。事实上，宋美龄此次来港，除了说服宋子文作为蒋介石私人代表赴美活动外，便是蒋介石派赴香港与日本和谈的代表"宋子良"也从重庆来到香港。6 月 4 日，与日方代表赴澳门，双方重开谈判。这年春天，蒋介石还派唐生智的四弟唐生明投向汪伪进行秘密活动[2]。其身份被发现之后，日本人如获至宝，唐成为日伪与重庆的联络人。至于蒋介石准备反共之事，彼此心照不宣。据载，在唐生明行前，蒋氏夫妇请唐吃饭，戴笠作陪。吃完饭，蒋给唐值二十两黄金价钱的一万元特别费。分手时，蒋说："你走的时候不必再来见我了，等将来胜利后，我们再见面吧！"可见，在 1941 年 1 月皖南事变发生之前，日伪方面已知蒋介石决心反共，因此 1940 年夏天的谣言，并非空穴来风。

五、对"工合"的支持

"工合"的全称是"中国工业合作协会"或"中国工业合作社"。抗日战争开始后，上海地区工业遭到严重破坏，失业工人成为大批难民。当时在上海工部局任工业科长的新西兰人路易·艾黎，是宋庆龄和美国记者斯诺夫妇的朋友，便曾考虑如何使遭到日本人破坏的工业能为抗战服务，将涌向各地的难民组织起来，建立抗战中的经济力量。1937 年 4 月，"工合"在上海发起成立，它得到宋庆龄的赞同和支持。它的宗旨是"寓救济于生产，使中国工业走上自救之路"。

1937 年 11 月，埃德加·斯诺夫妇先后访问延安后来到上海，路易·艾

---

[1]　宋庆龄：《渝行观感》，《宋庆龄选集》上卷，人民出版社 1992 年版，第 311—312 页。
[2]　唐生明：《我奉蒋介石命参加汪伪政权经过》，《文史资料选辑》第 40 辑，文史资料出版社 1980 年版，第 1—80 页。

黎和他们谈了自己的想法,他们鼓励艾黎将想法写成计划,并共同加以修改。在由上海各界爱国人士和社会名流参加的"星一聚餐会"上,这个计划被提了出来,旨在以合作社形式动员后方的人力物力,从事生产,支援抗战,解决大后方工业品匮乏问题。这个主张得到与会者的支持,他们推举艾黎起草文件,成立中国工业合作社设计委员会,以艾黎为召集人。他们计划在全国范围内组织三万个合作社。要达到这个目标,就需要开展一场运动,发动各方面支持,尤其是争取政府方面的支持。英国驻华大使卡尔、使馆官员亚历山大、美国参赞文森都参与了这个计划。徐新六被派去汉口向孔祥熙说明计划,寻求支持。另载,斯诺通过友人,托卡尔大使亲自将计划交给蒋介石夫妇及孔祥熙。孔勉强同意,答应政府拨资五百万元(但迄武汉沦陷,只提供了二十万元)。1938 年 8 月 15 日,中国工业合作协会在武汉成立,孔祥熙被推为理事长,艾黎为国民政府行政院总技术顾问,组织工作就是由孔祥熙负责,即兼管"工合"和"工合"运动。到了重庆,孔的态度积极起来,不但拨足了五百万元,而且关心其组织与人事安排。这种态度的转变,与"工合"组织所从事的活动为抗战时期的国民生计所必须,受各界民众欢迎支持有关,另外,据艾黎记述,"工合"运动由于全部采取使孔的私人银行能进行剥削的小手工业方式,他在经济上也有利可图。此外,宋蔼龄对"工合"感兴趣,也是使孔转向积极的一个原因①。

为使蒋介石支持"工合"运动,孔祥熙请宋美龄担任中国工业合作协会名誉理事长。但宋美龄主要精力放在新生活运动妇女指导委员会方面,事实上也顾不过来,所以她便请宋蔼龄来当"工合"的主任。她未接受主任之职,却担任了顾问。

"工合"的下属单位发展得很快,主要工作是由路易·艾黎及"工合"总干事刘广沛、卢广锦及林福裕等人做。1940 年 4 月,宋氏三姐妹在重庆、成都参观"工合"所办的纺织、被服、印刷等工厂,就是其中的一部分单位。据4 月 29 日重庆《新华日报》报导,孔孙蒋三夫人在 25 日视察"工合"成都事

① [美]路易·艾黎:《"工合"运动记述》;卢广锦:《抗日战争时期的中国工业合作运动》,《文史资料选辑》第 71 辑,中华书局 1980 年版。

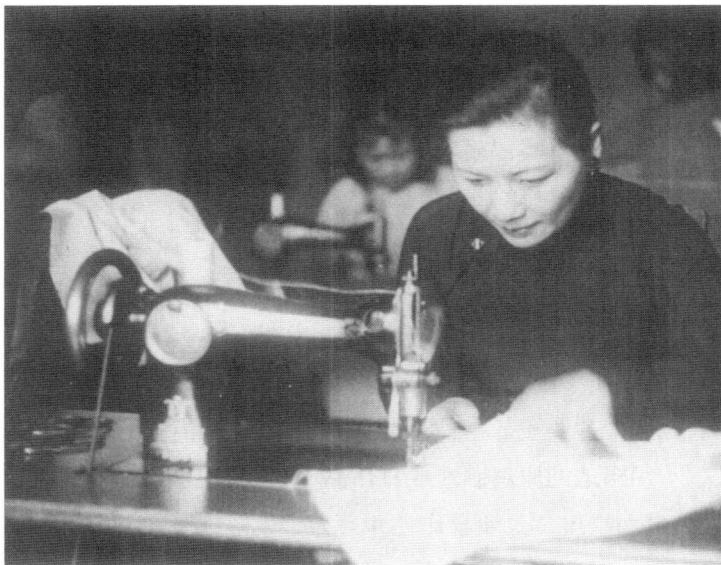

在由宋美龄一手创立的"新生活运动妇女指导委员会"推动的旨在为前方将士做征衣的活动中,宋美龄亲手缝制棉衣

务所,该所是 1939 年 2 月 1 日成立的,已组织之社数共五十二处,以纺织为最多,计三十七社,其次则服装三社,丝织及织袜各二社,印刷、机械、皮鞋、军鞋、制药、卷烟、洗染、联合等各一社,共有社员五百〇七人,此外并有纺毛女工五千人。

宋美龄对"工合"提供了不少切实的帮助,即利用自己的特殊身份与影响,为"工合"的开展做了很多工作,如督促行政院批准工合计划,在"工合"初兴最困难的时候让"工合"总会在其领导的妇女指导委员会挂牌办公等。为使西北"工合"免遭地方官吏的粗暴干涉和乱征税收,她还应艾黎之请,做国民政府的工作,委派了一名与"工合"关系密切的铁路工程师做宝鸡县长("工合"西北区办事处设在宝鸡)。她与孔祥熙合作,抵制了 CC 系欲将"工合"与 CC 系控制的农业合作社合并的图谋①。在其位,谋其事,这是中国政

① 申晓云:《宋氏姐妹与战时工合运动》,胡春惠、陈红民主编:《宋美龄及其时代国际学术研讨会论文集》,香港珠海书院亚洲研究中心 2009 年版,第 199—214 页。

治道德的传统。1939 年 5 月 25 日,作为中国工业合作协会名誉理事长的宋美龄发表了《中国工业合作运动》一文,介绍"工合"运动的发生、意义和前途。她认为,"中国工业合作社运动,正如新生活俱乐部内生产部所设的工业合作社一样,同是日本侵略中国的产物,这些工业社并非是想用来代替其他工业企业,它们只是供给目前的需要的"。

宋美龄指出,日本军阀残暴地、有计划、有组织地破坏中国工业和工厂,以为中国民众就会贫困下来、失望下来,使抗战精神颓萎,但它们失望了。日本破坏中国工业,使技术工人成为难民,分散到各处。在从上海和沿海地区输入内地的日用品匮乏,青黄不接的时候,中国"工合"产生了,它是来解决这个问题的。"这些工业社把分散了的手工业者和机器又收集拢来,建立起小的工业,用当地的原料制造成日用品,来供给民众迫切的需要。"

宋美龄进而指出:"工业合作社并且为难民寻找工作,使他们加入生产,而不依赖慈善性质的施舍来过活。它们使士兵的家庭能够获取生活的资料,同时把多余的生产品卖出来,没有其他的东西能像这样地提高民众对于抗战最后胜利的信念了。自尊和自给自足的国民,因之创造出来了,好的工人和必需的物品,也因此被制造出来了。"她又说:"中国的手工业者,能够想出许多办法来生活,是大家所熟知的事。这种特质,他们更可在参加工业合作社中发展出来。他们开始懂得,工业合作社的优点,不仅它是一种谋生的好方法,同时也是谋利、造福社会的一个媒介。"

在谈到"工合"的现状时,她说,工业合作社现在已到处发展,数目也一天一天加多,同时还有一件值得注意的事,就是,不仅参加这个运动的人感到极大的兴趣和热忱,一般社会上的人士也全都是如此。工合社制造出来的东西,都经工合社商店发售。这些商店都是顾客们所最感兴味的地方,工合社的工人都了解,如果要得到好的销路,制造品必需精美,同时顾客们也很喜欢这些货品,它们都是把当地的原料用新的方法制造出来的。另外,她还谈到工合社同时也是解决难民和伤兵问题的一个最好的工具。在克服运送机器设备机件的困难之后,工合社已如雨后春笋般生长起来,如能供给更多设备,则还有许多地方可以成立千万的工合社。

最后,宋美龄呼吁外界的支持。她严正指出:"中国是为正义而抗战。

凡是慷慨的人士,或是为人道正义而愿意帮助中国的人们,则中国工合社和新生活运动内的生产部,是接受这种帮助的一个最实际的地方。这是一个最好的机会来帮助中国难民,来发展他们自己的力量,他们自己的原料,使他们能够成为自尊的民众,使他们能够自给自足,使在日本残暴行为中受难的人们,能因国际爱好正义公理人士慨然帮助,而成为自尊的国民。"[①]

诚然,"工合"的发展是令人满意的。它不但雇佣了大量难民,也使军队获得必需的物资,在过去军队的物资多仰求于从外国进口,包括来自日本的供应。现在每一个合作社规模都不大,机械设备轻便,便于在必要时往纵深地区迁移。对于一个落后的农业国来说,这种生产方式是非常适合中国国情的。1939 年初,"工合"设西北、东南、西南、川康四个区办事处,各设若干事务所,后来不断调整。据 1942 年统计,共设七十二个事务所,合作社最多时达三千个,社员三万人。每月生产总值两千五百万元,社员股金六百万元。东南、西北两区发展成绩最大。仅军毯一项,从 1939 年—1945 年,"工合"共承制近一百万条军毯,其中 80% 是西北"工合"制造的。

但是,"工合"也遭到国民党顽固势力的歧视和压迫。他们怀疑"工合"里有共产党在活动,不少地区"工合"内的中共党员、进步青年、工人遭逮捕、残杀,他们还开除积极为"工合"奔走的路易·艾黎。这些,与国民党顽固派一次又一次掀起反共高潮,是密不可分的。据载,到抗战胜利前夕,曾经得到孔祥熙、宋蔼龄、宋美龄支持的"工合"事业,除解放区以外,其他地区已名存实亡了。

六、《我将再起》一书的出版

1940 年 6 月,宋美龄以"我将再起"一词为题,发表系列论文,辑成一书,由蒋介石作序,予以出版发行。除蒋序之外,计十三篇,包括宋撰《我将再起——前言》。每篇题目,均冠以"我将再起"一词,如《我将再起——中国

---

① 王亚权编纂:《蒋夫人言论集》上集,台北"中华妇女反共联合会"1977 年版,第 124—127 页。

的精神》,等等。除《前言》与《中国的精神》外,其余各篇是:《认清你自己》《爱国之路》《抗战的教育中心》《群众的教育》《建立新生中国的础石》《七大痼疾》《妇女与家庭》《精神的需要》《新生活运动》《中国妇女工作》,以及《中国人民对于民主国家政策的想法》。

这组文章,是为抗战而写的,着重在思想建设,动员民众投身抗日洪流中去。其中两篇长文,是总结新生活运动与抗战以来的妇女运动。据宋美龄记述,这些文章,都是在会议、讲演、空袭,甚至陪同其丈夫巡视前线期间,趁公余之暇,潦草撰就的。结集时保留原状,以示"当前苦难的岁月中,我们大部分物质建设草率粗陋的象征"。

为何取名"我将再起"呢?她在《中国的精神》一文中写道:"伦敦圣保罗教堂南门顶上,有一块奇怪的石头,上面雕刻着一个拉丁字'RESURGAM',意为'我将再起'。"说起它的历史来是这样的:"当教堂的大圆屋顶行将动工时,建筑师蔡斯陶佛棱(Sir Christopher Wren)要求一块石头作为中央的标记,俾工人有所准据。有人便从乱草堆中拿来一块刻着这个拉丁字的墓碑,它的意义如此深刻,使那位建筑师颇为所动,便决定在那个建筑物中给这块石头安放一个永久的位置。自是它便一直保存到如今,成为激励所有看见它的人们的乐观情绪的源泉了。"她进一步点明这句话对中国人民的意义:"对于目击我国人民惨遭屠戮,我们国家惨遭蹂躏的吾人而言,这个字应该具有一种特殊的启示,使我们永铭五内,并应大书特书于我们的旗帜之上。"[1]

一个蕴含着深刻哲理的词,成为激励人们发奋为雄的坚强信念,演绎成多篇文章,以作指导抗日救亡的指针,就作者而言,动机诚然是应肯定的。蒋介石在他写的序中也指出:"一个民族的复兴,若干因素是必须的。其中之一便是这个民族应经历一段考验和艰苦的时期";"尤其重要的是这个民族对于他们国家的命运,必须具有充分的信心。具备了这种信心,才会使他们觉悟他们自己的责任,并赋予他们以实践他们的历史使命的力量。"[2]他引用古训"多难兴邦"以励国人,并认为在此一空前的危机之中,我们的民族

---

① 王亚权编纂:《蒋夫人言论集》上集,台北"中华妇女反共联合会"1977年版,第136页。

② 王亚权编纂:《蒋夫人言论集》上集,台北"中华妇女反共联合会"1977年版,第128页。

精神已能振起应变：作战愈久，我们求生存和求胜利的意志便愈为坚决。

蒋介石认为《我将再起》一书作者写此书的态度极为真挚，读者应以同样的热诚去阅读，勿以等闲态度视之。另外，人们应当反思，洗涤心灵，应当向善，为了在民族复兴的大业中一个人能有所贡献，他必须对于他的国家的光明前途，抱着绝对的信仰。在这点上，他要求人们记起孙中山先生的训示，恢复我们传统的道德与精神。最后，他指出，凡希冀参预此一民族复兴的伟大事业者，必须自行开始去实践他们的信仰。"我们面前的道路满布荆棘：只有拿出坚忍不拔的勇气向前迈进，我们才能使令一个新的中国屹立于世，此不仅为中国本身之幸，抑且为整个世界之幸。"

蒋介石不但为这本书作序，还不惮其烦，将其中若干篇剪辑成册，寄往他认为能收获良好效果的各个地区。可见，他对此书确实重视。

宋美龄指出，以"我将再起"为题写这些文章，"或能有助于鼓舞纯正的爱国主义，并为强大复兴的中国奠定在一不可动摇的基础上，铺筑一条正确的路线"。那么，这本书有哪些主要内容呢？我们不妨简要地作些回顾。

在《前言》中，宋美龄强调国际正义与诚信。她认为：每一个国家的任务均应抱着勇敢与公正的心理，面对现存的状况；以决心和真诚，铲除那使令开明与较合人道的世界秩序的进展迟滞不前的障碍。她认为，中国人民过去未尝尽到作为国际社会一分子的义务。"历史昭示我们，诚信始为纯正无上的智慧。目前世界所遭逢的祸患，主要是因为在国际交往中诚意之日趋败坏。只有大家一致公认，恪守诚信须为人生的重要原则，人类的文明方能获得拯救。"[①]

在《中国的精神》一文中，论述抗战以来中国西部地区迅速得到开发，平常五十年才能办到的事，现在一年便可完成。她说"在西部，我们将以我们所具有的勇敢、刚毅和忍耐力，创造一个新中国——一个在战火中锻炼成的国家，显示着智慧（我如此盼望）、进步、不屈不挠，和大无畏的精神"[②]。

《认清你自己》是引用希腊哲学家苏格拉底的格言，为求建立一个强大

①　王亚权编纂：《蒋夫人言论集》上集，台北"中华妇女反共联合会"1977年版，第133—135页。

②　王亚权编纂：《蒋夫人言论集》上集，台北"中华妇女反共联合会"1977年版，第141—145页。

统一的新中国,应该全体从事一番深刻的反省,评价以往的缺点,恪守诚实的原则,坦承以往的错误,逐一加以匡正,尤其指出公职人员不是人民的主人翁,而是公仆,要洗除不诚和腐化的古老污迹。

《爱国之路》谈到知识分子在促醒人民,对于国家抗战和善后工作,倾其全力以赴的这件伟大事功上,如何才能有所贡献的问题,要求人民学习如何有效运用现代民主政治的实际推行原理,施以适当的训练,俾使我国人民能够承担起政治和社会的重责,是极为必要的。她强调舆论的重要。值得注意的是,她指出"对于思想行动所加的蹂躏性的限制,扼杀了舆论,并窒息了爱国主义"。人们知道,蒋介石的统治,正是承袭了"在满清统治期间,凡敢于公开对国家大事表示批判性的政治意见,或者表现一种不适当的新奇态度,那么刽子手的刀影就会不祥地悬在他们的头颅之上"。但是,她却认为"幸亏革命事业已开创了一个新的纪元,我们已享有思想与行动自由这个无价权利。刽子手的悲惨的刀影已为笔墨与报纸的威力所取代;在有利于我们本国和有助于整个世界的基础之上,我们已能够开始发展我们的舆论"①。这种显然违背当时政治现实的言论,发表出来之后,难免使人感到,它更大可能是用于对外宣传,而不是用于指导现实,其效应是极可怀疑的。

《抗战的教育中心》阐明目前要把注意力限于大中小学校,因为它们对于国家的服务有着无与伦比的机会。尤其是大学,它们负有一种道义责任,即应将一切努力指向一个目标——胜利的争取,和国家的重建。

《群众的教育》一文,她谈到中国民众 80％是文盲,群众教育可能是一个惊人的问题。她要求知识分子发挥作用,用各种教学法、报纸、讲演、广播等,教授阅读、写作,并就公民权、爱国主义及其义务、卫生、医院、环改等,作简要的座谈②。

宋美龄在《建立新生中国的础石》中,提出根除暮气及贪婪,"奠立新生中国的础石必须是良好、公正与完善的法律及法规,能够具体实现并有效执行,俾我国天然资源得以自由与安全的开发;现代化工业得以建立;对于工

---

① 王亚权编纂:《蒋夫人言论集》上集,台北"中华妇女反共联合会"1977 年版,第 141—145 页。
② 王亚权编纂:《蒋夫人言论集》上集,台北"中华妇女反共联合会"1977 年版,第 151—155 页。

人以及投资者有所鼓励、惠益和保护"。她还谈到行政、经济方面的效率问题。不过,她并未提出若缺乏实行的保证措施,这些言论就无法在各阶层中得以贯彻。

宋美龄作为妇女指导委员会指导长,在抗战期间发表了大量有关妇女问题的文章。《妇女与家庭》一文,从妇女在古代历史上的贡献,讲到现代,认为对于当代的历史,也一定能贡献一有声有色的篇幅。她认为"三从四德"不适合于今日,但她认为"德重于才",妇女不应目无法纪,应抵制一般现代化生活的诱惑。她撰写《精神的需要》,支持国民精神总动员,要保护有价值的文化遗业,并完美地去建设我们所应该建设的一切。

《新生活运动》一文,总结了1934年开展新生活运动以来的成就。它最先在江西开展,推向各地。进入抗战时期,它随之转变方向,使之为抗敌服务。其显著活动,包括"战地服务团","奖励荣誉官兵委员会",推行"伤兵之友社",筹建航空运输的宿舍,等等。另外,还举办了一些诸如宣传、集团结婚、体育竞赛等活动,将所有的妇女工作置于新运会的系统之下,借以促进效能和节约。她认为:"新生活运动另一个更重大的成就,就是为了公共福利而和教会保持的密切关系。"这样,新生活运动不但与传统的"礼义廉耻"道德观相承袭,而且,与各大城市教会合作,成为"增进和保护"民众个人利益,"为了善尽国民一份子的职责,或者是为了保证在建国工作上也有他们一个相当的地位"。宋美龄认为,"为了促进国家的政治统一和激发全国人民向所茫然的爱国心,新生活运动是值得称誉的"①。

宋美龄所热心推行的新生活运动,是从"剿共"时期开始的,其目的是为了用所谓新的生活方式来规范人们的行动,推行蒋介石的"剿共"政策,但进入抗战时期以后,这个所谓新生活运动也随着形势的发展具有新的内涵。她说老百姓"都很热烈地欢迎新生活运动",这难免有"黄婆卖瓜"之嫌,但从其所推行的抗日措施和强调爱国精神看,也有应当肯定之处,不宜笼统加以否定。

《中国妇女工作》,是宋美龄得意之笔。她认为,中国妇女的觉醒,在战

① 王亚权编纂:《蒋夫人言论集》上集,台北"中华妇女反共联合会"1977年版,第189—205页。

1941 年 2 月 19 日，宋美龄陪同蒋介石一同参加新生活运动七周年纪念活动

前就开始了，在民族思想的孕育过程中成为重要的社会与经济的因素。而其觉醒，有两个主要理由：第一，因为新思潮在中国——其开始各阶段即较西方各国为有革命性——如有实行可能，中国人常会一反其显然保守的心理，而迅速有效的予以采纳。第二，因为中国妇女久受环境和习俗的强制约束及囿居，已懂得运用其天赋及由环境养成的柔顺及平易之性格，使其才能足以适应常变的社会条件。

她叙述了抗战开始后妇女团体在各地的普遍出现，尤其是 1938 年 5 月在牯岭（庐山）召开全国妇女会议以后，由全国各地所遴选，代表着各职业各团体的五十名妇女界代表，共同决定以新生活运动妇女工作指导委员会为首脑，领导全国妇女参加战时工作以来，该委员会就与全国所有的妇女团体保持直接的联系。

在介绍西部八个省的省工作队情况后，宋美龄总结了妇指会所属各组的工作，包括联络组、训练组、战地服务组、乡村服务组、生活指导组、文化事业组、慰劳组、儿童保育组以及生产事业组。在政府机关中还有妇女工作队。有不少工作人员在岗位上殉职。她在文章结束时,赞美中国妇女自古以来所表现的崇高的自我牺牲精神。

《中国人民对于民主国家政策的想法》是《我将再起》这本书的终篇。该篇提到开头几章揭露我们民族的弱点,是很坦白和诚恳的。这是一些什么弱点呢? 蒋介石在序言中也指出,"作者于撰写此书时,由于她的宗教热忱和爱国心驱使,曾极力指出中国民族的许多缺点,盖欲求中国复生,这些缺点是必须加以匡正的"。他所指的,就是宋美龄在书中写的"七大痼疾",即指自私自利、面子、朋党、失败主义(没有法子)、不求正确(差不多)、缺乏律己性以及规避责任。她认为,"这些痼疾使我们失去成为一等强国的机会,现在更为真实的,有些人甚至冒着继续使人民贫困的危险,利用他们的地位,在爱国主义的庞大外衣之下隐饰他们的罪恶,以便自肥。发国难财乃是自私自利的另一种形式,或称揩油","这一事实并不能使它的罪恶程度为之减少,我们应该猛烈地加以责斥"①。这些话诚然说得不错。但是,极端自私自利、发国难财的是什么人,她不便点出来,国人也心中有数,一切都在不言之中。

宋美龄抨击这"七害"得到她的美国朋友的称赞。但她表示,她并不接受这种称赞。她认为,对于外国在国际政治上,尤其是有关中国问题所表示的诺言或行动究有何价值,中国人民总觉得她有为国人传达意见同反响的义务。

她直言民主国家出卖了中国。她指出,中国实在不得不揭露出民主国家到底是怎样不协助她从事抵抗侵略,同时民主国家又到底怎样在中国抵抗日本侵略的头三年中以物质援助日本而牺牲了中国。她谴责法国屈从日本,关闭了经越南至中国云、桂两省的供应线。她也谴责英国,为姑息日本而暂时关闭滇缅公路,香港正停止中国出口茶叶。中国抗日已三年,美国禁止其技术人员和空军人员援助中国。日本所需石油95%是美国供应的。它现在也不过仅仅是抑制着废铁与石油的对日输出而已。因此,宋美龄强烈指出:"民主国家对于日本侵略中国所持之消极态度,其本身就构成了违

---

① 王亚权编纂:《蒋夫人言论集》上集,台北"中华妇女反共联合会"1977年版,第206—233页。

反国际条约和国际措施的行为,这种消极的违反态度之破坏国际信誉,国际之善良行为与尊严,其不可宽恕,和日本在 1931 年 9 月进攻中国东北及 1937 年 7 月进攻中国本土那种违反国际先例的积极破坏行为是一样的。"民主国家将自食其恶果。"我们现在已得到一个教训,就是中国在将来的发展上一定是要以自力更生为目标。"中国的精神,是不可能征服的。中国人知道人格的价值。当然,她也希望将中国人民永恒的谢意,转致民主国家中那些不惜以时间、物质及同情心鼓励并支持我们无数灾黎的人们![①]

宋美龄在文章中谈到中国人民抗日战争对世界的贡献,美国所以能获得一个和平发展的环境,应当感谢中国人民。她对民主国家的抨击是实事求是的,对美国等国也是一种警告,随着国际形势的变化,终于迫使美国政府对华开始提供较大数额的贷款。

1940 年 6 月初,中国驻美大使胡适报告重庆,罗斯福总统表示美方将向中国提供更多的援助。于是有宋子文作为蒋介石私人代表赴美之事。宋子文于 6 月下旬抵美,7 月 1 日、2 日两次会见罗斯福总统。经过曲折奔波,才于 10 月 22 日订立中美二千五百万美元的贷款协定(即"钨砂借款")。1941 年 2 月 4 日,美方再向中国贷款五千万美元。1941 年 4 月 1 日,又签订了五千万美元的贷款协定。

据说,罗斯福家族早年在华从事鸦片贸易,发了财。现在,他在新环境下进行政治投资,援助蒋介石。1940 年 11 月 1 日,陈纳德被蒋介石派赴美国,从事购买飞机等项活动。但这位退役空军上校人微言轻。他通过朋友帮助,才获得寇蒂斯—赖特工厂生产的一百架战斧式飞机运往中国。罗斯福总统仍然把重心放在欧洲战场,对中国仍不甚重视,但宋子文获得借款与陈纳德购机成功,对宋美龄是一个巨大的鼓舞。她所希望的"民主国家"的援华要求初见成效。1940 年 11 月 20 日,她致函美国妇女,感谢美国妇女界朋友的援华活动。12 月 4 日,又对美国发表广播,谈中国反对日本侵略的贡献,希望美国朝野理解、支持中国人民的抗日战争。

1940 年,中国抗日战争面临巨大困难。沿海地区相继沦陷,越南、缅甸

---

① 王亚权编纂:《蒋夫人言论集》上集,台北"中华妇女反共联合会"1977 年版,第 234—247 页。

的法、英殖民当局实际上参加了对华物资运输的封锁。汪伪政权成立，日寇步步进逼。不过，对宋美龄来说，也不无可以自慰的地方。如前所述，妇指会的工作取得了一定的成绩，美国援华也有了个开端，更重要的是宋家姐妹的关系有了巨大变化，她们一起飞重庆，在对外观瞻上给人良好的印象，鼓舞中国人民坚持抗日战争。

美国记者斯诺是既认识宋美龄又与宋庆龄过从甚密的人。在讲到蒋介石与宋美龄的婚事时，宋庆龄对斯诺说过，蒋需要美龄帮助建立王朝。当庆龄从国外回来后，既没有向新郎也没有向新娘表示祝贺，她把蒋介石看作是杀人凶手。斯诺在《复始之旅》一书中写道："宋美龄的婚姻也无异是对她个人的一记耳光。我初次会见宋庆龄时，她说，这一婚姻的双方都是出于投机，其中绝无爱情可言。"但是，事情并非一成不变的。斯诺接着谈到，"孙夫人回国后，数年中姐妹俩很少见面。一直到了中日战争，她们才有了点和解，而孙夫人对宋美龄的婚事的看法也有所改变"。

"'开始时他们的婚姻并不是爱情的结合'，1940 年的一天，宋庆龄在香港对我说，'但是，现在我认为是了。美龄真心爱蒋介石，蒋介石也同样爱她。没有美龄，他也许会坏得多'。她依然厌恶蒋介石，把他看作是民族的灾星。"宋庆龄对蒋氏夫妇结合在感情方面的前后不同的评价，可能包含了理性方面的判断与实际情况的分析。这是不难理解的。斯诺引用了某一位旁观者对庆龄和美龄姐妹二人的言论，难道不就是这样吗？据载："有人却认为姐妹俩的婚姻有相似之处。宋庆龄是激进分子，她与孙中山结婚时，认为自己是嫁给了中国的救星。宋美龄是保守分子，她与蒋介石结婚难道就不会有同样的想法吗？这两姐妹先后当了中国第一夫人。她们之间的竞争一直很激烈。"[1]心理活动的形式是内在的，如果没有当事人的文字表述，外人是难窥其奥秘的。这位评论者未能提供这姐妹俩"竞争"的证据材料，读者也只能是姑妄听之而已。

但是，在 1940 年以后的岁月里，蒋氏夫妇的家庭生活，显然不能认为是波澜不兴的一池春水，这就可以看出他们之间的爱情，并不是一般男女相濡

---

① ［美］埃·斯诺著、宋久等译：《复始之旅》，新华出版社 1984 年版，第 99—105 页。

以沫的关系。同时,秉性和地位,使得宋美龄这位中国"第一夫人"不能不更多地走到前台,施展拳脚,大搞其"夫人外交"的活动。这一点,对宋美龄来说正是用其长才,是蒋氏前几任夫人中任何一位都无法与之比拟的。不言而喻,这是蒋介石、宋美龄二人谁也离不开谁的一个重要原因。

七、家事纠结难言

宋美龄自 1940 年 5 月 9 日陪其两位姐姐返香港,病也治好了。但到9—10 月间,她又一次赴港,且迟迟不回到蒋介石身边,帮丈夫处理向来归她处理的事。对于这个问题,历来不为人注意,也不知道其中有什么问题。杨天石先生在阅读根据蒋介石日记编辑的《困勉记》稿,以及阅读《蒋介石日记》(手稿本)后,写了一篇题为《蒋纬国"身世"之谜与蒋介石、宋美龄的感情危机》一文,刊在辽宁人民出版社《万象》杂志 2008 年 2 月号上,首次揭开了这桩宫廷秘事之谜。

1940 年 9 月 21 日,蒋介石在日记中写道:"吾妻工作太猛,以致心神不安,脑痛目眩,继以背痛、牙痛,数症并发,渝无良医,彼乃不愿远离,以为在此敌机狂炸之中,如离渝他往,不能对人民,尤不愿余独居云。三年来,兵火残酷之中,吾妻能持久不懈,实非其金枝玉叶之身所能受,不能不使余铭感更切矣。"[1]看来,宋之赴港,确有为治病之成分,或主要是为治病。

10 月 15 日,蒋介石邀陈布雷共进晚餐,因为宋美龄赴港治病未返。27日,蒋介石令长子经国赴港,探望宋美龄之病况,同时迎接赴德国留学归来的蒋纬国。据蒋日记,他的本意是让宋与两个儿子一起回重庆,因为他的阳历生日 10 月 31 日快到了。但到了这一天,宋并未回重庆。这天,蒋氏在日记中称:"今日为余阳历生辰,故召纬儿陪食;但吾妻本约今日回渝,尚未见到,亦无函电,念甚。"[2]

---

① 黄自进、潘光哲编:《蒋中正"总统"五记》"爱记",台北世界大同文创股份有限公司 2011 年版,第 212 页。

② 黄自进、潘光哲编:《蒋中正"总统"五记》"爱记",台北世界大同文创股份有限公司 2011 年版,第 214 页。

1941 年 8 月,宋美龄与蒋介石前往歌乐山宅邸后的防空洞

　　原来宋美龄是答应在蒋介石过生日时回到重庆,但到时不但未回来,甚至连招呼也不打,这就难免使蒋难堪,质疑其不知所以了。说是"不知其所以",实际蒋内心是再清楚不过了。他在 11 月 9 日的日记中说:"经、纬两儿往香港谒其母回渝,父子团聚,此最足欣慰之一事。如余在西安事变时殉国,则两儿皆未得今日重见矣。固益感谢上帝之恩惠不尽;惟爱妻抱病在港,不能如期同回,是乃美中不足耳。"[①]同月 30 日又记:"两儿亲爱,兄弟既翕,和乐且耽,此为本月最大之乐事,亦为十五年来最苦之一事。今能团圆完满,此非天父赐予至恩,决不能至此,能不感激上苍乎?惟爱妻不能如期回渝,是乃美中不足耳。"[②]

　　这两则日记,都感慨两个儿子回到眼跟前,是喜事,而妻子不能回来,是

---

　　① 　黄自进、潘光哲编:《蒋中正"总统"五记》"爱记",台北世界大同文创股份有限公司 2011 年版,第 215 页。

　　② 　黄自进、潘光哲编:《蒋中正"总统"五记》"爱记",台北世界大同文创股份有限公司 2011 年版,第 216 页。

美中不足。但前者称妻子不能回来是因病,后者则未提及。到了年底,他怀念妻子情殷,连连称苦。12 月 24 日蒋氏在日记中又写道:"三年来之圣诞前夜,以今日最为烦闷,盖家人不能团圆,是人生唯一之苦痛也。幸纬儿由乡回渝,伴我于此,谈家乡事,足慰孤寂!"①

这里,有一个疑问,蒋介石的原配毛福梅是 1939 年 12 月 12 日被日寇飞机轰炸倒墙压死的。不久,宁波、溪口就沦陷了。1940 年 10 月间蒋纬国是如何回家乡的,他向蒋介石报告的"家乡情形"又是指什么?看来,不容易弄明白这个问题。在一般人的印象中,蒋介石是独夫民贼,光着脑袋,拉着脸,据说牙齿也是假的,很难想到这么一个人,居然还有七情六欲,还有为家事而自叹孤苦、时时想到"爱妻"的时候。现在,爱妻好像有什么情绪,她便和她的"大令"闹起脾气来了。

1940 年 12 月 28 日,蒋介石在日记上写道:"唯妻留香港未回,以致家庭缺乏欣兴之感。"②转年之后,1941 年 1 月 12 日,他又写道:"为家事心多抑郁,应以淡定处之。"13 日,"昨夜为中共与家事,忧不成寐"。14 日,"下午与纬儿子游汪园,各种梅花盛放,绿萼尤为可爱,惜妻今年未得同游也"。据杨天石先生所记,此日日记,被蒋氏家属托审读者抹去一行文字,显然是为其尊者讳了③。

到了 1941 年 1 月 26 日,日记称:"本夕为旧历除夕,孤单过年,世界如此孤居之大元帅,恐只此一人耳。"30 日又记:"近日寂寞异甚,时感孤苦自怜。惟祈上帝佑我,与我同在,使我不至久寂为祷也。"31 日续谓:"妻滞港未归,子入团(按,指"党政训练班"),故时以寂寞孤苦为憾耳。"到了 2 月 4 日,蒋介石在孤寂中收到宋美龄的信,信上大概写了"不返渝"之类的话。这天,蒋介石在日记中写道:"接妻不返渝之函,乃以夫妻各尽其道复之。淡泊宁静,毫无所动也。"看来,蒋氏对其妻子的态度,是既恼怒又无可奈何,要是

① 黄自进、潘光哲编:《蒋中正"总统"五记》"爱记",台北世界大同文创股份有限公司 2011 年版,第 218 页。
② 黄自进、潘光哲编:《蒋中正"总统"五记》"爱记",台北世界大同文创股份有限公司 2011 年版,第 219 页。
③ 参见杨天石:《蒋纬国"身世"之谜与蒋介石、宋美龄的感情危机》,《万象》杂志,2008 年第 2 期。

哪个部属敢于对他如此顶撞或不尊重,早就给他收拾了。但是对她只能说"夫妻各尽其道",你看着办吧!据载,2月9日送蒋纬国回党政训练班,老蒋竟手写《寂寞凄怆歌》相送。不过,仅过了三天,事情便有了转机:2月12日,宋美龄回到了重庆,蒋氏有了室家之乐,尽管麻烦并未了结。

　　说到这里,还得探究一下,蒋宋矛盾究竟因何而起?在蒋纬国生前,曾经留下他人写的一部传记《千山独行》。在这本书中,有一节题为《和宋美龄正式见面》。1940年11月19日,时任赣南行政督察专员的蒋经国,如前所述,被蒋介石派赴香港向宋美龄慰疾、请安,并迎接蒋纬国返国。他们兄弟见面后,第二天,哥哥告诉弟弟:"父亲命我带你去见母亲,母亲刚好也在香港。"

　　据载:"当时见面非常自然而且亲切:'我喊她Mother,并且在她颊上吻了下,因为出国四年,一些礼节就很欧化了;她亲热地问我在国外好不好等等。我们谈话的气氛可以说一点都没有第一次见面的尴尬。她给我的印象,就好像是长辈看见自己的孩子回来一样。'"该书继续写道:"宋美龄与蒋中正结婚之后,过了十三年才第一次和次子见面。她不禁有些感慨:'我几次问你父亲,想把你接过来,可是你父亲不赞成,总是说以后再说。'但她接着话就一转:'可是我现在想想,愈想愈觉得你父亲对。我是个喜欢孩子的人,你要来的话,一定会被我惯坏!所以你父亲让你单独在外头念书,对你尔后自立自强,很有帮助。同时对姚妈妈来说,这也是很公道的。'"①在这则谈话中,蒋纬国母子见面彼此印象是不错的。在《千山独行》中又讲,宋美龄在香港还有事(不是说治病)所以经国兄弟便联袂飞回重庆。宋美龄在香港时,便对纬国说,她书房里书很多,可以随时取阅。等到宋回重庆后,他请了安,便去她书房看书。他发现约翰·根室写的《亚洲内幕》一书中,影射蒋纬国是戴季陶的儿子,因某种原因,才过继给蒋介石。蒋纬国看后大为震惊,又不敢去问蒋介石以求得澄清,便去找他的亲伯戴季陶。

　　戴季陶为说明此事,便取来一面镜子,放在蒋纬国面前,他侧身坐在蒋

---

　　① 汪士淳著:《千山独行——蒋纬国的人生之旅》,台北天下文化出版公司1996年版,第83页。

一边,另一边是放蒋介石的相片,让蒋好好看,他究竟像谁?蒋端详了一回,说:"我看还是像父亲多些。"戴在谈笑之间,便把"问题"解决了。蒋纬国当时可能对此事不复求证,但对宋美龄而言,却是狐疑莫释。据杨天石先生考证,宋与蒋之冲突,正是由于怀疑蒋氏的"私德"及蒋未对她讲蒋纬国来历之真相引发的。

蒋宋结合后,宋美龄十三年未见这个次子,而且不让蒋纬国来到宋氏身边,这是很不正常的现象。显然,宋氏在见蒋纬国而表现得体之后而对他又产生另外一种情绪,不但蒋介石有感觉,即蒋纬国也颇感难堪。1936 年 10 月 31 日蒋氏日记称:"纬儿如期出国,不稍留恋,其壮志堪嘉,而私心实不忍也","家事难言,因爱生怨,因乐生悲,痛苦多而快乐少也"。经过四年不见面,在由蒋经国作中介使宋氏与蒋纬国见面后,1940 年 11 月 3 日蒋介石记述:得知其"母子相见,甚为亲爱,余闻之,快感无量,甚感上帝施恩厚重也"①。这种快乐的感觉很快便化作乌有,既如上述。

宋美龄大概也感到百无聊赖,所以还是返回重庆。蒋介石说二人当各尽其道,这实际也是一种警告:你看着办吧。回重庆后,蒋氏固然高兴,但也是不冷不热。蒋介石认为:"家事致曲,不宜太直,太急与太认真,应以淡然处之,导之以德,齐之以礼耳。"1941 年 2 月 25 日蒋在日记中称:"家中之事,不能与家中之人直道,同家亲人不得晤面,是为余一生最大之遗憾。然亦惟有勿忘勿助,以待其自觉。家事切不可勉强而行,自信终身无亏,上帝必加眷顾,终能使我家母子亲爱,家庭团圆耳。今纬儿离渝赴赣。"②又谓:"家事以委曲求全为主,不能以普通交道并论,只求母子亲爱无阻,虽权变尚无损也。"这些话,句句写来,都是对宋氏与其子的不亲爱,而蒋氏立身无亏,希望宋氏自省。在无可奈之际,让蒋纬国去赣南。蒋经国夫妇、姚怡诚都在赣州,让蒋纬国去省亲,当然是好主意,还可以乘蒋纬国不在重庆之际,调和蒋氏夫妇关系。这个目的果然达到了。3 月 6 日蒋氏在参政会讲演,蒋认

---

① 黄自进、潘光哲编:《蒋中正"总统"五记》"爱记",台北世界大同文创股份有限公司 2011 年版,第 215 页。

② 黄自进、潘光哲编:《蒋中正"总统"五记》"爱记",台北世界大同文创股份有限公司 2011 年版,第 222 页。

为讲得过于滞钝,辞不达义,而宋美龄则认为得体。3 月 9 日,是宋美龄的生日,蒋介石邀集亲友十人为之祝寿,日记中称"夫妻谐和,为人生唯一乐事",显示此时蒋宋二人关系已恢复到正常状态,遗憾是"两儿未能参加耳"①。

在化解夫妻矛盾后——宋美龄要参与重庆的政治生活,便不能不对蒋妥协,不参与政治生活,便不是蒋夫人宋美龄了——下一步是处理好宋美龄与蒋纬国的关系。3 月 27 日,蒋纬国从江西回到重庆。当日,蒋纬国向宋美龄行隆重的叩拜礼,正式认母,蒋介石在日记中写道:"纬儿已到,令叩拜其母,亲爱如故,不胜欣慰。使我家庭之得有今日之团圆,以偿我一生最大之宿愿,惟有感谢上帝大恩于无涯矣"。"十四年来之家事,一朝团圆,完满解决,寸衷之快慰,殊有甚于当年之结婚时也。"②

十四年来的矛盾是否真正解决了呢? 3 月 29 日蒋介石在《上星期的反省录》中写道:"心神愉快之时较多,尤以母子亲爱、夫妻和睦为最。家有贤妇与孝子,人生之乐,无过于此。"两日后又在《本月反省录》中写道:"家庭间夫妇母子之和爱团团(圆?),此为一生幸福之开始,是亦修身、正心与祈祷之致也。"根据这些话,宋美龄与蒋纬国之间的关系,应是与蒋宋和好一样解决了。其实不尽然。蒋纬国肯定觉察到他这位宋氏母亲并未认可他,至少是并未完全认可他,即是有苦难言,用梦说事。

直至 1943 年 4 月 12 日,蒋介石还在日记中写道:"近日见纬儿心神似不自安,盖彼不愿诉说衷曲,恐致余烦闷,彼之衷心有无限感伤。余可窥而知也。昨晚与彼乘车外行时,彼谓前夜梦中大哭,及醒,枕为泪浸,甚湿,不自知其所以然云。"彼复言:"哥哥待我如此亲爱,是为我平生之大幸,亦为我蒋门之大福云。言下甚有所感。"据载,蒋介石在第二天晨祷时,想起家事,不禁饮泣,思考"余如何能使彼母子之亲爱亦如其兄弟哉?""惟祷上帝,能保佑我家庭,使彼母子能日加亲爱以补我平生之缺憾也。"③这种事体,本无关

①　黄自进、潘光哲编:《蒋中正"总统"五记》"爱记",台北世界大同文创股份有限公司 2011 年版,第 222—223 页。

②　黄自进、潘光哲编:《蒋中正"总统"五记》"爱记",台北世界大同文创股份有限公司 2011 年版,第 223 页。

③　黄自进、潘光哲编:《蒋中正"总统"五记》"爱记",台北世界大同文创股份有限公司 2011 年版,第 284 页。

　　1941年10月，在前往湖南视察期间，宋美龄与蒋介石坐在树下合影，展现了战乱中难得的笑容

政治，但中国人尤其是独裁者又往往家事国事天下事事事不分，"怒于室而形于市"，也会二者表现相关联。宋美龄在 1943 年访美大放异彩，开罗会议又因中国跻身四强之列而心花怒放，故在开罗会议结束后返国经印度时，蒋介石在蓝溪停留，向中国驻军训话，听取汇报。12 月 1 日，在该地考察的蒋纬国因病，一同返国。蒋介石在日记中写道："登机视纬儿犹熟睡，颇安。以彼于下午突发疟疾，热度竟至百○二度以上，见母子谈话与母询问儿病，亲爱之情，余引为平生第一之乐事也。"[①]按理说，宋氏母子关系的改善，参加开罗会议又获得成功，蒋氏应该高兴才是。但是，情况并不如此。12 月 3 日，《开罗宣言》正式表发，蒋氏 4 日的日记中写道："昨日发表开罗会议公报以后，中外舆情无不称颂为中国外交史上空前之胜利。寸衷惟有忧惧而已。"[②]真的，半个中国仍沦于日寇，就是战争取得胜利，战后的国内外形势仍将波谲云诡，言念及此，不觉忧惧之涌上心头。不过，那是下一步的事，由于宋蒋母子日加亲爱，还是可以一乐的。

　　蒋介石以权谋对妻室，宋美龄对蒋纬国的身世了解多少，这是无法猜测的。到了后来，在溪口蒋氏修族谱时，纬国的地位归于宋氏名下，其母子也未再见有明显不悦之处，倒是到了台湾之后，传出蒋氏兄弟间产生许多纠纷。这是后话。

---

① 黄自进、潘光哲编：《蒋中正"总统"五记》"爱记"，台北世界大同文创股份有限公司 2011 年版，第 304 页。

② ［日］古屋奎二主笔、《蒋介石秘录》翻译组译：《蒋介石秘录》第 4 卷，湖南人民出版社 1988 年版，第 357 页。

第七章　蒋夫人与"夫人外交"

一、加强中美关系的努力

　　1941 年 1 月,蒋介石下令突袭皖南新四军,杀害数千名抗日战士,制造了震惊中外的"皖南事变"。虽然蒋介石把"叛变"的罪名加给新四军并击溃其军部,但无损于该军的抗日声誉与重建,也未能减轻日军对国民党正面战场的压力。蒋介石不敢公开停止抗日,如汪精卫一样投敌,但要维持对日作战又显得无能为力,只有寄希望于美国的援助。在这种局面下,凸显了宋子文、宋美龄兄妹的作用。

　　若要获得美援,需要争取美国朝野有力人士的支持,编织活络的关系网;另外,还需要在美国民众中塑造良好的形象。在这两点之外,当然还需要使美国官方的注意力逐渐转向中国战场上来。所有这些方面,只有宋子文、宋美龄能发挥作用。在宋美龄的对美国活动中,《幸福》《时代》杂志的主编美国人亨利·卢斯起了重要作用。他利用这两份杂志,大造舆论,使蒋、宋、孔三家成为知名度极高的全球性人物。卢斯对其下属指示:"中美之间的宣传的难点与宋家有关,他们……是亲美政策的带头人。因此跟他们搞僵了,于我不利。"与卢斯的有计划、有步骤的新闻宣传相配合,宋子文本人

则极力讨好美国听众。早在1933年5月16日,宋在一次对美广播中说道:

"美国革命后的数年之中,贵国与英贸易停滞,结果出现严重萧条。而后萧条骤然消失,贵国开始19世纪初叶之大扩张,因为美国商人当时发现了中国的贸易。

"贵国一些名门望族从事中国贸易。罗斯福总统家族,包括罗斯福一支与其母戴拉诺一支在内,在两国早期通商中声名卓著。

"数以百万计的美元易手而无一字凭据,此乃信任与互敬之范例。

"你们没有用枪口对着我们,硬把货物塞下我们的喉咙,而是把商品卖给我们,因为我们需要这些商品。起初我们觉得这实在太好了,令人难以置信,而后渐渐明白了,我们遇到了新型的人,他们相信符合国际正义的新型交易,并且为此而努力工作。"

宋子文继续说道:"你们是否意识到,我国现政府成员中半数以上是贵国的大学毕业生?我是哈佛大学校友,为此深感荣幸。

"在我直系的家庭成员里,妹妹蒋夫人曾在威尔斯利女子学院念书。两个姐姐,孙夫人和孔夫人(她的丈夫孔祥熙现任工商部长),曾在梅肯市卫斯理女子学院就读。"

宋子文的这些言论,被个别传记作家讥为"开始了对美国歌剧般的求爱活动。宋氏一家人担任朝臣、侍女以及买办的角色"[1]。此说未免太甚,不过宋子文为了讨好美国人确实是使尽浑身解数,甚至歪曲历史,无以复加了。

1938年,《时代》杂志宣布蒋介石夫妇为是年最知名的伉俪。经过自身的努力与他人的刻意塑造,宋美龄在世界公众中已造成良好印象,"几乎是一个能够拯救国家,使之免遭魔鬼袭击的、虔诚的基督教徒"。这种形象,当然有助于她的"夫人外交"活动。

1941年2、3月间,美国总统助理卡里访问中国。蒋介石与其会谈时,要求美国提供五千万美元财政援助。宋美龄此时则与卡里的朋友、美国陆海军武官麦克奥会谈,通报日本新媾和信号传到了行政院孔院长处,国民党

---

① 〔美〕西格雷夫著、丁中青等译:《宋家王朝》,中国文联出版公司1986版,第448—450页。

要了解日本的媾和条件。由于蒋与外人会见时宋美龄都在场或为之翻译，因此，此举被认为是对总统助理的敲诈行为。卡里返回华盛顿后，认为拯救改革的力量能够保持中国同日本的对抗状态①。蒋介石当然不是什么改革力量，但因为1941年4月13日，日本与苏联订立"中立条约"，使得美国援华势在必行。4月，美国总统决定，允许退出现役的军人参加志愿队，参与中国空军的活动，接着第一批志愿人员来华。8月1日，蒋介石下令成立志愿大队（飞虎队）。美国还向重庆派出以马格鲁德将军为首的军事使团。在这年5月间，重庆已向美国通报：获悉，6月德军可能从某地进攻苏联。事实证明这消息是可靠的②。

但是，总的来说，美国还没有充分注意到中国在反对国际法西斯势力的斗争中的作用，对中国的投入是有限的。在民间，有组织的援助主要来自"美国联合救济中国难民协会"，它接济了医药器材等物，数量较大。为了争取更多援助，1941年11月10日、12月4日，宋美龄相继发表题为《民主中国的贡献》与《答谢美国友谊》的对美广播，陈述中国人民抗战以来付出的代价及其意义，介绍中国为救死扶伤在极端艰苦状态下自制种种手术用具的事例。

宋美龄告诉她的听众，使中国今日能够在缺乏外援状态下坚持抗日战争的因素之一，是一种高尚的精神。她认为，"美国这一个国家，决不会因势乘便，以作便利自己的打算的。美国决不像法西斯国家那样，认为牺牲弱小是正当的行为。美国正在英勇地竭尽一切可能维护着正义与人道。我们中国为了正义与人道流血斗争，迄今已四年有半了，因此我相信，我中美两国的友谊是建基一致的理想之上的"③。

在11月10日的广播讲话中，宋美龄告知美国朋友，为了感谢他们的援助，今天中国已愉快地赠送美国一对肥大滑稽黑白相间长毛茸茸的熊猫，希

---

① ［苏］沃龙佐夫著、董友忱等译：《蒋介石之命运》，中共中央党校出版社1992年版，第182—183页。

② ［苏］沃龙佐夫著、董友忱等译：《蒋介石之命运》，中共中央党校出版社1992年版，第183页。

③ 王亚权编纂：《蒋夫人言论集》下集，台北"中华妇女反共联合会"1977年版，第1009—1010页。

望这一对面目诙谐的动物,将带给美国的小朋友们一种欣喜愉快的情绪。此举是中国行政当局第一次将大熊猫作为"友好使者"赠送给外国政府。

二、宋美龄与"飞虎队"

行政院航空建设委员会成立于 1935 年 1 月,由蒋介石兼任委员长,宋美龄任秘书长,后来实际由宋负筹建之责。基于此种经历,她将国民政府的空军称为"我的空军",她被称之为"中国空军之母"。宋在国民政府空军中的地位,于此可见。

由于南京空军过去由意大利人主持教育与训练,各方面不如人意,故宋美龄聘任美国陆军航空队原飞行员霍尔布鲁克为空军顾问。通过霍氏,又引进美国著名飞行员陈纳德。陈纳德因不为上级所喜,47 岁时以"耳聋"为名退役。宋聘陈纳德担任中国空军顾问,时间为三个月。由于宾主相得,陈纳德的任期后来长达八年。他参与中国空军的整顿与建设。抗战军兴,他又参与策划、指挥中国空军在沪、杭、武汉等地的空战,功勋卓著。

如前所述,日、苏订立《中立条约》后,罗斯福允许美国退役军人组织志愿队赴华参战。蒋介石派中国雇员陈纳德赴美,经罗斯福批准授予美国空军准将军衔,组织"飞虎队",与中国空军合作,对日作战。据载,1942 年 2 月末,蒋宋夫妇访问"飞虎队"总部时,宋美龄表示愿当美国志愿航空队的名誉司令和航空志愿队与蒋之间的联络官。事实上,宋美龄帮助陈纳德解决了许多工作中的困难。故陈纳德说:"她是我永远的女王。"

陈纳德和"飞虎队",在抗日战争时期是家喻户晓的名字。在日寇飞机肆意轰炸中国城乡和平民之际,除了苏联空军发挥重要作用之外,"飞虎队"便是与敌作战的另一支重要外援力量。

除了宋美龄任中国航空委员会秘书长外,空军领导人还有毛邦初、周至柔等人,但与美国志愿队及其指挥官的联系,主要是由宋美龄进行的。当然,她也委托孔祥熙或宋蔼龄去联系和处理一些问题。

美国志愿队成立之初,基地在缅甸仰光附近的东瓜。1941 年 8 月中旬,日机从早到晚横扫重庆上空,狂轰滥炸,造成大量人员伤亡。蒋介石夫妇、端纳、巴雷特、麦克休，以及陈纳德在重庆开会，研究对策，因为当时还没有中国飞机可以对付敌机。陈纳德告诉蒋氏夫妇，要是他们还能忍受一下，报仇雪耻之日即将来临。看来宋美龄还相信他，可是蒋介石并不那么有信心。

陈纳德要求宋美龄协调和解决的事，不仅有催促昆明基地建设速度问题，还有志愿队与英国人的关系问题。在珍珠港事变次日，志愿队立即受命进入紧急状态。四天之后，12月11日，蒋介石命令陈纳德暂时将志愿队放在东瓜，与英方密切合作。英国意在让美国人帮助保卫仰光，并将"飞虎队"置于英国领导之下。陈纳德拒绝这样做，要求宋美龄利用她的一切影响防止此事发生。但志愿队还是参加了仰光战斗。由于对日作战已初见战果，1941年12月27日，马格鲁德要求将志愿队编入美国陆军航空队，以便补充人员和飞机、零件。几天后，宋美龄去电陈纳德，征询对此议的意见。陈纳德对将志愿队编入美国陆军航空队是不愿意的，但他只能拖延以争取时间。

1942年1月26日，陈纳德致电宋美龄，认为志愿队一旦成为美军的一部分，英国人就会要求动用它，并使其参加保卫它并不很愿意保卫的地区。要是志愿队被迫加入陆军，其大多数队员会中断与中央飞机制造公司所签合同。此事一旦发生，美国志愿队也就寿终正寝。他认为，这对中国而言，是一大损失。

据认为，宋美龄肯定对蒋介石施加很大压力，因为后者终于下令陈纳德将志愿队的所有单位在1月31日从缅甸撤出。显然，中国方面与陈纳德意见相似，但又不能不考虑美国军方的态度，结果同意改编，但归蒋领导。2月3日，宋美龄电告陈纳德："加密。在美国志愿队编入美国陆军航空队后，你出任驻华空军指挥官，受委员长领导。你的军衔是准将，任务是协助中国人训练中国空军。你希望从美得到哪些工作人员和助手，请速复知。"[1]

陈纳德对于他被提升为将军，自然高兴无比，他可以继续当中国的雇员，受中国最高领导人指挥，并组织他自己的人马。但是，他是美国军人，准

---

[1] ［美］杰克·萨姆森著：《陈纳德》，东方出版社1990年版，第127页。

将军衔却是中国政府授予的,这就不能不使美国军方不快,甚至引起交涉。1942 年 4 月 20 日,陈纳德从宋美龄处得悉,罗斯福总统向参议院建议提升其为准将。当天晚些时候,陈纳德得悉其永久性军衔准将从 4 月 18 日起生效。这样,他就成为美国的现役将军,此后,他便结束了与中国的雇佣关系。

美国志愿队的飞机,只用来与日机作战。凭这一点,就可以显示其威力。它于 1941 年 12 月 20 日在昆明上空的作战,以及稍后(三十二天内)在仰光上空的战斗,使志愿队得到世界报刊的注意,引起全世界的好奇心。昆明之战打掉了六架日机,志愿队平安落地。仰光之战打下或炸毁了一百五十架敌机,自己损失了原有十八架 P—40 式战机一半以上,三人阵亡,一人被俘。此后的战事不断,并有中国空军飞机参加。昆明上空之战结束后,地方当局表示热烈祝贺,"飞虎队"的名字便传开了。

蒋介石夫妇关注美国志愿队,宋美龄派黄仁霖将军照顾他们的食宿问题。蒋每次视察"飞虎队",美国报纸都以头条新闻加以报导。1942 年 2 月,蒋氏夫妇赴印度和缅甸访问及视察驻军后返回昆明,便在 28 日晚设宴款待"飞虎队"成员。

1942 年 2 月,蒋介石宴请"飞虎队",宋美龄出席并发表演讲

宋美龄以志愿队荣誉队长身份,称这些队员为"子弟们"。她感谢他们在中国国运最紧要的关头,带着希望和信仰飞越太平洋来到中国。她重述

她丈夫在先前的讲话中称赞他们光辉和英勇的事迹,称志愿队为"举世最勇敢的一支空军"。她称颂陈纳德及其志愿队的积极努力,大公无私,为中国人报仇雪耻。他们带来空中武器,与中国人并肩作战,完成志愿队伟大的任务,完全忘我,即使不幸成仁,他们的伙伴们一定会继续执行任务,这种精神,便是飞虎队成功的秘诀。她要求他们注意纪律,尤其是内心的纪律,注意充分发展人格①。她这个讲话,是有所指的,因为志愿队设妓院,在桂林物色妓女一事,已闹得沸沸扬扬,反映极坏。故要求他们自我约束。

次日上午陈纳德陪蒋氏夫妇返重庆,在即将登上 DC—2 飞机舷梯时,七架飞机作特技飞行俯冲下来,与座机以毫厘之差几乎相撞,蒋氏夫妇吓得滚了下来,摔了个嘴啃泥。"这段插曲被成功地隐瞒过去了,未为公众所知。"

关于志愿队的作战计划及其实施,陈纳德均及时向宋美龄报告,进行讨论。在这个时期,她是志愿队的最高指挥官。但志愿队无法得到充分的支援,面临解散。史迪威与陈纳德是对头。7 月 3 日,蒋委员长致电陈纳德,命令他解散美国志愿队,并按其准核的计划解雇志愿队队员。7 月 4 日是志愿队的解散日,直到这一天,他们仍与日机作战。在七个月中,共摧毁日机二百九十七架,还打下一百五十架。志愿队牺牲二十三人,被俘三名。战斗中损失十二架 P—40 飞机,地面损失六十一架飞机。

志愿队结束仪式在重庆举行。在此之前,4 月 17 日,宋氏三姐妹等曾假孔宅举行中美文化协会游园茶会,并向志愿队献《海鹰图》。7 月 4 日,蒋氏夫妇邀请志愿队队员参加一个烧烤晚宴。志愿军的荣誉指挥官蒋夫人假国府主席林森的官邸举行晚宴,宋庆龄和宋蔼龄也参加了晚宴。一幅描绘蒋氏夫妇与陈纳德在一起的油画揭幕。蒋介石致词说:"中国民众将永远把陈纳德将军和他的一队空中将士当作自己的战友和来自一个友好国家的友好代表。"

午夜,美国志愿队正式成为美国陆军航空队的一部分。陈纳德本人对解散一事深表遗憾。此后,他仍在中国战场服务,并成为史迪威将军在中国

---

① 王亚权编纂:《蒋夫人言论集》下集,台北"中华妇女反共联合会"1977 年版,第 1019—1023 页。

1942 年 4 月 17 日,宋美龄代表中国文化协会向飞虎队赠送《海鹰图》

的一名战将。史迪威曾答应蒋介石,用一支满员的由四个中队一百架飞机组成的战斗机大队来代替美国志愿队。但到 7 月 4 日交机那天,蒋发现,他是用久经阵战的志愿队与基本上还是纸面上的新建的第二十三战斗机大队作交换。军方给第二十三大队的地面设备直到 1943 年夏天才运到印度,要运到中国,还要等到下一年的秋天。

陈纳德的中国空军特遣队受驻印度的第十航空队统辖。这个航空队在1942 年 8 月 18 日由史迪威的参谋空军顾问克莱顿·比斯尔任指挥官。1943 年 3 月 10 日,美国驻华空军改编为第十四航空队,不受比斯尔指挥,提升陈纳德为少将,蒋为他增派人员。陈纳德空军作战范围,扩大到了长江以北地区。华盛顿此举,也提高了蒋介石的威望①。

---

① ［美］杰克·萨姆森著:《陈纳德》,东方出版社 1990 年版,第 183—184 页。

三、宋氏姐妹情

1941 年 12 月 8 日,日军偷袭珍珠港。珍珠港是美国在太平洋地区的主要海空军基地,这次突然袭击,使美国太平洋舰队遭到惨重损失,也迫使美国于第二天(9 日)对日宣战。这样,中日战争便进入一个新阶段。

太平洋战争开始,使中国产生了希望。8 日上午,蒋介石在军事委员会紧急召开国民党中常委特别会议,决定向美国建议,成立以美国为领导的中、美、英、苏、荷、澳等国的军事同盟。是日下午,蒋介石分别约见美、英、苏三国大使,通知决定向日、德、意法西斯轴心国宣战,并将成立军事同盟的建议,交给各大使。9 日,中国正式向日、德、意三国宣战。

日军在偷袭珍珠港的同一天,开始袭击香港。宋庆龄在日机空袭的第一天,亲眼看到民众被炸的惨状,她当场用电话把一个声明发给英文《南华早报》,让它发表。朋友们劝她尽快离开这个即将陷落的城市,但她仍坚持工作。对于宋庆龄的安全,她的弟、妹是很关注的。1941 年 11 月 27 日,宋子文从美国致电宋美龄,谓"太平洋局势严重,一触即发,请设法使二姐速离香港"。宋美龄转达了这个意见,但并未得到积极反应。十天后,太平洋战争爆发,住在九龙的宋庆龄面临着日寇飞机的轰炸,不走也得走了。这时宋子文再电宋美龄:"港危,可黑夜派机设法使二姐出险否?盼复。"宋庆龄是在 12 月 8 日晚上在友人帮助下从九龙到港岛。形势紧迫,她最后还是选择离开。12 月 25 日,在英军投降、日军占领港岛前六个小时,她乘坐最后几架民航机中的一架,飞往重庆。

宋庆龄是与宋蔼龄一起乘飞机离开香港的。她们乘坐的飞机,应当是宋美龄所派出的。因为香港已为日军所占据,所以宋庆龄只能在重庆住下来了。在重庆,姐妹之间仍有往来。据载,1942 年 11 月宋美龄赴美治病,宋庆龄以家人的身份到机场送行。1943 年 7 月 6 日,宋美龄返抵重庆,宋庆龄又去迎接。对于宋美龄在美活动和演说,宋庆龄也做了比较中肯的评价。她在致友人函中写道:"也许你听说蒋夫人又与拉铁摩尔博士一起抵达华盛顿,我怀疑她的健康能否适应那儿的紧张活动。如果有希望得到更多的轰炸机和弹药装备,使我们能有效地抵抗敌国,她的美国之行将使中国大大受益。""不管人们怎么说,她为中国做了最广泛的宣传,并且正如她自己在集会上对倾慕她的人所说:'我让美国人看到,中国人不全是苦力和洗衣工人!'我想,中国必须为此而感激她。"①

　　但是,政治立场的歧异,最终还是超出了亲情。在 1941 年年初"皖南事变"后,蒋介石的反共政策日益暴露,这种政策不能不影响到作为蒋介石夫人的宋美龄与始终站在中国共产党抗日民族统一战线营垒里作战的宋庆龄的关系。宋庆龄在重庆的重要工作是"保盟"的运作,向国外,尤其是美国寻求物资援助与筹措款项。但"保盟"在重庆没有自己的办事处,很多活动是在宋庆龄居所进行的,甚至连《新闻通讯》也无法发行。但 1942 年 8 月宋美龄却向美国人抱怨,美国援华会向美国民众宣传,募款口号是"为了中国的难童",可是募来的钱不是给她所领导的"战时儿童保育会",而是给了宋庆龄领导的"保卫中国同盟"。她甚至为此向宋庆龄索要美国援华会的五百元捐款。据说宋庆龄对此做了妥善的处理。到了这年年底,路易·艾黎的"工合"总技术顾问职务被国民政府宣布解除,理由是艾黎在洛阳与共产党"搞阴谋",利用宋庆龄的钱使八路军有所依靠,云云。在蒋介石掀起的反共高潮中,凡是沾上共产党的事,国民党都不会放过的,至于如何处理,蒋介石则有自己的考虑。如 1942 年 5 月,八路军驻港办事处主任廖承志在广东韶关被捕,蒋介石就不敢杀他。蒋敢杀邓演达,但不敢杀廖承志,因他是廖仲恺的儿子。宋庆龄去救邓演达,蒋说,孙夫人,邓已经杀了。宋庆龄对此极为愤慨,她骂蒋杀邓是犯罪。据载,廖承志被捕后,宋庆龄曾在同年 6 月间就此事问宋美龄,后者表示,她一无所知,并说要把此事报告蒋介石。宋美龄对廖承志被捕一事,是否真的一无所知,是否与蒋介石讲过,这是谁也不了解的事。但廖在 1946 年才获释,这是事实。蒋介石不会不知道廖承志的价值,杀廖他会得罪许多国民党人,有百害而无一利,所以,蒋处置邓演达采取与廖完全不同的方式。宋庆龄在蒋氏心目中,基本上是异己分子,而不是

① 宋时娟:《抗战时期的宋美龄与宋庆龄》,胡春惠、陈红民主编:《宋美龄及其时代国际研讨会论文集》,香港珠海书院亚洲研究中心 2009 年版,第 521—533 页。

"家族"内部的人。只是碍于她是孙夫人，才不得不予以必要的礼遇。至于宋美龄的心情恐怕就复杂些，在大多数情况下，她与宋庆龄可能是"政治感情"更浓于"亲情"，在香港时，宋美龄要关照小弟子安，但她要子安"所有的事情都不要对二姊讲"，便是这个道理。

后来，抗战胜利了，宋美龄还在美国，蒋介石要她回重庆。她对友人说："我还没有准备好要走。但是我丈夫在未来与共产党的危机中需要我。我希望并祈祷国家能避免军事冲突，实现国家统一。"①宋美龄的判断是准确的，蒋介石确实是需要她。随着国内局势的变化，宋氏姐妹，也很快营垒分明。从此，亲情或许只留在记忆中了。

宋庆龄到重庆以后，先住在上清寺范庄孔祥熙家里。后来由宋子文安排，搬到两路口新村三号。住在孔宅，这所建筑华丽堂皇，安全是不成问题的，但受监视，与朋友接触诸多不便。一个外国人曾对爱泼斯坦讲过宋庆龄在孔宅经历过的一件事："这是一次家庭聚会，我想是在圣诞节。蒋介石到的时候已经很晚了，快到半夜了。大家都站起来。她怎么办？蒋是国家显赫的领袖呀！宋庆龄从椅子上抬起半个身子，然后就又坐下了。这是一种在政治上很有分寸的表示。"在这种场合，蒋介石与宋庆龄都不会是愉快的。而且，自从重庆《大公报》在 1941 年 12 月 22 日发表《拥护修明政治案》社评，抨击飞机运载洋狗问题（指 12 月 9 日由港飞渝的最后一班飞机，不载应当内渡的人，而运一批箱笼、几条洋狗和老妈子回重庆，由孔二小姐接运之事），舆论大哗，以宋庆龄国母之地位，自不便长久寄居孔宅和闹市，于是有迁往黄山松籁阁居住之事。

宋庆龄在重庆住下来之后，宋美龄交待委员长侍从室侍卫长俞济时，给宋庆龄住宅安装了一部对外不公开的电话，供她们姐妹之间通话。当时任侍从室电话监听员的王正元，日后写了一篇回忆录，介绍"电话中的宋美龄"，叙述她们姐妹中的亲密关系。

据载，她们之间的通话，均由军话台接通，而且多数是由宋美龄先呼唤：

①　宋时娟：《抗战时期的宋美龄与宋庆龄》，胡春惠、陈红民主编：《宋美龄及其时代国际研讨会论文集》，香港珠海书院亚洲研究中心 2009 年版，第 532 页。

"接宋委员电话。"宋庆龄当时任国民党中央委员。在叫通宋宅电话以后，一般由一位上海口音的女子（可能是宋的女佣李燕娥——引者）先接，再请宋庆龄接话。

宋美龄用电话通话，一般使用英语。但与宋庆龄通话，则用地道的上海话。她们讲的上海话极为清脆流利，语气之间始终保持亲切、热情。每次通话时，都是美龄先开口说："阿姊么？"庆龄则回说："美龄吗？"

在她们谈话中，不外两个方面：一是生活，对其饮食起居，问寒问暖无微不至；一是拉家常，谈及她们的兄弟，如宋子良、子安，因他们不在重庆居住。她们姐妹每次要见面，事先由宋美龄先用电话与宋庆龄宅联系好，征得同意后，由美龄到庆龄家去看望。有时约定在孔祥熙住宅会面，那时三姐妹可以在一起叙谈。

王正元讲到一次宋庆龄婉谢赴蒋宅参加"家宴"的事。一次，宋子良、子安兄弟来到重庆，蒋介石在电话中与宋美龄商议，蒋说："我要子文、子良、子安他们邀请阿姊和大阿姊一起到黄山聚餐。"宋美龄说："让我先问问阿姊再说。"她即与宋庆龄通电话说："……这是我伲姊弟自家聚会，其他人没有呀……"庆龄听后犹豫了一下，便说："不来啰，这两天我正患病，身体很不适意……"美龄一听即说："那么我马上派医生来给看看……"庆龄说："不用了，我正在服药。"这次"家宴"，终于未能如蒋介石所愿进行。

宋美龄把长途军话台的秘密电话号码"2080"告诉了宋庆龄，这个电话，是绝对保密电话，除用作蒋、宋等必要联系外，并充作中继线之用。宋美龄用长途军话台接市内电话。宋庆龄给宋美龄打电话，就说："2080吗？接蒋夫人电话。"她们之间的市内电话，均由军话台接通，受军话台监听。

国民党特务一直在监视宋庆龄的活动。当宋庆龄还住在上海时，戴笠就让其亲信沈醉计划行刺她。对这种阴谋，宋美龄多少总会听到一些。因此，在重庆，宋美龄便不能不干预。据说，有一次美龄打电话给宋子文说："你关照他们（指戴笠）一下，不准在阿姊那里胡来，如果我听到有什么的，我是决不答应的。"她的声音很高，语气非常尖厉，似乎很气愤。子文回答："好的，我马上就通知他们。"宋子文是1943年10月1日由华盛顿返国，首次赴渝，戴笠他们如果有什么计划，当是在这个时间之后，兹事体大，若非蒋介石授意,戴笠恐无此胆量。

正是宋氏姐妹的亲情关系,使宋庆龄免遭毒手。王正元谈到他与一个中层特务——重庆航空检查所主任姚某的一次闲谈。姚说:"戴老板(指戴笠)对此非常为难,很伤脑筋,照委员长意旨办嘛,夫人不答应,闹出乱子来,委员长还是拗不过夫人,大家都有所顾忌。"又说:"底下人都知道,闹出乱子来吃罪不起。而且戴老板也深知夫人是不好惹的。"①

宋庆龄在重庆期间,绝少到蒋介石官邸去。除了上述在黄山出席美国志愿队解散的烧烤聚餐晚会外,人们所知道的一次,是某次蒋介石赴南温泉中央政治学校主持开学典礼时,宋美龄与宋庆龄通话后,姐妹俩曾在曾家岩德安里官邸会晤过一次。宋庆龄除了在中常会开会时与蒋介石见面外,据说从未私下会晤过。当然,宋庆龄并未完全拒绝被邀参加蒋氏官邸举行的政治性聚会。1942年7月初,美国总统助理卡里来重庆,调解驻重庆的美国人与蒋介石的关系。8月5日,卡里离华,在蒋介石官邸,举行了有蒋氏夫妇、宋庆龄、宋蔼龄和史迪威等人参加的聚会。史迪威对宋美龄印象还比较好,认为她很机灵,很勇敢,她理解西方的观点,对蒋介石有很大的影响力。史迪威认为,"若不是她,天晓得我们会在什么地方!"

宋美龄是聪明的,她也不乏姐妹亲情,但更多的是考虑自己的利益。1943年7月6日,她访美返国,带了一大批私人生活用品回来,但她二姐要她带回一双鞋,她都没有办到。

美国人格雷厄姆·佩克(当时正在中国为战时情报局工作),记述在飞越"驼峰"之前,为了减轻飞机重量,宋美龄的行李在阿萨姆机场卸了下来,另装一架美国军用飞机。"这一装卸工作是在机场相当偏远的一角进行的。搬运行李的美国兵不慎摔了一个柳条箱。箱子开裂了,里面的东西都滚了出来……里面满是化妆品、内衣和各种珍奇的玩艺儿。蒋夫人是打算用这些东西伴她度过战争岁月吧! 这些美国兵勃然大怒,因为当时'驼峰'运输处于困难时期,许多美国飞行员为了向中国运送物资而牺牲性命。这些士

---

① 王正元:《电话中的宋美龄》,《文史资料选辑》第92辑,文史资料出版社1984年版,第83—85页。

兵把其余的箱子也都摔在地上打破,皮大衣、魔钟等在尘土中滚得一地,用脚踢踹够了,这才把这些乱七八糟的东西扔进待命起飞的飞机。"这真是秀才遇了兵,有理说不清了。或许正是这些美国大兵损坏了美龄的行李物品,把她原来准备做礼物送人的东西,糟蹋得不成样子,便无法向"阿姊"送礼了。宋庆龄不明个中原因,对蒋夫人未免耿耿于怀。她在 1943 年 7 月 16 日致纽约友人格雷斯·格兰尼奇的函中写道:"听她座机的机组人员说,她带了无数的行李,还有那么多的罐头,等等。但我并没有见到一听烤豆或……一双鞋;我听说,她带不下了,所以我的鞋要等'下一班飞机'。好哇!……大概等到战后吧。"

她还讲到美龄此行的一个政治问题:"说正经的,她这次访美的一个直接的结果是委员长决定在美国开展一场反对 CP(指中共)的运动。有人去找了立法院的温源宁(立法委员),要他负责这个运动。"①

宋美龄没有生养孩子,她将对第二代的感情移注到宋蔼龄的孩子们身上。孔祥熙宋蔼龄有二子二女。长女孔令仪,长子孔令侃,次女孔令伟,次子孔令杰。这几个人各自都有其一部历史,但在抗战时期,最令人侧目的是孔令侃与孔令伟(即孔二小姐)。宋美龄对他们视同己出,百般宠爱,因此他们敢于胡作非为。1942 年—1943 年间,宋美龄访美,孔令侃在美国读书,宋任令侃为私人秘书,随她一起活动,因此,孔令侃得到认识美国经济界有力人士的机会,为他回国后创办官办企业"扬子建业股份有限公司"奠定了基础。扬子公司后来成为蒋经国打"虎"的对象,后文我们还要讲到。凡是专制王朝,都必然有倚恃权势从事各种非法活动的恶少,孔家子女所以能兴风作浪,主要是托庇于宋美龄这把保护伞。宋氏姐妹宋蔼龄、宋美龄的亲情关系,既是使蒋家政权得以建立的重要因素,也是使这个政权崩溃的一个重要原因。

四、蒋氏夫妇访问印度

太平洋战争开始后,日军攻势凌厉,菲律宾、香港、印度尼西亚、泰国、新

① 伊斯雷尔·爱泼斯坦著、沈苏儒译:《宋庆龄——二十世纪的伟大女性》,人民出版社 1992年版,第 452 页。

加坡和马来半岛以及太平洋的诸多岛屿,先后为日军所占领,并进入缅甸,威胁印度与澳大利亚。中国的抗日地位,顿时显现得重要起来。

1941年12月23日,中、美、英三国联合军事会议在重庆举行。美国出席会议的是勃兰特和马格鲁德两位将军。英国代表是韦维尔(英美荷澳远东战线最高司令官)。蒋介石主持会议,中方参加者有何应钦(总参谋长),以及以"权威人士"身份参加的宋美龄。会上,中、英双方发生争执。韦维尔要求制订联合作战方案,首先是保卫缅甸,以屏障印度。英方没收了美国根据"租借法案"运给中国的一百五十辆卡车与一船弹药。韦维尔还拒绝中国军队解放缅甸。英方的态度,迫得何应钦说"把运到缅甸的援助中国的美国物资全部退还美国,停止中、英、缅合作!"宋美龄也发言:"请注意中国的地位。"英国既看不起中国,又时时防备中国在缅甸和印度的影响,生怕这两个殖民地会起来独立。

1942年元旦,外交部长宋子文在华盛顿出席了二十六国联合宣言签字仪式,签字国声明一致对抗德、意、日,决不与敌单独媾和。罗斯福总统在签字时表示,欢迎中国列为四强之一。1月3日,根据罗斯福建议,盟国划定中国战区(包括中国、泰国、越南和缅甸北部——以后缅甸北部又划了出去,最后属东南亚战区),蒋介石任战区统帅部最高统帅。在蒋介石邀请下,罗斯福派史迪威任中国战区统帅部参谋长;1942年2月,史迪威来华上任。在赴重庆途中经过缅甸北部腊戍时,刚好蒋介石与宋美龄由昆明乘飞机到腊戍视察,对中国军队作部署,史迪威到波特酒家拜会了蒋氏夫妇,蒋氏欢迎史迪威出任新职。在此之前,蒋介石夫妇刚访问了印度。

蒋介石和英国人商定印度之行。访问从1942年2月4日开始,一直保密,未对外界公布,直到最后一天,2月21日,始经由加尔各答广播电台公开对全印度人民发表告别词,由宋美龄用英文宣读①。由甘地和尼赫鲁领导的国民大会党,正争取民族独立,与英国殖民主义者关系很僵。日军逼近印度,以"亚洲归亚洲人"为口号,在印度不无影响。假如印度民族主义者与

---

① 石源华:《宋美龄与战时第一夫人外交》,胡春惠、陈红民主编:《宋美龄及其时代国际研讨会论文集》,香港珠海书院亚洲研究中心2009年版,第85—87页。

1942年4月,宋美龄、蒋介石与史迪威在缅甸留影

日本人合作,南亚次大陆落入日本人掌握之中,对日作战将更为困难,因此,蒋氏夫妇此行,有联合印度作战之任务。

　　当时,早有"南进"野心的日本军国主义者已控制了东南亚,蒋介石身边的人如陈布雷、戴季陶等人主张待形势好转后再去印度访问。但蒋介石不以为然,认为"世界上苟能四亿五千万民族与三亿五千万民族联合一致,岂非大佳事",决心前往①。同行的有夫人宋美龄及国防最高委员会秘书长王宠惠等十余人,英国驻华大使卡尔一同赴印。

　　蒋介石赴印,主要目的有三:其一是与英国印度当局商议开辟中印交通线,使印度成为援华军火的中转基地和生产基地,实现中、印、缅联合防御合作等,劝说印度国大党暂时搁置独立主张,支持世界反法西斯战争。其二是

---

①　唐纵著:《在蒋介石身边八年》,群众出版社1991年版,第255页。

利用反法西斯战争的有利形势,劝说英国放弃印度的殖民统治。其三是调解英、印关系,提高中国在处理亚洲事务中的国际地位等。要达到这些目的,必须与印度人民领袖甘地会晤,希望通过他影响印度人民,使之同情同盟国主张,但在何处会晤,则较为微妙,因甘地乃是民间人士,蒋欲到孟买附近瓦达甘地居住地,依中国之礼节趋访,但陪同蒋氏访印之英国驻华大使卡尔则不谓然,他致函宋美龄,称英、印总理曾透露,蒋若纡尊往访甘地,不免使该总理遭遇严重的政治问题,并请取消此行,故请蒋依印度习俗前往新德里会晤,同时接丘吉尔电,表示同感。蒋介石在2月9日日记中说:"卡尔此来,乃转达其总督之意,请余不必亲往瓦达访甘地……余甚失望。"11日,"卡尔又来见",他曰:"彼又达其总督之意,请余不往孟买见甘地,否则,殊失英督体面,英督地位难保,以伦敦政府必予处分也。"蒋说:"余乃严词斥之,余来时,英印政府皆允余往访甘地与尼赫鲁,否则,余必不来,奈何又不允余往访,岂非欺余乎?"①15日,蒋召见卡尔说他离印之前,必须与甘地面晤。18日,才安排蒋介石在加尔各答会晤。蒋介石与甘地会谈进行了四小时,尼赫鲁参加。蒋介石以三民主义的民族主义思想为基础,阐明中国革命的目的,除在争取本国的自由与独立之外,且支援其他被压迫的民族,为达到同样的理想而斗争。在蒋氏看来,这次战争,对于中国与印度,都是从列强压迫下解放出来的极难得机会,中印两国有共同的目的,"世界上人口之半数即在中印两国之内;两国为民族自主而联合奋斗之成功便是全人类争取自由的成就"②。他希望印度集中力量参加对轴心国的共同战斗,他认为,这场反侵略的战争,可使世界各国获得真正民主自由的观念,印度参加此次战争,更可保证其成功。

但是,甘地对蒋氏的要求避而不答。综合与尼赫鲁的几次长谈,蒋氏认为他们看不出日本征服亚洲的后果,至少对日本持更为保留的态度,因为印度受英国统治造成的结果,态度麻木,只知爱印度,而不知有世界及其他人

① 黄自进、潘光哲编:《蒋中正"总统""五记"》"困勉记"下,台北世界大同文创股份有限公司2011年版,第822—823页。

② [美]施罗曼、费德林史坦合著,辛达谟译:《蒋介石传》,台北黎明文化事业股份有限公司1985年版,第229页。

蒋介石、宋美龄印度之行,特地去加尔各答访见了印度民族运动领袖
"圣雄"甘地(左三),陪同的是印度独立后任总理的尼赫鲁(左一)

类。蒋介石这种判断当然不会毫无道理。不过,印度还是殖民地,甘地、尼
赫鲁知道英国人能容许他们进行什么活动,他们事实上是有基本估计的。
蒋介石在4月19日致驻美大使电中便指出,他访印时,甘地便对他说过:
"西方国家决不会自愿以平等地位对待我们东方民族",最新例证便是不让
中国参加盟国参谋总部的会议。因此,印度对于靠参加战争以提高其国际
地位并获得独立不抱任何希望,这种思想也是有其理由的。

如前所述,宋美龄用英文宣读的告别词,讲到寄予印度人民追求自由的
深切同情,希望印度参与反侵略的斗争,并从英国统治中尽速获得自治:"我
诚挚希望,并满怀信心,我们的盟友英国,不必等待印度人民的任何要求,准

许真正的政治权力,使之能继续发展其精神与物质的力量,为实现此一愿望,使其对联合国反侵略的参与,不独成为一股确保此项奋斗胜利的支援;而同时亦是为自由而奋斗的转捩点,从客观的立场看来,余认为此乃最明智之策略,而最后并能重振大英帝国的威望。"①蒋氏还希望美国能调和英、印之间的矛盾。这些话,颇似梦呓一般,蒋氏两边讨好,自以为用心至善,实际上,英、印方面均不买账,英方反应尤为强烈。英国人之本意,在使蒋氏之访印能缓和印度之独立要求,但蒋却主动敦促英国予印度以自治,乃至独立,这当然超出了英国殖民主义者所能允许的范围;另外,对中国建议美国插手印度事务,也是英国所坚决反对的。因此,丘吉尔致函蒋介石,严厉地进行批驳。L. 伍德沃德在《二次大战中的英国外交政策》一书中援引丘吉尔的信,内称:"我们尊重中国的主权,就是蒋介石同中共的分歧很尖锐的时候,我们也未妄加评论,因此,我们希望蒋介石不要陷入同印度国大党和同那些试图削弱印度政府作战努力、破坏安定秩序的人物的政治关系中去。"②英国这种态度,使中、英之间关系也更加冷淡,连宋美龄本人对英国也极反感,使得她不愿访问英国。

对于宋美龄,自从与蒋介石结缡以来,不乏参与外事活动的机会。而陪蒋到国外活动,则是第一次。印度方面对她颇具好感。2 月 21 日,尼赫鲁致函蒋氏夫妇,在谈到蒋夫人时,写道:"他和同来之一位光荣的贵夫人,也就是他的生命旅途中的伴侣,表现温柔的女性,在自由主义的光辉照耀下,亦能面对战争的风景,他们率同千百万的中国男女国民,从事于生死的战斗,投身于英勇的冒险行为,使中国改观,并使举世震惊。"尼赫鲁这些得体的言词,使宋美龄对此行稍感宽慰,但总的来说,并不满意。1943 年 2 月,回国述职的驻英大使顾维钧,同孔祥熙谈到宋美龄访英的可能性问题。孔

① 王亚权编纂:《蒋夫人言论集》下集,台北"中华妇女反共联合会"1977 年版,第 1011—1013 页。

② 〔苏〕沃龙佐夫著、董友忱等译:《蒋介石之命运》,中共中央党校出版社 1992 年版,第 191 页。另外 1943 年 3 月,蒋介石对驻英大使顾维钧谈到,丘吉尔信中说中国的共产党问题同英国的印度问题性质相同,这种言论简直粗鲁已极,令人无法容忍,因为中共问题是中国的内政,岂能与印度的解放和独立相提并论。只是出于宽容,才决定不在复信中予以严厉驳斥。(《顾维钧回忆录》第5 分册,中华书局 1987 年版,第 230—231 页)

祥熙的看法是,蒋夫人不愿访英,原因之一是英国人非常死板(如怕英国女王不到车站迎接等),一些小事处理得令人不愉快。另一个原因是,她对蒋委员长和她在印度受到的接待感到不满。他们抵达印度时,印度总督没有亲自来迎接,也没有给予他们作为国家重要领袖所应受到的礼遇。但顾维钧解释,情况并非如此。英国的印度事务大臣曾与顾谈起此事,他解释说,原打算按国家元首的规格接待蒋委员长,但被拒绝了。他记得当时英国政府要求印度总督给予尽可能高的礼遇,但蒋委员长谢绝了,他这样做是明智的,因为他当然不想接受只有国家元首才能享受的荣誉,当时林森是中华民国的国府主席。所以,顾氏认为,小事也会造成很大的误解。

访问印度,对宋美龄来说,是推行"夫人外交"的一个机会。2月12日,全印妇女会议主席潘迪特夫人集会欢迎蒋夫人,在印度妇女领袖群中,她从容地作了《我们中华妇女》的讲演。她感谢集会主持者的盛意,对印度妇女致意。她讲到两国古老的文明和悠久的传统及友谊,又讲到当今中、印两国已成了支撑亚洲经济上及工业上这个门面的两大支柱,并且两国正共同努力以求民主世界获致安全,这种重要工作,实使我们引以为荣。她向印度妇女界简要介绍了中国妇女参加抗战的情况,认为日本现在也是印度的敌人,以期引起她们的注意①。在讲演中,她无视印度仍然是英国殖民地的这个政治现实,通篇中、印两国并提,称印度为"贵国",这样做,当然是为了尊重印度人民的民族感情,但另一方面,又必然引起英国殖民当局的警惕,这也是丘吉尔对蒋氏不满的原因之一。

在2月12日这天,宋美龄还对全印妇女发表演说,指出印度人民可能会跟一个极狡狯的敌人——日本侵略者作战。她认为说出这一点是必要的:"我想各位都具有实事求是的精神,因为中、印两国人民数千年虽有共同的思想传统,充满着其他民族所未曾阐扬的、最渊博深奥的哲学遗产。但中、印两国的精神均是求真务实的。"她通过日本在中国,尤其是在南京大屠杀中的累累罪行,揭露它的谎言。日本是世界上最残暴而毫无人性的敌人。

①　王亚权编纂:《蒋夫人言论集》下集,台北"中华妇女反共联合会"1977年版,第1011—1013页。

访问印度期间，宋美龄身着印度服饰，与尼赫鲁及印度妇女代表合影

　　她对印度妇人谈到抗战以来中国妇女指导委员会的活动及成绩。最后，她用"只问耕耘，不问收获"，表示下一代人一定会得到我们牺牲的果实，我们心甘情愿地为我们子子孙孙而耕耘①。

　　17 日，她又向印度人民广播致词，对这次访问做个总结，答谢印度人民的优渥款待。她赞美印度美丽的土地、领袖和民众的崇高品质。她表示渴望与印度并肩作战，中国人民对印度的友谊是真诚的。她谈到中国的"焦土抗战"，谈到中国军队是永远不知失败为何事的，因为它具有"不怕死"即"宁死不屈"的精神。

　　宋美龄认为，中国所做到的一切，印度也能做到，因为中、印两国都是从数世纪的战乱、疫疠、旱灾、饥荒中奋斗过来的，印度人民和中国人民都同样有着不屈不挠的美德。她再一次呼吁印度参加这一伟大的搏斗，联合国便会起来帮助印度。她对印度妇女的崇高品质——能忍耐、肯牺牲、富于同情心，并具有高度的智慧重加颂扬，认为这是她向自己的同胞介绍在印度所学到的和经历到的事物和东西。她在讲话中表达了对印度妇女最良好的愿

────────────

　　① 王亚权编纂:《宋夫人言论集》下集，台北"中华妇女反共联合会"1977 年版，第 1014—1018页。

望,也为此次印度之行打上句号,成为中印交往历史令人回味的一页。

蒋氏夫妇印度之行从 1942 年 2 月 4 日到 21 日,历时十八天,对于蒋氏夫妇访印,事后颇难作出合适的评价,各方面都会有自己的说词。不过,有一点是可以肯定的,即未能在中英关系方面加分。2 月 15 日,英印总督林里资哥授予蒋介石"那埃托大十字勋章",意在答谢对盟国争取胜利的卓越贡献。该总督还在 17 日发表声明,为纪念此次访问,并对中国军民表示敬佩,特定 3 月 2 日为中国日。18 日,印立法大会通过决议,对蒋氏夫妇访印,表示无上光荣,且赞美蒋氏在中国与世界反侵略战争建立的卓异功勋。但是,蒋氏夫妇在访印期间会晤甘地,以及所主张的印度自治的议论,引起英印当局的反感,丘吉尔尤为愤怒。正因为如此,蒋氏夫妇离开印度时,英印总督并未送行;尽管 22 日蒋氏返国到昆明后即致电顾维钧转告丘吉尔,告以已由印返国,深谢英印当局的盛情款待,并曰"余对印度军队,实觉情势危急也"。23 日,蒋再电顾维钧曰,"嘱以对丘吉尔进言之步骤,勿使彼有误会也"[1]。但亦无补于事,中、英关系开始趋于紧张。

五、发表《如是我观》的是非

日本偷袭珍珠港,发动了太平洋战争。日本野心勃勃,大举南进,占领了太平洋诸多岛屿,控制暹罗,占领英属香港、马来亚、新加坡和缅甸仰光和荷属东印度(今印尼)及美属菲律宾和法属中南半岛。1942 年 4 月中旬,日军进逼滇缅路。由于仰光已失,中国已失去通过缅甸海口的运输补给线,西南形势吃紧。在这种形势的背景下,4 月 19 日,宋美龄应《纽约时报》之请,发表了《如是我观》一文。24 日,该文的中译稿刊于重庆各大报,引起各方注意。

宋美龄写这篇文章,表达了对东南亚战局的失望,认为这是西方国家的失策。她指责近代西方国家对华观念和行动的偏失。她以中国在淞沪战争中将士以血肉之躯抵抗日寇的飞机大炮的进犯,成功遏止了日本叫嚣"三月

---

[1]　黄自进、潘光哲编:《蒋中正"总统"五记》"困勉记"下,台北世界大同文创股份有限公司 2011 年版,第 824—825 页。

亡华"的美梦,以此来对比法国马奇诺防线的失守。她毫不留情地指出过去三个月来,我中国人民以惊奇而难信的眼光,目睹西方军队处处对敌人屈降。又称,过去五年之中,中国军队完全没有对敌投降的影子。她还以"时间之神所造成的亦庄亦谐的一个报复故事",拿昔日英、法联军攻打大沽口的情形,暗讽此时英国在香港、新加坡和缅甸等地的不堪一击。这篇文章对欧美国家仅仅肯定美国麦克阿瑟将军在菲律宾抵抗日本人,但最后还是借此批评英国对印度的殖民地政策,认为要拉拢印度对日作战,先要给印度以自由;若不把现在的印度政策及其实施的方法作彻底急遽的改变,恐无根本解决之望。宋美龄写作该文的目的,据说是使"大家都须认识各民族有各民族的长处,可供互相的借鉴;希望国与国相互尊重,促进东西民族的互相了解,互相认识,达成我们大同世界的目的"①。

《如是我观》一文,读者不用指点,都会明白它是在抨击英国政府的亚洲政策。英国长期是日本的同盟者,这个号称"日不落国"的老牌殖民主义国家已日益衰落,但它仍然坚持殖民主义政策。然而,它在亚洲经营多年的殖民地,在日本进攻下,不堪一击,纷纷举起白旗,港英总督杨慕琦便是其中一位。蒋氏夫妇对英国丘吉尔之轻视中国,有痛切的感受。宋美龄具有民族平等、国家互助和反殖民主义的意识,她的文章以英国为抨击对象,就是要告诉世人对中国的抗日战争要给予重视。她说:"在纽约发表的那篇文章一定会使英国人大为不快。"但她说,她写这篇文章丝毫没有反英情绪,只不过是站出来为中国说话而已。她说:她不是以委员长夫人的身份,也不是以中国官方发言人的身份,而是以她个人的名义写这篇文章,叙说自己的看法,"如果英国人对别人写文章谈论他们而敏感的话,那么英国家长式专横跋扈的受害者对其所受待遇产生敏感就更加自然了"②。

如果宋美龄写这篇文章仅仅是引起外界产生敏感,也就罢了,而且该文也说不上有多大意义。但因为宋美龄是蒋介石夫人,任何读者看到该文时,

---

① 陈英杰:《蒋宋美龄与战时中国的对外宣传》,胡春惠、陈红民主编:《宋美龄及其时代国际学术研讨会论文集》,香港珠海书院亚洲研究中心 2009 年版,第 147—163 页。本节写作,多处征引陈文,特此说明。

② 《顾维钧回忆录》第 5 分册,中华书局 1987 年版,第 108 页。

都不可避免地产生联想。宋在文中对英国的抨击,极可能影响原本就不十分愉快的中、英两国关系。当时任国民党中央宣传部部长的王世杰就有这种忧虑。他在 1942 年 4 月 25 日的日记中写道:"蒋夫人著一文在美国报纸发表,并于今日译成汉文送中国报纸发表(系国际宣传处代送,予事前未及闻之)。文中切责英国军队在远东各地对敌投降,并指责新加坡、香港防备之疏失。此种批评文字,发表却在此时,殊属不当。文中言词,大率系责人誉己,亦未必能使客观者心服。唯英文文字甚好。予于事前如获闻悉,必促其修改或中止发表。蒋夫人文中谓中国无降军,不幸该文甫发表,而孙良诚投诚敌伪之讯即至,使予闻而痛心。"①不同地位的人有不同的反应,唐纵在日记中记述他读到这篇文章后就认为"对于讽刺英国人,大快人心"。"公开的正式的批评外国人尤其英国人,这是近年来的第一次。国际宣传处,应该惭愧。"实际上,除了宋美龄,谁敢如此发声?唐纵当时大概是在军统局帮办任上,不处理外事,高兴一阵子,也可以理解,但对驻英大使顾维钧来说,就绝对高兴不起来了。

顾大使在其回忆录中对此写道:"令人遗憾的是,尽管我不断设法改善英中两国政府间的关系,但是两国关系仍在不断恶化。克里普斯爵士在 7 月 11 日对叶公超所说的,两国关系'处于极坏的状态'。他说,双方都犯了很多错误,他认为中国的知识分子是排外的。他说他认为蒋委员长印度之行没有加强两国关系,而是害多利少,并且留下了一系列的误解。蒋夫人说给美国人听的讲话则把事情弄得更糟糕了。"斯塔福德·克里普斯是英国驻苏大使,刚辞职返国,据传是丘吉尔首相的接班人。克氏的夫人是刚成立的"联合援华基金会"的主席。叶公超当时是中国驻英使馆新闻参事兼宣传部驻伦敦代表。克氏对叶公超的谈话,不能不引起顾大使的严重注意,所以,为了两国关系的前途,他计划回国述职。

1942 年 10 月 14 日,顾维钧返抵重庆。他会见了在重庆的几乎所有政要,包括蒋介石夫妇。他抵渝第二日下午,便出席蒋氏夫妇为苏驻华大使潘友新举行的茶话会。顾大使记述:我过去曾经见过蒋夫人,但是,在公共场

---

① 《王世杰日记》(手稿本),见前揭陈英杰文。

合上见到她还是第一次。她讲话半开玩笑，半认真，十分健谈，看起来，她完全控制了茶话会的气氛。

11月3日下午，宋美龄邀请顾维钧共进茶点。顾氏免不了说一些奉承话，说英国人对蒋委员长和她本人十分钦佩。他们希望邀请蒋夫人作为政府的贵宾前往英国访问。宋美龄的回答很友好但也很坦率。她认为她个人出访英国不会成功。然后她又说到上面已叙及的有关在《纽约时报》刊文的事。关于中、英间的不快，她表示，还是由大使以外交方式去处理。她又说："英国应该认识到，中国已经不是昨天的中国。"英国不应该再以过去"那种家长式的、傲慢的态度，对待中国"。她说话时很激动。

在谈到自己的工作时，蒋夫人说，她的文章和工作都是经过周密组织安排的，她只需要加以督导和作决定。至于顾大使说她是委员长的得力参谋时，她说："不，委员长毕竟重任在身，须亲自决定国家的重大问题。我并不为他出谋划策。但是我要管照他的文件、函电和讲话稿件。由于国际事务大增，此项工作也成为重大负担。"

顾维钧在该日日记的最后写道："她极为娴美聪慧，无愧为国家第一夫人和我国政界一位身负重任的领袖。同她进行了五十分钟的交谈以后，我不禁感到理应得到那些认识她和没有见过她的人们的称赞和钦佩。她才华出众，办事干练，而不失美丽的文雅的妇女本色。她有一副漂亮的容颜和苗条的身材，穿着也很华丽。她有着强烈的爱国激情，是委员长这位国家领袖、民族英雄的忠实妻子。"①

顾维钧是一位折冲樽俎、阅世极深的外交家，写日记，并不是要取悦他人，因此，他的感觉应是真实的。这些观感有无表面化之失，读者便有见仁见智之说了。《如是我观》一文引发如此之多的意见交集，也足以说明宋美龄不愧是蒋介石能干的夫人，具有政治智慧。

六、宋美龄新疆之行

宋美龄在国外推行"夫人外交"，初见成效，根据其能力与需要，又被蒋

---

① 《顾维钧回忆录》第5分册，中华书局1987年版，第110页。

介石用来解决国内问题,即处理"新疆王"盛世才服从重庆中央政府的工作。

新疆当时为中国行省之一,地处西北边陲,强邻逼处,谋我正急,加以境内民族关系比较紧张,民国以来,杨增新、金树仁相继执政,省内形势日见恶劣。1933年,辽宁人、曾留学日本、在南京政府总参谋部担任过作战科长的盛世才,因缘时会,控制了新疆军政大权。盛在新疆,以省会迪化(今乌鲁木齐)为中心,铲除异己,实行特务统治,虽奉中华民国正朔,实际投靠苏联,搞"独立王国"。

抗战军兴以来,部分苏联援助通过新疆进口。蒋介石未尝不想解决新疆问题,但苦于鞭长不及马腹,始终未能措手。1941年秋,蒋介石派其结拜兄弟、蒙藏委员会委员长吴忠信,兼任西北党政考察团团长,赴甘肃、宁夏、青海等省考察党政。其时青海马家兄弟不和,吴忠信既抵西宁,极力拉拢马步芳,使之向中央输诚,将河西一带地方交还中央,至此,重庆政府打开了经由河西走廊通往新疆之路,解决新疆问题有了可能。

蒋介石对吴忠信西北之行甚表满意,1942年,复派吴忠信与宋美龄同赴迪化,明为解决盛世才的困难处境①,实际上是为将来撤换盛作准备。其时,驻兰州的第八战区司令长官朱绍良已几度去过新疆,宋美龄之行,是在已有安排的基础上,最后解决中央军进入新疆的问题。

1942年8月30日下午1时左右,由空军大队长衣复恩驾驶的专机,载着宋美龄一行,抵达迪化机场。专机是在兰州起飞的,梁寒操(国民党中常委、军委会政治部副部长)同行。蒋介石为宋美龄送行。这天一早,蒋介石就来到待发的美国运输机扶梯旁边,用阴沉的目光,异常严肃地注视着从兰州上飞机的梁寒操的随员。

这架运输机显然是临时调来的,座舱里没有沙发,两旁是长条硬席座位,宋美龄坐的是普通藤椅,靠近驾驶舱。随宋上飞机的有两个女佣,一名警卫,一名西医。同机还有国民政府外交部驻新疆特派员吴泽湘,特派员公署两名秘书,崔姓俄文翻译,以及中央社派往新疆的陈万里等二十余人。先

---

① 吴忠信与宋美龄同赴新疆,系据吴之秘书长曾小鲁所记(《吴忠信主政新疆纪略》,《文史资料选辑》第45辑)。另据胡彦云《宋美龄飞迪记》(《文史资料选辑》第93辑)则记为梁寒操,未及吴忠信,二说皆系亲历其事者所记,似有偏记之处。蒋介石在日记"困勉记"下,曰:"八月二十五日,研究新疆金融毕,见梁寒操,商新疆党务。"但没有说指派梁寒操或吴忠信陪宋美龄赴新疆。

期抵迪化为宋布置一切的,有空军领导人毛邦初和侍从室一处总务组组长陈希曾等。

宋美龄乘坐的飞机抵迪化后,成千上万的人围成一个大圆圈,摇旗欢呼,热烈欢迎,盛况空前。盛世才也前往欢迎,握手寒暄,合影留念,然后分乘汽车赴边防督办公署。

宋美龄被安置在督署西大楼盛世才家里。当晚,盛世才在西大楼为客人设宴洗尘,筵开六席。盛妻邱毓芳等一些亲信及督署参谋、副官等处主要官员也出席。宋美龄在席间讲了几分钟话,谈到这次到新疆,感到很高兴,承蒙盛情接待,十分感谢。新疆在盛督办治理之下,取得了很大成就,非常佩服,望今后"百尺竿头,更进一步",以三民主义为依归,把新疆建设成一个"民有、民治、民享"的三民主义的新新疆,云云。

过去,从来也没有人敢在盛世才面前讲什么三民主义。他伪装崇奉马列,在迪化也有中共干部在活动。宋的讲话是盛治疆的转折点,表明他已开始依附蒋介石,公开其反共立场。他的这种变化,与国内外形势有密切关系,与宋的来新也有密切关系。宋在迪化活动了三天,在宋离开后不久,盛便除去所有亲苏标语,四出逮捕亲苏的积极分子和中共党员。中共党员陈潭秋、毛泽民等便是在此后被杀害的。

宋美龄的随行人员在迪化大肆抢购洋货,几将全市日用品搜购一空。在宋走后,朱绍良与盛世才正式达成各项协议,包括新疆党化、驻军、外交与中央协调,派官员到中央训练团轮训等项。1943年9月盛世才到重庆去时,成了国民党中央委员、新疆省党部主委、新疆边防督办兼省府主席。

在盛世才红极一时,受蒋介石格外恩宠之后,也就到了结束他的独裁统治的时刻。1944年10月,盛世才被调到重庆。蒋系势力伸进南、北疆。这虽是宋美龄新疆之行两年后逐步完成的事,但终于能调虎离山,这与宋美龄的活动,有直接的关系。

七、威尔基访华

1941年12月第三次长沙会战之后,美国借给中国五亿美元,用于复兴国运。史迪威来华后,蒋介石同意予以军事指挥权,但同时又要求美国提供十亿美元贷款。1942年2月9日,美国国会通过了这项贷款提案。这对重庆政府来说,是一个巨大的支持。

蒋介石获得大笔美援,部分是用在对日战争机器的运转上,但他考虑得比较长远,他要装备自己的军队,以便日后对中国共产党用兵。例如,当时用于包围陕甘宁边区的五十万胡宗南的部队,便装备精良。美国政府从各种渠道清楚地了解到中国政治腐败,从上到下贪官污吏横行,因此,罗斯福总统派史迪威来华时,便被授权监督统制美援物资的使用,以加强中国的对日作战能力。史迪威是美国陆军中将,他曾在美国驻华部队及驻华使馆工作,通晓汉文。罗斯福认为,"我还不知道有第二个人具有阻止毁灭中国所需要的能力、力量和决心"。因而史迪威被授予六个头衔:美国驻华军事代表、中缅印战区美军司令官、美国对华租借物资管理统制人、滇缅公路监督人、在华美国空军指挥官,以及中国战区参谋长。他是美国总参谋长马歇尔的老部下和朋友。在3月3日与蒋氏在腊戌会面后,6日,史迪威在重庆向蒋介石报到。谈话中,他强调自己是美国总统代表的职能,并有意忽视他是中国战区司令长官蒋介石的参谋长这一职务,他不仅伸手向蒋要指挥权,态度又十分傲慢,使蒋极不愉快。

1942年1月20日,日军侵入缅甸,英国缅军总司令胡顿向中国求援。2月16日,仰光告急,蒋介石命令远征军第一路军于3月12日入缅,杜聿明代理司令长官,率部作战。杜受蒋直接指挥,史迪威指挥不动。双方矛盾日见显露。史迪威意在保护英军撤往印度,令杜聿明率第五军随他撤退,但杜不听其命令,欲向中国境内撤退,在野人山迷失方向,十万之师,仓促行动,死伤过半。史迪威带罗卓英等少数人逃入印度。经此失败,蒋、史之间隔阂更深。

日本占领缅甸,切断了中、缅之间的供应线,美援物资须经过"驼峰"空运入境。6月26日,蒋召见史迪威,由宋美龄任口译。蒋介石以中国战区最高司令长官的身份,要史氏对缅作战引咎自责。蒋氏对他不满,还由于美国原答应援华的美国第十军团的部分部队又突然被调往中东。史迪威虽做了解释,但无济于事,蒋要他尽参谋长之责,根据"租借法案",为中国争取更多援助,而不要花精力于中国军事方面。蒋还表示,如果美国不更积极援华,那么中国便存在单独与日本媾和的可能性。三天之后,蒋给史氏看了他给罗斯福总统的"最低要求",包括美国派三个师和五百架飞机来华,美国每月从"驼峰"向中国运送五千吨物资等。不久之后,美国便答应了这些要求。

史迪威对蒋介石的政府并不存在什么希望,他认为要对日作战取得胜利,关键不在装备与技术,而在军事改组。7月间,他对蒋谈到改组军事问题。蒋以为这是史氏干涉中国内政,要夺他的军权,当然不能容忍,于是蒋要求美国召回史迪威,但罗斯福并未答应。除了史迪威,美国驻华使馆官员和军事顾问又不断向华盛顿提供不利于重庆政府的报告,比如军队混乱、官吏贪赃枉法、失控的通货膨胀、美援没有用在正当用途,等等。罗斯福为进一步了解中国的状况,派他的私人特使威尔基来华考察,以便作出判断。

温德尔·威尔基(Wendell Lewis Willkie)生于1892年,律师出身,原为民主党人,后转为共和党。1940年,作为共和党总统候选人,与现任总统、民主党总统候选人罗斯福竞选美国总统,获二千二百万票,以五百万票之差告北。威尔基并不讳言他赞同竞争对手的某些改革方案和外交政策,表现出罕见的诚实与政治风度。由于他在美国政坛的影响,数千万选民的支持,所以在罗斯福连任第三届总统后,仍然不能忽视他,故委任他做美国总统的非官方代表,访问世界各地。其中,就有中国战时首都重庆这一站。

1942年8月26日,威尔基乘四引擎的轰炸机起飞,开始为期四十九天的出国访问。回国后,写了一本书,名为《天下一家》(*One World*,又译作《一个世界》),记述其理想与游程,发行了一百万册。该书用四章篇幅,叙述中国之旅。一位陪同他访华的美国出版商、《展望》杂志创办者迈可·考尔斯(Mike Cowles)在1985年秘密出版了一本《迈可回望》(*Mike Looks Back*),为人们提供了此次访华的一些资料①。由于其访华对是年稍后宋美龄访美有密切关系,所以这里不妨加以转录。

威尔基于10月2日抵达重庆,活动了六天,8日离去。蒋介石对威尔基到访极为重视。为隆重欢迎,10月1日蒋介石发表一篇声明,称威尔基

---

① 李敖:《蒋介石研究》第3集,华文出版社1988年版,第254页。

是自 1879 年美国前总统格兰特访华以来的美国第一位最高级人士。他希望威尔基返国之后能向罗斯福施加影响,投入更多军援,并撤回史迪威。

在《天下一家》中,威尔基记述受到欢迎的情景:

> 我是下午傍晚时分在一个离城几英里远的飞机场到达重庆的。我们的汽车还没有进城,人们早已排列在街道的两边了。在我们到达城中心以前,群众已挤满了店铺前面的人行道。男女成人和儿童,长须的绅士,有的戴着呢帽,有的戴瓜皮帽,挑夫,走卒,学生,抱着孩子的母亲,衣着有的讲究,有的褴褛——他(们)在我们车子缓缓驶向下榻的宾馆途中十一英里的道上,挤得人山人海,他们在扬子江的对岸鹄候着,在重庆所有的山坡上——重庆一定是世界上最多山的城市,他们站在那里,笑,欢呼着,挥动着小小的纸制的美国和中国的国旗。
>
> 任何一个参加过美国总统竞选运动的人,对于群众是习以为常的,但对这样的群众却不如此。我可以暗中依我所愿地减低他们的意义,但没有用处。人们挥动着的纸国旗是大小一律的,暗示出来那位殷勤而富于想象的重庆市长吴国桢博士在这个盛大欢迎的设计中曾参与其事。很明显的,并不是所有这些人民,其中有许多敝衣跣足的人,对于我是谁或者为什么我到那里,都具有明白的观念。我还向我自己说,那每个街头巷尾喧阗不绝的爆竹,毕竟不过是陈旧的中国人的热情表现。
>
> 但是,尽管我这样努力减低它的意义,这个景象却深深感动了我。我在我所注视的面孔上,没有一点人为的或虚构的成分。他们看我是美国的一个代表以及友谊和即将到来的援助的一个具体希望的代表。那是一个群众善意的表现。而且它是人民中和情感中的单纯力量的动人表现,这个力量也就是中国民族最伟大的富源。①

威尔基初来乍到,受到万人空巷的欢迎,当然他明白得到重庆市民的热烈欢迎这有政府的意图,但友谊和援助二者,也是相互作用的。

10 月 3 日,蒋介石欢宴客人,在《欢迎美国总统代表威尔基氏致词》中,他表现出极大的热情与希望:"吾人从威尔基先生之言论中,深知其对于日

---

① 李敖:《蒋介石研究》第 3 集,华文出版社 1988 年版,第 254—255 页。

寇所久蓄侵扰世界之野心与中国艰苦抗战之价值，有深切之理解，尤其对于吾国抗战建国之理想，有精到之认识，而其领导美国社会致力援华运动之热诚与成就，更使我立国精神共同之中美两大民族，增加感情上之密切联系。威尔基先生此来将亲见日寇五年余以来在中国残暴破坏之遗迹，将亲见我中国军民坚忍不拔始终乐观之信心与决心，将亲见我中国在如何艰难状况中，努力充实战斗力量，与复兴建设工作，将亲见中国军民，如何为实现共同目标争取共同胜利而奋斗，并将使吾国人民，更深切了解美国政府与人民，对于战时工作一致努力之实况，而益加奋勉。"①

显然，重庆当局与威尔基这两方面，都很做作，都有自己的意图。这位贵宾一方面受到大吹大擂的欢迎，另一方面又尽量被封锁，使之不能与官方安排以外的人接触，宋美龄亲自安排他的日程，并且尽可能地把他"包揽"下来，从而使他不受任何来自国民党对手的影响。费正清（刚到任的美国国务院文化关系司对华关系处文官、美国驻华大使特别助理）与使馆官员柯乐博，一起陪同威尔基（美国驻华大使高思受到故意冷落），他记下了一些活动的情况，他写道：

他们"走访了四所大学，方式非常简单，穿过用鲜花扎成的上面写着欢迎标语的彩色牌楼，从手持小旗的学生欢迎队伍中间走过去。他突然停下来，跟一名神色尴尬的指挥欢迎队伍的学生握手，再一次停下来，随意挑选一名学生，询问他的作业、目标、家庭和日常生活；快步走进接待室，向校长提出一连串的问题：师生人数、班级、年龄、课程、经费（他使道德高尚的张伯苓处于心慌意乱的状态），然后出现在台阶上，面对围拢来的学生们发表演说，题为《我如何在大学四年里使教授们感到为难》，发表了一些展示他具有坚强性格的主观评论；中途又改变了话题，论述战争的严重形势，和他作为全民的代表如何献身于建立世界秩序、防止战争再次发生的事业。当然没有什么具体内容，只是接连不断地表示自己的献身精神，包括著名的葛斯底堡演说中'民有、民治、民享'的部分内容。通篇演说陪衬着来自学生们的兴奋、激动、赞叹和热情，尽管他们大多数人像别的重庆居民一样面容消瘦而

---

① 李敖：《蒋介石研究》第3集，华文出版社1988年版，第255—256页。

憔悴,但他们确实表现出真正的兴趣。在挥舞旗子,连续高呼民主万岁的雷动欢声中,上午热闹场面结束了。接着在图书馆里举行招待会,在那里我遇见了陈氏兄弟(陈立夫、陈果夫),他俩看起来似乎这一个比另一个身材更加矮小。教育部长陈立夫是一个具有长老会教友容貌与气质的矮个子,他振振有词地发表了赞助为民主、自由而办教育的意见"。

费正清接着又介绍宋美龄为威尔基举行的茶会的情况,以及孔祥熙举行的游园会。他写道:"(在茶会上,蒋夫人)发表了一篇演说,赞扬威尔基所到之处使每个人为之激动,鼓起了人们情感上的狂澜。她的辞令美妙精练,看来似乎她已促使威尔基的活动受到了制约。然而威尔基以针锋相对的答词予以回敬,他说,遵从夫人所安排的访问程序,他全然得不到发表反对他的伟大对手(罗斯福)的讲演机会等等,都是在玩弄辞令,而在他面前的,也都是些靠奉行新生活运动的那伙人,他们都堪称此种场合上的专家老手。

"10月6日,孔祥熙博士为威尔基举行了一次游园会,位于小山上孔氏别墅后边的草坪上,这儿景色迷人。我坐在靠近首席的地方,首席的名单是:王宠惠、陈纳德、何应钦、孙夫人、威尔基、孔祥熙、蒋夫人、高思、史迪威、白崇禧和孙科。"看来这种场合是礼节性的。孙夫人宋庆龄在给一个朋友的信上写到,"我在几个场合见到他(按,指威),但始终没有办法同他单独谈话……他的日程是别人给安排的,所以他没有时间去见他想见的人。"

费正清饶有兴趣地分析了这些坐在首席的显要人物。他还讲到战地服务团的负责人黄仁霖将军。提起黄仁霖,在当时也是一位显宦,就是曾被戴季陶手杖打过的人。这次游园会便是由黄仁霖司仪。此人身材高大,待人热情洋溢,和蔼可亲。他是蒋夫人侍从班子里的关键人物。费正清介绍说,黄最初担任励志社总干事,尔后加入新生活运动,现在是战地服务团的负责人,主持向美军提供粮食和住房。每逢与美国人联欢的社交场合,蒋夫人都以他出任插科打诨的角色,他扮演得神气十足,昂首阔步,到处向人笑脸相迎,表示亲热,拍着对方的肩膀①。周一志曾讲过一件事,便是戴季陶因为不满宋美龄,杖打黄仁霖之事。据周说,黄仁霖是办青年会出身的一个人,

① ［美］费正清著:《费正清对华回忆录》,知识出版社1991年版,第236—239页。

据说是余日章的女婿，因基督教关系，认识了宋美龄。蒋介石开办"励志社"，受宋美龄推荐，任黄为该社总干事。凡是蒋夫妇请客，黄总以第一副官身份出现，指挥用人布置并处理一切，对于宋美龄更加恭顺。黄因得宠于蒋氏夫妇，国民党要人们都很敷衍他，他便自以为了不起。在重庆时，戴季陶的考试院及其本人住家都在求精中学内。一天黄昏，戴持手杖在园内散步。黄仁霖穿起短裤，从旁边走过，遇见了戴，黄用洋人口吻打招呼说："哈罗，戴院长。"戴平日就看不惯黄，经过西安事变戴又最恨宋美龄，见黄如此轻狂，便大发脾气，举起手杖打了黄两下，骂道："你是什么东西，敢用这种态度对我！"黄只得抱头鼠窜而去①。以上记载表明戴对黄的不满情绪，但也充满有打狗欺主的味道，也说明在蒋介石统治集团内，即使是蒋最亲信的人，矛盾也是很尖锐的。不过这种场合，使用一个得心应手的人，也是必要的。

威尔基在华期间，一直由国民党中央宣传部副部长、原留美学生董显光陪同。重庆当局给这位美国贵宾参观的都是经过精心布置的场面，同演戏完全一样，加上每日酒宴征逐，他完全被迷惑住了，以至敢说真话的史迪威不得不在其日记中哀怨：威尔基"完全被蒋介石夫妇骗住了"，他"不是疲倦不堪就是对我非常冷淡"。尽管如此，对重庆当局来说，投资没有白费。李国钦（1941年到美国定居的中国经营橡胶的实业家）向宋子文谈到美国人的反应，其中对威尔基写道："温德尔·威尔基史诗般的东方之行是扣人心弦的，他对中国的访问给美国人民留下了深刻的印象。他的报告信念坚定，真挚感人，闻者甚广，无不动容。可以说，任何普通美国公民没有一个能像威尔基先生1942年10月26日通过全美电台向美人民播讲时，吸引了那么多的听众。"②诚然，这种热烈的反应，在颇大程度上是归功于"夫人外交"的效应。不过，这位在1940年总统选举时曾大有希望入主白宫的威尔基先生，在1944年以盛年之时突患心脏病不治，未能在以后的岁月中对蒋家政权发挥什么作用，这大概也是一些关系者所始料不及的。

----

① 周一志：《戴季陶为何砸瓶子？》，《文史资料选辑》第93辑，文史资料出版社1984年版，第82页。按，余日章是蒋宋结婚时在教堂主持的牧师。

② ［美］西格雷夫著、丁中青等译：《宋氏王朝》，中国文联出版公司1986年版，第539页。

八、访美宣传抗战

1942年11月15日,蒋介石亲笔致函罗斯福总统,里面谈到,为了"早日就医",宋美龄提前赴美,并作为其本人之代表,"增进余两人之私交及扩展我两大民国之睦谊"。这函件表明,此行除了宋美龄治病(1937年车祸旧伤及荨麻疹)、休息之外,还有希望作为美国总统的客人承担进行政治活动的任务。对宋美龄来说,此行正是进行"夫人外交"的绝好机会。

11月18日,美国环球航空公司的一架波音307同温层客机"阿帕切"号,由机长科内尔·纽顿·谢尔顿驾驶,从成都机场起飞,载着宋美龄,越过"驼峰",穿过印度、西非,飞向大西洋彼岸。同机有两名美国护士,孔二小姐(孔令伟)和秘书长董显光(国民党中宣部副部长)等人。在美国读书的孔令侃,在英国军队中服役的孔令杰,均在美国会合,一起活动。据顾维钧大使谈到,美国驻巴西纳塔尔司令官沃尔什将军称,专机曾在纳塔尔停留,降落后宋感到十分疲乏。这位将军曾接到伦敦发来的指示,要他派一架飞机带一位医生和护士去中国照顾她。但宋美龄把派去的医生和护士留在重庆,而带上了她自己的护士起飞。通常从纳塔尔到迈阿密要另换机组人员,宋美龄不愿意有任何变动,所以仍由从中国飞来的原班人员驾驶飞往美国。

到了迈阿密,宋美龄身体已有所恢复,她坚持要到第二天才飞纽约。谢尔顿只得照办。次日,谢尔顿换了一架C—54飞机飞向纽约米切尔基地。熟练的技术使这位机长得到信任,以后宋美龄出国,多由他驾机运载。中国客人随便改变行程,当然会给主人带来不便,但是,11月27日,美国总统的代表哈里·贺浦金斯还是到机场迎接,并直接送她到长老会的哈克尼斯医院。贺浦金斯安排好了医疗准备,由DR.R.F.洛伯与DR.阿区伦负责治疗。她住在该院的特别病房楼,占了全部第十二层楼。

宋美龄显然有意识地将她准备的活动计划告诉美国总统,所以在去医院的路上,要贺浦金斯对总统说清楚,她到美国来除了治病和休养外,没有任何其他目的。但是,与此同时,她开始提出许多有关中国和美国的问题。据贺浦金斯回忆,她相信对德、对日这两场战争都能胜利,但方法上要集中全部力量先打败日本。在谈话中,表现出她不喜欢史迪威,但对陈纳德却大加赞赏。她认为史迪威不了解中国人,他强迫蒋介石把他精锐队伍中的一个师派到缅甸去,是可悲的错误,这个师后来全军覆没了。她还说,她已在《生活》杂志上发表了一篇抨击英国的长文,要霍氏好好读一下,该文反映了她的观点①。

次日,在贺浦金斯安排下,宋美龄与埃莉诺·罗斯福会见,她的精神、身体显得很好。总统夫人表示,我很愿意帮助她,把她当作自己的女儿一样。

她在哥伦比亚长老会医疗中心住院用假名登记,并受联邦保安人员严密保护,一切皆由贺浦金斯与宋子安夫人共同安排。孔氏兄妹三人已齐集宋美龄身边,所以她不会有寂寞之感。

据说,医生为她拔去了智齿,消除了鼻窦炎。

住在医院里的宋美龄,常与蒋介石来往电报。1942 年 11 月 28 日,宋美龄自纽约给蒋介石致电,叙述她到美国后的情况。叶永烈在《蒋介石家书日记》中收入此电的全文。

> 大姐译转介兄:
>
> 妹感(廿七日)由机场径入 Harkness Pavilion 医院,当在机场迎迓有罗总统代表 Harry Hopkins(贺浦金斯)陪至医院。彼即告,罗夫人拟妹下榻后来访,并谓罗氏派伊招待,如有任何效劳之处,直接告知彼,当为办理一切。除表示申谢外,及告因航途辛劳,约罗夫人翌晨十时来谈。
>
> 今晨罗夫人准时到院。妹表示此次来美尽以私人看病,对美国政府并无任何要求。彼即谓:美国朝野人民异口同声对妹极为仰慕,均认妹为全世界女界中第一人物,即彼与罗总统亦素钦美,此次能有机会相晤,窃心庆幸。魏刚对远东问题完全欠有认识,但对兄、妹二人则颂扬满载。彼续谓:罗氏正苦无法与兄各种战后问题,故今钧座如此机会,对诸关系方案均可透彻作谈,尽量交换意见。况现正其时,若妹在战后

① [美]西格雷夫著、丁中青等译:《宋家王朝》,中国文联出版公司 1986 年版,第 543—546 页。

来美,明日黄花,尤嫌太晚。

彼又询我对英态度,妹不作表示,反询彼对英印象。据告:此次赴英观察,英国人民之努力实可赞美,若无英国之一阶段抗战,美情况或较现在必差。彼对丘吉尔则认为徒可为英战时领袖,战后恐不足在领导地位。妹随即问:丘吉尔曾谓彼决不做帝国镕解最强首相,则当作何解。罗夫人则谓,彼对英守旧派之不能随世界趋势进化已作定见。Bevin(倍文)曾告彼,战后英仍不放弃帝国政府。但罗夫人则认为战后民族思想定布全球,任何一民族亦决不甘受他人来制(支)配。

彼继即询印度问题,并告彼曾有意去印做就地考察,但罗斯福提出要求,不期误会,乃就作罢。继即询印度问题,并谓印度之困难尤为宗教及阶级。妹告此固为其最大问题,但英在中作祟,尤增其严重性也。又告在甘地及尼赫鲁未入狱前数日,我驻印交涉使来电报告,印已准备接受克利浦斯条件,惟只要求兄与罗氏作担保,但因甘禁事寝,兄亦则未电罗氏。

罗夫人遂谓,应如何改变美人态度,而使美人感激我抗战对美之贡献。妹即谓,中国之抗战,乃为全人类而牺牲,今罗夫人既与余不谋而合,真亦称忠。彼闻后极感动,即自动来亲妹颊,并谓希能做妹私人朋友。最后又告罗总统拟派现在共和党之主席 Edward Flynn(爱德华·富林)为美驻华大使。彼与罗已有二十五年之历史,且罗对彼甚是信任,虽 Flynn(富林)氏对远东问题完全不谙,但此人尚属可教。例如彼以前对妇女工作之重要毫无关及,今已能体会其重要。

临行,又允下星期再来访,并拟带 Flynn(富林)来见,请彼酌定。惟妹因医生不准见客,故纽约最重要之诈欺家(似有错误)欲来访问,恐均不能见。今日共谈一小时半左右,所谈极洽。特闻。

妹龄。俭(廿八日)①

宋蔼龄对顾维钧谈到,希望顾到美国后,向宋美龄解释一下她没有给她写信的原因,是因为她每天忙于宋美龄和蒋介石之间往来电报的译码工作,

---

① 叶永烈编著:《蒋介石家书日记》上册,团结出版社 2010 年版,第 33—34 页。

往往持续十小时以上。她大惑不解的是，宋美龄来电很多，但只字不提自己的健康情况。宋美龄在考虑做宣传工作。12月4日，她又致电蒋介石，报告当日与罗斯福夫人晤谈之事。美方对她来美似颇重视，在12月24日、1943年1月2日她从纽约两次向蒋电告贺浦金斯来访所谈各事。宋美龄要求得到美援，便须向美国人宣传中国抗战的艰苦卓绝与伟大意义。

其中，12月24日宋美龄自纽约致蒋介石电，全文如下：

大姐转介兄：

昨天贺浦金斯特由华盛顿飞纽约来见妹。当询以美国内政作谈话要旨，其司（按，应是需）注意者如下：

（1）妹询以美在非洲出征军械弹契约，彼云：非洲联军人数约二十五万，其武器不较德军为劣，且罗总统对非战事极抱乐观。据美参谋本部预计，定能在一月中将德军在非者完全驱逐或歼灭。妹又询欧洲第二战场何时开辟。贺浦金斯云：罗总统曾与斯大林多次电讯检讨，斯大林表示，只要美在欧开辟第二战场，则不拘任何地点。美参谋本部认为侵欧战略有二：一由意大利进攻；另一取道在土耳其。罗总统以为土国团结一致，可以金钱取得，故在战略上比较直接攻意大利为上策也。

（2）妹询俄国对于战后有期望否。答：俄国拟割据立陶宛、拉特维亚、爱沙尼亚，而对巴尔干半岛、波兰、南斯拉夫等国，则要求经济优先权，即对非洲及远东，斯大林亦表示要求善后问题。贺浦金斯谓：战后即俄进占其邻邦领土，罗总统亦决不因之而与俄开战也。但罗总统颇有自信，认为斯大林定有方法约束与应付之道，深信战后俄国内部必有种种问题，即使抱有野心亦当无力赤化全球。惟斯大林认为战后之德国，必定变为趋向苏俄之国家社会主义。妹认为以上谈话之关键，尽系于此一点，故询以美不愿因他国领土完整而与俄一战，斯大林是否知之。贺浦金斯告斯大林为现实主义者，必定取此。并告：日、苏双方均不愿起衅，故彼此均极敷衍，近日订立商约，西伯利亚俄运输量每月吨位变本加厉，故美极怕俄将美供给之租借军火输送日本也。

（3）贺浦金斯再告德近来拉拢日本甚力，其原动力在德。妹乘机探询德国普鲁士之军官可否利用，以图结束战事，使其他各国暂时忍痛。

据称,罗总统绝不愿为此期有任何谈判。贺浦金斯既以此言告妹,亦不与续谈。妹称,英、美以前责达尔郎为卖国殃民之罪人,今非洲事件亦已此转变论调,将来未始不可同样利用普鲁士军官也。

(4)妹询,罗总统与参谋本部认为战事何时可结束。据称,一九四四年战事当可结束,若运用得法,一九四三年亦有可能。在罗总统判断中,最困难之时期当为胜利后之六个月,并谓最可怕者并非英,而反为美国本身,届时美国内部意见分歧,不听中枢领导。而在贺浦金斯之估计中,现能领导者唯罗氏一人。贺浦金斯既说至此,妹即谓,如此则将来做何准备。据称,罗总统对四十四年竞选尚未考虑及之。妹继询英国对诸问题取如何态度。贺浦金斯告,丘吉尔对此种种问题完全不谈。妹询其果完全未曾谈及乎。贺浦金斯称,丘吉尔屡次对罗总统表示,彼全副精神完全对于战事种种问题,至战后则彼拟退休著书,故毫不闻问。

妹综合贺浦金斯谈话之印象,妹恐战后英、美、俄又将忙于己身利益,将置我国于不顾。妹意如善为准备,仍可在各议席上争得重要地位也。哀我国家民族徒赤手空拳,亦为兄所怅叹者,唯凭应付得当,或有所成。罗总统周围多智囊,显有准备,妹则单枪匹马,毫无后援,故务须请大姊来助,望兄促其早日成行。再,罗夫人于十七日第三次来谈甚洽。并闻。

妹龄。回(廿四日)①

1943年1月2日,宋美龄自纽约致蒋介石电,又告:

(一)贺浦金斯前来访,询中国方面有何消息。妹告:云南战线我缺乏飞机侦察敌人动态及轰炸敌军,故未能作总反攻。乖谬(似有错误)只能作两国工作,俟有充量飞机后,始能开始反攻。并告,兄对同盟国在东亚开始反攻,综合缅甸先决条件为:陆、空联军同时由中国及印度反攻;海上由英海军作有效之封锁,三面围攻使敌无转息之暇。若暂不反攻则已,若我同盟国决先反攻,则兄坚决主张非有充分准备,然后须至完成目的方毕,决不能轻举妄动也。妹将此意告贺浦金斯,彼当感觉

①　叶永烈编著:《蒋介石家书日记》上册,团结出版社 2009 年版,第 34—35 页。

有始有终之精神毅力,及透彻法论之卓济(似有错误)。

(二)妹此间对中国战事消息报载所见极鲜,不若在国内想象之多。且妹在报上所见者,彼等谅亦见及,反之,国内认为普通之战息,此间往往完全未闻,如贺浦金斯所提者,将来定多。若由妹酌告美当局各种较重要之我军事动态,在此一举则已做到我在此宣传机关虽费九牛二虎之力而不能做到者。故为消息正确而免遗笑密切关系计,惟有请兄亲自命所欲告彼等者,饬属不时电妹。

(三)贺浦金斯又告,英、美参谋部拟在三月一日在缅开始反攻。并告美已派数千技术工兵赴缅矣。罗总统对近来航船损沉数目锐减,极抱乐观,并闻。①

要向美国人做宣传,宋美龄是有感而发,她住在医院里,每日都收到来自美国各地的信函,欢迎她去演讲。对于有机会向美国听众发表演说,她也是求之不得的事。她考虑在美国作巡回讲演,并在 2 月 9 日将计划的行程告宋蔼龄,让她转交蒋介石。2 月 12、13 日两天,蒋氏连续四次指示她在美国国会演讲应注意之点。这些主张,当然其精神也适用于其他地方的演说。

蒋在 2 月 12 日电文中指出,宋在美宣传的要点:(一)中美两国传统友谊过去一百六十年间,毫无隔阂之处,是世界各国历史所未有之先例。(二)代表中国感谢美国朝野援助中国抗战之热忱。(三)今后世界重心将由大西洋移于太平洋,如欲获得太平洋永久和平,必须使侵略成性之日本,不能再为太平洋上之祸患。如欲达成此目的,必须太平洋东西两大国家之中美两国有共同之主义与长期之合作,否则步骤不一,宗旨不明,必授侵略者以隙,如此不惟二十年后日本侵略者仍将为害于中美,而且太平洋上永无和平之望。(四)战后太平洋各国应以开发太平洋西岸之亚洲未开发之物质与解放其被压迫民族,使世界人类得到总解放为第一要务。盖如此方不辜负此次大战中所牺牲之军民同胞,乃能达成此次大战之目的。(五)中美两国乃为太平洋上东西两岸惟一之大国,亦为太平洋永久和平之两大柱石,此两国同为民主主义之国家,且同为爱好和平之民族,将来太平洋能否永久和平与全

---

① 叶永烈编著:《蒋介石家书日记》上册,团结出版社 2009 年版,第 35—36 页。

人类能否获得真正幸福,其前途如何,实以此二大民主国家之主义与政策如何而定,而其责任则全在吾辈,即此一时代两国国民共同之肩上①。

蒋介石发出上述电报后,显然感到对美国的演讲事体重大,不但为争取美援乃抗战成败之所系,即在战后亦为中国国内暨国际环境所不可或缺,故在 2 月 13 日,续发三个电报,予以补充。

其所续发的第一个电报,内称,(一)美国国会对于中美平等新约及其撤销在华特权之议案,于 11 日一致通过,表示此为中美两国友爱之基础,无任感谢,深信华盛顿总统今日如尚在世,则其必主张美国须与我方被压迫之民族共同奋斗,又如林肯总统如果生于今日,亦必如今日罗斯福总统以解放被压迫人民为己任,此为美国立国平等、自由之精神,亦即耶稣基督博爱、和平之教义,而中国孔子大同世界与孙中山先生三民主义立国之基本原理。

同日之第二个电报,主要是在演讲技巧方面的意见。(一)对国会讲演,语气切不可使听者觉有训示之感,亦不宜有请求之意,只以友邦地位陈述意见,以备其检讨与采择之态度。(二)应使听众能移其目光,留心于太平洋问题之重要。(三)认定日本为中美两国共同之敌人,非根本打倒不可。(四)战后亚洲经济地位之重要,若不准备大量开发亚洲,尤其是中国之资源,则战时之机器与资本及技术将无所施用,必致废弃。若能以中国之物资与美国之机器,以中国之人力与美国之资本配合,则中美两国百年内之经济皆无虑其缺乏,而世界全人类生活亦必能长足进步,增进其无穷之幸福。

第三通电文则谓:自 1840 年鸦片战争以来,在此百年间,中国之领土与主权几被世上每一国家所剥夺,惟有美国对中国不但无侵略我领土之行动,而且时时领导各国表现其恢复中国主权之事实,即此一点,凡我中国军民以及小学生皆知美国对民主主义之纯洁无瑕以及其对中国高尚友谊之可贵,殊非任何各国关系之所可比拟也。

蒋介石在这里胡诌一通百余年来的中美"友谊"史,完全否定美国侵华的昭昭史实,除了讨好美国人之外,很难有别的什么解释。蒋介石对宋美龄的演讲词,从原则到内容作了具体的指示。对此,2 月 16 日宋在复电中表示

---

① 叶永烈编著:《蒋介石家书日记》上册,团结出版社 2009 年版,第 38—39 页。

遵办之意："文、元各电均悉，所告卓见非常感佩。妹向国会及各地演词，当予分别遵照电示，总以维持我国家尊严，宣扬我抗战对全世界之贡献，及阐明中美传统友好关系为原则。私人谈判，当晓谕美国当局以我国抗战之重要性；公开演讲，则避免细节，专从大处着眼，以世界眼光说明战后合作之必要。"①

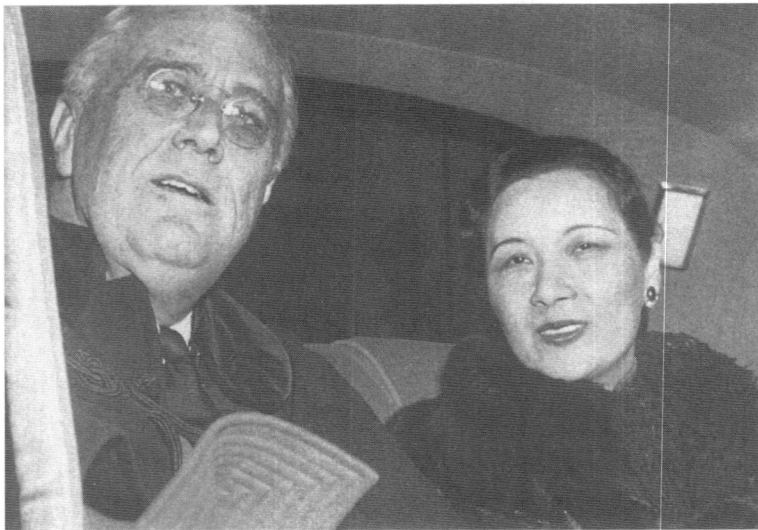

1943 年 2 月 17 日，宋美龄抵达华盛顿，美国总统罗斯福于座车内欢迎

1943 年 2 月中旬，宋美龄结束在医院的治疗出院，住进纽约州海德公园罗斯福总统家中，六天以后，2 月 17 日，她前往华盛顿。罗斯福夫妇亲到车站迎接，作为总统夫妇的贵宾，在白宫停留两周之久。

宋美龄的一些生活方式，显然使白宫的工作人员不满。白宫管家阿朗索·菲尔德谈到这位夫人每天要换五次床单。她招呼男女服务人员时，不按铃或摇铃，而是用中国的拍掌方式。另外，她不到饭厅用餐，而是与两名护士及孔家兄妹一起在住处用膳。孔二小姐仍装束怪异，全身男装。给总统夫人印象最深的还是对民主的态度。据说，一次，总统夫妇与宋美龄共餐，总统问她，如果战时煤矿工人罢工，她和委员长将如何对付？回答是如此

① 以上各电，见叶永烈编著：《蒋介石家书日记》上册，团结出版社 2009 年版，第 38、39、40 页。

令人吃惊——宋美龄默默地将那染了色的长指甲在喉咙处抹了一下，使所有在场的人倒吸一口凉气。罗斯福总统勉强地笑了一笑——与埃莉诺四目相对时，问道"你看见了没有？"事后埃莉诺私下里说："民主，她讲得很动听，就是不知如何过民主生活。"这话传出去后，记者问宋美龄，她拒不回答①。

2月18日，宋美龄在美国众议院和参议院先后发表演说。在众议院演说时，透过四个主要广播电台，同时向全美国广播。据说，她是在荷兰女王（Queen Wilhelmina）之后，第二位在美国国会演讲的女性。美国《新闻周刊》报导，她的演讲"效果动人极了：娇小的身材，穿一件紧身黑色长旗袍，开叉近膝；平整的黑发在颈背稍稍卷曲；她戴的首饰都是无价之玉石；纤纤十指涂得鲜红；脚上是透明的长筒丝袜和轻便的高跟鞋"。宋美龄东方女性的高贵装束，本身便足以使洋人们倾倒了，何况她的言词和胆识，更不能不使人折服。

1943年2月18日，宋美龄在美国众议院发表演说，议长山姆·雷朋向众议员介绍宋美龄

① ［美］西格雷夫著、丁中青等译：《宋家王朝》，中国文联出版公司1986年版，第547—548页。

在推崇了美国国会的庄严伟大、对世界命运之绝大影响之后,宋美龄指出议员们"当前之要务,乃系协助争取胜利,并创建与维护一种永久之和平,俾此次遭受侵略者之一切牺牲与痛苦,具有意义"。她谈到中国负担残酷的抗战,不屈不挠,已逾五年有半,为解放人类尽了贡献。她也评价了在全球各地的美军的作战,实足以自豪;认为"美国不仅为民主制度之烘炉,而且为民主主义之胚胎"①。到美国后,宋美龄获得了一种信心,对于彻底摧毁日本武力之必要,她反复作了陈述,她讴歌中美两大民族间一百六十年来的传统友谊,从未染有误会之污痕,在此世界历史中,诚无出其右者。她向听众表示,中国渴望与美国和其他民族合作,但它不在原则问题上妥协,不损其品格,同时又委婉地告诉听众:"吾人将有一项信念,即在订立和议之时,美国以及其他英勇之盟友,将不致为一时种种权宜理由所迷惑。"②她实际是想指出这种被迷惑可能性之存在。

宋美龄在众议院演讲之后,到参议院演讲,是临时的安排。她讲到美国飞行员在轰炸日本返

1943年,宋美龄赴美游说,在白宫草坪留影

回中国大陆时不得不跳伞之后受到中国民众热烈欢迎的故事,又以衡山磨镜台的故事——小沙弥磨砖欲成镜之不可能——说明理想应以行动实现

---

① 王亚权编纂:《蒋夫人言论集》下集,台北"中华妇女反共联合会"1977年版,第1053—1060页。

② [美]西格雷夫著、丁中青等译:《宋家王朝》,中国文联出版公司1986年版,第550—551页。

之,不然不能称其为理想。

在国会演说后,她还接受两院外交委员会主席的盛宴款待。

2月19日,她在罗斯福夫人的陪同下,出席总统在白宫椭圆形办公厅举行的记者招待会。到会的男女记者有一百七十二人,风靡了华盛顿新闻界。记者招待会上刁钻的发问,并未能难倒她,当然都是一些敏感的问题:

> 有一些报道说中国没有最大限度地动用它的人力,是否属实? 蒋夫人面露愠色,答称:中国现在是有多少军火就动员多少人力。总统曾说需要的是更多的军火。中国已经培训了许多飞行员,但没有足够的飞机和汽油。

> 她将怎样得到这些东西? 蒋夫人恭敬地转向富兰克林·罗斯福。他曾经解决了那么多的难题,度过了那么多的难关,她很放心地把这个问题交给他去处理。

> 记者对她干净利索地把球扔给富兰克林·罗斯福,报以微笑。总统毫不犹豫,抱起球就跑——而且跑得很卖力。他说,向中国提供飞机和给养有巨大困难,但是美国正千方百计地把这些物资送去。总统补充道:假如他是中国政府成员,他肯定要问:什么时候? 能不能多一点? 作为美国政府成员,他要回答:上帝叫我们多快就多快。说罢,总统满意地靠回椅子上。

> 对蒋夫人的下一个问题是她对于如何加快美国对华援助有何建议? 她站起来,两眼向前直视,然后转向总统。他刚刚说过,上帝叫我们多快就多快。但她知道,上帝帮助那些自助者。

美国一些社会人士,同情和支持中国抗战,他们在许多重要城市分别组织委员会,筹备蒋夫人的巡回演讲事宜。最后,她决定到纽约、波士顿、芝加哥、旧金山、洛杉矶,以及她的母校威斯里安女子学院,另外还到加拿大渥太华,前后活动了六个星期左右。

3月1日,美国《时代》周刊再次作一次重要宣传,用宋美龄作为封面人物[①]。同一天,她到纽约访问,先后在市政厅和麦迪逊广场花园发表演说,

---

① [美]西格雷夫著、丁中青等译:《宋家王朝》,中国文联出版公司1986年版,第551页。

还向美东部各州华侨代表发表简短讲话。

在纽约市政厅,拉加第亚市长热情地致欢迎词。宋美龄在答词中述及,国土遭人侵占五年又半,此诚为事实,但吾人虽感痛苦,却依然能忍受。"盖吾人皆知美国人民与吾人站在同一阵线,吾人皆了解美国之同情善意及友谊。如吾人认为仅孤独作战,而作战之目的仅为中国,则余愿坦白承认中国或已非复今日面目,而已被征服矣。吾人感觉正义必能存在,且知美国必认识并感觉其危险性。"①十分明显,讲话之潜台词,是告诉听众,中国抗战,系为人类正义而战,智者切勿作隔岸观火,自贻其戚。

她在麦迪逊广场对众多的美国听众大讲世界历史。她告诫政治领导人不要骄慢自恣,无所顾忌,严厉谴责希特勒、近卫文麿的狂妄,认为这些人为侵略色彩最浓者,其所发言,是基于"不正当且疯狂之自豪"。她讲到古罗马皇帝、波斯国王以至拿破仑所创昙花一现制度之命运,希望人们从中得到教训。总之,要人们体会中国谚语"前车之鉴",切勿蔑视人类根深蒂固之正义感与公道感。她主张在未来的世界里,"一切国家,无论其为大为小,应有平等发展之机会"。强国不应以经济剥削为事。她从中国所经历的苦难中,期待未来世代中应彼此生存于和平安全与自由之中,"国际间必须实行真正与最高意义之合作"②。

这次讲演是宋美龄巡回讲演的重头戏。讲演之前,卢斯在沃尔多夫为她安排了一次盛宴,请了六十多位重要人物,如温德尔·威尔基、哈·阿诺德将军,以及纽约、新泽西、宾夕法尼亚、康涅狄格、马萨诸塞、罗德岛、缅因、佛蒙特以及新罕布什尔等州的州长和夫人。

但是,在饭后饮咖啡时,卢斯去请她与客人见面,她未露面,正养精蓄锐作宴会后的讲演。当晚正好灯火管制,她在手电筒照出的微光下作了长篇讲演。温·威尔基称她为"复仇天使"、"为正义而战的无畏勇士",广大热情的听众对此爆发出赞许的欢呼。

---

① 王亚权编纂:《蒋夫人言论集》下集,台北"中华妇女反共联合会"1977 年版,第 1065—1066页。

② 王亚权编纂:《蒋夫人言论集》下集,台北"中华妇女反共联合会"1977 年版,第 1067—1077页。

在纽约游览唐人街时,估计有五万人站在马路旁边欢迎她。华人离乡背井涉海赴美谋生,至此已逾百年,除了1896年李鸿章访美以来,还没有哪一位来自祖国的政府大员访美呢,所以,华侨热烈欢迎宋美龄,是可以理解的。

宋美龄一方面抨击独裁和专制,但另一方面,却又行动乖戾,独断专行。在麦迪逊广场讲演后,召集她的随行人员开会,"用前所未有的气势严肃宣称要改组她的班子",由孔令侃任秘书长,撤销了董显光的职务。所以,当3月27日董去看顾维钧时,显得消沉,好像对宋美龄的活动计划,持漠不关心的态度,对什么事都不接头。董向23日抵华盛顿的顾大使诉苦:所有的人都要听孔令侃的指挥;宋的函件和约会由孔掌握处理;宋还说如果谁不同意她这个计划,可以说明,就送他回国。到目前为止一直由孔主持她的秘书处,只有董和刘锴(驻美大使馆参事)还或多或少地管一些事。顾大使是返回伦敦任所经过华盛顿,与宋美龄商议她访英事宜的,据他判断,显而易见,这里没有什么上下级关系,宋子文也退到一边,不经过孔令侃,任何人不能见宋美龄;夫人也倚仗孔来出主意[①]。很快,顾大使本人便见识到了这位权臣的威势。

先是,1942年6月13日,宋美龄的母校——美国威斯里安女子学院授予她名誉法学博士学位,该大学又创设专为研究东方文化的宋美龄基金会。7月,纽约市洛克菲勒中心还要举行"美龄园"命名仪式。有些活动,宋美龄未能出席,均由代表致词。在接受学位仪式上,她的答谢词引用了校训"非以役人,乃役于人"。她综述了妇女教育与女权发展史之后,回答了美国几百位友人的询问:如何能帮助中国及世界?她说:用你们的一切力量及声势,促成一事,就是要美国致力给予所有民族以自由公正及平等,与美国自身所享有的一样。这次访问美国,她当然要访问威斯里安进行演说。她谈到对母校思慕之切,谈到前后毕业的女同学对中国的友谊与同情。她谈到对于建立一个较为合理的世界,如何最能善尽其贡献,应如何促使实现一种可以维持国际和平与世界友谊之关系。

①　《顾维钧回忆录》第5分册,中华书局1987年版,第297、301—302页。

　　她是 1943 年 3 月 6 日抵达威斯里安市，与 1917 年级的同班同学聚会，7 日发表讲演。在讲演中，她又讲到世界女学与女权发展的历史，并介绍中国妇女的政治地位与抗战以来妇女对国家的贡献。在讲到校训时，她强调传统精神，希望合作、谦逊、思想与行动的公正。这天是星期日，她穿着长裤在校园漫步，引起人们注意，因为这个女子学院是正规女校，按规定这天是不应当穿这种男装的，一个学生认为是破戒，但麦克阿斐院长认为，谁穿长裤能像蒋夫人那样漂亮，谁都可以穿。看来，宋美龄并不是遵守校规的典范，此举不足为训。

1943 年，宋美龄重返母校威斯里安学院

　　3 月下旬，宋美龄一行抵达芝加哥。21 日，她举行记者招待会。22 日，在芝加哥运动场，她发表演说。据说，美国对华救济联合会地方委员会为这

一行人准备了棕榈大厦宾馆的半层楼，并由该会交了房租。但孔令侃却认为这个宾馆在该市不是最好的旅馆，该会白花了几千美元，最后租德雷克饭店下榻。由于贫困而向美国求援的中国第一夫人却如此奢华，当然难免受到美国人指责了。

但是，宋美龄在运动场向美国听众们大谈政治理念，从美国白人的祖先当年乘"五月花号"船到这块处女地筚路蓝缕开拓，谈到《五月花公约》的力量。对于杰斐逊、汉密尔顿、杰克逊以及林肯的名言，她一一引述。她还从古希腊的德罗士邦联，讲到近代的维也纳会议、现代的国际联盟，这些有组织的共同努力。她以自己对历史文化的见解，体认"诚实与想像力"应同时具备，主张以"强韧心志，在成立公正而永久之和平中，寻求正义与真理"。

在宋美龄访美期间，英国首相丘吉尔曾作过两次重要演说。一次在1943年2月12日，卡萨布兰卡会议后，他说，战后对德国的处理，不会对轴心国全国人民实行残忍及错误措施；但罗斯福则坚持对德国采取强硬政策。由于丘吉尔对亚洲坚持殖民政策，故无只字涉及其亚洲政策。而且，在1943年3月22日在上院演说时，讲到建立世界组织时，他又主张由英、美、苏领导，没有提及中国。他在讲到欧洲各国关系时，强调有大国小国之分，"欧洲协会"是采取邦联形式，同样没有讲"五洲协会"问题。据《泰晤士报》所刊《大国与小国》的社论对丘吉尔演讲的阐释，说这是1815年维也纳会议所采取的"欧洲协议"模式，国际事务同由大国操纵，小国不能介入，但小国在内政上仍可以维持其独立自主。丘吉尔的演说引起美国舆论的抨击，称他为一个真诚的帝国主义者。这些演说无疑引起宋美龄的注意，因为她这时正考虑是否访英的问题。在丘吉尔第二次演讲后二日，即1943年3月24日，她在芝加哥发表了题为《各国共同的信念》的讲演。讲演以世界各国都是有共同的信念为主题，因此中美两民族虽各具有其传统，但强调这些差异并无碍双方的合作和为世界提供和平的机会。她在演讲中还实际批评丘吉尔的"先欧后亚"、专顾欧洲的错误主张，以及歧视、排挤中国战后的国际地位的帝国主义立场。讲话产生了影响，使英国的态度有所改变。论者认为，对美国人而言，这是反驳丘吉尔的一个活生生的例子，中国为美国提供摆脱一个老大而又贪婪的欧洲盟友的例证。因此在报导宋美龄的演讲时，纽约《先驱论坛报》所用的标题是《蒋夫人给予丘吉尔有力的反驳》[①]。美国在战后需要一个由它的价值观领导的世界,这个观念与老牌殖民主义大英帝国是不尽一致的。宋美龄锐敏地感觉到了。她作为新世界四强之一的中国第一夫人,自觉地与美国站在一起。

3月26日,宋美龄抵达旧金山,市政府与总商会举行欢迎宴会,商会会长殷克主持,各界领袖两千人出席。翌日,宋美龄在市政厅发表演说。旧金山有众多的华侨,隔着浩瀚的太平洋,与祖国相望。两国相似的山川形胜,地广天高,使宋美龄纵情地讴歌。她转而谈到中美两国面临的凶恶势力的威胁,谈到护卫与保存吾人所爱好的一切,她从历史上的例证说明,只要坚持为正义与自由而奋斗,目的一定能够达到。

在旧金山的讲演,她回顾了德国人歌德、叔本华、勒新等哲学家的思想对人类的伟大贡献,比较希特勒一类德人之暴戾与堕落,认为后者乃系一种变相而错误之民族意识,即纳粹主义与日本的神道主义,均为虚伪与欺骗邪说,乃系歪曲心理乖谬离奇之论调,决不能维持久远。她认为,"目前流行之混乱思想,必须亦必能藉清晰深刻而明辨之思维,加以廓清"。她还指出,物质与精神,二者不可偏重,"吾人如果专重物质,而忽视精神与心灵之发展,则不免陷于衰颓耳"[②]。

28日,宋美龄在旧金山出席美国西部侨胞的欢迎会。

宋美龄在洛杉矶的访问,更是引人注意。3月31日,她在市政厅发表演说。4月2日,她举行电影界人士招待会。4日,对洛杉矶市民在好莱坞露天会场发表演说。

好莱坞是电影城,宋美龄在下榻的大使饭店,邀请大约四十位电影制片公司的负责人举行茶会。据说,提问的人和回答的人都表现得不得体。例如有人问电影制片业在中国可以做出什么贡献,对中国有无可效力之处,这是一些具体的商业问题,但宋美龄还是回答了。她在讲话中一再使用"中国

---

① 李朝津:《抗战时期美国舆论与宋美龄访美》,胡春惠、陈红民主编:《宋美龄及其时代国际学术研讨会论文集》,香港珠海书院亚洲研究中心2009年版,第245—251页。

② 王亚权编纂:《蒋夫人言论集》下集,台北"中华妇女反共联合会"1977年版,第1098—1104页。

佬"(Chinaman)这个词来称呼中国人,使听众为之一惊,气氛突然紧张,全场寂然。茶会也很快结束了。楼下还有一个会等待她去出席。

接着举行的会是招待制片商和电影明星。出席的主要演员,有嘉宝、璧克馥、瑙玛·希拉、安娜贝拉、洛丽泰·杨、泰隆·鲍华、屈塞、路易丝及芮娜等。她坐着由别人逐一介绍,她和每个人握手,稍作寒暄。据说这一次会见一言一行倒是非常得体。会见进行了半小时,她离开后,由随行人员继续招待客人①。

抗战以来,中英之间关系比较紧张。1942 年顾维钧大使返国述职时,英国外交大臣艾登表示希望宋美龄访英。顾使返回任所前曾晋谒蒋介石,蒋同意他取道美国返英,面见宋美龄,了解她是否愿意访英,如去,则事先应与英方商定计划,以免临时安排忙乱。但是,顾使从纽约跟到洛杉矶,长途跋涉,又让他在洛杉矶无所事事地白等了三天,仍然没有安排他与宋美龄会面。魏道明大使夫人说,是房间里空调使宋美龄受了凉,只好躺在床上口授她的讲稿。孔令杰则说她感到很疲乏,需要休息。

4 月 3 日晚饭后,顾维钧与魏大使夫人议论宋美龄此次访问纽约和芝加哥在舆论中造成的影响,他们二人都感到不安。

原来,2 日晚顾维钧在洛杉矶为宋美龄举行晚宴,中方全体人员出席,顾维钧甚至为她写了一个投合美国人口味的晚餐后的非正式发言稿。原定宋美龄不参加晚餐,到 9 时餐毕,下楼讲话。主客 7 时 30 分集中楼下,9 时才进入餐厅,大家都在等,但不知在等什么。最后魏道明夫人请市民接待委员会主席史密斯进入餐厅用餐,据她说,孔令伟小姐说要等待孔令侃、令杰二人来到再进餐。而此二人要伴宋美龄下来,当然也就不会来用餐了。这样毫无道理让人久等,当然是非常失礼的。9 时 45 分,宋美龄下来简短地讲了话。

魏夫人又讲到,去芝加哥访问一事,是赛拉斯·史特朗安排的。他是律师,是芝加哥很有地位的人物,还是研究中国法律制度和法院的国际委员会的美国成员。但在最后一分钟,宋美龄拒绝了访问芝加哥的计划,坚持要修改,弄得这位史特朗先生非常不快。魏大使向宋美龄坦率进言,希望能挽回

---

① 《顾维钧回忆录》第 5 分册,中华书局 1987 年版,第 269 页。

宋美龄在中国驻美大使魏道明（左一）、孔令侃（左二）和魏道明夫人（左四）的陪同下，参加酒会

局势。他甚至表示，必要时不惜丢官，为了中美友好，主张改动旅程安排。芝加哥访问还是进行了。另外，魏夫人说她自己也曾向宋美龄谈过晚宴让人久等和座次安排之事，但不起作用。宋坚持她两个外甥孔令侃、令杰的席位一定要排在她旁边。对于把孔家两兄弟席位排得那样高，负责旅程事务的美国官员认为很不合适，因为这种安排高过于州长和市长。由于斤斤计较于安排上的细节或因过分敏感挑剔而引起摩擦不快的事已有许多传闻，这样的旅行会影响美国人民对中国人民的感情，对待美国委员会主要人物和政府要员态度这样生硬，已经引起不少反感。顾维钧继续写道：魏夫人说，"可怜的蒋夫人，自己也许还不知道"[1]。

---

① 《顾维钧回忆录》第 5 分册，中华书局 1987 年版，第 272 页。

　　4 月 4 日下午,好莱坞圆形音乐厅坐满了三万听众,在倾听宋美龄演说。著名的好莱坞男女影星组成宋美龄接待委员会,他们中有玛丽·璧克馥、丽塔·海华丝、玛琳·黛德丽、英格丽·褒曼、金格尔·罗杰斯,以及秀兰·邓波儿等。州长和市长陪同宋美龄出席,斯宾塞·屈塞与亨利·方达致介绍词。在电影名片《飘》的制片人大卫·塞尔兹尼克的布置下,该市爱乐交响乐团演奏了赫伯特·斯托萨特为此次会见谱写的《蒋夫人进行曲》,沃尔特·休斯顿与爱德华·罗宾逊奉献了一曲关于中国的交响叙事曲。

　　宋美龄向她的听众详细讲述了日本侵略给中国带来的严重灾难,中国政府和中国人民在缺乏援助情况下奋起抗敌的历程,她指出,中国在重大困难下坚持长期抗战,证明吾人对于局势之观察,在心理上与军事上均属正确。她申明:"吾人非仅为保卫吾人之邦家而战,且为维护信约与主义而战。盖违犯一项信约,即等于破坏国际道德与荣誉之全部联锁。"她还赞颂了罗斯福总统的领导天才,同时保证中国将尽自己的一份力量,促使全世界获得"四大自由"①。

　　是日下午还有一项活动,便是加利福尼亚州罗岳拉大学在大使饭店颁授宋美龄荣誉博士学位的仪式。坎特韦尔大主教、天主教学院院长及董事会主持各有所司。后两人分别宣读了授予宋美龄学位文件,然后大主教将学位服的垂布披在宋美龄的肩上。在答词中,宋美龄谈到她母亲方面的一位祖先(明朝的徐光启)是一位虔诚的天主教徒。授学位仪式结束后,她举行茶会,出席的有以塞尔兹尼克为首的洛杉矶市民接待委员会的成员,陆海军高级将领,米利金博士伉俪,以及影星璧克馥。

　　宋美龄从东往西的巡回演讲,洛杉矶是终点。可以说,访问是成功的,宋美龄的确在美国大出了一番风头。作为其个人的活动,在国际舞台上的表演,已经不再有第二次机会。到处是赞美的声音,到处是高度的评价。据载,陪同宋美龄到国会演讲的罗斯福夫人,第二天在报上评论说:"由此演说,可知蒋夫人不但因为是蒋委员长的夫人,而是由于她本人有其伟大性格和卓越劳绩,作为其人民的代表,她受到举世的尊敬和重视。"又谓其演说用词甚美,且能表达其民主概念。"当她呼吁我们要视日本为主要敌人之时,

　　① 　王亚权编纂:《蒋夫人言论集》下集,台北"中华妇女反共联合会"1977 年版,第 1105—1118 页。

众院两侧响起之掌声,将令我长久难忘。很显然,此一呼吁已在其男女听众心中引起共鸣。"众参两院议员纷纷发表评论,《纽约时报》写道:不断的掌声,欢迎和赞美的评论,证明中国的第一夫人已经感化了无数人士倾心于中国。《华盛顿邮报》更谓:"蒋夫人雄辩之伟力,对众参两院议员实已发生一种不可思议之影响。"她的讲稿每篇都要修改七八次,甚至定稿之后还要改,这当然要使讲词从内容到文采都有相当的质量,加上她娴熟的英语,动人的风采,使众多美国听众为之动容,对中国女性的魅力刮目相看,也就不奇怪了。

TIME

THE WEEKLY NEWSMAGAZINE

MADAME CHIANG
She and China know what endurance means.
(*Foreign News*)

1943 年 3 月 1 日出版的《时代》周刊单独以宋美龄为封面人物

4月4日晚的茶会结束后,宋美龄一行乘火车离开洛杉矶东行。美国民众为了一睹她的风采,在他们一行离开大使饭店两小时前,从7时开始,饭店门口便聚集了许多人。浩浩荡荡的车队开赴火车站,这趟专列用了七节车厢,10时出发。美国保安当局派了十名特工,另有六名记者随行。顾维钧大使一道出发。

车行第二天下午,宋美龄终于找顾大使谈话了,当时孔令侃正在车厢与顾大使谈话,他认为夫人访英的事可以说已成定局,要顾使进行各种准备。不过董显光与刘锴认为,关于夫人去或不去英国,表态同样令人为难,因为宋子文不赞成宋美龄访问伦敦。如果她去了,宋子文访英就没有意义了。

宋美龄要顾维钧准备两份演讲稿,供她在访加拿大和访英时用。接着又告他讲演稿至少要准备三篇。因为她访英,英王和王后是否到车站迎接,她会不会住宿白金汉宫,是否被邀在议会发表演说,都要考虑,并做好准备。

4月15日,宋美龄抵达熊山休息。宋美龄要魏大使竭力促成"肯尼迪法案"通过,以便取消对移民的限制。驻纽约总领事告诉她,在洛杉矶的演说报界评论非常之好,也提及称赞罗斯福的那些词句,但夫人说,她并不怎么喜欢那些话,只是不能不那么说,那是她此行的最后一次演说。她准备去华盛顿,目的是结束以前的各次会谈并确定实际收获,这时史迪威与陈纳德都到了美国,她趁热打铁,以期取得成果。

5月3日和6月24日,作为总统和总统夫人的贵宾,宋美龄两次访问了白宫。在此期间,发生宋美龄拒绝赴白宫与罗斯福总统、丘吉尔首相共进午餐,以及访问加拿大之事。

5月5日,宋子文去五角大楼会友,遇到顾维钧,告诉他,宋美龄不去英国了。顾大使蒙受了当头一棒,因为仅仅是头一天夜里,孔令侃还对他说她要去的。孔令侃说的话显然不确切,因为早在3月26日,蒋介石电告宋美龄,"访英问题,不必肯定,亦不必答复"[①]。宋对此电保持秘密,3月29日,

①　原电如下:"访英问题,不必肯定,亦不必答复。观丘吉尔廿一日演词,对世界问题仍无觉悟,对中国观念毫无变更,将来政治似无洽商余地。如吾人此时访英,将被视为有求于人,否则,亦只有为其轻侮,或反被其欺诈耳。以余对丘演词之感想,完全为反对罗总统主张而发,未知罗作如何想念。"(叶永烈编著:《蒋介石家书日记》上册,团结出版社2009年版,第41页)

顾维钧还致电蒋介石,说他与蒋夫人"商谈访英问题,细陈利弊,请蒋夫人勉为一行"。并请蒋夫人先见一下来美的艾登,以作蒋夫人访英的舆论准备①。蒋不予置答。

由于4月15日宋美龄在一份声明中促请释放尼赫鲁一事,英国方面表示抗议;对此,英印政府表现出无礼和失态,竟致函美国当局,抗议"偷运"宋美龄经过印度;宋子文告知哈里法克斯勋爵,对宋美龄这样身份的人,用这类语言是不可宽恕的。这时重庆政府与英国方面,关系已颇不融洽。

5月12日,罗斯福夫人看望了宋美龄,告知丘吉尔来到了华盛顿,愿意有机会见见她。总统夫人表示,相信重庆方面也愿意宋美龄会见英国首相。孔令侃认为,丘吉尔去拜望一位女士,比较合适。他还认为,现在中国对日战争不很顺利,宋美龄不应该显得过分迁就,不然的话,他们会爬到她头上去的,因此,宋美龄一定要比以往更为坚定,保持尊严。

5月16日(星期日),美国方面通知顾维钧大使,罗斯福总统要请宋美龄在5月23日(星期日)去白宫参加午餐,顾大使与宋子文都赞成赴会。但到5月18日(星期二),尽管罗斯福夫人来电话邀请,宋美龄还是说因另有安排而谢绝了邀请。宋子文还派宋子安去劝说,并捎信说为了照顾宋美龄与医生的约会,白宫已建议将午宴推迟到下星期一举行,并征询宋美龄对延期的意见。孔令侃认为,她最多可以在海德公园接见丘吉尔。宋美龄这种做法使罗斯福很恼火。英国飞机生产大臣克里普斯爵士对中国驻英使馆官员说,总统在听到蒋夫人拒绝去华盛顿见丘吉尔时大呼:"那个女人疯了!"②丘吉尔的女儿在一次宴会上说,蒋夫人不来英国是因为她不喜欢这个国家。此后,虽然还讨论过她访英的事,但事实上是不存在友好访问的气氛了。

宋美龄访美虽然有个秘书处,但她并未好好发挥随员和顾、魏两位大使的外交经验和才能。前述撤去董显光而改任孔令侃为秘书长,便是任用宵小的明证。顾维钧谈到,董显光来到美国之后,受到宋美龄的冷遇,对此感

---

① 叶永烈编著:《蒋介石家书日记》上册,团结出版社2009年版,第42页。

② 《顾维钧回忆录》第5分册,中华书局1987年版,第310页。

到非常抑郁。特别是吴贻芳博士向他说的话更使他沮丧。吴说孔祥熙夫人宋蔼龄在重庆对吴说过，若不是她的两个儿子和一个女儿协助，美龄的美国之行，说不定会糟成什么样子。这番话使董感到愤懑，因为他曾担任蒋夫人的秘书长。顾维钧博士是同情董氏的，5 月 18 日，他约董谈话。董因孔令侃的怠慢和宋美龄的冷漠而很不舒服。孔、宋对他这样无情无义，使他再难忍受，他表示，如果再叫他出面，他坚决不干。这当然是气话。宋美龄出尔反尔，举止乖戾，这是权贵的通病，董显光是一名文学侍从，受一点窝囊气，也是正常的。或许是他后来明白了道理，所以在他日后写的《董显光自传》中，便一个劲儿吹捧蒋夫人此行，认为她是那时政府中最能了解中国在这危急存亡的关头上争取美国新闻界良好反应之重要者，她从小就受美国教育，除擅长英语的运用外，又得到美国政府大批名流之敬佩，因此对美国人的心理了如指掌。她能抓住听众的注意力，作成功的宣传。基于政治生涯上的理由，董显光没有任何理由不为蒋家效力，牢骚归牢骚，干还得干。

实际上，宋美龄抵美国后，许多重要交涉，均由她或宋子文与美方交涉。在这一时段宋蒋往来电报中，还记录了其他若干问题。例如，1943 年 1 月罗斯福抵北非卡萨布兰卡与丘吉尔会议欧洲战事，未邀请中苏两国代表与会，宋感到不爽，主张调整中苏关系，并就国共关系作正面表态。蒋即于 1 月 29 复电，对宋之建议，不予答复。3 月 5 日，宋致蒋电，为使宋子文在美容易做事起见，招其由美西赴华盛顿参与与罗斯福的会谈。此后宋蒋电报往复，讨论向美提出美补足陈纳德部队五百架飞机及增加空运吨位的问题；宋电蒋称日本可能因南进不顺袭击西伯利亚的问题；盟军反攻缅甸的问题；以及蒋电宋，丘吉尔赴华府，可与其见面等。在 5 月 26 日宋致蒋电中，还讲到丘吉尔与艾登言论不同，艾登在美讲演中，"谓中国必为四强之一"①。

早在 5 月 13 日，因美、英两国对中方力主全面反攻缅甸、直达仰光的建议反应冷淡，蒋介石电宋美龄，要她"从速回国面商一切，在美不可再住，千万速归"。但宋未即返国，仍在美活动。

顾维钧大使劝说宋美龄，在拒绝访英之后，不宜访问加拿大。5 月 27

---

① 以上两电见叶永烈编著：《蒋介石家书日记》上册，团结出版社 2009 年版，第 36—37 页。

日,孔令侃在送顾使去火车站时,告知宋美龄将不去访加,因为时间不够,她急于想回国。但是,6月14日,宋美龄还是从纽约赴加拿大渥太华,进行了三天访问。16日,在加拿大国会,发表了演说。加拿大是英国的自治领,英国人、法国人移民的后裔均在政治上有相应的地位。宋美龄深知这点,她面对该国议长、总理、众参两院议员,尽情赞美加拿大的良好完善的议会制度,以及其所由产生的利弊。她还歌颂加拿大开垦者的成就,充分肯定这个国家为当前战争所做的积极贡献。在演说中,她呼吁人们运用其远大眼光与卓见,为战后的安排进行考虑①。议员们对她的讲话报以欢呼和掌声。

6月18日,蒋介石连发三电给宋美龄。前两封,是有关不满史迪威的事,要宋在拜别罗斯福时有所表示,但不必太正式,亦不以要求其撤换之方式出之。6月21日,蒋电中又称,对史迪威事并非正式要求其撤换,不过使之察知实情而已。待有便乘机以闲谈出之,否则不谈亦可。看来罗宋会谈时未及此事。第三封信,是有关中苏关系及东北、外蒙古问题,内谓:"对于战后远东和平与善后处理之各种政策,应照余所面嘱各件,再与罗总统详细讨论,作一结论带回。关于旅顺、大连问题,中国只可与美国共同使用,而不宜与其他各国共用,尤其旅顺港理应绝对保留为要,将来大连或可作为自由港,但亦须看俄国对于外蒙等边疆问题,能否尊重我主权以为定。"②

1943年6月24日,宋美龄到白宫辞行。次日即南行。宋美龄电蒋,报告罗宋会谈结果:"顷晤罗斯福洽商结果如下:(一)罗允洽商二师赴缅甸作战,于九月准备完毕。(二)报告:丘对缅南海、陆、空总攻事仍未热心赞同,虽亦能口答应,但觉其无诚意,届进未必履行。然缅甸原系英属地,中、英、美又为联盟国,罗谓不便迫英实行也。(三)丘心目中仅有英、美、俄三强国,将与中国摒于门外,答询将来与兄晤会时,是否约丘参加,妹答以可由罗与兄直接商谈。(四)关于大连、旅顺、台湾,中、美海空军共用事,罗对兄意表示(似有脱漏),并谓俟中国准备完妥之后,美即可退出。(五)罗意高丽可暂由中、美、俄共管。(六)前国联交日本保管之太平洋各岛,罗意战后可由联

---

① 《顾维钧回忆录》第5分册,中华书局1987年版,第310页。王亚权编纂:《蒋夫人言论集》下集,台北"中华妇女反共联合会"1977年版,第1120—1131页。

② 叶永烈编著:《蒋介石家书日记》上册,团结出版社2009年版,第50页。

盟国接收组织暂时共管之。特闻。"①29 日,宋美龄乘美国政府提供的特备专机启程返国,罗斯福总统派员随机护送。途经巴西、南非、印度,于 7 月 4 日下午平安抵达重庆。

宋美龄访美,除了与罗斯福总统讨论抗战问题外,美国总统还向她保证,东三省和台湾要归还中国,香港成为中国享有主权的"自由港",朝鲜将由中美两国暂时托管。另外,当 5 月 4 日顾维钧在魏大使陪同下拜会白宫时,罗斯福总统说:"台湾和琉球群岛都应该归还中国。"这个言论,当然是美国政府的立场。凡此都可说明,虽有些小疵,宋美龄访美是成功的。苏联驻华盛顿大使 M. M. 李特维诺夫指出:"蒋夫人访美和在美国所作的成功演讲,大大加强了中国的地位。她善于抑制自己,讲一口流利的英语,很镇静,给美国人留下了良好印象。"②旁观者清,看来他对宋美龄在美国活动的评论还是比较公道的。

九、开罗会议剪影

在第二次世界大战过程中,美国政府曾一再声明,盟国中承担主要战争努力的,是美英苏中四国。但是,美英等国事实上都没有把中国当一个大国对待,在 1943 年 1 月(日期不详)宋美龄致蒋介石电:"再,妹觉对于国内共产党分歧问题拟提及,以免外人认为我不团结,更可欺凌此次非洲会议,中、苏均被摒于主观外,我若在可能范围内与俄得一具体谅解,俾于国际上取一致态度,即操得团结力量,于我国似为得计。兄意如何? 盼速电复。"

1943 年 1 月 29 日蒋复宋电:"罗、丘北非会议是欧战会议,可说与远东战局无关,此不足为异。但其对华方式太坏,兄接彼等之电为廿七日下午,而其会议结果之消息,乃在是日晨已广播公布,何得谓之对兄已随时通报? 吾亦并不以接其通报为荣。此会美国又中英国之计,但我方应以冷静处之,暂观其后,切勿对美政府有所批评。吾人本无所望,亦无所求,一切当以冷

①　叶永烈编著:《蒋介石家书日记》上册,团结出版社 2009 年版,第 51 页。
②　[苏]沃龙佐夫著、董权忱等译:《蒋介石之命运》,中共中央党校出版社 1992 年版,第 208 页。

峻处之。"①当时盟国的行政和军事机构中,不论是规划作战方案,抑或考虑战后和平,尽管是以盟国名义进行,却都只是美国、英国的代表决定。中国要求参加这些机构,尤其是拟订作战方案及计划,均遭拒绝。

1943年1月,中美、中英分别订立平等新约,取消了在华的治外法权及有关特权,从法理上说,中国与盟国是平等伙伴关系了,但是1月的卡萨布兰卡会议与6月的华盛顿会议,都未邀中国最高领导人与会。同年8月19日至24日,罗斯福与丘吉尔在加拿大魁北克召开军事会议,又未邀中国与会。对此,中国外交部长宋子文不得不提交照会,作为抗日中坚力量的中国,要求与会讨论重要军事方案。力争之下,8月22日他到会申述了中国的意见②。

平心而论,罗斯福对中国的态度是比较友善的,他也十分需要中国政府坚持抗日,拖住日本,以便他实现"欧洲第一"的反轴心国作战计划。丘吉尔则不然,纯粹是老牌殖民主义者的心态与架势,宋美龄对访英有种种顾虑而终未成行,便有关系尊严的成分在内。1943年7、8月间宋子文访问伦敦时,英国外交大臣艾登、外交部常务次官贾德干都没有到火车站迎接,这当然是轻慢中国的一种表示。

世界大战进入1943年,战争形势和国际形势均发生巨大变化。日军在太平洋战场节节败退。在欧洲战场,德军在斯大林格勒遭毁灭性失败后,苏军转入战略总反攻;英、美联军在西西里岛登陆,向意大利进攻。大战结束有望,是年初,美国总统罗斯福开始考虑战后世界新秩序问题。6月6日,罗斯福倡议召开大国首脑会议,得到蒋介石的积极回应,在7月7日电中称,期望能与阁下聚首共商互有利益之各种问题。7月8日,蒋介石在日记中写道:复罗斯福电已,曰:"罗氏告吾妻有欧战将于秋后或明春可以结束之语,彼此次所以急欲于(与)余会晤者,乃欲约束斯大林对于战后问题乎?"③经英、美首脑在魁北克会议协调,于10月在莫斯科由美、英、苏三国外长及

---

① 叶永烈编著:《蒋介石家书日记》上册,团结出版社2009年版,第36—37页。
② 吴景平:《宋子文评传》,福建人民出版社1992年版,第362页。
③ 黄自进、潘光哲编:《蒋中正"总统"五记》"困勉记"下,台北世界大同文创股份有限公司2011年版,第912页。

中国驻苏大使傅秉常签订了《普遍正式邀请蒋介石参加开罗中、美、英三国领袖会议》（因苏、日签有协定，苏未对日宣战），讨论有关远东等问题。

蒋介石有资格充当大国领袖之一，固然与罗斯福提携有关，也是他坚持抗日战争的一种报酬，是英、美承认中国战场地位的明证。为参加开罗会议，蒋介石部属认真因应，拟制了三个文件，即《关于开罗会议中我方应提出之问题草案》《关于开罗会议军事方面之建议》及《关于准备在开罗会议中提出之军事合作、战略政治合作及战后中、美经济合作等三种方案》①。蒋介石偕宋美龄，率十六名随员于11月18日离开重庆，飞往开罗，21日上午7时抵达，下榻开罗城郊一所独用住宅。随后不久到达的丘吉尔便住在离蒋氏夫妇居所不远的英国大使馆里。

蒋介石夫妇拜会了丘吉尔。这位英国首相从上到下打量了蒋夫人，然后说道："是的，夫人，我想您认为我是一个不中用的卑鄙的帝国主义者，试图尽可能多地占领殖民地，不愿意与人分享我们已经到手的东西。"宋美龄礼貌地反问道："您为什么确信我这样认为您呢？"②丘吉尔首相没有占到什么便宜。

在罗斯福与蒋介石会见时（当然是宋美龄任翻译），他们谈到结束欧洲殖民主义者在亚洲统治的问题。蒋氏急于在缅甸开辟战场，提出给日本实施决定性打击的要求，显然对美国总统产生影响，因此美国代表团打算在会议上讨论远东的局势，但此意不为英方接受。丘吉尔认为，蒋当时严重地"干扰"了英、美两国参谋部的洽谈，据说是中方企图把"中国问题"提到谈判的首位。他希望蒋氏夫妇在开罗多参观，看看金字塔和其他历史名胜。但是，中国领导人不是来游历的，他们时刻想着这来之不易的与大国平起平坐的地位，要为国家尽可能争取本该得到的权益。

11月23日清晨，在美国总统别墅，开罗会议举行了第一次全会。罗斯福、丘吉尔、蒋介石出席，各方随员列席。这次会议开得很短，议题是有关德黑兰会议的议事日程。在会上，罗斯福让蒙巴顿海军上将将魁北克会议拟

---

① 严如平、郑则民著：《蒋介石传》下，中华书局 2013 年版，第 479—480 页。
② ［苏］沃龙佐夫著、董权忱等译：《蒋介石之命运》，中共中央党校出版社 1992 年版，第 214页。

定的东南亚战役计划有关在缅甸的行动过程向蒋介石通报。蒋希望会议讨论这个问题,但丘吉尔粗暴地打断了他的发言。

第二天,召开了仅有美、英两方参加的第二次"全体"会议,没让中方参加。两国讨论了在欧洲和地中海的行动问题,包括讨论"霸王"计划。

11月26日,罗斯福、丘吉尔、蒋介石举行了三方第二次会议,拟定了最后宣言。《开罗宣言》规定,把日本从中国掠夺去的领土,诸如东三省、台湾和澎湖列岛,归还中国①。

从孙中山开始,中国人民就开始支持朝鲜独立运动。部分朝鲜爱国人士组成的韩国临时政府,先后在上海、武汉、广州、重庆活动,重庆国民政府虽因各种因素所限未公开承认它,但不断支持它的运作。宋美龄本人同样支持韩国在华流亡者的抗日斗争。

据韩国学者的研究,韩国政府曾授予宋美龄和蒋介石"建国勋章大韩民国奖"。她是"协助韩国独立运动的中国人士"一百一十人之一。当年尹奉吉行刺日本人的上海虹口爆炸事件后,宋美龄给金九十万元接济。重庆时代,韩国临时政府成立韩国光复军时,也赞助过十万元。1945年11月,宋美龄还向临时政府提供了十万元"归国支援金"。此外韩国各种妇女组织(如南京的"朝鲜妇女会"、重庆的"韩国女性独立联盟"及"韩国爱国妇人会"等)也与宋美龄所领导的妇女团体互相联系并获得帮助。她还以中国航空委员会秘书长身份,向韩国女飞行员权玉基(1939年在重庆参加"韩国爱国妇人会"的重建工作,并任该会宣传部长)提出过关于飞行宣传活动的建议。宋美龄还可能参与开罗会议有关朝鲜独立问题的讨论②。这也就是韩国政府日后给她荣誉的原因。

这次三国巨头会议给世人留下一张仪态庄重自然的相片。相片左边第一人为蒋介石,身着上将戎装,手持军帽。旁边坐着罗斯福,笑容可掬,

---

① 〔苏〕沃尔科夫著、彭训厚等译:《第二次世界大战内幕》,军事科学出版社1992年版,第210—212页。

② 〔韩〕李奎泰:《蒋介石时期中华民国的对韩政策——兼论宋美龄女士与韩中关系》,胡春惠、陈红民主编:《宋美龄及其时代国际学术研讨会论文集》,香港珠海书院亚洲研究中心2009年版,第111—123页。

侧身向蒋好似在说什么。左三坐着丘吉尔,白色西装。左四,也就是最后一位,是宋美龄,穿黑缎旗袍,白色短外套装束,微笑着与大块头的丘吉尔谈话。不管人们承认与否,中国至少是在外观上与美、英两国并驾齐驱了。

1943 年 11 月下旬,中英美三国领袖举行开罗会议,宋美龄陪同蒋介石参加与罗斯福(右三)和丘吉尔(右二)的会见

在开罗会议期间,宋美龄担心译员无法转述委员长思想的全部意义,经常由她本人翻译蒋的声明和与对方的谈话,这种状况,使得罗斯福事后对人说,开罗会议期间,我无从对蒋有任何看法。后来想一想,才了解到我所知道的有关蒋的事情和他的想法,全都是蒋夫人告诉我的。她老是在那里回答所有的问题。她的表现也留给丘吉尔强烈的印象,称她是一个非常特殊亦极有魅力的人。她在会期间的辛劳,使蒋介石在其会议最后一天的日记中慨叹:"今日夫人自 11 时往访罗斯福总统商谈经济问题以后,直至霍氏(按指贺浦金斯)离去,在此十小时间,几无一息之暇,且时时皆聚精会神,未能有一语之松弛,故于 10 时已疲乏不堪,从未见其有如此情况也。"

宋美龄在开罗给丘吉尔留下较好的印象,结果是他主动让自己的保健医生莫兰为她检查身体。这位英国医生在自己的日记中写道："她再也不年轻了"，"但是她还有一种与众不同的神态，她虽然形容憔悴，但是还有某种魅力。"对于她在外国人中间的应酬，好像并不都是肯定的评价。小罗斯福（可能是艾略特·罗斯福上校）写道："我……代我父亲出席蒋氏夫妇的鸡尾酒会。他们的别墅离我们的住所约一二里远。当我走进门的时候，我发现丘吉尔的女儿莎拉正和我扮演着同样的角色。可是我没有机会和她谈话；蒋夫人走到我的身边，毫不停留地把我带到两张并排放着的椅子上坐下。我觉得她好像一位颇为老练的演员。"

"差不多有半小时之久，她生动地，有风趣地，热心地谈着……她把身子靠向前来，闪耀着光彩的眼睛凝视着我，同意我所说的每一句话，她的手轻轻地放在我的膝盖上……我相信蒋夫人多少年来始终是以一种征服人的魅力与假装对她的谈话对方发生兴趣的方式来应付人们——尤其是男人。"①这些记载有没有文学语言的成分呢？不敢说。但无论如何是加入了记述者的主观臆测在内。而且，由于小罗斯福对宋美龄接触甚少，其评论当然也是皮相的。

宋美龄处于权力金字塔的顶端，享尽荣华富贵。但是，与独裁者生活在一起，又使这位受完全美式教育的东方妇人难免精神高度集中、高度紧张。她要维护自己的地位和威势，紧张与虚荣使她产生疲劳。西格雷夫在《宋家王朝》一书中引用了费正清访问宋美龄的记录。他生活在重庆，能从近距离进行观察，而且，他不但与美国在华人员、也与中国人关系密切，有自己的消息来源，因此，他对于宋美龄的观察更加入微和详细。

西格雷夫在书中说，宋美龄在赴开罗之前，费正清访问了她。费氏写道："她精神疲乏，她的头微颤，宛如老人模样"，显示出"她殚精竭虑要做伟人的夫人"。"谈话显得漫无边际，不是真心话。她像一位女演员。具有许多值得称赞的优点；很迷人，敏锐的直觉能力、机智；但在外表之下，藏有烦恼的情感……为某些事而痛苦，做作的姿势常给人一种虚伪感。通常带着美丽而忧郁的感情，说话矫揉造作，上唇向下绷紧；但偶尔也发出真诚的笑

---

① 王朝柱著：《宋美龄和蒋介石》，中国青年出版社1991年版，第425页。

声,圆圆的安详的脸和稍高的喉音,给人以自然和随意的感觉,对照下她其余时候的谈吐和表情似乎带有被迫和悲剧的气氛。"

费正清博士继续写道:"我得到的印象是,骄傲导致她矫揉造作。"又说:"她凝视远方说,生活是保持理想、保持幽默感和随遇而安的混合物。她还说到要把我们自己看作大实验剧场的演员,关于这场戏的结束如何,谁也不知道。"这些话,又显得豁达大度。费博士说,他自己希望她经得住承担悲剧中受命运折磨的女主角,并"舍弃虚伪造作部分"。

事实上,由于宫廷内部充满了阴谋,一个生活在其中的人要完全舍弃虚伪造作,也是困难的。你不谋我,我即谋你,强者生存。就在开罗会议期间,特工人员和年轻将军就有两次企图搞掉蒋介石的计划,当然,宋美龄也许并不知道。

根据一些记载,1943年最后几个月中,抗战中晋升为指挥官的不属于旧派的中国年轻将军们认为,假如要使中国得救,必须立即推翻蒋介石和他的腐败的内层圈子里的一伙人。为达此目的,这些青年将领与美国陆军准将托马斯·S.廷伯曼接触,此人在华东负责训练中国军队。美国人表面上不予同意,但战略情报局显然对这个阴谋颇感兴趣,特别是多诺万与戴笠发生对抗以后更是如此。威廉·J.多诺万是美国战略情报局(OSS)的间谍头子,但是,戴笠的特务系统人员阻碍战略情报局特工人员在中国收集情报,两人曾有过一次坦率的交锋,后者告诉前者,如果仍然这样,战略情报局特工人员将单独行动。

或许正是受到美国人的支持,政变的策划者们拟定在西安事变蒋介石被扣的双十二纪念日采取行动。这是乘蒋氏在开罗参加三巨头会议时准备的。但是,军统特务无孔不入,戴笠终于得知风声,他向远在开罗的蒋委员长密报了此事,并使他相信,在这场阴谋中,有他的家族成员牵连在内。蒋介石命令戴笠逮捕军官六百余人,回国之后,枪决了陆军中十六名年轻将军。据说当时重庆到处议论着这场阴谋①。

---

① 王朝柱:《宋美龄与蒋介石》,中国青年出版社1991年版,第426—428页。此说系据西格雷夫《宋家王朝》所载,但补充了作者所征集到龙绳文的回忆材料。

　　有的著作指陈，这是宋子文与戴笠、陈果夫、陈立夫合伙反对蒋夫人、孔氏夫妇的斗争，其结果是孔祥熙一派失势，宋子文取代了孔的地位。但是，这种说法也不是没有毛病。宋子文自 1943 年 10 月 1 日返国后，原来积极支持撤换史迪威的活动发生变化。蒋介石以开罗会议在即，不愿失欢于罗斯福，再加上宋蔼龄、宋美龄担心"倒史"成功，租借物资控制权将由史迪威手中转归宋子文，从而加强宋子文的权势，另外还有其他一些因素，使蒋介石暂时取消撤换的要求。反过来，宋子文失宠了。

　　由于罗斯福、丘吉尔到开罗以及在德黑兰，都未带国务卿或外相，因此，蒋介石未让宋子文外长出席开罗会议，并不奇怪。奇怪的是，从 1943 年年末至 1944 年 1 月，作为外交部长的宋子文，居然没有露过面，直到同年 6 月，美国副总统华莱士访问重庆时，宋子文才出面接待。1943 年 12 月 10 日，美国驻华大使高思报告国务院说："自从 10 月初宋子文回来之后，各种渠道不断地传来消息，认为他同委员长之间关系恶化，家族内部严重不和。""这些消息的中心看法是，宋在华盛顿作出一些决定时，事先未征求委员长的意见，这使蒋大为恼火（据说中国赞成对意大利的停战协定便是一例）；回国途中，宋在德里重犯了这一错误，同蒙巴顿达成了某些法律上的建议，这些问题实际上还悬而未决；在回来后的第一次谈话时，蒋斥责了宋，宋也发火了，遂导致无可挽回的裂痕；某些中国人从美国回来后，向蒋介石告知有关宋从事个人金融生意的传闻，使蒋对宋十分不满。"大使继续写道：宋回到重庆后不久，便未出现于社交与官方场合了，只是在其私寓里同一些外国外交官见面，一些显然应由宋处理的事项，也在等待蒋介石的决定。

　　高思大使的报告，比较起来，简单一些；大使馆官员二秘谢伟思的报告，则要详细得多。他将"宋子文的戏剧性的黯然失色"称之为"中国政坛上最近发生的重大变化之一"。他将宋子文失宠原因归结为：

　　　　一、蒋和宋一向就难以彼此相处；蒋独断专行，而宋直言无忌且意志坚强。他们在这之前曾多次吵过架。例如，1933 年两人在发生激烈争论后，宋辞去了财政部长职务，在这次争论中，蒋责备宋没有能为当时的剿共战争筹集到足够的款项，并且最后打了宋一记耳光（这是谣传，但普遍认为是真的）。

二、宋获得他现在的外交部长职务,是由于他被认为态度强硬,足以从美国获得承认、金钱和物资供应。他的这些任务完成得不是很成功,至少是不足以使蒋感到满意。此外,有消息说,他的手法使他在华盛顿的人缘不好;至少有两次他承担了不愉快的任务:警告委员长,美国对要向中国共产党采取行动的任何威胁反应不利;他还被指责在太平洋战争初期,没有注意消息灵通的美国舆论有关中国的玫瑰色幻觉的令人迷惑的描写。

三、作为一位外交部长,宋独立性太强,不讨蒋氏夫妇喜欢,后者宁愿把外交事务控制在他们自己手里,因此,喜欢由"意志薄弱"的人来担任这一职务……

四、不但如此,作为外交部长,特别是在对美关系方面,宋采取占着茅坑不拉屎的态度,这给他造成了一些有力的敌人。首先,他反对派遣熊式辉军事代表团去美国(政治预言家认为这是政学系企图插手对外关系领域),并进行暗中破坏以促其失败。其次,就其对家族关系的影响说,可能更重要一些——是他建议蒋夫人不要访美,而在访美成行之后,又不予协助,并一直告诉蒋夫人,她停留太久会不受欢迎,应该回去。

五、最后,宋子文触怒了蒋,并使孔祥熙及其夫人(一般说来是"中国最有权势的人物")提高警惕,因为他苛刻批评中国处理经济问题不当,提出(可能是推理的)他应该成为中国经济大权独揽的人。一条广泛流传的消息说,在最初发生裂痕之后(显然是1943年11月),家族在12月下旬安排了一次会议,希望在会上能取得和解。不幸,蒋要宋陈述他对处理经济问题的意见,宋回答说,经济缺乏有效管理的一个原因是机构太多,每个机构都没有权力,有时还互相掣肘,因此,需要建立一个单一的机构,并赋予足够的权力,以处理一切经济问题。蒋反击说,建立这样一个机构(实际上已讨论了一年多,据传宋子文可能是这个机构的头头)会打乱整个政府结构,是不符合政府组织法的。对此,宋反唇相讥说:"你是一向能够改变政府组织法的;只要你愿意——比如你决定要当总统——的话。"据传,这次会议的结局是蒋举起一只茶杯向宋的头部砸去,自然,任何马上取得和解的希望也就放弃了。①

从上述两则报告说明,至少是在半年之内,宋子文并不是所传"双十二政变"计划失败的受益者,蒋氏夫妇对宋早有成见。如果按一般的说法,孔氏牵涉政变而下台,则就不会在召开家族会议时从容讨论国家大计,而且吃亏的是与政变计划无关的宋子文。另外,孔氏夫妇自《大公报》刊文评论"洋狗"事件以来,经马寅初的公开抨击,在重庆政坛已声名狼藉,政变密谋者主张拥孔以倒蒋,从道理上说,似乎不通。孔之走下坡路直至下野,有其种种原因,但不可能与政变计划相关。

由于国际货币基金会议将于 1944 年 7 月 1 日在美国的布雷顿森林举行,蒋介石十分重视此会,派孔祥熙以行政院副院长、财政部长、中央银行总裁,及蒋之"中华民国主席私人全权代表"身份赴美交涉。蒋在致罗斯福亲笔函中,述及"孔博士实为余个人最堪信任之代表,请阁下予以最大之信任,而与之开诚商讨"。孔之此行,为重庆政府争取到美军驻华外汇换算之二亿二千万美元;在美国国会演说,享有殊荣;又为国家购进三亿美元黄金,争到国际货币基金的五亿五千万美元份额;并确立四强之一的地位。另外,为蒋介石撤换史迪威,起了关键性作用。但因为他长期主持财政,国内财政状况一团糟,在各方攻击下,1944 年 11 月,孔祥熙不得不辞去财政部长职务,政治上由此急速地往下滑,遂至职务全卸,寓居美国。从他的具体活动看,并无因政变阴谋而受牵连之事。任何一个搞独裁的政治家,都是搞权术的,哪怕是皇亲国戚,也不容许任何一派亲信势力独大。蒋之于对孔、宋交替使用,即是此中道理。

在开罗会议时另一个对蒋介石的密谋,是在罗斯福与史迪威之间进行的。德黑兰会议后,1943 年 12 月 4—7 日,罗斯福与丘吉尔重回开罗商议。1943 年 12 月 6 日,史迪威与总统交谈时,他试图使罗斯福回到他感兴趣的问题上来。

在此之前,即宋美龄还在美国访问,并得到美国民众的欢呼时,与蒋介石关系已极度紧张的史迪威即在设计变动重庆领导人的各种方案。据载,

①　吴景平:《宋子文评传》,福建人民出版社 1992 年版,第 374—377 页。

其中一个方案是,撤换蒋介石和何应钦,由陈诚当新领导人。另一种想法是,借助多诺万的战略情报局和依靠美国医生,让宋美龄滞留在美国,以限制她对蒋的影响。

罗斯福在1945年初接见埃德加·斯诺时说过:"在开罗我未能对蒋作出判断,当我事后想到这点时,我知道我所有的了解全是蒋夫人告诉我的,她告诉我关于她丈夫的情况和思想。"不过,另外一种说法是,在11月23日晚间罗斯福与蒋氏夫妇会见并长谈后,罗斯福感到失望,对蒋的信心也大不如前了。他甚至认为,一年来他与蒋打交道的过程中遇到了无数困难,蒋这个人是"非常神经质的",他的政权腐败无能。罗斯福对其秘书萨·韦尔斯说道:他厌恶蒋政权"对中国人民大众的苦难无动于衷的态度"。

在12月6日的谈话中,史迪威向罗斯福总统说:"我提请您注意,我们的政策要考虑到中国的建设。"

罗斯福回答说:"是的,是的,要建设中国,战后非常需要我们的援助。他们要贷款,蒋夫人和大元帅现在想要十亿美元,我对他们说,很难得到国会批准。现在我不是金融专家,但我计划拿出五千万或一亿美元,到黑市上购买中国的纸币。"总统希望遏制中国的通货膨胀,以便在战后为美国提供一个机会。不过谈话者都接触了问题的要害。罗斯福问道:"你认为蒋介石能支撑多久?"史迪威回答说:"中国的局势是严重的,如果日军再来一次像去年夏天那样的攻势,蒋介石就会垮台。"总统又问:"那么,我们是否应该寻找另外某个人或几个人来支撑局面?"史迪威表示,这样的人选"很可能都要指靠我们"。罗斯福的这番谈话,实际是允许史迪威着手倒蒋的准备工作。

史迪威回到中国以后,便找到驻昆明美军参谋长弗朗克·多恩商量。他完全相信这个部属,立即将总统的口头指示告诉了多恩。史迪威承认总统的口头指示曾使他震惊,但他表示:"好,命令就是命令,我们除了照办别无选择……我要主持制定干掉蒋介石的恐怖行动计划。"史迪威照转了总统的话:"如果你不能同蒋介石合作,不能取代他,那就彻底干掉他。"总统还说:"你明白我指的是什么,选派一个对你言听计从的人去执行吧。"弗·多恩在《史迪威从缅甸出走》一书中记述了他与史迪威谈话和讨论过程。

"干掉蒋介石?"多恩不相信地问道。

"命令中没有明确说杀他。"将军解释说,"命令中说拟定计划,仅仅是计划,这种计划在什么时候也不会把所干的事情归咎于美国政府或某一美国人。"

"毕竟这是命令。"多恩作结论说。

"我知道,这是多么令人讨厌的事情",自由主义者史迪威回答说;"你要认真考虑这个计划,并要记住,无论什么时候都绝对不能作记录。我有责任告诉你,整个事情应该是特别秘密的,如果有什么泄露出去,现在在进行战争,我们会一起下地狱。"

"为什么让我去干?"

"我从离开开罗时起就在考虑这个问题。我选定你作候选人有两条理由:一是你比任何人都更熟悉中国情况;二是你知道,在中国不能做什么,而在这种情况下,知道在中国能做什么是至关重要的。"

"先生,我能问问是谁坚持拟定这种计划的想法吗?"多恩心有不甘地问道。

"当然,你什么都可以问,但是我不回答你的问题,不过我要十分明确地告诉你,这不是我的想法。这种想法产生于最高领导层。下一次我要走昆明线。请你告诉我,你有什么问题。你大概需要和一两名认真挑选出来的军官一起做准备,这由你酌定。"

一周后,多恩会见司令部两名最可靠的军官。"你知道这种行动意味着什么吗?失败了怎么办?"两位军官提出一个又一个问题。当然,交谈者知道,美国阴谋反对盟国元首,而且是在同轴心国作战最激烈的时候,其政治后果是多么的严重。

"长官,这是不可能实现的。"军官对多恩说。

"是的,这种事不可能实现,但我们应做这方面的工作。"多恩回答说。

多恩与两名军官用几个小时讨论实施阴谋的各种方案。如果用枪射杀狙击对象,这需要有美国人参与,这些参与者万一被卫兵击毙,责任将完全落到美国政府身上。这种办法行不通。第二种办法,即使用毒药,也不行,食物在送到蒋介石桌上之前,要经医生化验。第三种办法是爆炸。蒋氏的特务不但能发现爆炸装置，也能追踪它的来源。第四种办法是搞宫廷政变。但用这种办法要动员许多人，不但难于保密，也难于击败蒋氏身边的保卫部队。

他们最后想到一种利用空中失事除蒋的办法。这种方案，是与宋美龄一起说服蒋介石去印度训练中心视察部队，在途中让他们乘坐的飞机失事，这对夫妇"偶然"地领到有毛病的降落伞，同时也要有几名美国人牺牲。甚至细节也商量好了，负责降落伞的人不应知道即将发生的事件，飞行员只能在空中得到密令。

两星期以后，多恩就此向史迪威作了汇报。

史迪威表示："我认为，这个计划可行，而且你们正确地认为，美国军官应该在飞机上，即使我们可能要损失一两名军官。"他还提醒说，飞行员的预期行为必须有绝对的保证。这一点，多恩表示由他负责①。

多恩的书刊行于 1973 年，这时蒋氏仍然活着。据宋希濂《远征军在滇西的整训和反攻》一文记述，多恩（窦尔恩）准将在 50 年代末曾任美驻台军事顾问团团长。据多恩记述，1942 至 1943 年间（按，此时宋子文还在美国，似为 1943 至 1944 年间），他曾应邀到宋子文家作客，宋向他讲述了蒋介石其人的品质，认为宋美龄皮肤病周期性发作，与宋对蒋介石那种令人讨厌的脾气的神经性反应有关。宋还向美方提名薛将军（薛岳）任军事首脑；而自己希望掌握实权。这个记载的可靠性无从证实，但不管如何，美国人确实在抗战后期有过倒蒋的计划，只是由于罗斯福实在没有办法缺少蒋介石，正如他对他的儿子所说的那样："尽管蒋氏夫妇的缺点很多，我们还是得依靠他们。"所以，倒蒋阴谋未能实施，只是给人们留下一些无法证实的故事片断。

史迪威—多恩计划与中国军人的倒蒋计划有无关系？美国人的倒蒋计划与孔祥熙夫妇、宋子文又有何关系？这实在是个谜。年轻军官用孔祥熙代替蒋介石，这有多大可信性？如果根据龙绳文的说法，又商定由"云南王"龙云来代替蒋（暂行代理），在当时派系斗争的网络十分清楚的情况下，西南

---

①　［苏］沃龙佐夫著、董友忱等译：《蒋介石之命运》，中共中央党校出版社 1992 年版，第 209—213 页。该记述据 F. 多恩：《同史迪威在缅甸的罢工》，纽约 1973 年英文版，第 116—123 页。

军人岂能取代蒋介石主流系统？但是,有一点是很清楚的,蒋介石可能发觉反对他的阴谋在进行着。据载,1942 年 2 月的某天,蒋介石访印返程路过昆明,当晚住在黑龙潭一座公馆里。第二天一早,他就搬到离昆明四十余公里的安宁温泉,并令宋希濂派军一营前来保驾。宋美龄对宋希濂说:"你们校长来到昆明的那天晚上,一夜没有睡,那栋房子黑黝黝的,乌鸦乱啼,警卫部队又不是中央的。"①蒋介石对龙云不信任,是他知道龙云曾经放走汪精卫,后来又与中共有往来,至于蒋介石是否了解美国人欲对他有所动作,那就无法猜测了。总之,这次政变计划,可疑之点甚多,有待进一步研究。

十、介入"史迪威事件"

史迪威懂中文,能讲华语,长期在中国生活,比较了解中国国情。他与原在华任传教士的子弟、当时在美国驻华机构工作的约翰·谢伟思、约翰·戴维斯、约翰·卡特·文森特(范宣德)等人,思想比较接近。对于蒋介石的独裁专政,在政治上排斥甚至消灭异己,军事、政治、经济上的腐败,知之甚详。他们对中国共产党印象较好,不相信国民党的敌视宣传。他们都认为中共是抗日的重要力量。

如前所述,史迪威受派来华,具有六个头衔,但实际只有"中国战区参谋长"一职受中国最高统帅指挥命令,其余的,蒋介石均无权干涉。这样,就产生了尖锐的矛盾。蒋介石要美国人来当参谋长,是希望有这个渠道,能获得更多的美援,以充实抗日的力量,以及日后一举摧毁共产党的势力。但是,美国统治集团的用意与蒋不同,他们一是让史迪威来控制美援物资的分配和使用,并对中国军队进行调整,以加强其抗日作用,在远东拖住日本。这样,对史迪威的权限,尤其是史迪威统帅中国军队的权力问题,美国与重庆当局的冲突,就不可避免了,具体地说,便有所谓"史迪威事件"的发生。

史迪威与宋氏家族所有重要成员都有联系。在排挤史迪威过程中,蒋氏夫妇、孔祥熙夫妇与宋子文,都有直接联系,宋美龄则是史迪威的同情者。

---

① 　张宪文、方庆秋主编:《蒋介石全传》,河南人民出版社 1996 年版,第 355 页。

蒋史之间的第一次严重冲突,是在 1943 年 9 月—10 月间。1943 年 9 月,中国战区参谋长史迪威,建议蒋介石将封锁陕甘宁边区的兵力调去阻止日军进攻。估计胡宗南的这支部队有五十万人。他还准备将自己统制的一部分武器,装备八路军。对此,蒋坚决反对,并要求美国总统撤换史迪威。罗斯福拒绝了这个要求。当时美蒋双方谁也离不开谁。蒋介石的要求得到宋子文的支持,9 月 7 日,他以改组中国战区为名,要蒋借机撤换史迪威。1943 年 10 月 1 日,宋子文与蒙巴顿(英国东南亚战区统帅)、索莫维尔(美国空军补给司令)一起离美赴重庆。他回国之后,发现蒋的态度发生了变化。

原来,宋蔼龄从大局着眼,让宋美龄对蒋介石在对史迪威的问题上保持冷静,并对史采取"安抚政策"。宋美龄接受了这个建议,邀请史迪威在 9 月 13 日下午 3 时,到蒋介石在新开寺住所,与她及宋蔼龄见面。史迪威在与她们会晤时,宋氏姐妹谈到,她们对战备状况之糟,感到震惊,甚望能设法改变中国无所作为之状态。她们同意史迪威的看法,认为当前的主要障碍是总参谋长兼军政部长何应钦,必须将他撤换,并望史迪威为之施加压力。但这不是无条件的,作为回报,她们答应在委员长面前为史迪威说话。史氏在当天的日记中记述:"我们签订了攻守同盟。不论出于什么原因,她们现在很当真,或许我们能获得一些成就。"①她们二人对蒋做工作,蒋介石不会不权衡利弊。

接着,在 9 月 15 日、18 日、20 日、25 日及 28 日,宋蔼龄、宋美龄姐妹二人分别在新开寺蒋宅与范庄孔宅,同史迪威会晤。她们告诉史迪威,有人正策划撤换他,并且转告了人们对史迪威的不满,对蒋的傲慢,对中国人、对中国政府和官员的斥责与谩骂。由于委员长现在受到各方面的压力,她们要史迪威去向蒋说些表示歉意的话,使事情了结。迫不得已,10 月 17 日,在宋美龄安排下,史迪威晋见蒋介石,向他表示:自己唯一的目的是想促进中国的繁荣,他表示忏悔,说如果他犯了错误,那也是因为不很了解情况,而绝不是故意要这样做,并答应要合作。为虚荣心和权宜之计所驱使,蒋与史和

① 《史迪威文件》,引自王松等著:《孔祥熙和宋蔼龄》,河南人民出版社 1992 年版,第 262 页。

好了。他要史迪威明白总司令和参谋长的职责,要他摒弃一切优越感。蒋氏在 17 日日记中说:"彼果已悔悟,表示绝对服从,不再违全,当可信也。此于国家抗战之成效得失,所关岂浅哉?"18 日日记又云:"与薛氏谈已,曰:'余告以余已准史氏悔过自新矣,彼欣然甚感余宽大为怀之精神。'"又曰:"此事子文大有以为然,彼竟不顾大体,不知余之苦心,可恨孰甚!"①但对史迪威来说,此举却苦不堪言,他记述这是一次该诅咒的经历,感到不是味道,说一条响尾蛇没有发出响声就咬人了。杰克・萨姆森在《陈纳德》一书中写道:"史迪威可能将蒋夫人的回心转意当作情况好转的迹象。"他给蒋介石写了一封很详细的信,谈到中国和中国军事问题的见解,信中提出,六十个整编师会加强蒋的指挥力。他将信的副本交给了蒋夫人。但因史迪威权力所限,华盛顿对此建议未予重视。

这次危机的和解是必要的,除了宋蔼龄、宋美龄出面施加影响外,据说蒙巴顿也曾向蒋介石进言,认为如将史迪威撤换,他将无法实施运用中国军队作战的计划。和解也使蒋介石夫妇出席开罗会议得以顺利成行。11 月 6 日蒋氏请史迪威商讨拟定在开罗会议的提案。这次讨论在黄山别墅进行,宋氏姐妹二人也在那里。气氛融洽,宋蔼龄说,同史迪威谈话"不仅感到高兴而且愉快"。宋美龄戏称史迪威为"乔大叔"(史全名为约瑟夫・沃伦・史迪威)。史迪威对蒋的印象是,"这条响尾蛇温存极了"。

从表面上看,美蒋之间关系趋于平静。但是,矛盾并未解决,而且随着形势变化,矛盾又激化起来,到 1944 年 9—10 月之间,冲突再次爆发,蒋介石、孔祥熙、宋子文三家合作,终于逼走了史迪威。

1944 年 4 月,日本在华发动"一号作战",在三个月内,攻势凌厉得逞,占领了河南、湖南、广东、广西、福建等省的大片领土。国统区的缩小,敌后抗战的作用凸显出来。美国人开始重视华北八路军、华东新四军的地位。在史迪威积极活动下,美国拟向延安派出记者与军官的"使团",拟直接与中共方面合作。罗斯福还派来费里斯准将,向蒋介石通报,中国的情况令人失

---

① 黄自进、潘光哲编:《蒋中正"总统"五记》"困勉记"下,台北世界大同文创股份有限公司 2011 年版,第 929—930 页。

望,必须采取坚决措施,建议"一切的中国军队,包括共产党的军队,都要置于美军司令的控制之下,尽管总统知道蒋介石对史迪威将军持否定态度,但他还是认为,难以找到比史迪威更出色的人选"①。费里斯来华未能解决问题,反而使蒋介石对史迪威更无法忍受了。

1944年6月下旬,美国副总统华莱士访问重庆,宋美龄同蒋介石为其举行欢迎宴会

　　1944年6月下旬,美国副总统华莱士到重庆访问,在与蒋的几次会谈中,着重谈到中共的问题。在美方坚持下,6月23日,美国的延安使团出发。在延安,美方留下了军事观察组,其代表包瑞德上校,是倾向史迪威的人(后被魏德迈召回)。7月7日,罗斯福向蒋介石发出"紧急建议",要求由史迪威统帅中美一切军队,授以全责与全权,以调度和指挥必需的行动而遏阻敌军的侵入。蒋对此表示"原则同意",但暗中却让孔祥熙在美设法破坏,宋蔼龄也找来史迪威,向他陈述出任指挥中国军队的种种困难。为了协调美蒋关系,8月,罗斯福任命赫尔利为总统私人代表来华(10月取代高思,任

---

　　①　[苏]沃龙佐夫著、董友忱等译:《蒋介石之命运》,中共中央党校出版社1992年版,第223页。

驻华大使）。9月19日，史迪威向蒋介石递交了罗斯福18日发来的措辞强烈、严厉指责蒋迟迟不任命史迪威统帅中国军队的电报。对于此种行动，无疑大大伤害了蒋的尊严，他看完中文译件后说了一声："明白了！"然后蒋将茶杯扣了过来。他与史迪威的关系已无可挽回了。

史迪威自以为得计。蒋在受了"平生最大之耻辱"后，外交部长宋子文在重庆、孔祥熙在华盛顿共同协力排史，10月4日，罗斯福正式通知中方，美国准备召回史迪威。10月19日，罗斯福致电蒋介石，任命魏德迈少将接替史迪威（这时史已授予上将军衔）。这一天，史迪威在日记上写道："斧头砍了下来。"陈纳德在昆明听到这个消息后欣喜若狂。史迪威拒绝蒋介石颁授的青天白日大勋章。10月20日，他乘飞机离开重庆，到机场送行的只有宋子文与赫尔利。史迪威成了美蒋矛盾的牺牲品。

当史迪威黯然离开中国时，宋美龄早已以无限忧伤的心情离开了重庆。在国事与家事方面，蒋介石都暂时解去了束缚，可以轻松几天了。

十一、赴美治"病"之谜

早在1924年3月25日，蒋介石在致胡汉民、汪精卫函中，说到"即如人人言弟为好色，殊不知此为无聊之甚者，至不得已之事"①。这是"夫子自道"，应是可信，尽管其中有些苦衷。但自从他与宋美龄结合之后到抗战爆发，无论公私文书，都未见有关蒋氏荒唐之事的记载。本来，作为中国极权统治者，有几个贴身服务者或"敝眷"之类的宠幸，也并不稀奇；问题是，对蒋介石来说，与宋氏联姻、攀上中国权力巅峰之后，其配偶已具有强烈的政治意味，如果发生婚变，便意味着中国政局的变化。

蒋介石虽然登报与原配毛氏、夫人陈洁如、侧室姚怡诚仳离，但实际上并未断绝关系。南京沦陷前，蒋氏每逢回溪口，均与毛氏晤面。姚氏因抚养蒋纬国，也带这个养子回溪口。她与毛氏相处尚洽。毛氏在1939年冬为日机轰炸时被墙壁压死。抗战时姚氏迁往重庆，与蒋纬国住在一起，因此她可

---

① 中国第二历史档案馆编：《蒋介石年谱初稿》，档案出版社1992年版，第171页。

以见到蒋介石。人们议论最多，而真相又弄不明白的，便是陈洁如。

抗战后期，山城重庆市井传闻，有一位陈小姐与委员长在一起生活。有的传说，这位陈小姐是陈布雷之女，有的说是陈立夫兄弟的侄女。一直到1988年，中国大陆出版的一本宋美龄传记，还说宋美龄对这位美国加州大学攻英文专业的情敌，动之以情，和平了结，给了这位陈小姐五十万美金私房钱，是存在美国花旗银行的一张支票，又给了机票与护照，第二天悄悄离开重庆，飞向华盛顿。陈小姐神秘失踪，使老蒋大为火光，但又无可奈何。不过，这种记载，似属小说家言，未必有什么资料根据。

人们谈论的这位陈小姐，好像就是陈洁如，被称为"一个改写民国历史的女人"的人。那么，陈洁如被蒋氏遗弃送往美国，怎么又会来到重庆，金屋藏娇，演成蒋宋一场婚姻危机的呢？说来真是话长。

原来陈洁如在经历被蒋介石诱骗出国之后，感情上一时难于解脱，求死又未成。劫难过去之后，理智占了上风。她在美国苦学五年，终于获得哥伦比亚大学教育学院硕士学位。孤身羁旅，举目无亲，思念故国，决意回归。1933年，她返抵上海，改名陈璐，与养女蒋（陈）瑶光相依为命，在这个华洋杂处的大都会隐居起来。

事有凑巧。1937年11月上海沦陷之后，租界成为孤岛。汪伪政权成立后，隐居法租界巴黎新村（今重庆南路一六九弄八号）的陈洁如，在1941年12月中旬某与由其弟媳（按，陈有一兄名阿本，则此弟妇实在应是其阿嫂）庞定贞一同去南京路惠罗公司购物，突与汪精卫之妻陈璧君及褚民谊在电梯中邂逅。在黄埔军校时期，蒋汪两家关系密切，陈洁如后来虽与蒋氏分手，但历史总是不能抹杀的。如今是蒋汪各搞一个政府，陈璧君在汪伪政府中当"第一夫人"自不必说了，就是褚民谊，也当了伪政府的行政院副院长兼外交部长，彼此相见，均极感意外。陈洁如虽然年轻，但也是一位老练的人，她顿时惴惴不安，转而镇静，与之委蛇。陈璧君当然不会放过，便邀她去对面汇中饭店叙谈，饭后又用车送其归寓。此后，陈璧君便不断到巴黎新村陈宅去串门，要她一起"曲线救国"，任汪伪的侨务委员会副主任。陈洁如虽身处逆境，但在大节大义面前，深知自爱。她一面婉言相拒，一面设法逃出上海，以免被逼下水。她秘密离开上海，潜赴大后方，先是越过封锁线到达上饶。上饶是第三战区司令长官部所在。当时任司令长官的顾祝同,是黄埔以来蒋氏的亲信部属,对昔日敬称"师母"的校长夫人的到来,今日虽然地位变化,仍不敢怠慢,好生安顿;然后即刻密电重庆蒋委员长。得蒋回电后,顾祝同便派专人护送陈洁如去重庆①。

蒋介石与陈洁如的正式夫妻生活过了七年。对他来说,这是值得回忆的时期,即由一个无业市民爬到国民革命军总司令,陪伴他的,正是这位有正式名分的夫人陈洁如(蒋与李宗仁、冯玉祥分别结金兰之好时,眷属都是陈洁如),可能是真有些感情。当年他在上海色狼似地追逐这位十六岁的中学生,锥心沥血,指天发誓,信誓旦旦,雷打火烧,赤心不变,不乏罗曼蒂克的色彩。如今一别十四年,相见之下,不免旧情复炽。老蒋便将陈洁如安置在一个叫山洞(按今重庆九龙坡区)的地方,那里有蒙藏委员会委员长吴忠信(礼卿)的公馆。吴乃蒋氏二十余年的把兄弟,自然为之营窟密藏。山洞吴宅离陆军大学不远,大学校内有蒋之官邸。有此之便,蒋便常常前去幽会。

世上没有不透风的墙。蒋氏与陈洁如的关系,未能逃过宋美龄的耳目。证据确凿,宋女士便大兴问罪之师。当时美国驻重庆的观察家约翰·谢伟思报告国务院说:

> 眼下在重庆,关于蒋氏家庭纠纷的传闻正闹得满城风雨。一般人都认为委员长有一个情妇,所以跟蒋夫人的关系往少里说,也是很紧张的,众说纷纭,无风不起浪。
>
> 对政府首脑私人生活的议论,本不属政治报告的范围。但中国例外,涉及的人是独裁者,他与他岳家之间的关系非同小可。这种关系由于委员长与宋子文之间关系紧张已经有所削弱。蒋夫人秉性傲慢而拘泥,一旦竟与丈夫公开决裂,整个王朝就要分裂,这对中国以及国外都会产生严重的后果。即使现在的情况为国外知道(迟早必然的事),委员长夫妇两人的威望都会遭受很大损害……
>
> 蒋夫人现在提到委员长时,只说"那个人"。

---

① 颜平等著:《山城鸳梦重温之谜》,刊《一个改写民国历史的女人》,北京师范大学出版社1992年版,第378—379页。

　　蒋夫人抱怨委员长,现在只有去看"那个女人"的时候才在嘴里安上假牙。

　　一天,蒋夫人走进委员长的卧室,发现床下有一双高跟鞋,便扔出窗外,不料误中了一名卫士的头……

　　委员长有一次四天不见客,因为在与夫人口角中,头的一侧为花瓶所伤……

　　然而,大部分观察家相信,权力的得失对于宋家太重要了,他们(孙夫人除外,但孔祥熙又作为一份重要力量加进来了)将竭尽全力防止公开破裂,而蒋夫人也将放下架子,忍受现状。[①]

　　事实也正是如此。陈洁如虽比宋美龄年轻得多,但毫无政治作用。蒋氏既不能忘情于陈,又不能无宋家在政治、金融、国际交往中的助力,所以,彼此只能妥协。宋美龄如果没有蒋作为其丈夫,以望五之一徐娘,恐亦不为世人所重视。这只能是打落门牙吞下肚了。据说因蒋之不义,宋美龄住到了范庄孔祥熙家,不免向大姐诉苦。宋蔼龄是当年蒋宋联姻的撮合人,据说在这个蒋宋孔集团中,是唯一对蒋称"介兄"而不称官职的人。这位大阿姐权谋十足,当然更不愿将事情闹到不可收拾的地步。

　　此后便有威尔基访华、宋美龄访美之事。一直到参加开罗会议,宋美龄在世界政坛上出尽了风头。不过,事情到了极端,便会发生转化。历史发展到1944年,这个家族在政治大潮中已开始走下坡路。孔祥熙夫妇擅权、聚敛,经济上一团糟,蒋氏对他们已不如前倚重。宋子文返国后与蒋关系也极紧张。孔宋郎舅之间存在夙怨,而且不见释嫌的迹象。少壮军人的密谋,史迪威的跋扈,日寇发动的豫湘桂战役,使蒋家王朝被压得喘不过气来。重庆市民在传说,陈洁如要生孩子了。不管是有是无,这对宋美龄来说,都是极为难堪之事。虽说谣言止于智者,但阴风不止,谣言不息。为明正视听,蒋氏夫妇在重庆举行了一次辟谣会。事属离奇,但涉政治得失,故与会者之一的桂系干员程思远,对此作了日记,后来披露在其《政坛回忆》一书中。下边

----

　　① ［美］西格雷夫著、丁中青等译:《宋家王朝》,中国文联出版公司1986年版,第540—541页。

对程书所载详加引录,以供治史者参考。

据程书称,"在此时期,蒋介石在重庆也很不好过。(1944 年)8 月 12 日,我忽然接到国府总务局交际科通知,要我于当天下午 3 时到'林园'官邸一叙。我以为又要举行官邸党政会报,商量什么军国大事。等我到达以后,发现到来的党政军大员很多,是一个前所罕见的盛会。移时那个身材高大的总务局长陈希曾邀我们入座。在'T'字形长方桌上,设有茶点招待。我们方坐定,蒋介石夫妇入来了。蒋介石点头对我们招呼,嗫嚅着说:'好!好!'宋美龄板着面孔,好似刚才同人吵架似的"。下面是蒋在茶会中的发言(大意):

各位同志:

最近社会上流传着一种谣言,说我瞒着蒋夫人,同一位所谓陈女士在这里秘密同居。

实际上并没有这一桩事,那完全是国内外敌人对我个人的造谣诬蔑,目的在破坏我们国民党的威信,使抗战受到不利的影响。如果我们听信这种谣言,那就为亲者所痛,仇者所快!

须知我与蒋夫人是神圣的结合,革命的伴侣,17 年来,我们为着革命大业,为着北伐与抗战,并肩战斗,艰苦备尝,屡经险阻,矢志不移。我们的亲密合作是经得起严峻考验的,久而弥笃,天日可表。

当前局面非常严重,今年是抗战最险恶的一年。我与蒋夫人临危不惧,必将淬砺奋起,更紧密地团结在一起,努力奋斗,以争取最后的胜利。

据程书称"我听了这一席话,深觉莫名其妙!即使蒋同陈女士有这种暧昧关系,用得着在这种场合公开坦白吗?看来举行这次集会,是出于宋美龄的要求,因为第二天她就赴美求援去了"①。

上述记载,出自与会者之笔,当是可信。令人费解的是,蒋宋二人都不是政治新手,为什么要在抗战的危急关头郑重其事地召集党政军大员讲这件事?如果说是出于宋美龄的虚荣心所驱使的话,那么掩盖丑闻实际是此

---

① 程思远著:《政坛回忆》,广西人民出版社 1987 年版,第 150 页。

地无银三百两一类的伎俩。而且,不管蒋氏如何宠爱陈洁如,她也不能重新成为蒋夫人。尽管蒋陈有约,在1927年8月蒋介石在送陈洁如出国前发过重誓:"自今日起五年之内,必定恢复与洁如的婚姻关系。如果违反誓言,没有将她接回,祈求我佛将我殛死,将我的南京政府打成粉碎。如果十年二十年之内,我不对她履行我的责任,祈求我佛推翻我的政府,将我放逐于中国之外,永不许回来。"有这誓言,应验吗? 则信不信由你了。因为陈氏只能是蒋填补心灵空虚的一个玩偶,对独裁者而言,实无补于军国大事。无论如何,这个辟谣会,不管是对蒋还是对宋,都是一个蠢举。对宋而言,顶多是由蒋介石当众宣布,蒋夫人的地位不予变更,仅此而已。

在辟谣会开过后第二天,由宋蔼龄及孔令杰夫妇陪同,宋美龄"按照医生的建议",离开重庆,飞往巴西。在瓜纳巴拉湾中心巴西政府供要人玩乐的小岛布罗科纳岛上,宋美龄一行住进一座诺曼底式的大厦里。

宋美龄在治疗她的病,布罗科纳岛地方偏僻,适宜恢复神经性疲劳。正如莫兰医生在开罗跟她说的一样,在生活上放松自己。据说,宋蔼龄调来大量现金,她正在与巴西有力人物热图利奥·瓦加斯搞交易,在圣保罗购进不为人知的财产。西格雷夫在《宋家王朝》一书中写道:"孔家和宋家诸人在南美洲各处都有各自的财产,包括大家知道的在加拉加斯、布宜诺斯艾利斯和圣保罗银行的巨额存款。据说他们的财产还包括范围广泛的企业,如石油、矿产、海运和其他运输业中的股票,而投资重点在铁路和航空公司,在土地辽阔、公路稀少的南美洲,这两者是经济上的要害部门。"他还指出,"如果说现在孔家在中国财政上的地位发生危险,那末从中可以了解蔼龄偕美龄的巴西之行的作用,也许它意味着王朝资金地域上的转移"①。

9月6日,她们飞往纽约。宋美龄仍住在老地方,哈克尼斯医院的整整一层楼,由罗伯特·洛伯与达纳·阿科奇两位医生治疗神经衰弱症,医生说她要长期休养。在医院住了一个月,10月9日,她搬到里弗代尔孔祥熙私宅。宋美龄、宋蔼龄及宋子良住在一起,深居简出,有几个月未在公共场所露面,过着隐士的日子。人们知道的,她只是在1945年6月14日到纽约贝

---

① 〔美〕西格雷夫著、丁中青等译:《宋家王朝》,中国文联出版公司1986年版,第593页。

德福山妇女监狱去访问过一次,她准备搜集一些可能有助于管理中国监狱的资料。因为是私人活动,美国政府没有公开接待过她们。

在宋美龄离开之后,重庆仍然传播与战争毫无关系的蒋氏轶闻。1944年11月11日,伦敦《每日邮报》驻加尔各答记者突然从蒙巴顿勋爵参谋部的一个官员那里打探到一则消息:称蒋夫人已经"无限期地"与其丈夫分居,并将在美国永久定居。但中国外交部立即否定了这则报导。美国驻华情报机构另有一种说法:"蒋夫人也许将留在美国,但是他们不会离婚,因为此举的影响有(损)中国道德的标准,据提供消息者说,他得悉委员长的前妻和他们的儿子现在住在家中。"①但美国传媒对宋美龄作冷处理,甚至连平素对她极力宣传的《时代》杂志,也未刊载一星半点报导文字。她似乎被遗忘了。

宋美龄在美国治病的这一段时间,正是国际反法西斯战争取得最后胜利的日子。迨1944年5月盟军解决意大利后,德国也于1945年5月8日向盟军投降。同盟国将打击矛头指向日本。面对如此大好形势,宋美龄坐不住了。1945年7月,她回到重庆。人们对他们的家庭纠纷已逐渐失去兴趣,她仍然是八面威风的委员长夫人。

值得一提的是,由于美国军队内部的关系,1945年7月6日,陈纳德不得不辞去他所担任的第十四航空队司令的职务。临行前,蒋介石设宴并授予他中国最高荣誉——青天白日大蓝绶带,对他离任一事表示惋惜。蒋无法阻止美国在华空军人事更动。蒋通过翻译对陈纳德说:"我真对这件事感到难过,要是蒋夫人在这里,她会把事情弄得更明白一点。我希望你明白这一点。"②陈纳德说他明白。7月14日,他飞离重庆。但他还要回到中国来,这是后话。

早在1944年5月12日,宋美龄在答谢美国各大学校友会为这位美国大学毕业生之"功勋"而致赠褒扬状的广播词中,她就讲到即将到来的国际反法西斯胜利,以及联合国如何处理战后国际关系的问题。10月24日,在联合国(The UN)三周年纪念之际,她发表对美广播,除了要求各盟国,应

---

① [美]西格雷夫著、丁中青等译:《宋家王朝》,中国文联出版公司1986年版,第594页。
② [美]杰克·萨姆森著:《陈纳德》,东方出版社1990年版,第368页。

重申共同作战抵抗侵略之目的外,还强调中国以一武力薄弱的国家而能坚持抗战如此长久的原因,指出"不论是国家或是个人,惟有精神保持着自由而不受束缚,即能抗御任何不人道的打击,克复任何的变动与艰难"。她希望在未来的新世界中,"人人皆有思想和发表意见及信仰的自由,惟自己的良心之所命,如此,则在他们达到结论的过程中,他们就有精神及物质上的勇气去自作决定,再接受批评"。又说,"人类必须有发展他天赋潜力的自由与机会。这里面就包含着世界的希望"①。

由于宋美龄在对日抗战中经历了民族危机的切肤之痛,深知民族独立可贵,故她反对殖民主义压迫,对英日老牌殖民主义极端厌恶。她主张印度等国(包括今日之印度、巴基斯坦、克什米尔、孟加拉乃至斯里兰卡等地)自治、独立,这是英国人对她不满的最大原因。日本帝国主义也先后奴役琉球、朝鲜与中国的台湾,太平洋战争爆发后更占领西太平洋多处岛屿、东南亚多国。一个蕞尔小国,居然抱亡华野心,中国人除了汪精卫之类汉奸,无不激发天良,咬紧牙关,抗战到底。故宋美龄在抗战中所起的作用,实可实事实录,永垂史册。

---

① 王亚权编纂:《蒋夫人言论集》下集,台北"中华妇女反共联合会"1977年版,第1135—1138页。

第八章　三年风雨石头城

一、抗战胜利终于盼到了

从 1931 年"九一八"事变开始,中国人民进行了十四年的抗日战争,在中华民族五千年文明史上,很值得大书一笔。中国人民为这场战争的最后胜利,在敌后与各正面战场,与穷凶极恶的日本军国主义侵略者作了殊死的斗争,牺牲三千多万军民,付出了沉重的代价。

宋美龄在重庆迎接了这个伟大胜利。从 1945 年 5 月上旬开始,在国民党军防守的正面战场上,日军已开始大崩溃的局面。在雪峰山会战后,从 5 月至 7 月下旬,中国军队相继收复了福州、南宁、柳州及桂林等城市。在 8 月 6 日美国向日本广岛投下第一颗原子弹后,8 日,苏联对日宣战。美国向日本投掷原子弹与苏联出兵中国东北,加速了日本的无条件投降。

1945 年 8 月 15 日上午 10 时,即日本天皇宣布投降前之一小时,在重庆中央广播电台,蒋介石发表了亲撰的《抗战胜利对全国军民及全世界人士广播演说》,他向世人郑重宣布:"我们的抗战,在今天获得了胜利。"在此之前一天,8 月 14 日,宋美龄已向美国听众发表了《胜利广播》。她欣喜地讲到,"今天举世欢腾,庆祝着我们战胜了最后的一个轴心国家,这个胜利,乃是我们所期望，我们所祈求，也是我们所努力造成的。我今天要向美国国民表示我同胞的感谢，因为在我们八年长期的全面抗战中，你们对于中国所遭遇的许多障碍与困难，曾经给以深刻的同情与始终如一的了解，我并且还要代表中国同胞感谢你们，你们在力所能及，莫不迅速给我们物质方面的援助，因为你们的急公好义，给我们大宗的帮助，给我们能顺利推行救济工作，无数的难童难民以及流离失所的同胞，在他们悲惨的绝境，得到了资助与安慰"。她也谈到原子弹，认为这种武器如果落到残暴国家的手里，才真是了不得的事情。她希望联合国能决策防止人类新的自相残杀，如果错失机会，将悔之莫及了①。

蒋介石夫妇有理由对抗日战争的最后胜利感到喜悦。不过，抗战胜利的到来，在狂欢之余，又给国民党领导人出了个难题，胜利是否来得早了点？

1945 年 4 月 12 日，美国总统罗斯福突然患脑溢血去世。副总统杜鲁门继任美国总统。在这种形势下，杜鲁门与蒋介石之间，便有个互信的问题。在国际局势将发生大变的情况下，中共与国民党分别举行了自己的全国代表大会，即中共"七大"与国民党"六全大会"。两党的全国代表大会，都是在抗战胜利已出现曙光之际，为胜利后建国作出规划。中国共产党提出在和平民主新阶段，建立联合政府的主张。国民党口喊"还政于民"，实际上是准备"在某一定情况下"，消灭中共。杜鲁门政府决心不让任何一个外国利用四亿人的中国为其侵略计划服务，因此决心支持蒋介石。苏联当局迫使中国政府在 8 月 15 日订立《中苏友好同盟条约》，接受雅尔塔协定。美国人判断，斯大林无条件地同意美国的对华政策。

抗战以来，大片国土沦丧，但中共领导的八路军、新四军及其他游击队，将沦陷区变成敌后根据地，建立政权，发展军队。蒋介石军队的大批有生力量多在西南地区，或在西北包围陕甘宁边区，距离华北、东北、华东前敌甚远。为限制中共领导的军队乘日本投降之机扩大占领区，在 8 月 15 日以前，蒋就电令中共朱德等人，其部队"就地驻防待命"，不得向敌伪"擅自行

————————

① 王亚权编纂：《蒋夫人言论集》下集，台北"中华妇女反共联合会"1977 年版，第 1141—1142 页。

动"。相反,则令其嫡系部队"积极推进","勿稍松懈"。驻日盟军最高统帅麦克阿瑟也向日本方面命令,只能向蒋介石政府及其军队投降缴械。为了解决中国两个太阳的问题,蒋介石接连三次电邀毛泽东到重庆会谈,斯大林也致电延安施加压力,促毛赴渝。8月28日毛泽东到达重庆,与蒋方多次谈判,并由双方代表签订《双十协定》。9月5日晚8时,蒋介石与宋美龄夫妇举行茶会宴请苏联大使,邀毛泽东作陪。9日,毛泽东邀请蒋氏夫妇共进午餐。蒋氏夫妇为欢迎中共和谈代表团,还举办了一次晚会。会场设在浮图关(复兴关)中央训练团大礼堂,由厉家班京剧团演出"龙凤呈祥",以庆祝抗战胜利。据当时在场者记述,晚会开始时,蒋介石、宋美龄陪同毛泽东、周恩来从礼堂左侧休息室步入剧场,顿时场内的军政大员纷纷起立,热烈鼓掌。身穿蓝色中山装的毛泽东和西装革履的周恩来,神采奕奕,频频招手,向大家致意。蒋介石和毛泽东坐在第四排正中,蒋介石右面是宋美龄,毛泽东左面是周恩来。前三排、后三排坐着国民党军政大员、中共代表和重庆各界代表。晚会结束时,主人送客至礼堂门口,握手告别。

　　重庆谈判虽然订立了《双十协定》,但是事后却证明它不过是一纸空文。蒋介石决心打内战,消灭共产党,美国人也支持他。美国政府帮助蒋介石抢占战略要地和重要城市,从1945年9月到次年6月,美国海、空军运送国民党军到达前线者,达十四个军,计四十一个师,外加八个税警总队,约五十四万人。1945年11月15日,美国政府宣布继续向蒋介石政府提供租借物资,在马歇尔调停期间,总数达四十亿美元。1946年6月,美国还通过《军事援华法案》,准予为国民党编练军队,提供武器和设备。

　　在内战爆发前,国共两党争夺的一个重点地区是东三省。东北地区在近代是日俄两国争夺的对象。"九一八"事变以后,日本控制了东北全境,苏联于1935年以一亿四千万日元将中东路卖给了伪满洲国。但斯大林对"满洲"并未忘怀。1945年2月初,美、英、苏三国首脑举行雅尔塔会议,在罗斯福与斯大林单独会谈远东对日作战问题时,苏方答应在德国投降后三个月对日作战,作为回报,它提出严重侵害中国主权的三个条件:(一)外蒙古("蒙古人民共和国")的现状须予维持;(二)大连商港须国际化,苏联在该港的优越权益须予保证,苏联之租用旅顺港为海军基地须予恢复;(三)中东路和南满铁路应设立一苏中合办的公司共同经营。经谅解，苏联的优越权益须予保留，而中国须保持在满洲的全部主权。这是苏、美两霸背着中国搞的幕后交易，他们坚持的都是帝国主义原则。罗斯福这么做，自有其用心。但斯大林并不感谢他，在嗣后中、苏交涉中，斯大林不准美国在东北有一兵一卒，否则苏联在满洲的退兵便成为问题。

宋美龄在蒋经国的陪同下来到长春，慰问即将撤离回国的苏联军队

　　1945 年 8 月 14 日，苏方以中国承认"雅尔塔密约"为先决条件，逼签了《中苏友好同盟条约》。条约规定，在日本投降以后，苏联在三个月内撤兵完毕。但是在苏军占领东北期间，它竟将完好的工厂设备当战利品拆迁回苏联。12 月 3 日，应届撤军完毕之期，苏军并未撤走，宣布改在 1946 年 2 月 1 日撤军。蒋介石于是派宋美龄为自己的代表，率领周至柔（航空委员会主任）、董显光，在 1 月 22 日飞往长春。此行是向苏军慰问、送行。这时的长春正冰天雪地，受任东北外交特派员的蒋经国到场参加活动。一切行礼如仪，献花、讲话、军乐大作，但七天过去之后，仍不见苏联撤兵。延至 5 月 3

日,苏军才开拔①。

抗日战争结束后,国内面临的迫切任务是复员和恢复工作,在各种困难中,交通拥挤,成为人们头疼的问题。上一年回国的陈纳德,这时又回到了中国。蒋介石与宋美龄夫妇热情洋溢地会见了他。蒋动情地握着陈纳德的手,通过夫人宋美龄说,他未曾想到陈纳德会在战后回来。陈纳德说,他无法忘记中国人民。他知道这个国家遭受战争的破坏,因此他回来看一下,他能帮什么忙。然后他谈到成立一家航空公司以便将救济物资运到中国帮助中国人民,又可以提供空运的办法促进经济。宋美龄看到老朋友也很感动,她告诉陈纳德,她与蒋委员长将尽力帮助他,并建议他去看望宋子文——他已取代孔祥熙的地位,在中国政坛上大显身手。另外,还建议他去会见周至柔与俞飞鹏(交通部长)。

宋美龄写了一封赞助信,让陈纳德带回上海交给劳威尔(陈的合作者)。陈纳德安排了一次宴请蒋夫人的午餐会晤,劳威尔高兴极了。他写信给妻子说:"我们得到了蒋夫人的充分合作的许诺。我们总体解决空运的想法到处都受到欢迎。"②到1946年1月底,陈纳德几乎接触了所有该接触的人。经过一些周折,他成立了一家名叫"民航空运队"(CAT)的航空公司,将救济总署在各港口城市的救济物资空运内地,回程时利用空舱让人从事商业性货运。这个空运队拥有十九架飞机和八百二十二名工作人员,它帮助蒋介石打内战,但后来也帮助龙云从南京逃往香港。1947年12月21日,这位五十七岁的美国退休空军少将,在上海与中央社一位二十三岁的女记者陈香梅结婚,由此演绎出许多涉及中美两国关系的故事。

抗日战争的胜利,使蒋介石夫妇的友人都感到快乐,分享着胜利的喜悦。1945年10月,美国《时代》杂志的老板亨利·卢斯来到重庆。蒋介石与宋美龄举行盛宴款待。孔祥熙与宋蔼龄也在范庄私邸招待卢斯。而后,卢斯又与蒋氏夫妇共进晚餐,他们在新的形势下继续合作。

1945年11月间,赫尔利返回华盛顿述职。因不满意于美国国务院要

---

① 据尚传道记述,宋美龄在原伪满"中央银行"举行盛大宴会,招待苏军高级负责人。(《文史资料选辑》第60辑)

② [美]杰克·萨姆森著:《陈纳德》,东方出版社1990年版,第317页。

他继续为国共之间的合作而努力,他辞去驻华大使的职务。杜鲁门乃派马歇尔将军赴华,任总统特使,其使命是使"中国以和平民主方式达成统一"。12 月 23 日,马歇尔来华。他建议任命魏德迈为新任驻华大使。由于魏是倾向蒋介石的,中共反对这项任命。经周恩来与美国商洽,决定以燕京大学校长司徒雷登继任美国驻华大使。

马歇尔是美国五星上将,中国称他为"马帅"。对于这样一位高阶位的美国军人,任总统特使,蒋介石、宋美龄当然另眼相看,极力献殷勤,当然对他也不无疑虑。12 月 31 日,蒋氏夫妇邀请外交使团和高级官员到黄山官邸。与客人的预料不一样,他们不是被邀请来参加新年招待会,而是庆祝马歇尔六十五岁诞辰。

在祝寿宴上,蒋介石说了许多赞颂之词,但马歇尔只是向中国人民转达美国人民的良好祝愿,并强调"两国政府,两国人民和两国社会"之间需要互相理解。他没有说什么恭维蒋氏的话①。

1946 年 1 月 10 日,由国民党、共产党及其他党派、社会贤达等参加的政治协商会议在重庆召开。会议决定召开国民大会,成立联合政权机构,建立统一武装力量等。但蒋介石并无诚意推行民主政治,政协会议结束后,他便撕毁政协决议。同时也撕毁了"东北停战协定"。4 月中旬,蒋介石电令大病初愈的杜聿明(东北保安司令长官)"从速指挥部队收复东北领土"。杜即以沈阳为基地,四面出击八路军与东北民主联军。5 月 19 日占四平街,21 日入公主岭,23 日攻占长春。蒋介石春风得意,以为"东北全境亦可拱手而定"。于攻占长春当日,蒋即偕宋美龄飞抵沈阳,亲自部署对东北解放区的进攻。6 月 3 日,又飞长春,命令廖耀湘尽快抢占战略要地。6 月 6 日,国共双方在马歇尔调停下,同意自 6 月 7 日起停战半个月②。但是,内战一经爆发,要让它停下来,就不那么容易了。

---

① ［苏］沃龙佐夫著、董友忱等译:《蒋介石之命运》,中共中央党校出版社 1992 年版,第 251 页。

② 张宪文、方庆秋主编:《蒋介石全传》,河南人民出版社 2004 年版,第 383 页。

二、还都之喜

日本投降后,国民党官员用各种最便捷的途径,回到原来的沦陷区,接收敌伪财产。接收大员们以百倍疯狂的占有欲,巧取豪夺,"五子登科",胡作非为,法纪荡然。胜利的突然到来加速了国民党政权的腐化和堕落。

抗日胜利以后,蒋介石、宋美龄没有迅速回南京。作为日伪首都,南京需要清理,也需要维修房舍。国际观瞻所系,还都是重大典礼。为了消除蒋介石老对手的幽灵,国民党工兵平毁了汪精卫的孤坟。经过是,在 1946 年 1 月 15 日夜,何应钦在陆军总部召集南京市长马超俊、工兵指挥官、南京宪兵司令、陆军总部参谋长及七十四军军长会议,规定保守秘密,不得向任何方面泄漏。何称:"委员长不久就要还都,汪精卫这个大汉奸的坟墓,居然葬在梅花山(按明孝陵南面的一个小土山),和孙总理的陵墓并列在一起,太不成样儿。如不把它迁掉,委座还都看见了,一定要生气"云云。经过研究,1 月 20 日深夜开始炸坟,挖出后,尸体连楠木棺材一起烧了,并在平毁地面上修了一座小亭,并广植梅花,消除了汪逆痕迹①。蒋汪个人恩怨,至此了结。

1946 年 5 月 3 日,满面春风的蒋介石、宋美龄夫妇,飞抵南京。回首当年仓皇辞庙,真有人世不胜沧桑之感。5 月 5 日,以蒋介石为首的国民政府宣布还都南京。同日,蒋介石、宋美龄夫妇率文武百官到紫金山晋谒孙中山陵墓,行还都典礼。

蒋氏夫妇既回南京,住所便有需要妥置的问题。抗战前他们住在中央军校后面三间小楼房内,又在孝陵卫修了三间平房为别墅,颇称简朴幽静,但该处较偏僻,仅是假日驱车去休息一下,宋美龄不愿在别墅过夜。

战前已为蒋氏夫妇在南京修了一座官邸,尚未使用即告迁渝。沦陷期间,这处官邸为日人使用且遭破坏。汪精卫在南京郊区修了一所豪华邸宅,有人建议即用此住宅作为蒋氏居所,蒋不同意(以后作为美军军官俱乐部使

---

① 邱维达:《蒋介石秘密炸汪坟》,《文史资料选辑》第 18 辑,中华书局 1961 年版,第 109—114 页。

用）。这样，蒋氏夫妇仍住在中央军校的旧住宅。

　　孙中山当年定都南京，蒋介石又遵其遗教，1927 年以后作为首都居之。但是，若从国防上考虑，其正确性实大可怀疑。中国边疆危机，近代以来以三北（东北、华北、西北）为最严重，西南次之。南京偏处东南，远离边关，鞭长莫及，切肤之痛，竟以癣疥之疾处之，无谋之举，不可闻问。

　　还都之后，5 月 6 日，苏联驻华大使馆武官罗申受斯大林指示，向蒋经国转达，斯有意邀蒋介石访问莫斯科，在边境某地会晤亦可。蒋对斯大林的对华政策有强烈印象，他谓"斯大林邀余访俄，此乃离间中、美关系之最大阴谋。斯惯玩弄他人，而余则不受其欺诈也"①。由于美国扶持蒋介石，斯大林相应改变了过去不支持以毛泽东为首的中共中央的态度，在苏军撤离东北时，将从日军缴获的一批武器装备，交给林彪统帅的东北民主联军。如前所述，在 5 月 23 日国民党军占领长春的当天，蒋介石、宋美龄飞抵沈阳视察，部署进攻东北解放区，在东北保安司令长官杜聿明等陪同下，他们游览了清太宗皇太极的陵墓（北陵）。6 月 3 日，蒋还到长春活动，次日返回南京。6 月 26 日，蒋军大举进攻中原解放区，全面内战爆发。

　　蒋介石在还都之前，曾在 3 月份召开了国民党中央执行委员会全体会议。国民党将这次会议看得很重，除了选举中央常务委员会外，还选举国民大会代表。他们对马歇尔期望甚殷。3 月 16 日选举中常委会议，在这类会议上不常露面的宋美龄与宋子文也出席了。从美国回重庆述职的顾维钧大使也参加了全会，这天他坐在宋美龄旁边。在闲谈中，她讲了一件相当"有趣"的事。即马歇尔将军正以杜鲁门总统的私人代表身份，为各政治党派之间的合作努力工作，以促进中国的统一。马歇尔为了研究工作已离重庆返美国，但很快即回华。宋美龄认为，他非常有才智、公正和友好，她钦佩马歇尔②。

　　其实，真正有趣的是，顾大使无意中向人们透露出蒋介石的英语水平。过去人们都说蒋介石不懂英文，仅能说日语。陈洁如回忆录的事抖出来之

_____

① 宋平著：《蒋介石生平》，吉林人民出版社 1987 年版，第 488 页。

② 《顾维钧回忆录》第 5 分册，中华书局 1987 年版，第 670 页。

后,又有关于蒋介石的英文教师李时敏的说法。但蒋的英文水平如何,究竟不为局外人所知。顾维钧在重庆开会访友后,到了上海,见了宋子文,5月11日抵达南京。17日,蒋介石邀请顾共进晚餐,并讨论国际形势。据顾维钧记述:"蒋夫人不声不响地来参加我们的晚餐。在整个进餐过程中,我与她的交谈是中英语参半。她对委员长的说话大半是英语,但是他用中国话回答。他的英语水平是相当出色的。我尽力使谈话继续下去。我们闲谈到南京中山陵附近军官学校里的邸宅和他的官邸,以及汪精卫新建的备有密门的住宅。我们又谈到马歇尔夫人访问上海和我自己的游览情况。"①从这个记述,可知蒋介石的英文水平是比较高的,但他不轻易显山露水。就是会见日本人时,他也不说日语,而是通过翻译,并不时纠正翻译不准确之处,岸信介在《追怀蒋介石》一文中,就强调这一点。至于在会见西方人士时由宋美龄翻译,除了维护国家领导人尊严、利用她娴熟的语言技巧外,恐怕还有发挥她的外交才能,以弥补蒋介石应答时不尽完善这个因素。

蒋介石对宋美龄的英语长才之使用,不仅仅是使他的思想词意准确传给对方,与此相关,蒋还让她直接与洋人(主要是美国人)交涉,在这种场合下,她代表蒋或中国政府。据蒋介石日记载,1945年11月29日,"下午妻与魏德迈谈美军在华残余物品之备价值让价款,魏坚持现款,不肯稍减,妻以现力斥其忍心。别后魏乃自知理亏,始允我政府所部办法办理"。有时宋美龄在上海,蒋介石在南京,蒋便委托宋在沪接待洋客。如1946年3月25日,蒋电上海市长钱大钧转宋:"美国军法官古伦明日经沪转来京,希望晋谒,如有暇请一见为盼。"4月1日又让宋代为接待美国海军陆战队司令骆基,并请其在5月到南京一晤。5月10日,又记,"与妻研究对艾(艾奇逊)、马(马歇尔)所表示之意见,明言中国必遵守法律条约与联合宪章,尽其义务保障世界和平,但决不屈服于强权之下,昔日对日如此,今后对俄亦必如此。请其转告美国政府,表示今后东北问题,中美两国应有共同政策,再不可如过去之苟且因循,以致贻误大局"②。

---

① 《顾维钧回忆录》第5分册,中华书局1987年版,第699—700页。
② 林桶法:《蒋介石日记探讨战后蒋宋关系与蒋介石来台的问题》,胡春惠、陈红民主编:《宋美龄及其时代国际学术研讨会论文集》,香港珠海书院亚洲研究中心2009年版,第535—551页。

由此看来,前述宋美龄对顾维钧所说,她不是蒋介石的"得力参谋"的话,是不足信的。

三、宋氏家族分崩离析

自 1927 年蒋宋联姻以来,宋氏家族在中国政坛上扮演了举世瞩目的角色。抗战时期,应当公平地承认,这一群掌握中国主要权力的人,在不同程度上也为国家民族做了一些有益的工作。在国家危急关头,他们是正面人物。不过,蒋宋孔家族是以血缘关系维系在一起的营私的集团,他们之间既有利益一致的地方,也有勾心斗角的时候。抗战临近胜利,大好形势给他们带来的,不是更大的尊荣发达兴旺,相反在开罗会议前后,这个家族已出现严重的问题,开始走下坡路,分崩离析。

抗战后期国统区的经济衰落,固然与抗战形势有关,战争的破坏与消耗,农村凋敝,民族工业不振,通货膨胀,处处呈现萧条、破产。孔祥熙任财政部长达十一年之久,当时确也肆应不易,但通过大量发行纸币来使统治机构运转,实际是由当权者操纵预算,财政收入既无充足税源,财政支出又缺乏严格限制,这就势必将国家银行当作政府的账房。如果上述情况还可以政情特殊,为"剿共"、抗战不得不如此的话,那么在孔任财长期间,在他保护或包庇底下出现的严重贪污中饱,就责有攸归了。

在孔任内,相继发生的财政部业务局长郭景琨黄金案,税务署长高秉坊贪污案,中央信托局运输处经理林世良走私案,中央银行国库局长吕咸朋私分美金公债案等,均程度不同与孔祥熙有关。这些案件,经舆论传播,成为一件件丑闻,孔被攻击为官经商,任人唯亲,买卖黄金,鲸吞美金公债,致使声名狼藉,1944 年 11 月,在举国反对声中,他不得不从美国致电重庆,请求辞去财政部长职务。蒋回电照准。孔祥熙辞去财长之际,国库中仅存美金外汇九亿多元,黄金五百余万两,约合美金十二亿元。这些便是(外债不含)中国政府的家当。

在倒孔过程中,宋子文、政学系与 CC 系站在一条战线上,1945 年 5 月 31 日,孔氏呈请辞去行政院副院长职务,国防最高委员会决议照准。是年夏末,孔回国,相继辞去中央银行总裁、四联总处副主席、中国农行董事长,除保留中国银行董事长外,辞去了所有本兼各职。他丧失了权力,也就失去了影响。孔祥熙从此被逐出中国权力中心。

1947年秋,因宋蔼龄在美国治病,孔去了美国,到1948年1月,他连中国银行董事长职务也辞去了。

接替孔祥熙的是宋子文。1944年12月,宋子文任行政院代院长。次年11月26日,国防最高委员会通过成立全国最高经济委员会,宋兼任委员长。宋子文主持财经工作后的两年多时间里,情况愈来愈糟,他所推出的财政金融与经济政策,实际是愈行愈乱,预算平衡失败,开放外汇市场的政策也破产,售金政策放禁不定,最终也以失败告终。财政金融状况日见恶化,短短一年多时间里便消耗了政府的外汇储备与黄金。社会经济生活陷于无秩序状态,加上战场上节节失利,不但民怨沸腾,国民党政府内部的派系斗争也激化,宋子文已到了非下台不可的地步。1947年3月1日,他不得不辞去行政院长的职务。

宋的下台,与蒋介石不想再用他有密切关系。顾维钧认为:“宋子文辞职,除了经济方面的原因,后面还有委员长与宋子文长期以来个性冲突的原因。从公共事务上看,二人之间关系不睦,不像是两人都身居要职、两家之间又有亲戚关系。事实上,宋与委员长二人性格迥异,无法有效地合作。他们之间存在着一种互相排斥的力量,两人的个性都很强,似乎双方都感到难以同对方顺利合作,彼此之间的分歧是冰冻三尺非一日之寒。”①这种说法当然是有根据的,因为顾、宋之间过从甚密,了解其中内幕。不过,当时宋美龄却向司徒雷登大使说:“他们把我哥哥当作替罪羊了。”这个“他们”所指为何,只能让旁人去猜了。

宋子文的下台与孔祥熙比较起来,似不那么彻底,蒋介石并未将他完全赶出政界,这与宋子文的整个政声及其与美国的联系不无关系,与蒋宋之间的亲戚关系自然也有关系,蒋还不能完全没有他。宋仍代表蒋介石向美国求援。1947年9月国民党六届四中全会上,宋子文仍当选为中央执行委

---

① 《顾维钧回忆录》第5分册,中华书局1987年版,第71页。

员。从是年 9 月 20 日起,至 1949 年 1 月,宋子文任广东省政府主席,随后又任国民政府主席广州行辕主任,兼任广东军管区司令及广州绥靖公署主任等职。他主持粤政期间,虽然想有所作为,但国民党气数已尽,终于在南京政府垮台前夕,辞去在广东的所有职务,1949 年 1 月 21 日获准。同一日蒋介石宣布"引退"。此后,宋子文便到美国当寓公去了。宋氏王朝皇亲国戚,三家已去其二,蒋氏也面临覆鼎之灾,难逃劫数。历史告诉人们,一切事物都会走向自己的反面,这是不以个人意志为转移的客观规律,信不信由你。

四、马歇尔使华与蒋夫人

1946 年刚过春节,正月初五,宋美龄曾微服出塞,访问新疆。事缘 1944 年冬新疆伊宁发生武装暴动,迫及天山北路三区。此事牵涉国内外多方面。经各方协调,蒋介石派张治中于 1945 年 10 月飞迪化(今乌鲁木齐),与三区方面谈判,订立《和平条款》草案,内称由三方面建立新疆民族民主联合省政府。国民党中央对是否批准此《和平条款》,意见不一,蒋介石为了解当地民情民意,便决定派夫人出疆私访。在外交部新疆特派员刘泽荣、新疆学院教授张紫葛及在新干部水建彤(外交特派员办事处科长)帮助下,在迪化、绥来(今玛纳斯县)等处活动,并与当地居民、耆旧等谈话,或明或暗的察访,完成任务返回南京。为随后批准《和平条款》、蒋氏下决心,起了关键作用①。

顺便说一下,1946 年 3 月张治中飞迪化就任西北行营主任兼新疆省主席后,释放了由盛世才关押在狱中的百余名中共人员及家属。这是受中共之托,自然也是蒋介石允准的。但人员和车队到了西安,却被胡宗南扣留。张得悉后,与胡、蒋电讯联络及请示均无效,便派《新疆日报》副社长兼总编张紫葛与屈武飞南京。张对旧主说以利害,终于打动了宋美龄,使这批中共人员得以安全回到延安②。在内战已开的情况下宋美龄仍能成全此好事,

---

① 张紫葛著:《在宋美龄身边的日子》,中国人民大学出版社 2013 年版,第 271—294 页。
② 张紫葛著:《在宋美龄身边的日子》,中国人民大学出版社 2013 年版,第 307—316 页。

是值得称道的。

　　蒋介石要发动内战,靠自己控制的政府和军队是无法解决问题的,必须取得美援。能否取得美援,当时要紧的是处理好与马歇尔的关系。

　　蒋介石夫妇与马歇尔的关系,最早是在开罗会议上的认识。1945 年 8 月,宋美龄在华盛顿,与马歇尔有过接触。总体上说,彼此都知道对方,但交殊泛泛。马歇尔是尚未退休的总参谋长(参谋长联席会议主席),位高权重,过去又是史迪威的支持者,蒋介石争取马氏支持自己战后的政策,是有必要的。

　　1945 年 9 月 17 日,蒋介石写了一封信,托回国述职的中国战区美军总司令魏德迈带给马歇尔,内谓,"内子告余,最近在华盛顿与麾下晤谈,麾下曾向之表示,麾下之兴趣及关切,愿协助实施一切计划,俾使中国获得军事援助",因此,邀请他在不久之将来,来华一行。事有凑巧,1945 年 11 月 27 日美国驻华大使赫尔利辞职,总统杜鲁门征得马歇尔同意,任命其为驻华特使兼大使衔(大使一职旋由司徒雷登担任),接替赫尔利在华调和国共党争。马氏之任此职,据说并未事先征求中国政府意见,是一种失礼行为。

　　马歇尔使华,杜鲁门给他的训令是:"运用美国影响力之所能及,希望中国依和平、民主的方法及早实现其统一,并督促停止国共双方军事敌对行为。"其所持杜鲁门之函件称,"对于蒋介石及中国其他领袖之谈话,予今授权阁下陈述,即谈到对华经援、军援或技术援助时,阁下不妨明言:'一个分裂而经过内争摧残之中国,将不能成为美国考虑援助之实际对象。'"马氏是秉持此种指令来华的。

　　马歇尔于 1945 年 12 月 17 日抵达北平会晤蒋介石。21 日抵南京,次日抵重庆,正式执行使命。这位使节面临的是极为严峻的任务。在国共《双十协定》签字后三日,1945 年 10 月 13 日,蒋介石即颁布内战密令。他要求各战区军队,遵照他手订的《剿匪手本》,"督励所属,努力进剿,迅速完成任务"。内战既开,便一发不可收拾。由于刚辞职的赫尔利在 12 月 17 日致蒋介石函说:"今后,马歇尔将军赞助阁下统一中国之全部军队隶属于国民政府,必不致遭美国官员之反对而获得成功。"美国承认由蒋领导国民政府是中国的合法政府,此一政策将由马歇尔执行,无疑这是蒋介石最希望得到的

1945 年 12 月，宋美龄和蒋介石欢迎美国总统特使马歇尔来华

承诺。

　　蒋氏夫妇对马歇尔夫妇热情而周到的接待，当然使客人感到满意。蒋介石告诉马歇尔：对于对中共的方针，若准其成立地方政权，不如准其参加中央政府，只要共军受编与恢复交通，至其政治上之要求，决尽量容纳之。当时的情况是，一方面是与中共的冲突不断，另一方面国共双方又在美国的指使下在进行调停。1946 年 1 月 7 日，组成由马歇尔任主席，国共双方各派一人（张群、周恩来）为代表的三人小组。经过谈判，1 月 10 日签署、发布了国共双方停战协议，双方分别下令各自的部队，自 1 月 13 日起，一切敌对行为与军队调动概行停止，一切对交通线的干扰亦即停止。但是，在颁布停战令后，蒋介石命令军队星夜前进，抢占战略要点。这样，停战协议便无法执行。为执行停战协议，还在北平成立军调总部，并派出八个停战小组。

　　5 月 23 日，蒋介石夫妇飞抵沈阳，巡视东北军事状态。次日，蒋介石请宋美龄写信给马歇尔,告以国军已于今晨进入长春,但无论如何,此一事实,并不影响蒋对于停止冲突之希望与和平统一之恢复。信中提出,停战协议、军队整编方案及恢复交通办法,均应履行或按计划进行。同时,要求中共方面不阻碍政府接收东北之主权与修复全国铁路交通,以作成立谅解的基础。信中还建议赋予美方代表以仲裁决定之权,即公断与决定之权,并予以解释协定之权,以切实履行。该函件的补充意见还讲到双方军队(分别为十五、三个师)属整军方案范围,以及军队驻地、政治问题(共军驻地之省主席)处理办法。

马歇尔从宋子文处收到信函及补充意见后,与周恩来会谈了三小时,并在 26 日函请蒋介石下令国军在二十四小时以内停止前进、攻击及追击共军。

28 日,宋美龄自沈阳再函马歇尔。函称,蒋介石认为,"最好中共能少作诚挚之言语,而多作遵守诺言之行动"。又认为,若国美双方均能坚持立场,"则共产党必能就范";"否则,委员长认为唯一之途径,为在东北占领战略要点,以强使共产党真实遵行其所签订之各项协定,届时阁下之谈判必可成功。"蒋介石显然错误估计了形势,认为"此间军事情势,共军之惨败,实为意想所不及"①。马歇尔有自己的情报来源,他了解国民党军在东北的进攻态势。作为调停人,应有起码的公正。他对宋美龄函中一再表示国美双方"坚持立场"即双方一致对付中共的言论,自有看法。故不同意蒋在宋函中所示之意,认为国民党军继续不断向前推进,使其调停工作极端困难,且可使其调停实际上成为不可能之事。马氏要求国民党军停止前进与追击,并准许军调部人员进入长春。

经过一番折冲,有第二次停战令之颁布,东北国民党军自 6 月 7 日正午起至 22 日正午止,15 日内,停止一切攻击前进及追击,并盼在此期间对已签之各项协定,均能商定详细实施办法。随后,又将停战令延至 6 月 30 日止。

1946 年 6 月 26 日,国民党军进攻中原解放区,全面内战开始。6 月 29

---

① 孙子和:《蒋宋美龄与马歇尔使华及任国务卿期间之过从》,胡春惠、陈红民主编:《宋美龄及其时代国际学术研讨会论文集》,香港珠海书院亚洲研究中心 2009 年版,第 125—145 页。

日，马歇尔见蒋介石，提出《修正整军方案之初步方案》七条，且谓，非如此，将不再预闻调解。态度强硬。当晚，马表示欲再见蒋。蒋以双方日间商谈并不融洽，连夜再谈，未必即有结果；但亦未便径于拒绝，因请宋美龄前往辞谢。旋宋归，告以马氏态度暴躁异常，对国民党及军事干部均轻侮不已；并以美国众议院最近通过之军事援华案，视为其个人力量所促成，而有骄矜傲慢之色①。

战端一开，即无了日。战场上双方力量消长之态势日著，开战仅八个月，蒋军即被歼七十一万兵力，战线拉长，不得不在 1947 年 3 月，改"全面进攻"为"重点进攻"，即以山东、陕北作重点攻击，气势汹汹，但结果损兵折将，处处受挫。第二次停战令，亦徒具虚文。自 7 月 18 日至 9 月 15 日，在不足两个月内，马歇尔八上庐山，与蒋氏晤谈，但会商无进展。11 月 8 日，蒋介石颁布第三次停战令。此时南京正在准备召开"行宪国民大会"，中共方面拒绝参加，调停之事，已无从谈起。

早在 10 月初，马歇尔已向蒋介石表示，国共之争，应即获得无条件停战之协议，否则即建议杜鲁门将彼召回，并终止美国之调处工作。如今对峙已成，和局破灭。1947 年 1 月 6 日，马歇尔谒蒋，告以他已奉召返美。7 日晚，蒋介石设宴饯别。8 日，蒋氏夫妇到南京大校场机场送行。

马歇尔在中国待了一年多，他的调停使命以失败告终。他也许不知道，这个使命是注定要失败的。他想在中国建功立业，但失败了。失之东隅，收之桑榆。他返美不久，当了国务卿。在任期间，他推行战后复兴欧洲的"马歇尔计划"，马氏的注意力集中到欧洲，他知道国民党在中国失败的大限即将到来，但蒋夫人或许见不及此，在南京国民政府即将垮台前，仍想求"马卿"支持，欲效申包胥秦庭之哭，但是太晚了。

五、总统夫人不风光

1947 年 1 月，马歇尔回国，调停宣告彻底失败。同年 3 月 5 日，中共驻

---

① 孙子和：《蒋宋美龄与马歇尔使华及任国务卿期间之过从》，胡春惠、陈红民主编：《宋美龄及其时代国际学术研讨会论文集》，香港珠海书院亚洲研究中心 2009 年版，第 133 页。

南京、上海、重庆等处的代表全部撤回延安,国共和谈完全失败。到这时,国民党军不得不停止对解放区的全面进攻的方略。蒋介石在占领了原由中共控制的一百多个城池后,背上了沉重的包袱,又十分分散,兵力大量消耗,只得放弃全面进攻的方针,改为对陕甘宁边区及山东解放区的重点进攻。当时担任顾祝同的参谋、日后在台曾任"行政院长"的郝柏村,在退休后看了1947年3月12日的《蒋介石日记》后写道:"蒋夫人对内政外交是深具观察力的,她对时局的悲观并非出诸情感,而是理性的深思。此际,蒋公在国内,'和'不可能,'战'亦无把握;在国际间,美苏都不讨好的两难之境。可惜,蒋夫人的悲观未能影响蒋公的内外政策。"①

蒋介石首先把矛头对着延安。他让胡宗南亲率十五万兵力,配以飞机轰炸。3月19日中共中央主动撤出延安,在陕北与之周旋,消灭其有生力量。5月,共军在山东孟良崮地区,消灭蒋军五大主力之一第七十四师张灵甫部。国军的重点进攻以失败告终。在东北,蒋军龟缩于中长路及北宁路狭长地带,处于"全面防御"状态。10月10日,中共发表《中国人民解放军宣言》,提出"打倒蒋介石,解放全中国"的口号。蒋氏虽然在中共与国统区人民的反击下不得不承认已到了"存亡危急之秋",但他并不甘心失败,还要较量下去。

按照1946年年底(11月15日至12月25日)的蒋记"制宪国大"的决议,1948年是"实行宪政年"。1948年3月29日,举行二届"国大",选举总统、副总统。总统当然是由蒋介石来做,因他认定"我不做总统,谁做总统"的目标。国民党内也没有人敢与他去争这把交椅。关键问题是,谁来当副总统?对这一点,蒋介石是十分重视的,因为副总统作为"储君",可能是总统的接班人,而美国人如果对蒋不支持到底,这个接班人便可随时在美国支持下取而代之。

早在1947年9月,国内一批有影响的知识分子,考虑到中国必须推行一些改革计划,以改善局势,便发动一场运动,以谋取国民党党内外的自由主义者的合作。美国驻华大使司徒雷登大加鼓励。发动这场运动的想法,

---

① 郝柏村著:《郝柏村解读蒋公日记》(1945—1949),台北天下文书坊2011年版,第244页。

1948 年 4 月 19 日,蒋介石当选中华民国第一任总统,宋美龄陪同参加招待中外来宾的茶话会

是使自由主义者参加政府工作,并推动一系列的改革。4 月份,黎照寰(前铁道部次长及交通大学校长)等一批志同道合的民众领袖访问了宋美龄,请她对他们拟议中的运动予以合作。她告诉他们,"如果他们声明拥护政府的反共运动,并声明在这番事业中愿意提供合作,就欢迎他们来协助扩大政府的基础"。据黎照寰对顾维钧谈话,是日下午他们受到蒋介石的接见。蒋对他们讲了同宋美龄一样的话。黎说,他们提到,这个人必须是一位国际知名人物。他们还谈到颜惠庆可以胜任,但颜表示自己年事已高,不能效劳。他们认为,蒋委员长仍将当选总统,而且只要他还在,他就要掌管中国军队。但国民党、军界、金融界这三者都提不出一个合适的人来领导政府,因此,这伙人决定推顾维钧来充这个人选①。这批自由主义的知识分子虽然得到美

---

① 《顾维钧回忆录》第 6 分册,中华书局 1988 年版,第 189 页。

国支持，但毕竟缺乏实力，不足威胁蒋氏，正如北京大学校长胡适一类文人，虽然受美国人欢迎，但终究不能与蒋抗衡去竞选总统一样。如有实力派武人，多少带点民主派倾向而为美国所欢迎者，情况就大不相同了。

根据《李宗仁回忆录》记述，对于召开行宪国大，选举正副总统，蒋介石已口头申明，国民党同志可以自由竞选。经此鼓励，李宗仁便拟将理想付诸实行，参加竞选副总统。李宗仁还通过白崇禧、吴忠信征求蒋介石的态度，蒋表示对任何人皆毫无成见，云云。1948 年 3 月 25 日，李氏面见蒋，告以决心参加竞选，蒋说，选举正副总统是民主政治的开端，党内外人士都可以自由竞选，他本人将一视同仁，没有成见。李宗仁考虑全局，认为党内还可能出现"黑马"，果然在于右任、程潜之外，出现孙科参加竞选副总统的形势。孙科是孙中山之子，既有粤籍人士支持，若再得蒋与 CC 系扶持，则李的形势便不容乐观，因此李托白崇禧去摸底，孙科认为，副总统在宪法上无实权，他无意竞选，祝李胜利。在南京，李又亲询孙科，孙说他决无意思竞选副总统，他还作了一番解释，准备竞选立法院长，不去争"吃闲饭"的位置①。

但是，到竞选进入白热化的时候，蒋介石就变卦了。

蒋介石与策士密谋，想以由党提名的方法，将李宗仁的名字从候选人中剔出，乃召开六届中执监委临时联席会议，以交换意见为名，轮番施压。李主张按常规办事，并得到程潜支持。蒋见一计未成，又施一计，亲自找李宗仁谈话，一定要他自动放弃，必须放弃。但李坚持参加竞选，并表示他一定能选得到。结果双方不欢而散。

在蒋介石看来，李宗仁参加竞选副总统直如一把匕首插在他心中，要其亲信将这把刀子拔去。

由于李宗仁不愿自动退出竞选，蒋介石另生一计，鼓动孙科出来竞选，以击败李宗仁。蒋作出决定后，便派宋美龄去劝请孙科参加竞选。孙科本无此意，便推托说，他宁愿做有实权的立法院长，不愿做空头的副总统。再者，竞选需要竞选费，他也筹不出这一笔费用。

---

① 《李宗仁回忆录》下册，广西壮族自治区政协文史资料研究委员会 1980 年版，第 880—881 页。

宋美龄一次活动,未完成使命,在蒋的派遣下,作第二次劝说。她告诉孙科,当选副总统之后,仍可兼任立法院长。如果没有竞选费用,则全部费用由蒋先生拨付。对此,孙仍旧吞吞吐吐,不愿立刻允诺,还说有人说按宪法副总统不能兼立法院长。

宋美龄第二次说服工作仍以失败告终。蒋介石不得已亲自出马。经过各方面的工作,孙科终于参加了竞选。但未料及,桂系为击败孙科,在报端抖出"敝眷蓝妮"(即孙科包二奶称作眷属)之类的丑闻,使孙大丢面子。这场闹剧的结束,便是孙科败在李宗仁手下。

在李宗仁当选副总统的第二天,李氏夫妇到黄埔路蒋氏官邸去拜候蒋介石夫妇,并对蒋介石表示谢意(桂系集团耍了一个小手腕,李氏曾宣布退出选举,孙科、程潜亦不得不退出。为解决困难,蒋氏对白崇禧说,支持李宗仁竞选)。但李氏夫妇在会客室中枯坐了三十分钟,蒋介石和宋美龄才姗姗而出。相见之下,他们双方均感到十分尴尬。李宗仁道谢之后,遂辞去。

蒋介石对李宗仁之当选副总统,是十分不痛快的。在 5 月 20 日总统、副总统就职典礼上,蒋还作弄了李宗仁。现在人们看到的一张就职典礼照片,李宗仁穿军常(便)服,胸前挂满勋章,像副官一般站在蒋氏夫妇旁边。蒋则穿长袍马褂(当时规定的礼服),神气十足。为何有此区别呢?事前李氏曾请示典礼时的服装问题,蒋先说穿西装大礼服,李氏便订做了一套燕尾服。就职前夕,蒋氏又下手谕,用军常服,因此李宗仁便穿了军常服。但届时蒋又长袍马褂,李便被耍弄了,穿着军常服,颇欠庄严地站立在蒋氏旁边。处于众目睽睽之下,此种窘境,可想而知,难怪二十多年后李氏写回忆录,对此仍耿耿于怀,忿忿不已。

蒋介石于 1948 年 5 月 1 日在总统府宣誓就职,恰好是这个时候,中共中央发布了纪念"五一"国际劳动节口号,其中重要一条是"打到南京去,活捉蒋介石"这个口号,成为各战场上人民解放军战士杀敌冲锋的强烈信念,是一个威力无比的精神原子弹。在纪念"五一"国际劳动节口号中,中共中央还号召"各民主党派,各人民团体,各社会贤达迅速召开政治协商会议,讨论并实现召集人民代表大会,成立民主联合政府",各种反蒋势力积极响应这个号召,革命统一战线得到进一步扩大和发展,新中国的建立,已经为期

1948 年 5 月 20 日，总统就职典礼后，宋美龄、蒋介石与国民政府官员合影

不远了。在这种形势下，作为总统夫人的宋美龄，还有什么风光可言呢？

六、支持杜威竞选美国总统

在国民党人看来，中美关系是反共成败的关键因素。但当时杜鲁门的民主党政府对蒋介石并没有多少热情。回国后的马歇尔，不久便当上国务卿。据郝柏村在读了 1947 年 9 月 29 日《蒋介石日记》后写到，蒋介石多少明白了这点。郝称："自马离华，国军全面'进剿'以来，军事攻势未能达成目的，且受重大损失，美国冷嘲热讽，蒋公已很难堪。而马派魏德迈来华，是站在美国利益，力图中国不陷入共党统治，唯其援华条件，必系要求蒋公释出权力，以掌控中国内政，自为蒋公所不能接受，宁可不要美国贷款。"蒋在日记中称，28 日司徒雷登转达魏德迈（时在夏威夷）来函，并申以"高压"，估计是要蒋释权或下野，甚至另觅亲美人士筹组政府。到了 11 月间，据郝观察，"蒋公与马歇尔的关系，从日记所载，认马为美国军阀，自为情绪反应，但马对蒋而言,实已势不两立,对蒋公、对中国自极为不利"①。蒋介石打内战,是铁了心的,尽管内外交困,仍要打下去,1948 年是美国总统选举年,他相信美国政局会有所改变,美援将会增加。

自杜鲁门接替罗斯福主政白宫之后,鉴于国民党政权的腐败无能,马歇尔在华使命的失败,杜鲁门政府对蒋介石政权并无良好印象。司徒雷登大使在其活动中,也较注意与"民主个人主义者"来往。在国民党总统选举之初,美国人便有意让胡适出马。这当然是不现实的选择。蒋介石是非当总统不可的,果然他也当上了。

杜鲁门的情况如何呢?大战结束以后,由于美国国内的原因,杜氏的声誉并不太高。相反,共和党人在国会中增加了席位,他们提出现在该改换一下政府的论调。他们希望在 1948 年的总统选举中,能击败民主党而执政。共和党人最得意的口号,当然是与"冷战"有关:现在法西斯主义既已消灭,剩下的威胁就是共产主义了。在这场宣传战中,亨利·卢斯起了积极作用,他与蒋介石夫妇密切配合,大事宣传,认为民主党政府没有给蒋介石提供足够的资金,以击败中共所领导的部队。

马歇尔与魏德迈都对蒋介石集团的贪污腐败有比较深刻的认识,他们建议对蒋的进一步援助应予限制,并由美国官员严加监督。但是,共和党人持相反的见解。他们反对马歇尔的有限援助政策。共和党众议员卢斯夫人(克拉尔·布恩·卢斯)就反对马歇尔政策。三十八名美国共和党的蒋介石支持者在 1946 年 7 月 24 日联名签署一封抗议信,卢斯夫人将这封信列入国会记录中。卢斯夫人建立了"美国对华政策协会",它是"院外援华集团"中较活跃的游说团体之一。由于 1948 年 3 月国会讨论"援华法案",这个"院外集团"是与蒋介石集团直接沟通的,并非由正式外交渠道去活动,所以驻美大使顾维钧对此颇不以为然。他说,至于"院外活动"一词,我很不愿意使用,因为起一个坏名字贬低别人的成就总是不对的②。"院外活动"一词就有这种味道。尽管中国大使馆没有花钱对美国国会施加压力,但这个

---

① 郝柏村著:《郝柏村解读蒋公日记》(1945—1949),台北天下文书坊 2011 年版,第 293、304 页。
② 《顾维钧回忆录》第 6 分册,中华书局 1988 年版,第 315 页。

"院外援华集团"确实帮了蒋的大忙;蒋对他们也不是无代价的。日后杜鲁门对作家默尔·米勒谈到蒋氏集团时,说道:"他们都是贼,个个都他妈的是贼……他们从我们给蒋送去的三十八亿美元中偷去七亿五千万美元。他们用这笔钱在圣保罗搞房地产投资,他们有的房地产就在纽约市……就是那笔钱他们先前用来支持所谓的院外援华集团,现在还是用那笔钱来支持他们。"他还说:"他们动员了许多众议员和参议员,让他们做什么,他们就做什么,而且他们花了几十亿美元……我不是说他们收买了谁,但确实筹集了巨款,在华盛顿确有许多人追随……院外援华集团活动。"①

杜鲁门对此言之悻悻,当然是对蒋氏与卢斯这两家当年的活动未能释怀。蒋氏他们认定纽约州杜威州长将在大选之后入主白宫。到那时,"美国国会将会放弃杜鲁门的吝啬和敌对的态度,将再给蒋数十亿美元的援助,而不附带任何条件。于是中国的代理人在美国四下活动,不惜破费巨资帮助共和党赢得选举的胜利"。在蒋介石、宋美龄夫妇方面,孔令杰便是积极活动之一人②。

现在看起来,蒋介石夫妇对院外援华集团活动的支持,不是没有理由的。他们希望杜威上台,也是有根据的。据顾维钧大使记述,在1948年6月份共和党全国代表大会上,杜威州长便说,共和党的纲领公开宣告,在外交政策方面,对中国要继续培育传统友谊,并重申对华态度,要维护其领土完整与独立。卢斯夫人在会上发表演说攻击政府的外交政策。她说,民主党总统一再对苏联作出秘密让步,在雅尔塔会议上,他走得更远,甚至剥夺中国对东北的主权。杜威州长在被提名为总统候选人之后举行的第一次记者招待会上宣称:杜鲁门政府的对华经援过分吝啬。为了帮助"自由中国"抵抗共产主义,美国必须向中国派遣军事顾问,给予必要的物资和更大的经济援助,以巩固它的币值。他本人一再提倡给予更多的援助,以挽救中国。他还声明,到了适当的时候,他一定要改正现政府所犯的重大错误。杜威把

① [美]西格雷夫著、丁中青等译:《宋家王朝》,中国文联出版公司1986年版,第626—627页。

② [美]西格雷夫著、丁中青等译:《宋家王朝》,中国文联出版公司1986年版,第619页。

对中国的援助和友谊作为他竞选演说的主题①。一些知名的共和党人，如密歇根州的范登堡参议员，新泽西州的史密斯参议员，新罕布什尔州的布里奇斯参议员，俄亥俄州的塔夫脱参议员，以及明尼苏达州的周以德众议员，都支持美国对中国的军事援助。这些人是院外援华集团的灵魂。

在选举大战即将结束之际，似乎人人都认为杜威将出任下届总统，几乎所有的报纸、专栏作家和广播评论员都断定杜威要进白宫。11月2日是选举的日子，所有的预测都肯定杜威当选。但到11月3日11时15分，收音机播出杜威退出竞选，向杜鲁门致电祝贺的消息。杜鲁门击败了杜威，所有的这一切似乎都出乎美国公众的意料之外。杜威与共和党在大选中的失败，使他们在援华问题上陷入无能为力的境地。

对于南京来说，杜威的失败同样使原来为之使劲的人大为沮丧。据载，驻华的新闻记者们一再发出电讯报道，说中国朝野对民主党的胜利极为失望，有一条电讯还说，行政院坚决请求辞职的原因，也是对美国大选的结局感到失望，他们认为，今后要想增加美国对华的援助必将空前困难②。南京方面的这种反应是必然的。蒋氏在此之前与魏德迈关系搞僵了，便是一例。1947年8月24日，魏德迈在完成了他在中国的考察和磋商任务，即将离华赴韩前夕，发表了一通极使南京当局不满的对报界谈话，使这些人非常生气。故当魏氏离华前一天，从庐山下山，要设宴招待蒋介石，时间是两人事先商定的，可是到了那天，由于种种不愉快的原因，蒋氏决定不去了。他电话通知魏德迈，因偶患小恙，不能赴会，将由宋美龄代表出席。魏德迈气恼难平。他决定报复一下。正当宋美龄首途赴宴之时，他打电话给蒋介石说，他从牯岭下山疲乏不堪，委员长既不能来，宴会也就决定作罢了。从一般社交上看，双方都不免感情用事；但事关两国交涉，此二人关系之恶劣，也就可想而知了。据说，魏德迈是敢于对蒋直言南京文武官员贪污和无能的人，他还指出中国官员聚敛了大量的财富，存在美国。蒋要他交出贪污人员的名单，将一一予以惩处，但他没有交，推托说是国务院不同意③。

---

①　《顾维钧回忆录》第6分册，中华书局1988年版，第488页。
②　《顾维钧回忆录》第6分册，中华书局1988年版，第501页。
③　《顾维钧回忆录》第6分册，中华书局1988年版，第195页。

美蒋双方都各怀心腹事。1948 年 10 月,顾维钧大使同美国经济合作署署长霍夫曼谈话。霍夫曼在对华援助方面是有发言权的官员,援华由他提出方案交国会讨论。在谈话中,反映出美国人认为蒋介石无力挽救中国的局势,他们寄希望于其他人,明确地谈到傅作义和"眼光远大,有自由主义思想的"李宗仁。他指出,美国人民心目中对继续援助蒋介石及其政府是否明智产生了怀疑①。在这种形势下,蒋介石期待杜鲁门政府予以大量援助,是十分渺茫的了。

七、破坏蒋经国上海"打虎"

蒋介石在抗战胜利后,违背民心,不以和平建设为务,急欲消灭共产党,使国家出现全国性内战。战端一开,蒋政权一切弊病即暴露无遗。战争的消耗,做解放军"运输大队长"的任务,使得蒋政权入不敷出现象更为严重,政府财政出现巨大赤字。加上贪官污吏大发其国难财,美援又不很有指望,面对着通货膨胀,经济情况日益恶化,濒临灭顶之灾的局面,1948 年 8 月 19 日,蒋介石发布《财政紧急处分令》,通过实行金圆券币制,收回法币以平抑物价。

这个《紧急处分令》是带强制性的法令。它规定从 19 日始,以三百万法币兑一元金圆券。限 10 月 20 日前兑换完毕。人民须将所持之黄金白银及外汇兑成金圆券,逾期任何人不得持有黄金白银,发现持有者严办。本国人民存放于外国之外汇资产限期登记,违者予以制裁。此外,在观瞻上表示要整理财政并加强管制经济,以达稳定物价,平衡国家总预算及国际开支。

金圆券发行之初,各地市场暂时出现"稳定"形势,但这是表象。金圆券是不能兑换与回笼的,无限制地发行,加上军事形势不利——蒋军在东北战场的溃败与济南被解放,不足两个月,恶性通货膨胀出现,物价飞涨。处于全国经济中心的上海,情况尤为严重,资本家争先恐后地囤积货物,市面萧条,生产萎缩。

---

① 《顾维钧回忆录》第 6 分册,中华书局 1988 年版,第 507—508 页。

　　蒋介石为了使"币制改革"得以实行,派蒋经国到上海任经济特派员,实际全权主持《紧急处分令》之实施。蒋经国组建"戡建大队",在中央银行内设办公室,提出"只打老虎,不打苍蝇",开始打虎,同时又组织了万余人的"上海青年服务总队"。他的任务,主要是管制物价,规定物价必须停留在 8 月 19 日的水平上。他还调动了上海市六个军警单位,伴以"青年服务总队",严厉打击投机市场,搜查库房,检查市场及交通枢纽,甚至进入民居搜索。他一时雷厉风行,枪毙了几名贪官和奸商,外国记者称他为"中国的经济沙皇"。在蒋经国主持的一个月内,中央银行在上海收兑的黄金、白银及外币,达三亿七千三百万美元①。

　　但是,金圆券作为货币加入流通后,加速了市场物价的上涨过程。上海商人囤积居奇,物价虽平,有市无货。蒋经国又进行物资总检查,凡登记不实者,一律查封。他想打几只老虎,来震慑一下奸商们,于是拿杜月笙的儿子杜维屏来开刀。

　　蒋经国的人马查出杜维屏囤积了六千万元以上的物资,便把杜抓了起来。这下便惹了麻烦。在上海巨商大会上,杜月笙当着蒋经国的面表示:我小儿子是囤积了物资,违犯国家规定,是我管教不好,我叫他把物资登记交出,而且把他交给蒋先生依法惩办。杜月笙舌锋一转,又说道:不过我有个要求,就是请蒋经国先生到扬子公司的仓库去检查检查。扬子公司囤积的东西,尽人皆知是上海首屈一指的。今天我们亲友的物资登记封存,交给国家处理,也希望蒋经国先生一视同仁,把扬子公司所囤积的物资同样予以查封,这样才能服人心。蒋经国答应,一定派人去查②。一查,果然扬子公司囤积了不少东西,花纱布,日用百货,粮食等等,有二万余吨。检查后即行封仓,报告蒋经国处理。原来,扬子公司的老板,是蒋经国的表弟孔令侃,皇亲国戚。这下真是惹出大麻烦了。

　　早在 1942 年宋美龄访问美国,撤去董显光的秘书长而以孔令侃充任时,孔便利用此地位与机会,与美国一些经济界人士往来,利用中间人的拉

────────────

　　① 　江南著:《蒋经国传》,中国友谊出版公司 1984 年版,第 170 页。
　　② 　郭旭:《扬子公司查而未抄的内幕》,《孔祥熙其人其事》,中国文史出版社 1987 年版,第 231 页。

线,和一些厂家签订了在华特别经销权的合同,这为他后来创办"扬子建业股份有限公司"奠定了基础。

抗战胜利后,孔令侃筹建的扬子建业公司具有买办性质。它实际是孔令侃独资经营,总部设在上海四川路嘉陵大楼内,在纽约、伦敦等地设有分公司。它经营的业务,主要是对美、英、德等西方国家的进出口贸易。什么货物能赚大钱,就经销什么。但只做现货交易,不做订货交易,而且售货一律以美金计算,收款以美元、黄金为限,即使收了法币这种中国纸币,也要在当天换成美元或黄金,再设法变成外汇。

国民党政府对汽车等重要商品采取进口限额分配制度,市场供需矛盾极大,价格猛涨。扬子公司倚恃特权可以无限制进口汽车。进口汽车每辆约一千八百美元,但市场上售价达五千美元,每辆净赚即达三千多美元。该公司货源充足,不虞匮乏。孔令侃还凭借其地位,套取巨额外汇。除通过中国银行外汇部主官之外,便是靠孔祥熙、宋美龄的关系,一下就可以购到几百万、几千万元外汇。

扬子公司牟取暴利之另一手法,是进口物资时走私,逃避关税。据记载,他常用"励志社"、"国防部"、"财政部"等名目进口物资,海关免检放行。一次他勾结中央航空公司,从菲律宾运进一机舱货物,飞机半夜12时在上海着陆,货物与飞机一起进飞机库,然后由中央航空公司派车将货物运送到孔令侃家中。1947年秋,孔令侃还以宋美龄的名义,从国外运回近百箱走私货物,报关时称这是蒋夫人宋美龄的行李,要海关免检放行。海关当然二话没说便放行,扬子公司派卡车去拉了六次才拉完。中国在极权制度之下,历来豪门以家天下治理蚩蚩之氓,什么王法、制度,当然都不会放在他们眼里。君主既是大盗,孔令侃辈,只不过是一些追随大盗的蟊贼罢了。如此政权必亡,不亡是无天理。

1948年9月30日,蒋经国逮捕了他的表弟、扬子公司的经理孔令侃。当天晚上,南京总统府官邸正在宴客,宋美龄正杯酒言欢,忽然接到上海打来的一个匿名电话,告知孔令侃被捕的消息。其时,蒋介石正在北平与傅作义等商量军事。宋美龄获悉孔令侃被捕,气得要命,"神色至为不安,乃先行离席",立刻告知蒋介石,要他回来放人。但远水救不了近火,宋美龄在第二天(10月

1日)专机飞沪,把孔令侃带回南京。不久,孔令侃便飞往美国去了。

　　1948年8月上旬,蒋介石在南京召开了一次军事会议。蒋在会上作了题为《改造管理心理加强精神武器》的讲话,指责"现在我们大多数高级将领精神堕落,生活腐化,革命的信心根本动摇,责任的观念完全消失"。他要求与会者彻底反省。他又确定下一步的战略方针,并派杜聿明、宋希濂、黄维分别到徐州、鄂西北及信阳去。会议结束次日,又与宋美龄在励志社宴请与会将领,要大家"戡乱"到底,散发《为什么要剿共》的宣传品。他仍相信国民党有实力与共军较量,完全拒绝考虑"和谈"问题。但是,他绝对误判了形势,内战已两年,两军实力已今非昔比,尤其是,9月12日东北野战军发动辽沈战役,东北全境蒋军仅控制长春、沈阳及锦州三座孤城。9月30日,蒋介石飞抵北平,要傅作义出兵两个军救援锦州。10月2日,又飞沈阳。3日飞返北平,5、6两日分别在天津塘沽、锦州湾葫芦岛部署。7日又匆忙赶回北平①。8日,蒋介石对傅作义说,他要到上海去一趟。傅劝他,战局这么紧张,不要去。蒋说,他此行有私事要办。其实,他不知道,孔令侃已被宋美龄领回南京去了,他接到夫人的信,便不敢怠慢。8日蒋到了上海,据说蒋经国、宣铁吾、俞鸿钧等都未能见到他,无法汇报扬子公司的囤积案。过了不久,蒋介石告诉儿子经国等人:"人人都有亲戚,叫亲戚大丢脸的事情,请你们各位想一想,谁又能够真正铁面无私呢? 我看,这个案子打消了吧!"②蒋介石这么一说,事情果然不了了之。

　　如前所述,蒋介石是10月8日离北平飞上海的,当天,蒋经国没有见到他。可能当日他便回到南京。据蒋氏10月8日日记载:"晚课后与妻在月下谈心。"10月9日,蒋经国由上海报告上海经济情形。是日,蒋"与妻浏览介圃一匝"。可能因孔令侃之事,迄11月22日,(蒋)"晚与妻游陵园,见其心神烦郁异甚"。游览、谈心,无非是抚慰爱妻,真是"攘外必先安内"的家庭版,此时的蒋介石家事国事天下事,事事揪心了。

　　在扬子公司囤积案的处理问题上,蒋介石顺从了夫人宋美龄,却委屈了

　　① 　江南著:《蒋经国传》,中国友谊出版公司1984年版,第176页。
　　② 　周一志:《上海金圆券之一幕》,《文史资料选辑》第81辑,文史资料出版社1984年版,第211页。

儿子。傅作义对蒋介石此举大不以为然:"蒋介石要美人不要江山,我们还给他干什么!这是我对蒋介石思想失了信仰的又一个重要原因。"1949年1月31日,傅作义率部起义,北平和平解放。平津战役一结束,整个华北便非蒋家所有了。

蒋经国既不能打孔令侃这种特大老虎,便显得他实际无所作为,宣告其使命的结束。10月3日以后,上海开始掀起抢购物资的风潮,随之而来的是黑市猖獗。国民党政府的限价政策破产了。10月31日上海决定取消限价,11月1日公布。蒋经国虽然坚决反对取消限价,但他已不起作用。上海的所谓经济改革彻底失败了,翁文灏内阁倒台。11月6日,蒋经国离开上海,赴杭州。曹聚仁在《蒋经国论》中不无感慨地说:"新赣南所造成的政治声誉,这一下子输光了。有的人提起了经国,就说他是政治骗子;有人原谅他,说这都是杨贵妃不好,害了他。蒋先生的政治生命也就日薄西山了。"①

八、文胆之死

1948年11月14日,《中央日报》第二版以三栏长题,刊出两行大号铅字:

陈布雷氏昨日心脏病逝世

总统夫妇亲往吊唁明大殓

这条消息,令南京市民和政府官员大为吃惊:陈布雷死了,这位二十二年来忠心耿耿的蒋介石的文胆,竟然撒手走了!

对于陈布雷之死,《中央日报》报道说:"(中央社讯)陈布雷氏于昨(十三)日上午8时,以心脏病突然逝世。陈氏前晚与友人谈话后,仍处理文稿,一切如恒,就寝为时甚晚。昨晨,随从因陈氏起床较晚,入室省视,见面色有异,急延医诊治,发现其脉搏已停,施以强心针无效。陈氏现年五十九岁,体力素弱,心脏病及失眠症由来已久,非服药不能安眠。最近数日略感疲劳,仍照常从公,不以为意。不料竟因心脏衰弱,突告不起。噩

---

① 江南著:《蒋经国传》,中国友谊出版公司1984年版,第180—181页。

耗传来，各方人士对陈氏学问事业之成就，公忠体国之精神，无不同深景仰。当兹国步艰难之时，失此硕彦，尤为可惜。陈氏遗体于昨日下午5时移入中国殡仪馆。蒋总统夫妇亲往吊唁。陈夫人已自沪赶返。中央党部已成立治丧委员会，筹备丧事，定明日大殓。"公告是对外界说的，信不得，陈布雷实死于自杀。

陈布雷为什么在此时自杀？明眼人都看到，当时内战形势十分明白，蒋氏政权快要完了，保不住了。东北已经丢失，平津岌岌可危，淮海战役又凶报频传，陈布雷作为蒋介石的文胆心力交瘁，他实在顶不下去了，太疲劳了。南京城里对陈布雷之死因有种种议论，对蒋介石夫妇来说，陈布雷之死，也有难言之隐。自从侍从室撤销后，陈布雷任中央政治委员会秘书长、总统府国策顾问、国府委员，实际仍负宣传之责。陈自杀的当天，他写到"脑力实在使用得太疲劳了"，"我的脑筋已油尽灯枯了"，便是有所指而发的。据说，11月8日那天，陈布雷不同意蒋介石在中执委、监委、立委联席会议上称"剿匪也要八年"之说，受到蒋之申斥，指为"脑力是不是太疲劳了"，从而使陈决心自杀。15日，蒋介石与宋美龄前往殡仪馆吊唁。据载，陈氏于"15日申时大殓。中国殡仪馆崇敬堂内，是日充满悲凉气氛。故中委陈布雷先生遗体即于四壁素联、鲜花丛之灵堂内举行大殓。蒋总统偕夫人于上午11时步入灵堂，亲临吊唁。总统在陈故委员遗像前，为渠二十多年来之知己，默念约一分钟，始缓缓退出。总统并挽'当代完人'横匾一幅，悬挂灵堂上端，蒋夫人献鲜花两束"①。

陈布雷是一介书生，以文才、同乡及办事惟谨为蒋介石所倚重。12日晚，他死前从容地写了多封遗书及杂记，有给蒋氏夫妇的（另有一封给蒋介石早先写好的信），有给妻子王允默的，有给诸弟的，有给子女的，还有给同事陶希圣、陈方、李惟果的，逐一有所交代。他还写了一封致中央政治委员会副秘书长洪兰友的遗书，托照料中政会之事。又遗书张道藩，托移交"宣传小组"账目及单据。最后，给蒋君章、金省吾两位秘书留函，内有"我已无生存人世之必要，故请兄等千万勿再请医生医我（医我我亦决不能活，徒然

---

① 　王泰栋著：《陈布雷外史》，中国文史出版社1988年版，第1—3页。

加长我的痛苦,断不能回生也)"的要求。他还对死后发表消息留下嘱咐:"不如直说□□'从八月以后,患神经极度衰弱症,白天亦常服安眠药,卒因服药过量,不救而逝'。"他还交代,有小箱一只,标明 BSS,内藏侍从室时代历年所办有关外交文件卷夹。对身后事,他叮咛:物价日高,务必薄殓、薄棺、薄埋。床下新皮箱内有金圆七百,嘱赠陶副官三百元(当时米价是三百几十元一石)。陈布雷确实是两袖清风,在国民党的高级官员中是罕见的①。

蒋介石在接到报告后一个小时,即来到陈宅,他看到这个追随自己二十余年的部属如此死去,不免百感交集。他临走时,对陈氏兄弟及蒋君章说:"好好地料理后事,我派俞局长(军务局长俞济时)和陈局长(政务局长陈方)来帮助你们。"

陈布雷夫人王允默在接到通知后,带着女儿陈琏从上海奔南京。据说,她们母女抵达南京湖南路寓所时,恰好戴季陶正在陈布雷床前大号:"啊!布雷,布雷,我跟你去,我跟你去,人生总有一死,我的心已死了……"这些话颇类疯癫,但却是真话。几个月之后,国民政府逃到广州、戴季陶眼看国民党政权即将结束时,他便选择了陈布雷的道路,自杀身亡。不过,他没有陈布雷那样的"礼遇",蒋介石、宋美龄夫妇没有去为他送行。

话说回来。却说王允默母女到了南京家中,穿着黑丝绒旗袍的宋美龄,在陶希圣陪同下,也来到陈宅,到楼上凭吊,在陈布雷遗体前,她掉下了几滴眼泪。在这肃穆的气氛中,宋美龄对王允默说:"陈先生不幸逝世,我代表总统向你们表示慰问。"王允默答:"谢谢夫人、谢谢总统。"宋美龄这时可能不会想到,一年多以前,1947 年 4 月 3 日,陈布雷在溪口向她祝贺四十九岁生日那样欢快的场面,这一切毕竟都是过眼的烟云了。

陶希圣向陈夫人转达了蒋介石要对陈布雷举行国葬的意思。但此意为王允默所婉却,她说:"先夫不幸谢世,允默哀痛昏迷,方寸已乱,身后各事,幸赖诸先生协助,情高谊厚,慰激无极。惟思先夫一生尽瘁国事,衷心惟以国家人民为念,而立身处事,尤向崇俭朴淡泊,故丧葬诸事,深望能体其遗

---

① 王泰栋著:《陈布雷外史》,中国文史出版社 1988 年版,第 19—20 页。

1948 年下半年，宋美龄赴南京驻军探视，在驻军将领的陪同下检查军队的装备状况

志,力求节约……""有什么困难,你尽管来找我,我们会帮助解决。"宋美龄说:"这也是总统的意思。"对此,王允默表示:"谢谢夫人和总统的好意。先夫生前因爱杭州山水之秀,曾于范庄附近购地一方,并有终老故乡之想。故长眠之地,似宜择定杭州,并即在该地筑造一普通平民之简单墓穴,碑刻'慈溪陈布雷先生之墓',不必镌刻职衔,亦所以遂其平生淡泊之志。先夫生前遗言谓,书生报国,恨无建树,且今日国家变乱,人民流离失所,更何忍糜费国家金钱以为一身荣哀。故国葬和公葬之议,务祈夫人及诸先生婉为解释辞谢。"①

宋美龄回到官邸后,自然向蒋介石谈到陈夫人的态度。蒋氏低徊往事,题写了一幅横匾,送到灵堂上,以哀挽这位"当代完人"。18 日,南京各界公祭陈布雷,是日中午灵柩运上海转杭州,12 月 10 日在九溪十八涧徐村墓地安葬。4 个月后,1949 年 4 月 23 日,南京解放。5 月 10 日,杭州降下了国民党政府的旗帜。陈布雷之死,自己说是"油尽灯枯",实际上是象征着蒋家政权在大陆的结束。

———————————

① 王泰栋著:《陈布雷外史》,中国文史出版社 1988 年版,第 24—25 页。

陈布雷的女儿陈琏是中共地下党员。她在乃父葬礼结束后,即过江归队。1949 年后,在共青团中央工作。1958 年,因其夫冤案累及家庭,转往上海任职。1966 年"文化大革命"起,魔鬼作乱,忠良蒙冤,陈琏被迫跳楼自尽。王允默女士解放后居住在上海,1970 年病逝。陈布雷有子女数人,其幼子陈砾曾任《中国日报》(英文版)总编辑。

在国民党政府中,像陈布雷这样身居高位、一尘不染,女儿又是中共党员,且深知国民党大势已去,却以一死了结五十九岁的生命,可以说是绝无仅有的。"文士生涯,书生心境",中国士大夫传统的"士为知己者死""从一而终",不做"贰臣"的思想,紧紧地束缚着他,终于无法自拔。从死者身上,人们看到了传统士大夫的坚贞;但是,这却不能不说是中国政治变革时期从政知识分子的绝大悲剧。陈布雷办报出身,了解海内外政治风云,以他的政治灵性,他完全可以选择另一条道路,甚至不必像屈子那样"上下而求索"。但是,他在政治上是落伍者,他是被时代潮流淘汰了的典型范例。

事实是,他的主公蒋介石,在他去世后不过半个月,便在官邸的一个小规模的会议上,对着高级文武官员,修理了陈布雷一番。据载,蒋氏说道:在座的诸位都知道,近来局势危艰,于党国很不利。值此千钧一发之际,更须本党同志精诚团结,同仇敌忾,而绝不允许任何人有涣散军心、动摇斗志的言论和行动。共产党的宣传厉害得很呐!连布雷先生这样的人,居然也会受共产党的影响,我们万万不可轻视呐!接着,他又说:"我还要说一件事。有人曾经对我陈言,说要让宋子文、孔祥熙、陈立夫、陈果夫加上夫人宋美龄,拿出五亿美元,用于国家。这是什么话!嗯!宋子文有什么钱,嗯!孔祥熙有什么钱,嗯!至于夫人,那就更没有钱了。所以,这个人,散布这个言论,不管怎么说,只会给党国带来危害,有利于共产党!"①蒋氏的话,前一段明指陈布雷受了共产党宣传的毒害,其死实在是涣散军心、动摇斗志的行动,这样,陈之自杀,当然不利于党国了。下一段话,并未指明是谁的陈言,但说这种话的人,是不顾一切的,是冒死直谏。人们猜测这是陈布雷死前的进谏,是否如此,只好存疑了。

陈布雷毕竟解脱了。"潮打空城寂寞回。"隔江已是炮声可闻了。处于

---

① 王泰栋著:《陈布雷外史》,中国文史出版社 1988 年版,第 201 页。

绝境的蒋介石,仍然想取"远水",以救"近渴",他魂牵梦绕的,仍然是美援,寒冬来临之际,他又让宋美龄到美国去。但是,这时的美国总统,依然是杜鲁门,不是他寄托厚望的杜威。

九、赴美求援失败

1948 年 11 月,对蒋介石来说,日子确实难熬。在美国总统选举时,他把宝押错了,杜威被摒出局,杜鲁门当选,蒋介石既失望又尴尬,只得在杜鲁门当选后两天(11 月 9 日)致函杜鲁门,在祝贺之余,希望杜鲁门坚持支持国民政府作战目标的美国政策,如能见诸一篇坚决的宣言,将可维持军队的士气与人民的信心,从而加强中国政府的地位,以从事于在北方与华中展开的大战。那么,北方与华中展开的大战形势如何呢? 华北战场上,广大地区已解放,傅作义的华北"剿总"的六十万军队,只占领北平、天津、保定、唐山、张家口及承德等大中城市;淮海战场,杜聿明的三十万部队,已被刘伯承、陈毅的部队分割包围。这种形势,美国人是一清二楚的。所以,蒋函发出后三天,杜鲁门婉言予以拒绝。

蒋介石是一个不按常规、法度办事的人。作为一个独裁者,什么党呀、政府呀,通通都是为他服务的。"和尚打伞,无法无天。"抗战初期,他派宋子文为其私人代表驻美国,对美要求援助,多绕过驻美大使,直接与华府交涉。在发动内战一败涂地之际,1948 年 10 月 31 日,驻美大使顾维钧收到译电室交来的一份蒋介石发来的"令人难解的奇怪的电报"。据顾使记述电报说,"鉴于促进中美更密切合作的重要性,他派孔祥熙为他私人驻华盛顿的代表,以个人身份协助我办理交涉事宜。委员长说,孔祥熙可以更加自由地进行活动,联系国会领袖与他们商讨经济与军事援华问题"[①]。顾大使认为,他早就感到孔祥熙对这个差事谋划已久。11 月 6 日,他又获悉,蒋介石有一封亲笔签名的信是交给马歇尔的,内谓:他已任命孔祥熙为他个人的全权代表,他完全信赖他,并请马歇尔与孔合作。信是孔令侃与孔祥熙的秘书

---

① 《顾维钧回忆录》第 6 分册,中华书局 1988 年版,第 545 页。

交来的,据看过信的谭绍华公使说,英文本与原信有些出入,译文说,任命孔祥熙为驻美国政府的特派代表,全权处理紧急的军事与经济问题。

11 月 7 日,顾大使到里弗代尔孔宅去拜访孔祥熙,孔氏夫妇接待了他。在谈话中,孔氏称他事先不知道这项任命,既没有答应也没表示意见,感到突然。顾说这个主意不错,而且事实上很有好处。但他又表示,最好是由孔祥熙接替他的职务,从外交方面说,这样办才合适,"他实际比我能有作为,因为委员长对他了解更深,时间也更长。任命一位第二代表,不论职称叫什么,都会形成在同一国家有两位大使的局面,而且两位都有全权,都应该得到委员长的充分信任,这将使工作复杂化,使美国政府感到为难,不知该怎么办。即使我们两人尽力互通情报,外界也会有疑虑"。但孔祥熙认为,他将把全部日常行政事务交由大使馆办理。顾说:要是这样的话,如他不担任大使职务,大使馆有一位代办就足够了。他可以指挥代办保证协调一致。孔祥熙坚持说,若是那样,他就不接受委员长的任命。顾大使指出,这种情况在战时有,在平时则没有。谈话中孔夫人(在大部分时间里是她在说话)竭力劝大使同意这种安排。孔祥熙说他将在 1949 年 6 月返国①。

黄仁泉(宋美龄亲信黄仁霖之弟)长期住在美国,在驻美大使馆领薪水,是孔祥熙的亲信,他结识许多美国政界领袖。为安排孔祥熙会见杜鲁门之事,22 日曾在一天之内两次前往白宫。马歇尔认为,为中国设想,此事很不妥当。马歇尔可能是不喜欢别人干预中美之间的正常外交事务。据大使馆的人说,从白宫秘书处获悉,孔祥熙确曾前往白宫,但总统由于手头上有紧急公务,没有接见他。秘书处的人对中国使馆官员说:孔祥熙那么有钱,应该过个安静舒适的生活,过得快活些,而不要惹人讨厌。根据事先约定,11 月 24 日杜鲁门会晤了顾大使,杜鲁门表示仍愿支持蒋介石的政府。孔祥熙未能见到杜鲁门,便没有机会去传达蒋介石的重要信息。

经过三年作战,国民党军主力已被消灭。战场上兵败如山倒,解放军直逼长江。谁都明白,守江必先守徐、淮,若徐、淮一失,长江绝无可守,这是历史的结论。和谈不成,解放军过江是早晚的事了。内战形势处于绝望状态,美

---

① 《顾维钧回忆录》第 6 分册,中华书局 1988 年版,第 545 页。

国人又不冷不热,使得宋美龄忧心如焚。蒋介石在 1948 年 11 月 23 日的日记中写道:"近日妻以操心过度,忙碌异甚,又受环境刺激非常,故身心疲惫,几乎不能自制。昨夜精神反常,时加婉劝,幸渐静安。后终夜未觉,其沉睡为苦。近来环境恶劣已极,此中刺激,实为任何时期所未有。余亦萌生不如死之感。惟一念及革命责任与国家人民之前途,对万恶共匪,若非由我领导奋斗,再无复兴之望。"蒋氏夫妇到此地步,将希望转向美国人,这就是蒋氏答应宋美龄访美,寻求美国人的具体援助。11 月 24 日,蒋氏日记称:"与妻商谈对美交涉事项,夫妻依恋不舍之情,是乃非任何时期所能有也。"27 日又称,"昨夜与妻聚谈,依依不舍,夫妻爱情老而弥笃,屡想中止其飞美也,但为国家外交计,不能不令其行"。"午夜妻又悲泣不置,彼称国家为何陷入今日之悲境。又称,彼对经儿之爱护,虽其亲母亦决无如此真挚,但恐经儿未能了解深知耳。"[1]

宋美龄与蒋介石在总统官邸中闲谈

---

① 林桶法:《从蒋介石日记探讨战后蒋宋关系与蒋介石来台的问题》,胡春惠、陈红民主编:《宋美龄及其时代国际学术研讨会论文集》,香港珠海书院亚洲研究中心 2009 年版,第 535—550 页。

宋美龄决定赴美后，即于 1948 年 11 月 24 日打电话给马歇尔表示她要到美国访问。马歇尔要她以私人资格访问。这当然是泼了一瓢冷水。28日，宋启程赴美。

但是，蒋夫人现在才决定赴美，为时已晚。据郝柏村在解读《蒋介石日记》1949 年 1 月所写的"上月反省录"时指陈："马歇尔曾于 1948 年春，邀请蒋夫人访美，判为告知蒋总统军事无法消灭共军。而当年国共军力已成平衡，共军已采攻势，但国军以同等军力，尚可为和谈本钱。如由美或由美俄共同提议调解，一面可能是美俄共同的协议，亦即各在中国维持其影响力；一为俄可能同意制毛（按，指毛泽东），使国共和谈，共存分治。可能蒋公当时所图共军决战，无意和谈。今日观之，自为外交失策。蒋公自省，亦明言'等到兵败乞援。自受冷落'。因此际中共及俄国气焰高涨，美亦无能为力。"①蒋介石刚愎自用，一意孤行，把局面弄到这种地步，才让夫人赴美"乞援"，确是自贻其羞了。

对于宋美龄访美，顾维钧大使是在 11 月 26 日外交次长叶公超从南京来的电话中得知的。叶通知，宋美龄不久来美。在随后两天的电话交谈中，叶公超谈到南京政府改组，计划迁都，实际上已经瘫痪的情况，只有外交部和国防部还在工作。但是，在 26 日下午，美国国务院新闻发布官麦克德莫特便宣布了宋美龄计划访美。记者问他，宋美龄是否应美国政府的邀请？他说他的声明只限于他已经宣布的内容。他显然是不愿回答，只是补充说，他对蒋夫人宋美龄的访问计划和细节，一无所知。在这之前，美国众议院外交委员会主席索尔·布鲁姆曾建议蒋介石访美，他的主张是，争取援华最好的办法是委员长或蒋夫人出席众参两院外交委员会联席会议作证，以促使国会采取行动。但杜鲁门认为他看不出蒋介石此刻怎能离开中国。对于宋美龄访美，布鲁姆表现得极为热心，他要求顾大使请宋美龄指出要他向她提出哪些问题，以便她有机会答复。布鲁姆认为这比她自己发表声明好。他还关心她在华盛顿的食宿，认为马歇尔在利斯堡的住宅设备不太好，建议她住在约瑟夫·戴维斯家，并自愿去要求戴维斯款待她。但顾大使未有授权，

---

① 郝柏村著：《郝柏村解读蒋公日记》(1945—1949)，台北天下文书坊 2011 年版，第 424 页。

故认为全部建议都尚需认真考虑。

对于宋美龄访美，大使馆很难做什么准备，事实上她并不想让大使馆过问她的活动。南京政府新闻局长董显光是上次宋美龄访美时受冷落的人，这次他指示中华新闻社主任倪源卿和顾大使商量关于宋美龄访美的宣传事宜。顾大使将蒋夫人访美的原委、背景和目的全部告诉了倪，并建议等他与蒋夫人谈过以后再发表。根据顾大使的观察，他认为倪源卿完全反对宋美龄在安排活动日程中与孔家发生联系。顾大使往南京发电报，欢迎蒋夫人访美。因为通知大使馆有关宋美龄30日到达旧金山的电话来晚了，所以事情弄得手忙脚乱。派谁去旧金山迎接呢？使馆有关人员，有的去不了，有的不愿去，后来派了愿意去而宋美龄又对其印象不错，曾在侍从室工作过的大使馆武官皮宗敢去迎接蒋夫人。美国国务院则派礼宾司的米尔前往。

11月30日晚，陪宋随行的中国驻纽约领事游建文电话通知大使馆，他和蒋夫人已到达旧金山，将于12月1日上午10时到达华盛顿。顾大使告诉游领事，他将在机场舷梯旁迎候，而不进入机舱。

顾维钧大使在回忆录中详细记述了这次迎接宋美龄的经过。12月1日那天，大使接到第一次报告，说蒋夫人一行将提前到达，但以后还是按原定时间到达，据游领事解释，这是考虑到不打乱迎接她的人的原定计划。到机场迎接的大约有六十名中国人。由于这次访问是私人性质，华盛顿没有派高官往迎，当然也不会有红地毯。马歇尔正在医院留医观察，他的夫人前往欢迎。国务院礼宾司官员伍德沃德及夫人、巴特沃思夫妇、总统的代表白宫空军武官兰德里上校也前往机场。

根据顾大使与伍德沃德的安排，首先迎接蒋夫人的是中国大使，其次是马歇尔将军夫人、顾大使夫人、巴特沃思夫妇，然后轮到孔祥熙。待他们欢迎之后，蒋夫人由这批欢迎者陪同，和站在他们后面约二十码远的新闻界代表及摄影记者见面寒暄并摄影。

但是，未曾料到，飞机一停，正当顾大使走近舷梯时，孔祥熙竟不依安排，冲上前去问候蒋夫人。这样，便出现了尴尬场面，宋美龄不得不伸出两只手，右手与孔握手，左手与顾大使握手。与此同时，摄影记者也一拥而上，抢拍王世杰外长的女儿（当时是纽约的居民）向宋美龄献花的镜头。在一片混乱中，马歇尔夫人拽着蒋夫人的胳臂走向停在飞机旁她自己的车子，同时问她是否要发表声明，因为在她们后边跟着一群记者。蒋夫人回答说"不"。这样，她便被马歇尔夫人推入车内。顾大使赶忙跑到刚要开动的汽车旁，止住司机，同时把兰德里上校拉过来，介绍给坐在车上的蒋夫人，说明他代表总统，并感谢他到机场来，同时感谢总统派他来。这样，总算对失礼的行为做了一些补救。

国务院派了一辆车给宋美龄，给游建文也派了车，游应陪她，但宋美龄上了马歇尔夫人的车，派来的车跟着开走了。游建文的车则给马歇尔夫人的女仆与蒋夫人的女仆占用了，这两个人都不愿换乘装有行李的另一部车子。只是后来其中一人答应和司机并坐，游建文才有了一个后座的位子。考虑到文字和摄影记者的情绪，为免使产生失望和不快，大使馆新闻发布官及中华新闻社的负责人曾要求宋美龄讲几句话，或者表示致意，但建议未被采纳。

顾大使回到大使馆，待了十分钟，口授了几句声明供蒋夫人发表，然后驱车前往弗吉尼亚州利斯堡马歇尔将军的寓所会晤蒋夫人。在他的帮助下，中央社的记者和另外五六位记者中的摄影记者进入宅内，这时宋美龄来劲了，两位夫人一起照，又单个照，坐着照又走着照，尽管大使有许多事要对她讲，竟没有机会，发表声明的事，也没定下来。

第二天，顾维钧又打电话给游建文，要求宋美龄指定他会见她的时间，但等了一天也未见答复。中华新闻社的倪源卿向大使请示关于蒋夫人宋美龄访美的宣传安排，大使表示，她不愿接见记者，不愿做广播讲话，至少目前是这样。倪告诉大使，他在利斯堡对记者的安排，平息了报界的失望与愤怒。又说，那天下午宋美龄4时由马歇尔夫人陪同去瓦尔特雷德医院看望了马歇尔将军，实际上是6时才见面，谈了四十五分钟，谈话内容不详，也没有与大使馆通气。

但是，很显然，美国政府无意加强对蒋介石政府的援助。据顾使记述，在倪源卿离开后，记者蒋荫恩来报告当天早些时候杜鲁门总统举行记者招待会的情况。杜鲁门讲了许多话，就是没有提到中国。后来记者提出问题，总统才说他要会见宋美龄，但尚未安排。他对于援华未予置评，关于派麦克阿瑟将军去中国的可能性,他断然回答:"没有。"蒋荫恩还谈到白宫的罗斯与国务院的麦克德莫特两位新闻发布官所说的话,给人的印象是他们没有制定按官方来访者接待宋美龄的任何计划。当然,她的确不是以官方资格访问美国的。

这天,蒋介石给宋美龄打来一份电报,是经由大使馆转交的,经使馆译出,内容是:"余有新计划,详情即将电告,为此,希推迟会见马歇尔将军。"交电报的合适人选是皮宗敢,晚上人们到处找他。次日(12月5日)详电收到了。电文很长,主要是敦促美国政府发表支持中国政府的声明,并称,他愿引退"让贤"。是日下午,国务院的新闻稿说,宋美龄于上午11时由马歇尔夫人陪同去瓦尔特雷德医院再次会见马歇尔将军,并共进午餐,直至下午4时45分离去。她临走时,一位记者问她是否感到有收获。她反问道:"有谁见到马歇尔将军而不感到有收获呢?"她第二次会见马歇尔时转达了蒋介石电报内容,但国务卿不能擅自作答,还须请求总统,故宋美龄如此回应记者,还不能说不对。不过,据顾大使判断,这次访问并不是令人鼓舞的,她离开医院时所拍照片的脸部表情说明了这点。蒋介石接宋美龄电报后,12月2日,他在日记中记道:"夫人昨日已到华盛顿,马歇尔表示冷淡,其国务院意图阻止其议会与舆论之欢迎,故一般形势已不如前数日之热烈矣,此乃意中之事。"

12月3日,蒋介石电告宋美龄有关与马歇尔谈话要点。宋美龄5日便是据此传达的:

(一)希望美政府声明对中国剿共战争为世界反共之一环,而其重要性与欧洲相同,中国一向为国(固?)有传统友谊之友邦,在其患难之时,美国自必予以有效之协助。

(二)请美国派遣有能力而能负责之高级军事顾问来华协商军事与经济援华之实在有效办法,余对此可先说明两点:一、军事指挥与训练,愿予以大权;二、凡美国援华物资,无论武器或经济及军需,皆愿予以监督之权。

(三)望美国派遣有力负责之政治财政顾问洽谈中国整顿政治与财政金融之改革。

（四）望美国对军事财政援华订定三年计划，每年以十亿美金为度，可参照外交部前交来之原件。此外，关于兄个人进退，只要于国有益，中国不为共党所统治，则随时可以离职让贤，此亦不妨以友谊关系予之诚恳密告，亦望其能开诚直谈，勿作外交辞令。因为中国共匪之消涨绝非我一国之事，而与美国实有密切之关系也。此乃兄之精诚，望吾爱斟酌洽谈为盼。①

到这时为止，宋美龄并不要使馆合作，她独行其事，与马歇尔商讨有关事项，也不了解华盛顿的背景及以前的有关交涉。5日早上，顾使再次要求约见她，但游建文的答复是，与以前一样，一旦夫人确定时间，便会通知。事实上，蒋介石已深知宋之此行已告失败。12月5日蒋记述，"接妻电与马第二次长谈似无结果"，此行"耻辱重重，心绪悒郁，不可名状，前途几完全黑暗矣"。6日上午，游建文通知顾使，宋美龄计划发表一项声明，声明已拟就，在电话里把全文读了一遍。他还补充说，宋美龄原想通过大使馆发表，后来觉得还是由她自己发表。这样做，显然有征求大使对声明反应的用意。但对方没有正式表示。

声明说，她来美国未经与中国或美利坚合众国的任何人商量，因为只有尽心报国，心神才得安宁，"我访问的后果由我个人负责，而且只由我一个人负责"②。顾维钧认为，声明措词巧妙，但流露出强烈的情绪而且用意明显，熟谙政治声明的人一眼便可看出，她对在医院与马歇尔的会谈极为失望。这是一个过早的私人感情冲动的声明，很容易引起各种推测和评论。

但是，大使并没有表示对声明的意见。原因是，她对大使只字未提她与马歇尔国务卿两次谈话的性质，而且自迎接她以来，一再要求指定会见日期，却始终未予约见。既然如此，当然便不宜轻易表态，何况，她并未要求大使对声明表态。因此，他只是对游建文说，大使馆可以办理有关声明发表的事务性工作，但绝不能用大使馆的名义。游表示，在日期后边注明地点为弗

---

① 刘维开：《从〈蒋中正"总统"档案〉看蒋夫人1948年访美之行》，转引自黄馨慧：《抗战前后宋美龄两次访美对中国政治的影响》，香港"宋美龄及其时代国际学术研讨会"论文，2008年。

② 《顾维钧回忆录》第6分册，中华书局1988年版，第565页。

吉尼亚州利斯堡更好。大使认为这是个好主意，并告诉他，将打电话给他，让大使的速记兼打字员在电话里用速记把全文记下来，以保证正确无误。他让使馆二秘兼新闻发布官顾毓瑞执行这一任务。

大使馆对这个声明十分重视，顾维钧回到使馆，与陈之迈、谭绍华公使及顾毓瑞研究声明发表的动机，它会产生什么影响，读者会得出什么结论？现在发表是否明智，如果现在不发表，以何时发表为宜？顾毓瑞在准备副本并让各报待命。顾使则告诫不要通知他们，因为声明可能还会修改，至少要再等半小时再着手。

果然，游建文电话通知，要求把"美利坚合众国"改为美国，并把"后果由我负责"一句取消，使馆方面认为这样很好。顾毓瑞打算让各报做好发表声明的准备，但为大使所制止。不出所料，十五分钟后，游建文第三次打来电话，要使馆把声明压到下午 5 时，届时将通知发表与否。

游建文在下午 3 时曾给大使馆通过一次电话。6 时，大使给游打电话，游说，宋美龄决定不发表声明了。大使在回答游建文的提问时，认为以不发表为好，因为关于宋美龄这次访问的种种推测正在平息下去，现在发表声明为时尚早。因为她和最高级领导人物的会谈还没有结束，她还没有会见总统，会谈结束后发表岂不更好？

声明虽然未曾发表，但事情并未了结，而且有点节外生枝。6 时 30 分，游建文打电话给顾大使，说《先驱论坛报》刊出多诺万的文章，其中谈到，宋美龄曾打算发表一项声明，但后来大使馆把这件事给搁下了。又称，有人看到了声明的副本，属于呼吁性质，并引用了中国"生死搏斗"这句话。前者当然不用说明，但对后一个问题，大使不得不表示，没有人能看到副本，有可能是顾毓瑞自行让各报待命时，说了原文的某些内容。据大使估计，促成宋美龄决定撤销声明的原因，很可能是她征求了南京和蒋介石的意见，得到了否定的答复，故不得不放弃原定的计划。

对于宋美龄的行事，顾大使感到有必要向外交部作适当的报告。12 月 5 日（星期日）早上，他给叶公超次长电话，告诉他，自星期三至今他没见过蒋夫人。他报告了报界对于她这次访问以及对她的接待的一般评论。次长告知大使，王世杰部长准备向委员长建议嘱蒋夫人会见杜鲁门后回国，以便结束访问。

第二天晚上,顾大使与利斯堡通了六七次电话,是商讨宋美龄草拟的另一份声明,由于珍珠港纪念日到来,有必要作一些表示。大使对草稿提出几处修改意见,均被采纳了。经过几次讨论,顾毓瑞在 7 时将它发出去了。

12 月 8 日,"美国援华联合总会"华盛顿委员会举办一次义卖。这个"美国援华联合总会"是一个自愿的组织,"该会自愿工作,参加者都是中国的真诚朋友,这些知名妇女深深地同情甚至热爱中国人民"①。这个组织自然是支持蒋介石政府的,全美国有一百多个地方委员会。委员会主席弗雷德里克·布鲁克夫人是华盛顿的一位慈善家和社会领袖,该委员会渴望宋美龄光临,因杜鲁门夫人已答应到场。据游建文说,宋美龄自己认为最好不露面。12 月 5 日,顾大使请她再仔细考虑一下。另外,布鲁克夫人告诉大使,已请孔令杰少校再向宋美龄劝驾。听到这个消息,大使又打电话给游建文,请他向宋美龄着重说明美国妇女渴望她表示盛情赞助,甚至杜鲁门夫人都愿意这样做,而美国其他妇女都自愿努力工作。这个劝说起了作用。宋美龄决定出席,不过提出了条件,届时她不讲话,也不得有任何讲话。主持者很高兴,接受了这些条件,到场时间定在星期三上午 11 时 30 分。

义卖在五月花饭店中国厅举行。顾大使夫人陪同宋美龄从伍德兰大道前往。布鲁克夫人、魏德迈夫人站在入口的一边,亨培克博士、约翰逊先生、利特尔先生、鲁尔先生("美国援华联合总会"副主席)和顾大使站在另一边迎接宋美龄。由于情绪热烈,布鲁克夫人竟忘了前约,在扩音器前讲话感谢宋美龄的光临。事出突然,宋美龄听到讲话后感到吃惊。在此之前,大使曾向她建议,一旦布鲁克夫人致词欢迎,她就讲几句感谢的话。大使了解当地的气氛和舆论倾向,知道在特定情况下如何行事为宜。现在布鲁克夫人既然讲了,大使就建议宋美龄也讲几句作为答谢。她讲得非常好,说了几句很得体的话,并赠锦缎一块义卖。她被引到各桌前介绍给到场的中美两国妇女,然后仍由顾大使夫人陪同离开。

自宋美龄抵美以来,顾维钧曾连续三天要求她指定会见的时间,以便汇

---

① 《顾维钧回忆录》第 6 分册,中华书局 1988 年版,第 570 页。

报一些情况,谈谈她的任务与华府最高当局的态度,以及华盛顿与全美对她这次访问的反应,可是她对顾大使的约会只字未提。相反,她出席义卖时,便对约翰逊先生说,在她离开华盛顿之前,希望能会晤他和他的夫人。两相比较,顾大使便得出结论,她也许无意和顾氏讨论这些事,所以,当那天下午游建文到大使办公室谈话时,他请游不必再催问此事了。

但是,这是否是宋美龄的授意无从证实,游建文向顾维钧询问美国总统和美国政府对于支援南京政府的真实态度,但一直没有看到顾大使给蒋介石的情况报告。游要求一份顾大使向宋美龄报告的抄件,但顾大使的答复带有明显的不满情绪。他说,这正是我要求见蒋夫人的原因。他说,她应该了解这些会谈的情况和美国总统、国务院与国防部的态度以及报界和公众对增加对华援助的意见。又说,当然,她究竟需要什么资料、情报或建议,她自己最能判断。也许,她认为什么也不需要。这就是他请游不要催她约见的原因,特别是大使知道她必有许多伤脑筋的事以及她面临着艰巨的任务和难以应付的局面。

宋美龄对美国报纸刊出的一则消息甚为不快,这就是游建文打电话询问大使为什么会有这篇报导的原因。报导提到,宋美龄在会见杜鲁门时,将会提出三点要求,即援华声明、向南京派遣高级军官以及增加军事物资的供应问题。顾使回答说,大使馆没人透露这个消息,但这个报导不过是旧事重提,把报纸发表过的王世杰和其他人在巴黎同马歇尔会谈时提出的要求,和在南京向美国大使馆以及在华盛顿提出的要求,重述一遍而已。事实上,这种询问是毫无理由的,宋美龄并未与使馆接触,使馆也不明了她访美使命之要求,怎能怀疑大使馆透露了什么消息呢?

第二天,顾维钧派人送去两份材料,即他与杜鲁门总统会谈的记录,以及 11 月 24 日在白宫他与美国总统讨论援华时交给总统的备忘录抄本。另外写了一封附函致游建文,说明送去资料是因刚刚知道蒋夫人离开南京时不了解这些内容,并说也许她认为这些文件无用或不感兴趣,但是鉴于她即将访问杜鲁门总统并和他会谈,我认为把文件送去备她参考,是我的职责。同时按游的建议,送去一份声明的草稿。

这些话,意在引起宋美龄注意。果然,第二天宋美龄就通知顾大使去见她。顾大使送去的资料虽然包括了个人性质的声明之类,但向宋美龄介绍情况确实十分必要,提出适当的建议和忠告,有助于她完成任务。为了使大使馆不必承担一些不必要的责任,即被指责为缺乏警觉与不尽职,也有必要为政府方面提供资料,何况,顾大使已感到自己的处境有些出乎意外而且很不正常。

12月10日,宋美龄的秘书中午打电话给大使,约定下午2时会见,而这时已是1时15分了。顾大使接到电话,立即从办公室赶赴利斯堡,连午饭也没有吃。2时到达,宋美龄仍在吃午饭。大使等了约十分钟,先是游建文出来,随后是宋美龄。

这次会见的气氛并不怎么好。走出来的宋美龄板着面孔,不像以往那样愉快与自然。会见中,大部分时间是顾大使在说话。谈话开始时,大使介绍了12月8日"美国援华联合总会"举办的义卖和她简短讲话的反应及将会收到的效果,说讲话使每个人都高兴。宋美龄听了似乎高兴,并说,她在义卖场只是讲了几句感谢的话而已。

谈话转入正题之后,顾维钧说,我送上会谈记录和备忘录,为的是把杜鲁门总统的态度和想法告诉她。又说,我和总统谈话时,他正打算把中国问题提交11月26日的内阁会议决定。但后来获悉那次会议没有做出决定。大使说,据他得到的消息,会议上马歇尔说话最多,而且显然对内阁很有影响。又告诉她,他曾把政府急需军用品清单先后送交马歇尔和杜鲁门,会议之后,杜鲁门立即将清单交国防部门处理。

谈话中,顾使还说到杜鲁门对中国和中国政府是同情的,他与总统会面时,总统向大使讲了意味深长的话。总统说,那天早晨他与马歇尔再度讨论了中国局势问题,而且他仍然愿意支持蒋委员长领导下的政府。在顾大使看来,他的含意是明确的,但宋美龄显然不愿意讨论这一点,这样,就使得他只得采取略微不同的方式继续讲下去。

大使指出,杜鲁门固然可以坚持自己的权力,即使他的决定和国务院的意见相反,他也可以自行决定,但他过于钦佩马歇尔而不愿这样干。大使向她讲了总统不受国务院支配的一些事例,但尽管如此,华盛顿局面的关键在于马歇尔。大使继续说,刻不容缓的是今后三四个月的援助,以使战局稳定,三年长期援助计划可稍后再提交国会。必要的有三件事,即前边讲过的,杜鲁门发表支持中国反共的政策声明,派遣高级军官率领的军事代表团,以及增加援华军用物资。

顾维钧说到的这三件事,在上次他与游建文谈话中,已经讲过,回答了游提出的问题。这次再重复,宋美龄立时表现神色严峻。她说:这三点要求的公布使她更加为难,她要知道谁把这三点透露出去。大使问她,这怎么会使她更加为难?宋美龄说,马歇尔告诉她,这使美国政府在就这几点做出决定方面陷于困境。她认为,不予公开,事情就好办些。对此,顾大使不得不重新陈述此事之原委:她所指的必是报纸上有关她将向杜鲁门总统提出中国需要什么的新闻报道或推测。不过,《纽约时报》的文章是旧事重提,在这之前,报纸上已刊登过,其来源是根据巴黎、南京及华盛顿的电讯。说具体点,在巴黎,王世杰、蒋廷黻与马歇尔曾进行商谈过;在南京,此事也曾与司徒雷登大使磋商过;在华盛顿,大使曾向总统及国务院提过此事。大使继续说,这并不是什么新奇的事情,甚至在基维斯特,这三点就为人所知,美国总统在那里休假时,我曾于11月9日把蒋委员长的信转交给杜鲁门。

说到这里,宋美龄插话说,我看过的是一封很短的信,其中没有提到这三点。大使辩驳说:这三点在信中提到了,而且以后《纽约时报》和《先驱论坛报》驻基维斯特的记者把同样的内容电告华盛顿各报。尽管如此,大使馆严格认真地拒绝把该信提供发表。不过,顾大使又认为,让报界了解中国政府的要求,并不是什么坏事。他说,无论如何,让人们了解中国所需,实际是有利也有弊。例如,斯格里普斯·霍华德报系的卢斯和罗亚尔·霍华德就派出专人搜集内幕消息,以免凭空写稿,以便有力地支援中国的事业。另外,报界和公众舆论认为美国政府对华政策一点也不明确,他们要求加以澄清。这些观点是无可否定的,宋美龄听了顾使的话,未再就此进行讨论。

至此,顾使转变了话题,他告诉宋美龄,据他刚刚获得的消息,马歇尔因手术后需要长期休养,正再次考虑辞职。大使问她,她和他谈话时是否觉察到了这点?她回答说,国务卿的手术是医生早就建议的。这个回答表示,显然她认为这则消息是不可靠的。她认为马歇尔不会辞职,尽管这是马歇尔亲口对她说的。大使说,马歇尔向中国提出了许多建议,既未被采纳也未见施行,他显然感到失望。杜鲁门也曾对大使说过,他竭诚希望我国政府能对政治、财政和军事作重大改革,并减轻人民的痛苦。宋美龄解释说,政府该做的事情很多,她相信她与马歇尔的谈话会使他更好地了解没有做这些事的原因:在战争持续的情况下,这些事是做不到的。这些话虽不完全没有道理,但更多是为南京政府辩护。

宋美龄谈到,她希望在今后几天国务卿恢复健康之后与之继续会谈。这些话使大使产生一个鲜明的印象,即宋美龄最近不会离开华盛顿,还将继续努力。于是便说:这是为中国进行的一项艰巨工作,但我认为蒋夫人承担这项工作很有勇气,充满爱国热忱。宋美龄回答说,当她看到我们的士兵为我们的事业而战斗与献身时,她感到承担这个工作是她的责任,不惜任何牺牲。大使说,为取得外援而作出的一切的努力都是有益的,我们虽都为同一目的而努力,但没有人比她更能胜任。

接着,宋美龄问顾维钧,还有什么事要对她说。大使认为她显然记着他给她的信,便说有,有许多事想谈,但因那天下午她将与杜鲁门进行重要会谈,因此不想使她劳神。宋美龄微微一笑,但当大使起身告辞时,她也站了起来,并以严厉的声调说,她要说一件事,问黄仁泉将被撤职,是否真有其事?黄仁泉曾挂名为大使馆随员,但从未到过大使馆,他为孔家奔走,事实上是孔家的私人。宋美龄到了美国,也为她办事。外交部长王世杰在国民党政府中资格较老,御下纪律严明,发现上述情况后,便下令停发黄的薪金。考虑到当时复杂的政治形势,顾大使并未反对黄的这个职务。大使向宋美龄介绍了通常的做法,并解释,黄已调外交部,但到 10 月份才离开大使馆。他建议外交部继续支付黄及同样情况的其他人的薪金,直到 4 月份都支付了。他 10 月份曾陪一个美国参议员来华,但实际上名字仍在大使馆名册上。宋美龄听后反复表示,只要她在美国并需要他在美国替她办事,就不会让撤销他的职务。大使说,如果蒋夫人需要他帮忙,我们就不会撤销他的职务。宋美龄听了这话,先走出客厅(这是她的习惯),并在上楼时说再见。

从黄仁泉任职这件事,可以看出宋美龄这种所谓受过完整的西方民主制度熏陶的人,在处理国家与个人事务的问题上,还是公私不分的,这种蛮不讲理、视法度如儿戏的行为,以及由此思想引导下的吏治,其腐败即可想而知之。看来，对独裁者而言，"朕即天下"这种观念是不可改变的，上行下效，国民党政权的灭亡无日，也只是行其必然罢了。

宋美龄并不是南京政府的内阁成员或特使，她作为一个中国公民，在国外活动，按理是应归大使馆管辖、约束的。但是，她霸气十足，独来独往，她去见国务卿和总统，既不要大使馆联系、安排，也不要大使陪同、参与，这实在是不成体统的。对此，顾大使略有微词，据其日记所载："我有这样一种印象，就是她并不急于见我，因为她的心情不好，为她的使命和她遭到的冷遇感到烦恼，也许还因为她的亲戚和黄仁泉在背后说我的坏话，她对我的态度不那么友好和自然，和我们以前在各种场合见面时都迥然不同。奇怪的是，在我们四十五分钟的谈话中，她一次也没有对我说她是怎样决定接受访美使命，访美的目的，委员长或政府的希望，马歇尔将军的态度，她想象中援助的前景等等。好像她安排这次会见只是为了避免人们批评她不愿了解我提供的情报或意见。可以说，这是不得不走的形式。"①

宋美龄作为国家元首夫人，到国外进行访问，不与大使馆接触，这种乖戾的态度，表明她对大使的不信任。作为大使，这是极受污辱的。

是日晚6时过后不久，蒋荫恩给大使打电话，告知宋美龄白宫之行已经结束，是偕马歇尔夫人一起离开的。蒋荫恩可能是从白宫打的电话，他与白宫的记者、白宫的工作人员以及国务院的人士比较熟，通常每天几次去记者室闲谈。据他通报，宋美龄离开白宫时记者曾问她，是否有好消息，或者她是否将再次会见总统。她说，这要由总统来回答。她神色严峻，冷冷地一笑，人们产生的印象是，会谈没有成就。

到6时30分钟，蒋荫恩又用电话向大使报告白宫副新闻秘书艾尔斯发布的消息。艾尔斯宣布："总统说，蒋夫人陈述了中国的情况，他同情地予以倾听。"记者问，总统是否将再次接见她？艾尔斯说："无可奉告。"新闻报道补充了这则消息，总统及总统夫人接待了蒋夫人及马歇尔夫人。下午5时开始用茶点。杜鲁门小姐斟茶。没有其他客人在场或被邀请。5时30分钟，总统把蒋夫人领到他的书房里去会谈，据此消息，会谈前后进行了约三

---

① 《顾维钧回忆录》第6分册，中华书局1988年版，第574页。

十分钟。大使馆没有得到会谈内容的通报。

另据记载,12 月 10 日,杜鲁门邀请宋美龄参加一次茶话会。杜鲁门看起来对她很客气,实际上对她很冷漠。茶话会后,请宋美龄进他的书房,给她半个小时为自己的要求进行辩解。她向杜鲁门提出要求:(一)援华声明。(二)派遣高级军事代表团来华主持反共战争之战略与供应计划的制订工作,及增加军援。(三)提供三十亿美元的军事援助。

蒋介石在此时致电蒋夫人:"不论交涉有否成功,务望于圣诞节回京。最近军事当无变化,惟平津方面,不久或将吃紧,津浦路方面,亦不能过于乐观。如果军事不利,则美方交涉,更无希望,且将为人轻侮,不如速归。"但此电似拖至 16 日才复。回电称:"明知事实困难,惟不得不以忍辱负重之决心,为国为兄尽最后之心力,固不能轻言即返。须知任何国家政策之改变,绝非一二日内所可办到,故必须得到最后之答复,方能离美。否则,将惹起美方更深之误解及我国内重大之恐慌。"①其意至明,无须加注。她是在知其不可而为之,可谓其志甚坚,其情可悯,其行可悲。

那么,宋美龄到底向杜鲁门提出哪些要求呢?据载,杜鲁门事后说:"她到美国来是为了再得到一些施舍的。我不愿意像罗斯福那样让她住在白宫。我认为她也不太喜欢住在白宫。但是对她喜欢什么或者不喜欢什么我是完全不在意的。"这些污辱性的言语,是否曾在美国总统口中说出来,不必进一步去作考证。但是,宋美龄之不为杜鲁门所喜欢,这是可以肯定的。当初蒋氏夫妇不愿看到杜鲁门在大选中获胜,而今人家在任而且成为当选总统,却要去求他帮助,杜鲁门还以颜色,也在情理之中。宋美龄向杜鲁门要求发表反共宣言,要他派高级军事代表团,要美国提供三十亿元军援。到此时此地提出此项要求,真是望天打卦了。不与大使馆商量而贸然提出不合适的要求,作为政治活动家,真是聪明过头了。

杜鲁门说:美国只能付给已经承诺的援华计划的四十亿美元,这种援助可以继续下去,直到耗完为止,美国不能保证无限期地支持一个无法支持的

① 黄馨慧:《抗战前后宋美龄再次访美对中国政治的影响》,香港"宋美龄及其时代国际学术研讨会论文",2008 年。

中国。他还向报界发表一篇声明,透露美国向南京政府提供的援助总额已经超过三十八亿美元。宋美龄是否想在杜鲁门已经拒绝的情况下,希望从马歇尔那里达到目标,这也是无法证实的事;但从她一再往医院跑去找马歇尔,多少可以说明她对国务卿期望甚殷。

第二天,宋子安访问顾维钧,征询对增加美援的前景的意见。他刚离开,蒋荫恩便来向大使谈白宫与国务院盛传的消息,其中讲到宋美龄来美,其实是个人原因,敦促美援的使命只是借口。这些原因是,第一,她与蒋介石发生口角,蒋从沈阳回到南京,为时局担忧,将美国的态度归咎于宋氏家庭。其次,避免被共产党俘虏的危险,和为她个人的安全。再次,孔家和她在美国总统选举之前曾大做股票投机买卖,指望在共和党获胜后哄抬价格,结果大赔,她之来美是为了收拾财务上的烂摊子。这种传说颇为离奇古怪,大使认为不可靠,但还是把它记了下来,因为它毕竟是从美国政府官员口中传出来的。

当天晚上,游建文访问大使。晚饭后的谈话中,大使告诉他,华盛顿接近马歇尔家的人曾暗示宋美龄最好不要延长她在利斯堡的逗留。但游建文说,马歇尔夫人挽留她。这个问题由大使说出来,当然不会使她高兴,马歇尔夫人也许确实挽留过,但丈夫有病而又来了一位高贵的客人,不方便是可以设想的,而这种挽留,可能只是出于一种客气或礼貌。

蒋介石对宋美龄在美国的活动,时刻注意。1948 年 11 月 30 日,他在日记中写到:"下午清理积案、会客、阅报,美国国务院对妻访美表示冷淡,无异侮辱,惟有置之。"12 月 2 日又说:"夫人昨夜已到华盛顿,马歇尔表示今后国务院竭力阻止其议会与舆论欢迎,故一般形势已比前数日之热烈矣。"

令人怪异的是,明显的是美国总统与国务院对宋并不欢迎,但她在 12 月 12 日致蒋介石电中却表示,她以为杜(杜鲁门)、马(马歇尔)对其诚恳甚有希望也[①]。宋美龄为何作这种报告,颇令人费解。

---

① 林桶法:《从蒋介石日记探讨战后蒋宋关系与蒋介石来台的问题》,胡春惠、陈红民主编:《宋美龄及其时代国际学术研讨会论文集》,香港珠海书院亚洲研究中心 2009 年版,第 547 页。

　　12 日上午，顾使与叶公超次长通了电话，叶说，王世杰曾向蒋委员长建议，既然宋美龄已见到杜鲁门总统，委员长应即嘱她回国。可是委员长说，她打来电话说，马歇尔要求她继续逗留。这两种说法当然有不同意义，如果是国务卿的表示，便有可能是在完成她的使命方面仍有活动余地；如果出于马歇尔夫人的挽留，便另当别论了。

　　叶次长谈到蒋介石密令外交部调查中国驻华盛顿大使馆打字员泄漏重要情报的问题。大使也谈到宋美龄曾向他抱怨泄漏她准备向杜鲁门总统提出的中方要求。大使向次长解释，南京美国大使馆将消息告诉《纽约时报》记者利伯曼，利向他的报社发出报道，这些情况次长是完全了解的。

　　但是，由于蒋介石指示要调查此事，12 月 13 日，顾大使不得不在大使馆召开了一个会议，讨论保密问题，他要求制订细则，以确保大使馆机密文件的保密。当天下午，游建文又访问顾大使，告诉他，已将美国友人劝告宋美龄搬出利斯堡，而不要逗留到不受欢迎的时候的话告诉了她。但她仍说，是马歇尔夫人挽留，在马歇尔住院期间，不能丢下她离去。大使给游建文看了两份文件，其中一份是国务院授意下的关于宋美龄访美使命的声明，内称："美国驻华外交代表与军事代表将最新消息随时向美国政府详细报告。"这则文字，明显暗示宋美龄没有必要继续留在华盛顿。同月的稍后四天，中国驻加拿大大使刘锴在赴法国公干返回任所经华盛顿时，曾和顾大使会晤，他谈到，曾去利斯堡拜会宋美龄。他惊异地发现，她似乎对美国政府的观点以及有关中国局势的普遍气氛毫不了解。她给人的印象是，认为马歇尔可能会有所作为。她把自己局限于她的亲戚的小圈子里，只和他们讨论并决定她的行动。她很不高兴地回答关于她准备在利斯堡逗留多久的问题，只是说马歇尔夫人要求她继续逗留。刘使认为，美国人的看法是，她的访美是不成功的。

　　12 月 14 日，卢斯从纽约打电话给顾维钧，谈论"美国援华联合总会"的人对于宋美龄现在应该做什么，意见分歧，具体地说，她已见过国务卿与总统，是否应立即公开露面，从而以公众舆论来影响他们。对此，该会意见分歧。卢斯就认为在此情况下向公众呼吁不仅没有好处，而且会激怒美国政府，这是毫无意义的，或许还有害处。当天，由顾毓瑞联系，宋美龄约见了大使。顾大使告诉了他与卢斯谈话的内容。她表示同意目前不宜向美国公众呼吁。她感谢"美国援华联合总会"对她的邀请,她在离美之前很愿意同他们会面,要求大使转达她对他们的款待和诚挚友谊的谢意。她还非常认真而肯定地表示,她把卢斯夫妇看作中国的挚友。顾大使还谈到霍夫曼在上海的声明和国务院的声明。他把蒋介石引退的传说追查系来自香港,南京已予否认的事说了。但她不愿谈此事,有意打断话题,说她已经知道了。这样,大使便结束谈话。这次会见只用了十分钟。

15 日下午,代理国务卿洛维特到伍德兰大道宋美龄寓所见面,但这件事弄得很神秘,事前一点风声都没有,事后又一再否认。据顾大使回忆,那天傍晚,他与贝祖贻有个约会。贝对大使说,他刚从宋美龄寓所来,匆匆离开该处,因为孔令杰跑进去说,洛维特就要到了。对于这种说法,他开始不敢相信,因为在此之前三个小时,他刚与洛维特见过面,洛维特并未提到他要与宋美龄见面。于是,大使嘱顾毓瑞去核实一下。顾毓瑞向黄仁泉询问,黄断然否认。20 日,大使再次见到贝祖贻,谈到此事,贝说这是千真万确,因为这是他清清楚楚地听到孔令杰对宋美龄说的。大使不弄明白此事,心有不甘,又请蒋荫恩在国务院调查一下。国务院新闻处官员反问他,是怎么得知的?从而无意中承认了这件事的真实性。根据顾大使的估计,洛维特去见宋美龄,是去传达杜鲁门对她呼吁的答复,以使她完全相信她的使命——像那天大使与代理国务卿谈话时说的那样——是"不成功的",并促使她回国。在 18 日顾大使与于斌大主教谈话时,于斌也谈到,蒋介石非常赞成其夫人此行,以之作为争取马歇尔的手段,因为他认为一个女人比任何男人都能干。于斌说,宋美龄来美或许过早,或许过迟,因而不可能成功。

12 月 21 日,驻美国中国国防物资供应公司董事王守竞访问顾大使。王刚刚与黄仁泉、孔令杰会过面,他们二人告诉王,宋美龄的使命失败了,但她决不能空手回去。二人向王征询,根据军援情况,他有何建议。讨论结果,王建议要求美国为其在中国修筑飞机场支付八千万美元。大使告诉他,在与此二人见面之前,应与大使商量一下,这个建议是行不通的,而只会激怒美国政府。美国不可能付现款。王说,他们急于设法使宋美龄不空手回去,否则她无法"交账"。王守竞告知大使,宋美龄将于次日会见马歇尔。随后大使得到报告说,22日宋美龄曾两次去医院会见马歇尔。在此之前一日,宋美龄也从利斯堡搬到了伍德兰大道自己的住所。

12月27日,宋美龄拜会了洛维特。29日,在国务院的记者招待会上,洛维特向记者宣布了27日宋美龄拜会他一事,她重申以前的援华要求。据蒋荫恩的报告,30日杜鲁门在记者招待会上也被问及宋美龄活动的情况。当一位记者向总统询问宋美龄的今后计划以及他是否将再次会见她时,他生气了,他说他不知道她的计划,而且不准备再见她。新年刚过,1949年1月6日,宋美龄离开华盛顿搬到纽约去了。

宋美龄在华盛顿最后的活动,是在1949年元旦上午会见顾大使夫妇,2日下午会见大使馆及中国驻美各机构的成员,地点均在伍德兰大道宋美龄寓所。

根据顾维钧大使回忆,元旦那天,蒋夫人特别和蔼可亲。十五分钟后孔祥熙也来了,一起谈了四十分钟。顾大使谈到国内局势和有关蒋委员长下野的谣传。宋美龄说,她把他们记下来了,"将来再跟他们算账"。大使称赞她自己的新年祝词和蒋的新年文告写得好。她说:她是应合众社之请而写的;而委员长的文告,是他决心与共产党继续战斗的明确声明。她对大使说,她确信局势终会好转,洛维特的声明澄清了美国对华的态度,那是个很好的声明。不过,大使并不相信这个判断,他在日记中写道:"果真如此?今后着实不能令人放心。"

对于2日下午宋美龄接见使馆等驻美人员,她事先让游建文通知。宋美龄希望在接见他们时尽量随便一些,不必列队,她将和他们握手。会见时,她在门口和客人一一握手,并和大家谈了一个多小时,表示她喜欢和客人一起聊天。接见大体说来相当圆满。

在宋美龄访美使命失败之后,顾维钧大使在寻找"蒋夫人访问华盛顿的幕后原因是什么"。当时南京政府对美国的观点已十分清楚。从官方内部情报,他找不出明确的答案。蒋介石既未征求大使意见,也未与外交部长商量。11月初,蒋向美国提出四点要求,包括要求美国军官直接指挥中国军队。大使认为这是蒋的最后一着。宋美龄访美,也可以理解为他寻求一切途径,用以敦促美国对蒋那几点要求做出有利反应的愿望的一部分。他的最后决定,取决于宋美龄访美的结果;如果访美之行失败了,他也就决心下野了。顾大使的这种判断,基本是准确的。

宋美龄访美目的是和马歇尔进行个人直接联系。蒋氏夫妇认为美国援华的关键人物是马歇尔。但在大选之前,已传说马歇尔即将退休(马氏于1949年1月7日去职)。新国会已选出,尚未开会,国会不可能在援华问题采取迅速而有利于蒋介石政府的行动。所以,在那个时候,蒋介石要宋美龄访美失败是预料中的结局。

十、里弗代尔的客人

宋美龄抵美以后,与蒋介石电报往来不辍,报告各方近况。由于美方对宋反应冷淡,眼看徒劳无功,而且国内形势陷入绝望,宋离开后给蒋带来诸多不便,因此,蒋介石不断去电催促她回来。

1948年12月19日,蒋致宋电,谓"正午接电话甚慰,并无立夫任副院长事,但哲生以时局艰难,彼已决心辞职。望爱从速回国。外传余下野乃是美大使馆所策动,可怪。但余决不被迫受制,勿念"。在21日宋复蒋电中告以"顷阅哲生发表之谈话,与兄昨电大有出入,真情如何,希密告知。总之,妹在此患难之环境为国为兄尽最大之努力,望兄采取远大眼光,勿为一时之利害,而蒙永久之遗憾为要。目前我国局势及要人之谈话,影响美当局及马卿态度颇巨,且累及妹之工作,请兄注意"①。

如果说,宋美龄赴美时淮海战役还未结束的话,至1949年1月10日淮海战役结束后,南京政府实际上是谁也维持不下去了。21日,蒋介石的"总统"大位,由李宗仁接代。宋美龄远在天涯,未及目睹这个谢幕的大戏,免得双泪暗流,亦云幸矣。在蒋离开南京前后,蒋催促宋美龄返国之电报不绝,但宋置若罔闻。

---

① 林桶法:《从蒋介石日记探讨战后蒋宋关系与蒋介石来台的问题》,胡春惠、陈红民主编:《宋美龄及其时代国际学术研讨会论文集》,香港珠海书院亚洲研究中心2009年版,第547—548页。

据载,蒋介石从 1948 年 12 月 22 日至次年年初,曾数度要求宋美龄回国。如 1949 年 1 月 10 日致宋电,告"务望于两星期内回国,切勿延误。近日哲生态度恶化,殊为预料所不及也,可痛"。14 日再电,"事不可用电商复。若一经泄露,则关系甚大,应安慎出之。极望吾爱速回,面商一切,再迟恐不及也。何日来,盼复"[1]。面商何事? 蒋在 1949 年元旦即欲下台,权衡利弊再三,主意未定,是有待夫人返商,此事在电报中是不好说的,尽管密商,但此事在美无密可保。宋不清楚蒋意所在,也不赞成下台,勿为一时之利害而蒙不可反之覆;另外,宋尚不死心,仍想利用自己建立的人脉,争取最后一搏,天意可回,或许可能,故她不理蒋之催逼,继续留下来交涉。一荣俱荣,一损俱损,说到底,她留下来争取美援,也还是为保蒋氏的江山,想到这个份上,蒋介石也就无话可说了。

纽约里弗代尔的独立路四九〇四号,是孔祥熙的住宅。这是最自成一体的社区之一,深宅大院,大房子隐藏在树丛中,邻里间彼此相隔很远。1949 年 1 月 6 日,宋美龄迁入孔宅,隐居起来。

与里弗代尔幽闲的隐居生活相比,蒋介石在南京是度日如年。蒋介石挑动的内战,溃败速度之快,连他本人及其后台美国人也始料不及。1948 年 11 月 29 日,平津战役开始。次年 1 月 31 日,北平和平解放。东北、华北两大解放区连成一片。国民党大势已去。1948 年 12 月 31 日,南京黄埔路总统官邸举行新年晚宴,党国在京要人四十余人出席,虽然华灯璀璨,笙歌盈耳,却掩饰不了这是一顿"最后的晚餐"的悲凉气氛。席间,蒋介石让张群念了准备发表的新年文告。在这个求和文告中,蒋氏说:"只要和平果能实现,则个人的进退出处,绝不萦怀,而一惟国民的公意是从。"次日团拜后,他留李宗仁谈话,表示准备在走开之前,要进行布置。1 月 10 日,淮海战役结束,南京大门已洞开。同日,蒋介石让蒋经国去上海,部署将中央银行的黄金、白银、外汇(三亿七千万美元)运往台湾。12 日,他又派蒋经国、俞济时等在老家溪口布设通讯网,为退居幕后进行指挥作准备。16 日,下令将中

---

① 林桶法:《从蒋介石日记探讨战后蒋宋关系与蒋介石来台的问题》,胡春惠、陈红民主编:《宋美龄及其时代国际学术研讨会论文集》,香港珠海书院亚洲研究中心 2009 年版,第 548 页。

国银行、中央银行的外汇化整为零,存入私人户头,以免被新政权接收。21日,在中常委会后,蒋介石驱车到中山陵谒陵。午后4时10分,他乘"美龄号"专机,从明故宫机场起飞。他告别首都,距还都不到三年,便失败了。李宗仁代行总统职权,蒋介石仍以国民党总裁身份操纵一切。他退到了溪口,时维1949年1月23日,住进其母的墓庐"慈庵"。

　1949年1月28日农历除夕,是蒋介石三十六年来第一次在家过年。虽然经国一家都在身边,但毕竟宋美龄不在,未免有点失落。他不能不想到远方的妻子。所幸的是,他主持修订的族谱,让他比较满意,多少带来一些欢乐。在新修的蒋氏族谱中,解决了一个大难题,将经国生母毛太君写成蒋母王氏之义女,他的义姐;蒋纬国改在宋美龄名下,为宋所出。名分已定,蒋家的人便都高兴了。尽管姚怡诚一直与纬国生活在一起,但她与陈洁如一样不能上谱,这虽然不公道,但世间的事就是如此!

　大年初一,溪口组织了盛大灯会,舞龙灯,热闹非常,人们向蒋家父子致敬祝福。蒋介石从上海聘请了京戏班子到溪口演了十多天戏,与民同乐,并谢乡亲。面对着这种感人场面,真使人有不胜沧桑之感。不到三年前的1947年的4月2日,蒋介石与宋美龄夫妇荣归故里,次日是宋美龄四十九岁生日,在溪口的新老祠堂,演戏三天三夜,既是欢迎"锦旋"故里,又是为夫人祝寿,每晚他都点一二出戏看看。但是这一切都成了过眼烟云,眼前的舞龙、演戏,只是苦中作乐而已。

　蒋介石是个权欲极强的人,他是不会将权力交给李宗仁的。就在大年初一,他便决定将中央党部迁往广州。2月1日,行政院长孙科也将政府机关迁广州。这样,南京便只有"代总统"办公处了。在南京政府拒绝中共提出的《国内和平协定》之后,1949年4月21日凌晨,解放军过江,23日解放了南京。25日,蒋介石离开溪口,在象山港乘"泰康"号军舰赴上海。他在上海对汤恩伯等做了部署。5月27日,上海解放。此前,他坐"江静"号兵舰南行,辗转舟山、澎湖,6月1日抵台湾高雄。后又返福州安排工作,召开军事会议。21日下午3时30分,他乘"美龄"号飞台,24日住进台北士林官邸。

　所谓士林官邸,实际是距台北市区北面十三公里处草山,原台湾糖业公司种植园的宾馆(招待所)。他将草山易名阳明山,宾馆则改称"士林"官邸。该处有温泉,青山环绕,林木幽深,原是游览胜地。蒋介石初到台湾,并没有安心住下来,曾飞回内地及沿海活动,并以国民党总裁身份先后访问菲律宾与南朝鲜。1949 年 11 月 7 日,他宣布国民党"政府"迁设台北。10 日,他由成都乘机飞台,从此他虽一再要"反攻大陆",但那只是白日做梦,他再也没有回大陆的机会了。

话得说回来,在蒋介石逃往台湾之前,宋美龄的心情极为复杂,她做梦也想不到会有这样的结果。她虽强打精神一再设法要美、英等国出面调停国共和谈稳住阵脚,可是历史无情,她只好被历史处置了。1949 年 1 月 16 日,宋美龄在美国命朱世明访问顾维钧,了解他与洛维特会谈的情况。原来,南京政府曾请美、苏、英、法四国斡旋和平。13 日,顾在国务院会见洛维特。据顾的印象,美国对于南京要求他斡旋以促成国共和谈的反应是冷淡的,尽管他不愿把美国致驻华大使司徒雷登的复照告诉他。顾只向她说了四国会谈要点,供宋美龄参考①。在谈话中,顾使问朱世明,宋美龄在中国现状下对取得美援颇为乐观有何根据? 朱说,她觉得美国国会 4 月间要开会,届时总统将把问题提交这个立法机构。但顾认为美国正在观望,等待形势发展,因此将持更为消极的态度。

19 日,朱世明又找顾维钧,说宋美龄称蒋召他(朱)回去。据谭绍华说,蒋委员长要宋美龄回去,但她建议改让朱回去汇报。顾估计,她无论如何也要留在美国过一段时间以观察局势如何发展。情况果然如此,她并不急于回去。

6 月初,宋子文也来到美国进行活动,总部设在纽约大使饭店。12 日(星期日)下午 5 时,顾维钧应邀访问了宋美龄。她想了解华盛顿的情况。顾谈了他对美国政府的陈述及要求。在谈到宣传工作的协调时,她表示完全同意。她感到目前的困境应归咎于美国国务院。她向顾维钧透露:马歇尔曾答应她不反对援华。在谈到中国局势时,她说:她与大使都处于这样的时刻,两人都已对个人的荣誉声望置之度外,关心的唯有国家利益。她对顾

---

① 《顾维钧回忆录》第 6 分册,中华书局 1988 年版,第 611—614 页。

在美国的工作备加赞扬,说亟需他为国效力,不应萌发退意。

这次拜会,给顾的印象良好,感到她的态度令人愉快和友好,不同于往常,而且比往常坦率。不过,顾维钧后来认为,这次邀他会见的真实目的,是想了解他的立场与甘介侯活动的情况。因为李宗仁的代表甘介侯正在华盛顿活动,她询问甘的态度和活动。

由于顾维钧不断给宋美龄提供情况,她对顾印象大为改变。李惟果在6月28日访问顾氏,说他在26日见到蒋夫人(李与俞国华、黄仁霖都是蒋氏夫妇的亲信),她说,她感谢顾向她提供情况,说他不要太客气,可以让游建文转给她消息;如果有什么事告诉她,任何时候都可以给她打电话,或对她进行私人访问。6月下旬,黄仁霖也来到美国。据陈之迈公使说,黄来美的真正任务是征求马歇尔的意见,在中国政府和军队中,按其想法谁是最受美国欢迎的人。但是,蒋还给黄另一个任务,即护送蒋夫人回台湾①。

宋美龄对顾维钧的态度是否如此友善,是令人怀疑的。坎贝尔·刘易斯夫人(一个十分关心美国政治生活和外交问题的美国妇女,是宋美龄的密友)在6月4日就对顾大使谈到,在她印象中,宋美龄没有随时让他这个大使了解她正在做的和想做的事情。宋美龄认为顾太"圆滑"。她劝大使和宋美龄合作。她也认为大使是政府的正式代表,在一切外交活动中应起主导作用。在此之前,6月3日,刘易斯夫人还对顾谈到,宋美龄要求她不向任何人透露,其计划是在国会的联席会议开始以前通过广播发出要求援华的呼吁。刘易斯夫人说,宋美龄已不再消极被动,她给刘易斯夫人的印象是委员长将很快在中国东山再起。她还说宋美龄衷心赞成她准备建立一个由大工商业代表组成的小型委员会,来争取美国人民支援中国,她(宋)希望在这个委员会成立后参加委员会的会议②。

在寻求军援的问题上,宋美龄仍紧紧抓住马歇尔。受宋的约见,7月31

---

① 《顾维钧回忆录》第7分册,中华书局1988年版,第176页。据同书第167页记,6月27日,黄仁霖见顾维钧时称,此行任务是来领取一亿二千五百万美元的军援项目下运交中国的军事物资分配和使用的资料。

② 《顾维钧回忆录》第7分册,中华书局1988年版,第122—121页。

日(星期日),顾维钧到里弗代尔去拜访她。他们从下午6时开始,谈了一个半小时。她告诉顾大使,马歇尔夫妇邀请她到阿迪龙达克的普莱西德湖和他们待些时间。她将在星期三动身。她想把援助计划在提交政府之前先请马歇尔提提意见。如果他不赞成这个计划,她可以问他,我们应该怎么办。顾的希望,是将中国的军援计划附在国会讨论的欧洲武器援助法案内。她要求把军援计划与蒋介石商量一下。蒋认为中国目前只需军援,而不是经援,援助金额最好是要求二亿美元多一点,以便给国会减数留有余地。顾答应给她一个计划的副本。她还说,宋子文已经对她讲了拟在蒋廷黻(按,当时中国驻联合国代表)家召开会议,讨论协调各项援助计划的想法。她赞成拟议中的这次会议。但顾告诉她,会已开过,讨论了各项问题。她表示,皮宗敢与毛邦初对如何拟定军援方案已请示蒋介石,但尚未得到回答。言外之意,是要顾维钧他们等一下。当天晚上,陈之迈公使告诉大使,下午他也访问了里弗代尔,并回答了宋美龄所提应向马歇尔讲些什么的问题。她还要陈公使准备一份备忘录。但是,这些事宋美龄对顾维钧只字未提。顾向陈谈到他对宋讲的内容(即明智的办法是不要与马歇尔谈起过去,只承认他的用意是好的,仍旧被看作是中国的一位朋友,他了解中国的情况,非常需要他的意见)。顾还对她说,问问马歇尔,中国能干些什么或应该干些什么,才能在目前困境中重新获得美国的好感和支持。这对于美国以及最终对于全世界都会发生影响。

皮宗敢在同一天向顾谈到,宋美龄要他去见她,并让他把军援和需要什么这个问题请示蒋介石,他和毛邦初只得照办。第二天,皮宗敢将蒋的答复送给顾大使看,蒋的答复非常清楚(两亿美元的分配意见,反共军事行动的统一战略方案以及协调军事指挥等问题)。但蒋说将回电送国防部,由该部电大使付诸行动。这是避免幕后指挥之嫌的做法。

正当顾维钧、宋美龄等人细斟密酌讨论向美国政府提出军援案的时候,中国内战的胜负大局已定。眼看蒋介石集团面临灭顶之灾,美国政府内部也考虑如何从中国的泥淖中脱身的问题。7月28日,国务卿艾奇逊在一次记者招待会上回答问题时便说过,国务院将公布美中关系白皮书,有一千多页。此事在8月3日国务院会议上作出最后决定。杜勒斯与宋子文谈到它的内容,杜勒斯说,最晚于 8 月 5 日星期五上午 11 时公布,副本将于星期四发给报界人士。按美方解释,发表白皮书是为了消除美国在与中国关系的作用方面所受到的误解、歪曲和批评。国务院在十个月以前就着手准备,决心要予以公布。4 日,顾维钧得到白皮书的副本,包括一篇总的声明和两国关系的叙述以及一长串附录文件,共有一千〇五十四页,分为八章,收录文件一百八十六份。它公开为美国过去的对华政策辩护,编得非常精细,对蒋介石的抨击至少有一部分是相当露骨的。

7 月 30 日,顾维钧与美国对华政策协会的科尔伯格谈话,后者刚从台湾回来。谈话中,科氏表示,他要求国务院推迟公布白皮书,蒋介石表示了同一看法。顾维钧谈到要求公布推迟的理由。第二天,顾与宋美龄见面时又谈到这个问题。她表示,如果科尔伯格致电蒋委员长说不必推迟发表,则将置委员长于尴尬的地位,因外交部与此相反,指示大使馆向国务院表达了推迟公布的意向。这也表明国民党领导人中间缺乏团结。8 月 5 日,顾维钧手忙脚乱地向国内外联系处理白皮书、军援等问题,深刻体会到"一国何止三公"的混乱局面。

据顾维钧记载,8 月 7 日,甘介侯曾去访问他,解释白皮书在文章结尾处公布李宗仁的信件。由于四天前他去见过宋美龄,最后顾大使问他,在她那里有何动静。甘说,她将不回国,因为回去对委员长也不会有什么帮助,委员长不会听她的话,他被一帮讨厌她的人包围住了①。

8 月 10 日,顾维钧从陈之迈口中获悉,马歇尔夫妇最初请蒋夫人暂缓去阿迪龙达克与他们会面,现在则请其在两天后即下星期天到那儿去。陈之迈与李惟果都认为,在白皮书公布之后宋美龄去那儿有欠明智,因为白皮书正是马歇尔坚持公布的。马歇尔已离开国务院,但他对国际仍保持接触,并有影响。顾大使同意他们二人的意见,但他说,她相信她能说服马歇尔改变其观点,并使中方提出的援助计划获得通过。对这点,顾大使有点怀疑。

美国驻华大使司徒雷登及其随员于 8 月 2 日离开南京,直飞冲绳,10

---

① 《顾维钧回忆录》第 7 分册,中华书局 1988 年版,第 234 页。

日抵美。他没有去广州,也没有去台湾。司徒雷登在冲绳发表了一项声明,赞成承认中共并与之维持商务关系,但国务院未让该声明在美国发表,并电告其在途中不得再作声明①。8月12日,顾维钧与司徒雷登依约会晤。稍后,顾对皮宗敢谈了这种印象,司徒雷登个人对委员长的态度是友好的,但认为蒋的思想和方法已经过时。对蒋夫人如何评价呢?未见记载。美国已经没有大使驻在中华民国领土上,它显然已判定中华民国行将作古了。

由于白皮书已经发表,蒋介石不主张再递交有关军援的备忘录。但顾维钧还是将要求军援与经援的计划,作为备忘录交给迪安·艾奇逊。其结果,正如8月28日顾维钧访问里弗代尔时宋美龄所谈的,在参院联席委员会上对援华修正案投票表决时仅以两票的多数获得通过。这就是大约七千五百万美元的军事援助。顾氏认为,国务院已经把中国抛弃了。

宋美龄为了扩大她在美国政府中的影响,企图安排自己的朋友在国会中活动。8月25日,孔令杰会晤顾维钧,送去宋美龄的一封亲笔信,信中感谢他给她发去一套致艾奇逊的照会及所有关于援华问题的各项附件的抄本,并要求他用她亲自拟就的词句给艾奇逊写一封信,具体内容由孔令杰亲自对他传达。书信的内容,是要求让罗斯科、庞德(哈佛大学法学院院长)与饶伯森(前美驻华使馆公使衔参赞)参加到以杰塞普为首的制订对华政策小组里去,因已任命的三人中,没有一个人到过中国。顾维钧不赞成此举,有几点理由,主要是会使艾奇逊感到这是干涉美国国务院的内部事务,另外,美国新的对华政策已经制订完成,建议为时已晚。但不管怎样,他可以将此意见通过杜勒斯间接转达艾奇逊。可是,杜勒斯认为艾奇逊不会欢迎这件事。

约在8月下旬,宋美龄到阿迪龙达克与马歇尔夫妇一起度过了一星期时光。可能是得到马歇尔的暗示,她对顾维钧说,大约三个月后将发生重大事件,到那时就可以摆脱困境,但她没有说明具体指什么事。

美国国务院当时明显地对蒋介石集团厌恶不已。在国务院支持下,8

① 《顾维钧回忆录》第7分册,中华书局1988年版,第234页。

月 25 日,参议员迈克·曼斯菲尔德在《美国新闻与世界报道》著文,其内容是与蒋有亲戚关系的某些中国官员的贪污劣迹。文章质问拨给中国的援助款项用到哪里去了? 这是一个无法回答的问题,只能是"置之不理"。但是,9 月 18 日(星期日)许多早报上又刊载了指责中国人贪污的新消息。《华盛顿邮报》刊出题为《蒋在国会搞院外活动》,揭露中华新闻社未经美国方面登记雇用威廉·古德温以每年两万五千美元为中国服务。这是宋美龄不顾中华新闻社倪社长反对自行聘请的,连大使馆也不知道。一些负有特殊使命的中国人员,如宋美龄、甘介侯等,身份并不明确。他们的活动并不与大使馆联系,大使馆对他们也毫无办法,这也不奇怪,纪纲不振,历来是末朝征兆,何况中国早已天下大乱了。

10 月 16 日,顾维钧应宋美龄的仓促要求,前往纽约会见她。她表示不久将回国,因为她相信这样做会给美国人民以中国事业并未失败的印象,而且,也会长中国人民的志气。会见就是为了这件事吗? 不。会见的目的,是要大使为关于李宗仁与蒋介石之间不和的新闻报道归咎于共产党宣传的影响。

到了这个地步,宋美龄仍在玩弄自欺欺人的把戏。10 月 19 日,贝祖贻告诉顾维钧说,由宋美龄授意,宋子文要求草拟一份援华备忘录,她在星期三要在里弗代尔与马歇尔夫妇共进晚餐,届时交给马歇尔。顾氏认为,全部进行方法都非常不现实,可能只是弄点具体东西供宋美龄向委员长汇报而已。但是,这次共进晚餐的是美国国防部长约翰逊。备忘录交去了,却未见答复。她确实宴请了马歇尔,并且仍然认为局势已经好转,但这不过是痴人白日做梦而已,因为,世人皆知,1949 年 10 月 1 日中华人民共和国已经宣告成立了,"中华民国"已经成为历史名词。

1949 年 12 月 7 日,"代总统"李宗仁偕夫人及随员抵达纽约,顾"大使"前往迎接。9 日,"行政院"开始在台北行使职权。自从李宗仁抵美国后,顾维钧的工作增加了不少,处境也更加困难。既要按李"代总统"的地位安排其合乎规格的活动,又不能冷落宋美龄这一头。从 9 月开始,李宗仁就提出辞职,但为蒋介石所不允许,只得硬着头皮顶下去。顾维钧此时当龟缩台澎一隅的"国家"的"大使",处境也够可怜了,何况,"使馆"又时虞经费不继之苦。

1949年12月17日，顾维钧在纽约塔里敦的塔本山俱乐部餐厅为李宗仁夫人及随行人员安排了一次午餐（李宗仁已入医院治疗胃病）。午宴后，他又按约定前往里弗代尔拜访了宋美龄。她对于顾氏参加由"中华民国"出席联合国代表团的于焌吉、保君健遵照她的建议所举办的阿斯多里亚饭店聚会表示感谢。但她暗示，蒋廷黻在联合国大会办理"中国"控诉苏联一案中，对他的同僚不够坦率。她告诉顾维钧，她已打电报给蒋介石，催促迅速拨付驻外"使领馆"的经费。由于一些国家相继承认新中国，驻法"大使馆"也有人选择了新道路，她非常害怕"大使馆"的人"变节"，认为"在美国的任何变节活动都将是一个沉重的打击"。她大概不是警告顾氏本人，因为中共方面已将他列为战争罪犯，而予以通缉。对于拟议中的民主党全国妇女委员会主席哈林顿夫人组织一次集会欢迎，她表示感谢，但对延续雇用诺曼·佩奇做新闻发布与对外联络工作的建议，则未予同意，说她没有经费，且以古德温事件作为经验教训，予以驳回。

1950年1月5日，杜鲁门总统声明禁止给中国（按，指台北）以军事援助。6日，顾维钧已确知蒋夫人将在1月10日回台。顾还获悉李宗仁在离开医院后的计划。因此，他约定前往纽约会见宋美龄与李宗仁。

7日下午4时30分，宋美龄接见了顾维钧，她要求顾向华盛顿的菲律宾大使馆为她和她的一行办理着陆许可证，并用以在泛美航空公司购票。他立即用电话请谭绍华办理此事。现在没有专机迎送了，只能将就一下，乘商业经营性质的交通工具了。宋美龄在援助问题和即将返回台湾方面，看来表现得愉快和镇静。她还有一件事要做，就是要发表告别美国的讲话。所以在她的会客室里，美国全国广播公司的技师和工人正在忙着安装电话通讯设备，第二天中午12时，她要对美国人民发表一通无聊的告别广播讲话。

顾维钧在讲到"领袖之间团结合作的必要性"时，她表现得似乎不太感兴趣。但对于"在海南岛进行一场反对入侵的出色战斗的重要性"，她立即表示同意。他们都认为，美国舆论一直在朝着给中国（指台北）更多援助的方面发展。董显光要先一脚返台北，因他急着要回去汇报，故决定1月8日便启程。

十一、告别美国回台

1950 年 1 月 9 日,宋美龄在纽约里弗代尔寓所向全美发表广播演说。她意绪茫然地向美国人民辞行,感谢他们"殷切的款待"。她说:"几天之后,我就要回到中国去了,我不是回到南京、重庆、上海或广州,我不是回到我们的大陆上去,我要回到我的人民所在地的台湾岛去,台湾是我们一切希望的堡垒,是反抗一个异族蹂躏我国的基地。"无限伤感中有点慌不择言,她力图煽起"自由世界"的反共情绪,但无论是从修辞学角度抑或政治立场上考察,这段话均欠妥当。台湾是她的"人民所在地",大陆人民如何处理呢？ 这是自绝于大陆人民了。国民党政权丢掉了大陆,是它发动内战,花了几十亿美元美援,在战场上较量了三年,终于彻底失败了之后被赶出大陆的,以言"异族蹂躏",则未免不恰当地给俄国人评功摆好。事实上,斯大林一直是支持蒋介石的,认为只有蒋才能统一中国。俄国人不但干扰中国人民进行的解放战争,而且它的驻华大使还跟着迁到广州。相反,美国的司徒雷登就拒绝到广州驻节。当然,也不能否认,中华人民共和国成立后,苏联是最早与新中国建交的国家之一。但是,宋美龄向美国听众宣布"俄国永远不能在中国享受一天的和平。俄国永远不能占有中国,中国一定会获得自由",这种判断,显然是把中国人民的胜利当作俄国这个异族对中国的"蹂躏",这种判断显然是极其错误的、荒谬的。

宋美龄在演说中表示"不论有无援助,我们一定打下去。我们没有失败,我们数百万同胞正在致力于长期斗争,只要我们一息尚存,只要我们对上帝存有信心,我们就要继续奋斗,无一日无一时不用来为争取自由而奋斗"。这些话,无非是表表决心而已。此行即为争取美援而来,以后也不能没有美国支持。至于对上帝存有信心云云,则不免使人联想起唐人的诗句:"可怜夜半虚前席,不问苍生问鬼神。"八百万国军都被共军收拾了,还想驱使"数百万同胞"去为"自由"而奋斗,恐怕不那么容易了。宋美龄向美国听众宣示:"大陆上被压迫的人民,只要号角一响,必将起而闻风响应,协同反攻部队,摧毁共产统治的暴政。"①所以,她要"以毒攻毒"。敌人的毒是什么呢?"谎言与欺诈","诱骗和宣传"。以此还诸敌人,宋美龄想做什么,真是匪夷所思。她不指名地批评美国统治集团中不再对蒋介石一伙感兴趣的人们,说"那些贪生怕死不顾道义的人们,可能认为无可救药而要将中国予以注销了"。更愤恨地抨击"道义上懦怯人们""正在抛弃"他们,"英国为了几块银子的代价,出卖了一个民族的灵魂,我说她'太无耻了'! 这几块银子所生的利息,就是他日在自由战场所付出的血汗和眼泪。大凡在道义上是邪恶的,就永远不会在政治上是有公理的"。咒骂言词,任何时候都是苍白的。她或许不晓得,恐吓和谩骂都不是战斗,只是费词而已!

她赞颂蒋介石的反共经历,说它已有二十几年的历史。不过她似乎有意欺蒙洋人,以为他们无知,居然说:"蒋'总统'是世界政治家中首先揭发共产党徒阴谋的第一人,同时也是着手反共的第一人";"1926 年(按,原文如此)的国共决裂,就是由他单独负责的。"

演说虽然也不乏精辟的词句,例如她说:"真理所要求于各个民族的,就是按照它自己的传统,在人类自由与尊严的气氛中生活,这也就是中国文化的精髓。"但是,她神色黯然地表示:"我们伸着空无一物而愿接受援助的双手直立着,我们谦卑而又疲困的直立着。"直立着是无济于事的,她的意思是决不弯腰乞讨。她声明:"我不能再向美国人民要求什么。我在贵国停留的这几个月中(按,应是一年又两个月),没有发表演说,也没有作过呼吁。我的国家虽然亟需你们的援助,但我从未参加求援的竞争。"这种完全与实际相反的言论,明智的办法是以不说为好。尤其是她还接着说:"我能给你们什么诺言? 我又能向你们作什么保证? 难道我要和那些口惠而实不至的人们竞争吗?"这一段话,更暴露出她求援不得而言之悻悻的情绪,更显示出她在政治上欠缺点什么。这也许就是她赴美求援收效甚微的主要原因之一吧。

---

① 王亚权编纂:《蒋夫人言论集》下集,台北"中华妇女反共联合会"1977 年版,第 1143—1148 页。

她向她的听众说："希望我下次再到美国来的时候，空气或许比较更为愉悦，敝国并已自异族侵略者的铁蹄下重新获到自由了。"①

这篇演说词是她亲自起草的还是他人捉刀的，外人已无法了解。她的文字确是自备一格，但毛病是华而不实。1949 年 1 月 13 日，顾维钧在一次晚宴上，与芝加哥众议员丘奇夫人谈了一会儿心。她曾经当过宋美龄的英语教师。当顾为宋美龄的光辉业绩和优良的英语向她致以敬意，并说我现在已经知道蒋夫人是跟谁学的英语时，丘奇夫人说："不包括她用的那些华而不实之词。"顾大使问，那么她跟谁学的呢？丘奇夫人说："从她念的那些书上学来的。"又加上一句，说："不过这回我注意到她已经停止使用华而不实之词了。"顾大使评论说，实际上蒋夫人的演讲稿除了那些华而不实之词以外，都写得很不坏。这些华而不实之词有时使得记者们跑出去找字典②。对这次告别演说，认识她的与不认识她的听众，又将何评论呢？也有可能，失去光辉的形象以后，压根儿就没有人去注意她说些什么，一切都成明日黄花了。

1950 年 1 月 9 日晚上，顾维钧设宴招待共和党参议员史密斯、兰诺，众议员周以德、洛奇。宴毕，乘夜车赶往纽约。10 日清晨在拉瓜迪亚机场，宋美龄正站在飞机舷梯旁与人照相。她高兴地拉顾维钧一起拍照。送行的中国各方人士有五六十位，包括蒋廷黻、贝祖诒、席德懋、李德炳、李惟果、皮宗敢、陈之迈、宋子文夫妇、孔祥熙及其女儿、李汉魂夫人，以及刘锴。报载李宗仁夫人也到机场送行③。

此次美国之行留给宋美龄的，恐怕是一番苦涩的回忆。一年多的光景，地覆天翻，历史真会作弄人。台湾真是一切希望的堡垒吗？话说出去了，只有天晓得她的未来会如何。"历史上残酷的事实告诉我们，公理终必战胜邪恶。"宋美龄默念着，理了理紊乱的思绪，只好离开美国，回到台湾蒋介石身边，在台北士林官邸过女主人的新生活。

---

① 王亚权编纂：《蒋夫人言论集》下集，台北"中华妇女反共联合会"1977 年版，第 1145—1148 页。
② 《顾维钧回忆录》第 7 分册，中华书局 1988 年版，第 23—24 页。
③ 《顾维钧回忆录》第 7 分册，中华书局 1988 年版，第 579 页。

第九章　士林官邸的女主人

一、退居台湾岛

　　1949年12月5日,李宗仁离开香港赴美。在李氏走后,"中华民国"没了"元首"。蒋介石亲自指挥保卫成都地区的战役也以失败告终。10日,云南国军起义;同日,蒋介石飞离成都,下午6时30分抵台北。21日,他批准胡宗南放弃成都,突围退保西昌。在企图以西南与中共对阵的希望化作泡影之后,蒋介石不免心灰意冷。24日,他偕家属往游台湾南投日月潭,住在涵碧楼。在波光潋滟中,蒋介石暂时松弛了一下,人世间的烦恼,在这远绝尘嚣的游船上,淡化了。他放出长线在钓鱼,突然鱼游动了,他使劲地收线,左右捞起一看,竟然是一条大鱼。这是圣诞节发生的事。蒋介石是基督徒,他相信这是好兆头。

　　大陆眼看是丢了,海南岛也不一定能守住。脚底下的台湾岛,能否安身立命,只有等待考验。他在圣诞节这天,写下了这么一段话:

　　"从前种种,譬如昨日死。今后种种,犹如今日生。过去一年间,党务、政治、经济、军事、外交、教育已彻底失败而绝望矣。如余仍能持态养气,贯彻到底,则应彻悟新事业、新历史,皆从今日做起。

“近日独思党政军改革方针与着手之点甚切,此时若不能将现在的党彻底改造,决无法担负革命工作之效能也。其次为整顿军队,以求内部转纯,团结一致。”①

蒋介石从整党、整军开始,这是为求转机的刻不容缓的行动。不过,台湾是孤岛,中共军队随时都可能打过来。共军来了,能抵挡得住吗? 蒋介石不由得想起夫人与美援。真是没有想到,1949 年 1 月 5 日,杜鲁门举行记者招待会,宣布美国的对台政策,蒋介石一听,不免胆战心惊。杜鲁门宣布:“美国此时不想在台湾获取特别权利或建立军事基地,它也不利用其武力干涉台湾现在的局势。美国并不采取足以涉及中国内战的途径。同样的,美国政府也不供给军援与军事顾问于台湾的中国军队。”②多么可怕呀,这不是放手让共军攻台吗? 这回真的是美国人把蒋介石遗弃了!

就是在这凄风苦雨之中,宋美龄返台给蒋介石带来了一点温暖。为了迎接宋美龄回台,蒋经国亲自前往菲律宾恭迎其母。对于蒋介石来说,夫人回台,这无疑是一件大事。蒋夫人不仅是回来主持家政,在政治上,也是一位重要助手。从此,士林官邸也有了女主人。

在内战中面临没顶之灾的蒋介石,开始大力经营台湾作为大陆失败后的退路。1949 年 6 月,在台北草山(后改名阳明山)设“总裁办公室”。10 月1 日,中华人民共和国在北京成立。12 月 10 日,蒋介石怀着绝望的心情,飞往台湾。在此后一年多时间里,美国政府经历了从准备放弃蒋介石到继续扶持蒋介石的过程。蒋介石虽然是国民党总裁,但李宗仁名义上仍是“中华民国”“代总统”;蒋介石要任命官吏、组织“政府”,便要“复职”。尽管在美的李宗仁拒不“辞职”,蒋介石还是在 1950 年 3 月 1 日在台北“复职”为“总统”。

宋美龄返台后的第一次重要活动,是出席 1950 年 3 月 1 日蒋介石“正式视事”典礼。次日,蒋氏夫妇又出席在中山堂光复厅举行的茶会。3 日上午,蒋氏夫妇出席了有十万人参加的群众大会。蒋介石用这种方式表示他

① 蒋经国著:《负重致远》,台北幼狮文化事业公司 1976 年版,第 254 页。
② 《顾维钧回忆录》第 7 分册,中华书局 1988 年版,第 560 页。

宋美龄与"复职"后的蒋介石

已是台湾最高领导人,至于这样做是否合法,那无关紧要。8日,"立法院"决定陈诚为"行政院长"。这样,南京国民政府的架构,重新在这小岛上恢复起来。

如前所述,位于台北中山北路与福林路交界处的士林"总统"官邸的建筑十分隐秘,只有在空中鸟瞰,才能一睹踪迹。若在地面上,根本无法看到它的"庐山真面目",因为官邸四周古林翁郁,枝叶繁茂,无一空隙,即使人们走过附近的公路,最多也只能看到裹得紧紧的外围树木而已。

官邸四周的活动空间十分宽阔,地上栽种着绿茸茸的高丽草,柔软苍翠,俨若铺着一块绿地毯。还有丘陵假山,健行步道,游泳池,篮球场,高尔夫球练习场,以及酷似奉化溪口镇的"小桥流水"等。官邸上空是飞行禁区,飞机噪音在这里几乎等于零,比起台北闹市,士林官邸实在可以说是一个世外桃源①。

据说，士林官邸内部摆设十分典雅，有许多精美的古董，以及很多木头镶嵌的中式家具，会客室还有一个挺西化的壁炉。曾出入官邸的人士透露，这里每件家具都非常值钱。官邸内挂了许多画，有名画，也有宋美龄的画。她经常画泼墨山水。在那些画中，有一幅是带毕加索抽象味道的一头猪。这幅画还有一个来历，有一次，蒋介石看见宋美龄在画画，觉得她总是画山水，想试探一下她能否画一些新的题材，那年是猪年，所以便要她画一头猪，宋美龄毫不含糊，没几下就把一头猪给勾画出来了。宋颇为得意，这幅画也悬挂在住宅中②。她也把自己的作品赠给她认为值得送的人，她送给蒋经国的一幅竹子，题字为"赠吾子"字样。

但是，士林官邸不是艺术品收藏馆，它是台湾权力的象征。1950 年 3 月 1 日蒋介石正式宣布恢复"中华民国总统"职务后，尽管李宗仁在太平洋彼岸执戟叫骂，蒋氏概不理会。蒋介石还安排蒋经国做"国防部"总政作战处主任，负责军队的思想工作。4 月 17 日，宋美龄成立了"中华妇女反共抗俄联合会"（即"妇联会"），控制国民党和台湾社会的妇女工作。"妇联会"除了做"缝征衣""慰征属"之外，便是劳军。5 月 18 日，宋美龄还亲自到基隆劳军。这是一个十分紧张的时刻，海南和舟山群岛已相继被解放军解放，连蒋介石也认为共军攻台是不可避免的了，所以劳军鼓舞士气，是一件不可或缺的工作。

二、台湾妇女工作的主持者

在大陆时期，宋美龄从抗战开始即主持国民党的妇女工作。国民党迁台之后，她仍然以自己的地位，控制台湾的妇女运动。

1950 年 3 月 8 日，这是宋美龄在台湾举行的第一个妇女节。在此之前，她曾到台湾一些地方去参观（"环岛劳军"），接触了若干地方的妇女领

---

① 杜卿、邓吾仁：《台湾政要子弟秘闻》，时事出版社 1992 年版，第 130 页。
② 韩舞燕、李大宏编著：《蒋氏家人今何在》，百花文艺出版社 1992 年版，第 20—21 页。

袖。在纪念会上,她要求大家在"大陆已经完全沦陷,苦难跟随而来"之际,"应以美国妇女工作和奋斗的精神为借鉴",为"前线的伤患官兵服务"。她宣布,"我最近准备组织一个'中华妇女反共抗俄大会',成立后,希望每一个妇女都团结起来,发挥自己的力量,同时妇女们应该不断求进步,利用机会,多看书,多作研究,以求得到真实的学问"①。

4月3日,这个"中华妇女反共抗俄联合会"在宋美龄主持下开筹备会。宋美龄要求她的老朋友、新朋友都得负起应尽的责任。她称共产党"将中国送给了苏俄做殖民地","假如发现有嫌疑的分子,为了国家,为了民族,都要尽量检举出来,免得上了他们第五纵队的大当"。她要求台湾妇女团结,"热烈的慰劳"三军,并对民众做组训工作。她要求妇女界"竭力帮助蒋'总统'以此救济大陆饥馑同胞的运动";"共同负起为国家为民族也是为自己的责任,保卫台湾,打回大陆去"②。

4月17日,"中华妇女反共抗俄联合会"在台北宾馆举行成立大会。在5月6日招待"立法院""监察院"女委员及"国大"妇女代表茶会上,宋美龄谈到成立这个组织时说:"因为目前的工作,不许可我们慢慢的根据组织法来成立一个会,同时,我主要意思,是希望这个会能快点成立,大家不注意名义、地位,而只是工作。"她希望在座的人都来做会员,做工作,一同打回大陆去。

她除了当"妇联会"主任委员外,还担任台湾省妇女代表大会的名誉会长职务。菲律宾华侨还为"妇联会"出钱盖了一个房子叫"孺慕堂",作为会所。到1956年,"中华妇女反共抗俄联合会",以再有"抗俄"二字已不适应形势发展,便在该会名中将此二字去掉,改称"中华妇女反共联合会"。

在1955年7月,国民党迁台后召开了第一次妇女工作干部会议③。国民党妇工会指导长宋美龄,将中央妇女工作会主任的职务交给钱剑秋。钱剑秋当妇工会主任,一做便做了三十几年,直到1988年国民党"十三全会"之后,才由李钟桂所取代。

---

① 王亚权编纂:《蒋夫人言论集》下集,台北"中华妇女反共联合会"1977年版,第748页。
② 王亚权编纂:《蒋夫人言论集》下集,台北"中华妇女反共联合会"1977年版,第749—751页。
③ 王亚权编纂:《蒋夫人言论集》下集,台北"中华妇女反共联合会"1977年版,第836页。

妇工会一向是"夫人派"的地盘,钱剑秋当然因宋美龄撑腰,才能久居其位。据载,蒋经国在位时,国民党内部虽也有人不满钱剑秋,认为她年龄过大,任期过长,应该换人。但蒋经国有所顾忌,故迟迟未对钱下手。李登辉继位之后,"钱剑秋下台"的呼声再度高涨;钱一面向宋美龄寻求奥援,一面上书李登辉,请求留任一年。李登辉与李焕("行政院长")当时即属意"救国团"主任李钟桂接替钱剑秋,但为李钟桂所婉拒,钱乃得以再留任一年。国民党"十三全会"上,虽然钱被提名中央委员候选人,但因她缺乏党内基础而落选。钱剑秋当不成中委,妇工会主任当然也当不成了。这样,李钟桂便成为宋美龄失去这个地盘后的新一任妇工会主任。

钱剑秋的下台,并未彻底消除宋美龄在台湾妇女运动中的影响。一是宋的妇工会指导长仍未解除,"使得妇工会的上下隶属关系与指挥体系,有点混乱"。二是妇工会走了一个钱剑秋,但整个人事、组织与文化,并无太大变化。三是"妇联会"总干事王亚权是宋美龄的另一员大将,"李钟桂根本指挥不动"①。看来,宋美龄在世之日,对台湾妇女界的影响,便会继续存在。

与"妇联会"相配套的,是组织"中华妇女祈祷会"。据曾任士林官邸侍卫长的陈宗璀记述:祈祷会是女士们事奉主的重要聚会,也是夫人团结信教妇女领袖们的一个组织。通常在每星期三下午 4 时左右集会,地点在台北市妇联总会,总会后面有一专门房间,作为祈祷会的集会所。祈祷会主要以研究《圣经》、报告为主,仍由牧师主持,时间在一小时左右。祈祷会有时在士林官邸的大客厅举行,因夫人以茶点款待祈祷会人员,所以集会的时间比较长。以后夫人旅居美国,祈祷会重要人员,每年亦会专程到纽约去看望夫人,可知她们的向心力很强。另据记载,这个会是专门为国家祈祷的,人数不多但包括政教领袖,都是热心基督教或慕道的人。宋美龄在《祈祷的力量》一文中追忆该会原委,并引用一位神父的话"一同祈祷的家庭必不分散"后说,"国与国的关系不也是一样吗?"与重视宗教相关,宋美龄自 1967 年

---

① 徐策编著:《九十年代台湾主导人物·国民党篇》,中国友谊出版公司 1990 年版,第 157—158、162—163 页。

1952年，宋美龄参加"中华妇女反共抗俄联合会"两周年纪念大会

12月至1992年间担任台北辅仁大学董事长。以基督徒任天主教大学董事长之职，实属异数。她基本上不直接处理校务，但有巨大影响力。她支持于斌当校长，二十五年中曾十七次到校颁赠毕业赠言，故她虽管事不多，却是一位具有影响力的董事长。1970年辅大建成一个多功能体育馆暨礼堂，取名"中美堂"，据于斌解释，它既涵中美文化、中西文化交流之义，也可理解为

"中正美龄堂"。

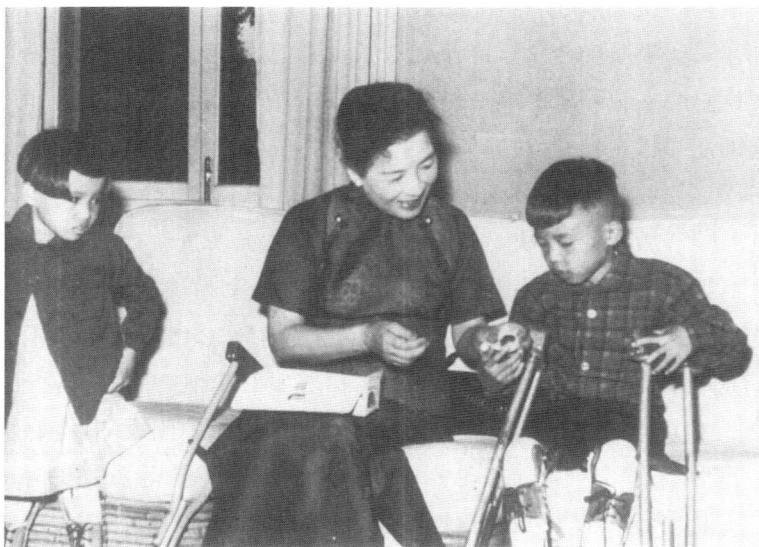

宋美龄设立振兴育幼院，专门防治小儿麻痹症

宋美龄重视小儿麻痹及肢体残病患者治疗复健的事业。1956 年，她在下南仔创立小儿麻痹病童医疗复健医院——振兴育幼院，初期专门为四—十四岁的病童服务，后来逐渐收治病者至二十五岁。二十年间，先后救治三万多名患者。1967 年，以小儿麻痹症在台湾已绝迹，乃将该院改造为各科兼顾的综合医院，改名为振兴复健医学中心，秉持董事长宋美龄的"慈善心，服务情"的创院理念，为社会服务。

三、转危为安的契机

蒋介石退守台湾后，为安定局面，曾残酷地镇压"匪谍"，宋美龄成立"妇联会"，主要任务便是要配合"肃清奸匪"，在机关、学校、家庭进行检举。尽管如此，并不能消除人民解放军渡海解放的危机，所以，蒋氏夫妇虽然口中高喊要"反攻大陆"，但实际上是提心吊胆地过日子。

真是上帝保佑，北朝鲜帮了蒋介石的大忙。1950 年 6 月 25 日拂晓，北朝鲜军队突然发起进攻,迅速占领开城、春川等地,之后才遭到南朝鲜军队的有力抵抗。此时,北朝鲜军队距汉城仅二十五英里。当晚 10 时,驻韩国的"大使"邵毓麟报告蒋介石:"韩战对于台湾,更是只有百利而无一弊。"他认为,"我们面临的中共军事威胁,以及友邦美国遗弃我国与承认'匪伪'的外交危机,已因韩战爆发而局势大变,露出一线转机"。他分析局势发展的可能性,包括引发世界大战。即使此战不利于南韩,"也势必因此而提高美国及自由国家加紧援台,决不致任令国际共产党渡海进攻台湾了"①。

果不其然,远东局势由此为之丕变。中共方面,曾决定于本年适宜的时候,进攻台岛,欲一举而克之。但韩战爆发,美国介入,此计划不得不放弃。

6 月 26 日,美国政府内阁成员和在华盛顿的其他首脑一起,开了一整天的会。27 日,杜鲁门总统发布命令:第七舰队阻止中国大陆进攻台湾;同样,也期望台湾停止对大陆或对公海和中国水域内的航运采取任何军事行动。他还说,第七舰队将负责执行上述命令。这位美国总统还粗暴、蛮横地宣称:有关台湾地位的确定,有待"该地区恢复稳定与和平,或者签订对日和约,或者由联合国讨论决定"②。实际上,这是妄图由联合国托管台湾,公然否定中国对台湾的主权。

随着形势的发展,宋美龄想让宋氏家族重新在中国政坛上起作用。1950 年 7 月 17 日,宋子文访问顾维钧,在交谈中,宋氏说蒋介石宣布解散国民党中央执、监委是排除 CC 派势力和宋家亲属的影响。他猜想这是王世杰、张群等人出的主意。宋还说,宋美龄最近为了家庭的事给宋蔼龄打过电话,实际上是告诉她同第七舰队斯特鲁布尔上将进行会谈取得了成功。宋还邀请孔祥熙、宋子文回台湾。宋子文托顾氏返台后代他问她,他在台湾能干些什么? 除非给他某种明确的任命。顾维钧在回忆中写道,蒋夫人的邀请是"一种暗示,我认为她的建议是想平息台湾兴起的一种抨击之风,说是孔、宋两人侨居美国,安享他们贪污营私之所得,而台湾老百姓却生活在水深火热之中"③。实际上,蒋介石在 7 月初决定成立中央改造委员会,国

---

① 邵毓麟:《使韩回忆录》,《传记文学》(台北),第 193 期(1977 年 6 月 1 日)。
② 《顾维钧回忆录》第 8 分册,中华书局 1989 年版,第 6—7 页。
③ 《顾维钧回忆录》第 8 分册,中华书局 1989 年版,第 53—54 页。

民党六届中执委、中监委停止行使职权,对国民党而言,这是非常必要的。逃到美国的孔、宋等人,不但中央改造委员会中没有他们的名字,就是负责监督改造的中央评议委员会,也没有他们的位置了。但如果他们在 7 月 26 日中央执、监委会议宣布之前回来,任中央评议委员还是可能的。这可能是宋美龄电话邀请的用心。既然他们不回来,也就自认退出中国政坛了。

对于台湾的前途,蒋介石对盟军驻日最高司令麦克阿瑟有殷切期望。他希望麦克阿瑟访台。1950 年 7 月 31 日,麦氏抵台,好像是在有意识地做给舆论界看,他吻了蒋夫人的手,然后转向站在夫人身边的蒋介石,问道:"您近来好吗,大元帅?"没等回答,他又傲慢地补充了一句:"阁下能屈尊来迎接我——太好啦!"当晚,蒋介石、宋美龄夫妇设宴招待麦克阿瑟。次日,麦克阿瑟许诺向台派遣一批新的军事顾问,并运送一批新的武器装备,而后他回东京去了。七天后,他的副参谋长福克斯少将来台,了解国民党的军事需求,同来的还有一个视察组①。

朝鲜战争日益残酷,北朝鲜军队被迫退至鸭绿江边。中国被卷进了这场冲突。在北朝鲜请求下,中国组织志愿军过江作战。在 6 月 27 日杜鲁门宣布第七舰队进驻台湾海峡后,蒋介石在台已稳定下来。外力再度介入内战,国家由此开始了几十年的分裂局面。

中国人民为抗美援朝战争的胜利付出了巨大代价。经过五次大战役,终于把美军和李承晚军队赶回三八线以南,将美军骄横一世的气势压了下去,使之不得不坐到谈判桌边,与中朝方面代表边打边谈。蒋介石集团希望朝鲜战争继续打下去。大陆军队在朝鲜打仗,没有余力攻打台湾,朝鲜战场仗越打越大,如果引发第三次世界大战,蒋介石"反攻大陆"就有望,美国的军援、经援也会源源而来。

因此,在朝鲜和平谈判取得一些进展的时候,宋美龄迫不及待地跳出来反对和谈。先是,美国退伍军人协会全国司令史密斯,致函宋美龄,提出若干问题,"力请"予以答复。1952 年 4 月 27 日,史密斯在柯克郡退伍军人协

---

① 〔苏〕沃龙佐夫著、董友忱等译:《蒋介石之命运》,中共中央党校出版社 1992 年版,第 300 页。

会年会聚餐中发表演说,介绍宋美龄的回信。她认为,"倘韩国战事,循现有战线,获致停战,我认为台湾所受之威胁,即将大为增加。以我个人之见,我并不相信共方参加停战谈判,乃系出于诚意希望和平"。她甚至断言:"倘停战协定签字,这绝非表示他们将不再从事侵略行动,他们经充分准备之后,可能即行破坏协定,而向韩国与其他力量薄弱之点,发动更为强大的攻势。他们若并不再在韩国进行作战,他们便很可能在其他地方发动一些新的侵略行为,而进犯台湾,便必然成为他们的目标之一。"她答复的另一个问题是,"美国应增加其对中国(按,指台湾)之经济与军事的援助"①。这个复信前一个问题,纯系个人臆断,事实证明判断不正确;关键是对后一个问题的答复,希望取得更多的援助,用美援来巩固其统治地位。以后形势的发展是战争的结束,朝鲜战争的完结,使美国更为重视台湾的作用,这又是宋美龄所未曾料及的。

1953 年 2 月 6 日,美国国防部军援局长欧穆斯德访问台湾。3 月 18 日,艾森豪威尔总统任命蓝钦为驻台北"大使"。这个行动标志美国放弃了此前对蒋介石政权的不信任政策,美蒋关系进入了一个新时期。7 月间,朝鲜战争停火协定生效,美国增加对台军援。此后美蒋军事合作日益升级。美国大力加强在这个"不沉的航空母舰"上的实力,以巩固其在远东的霸权。1954 年 12 月 3 日,美蒋订立《共同防御条约》,这是美国干涉中国内政的侵略行径,在美国救援下蒋介石政权得以在台湾生存下来。

四、1952 年的美国之行

宋美龄在台湾,周围的气氛并不使她感到快活。她感到受压抑时,便会匆匆离台赴美国,以便对院外援华集团亲临声援②。美国是她的活动基地。她的活动,除了圈子内的人,外界是不知道的。1952 年 6 月,长期为蒋氏夫妇驾驶专机的衣复恩上校这时已被任命为驻美"大使馆"的空军武官,顾维钧可

① 王亚权编纂:《蒋夫人言论集》下集,台北"中华妇女反共联合会"1977 年版,第 1531 页。
② [美]西格雷夫著、丁中青等译:《宋家王朝》,中国文联出版公司 1986 年版,第 643 页。

能是由衣复恩签发一封信件引起的话题,从陈之迈、皮宗敢的答复中得知,1948 年宋美龄到美国后不久,就在华盛顿形成了一个小组,其中包括毛邦初、李惟果、陈之迈、皮宗敢和世界银行的俞国华,主要任务是把美国当局对台湾的态度以及中国问题的官方和公众舆论,报告给蒋介石的秘书周宏涛转呈蒋氏。他们经常在毛邦初住处聚会。毛邦初是空军将领,蒋介石的亲戚,从 1950 年起正式担任台湾驻美的空军采购任务。蒋介石下台前分散在国外银行存款时,即分拨一千万美元在其私人名下;此外,他经手的购买物资数额,也有三千多万美元,且单据账目不清。当时这个小组每个人提出从报纸上或通过与美国人接触所能搜集到的最新情报,然后他们进行核对,并汇总拟出电报,这些电报用"公"字押脚("公"字即小组),并由毛邦初下令通过其自己的译电员拍发给蒋介石、宋美龄。1950 年底,该小组开始瓦解①。这些活动,都是背着顾维钧进行的。

　　1952 年 10 月,出席联合国第七届大会的台湾"外交部长"叶公超,对顾维钧谈到宋美龄是何等急于到美国来,而蒋介石又是何等切望她不要离开台湾。经过她的示意,叶公超与蒋介石谈妥,并为她办好赴美的护照和在檀香山入境的签证。但是,这个消息传出去之后,引起美方的反应。美方认为,美国国务卿要去檀香山出席美澳新理事会会议,蒋夫人的行期正好和国务卿抵达的日期相巧合,可能引起外界对她此行日期的猜疑,提出让她的启程时间推迟一星期;叶公超照办了,但这是以他个人的主意而没有说出美国"代办"的建议。

　　宋美龄此次赴美,与上次一样,事前并不与"大使馆"通气,弄得顾维钧措手不及。10 月 17 日,顾维钧在华盛顿接到驻纽约"领事馆"的电话通知,说宋美龄乘联合航空公司班机从旧金山来华盛顿,将于 18 日早晨到达。因为"大使馆"既没有接到宋本人的通知,也没有收到旧金山"领事馆"的报告,所以他问这个消息是否可靠,驻纽约的"总领事"说,纽约方面是从旧金山的中华总商会得到的消息,并经和旧金山"领事馆"核实,纽约唐人街中华公所已接到通知派代表到机场迎接她。顾问这位"总领事",她是否同意这一安

---

①　《顾维钧回忆录》第 9 分册,中华书局 1989 年版,第 547—548 页。

排？他说,她已请孔祥熙传话同意。这样,顾维钧只得于当天乘飞机去纽约。

第二天,在拉瓜迪亚机场,聚集了近百个中国人,其中有孔祥熙、宋子文夫妇、宋子良夫妇、叶公超夫人、刘锴、"总领事"张平群夫妇、徐堪、陈立夫夫妇及唐人街代表五十人左右。顾维钧几经联系,才知道宋美龄坐的班机是11时15分到达,而不是纽约"总领事"馆说的10时30分。

面对着这么多的欢迎者,张平群高声宣布,只有少数几个人准许接近飞机。然后,他请顾维钧、孔祥熙和其他几个人随他去停机坪。飞机舷梯口有一位警官守卫,欢迎人群被挡在绳栏之外。这些人也都不能入内。该警官宣布只有霍华德夫妇可以登上飞机。其他客人下完飞机后,霍华德夫妇上了飞机。这时,一位陪同宋美龄的先生匆匆下了飞机又立即上去。然后宋美龄与霍华德夫妇一同下机。她在舷梯上,应摄影记者之请停下来拍了照。下机后,顾维钧上前和她握手。接着,孔祥熙也走上前去,并同她合影留念。顾维钧又在人丛中把叶公超夫人拉过来向宋美龄问好,时间够紧的了,宋美龄已经要去上汽车了。

到纽约后宋美龄住在什么地方,顾维钧当然要考虑。在飞机降落之前,他问过孔祥熙,孔毫无犹疑地回答说,他是用车来接她到他自己家中去的。她下飞机后,便由孔与霍华德左右护卫,走向孔的汽车,霍华德夫人与顾氏跑在后面,但瞬间,警察与联邦调查局人员便将顾氏与宋美龄隔开了;顾只好挤上前去送她上车,这时有一百多人挤上去和她握手,其中许多人被警察撵开了。

唐人街的代表列队夹道欢迎宋美龄,但她无法与他们一一握手,甚至顾不上向他们致意感谢。宋美龄上车之后,霍华德夫妇、孔祥熙相继也上了车。顾维钧俯身对她说;如有需要"大使馆"效劳之处,只管通知我就是。她向顾氏道谢后,顾氏便离开了。

在车就要开走之际,张平群赶上前去招呼暂勿开车。他将车门打开,请宋美龄出来向在场恭候的唐人街代表们讲几句话。他说代表们未得机会向她致敬,甚至她都不知道他们来欢迎她,因此很感失望扫兴。这些代表早上起得很早,又因飞机误点,很多人已经等了很长时间了。作为"总领事",他当然有责任反映他们的意见与要求。据顾维钧观察,她虽因皮肤病曾就医诊治,肤色略受影响,但看起来健好无恙。她显然不高兴地下了车,张平群鼓掌请大家注意,说蒋夫人要向他们发表谈话。但她没有讲,而是要张代讲几句,并表示感谢。她说她由于长途跋涉颇感劳顿,不能亲自向代表们讲话,请张原谅。于是,张向大家讲了三十秒钟,接着,她的车就开走了。

宋美龄住进长岛格伦科夫孔宅。在那里,孔祥熙、宋子文为她举办了一次午宴欢迎会,除了家庭近亲如宋家的人外,陪客只有霍华德夫妇。两天后宋子文对顾维钧谈到这个午宴,宋说,蒋夫人这次来美,最初是霍华德发起的,他夫妇二人提前到旧金山去迎接了她。

叶公超后来也与顾谈到这件事。他显然是从其夫人口中得知机场欢迎情况,他曾请游建文转告宋美龄,那天在拉瓜迪亚国际机场欢迎她的场面是"一片壮丽的喧哗"。她说实在不知道有那样的排场,希望见谅。她又说,已经在一家中国餐厅邀请唐人街的华人领袖们开了一个茶会,表示谢意。这当然是一个弥补感情裂痕的办法。但后来驻芝加哥"总领事"余先荣告诉顾维钧,这个茶会结果并不圆满,他听说开会时也没有安排一些桌凳来请来宾入座,自始至终让他们站着。华侨界人士认为,如果请他们赴茶会,就应该安排他们入座,这是惯例。宋美龄事前是否知道这些安排的细节,就无法了解了。

余先荣还谈到宋美龄在芝加哥停留的情况。联合航空公司事先已将航班告知他,飞机约在清晨6时到达。他就行动起来,动员华人社会派出一个人数可观的代表团去机场迎候,并组织华人妇女俱乐部主席、干事等届时向她献花。总共二十多个人全都跟他到了机场,可是他们却没有见到宋美龄,他自己也没有见到,游建文告诉他,她还在睡觉,不便惊动。那么多人,大清早来到机场白等了一场,真是万分扫兴,怨声载道。他还说,他听说纽约的华侨也是因为她在机场对六十余位华侨代表的欢迎没有领情而感到不满;芝加哥华侨的情绪也完全相同。

宋美龄对顾维钧仍然是不信任的。12月5日,她邀顾到纽约卡莱尔旅馆茶叙,他发现她比六个星期前抵美时气色较好。在谈话中,孔祥熙夫妇先后也来了。谈话是一般性质,没有专注什么具体问题。在头一天晚上和当天中午,她分别宴请过魏德迈一家和菲律宾外长罗慕洛夫妇,但她对顾只字未提。顾在谈别的事情时提起了这些人,她还是不露声色。顾维钧发现,宋美龄与宋蔼龄姐妹相互间都很亲热,但似乎是故作和谐。他提到报上说孔祥熙可能要返台湾,孔听后发火了,说这是谣言。但宋美龄却说,她一直劝孔返台湾,1950 年就曾请他同行,她回去后又为孔返台做好了安排。顾氏还注意到,茶叙开始时是黄仁泉在张罗,告别时是孔令杰起来送行,而约叙是游建文安排的。

宋美龄这次访美,正值美国大选之年,而她抵达之日,总统竞选正进入白热化阶段。上次大选,蒋介石、宋美龄把希望寄托在杜威州长身上,结果落空。这一次,是共和党的艾森豪威尔与民主党的艾德莱·史蒂文森角逐。艾森豪威尔的搭档副总统候选人尼克松,是与蒋、孔家族密切交往的政客,台湾方面当然十分希望共和党人能上台执政。宋美龄这次有无帮助共和党党务人员的具体行动,不得而知。但是,在 10 月 30 日,蒋荫恩告诉顾维钧,某些新闻记者怒气冲冲地对他说,蒋夫人一直在私下为艾森豪威尔的竞选奔走。顾说,这种谣言毫无根据,请他不要轻信。顾氏认为,事实上她早已离开长岛,目前正在远离纽约的乡间悉心静养,一不接电话,二不见来客。顾维钧的话不会没有根据,问题是,他并不完全知道宋美龄的意图与活动,其间有没有别的动作,便难说了。

11 月 4 日是美国大选日。翌日 1 时 45 分,史蒂文森在伊利诺伊州发表谈话,承认艾森豪威尔获胜。消息传来,蒋介石电令叶公超就近代表他向艾森豪威尔祝贺。

1953 年 1 月 20 日,是美国新总统就职典礼的日子。宋美龄是否前往华盛顿参加这个典礼,顾维钧等人不清楚,但不能不准备,并为此忙个不停。按照传统,这是美国国内的活动,是不邀请外宾的。1 月 9 日,顾的秘书傅冠雄接到黄仁泉的电话,说蒋夫人正计划访问华盛顿,参加 1 月 20 日美国总统就职典礼,并将在双橡园"大使官邸"小住,但当时尚未接到请帖。

为了迎接蒋夫人的到来,顾维钧他们着手准备一次宴会和招待会,并准备住处。主要的困难是,通知来得如此匆匆,要为这样一位高贵而不好伺候的夫人把住处布置好,需要做大量的工作。后来,黄仁泉又通知,如果接到邀请,孔祥熙夫妇将陪她来,宋氏姐妹住双橡园,孔祥熙则住第十六街孔令杰寓所。

但是到 1 月 13 日上午,黄仁泉告知,由于无法解释的某种原因,宋美龄的邀请仍未收到,听说美国国务院反对向宋美龄发出邀请,因为过去没有先例,从而很难为她安排适当的坐席。当天黄昏,安排美国总统就职典礼的国会委员会总部电话询问"大使馆",蒋介石"总统"和夫人的名字如何拼写。第二天了解到,上述询问的目的是为了向宋美龄发电询问她是否有空参加 1 月 20 日的就职典礼。顾维钧认为,此事一定遇到了某种困难,所以采取发电报的巧妙方法。

1 月 17 日,游建文告知顾维钧,宋美龄因为感到不舒服,决定不去华盛顿了。据顾维钧夫人从共和党女界朋友中得到的消息,有人强烈反对邀请宋美龄和孔祥熙夫妇,而且如果向他们发出邀请,他们应该在"大使馆"的引导下前来。这些妇女对艾森豪威尔在竞选中没有得到在纽约的这些知名华人的支持颇有怨言。当然,也还是有人主张邀请,如杜威州长、约瑟夫·马丁众议院长等人,认为发出请帖可以使国民党觉得好些。到底发了请帖没有,最后连顾维钧这位"大使"也不知道,他只是说,他相信是接到了。

宋美龄虽然未能出席艾森豪威尔的就职典礼,但在 3 月 2 日,顾维钧第一次但非意外地听到她将访问华盛顿的消息。9 日她将应邀去白宫参加茶会。4 日,顾氏专程去纽约与宋美龄商量访问华盛顿的安排。她在谈话中表现出很关心美国对台援助情况,美国新政府关于朝鲜战争的意图,以及台湾为"自由事业"共同斗争可能做出的贡献。顾认为新总统缺乏一个明确而深思熟虑的政策。他们二人都认为这些方面的政策还在未定之中。然后,他返华盛顿去准备三次宴会和一次招待会。安排这些宴会几乎没有时间,而且对每位客人都是仓猝通知。能否请到也还不知道。因为在华盛顿和所有国家的社交礼节都要求正式宴会至少在三个星期前通知,通常最低限度也得在两星期前通知,因为这些忙人的社交日程都是事先经过周密安排的①。还算不错,客人都答应赴会,副总统尼克松也改变了几个月前已定好

---

① 《顾维钧回忆录》第 10 分册,中华书局 1989 年版,第 67—68 页。

的活动日程前来出席。

1953年3月8日(星期日)下午2时30分,宋美龄与孔令仪同车到双橡园,由王永邦"上校"驾车。另一辆车是她的秘书及游建文乘坐。他们是头一天抵达第十六街孔令杰住处过夜的。顾维钧详细地记下了这次欢迎的过程。据载,"大使馆"、"政府"其他机构的高级官员约二十五人以及他们的夫人在场欢迎宋美龄。她同每个人握手并在客厅坐了一会儿。然后顾夫人领她到她的住室和书房。孔令仪被安排在隔壁的客房,宋美龄的秘书在三楼,女仆与其他仆人在后楼。宋美龄衣着俭朴,不饰珠宝。她略事休息,便乘车回第十六街孔宅吃晚饭,11时由孔令杰陪同回到双橡园。

宋回到双橡园,就提出要与顾维钧晤谈。在楼上顾氏书房里,她由孔令杰陪同进行谈话。她询问了美国对台湾的政策,比如军援及英国对美国政府的影响等。

顾维钧对她说,据他的理解,新政府还没有制订结束朝鲜战争的坚定政策,而结束这场战争是美国人民也是其政府所渴望的。美国已宣布取消对台湾行动的限制,但那只是一种姿态,而没有继之以具体的积极的行动的打算。军援装运速度十分缓慢。他还谈到李弥统率的国民党残部,美方要求其从缅甸撤走的事。

他们还说,蒋夫人应该把这次茶会看作社交活动,午宴是非正式的。她要求顾氏协助她,以便共同对美国总统说话,使总统透露一些对台湾的政策方面的态度和意图,以及他希望在有关朝鲜冲突和远东的总形势方面做些什么。

3月9日,中午1时,顾维钧为宋美龄举行冷餐午宴,出席者约一百三十人。他们是"大使馆"的主要工作人员、台湾驻美其他机构的负责人、华盛顿的一些中国名流、中华基督教的牧师以及当地唐人街的代表等。在第二会客室的中间靠后,为宋美龄摆了一张餐桌和高背椅。这种安排给人以"过分庄严的印象,而且很难使人同她坐一起交谈"。顾维钧想了一个办法以图补救,设法让多一些中国贵宾分批到她的餐桌就座,但他们大多数或许出于敬畏而婉言谢绝了。

宋美龄对于她将与艾森豪威尔的谈话并没有把握,午餐后让孔令杰找顾维钧谈话,恐怕没有机会与美国总统谈一些重要事情,例如蒋介石拟与美国成立"中美联合参谋部"的强烈愿望。

白宫的茶会由艾森豪威尔夫妇主持,气氛亲切。桌上摆了许多讲究的点心和饮料。顾氏夫妇陪宋美龄作客,入座以后,调换了一两次座位,以做到完美无缺。顾氏亦设法使宋美龄有机会与艾森豪威尔单独谈话。美国总统与宋美龄谈话过程中,前者还拿出他自画的两幅作品供客人欣赏。顾维钧说,蒋夫人本是一位中国风景画家,在不到两年的时间里,取得了惊人的成就。她当然有一定的鉴赏能力。

茶会进行了一小时,下午 6 时,他们起身告辞。艾森豪威尔领宋美龄一路往外走,以参观历史上各届总统的画像,顾氏等人走向大厅另一头,使他们有机会再谈谈他们想谈的事。按美国总统的建议,他们拍了几张纪念照片。

当天晚上,顾维钧在"大使馆"为宋美龄举行了宴会。主要客人是众议院议长马丁、新任国防部长威尔逊。宾客全部散去后,顾送宋美龄回房间,她对宴会显然感到高兴,要求顾维钧坐下来再谈一会儿。她说,她与威尔逊谈到"联合参谋部"的建立以事先制订应付突发事件,以及主张以雷德福上将为该部会议主席的意见。对于她所叙述既与威尔逊谈了想谈的问题而又不使马丁议长感到受冷落的安排,顾维钧认为她感觉灵敏而又聪明,如果她是一位男子,她很可能是一位第一流的外交家。

3 月 10 日晚上,"大使馆"为宋美龄举行了第二次宴会。在宴会结束后的谈话中,宋美龄与顾维钧谈到国民党李弥残部撤出缅甸的问题,因为副国务卿史密斯讲到此事,她同意顾的见解,即原则上接受美国的建议,然后研究细节实施问题。

11 日上午,来看母亲的蒋纬国拜见了顾维钧。国会两院议长举行了一次大约有三十六人出席的午宴,副总统尼克松也出席了。最后一次宴会安排在 3 月 11 日晚间。尼克松、卢斯等人都参加了。对于能见到这么多重要人物,宋美龄对顾氏表达了真诚的感谢与愉快。

12 日,又举行一次冷餐午宴。这是临时准备的活动,约一百三十人出席,包括国会、国务院和军队的成员、传媒界代表及社会人士。这次安排是让宋美龄见到她想见而上述三次宴会无法安排的那些朋友。不足的是她想见的陆军参谋长柯林斯将军，因他出席国会听证，不能亲自赴宴。下午6时，她离开双橡园，表面上是去纽约，实际上却是去第十六街孔令杰住所。行前她高兴地感谢顾氏五天来对她的接待，她对种种安排感到满意，她说她要把这些情况告诉台湾人士。她还表示要送一张由她签名的相片，供顾氏在客厅里摆设。16日，顾维钧收到蒋介石的电报，内谓"蒋夫人受到了各种特殊关照，因此他要表示无任感谢"。17日，宋美龄也致函顾氏道谢。客人走了，"给人的印象是做了一个梦，梦境完全消失了，又回到了正常的人间"①。

3月22日，宋美龄从艾德威尔德机场启程返台。孔令侃陪同她由孔祥熙寓所到机场。上午7时顾维钧抵机场时，他们尚未到达，只有孔令仪、游建文夫妇及她的秘书在机场，后来又到了几个人，使送行者达到约二十个人，约有半数人迟来了，是她登机后才来的。宋美龄本人在登机前十分钟才抵达，由宋子文陪她进入专用候机室，顾维钧与蒋廷黻在那里等候。由顾氏提议，宋子良等几个人上飞机与她告别，顾维钧告诉她，杜勒斯国务卿对李弥部队从缅甸撤出很关心，并赞同在台湾建立"中美参谋长联席会议"的想法。这后面一件事，是她非常想知道的。她告诉顾氏，几天前曾与麦克阿瑟一起进餐，她了解到他仍有权势。她还告诉顾一件她的家事：说她刚刚获悉蒋纬国之妻（石静宜）恰好在她丈夫回国前死于台北。临别前，宋美龄还表示要送一张照片给顾维钧，回到台湾后即将办理。后来照片果然如约送到②。4月9日，从台北回到美国的孔令杰便给顾维钧送来了一张"美丽的照片"。返台途中，宋美龄在檀香山稍事停留，受到热情接待。

有趣的是，在两天之前（4月7日），顾氏已从其秘书那里获悉孔令杰已回到美国。据说，由于蒋介石的劝说，孔令杰有了参加"大使馆"工作的想法。在9日孔令杰见过顾维钧之后，10日，顾收到叶公超的来信，信中说到孔令杰无报酬在"大使馆"任职，并说这是叶和陈诚安排的折衷办法。最初的意见是任命孔令杰为"大使馆"公使，这个意见是宋美龄提出的并获得蒋

---

① 《顾维钧回忆录》第10分册，中华书局1989年版，第80页。
② 《顾维钧回忆录》第10分册，中华书局1989年版，第221页。

的赞成,而且后来陈诚也赞成。

　　这个任命用意是十分清楚的,即加强宋氏家族的地位,至少是在美国这个地盘,不能不加以控制。从孔令杰带回的信息来看,如果不是顾维钧如此尽力地安排宋美龄访问华盛顿,"大使馆"已经改组了。孔令杰对顾氏说"大使馆"一直有人向台北汇报顾的情况,这些报告并不完全对他有利,其中包括他经常去纽约,不在华盛顿。但宋美龄对蒋说,纽约与华盛顿之间交通便利,不会影响"大使馆"工作,而且顾与美国建立了良好的联系。宋美龄的话很有效,现在改组华盛顿"大使馆"的想法已成过去。孔令杰说这些话,既可理解为他支持顾氏的工作,因为蒋氏夫妇交代过顾氏要将孔令杰当作自己的"亲侄加以关照",但也可理解为他在"大使馆"工作虽然不收报酬,但属蒋安排的,顾不能不特别重视。

　　不过,让宋氏家族的人在政治上活跃,在台北则不受赞扬。4月20日,与台北关系密切的国务院官员蒲立德在与顾维钧叙谈时说,他上次访台时发现,孔家、宋家和宋美龄都不孚众望。委员长喜欢她,但是在蒲立德看来,她关心得更多的似乎是她自己的家族成员①。顾维钧当然欢迎孔令杰到"大使馆"工作,并希望有个官衔,便于工作。在6月,孔从台北回到美国后,就任了"大使馆"参事职务,成了不上班的馆员。无论如何,宋氏家族这几家人,毕竟还有一个人在为国民党政权服务,尽管他不在台湾而是在美国。有总比没有好,聊胜于无罢。

五、"夫人派"势力趋于式微

　　蒋介石退守台湾后,各派政治势力都在进行调整。在大陆时期,国民党派系林立。到了台湾之后,派系关系主要是"总统"蒋介石、原来属于蒋介石系统的各种势力的重新组合。

　　蒋介石到台以后,就开始为蒋经国接班做准备。他们将败退的军队,在外海改编后调入本岛,又制订《军官假退除役办法》,相继将阎锡山、白崇禧、

---

　　① 《顾维钧回忆录》第10分册,中华书局1987年版,第243页。

薛岳、杨森等解除军职,彻底消除了他们掌握兵权的可能性。

蒋经国与陈诚合作,排除了长期控制党组织大权与中统的CC系。陈果夫到台不久就病故了。1950年,蒋氏将陈立夫放逐到美国,在新泽西州办鸡场。临行前,宋美龄送他一本《圣经》,对他说:你在政治上负过这么大的责任,现在一下子冷落下来,会很难适应。这里有本《圣经》,你带到美国去念念,你会在心灵上得到不少慰藉。陈立夫却忧伤地指着墙上的蒋介石肖像说道:"夫人,那活的上帝都不信任我,我还希望得到耶稣的信任吗?"真是言之不胜嘘唏,最后还是不得不走人。陈立夫既走,中统解散了。

陈诚在台湾,地位仅次于蒋介石。他也有自己的班底,就是所谓"土木系"(他在大陆时期起家的十一师、十八军及其分支)。他的夫人谭祥(谭延闿之女)同宋美龄常相往来。陈诚虽然是蒋介石的宠臣,但比起蒋经国来,毕竟又疏了一层。既然准备让蒋经国接班,便不容陈诚势力壮大。小蒋与陈诚的斗争,在1965年打上了句号,这一年,陈诚死于癌症。

蒋介石在1950年让蒋经国担任"国防部政战部"主任(后改为"总政治部"主任),同时,兼管"总统府资料室",主持台湾各系统特务机构。1952年,成立"中国青年反共救国团",相当于过去的三青团,蒋氏父子分任团长、主任。1954年,蒋经国取代彭孟缉任"台情会"(台湾情报工作委员会)主任。中统解散后,将军统改组为"国防部情报局",专做大陆情报工作。随后,又将"台情会"改为"国家安全局",他退居二线,在幕后操纵。1964年,蒋经国升任陆军二级上将。翌年任陆军一级上将、"国防部长"。1969年,任"行政院"副院长;1972年,任"行政院"院长。至此,无论名与实,他都是台湾最具实力的人物了。

国民党在台湾,已没有孔祥熙、宋子文的位置,因此,蒋经国要清除的已不是孔宋豪门势力。但是,由于美国人曾考虑要除掉蒋介石,因此在台湾的"欧美派"势力,便是蒋氏父子必欲去之的潜在敌人,于是从1953年起,陆续有"吴国桢事件"、"孙立人事件"与"雷震事件"发生。清除了这三股势力后,蒋氏父子在台的地位才巩固下来。

吴国桢是"夫人派"的重要成员。蒋经国上海"打虎"时期,吴国桢是上海市长,由于吴不肯合作,小蒋与吴之间结怨甚深。到台湾后,蒋介石任命吴国桢为台湾省"主席",因看不惯蒋经国的专横跋扈,以职责所在,与小蒋不断发生冲突。孙立人在台任"陆军总司令",因不满小蒋在军队中搞特务统治,主张按美国的建军模式编练在台军队,以对抗蒋的政工制度。1954年6月,孙立人被免去"陆军总司令"职务,改任"总统府参军长"。翌年,又以孙旧属郭廷亮"通匪案",免去孙的"参军长"职务,虽免予处分,但要他改过自新,由"国防部"随时考察,以观后效,实际是将孙立人软禁起来。

继陈诚之后,吴国桢主政台湾省,可见蒋介石对他的重视。但他与孙立人均利用美国的支持与蒋介石的倚重,在政治上互相支持,形成亲美势力,对蒋经国既有矛盾,对蒋介石又不是遇事请示、凡事遵命,这样,就免不了遭灾。据载,1952年10月30日,是蒋介石六十五岁生日,蒋氏夫妇离开台北,到草山别墅避寿,仅邀吴国桢夫妇上山共进晚餐,并留他们在山上过夜,盛情难却,吴氏夫妇便留了下来。第二天,吴国桢夫妇下山时,发现自己的司机不在了,派人去找也没有找到,只得由蒋宅另派司机送他们下山。事有凑巧,吴的夫人闹腹泻,开车不久就停车入路旁百姓厕中,等吴氏夫妇回到车旁,发现司机已吓得脸色惨白,原来有三个车轮的螺丝钉早被人拧掉了。如果不是有吴夫人如厕之事,他们可能已在下山途中翻车丧命了。

吴国桢此时醒悟到,蒋氏父子是想干什么。但他不露声色,一方面坚辞省"主席"职务,另一方面暗中活动美国两个学术团体邀请他去讲学。蒋介石开始时不同意吴离开台湾,但有美国人的正式邀请,宋美龄又从旁劝说,施加压力,蒋介石不得不放行。留下吴父及吴子做人质,吴国桢被批准于1953年5月24日赴美。

吴国桢离台之后,进行了一些不利于蒋氏父子的活动,发表上蒋介石书,肆意攻击"国政",被开除党籍。因为宋美龄曾帮助吴国桢离台,使蒋经国对宋美龄的矛盾更加激化。

1954年4月,台湾举行第二届"总统"选举,在美闲住的孔祥熙静极思动,想返台参加"副总统"竞选。为此,派曾任台湾省"主席"的魏道明回台了解动静。魏返台后,陈诚、蒋经国指示报纸作出强烈反应。孔见好事难成,通知魏停止活动返美。但魏却不易脱身,当局放出风声,说要清算其主政台省时营私舞弊的旧账。魏氏最后还是走宋美龄的门子,才得出去。

宋美龄很希望人们尊重她。人们事实上对她至少在表面上是毕恭毕敬。卢斯夫人在台北碰到这样一件事。一次她与宋美龄外出乘车购物,当她们买到东西后回到轿车旁时,彼此推让,都请对方先上车。在说过三次"您先请"之后,卢斯夫人没有再让,上了车。然后,宋美龄上车在卢斯夫人身边坐下。在回官邸途中,她满脸不高兴,一言不发。宋美龄高视阔步回到自己房间之后,卢斯夫人问一位秘书,她自己做错了什么事?她说:我让了她三次啊!秘书说:你应该让她四次①。火气如此快上来并进行报复,就是她所熟悉的友人也难免迷惑不解。

敢于冒犯宋美龄的也有,但都是有后台的人。"一江山战役",蒋军被彻底消灭,接着是大陈撤退,蒋经国主持其事。这时台湾的悲观气氛是可以想见的。但以宋美龄为支柱的"华美协进会",却由陈香梅出面,假台"空军总部"大礼堂,举行岛上有史以来首次服装表演会,介绍流行美利坚的 H 线条洋装,并名之为"服装义演"。这种矛盾与反差,当晚发生由"军人之友社"总干事江东海带头的一批人在仁爱路拦阻赴会汽车,用行动进行抗议的事。

因为此次"义演"规格高,美国驻台"大使"蓝钦及各国"使节"及夫人均被邀赴会,宋美龄将拦阻汽车之事报告了蒋介石。蒋盛怒之下,下令扣押了江东海。江是"太子系"人物,被扣之后,受到优待,三个月后恢复自由②。江东海事件,是"夫人系"与"太子系"斗法的一例。

宋美龄要别人尊重她,她却未必会尊重别人。据说 20 世纪 60 年代的某一天,《纽约时报》刊登了一篇报导,说宋美龄是蒋介石的第三任夫人,不是原配。宋美龄当时正好在纽约,看后怒不可遏,立刻命令驻美"大使"周书楷前去交涉,要求该报更正、道歉。这种事体,对周书楷来说,十分为难,因为它本身是事实,怎么好去更正呢?于是采用拖的办法。但是,没有什么动静,更惹恼了她。她又将这位"大使"召唤到寓所,斜躺在床上,问周为什么不遵令办事。周回答说,这不是在台湾,而是在美国,让人家更正、道歉,没那么容易。她对周的答话当然不高兴,争执之下,周书楷说了一句顶撞的话:"我是'中华

<hr>

① [美]西格雷夫著、丁中青等译:《宋家王朝》,中国文联出版公司 1986 年版,第 644 页。
② 江南著:《蒋经国传》,中国友谊出版公司 1984 年版,第 302—303 页。

民国'的'大使',不是你的仆人!"这一说,可不得了,宋美龄马上从床上跳了下来,打了周书楷一个清脆的耳光,尖声吼叫:"我就是'中华民国'!"①这个记载当是可信的,她颐指气使惯了,容不得别人对她有半点反抗。

20 世纪 50 年代的宋美龄与蒋介石

据载,1948 年淮海战役打得正紧的时候,蒋介石把他的爱将杜聿明调到前线去当徐州"剿总"的副总司令,实际是主持作战。战局无望,一时道路传闻,说杜聿明求死不成,当了解放军的俘虏,又传杜聿明在前线战败被杀。上海解放前夕,蒋下手谕将其老母妻儿子女送到台湾,蒋还保证负责他们全

① 韩舞燕、李大宏编著:《蒋氏家人今何在》,百花文艺出版社 1992 年版,第 10—11 页。

家的生活费和子女的学费。但是到了台湾,发现这是一个骗局。房子没有,衣食无着,全家只有一点点生活费,这个七口之家,真是嗷嗷待哺。无可奈何,杜夫人曹秀清只得去求宋美龄,也求助于杜昔日的朋友、部属、政界大佬。好赖最后总算在台北烟酒公卖局制品厂找到一个管内部收发的差事,月薪一百斤米,两千元台币,以维持全家生存。在这惨淡经营之中,杜母去世了,长子杜致仁因学费缺乏,白天上学晚上打工,生病无法打工了,要妈妈想办法。曹向蒋介石申请补助,蒋批了一千元,分两年付给,而一年学费就得三千元,无奈之下,杜致仁吃安眠药自杀了。后来,曹秀清绝处逢生,大女儿杜致礼的夫婿杨振宁在 1957 年与李政道得了诺贝尔奖,成为世界级科学家,台湾当然也兴奋了一阵子。1958 年,宋美龄派车去接曹秀清,说要见面。曹秀清来到以后,宋美龄满脸堆笑地握着她的手说:"啊! 杜夫人,你胖了! 上次见你,你是很瘦的。"曹想起宋美龄口中的"上次",正是这位贵夫人佯装不认识她那一次啊! 宋美龄又说:"杜夫人,恭喜你的女婿杨振宁博士荣获诺贝尔奖,你应该去美国看看他呀!"曹秀清答道:"我是很想见女儿女婿的。"宋美龄问:"你去美国怎么和杨振宁说?"曹秀清回话:"我不知道。"宋美龄说:"杜夫人,希望你从美国回来时把杨振宁也带回台湾,让他协助'蒋总统''反攻大陆'。"

在谈话中,蒋介石穿着长袍,悄然而至。就在几年前,曹求见蒋介石,他拒不接见(可能已知道杜聿明未死,仍关在共产党的监狱中,这次却主动见她了),如今竟不期而遇,真是别有一番滋味在心头了。在谈话中,曹秀清表示愿意影响杨振宁回台湾,帮助蒋校长(按,指黄埔军校校长)"反攻大陆"。宋美龄笑逐颜开,亲自为曹点烟。这样就敲定她赴美之事。但是,曹秀清想带一个儿子同行,未准。在手续上,她此行还得有两个地位比杜聿明高的人作保,方可放行,期限为六个月[①]。曹秀清就是这样离台赴美的。1959 年,杜聿明被释,随后又当了全国政协委员、人大代表。1963 年,曹秀清回到北京,夫妻团聚。此是后话。

---

① 李敖:《蒋介石与杜夫人》,《蒋介石研究》第 2 集,华文出版社 1988 年版,第 140—141 页、147—149 页。

从杜聿明夫妇及其家庭的遭遇,可以看出,蒋介石、宋美龄对部属纯粹是一种利用的关系。因为缺乏道义上的责任,所以曹秀清一去不回台,也就可以理解了。但是,在处理与西方人的关系时,宋美龄又是另一副脸孔。有的书籍记载了她在这方面的表现:"蒋夫人是在现实生活中扮演这种事业已经失败的角色,而且永定终生。她在垂暮之年,怀有一种忧伤与怅惘的复杂情绪。她以最惊人的恭维使客人们倾倒。她手头总备有贵重的小礼品——银盒子、银盘子、镶嵌珠母的微型柚木箱子。在一支人数众多但又不让外人见到的工作人员队伍的帮助下,把这些纪念品事先就刻上了一个人的名字和简短奥秘的题词。仅此即足以打动西方人,在他们的普通的生活中,绝不会遇到如此讨人喜欢的东方式的微妙礼遇。"①礼多人不怪,她贵为"第一夫人",当然深明此道,所以她有此馈赠以联络感情,也就完全可以理解了。

六、旧疾复发,赴美治疗

吴国桢在 1953 年 5 月赴美国后,初时甚为谨慎,未发表公开言论。但到次年 1 月,台报披露吴在台省"主席"任内种种问题,并发表《劝吴国桢从速回台》的长篇社论之后,吴与台湾官方关系迅速严重恶化,数月之内,双方口诛笔伐,不留余地。但是,这种斗争,连美国参议员、吴之老友亚历山大·史密斯也认为,吴反对的不是委员长本人,而是蒋经国②。吴国桢在美国也有一些朋友,如卢斯、霍华德等人便是,《芝加哥论坛报》等报纸也为之帮腔,所以台湾对他就不能随便来硬的。

在"吴国桢事件"高潮中,有难言之苦的宋美龄,找到一个借口,暂时离开了台湾这个是非之地。1954 年 4 月 17 日,是"中华妇女反共抗俄联合会"成立四周年纪念日,这一天,她致函纪念大会,告知与会者,"余因旧疾复发,无法照常工作,故今日匆匆出国,飞美就医,不克参加本年度本会四周年成立纪念大会,与诸姊妹工作同志话别",心中无限遗憾③。事后证明,4 月

---

①　[美]西格雷夫著、丁中青等译:《宋家王朝》,中国文联出版公司 1986 年版,第 645 页。
②　《顾维钧回忆录》第 11 分册,中华书局 1990 年版,第 163 页。
③　王亚权编纂:《蒋夫人言论集》下集,台北"中华妇女反共联合会"1977 年版,第 805 页。

17日这天宋美龄并没有离开台湾赴美,至于为什么宣布了又没有走成,其中必定有其原因。

顾维钧是在4月15日前后通过自动收报机得到宋美龄即将赴美通报的。4月22日,孔令杰到双橡园告诉顾,宋美龄因神经性皮炎症复发,苦不堪言,决定来美就医。他自己将到西海岸去迎接,暂住旧金山;如果需要向他了解情况,他将确切提供消息。

事情被弄得扑朔迷离。4月28日下午,美国空军方面通知衣复恩,说有一架由中国(台湾)机组人员驾驶的C—54型飞机,有六位显要人物,正由台北向美国航进。美方询问有无所闻。衣询顾,顾维钧便将他所了解的情况告诉衣复恩,并怀疑所传六位显要人物是她的随行人员。对衣复恩这位"空军武官"来说,不免感到惶惑。责任所在,台湾有航机出发到美国,而他竟一无所知,所以听了顾维钧的话以后,颇为激动。

29日,顾维钧在会晤美国国务院官员(助理国务卿帮办)庄莱德时,也谈到宋美龄来美之事。庄莱德一开口便说,他要请顾注意来自台北的一条消息,该消息宣称,宋美龄已离台赴美。这是由自动收报机收到的。又说,据他所知,这次宋美龄来美之事本不打算公开报导,但现在居然公布了。顾维钧说,他也是由自动收报机上收到的,也看到这条消息来自台北,但不知道美国新闻界是如何得到这个消息的。显然,美国方面也不是从正常的外交途径得到这个消息,对此事流露出不满的情绪。

4月30日,台湾"空军总司令"给衣复恩来电话,通知宋美龄即将来美,并说此事要保密。衣表示,此事报上早已登出来了。这位"总司令"非常惊诧。随后又谈到她赴美乘C—54型座机("美龄号"),这架飞机要修理。至于所传飞机上有六位显要人物一节,是不准确的。随后衣复恩便去了旧金山,并带去顾维钧的欢迎信。5月5日,他回到华盛顿。到旧金山去迎接宋美龄的还有孔令杰。宋就在旧金山治病,一住就是两个月之久。

6月4日,台北方面通知顾维钧,蒋介石请他去担任"考试院长"。顾氏认为,可能是吴国桢已经出走,王世杰已被解职,宋美龄又不在台北,正好是让他在蒋身边提供协助。在26日顾维钧出席宋子安在纽约圣里吉斯饭店的晚宴时(他们兄弟宋子文、宋子良、宋子安三人均在,并每人主持一席),他把自己将赴台并蒋要他担任"考试院长"的事说了,宋子文劝他不要去接受,并打算请子安转请宋美龄把他(子文)的想法转告蒋介石。顾氏知道,子安和他姐姐的关系远胜子文。顾氏本意也不愿担任此职务。此议正中下怀。7月5日,顾维钧在纽约出席一个晚宴,与子文、子安兄弟交谈,他们告诉顾氏,宋美龄将在第二天早上前来纽约,除子安外,别无他人前去迎接。因为在此之前顾维钧曾对宋子安说过,希望在他赴台北之前会晤宋美龄,所以这次宋告诉他,将为他安排在7月11日到长岛宋蔼龄住所与她会晤。

当时美国参议院国内安全小组委员会内有一些人,准备提出撤销对苏联承认的决议案,为了获得公众的支持,很想请宋美龄这样一位"有力人物"到该委员会作证表示支持。他们甚至向顾维钧表示,不妨事先准备好一份材料,其中包括要向她提出的各项问题和她该作出的答复,这样,可以免得她过于紧张。

宋美龄在"反共抗俄"的言论与组织活动方面,对西方冷战专家来说,颇多可供采择之处。就她个人而言,进行这种作证,实优为之。不过由这些洋大人为她准备材料出场表演,则未必妥当。顾维钧不敢硬顶,便作了一些委婉的答复。他说:"蒋夫人来美国完全是为了就医治病,现在病情虽然有所好转,但她的健康状况仍然不宜于公开露面,甚至也还不能接待宾客访问。因此,尽管我知道她一直很赞赏麦卡伦参议员对中国的友谊和他对中美两国的共同敌人——共产党的侵略所进行的战斗,我对她能否接受他们两位(按,指理查德·阿伦斯与帕特·麦卡伦)的,或者毋宁说是参议员麦卡伦的邀请深感怀疑。"他又表示,"不过我将设法探明她的态度,两星期内通知他们"①。

7月11日下午4时,顾维钧如约前往长岛蝗虫谷孔祥熙公馆去拜访宋美龄。接眼一看,给人的印象是她风采如昔,身体不差,看来治疗效果良好。宋美龄对顾维钧谈了此行的经过。她说,因为在旧金山给她治疗的那位医生外出度假两周,所以她就来到了纽约。直到动身的那天晚上,她才决定来东海岸,但是订不到卧铺。她不愿意让人知道她的行踪,航空公司保证无论

---

①　《顾维钧回忆录》第11分册,中华书局1990年版,第162—163页。

如何想法给她安排一个卧铺,但是必须用她自己的真姓名。结果她还是用了一个别名和她的护士一块坐了一夜飞机。据她说,两个星期之后,就要返回旧金山。

在客厅的墙上,挂着四五幅画,这都是宋美龄的作品。客人欣赏之余,认为落笔精到,腕力雄健,书法也很高超,作者虽是女子,但作品何逊须眉,不让名家,令人钦佩不已。宋美龄告诉他,她的老师也是个女子,所以作品总脱不了脂粉气息。她谈到张大千曾称赞她在绘画中发挥了某种技巧的成就。她自己评论自己的绘画特征:运用想象力,因而能够在作品中成功地表现出她的气概和理想。每次画成以后,总要反复端详,凡是不满意的就全部撕掉。她还说,她的作品多半是在中夜不寐时挥毫绘成的,因为皮肤病往往痒得她不能安睡,那时她就下地略事消遣,借以解脱这种不适之感。但这样也会妨碍她丈夫。蒋要求她和自己一样按时就寝,主要是为她的健康着想。当蒋半夜醒来发现她不在床上时,就亲自下地照看她。

宋美龄从事绘画,确也有其心得与理论。1970 年 6 月 18 日,她在台北主持中国古画讨论会开幕式,谈到中国画与诗融为一体使中国文化更为丰富的命题,主张继承传统,攀登更新境界。以石涛为例,认为应将其作品与他的时代,他的身世,以及他的人生观,密切结合起来加以仔细的研究,这样就更能领会他所以能在画中表现出其独到的风格。

在谈到中国画时,宋美龄认为:"在全世界的艺术中,中国画是独一无二的,因为画与诗融为一体,两者使中国文化更为丰富。对中国画有素养的人们,都能涵泳于画中所传达的一种幽美沉静的音韵,与蕴藏着的无比的智慧。中国画的特色,由于深涵诗意与灵感,更含有高度的文学性,并具有深刻的和谐性,且又能使人们感受宁静的吸引力,此即中国画之能超国界的特质。"[1]

话说回来。11 日这天会晤中,宋美龄问到宜伟上尉事件(一位在美受训后不愿返台的蒋军军官因此引起的交涉)怎么样了。顾氏答复了她。她又问吴国桢事件怎么样?她对吴国桢事件没有说什么,对有关宜伟事件的

_____

① 王亚权编纂:《蒋夫人言论集》下集,台北"中华妇女反共联合会"1977 年版,第 934—936 页。

各种措施,表示同意,也认为应该把他遣回台湾。

他们讲到史密斯参议员想与她谈吴国桢一事,又谈到麦卡伦想请她去参议院国内安全小组委员会作证的事,顾维钧谈了他推却的经过,认为这样做对第一夫人的身份是不相称的。她完全同意,并说即使她的健康许可,也不会去为他们作证。

宋美龄好像已知道她丈夫邀请顾维钧返台任"考试院长"之事。在这方面,她也完全同意他留在华盛顿工作。她说,华盛顿这个岗位非常重要,现在不能换人,而美国的援助则关系到我们的生死存亡。他已经和美国国会、政府及全国的所有头面人物互相熟识,使"我们国家"得益不少,如果换一个人,那就又要经过许多年才能和这些人物熟稔起来,而现在时间是最宝贵的,不应该中途换马。她甚至认为,未来十个月到两年的时间对"我们的国家"是关键时期。他在华盛顿工作,才能起到最大的作用,委员长是了解她对这事的看法的。事实上,蒋介石可能怀疑顾氏是否受到她的观点的影响。当7月21日顾氏在台北晋谒蒋介石谈过他大半辈子在国外从事外交工作之后,蒋在顾氏起身告辞前,突然问起他是何时见到蒋夫人的。据顾维钧分析,也许他认为顾可能和宋美龄商谈过关于出任"考试院长"一事。顾说他是在离开华盛顿前一星期见到她的。从蒋的表情看这个回答似乎立即解除了他的疑团。显然,他是回忆起他曾将可能调顾出任"考试院长"一事告诉过宋美龄,她极力反对,并提出了她的理由。因此,蒋可能怀疑顾是否受到她的观点的影响①。

在台北当局内,宋美龄与顾维钧可以说是比较地道的知美派。他们对美国有深刻的了解与广泛的交游。所以顾维钧敢说,如果摸清了美国人的脾性,那么要和他们打交道也并不难。宋美龄表示,当她还是一个少女的时候就已经熟悉美国人了,而要理解美国人则需经过很多年。一个新来的人,如果不先用一段较长的时间设法培养他们的友谊和信任,就不能指望和他们卓有成效地来往。她认为现在时间十分宝贵,不能等待一个新来者(按,指新"大使")旷日持久地从头做起了。

---

① 《顾维钧回忆录》第11分册,中华书局1990年版,第227页。

11 日这天的谈话气氛和谐。他们正谈着,孔祥熙出来和顾维钧见面。当顾告辞出来时,孔也出来送到车旁。上车后,顾的司机托马斯告诉他,宋子文夫妇、他们的女儿、女婿和外孙都已来到,正等着接待①。

在这次会见后一星期,顾维钧回台湾去了。

8 月 24 日,顾氏回到华盛顿。翌晨,他便乘飞机去纽约,抵达之后,即赴孔祥熙公馆,向宋美龄递交蒋氏的私函。他发现宋美龄气色不坏,比六周前见面时更好。他们还谈了她即将在 8 月 30 日赴美国退伍军人协会发表讲话的事。她还想住在双橡园并会见几个朋友。因为天热,国会又休会,许多高官离开了华府,不便举行大规模的招待会。顾维钧建议举行一次午宴和一次晚宴,招待会的参加者可偕夫人,方便一些,不太拘形式和随便一些。宋美龄同意了,她将在 29 日到达双橡园,在那里进晚餐。谈到饮食,因她目前正在进行特定饮食,医生有允许她食用的禽类、蔬菜、谷类、奶品及水果的单子,将由其私人秘书游建文交给他。凡是刺激性或兴奋性的东西,如胡椒或各种香料,一概忌用。这次到华盛顿,她将带她的护士、女仆,或许还有厨师一同来。

在这次会晤中,他们还谈到台湾与美国的关系。宋美龄指出,出言以谨慎为宜。她说,以前民主党执政时,我们对共和党人谈及美国对"自由中国"的政策可以畅所欲言,而今,共和党上台,总的看来两党成员都很友好,我们不宜一味抱怨或要求增加援助;就我们当前地位而言,我们没有谈判实力,求诸他们的东西我们无以回报。譬如,她问到台北方面曾否提过需要伞兵部队。顾氏回答说,据悉我们至少需要一个伞兵师,以及两个装甲师,而美国人认为这并非我们将来收复大陆的战争之所需的。关于陆军师的编制及其确切数目也有分歧意见,如此等等。她认为,我们没有足够经过训练的人员来照管这些增添的装备和驱逐机。宋美龄倾向于数量少、效率高、随时投入战斗的军队胜过数量多、效率低的军队。顾氏认为她言之成理,完全赞同她的意见,并且说,他在台北就曾竭力这样主张②。

顾维钧认为,宋美龄对美国人的心理和美国的政治形势十分清楚,而在

①　《顾维钧回忆录》第 11 分册,中华书局 1990 年版,第 168—169 页。
②　《顾维钧回忆录》第 11 分册,中华书局 1990 年版,第 487 页。

台湾则全体国民都难以理解。美国人根据台湾对抵制共产主义的整个政策，考虑它的要求。1954 年 8 月 26 日，美国国会通过了"共同安全法"，批准拨款总数三十二亿五千二百八十六万八千美元，绝大部分用作军援。这样，美国便将台北完全置于其保护之下，台湾的"安全"得到了保障。

8 月 27 日，顾维钧和他的同事开始为宋美龄来访开会加速准备，一切都需要在短期内准备就绪。她在美国退伍军人协会上露面、发表演说，是由孔令杰代表她直接去联系的。28 日晚，据游建文告知顾氏，宋美龄决定在 30 日在国民警卫队（总部）训练中心的退伍军人协会会议开幕式上露面，接受他们的欢迎。她说鉴于协会将派三位前司令来双橡园陪同她到会，才决定出席上午的开幕式。

宋美龄于 29 日夜间到达华盛顿，由其护士与游建文陪同。孔令杰随后也到了，顾维钧在私下通知他，蒋介石决定，由于俞大维回台湾任"国防部长"，由他继任此间有关美国军援的问题和事务。

30 日上午，在顾维钧陪同下，宋美龄前往国民警卫队训练中心出席美国退伍军人协会的集会，聆听艾森豪威尔总统的演说。协会的三位前司令来双橡园迎接，一同前往。其中一位柯林斯上校，二次大战期间驻黄金海岸，曾接待过顾氏及宋美龄，可谓旧识，不免回忆起昔日西非逗留时的情景。

出席这个会议的有一万两千人。这两位客人被引到全国司令的后一排就座。当他们被介绍给与会者时，受到热烈的鼓掌欢迎。顾又把她介绍给枢机主教斯培尔曼、内政部长道·麦凯莱及女参议员弗·博尔顿、康涅狄格州州长洛奇。洛奇谈到，有一个时期所谓中国院外集团仅有兰诺参议员、周以德众议员、艾·科尔伯格及他本人。天气非常炎热，宋美龄不得不用节目单当扇子用。

艾森豪威尔在 11 时 55 分到达会场。他向宋美龄及顾维钧致意，握手略事寒暄。随后在主席建议下，宋美龄被引到讲台前与总统照相。三十分钟讲演完毕，宋美龄等返回双橡园。

中午 1 时，举行招待宋美龄的午餐会，出席者有麦卡伦参议员夫妇等人。

晚上，在顾氏与上午那三位先生的陪同下，前往斯塔特勒饭店出席宴会。10时过后,主席邀请宋美龄发言。在讲演后半小时,蒋荫恩告诉顾氏,说新闻记者们感到失望,认为演说词内容平淡,毫无力量,在远东尤其是在共产党向我们进攻的沿海岛屿,频传令人不安消息的情况下,他们本指望听到她一些重要宣告。顾维钧说,这正是她不愿多讲的原因,因为国会即将选举,任何话都能被一些人或另一方误解的时候,什么话都不好讲。

对于宋美龄的讲话,顾氏的印象是,讲得很好,她照稿演说,但几乎看不出在念稿子,结语格外有力。演说相当感人,显然给听众尤其是妇女们以深刻的印象①。

在这篇题为《中国将重获自由》的不太长的演说词中,宋美龄回顾了这个协会的会员在二次大战期间的贡献。她谈到当今世界任何一个国家都没有安全感。她主张:"我们应以果敢面对情势,并把临近的危险视为一个对我们的文明的生存的一个挑战来对付它,在历史的长途上,道德与精神的勇气常常获得成功,这是文明得以存续的缘故。"她叙述了中国的邻人"实际上侵占了我们整个国家",除了台湾和一些岛屿。她一方面在诉说大陆是如何"失陷"的(当然她不会说她丈夫的政权因腐败透顶而遭国人的唾弃);但另一方面又说"现在争辩谁犯了招致苏俄侵占中国的错失是没有好处的"。她大谈她丈夫蒋介石的抗俄反共历史,大谈台湾是中国人民的一个"自由的庇护地"。她的最后一句话是:"上帝的方法是不可测的。也许我们需要张大眼睛看看反基督的野蛮行为,我们的力量,对抗邪恶的意志,才可以重新获得。有上帝的帮助,我们不会失败,中国将重获自由,世界也将如是。"②这种结语有多大价值,只能凭听众见仁见智去评说了。

第二天,在双橡园为宋美龄举行了第二次午餐会。应她的要求,顾氏取消了台湾驻华府官员会见她的活动。9月1日,由黄仁霖开车,她离开了住所。行前,她告诉顾夫人,她发现为了欢迎她下榻,整幢楼房都重新修饰过。"她谈到这些以表示亲切"——顾维钧分析说。

10月6日,宋美龄离开美国回台北。她要悄悄地回去,不事声张,不要

---

① 《顾维钧回忆录》第11分册,中华书局1990年版,第494—495页。

② 王亚权编著:《蒋夫人言论集》下集,台北"中华妇女反共联合会"1977年版,第1158—1162页。

人们去送行。当然,她也感谢顾维钧的礼仪周到。她在美国治病和社交活动都是有成效的,但是还是得回台北去,因蒋介石的六十七岁寿辰即将到来,她不能放弃自己的责任和地位。

不过,她回到台湾,心情并不会太好。当她抵达台北松山机场时,蒋介石待在候机室里没有出来迎接。到舷梯旁迎接的是蒋经国及其幼子。这显然是一种冷落的表示。经国陪她去见了一些重要人物与"中华抗俄反共妇女联合会"的一些女士们。她脸上冷若冰霜,她从这些人的面前匆匆地进入候机室,对蒋低声地说了一句什么,便径自走向等候的轿车,紧紧地抿着嘴,一声没吭①。这时蒋家内部可能发生了什么事,但宫中事秘,外人无从悬测。不过,宋美龄喜怒形于色的模样,却是留在目睹者的脑际,久久不会消失。

七、驳斥"两个中国"之谬论

1954 年 12 月 2 日,美蒋订立《中美共同防御条约》后,美国并未放弃台湾"中立化"、由中立国"代管"的图谋。1955 年 1 月,中国人民解放军向浙江一江山岛发动进攻,陆海空军联合作战,全歼国民党守军一千余人(内击毙五百余,其余为俘虏),解放该岛。美国国会作出强烈反应,在国会上通过了《共同防御条约》并加强在台湾海峡的兵力,实际是"划峡而治"。一江山岛解放,大陈岛失去屏障,蒋军胁迫大陈民众撤往台湾,造成"大陈浩劫"。美国的意图,是给蒋保护之盾,并不给他进攻大陆之矛。这样,便是有意制造"两个中国"或"一中一台"。对此,蒋介石坚决反对。1 月 7 日,蒋介石发表谈话,表示"只有伸张正义,才能克服侵略危机,大陆、台湾都是中国领土","曲解台湾的地位是别有用心的,'两个中国'的主张荒谬绝伦"②。这个言论,反映出美蒋之间的严重分歧,是蒋介石第一次公开反对"两个中国"的严正立场。

---

① ［美］西格雷夫著、丁中青等译:《宋家王朝》,中国文联出版公司 1986 年版,第 645—646 页。

② 张山克编:《台湾问题大事记》,北京华文出版社 1988 年版,第 107 页。

1955年4月14日,蒋介石与宋美龄到马祖视察,此行既是为鼓舞蒋军士气而前往,也是向美国表示金门、马祖是他"反攻大陆"的前沿阵地,显示其不放弃台湾与外岛的决心,表明台湾与大陆都是中国领土的现实。

宋美龄与蒋介石互相搀扶,乡间漫步

对于国际上一些邪恶势力企图制造"两个中国",宋美龄也深恶痛绝。2月20日,美国《克利夫兰新闻报》记者福亨女士到台北,27日赴香港。在台期间,宋美龄在 26 日接见了她。宋美龄对这位记者说:"两个中国政策很像是信奉两个上帝。"她"把承认'中华民国'又承认中共一事,比作圣经上所提及一面信奉上帝,一面信奉玛拿的警告"①。

自 1955 年 1 月以后的几个月里,台湾海峡的局势十分紧张,蒋介石用三分之一的兵力保卫金门、马祖。到同年 4 月,在万隆召开亚非会议,周恩来代表北京政府在会上反对美国干涉中国内政,割裂中国领土,要求美军撤出台湾及台湾海峡;同时,又将海峡两岸的关系与中美关系区分开来,强调海峡两岸关系是中国内政。5 月 13 日,周恩来又在全国人民代表大会常委会议上提出,解放台湾可能有战争与和平两种方式,北京方面在可能条件下愿以和平方式解放台湾。这是内战爆发以来,中共方面第一次提出可能用和平方式处理台湾问题,是国共两党关系的一个转折点。

在处理中外关系方面,中国也有新的举措。在万隆会议期间,周恩来与日本代表高崎达之助会谈,这虽然主要是谈经贸方面的内容,但由此打开了中日官方不接触的局面,后来成立的廖(承志)—高崎办事机构,便成为两国间正式关系未恢复前沟通的管道。同年 8 月,在华沙开始举行中美大使级会议。中美之间开始举行正式谈判,这对互相间存在不信任感的美蒋关系来说,是一个严重的问题。面对着如此局势,在 1955 至 1956 年间,宋美龄利用其所处地位和影响,积极活动。她多次发表演说、讲话。在"妇女干训班"、"妇女工作研究会"、"护士节"、"妇工会"干部会、"基层党务工作研究会"、新成立的留美同学会等,在各种场合,她无不积极鼓励人们要有牺牲精神,是"天助自助"。她十分强调人格的价值与力量。她要求以宗教来净化人们的心灵,进行"祈祷的力量"的说教。当然,所有这一切,都是在反共的前提下进行的。1955 年 1 月 29 日,宋美龄发表《致美国妇女国家安全问题座谈会电》,在鼓吹反共之余,甚至反对和平共处,"即所谓和平共存无异根本灭绝天赋之自由"。她要求讨论国家安全的人,能领悟和以勇气实行一项原则,"即任何国家在求其自身生存之际,必须同时能为其他坚守公平、正直

---

① 王亚权编纂:《蒋夫人言论集》下集,台北"中华妇女反共联合会"1977 年版,第 1534 页。

与人道原则之国家觅取生存"①。这段话,实际是告诉美国人,你们讨论自己的安全,可千万别忘了我们这样的老友的生存。

宋美龄为了使美国人相信她的希望是真诚的,11 月 29 日,她在《美国以外》的电视节目中,重弹"光复"中国大陆的老调:"我们曾经努力,并正继续努力,为我们的未来建立力量,我们在这样做的时候,深知此项战斗是长期的,而且是必须不惜牺牲的。"②

1956 年 12 月,由陶希圣代笔,蒋介石署名写成《苏俄在中国——中国与俄共三十年经历纪要》一书③。这本书,据其"绪论"称,又可名为《和平共存》,实际是以全面、系统歪曲自 1917 至 1946 年间的中俄关系的手法,为其"反共抗俄"目标服务。真是无独有偶,夫妇配合默契,在同年 9 月,宋美龄写成《三十年来中国史略》一文,据说是"吾人业已目睹近三十年来之中国为国家独立、政治民主,以及民生改善之壮烈斗争;实可谓为此三十年来之历史,即吾人为实现孙中山先生三民主义而继续努力之记载"。但是,该文实际是写自北伐以来蒋介石"反共抗俄"的经历。文章本来应当总结国民党治理大陆二十二年的得失,它是如何失去大陆民心,以及其在丧失大陆之后的"惨痛"经验教训,但却大谈其"今日大陆所横行之暴政,将自食其恶果"。她甚至认为,"过去三十年,已教导吾人以最严酷之教训,吾人应自往日学习如何维护曾一度存在全国之自由"④。对失败者来说,害怕的是不免在历史上留下恶名,因此往往用评功摆好来替代总结失败的教训。宋美龄在写此文时奢言"为大陆同胞立志重获其自由",试问他们统治大陆二十二年,给民众是什么"自由"呢? 如此立志,真是"不知天上宫阙,今夕是何年"了。

八、繁忙的 1958 年

1957 年 10 月 10 日,国民党"八全大会"在台北举行。由陈诚作"政治

---

① 王亚权编纂:《蒋夫人言论集》上集,台北"中华妇女反共联合会"1977 年版,第 1537 页。
② 王亚权编纂:《蒋夫人言论集》上集,台北"中华妇女反共联合会"1977 年版,第 304—316 页。
③ 关于《苏俄在中国》一书之写作经过,可参阅李敖:《蒋介石研究》第 2 集,《蒋介石手著〈苏俄在中国〉了吗》一文。
④ 王亚权编纂:《蒋夫人言论集》上集,台北"中华妇女反共联合会"1977 年版,第 304—316 页。

报告"，基本点是加速台湾各方面的建设，加强力量，随时准备"反攻大陆"。宋美龄当选为中央评议委员。

当时的局面是，通过处理"吴国桢案"与"孙立人案"，蒋介石消除了内部不驯服势力，台湾岛内局势比较稳定；在美国军援和经援方面，也产生了相应效益；1956 年东欧各国的反共势力活跃，中国大陆 1957 年的"反右"斗争和 1958 年的"三面红旗"尤其是"大跃进"运动，给蒋介石集团带来不少攻击的材料，"反共抗俄"之心由是大炽。1958 年，是宋美龄极为繁忙的一年，为"反共抗俄"进行鼓吹，可谓不遗余力地进行，其活跃与忙碌，是空前的。4月 4 日，她甚至在士林凯歌堂进行的耶稣受难节仪式上的演讲即默念文中，也大讲其反共道理，真是地道的利用宗教进行反共活动的模范了。她向听众说："在我们这时代，我们很荣幸地也曾亲眼看到和知道许多为了信仰自愿牺牲，而不愿和那反基督的魔头妥协。在东德、波兰、匈牙利和中国大陆的许多抗暴运动，不过是身居共党铁幕以外的人们所能知道的一些最好的例子罢了。"①

从 1958 年上半年开始，由于蒋介石"反攻大陆"的指导思想作祟，台湾海峡风涛险恶。尽管美国不支持蒋介石对大陆进行"反攻"，但在 1957 年 5月上旬，"协防"台湾的美军司令部仍然将"斗牛士"导弹部队进驻台湾，企图对大陆进行威慑。这样，台海地区空气日益紧张起来。

就是在这紧张时刻，1958 年 5 月下旬，宋美龄又一次启程赴美。这次赴美，是否因蒋经国升迁，导致她"不胜其烦"才走的②，无考。但从人们可以看到的是 1958 年宋美龄在美国所作的十二篇演说词，她并未讲此次赴美系为治病，她在美的异常活跃，有时一个月做四次讲演，有时一个月演三次，可见她的体力比较充沛，由此也可见她的身体正常。当然，不能排除她在家庭方面有不愉快之处，但更可能的是，此行是为了向美国朝野游说，劝说美国人支持蒋介石"反攻大陆"。

7 月 10 日，密歇根大学授予宋美龄荣誉博士学位，她在接受学位典礼

---

① 王亚权编纂：《蒋夫人言论集》下集，台北"中华妇女反共联合会"1977 年版，第 1167 页。
② ［美］西格雷夫著、丁中青等译：《宋家王朝》，中国文联出版公司 1986 年版，第 645 页。

上,作了题为《生活在苦难中》的长篇讲演。她对听众说:"共产主义否认神的存在,但是从神那里窃取许多人性的哲言和基督的教义。共产主义者窃取神的意识之光和理性之光。于是共产主义似乎激发了人类所希望达到的想象,其实共产主义却正以暴力来否定这种希望。"她所举的是东德、波兰、匈牙利等国的动乱。她反对对于共产主义采取"不惜任何代价希望和平"的态度。最可怪异的是,在这信息发达的时代,她居然对她的听众编造出海外奇谈,说什么在苏俄和中共所控制的地方,"现在正以奴工和集体屠杀的方式,进行着大规模的清算整肃,其规模之大,甚至超过当年希特勒有系统消灭犹太人的野蛮行为"①。世上反共的宣传不少,但用编造谎言去反共,便不免属于"险着",若人们一问到底,她便无法答辩,会露出马脚来。无论如何,宋美龄这种宣传是言过其实,不能真正使听众相信,也就属于哗众取宠一类的表演了。

7月16日,宋美龄在美国参议院外交委员午餐会的演说中,又大谈"美国行动的重要性",吹捧这些委员先生"负着擘划美国外交政策巨而且重之责任",不论他们"规划出何种途径,无不影响整个自由人类之前途"。她说得起劲,竟一时忘了自己的地位与处境,居然"代表中国人民"向这些议员先生致谢,并向他们保证"自由中国"人民以及那些暂时被关在中国大陆铁幕之后而不敢伸张"其要求的人民",与他们合作,"只要我们振臂一呼,中国人民必然会群起响应"②。这些话说得太轻松,但实则是瞎编,在这种场合,把大陆政权看作是纸糊起来一般可以一戳即破的玩具,哪能使这些议员先生相信她所说的话的真实性?这是宋美龄故作姿态在有意骗人。

7月17日,宋美龄应邀在美国记者联谊会谈"对共产主义危险性的认识"。她从赫鲁晓夫三个预言被证实说起,即在1957年初,料定西方在中东遭受惨败,大西洋联盟的瓦解以及苏联发射人造地球卫星成功。其中一、三两个预言已应验了,大西洋联盟的问题,由于法国共产党在国会的雄厚势

---

① 王亚权编纂:《蒋夫人言论集》下集,台北"中华妇女反共联合会"1977年版,第1172—1181页。

② 王亚权编纂:《蒋夫人言论集》下集,台北"中华妇女反共联合会"1977年版,第1182—1183页。

力,也可能被证实。这样,"苏俄目前的和平宣传攻势,含有一种戏弄和威胁的意味"。她设想美国面对苏俄和平攻势与核大战这两种危机的反应,但这种事体也不是她说了算的,所以她仍问记者们,"我今天所要问的问题是:我们怎样击败共党的不断挑战?"①答案可能有许多,但它实际上是任何人也无法回答、无法解决的问题。

本来是无法解决的问题,可是 7 月 21 日宋美龄在美国众议院外交委员会午餐会的演说中,却从另外一个角度去演绎作题为《解决问题的办法》的论断。"世界局势演变到今天这个样子,有什么办法可以不发生第三次世界大战而解决问题?"她认为,要克制苏俄的计划,"其答案就是协助和鼓励亚洲人民,特别是中国大陆上的亿万人民,在精神上、政治上、经济上和军事上起而反共。如此,共党将无法利用亚洲庞大人力,特别是中国大陆人力,来侵略自由世界"②。

不过,与 7 月 16 日在参院外交委员会午餐会上的说词不同,这次在众院外交委员会午餐会上,不敢再作这样的估计:只要美蒋合伙振臂一呼,中国大陆民众便风起云涌,揭竿而起。这次讲演,只是讲到"那些一度跟着共产党走的知识分子,现在终于感觉到他们所处的情形无法忍受而开始不听命令"。至于"大陆上的亿万人民"如何,则无暇言及了。她引用了荷兰哲学家斯宾诺沙的名言,赠送给午餐会主人:"莫饮泣,莫激愤,当了解,当行动。"

1958 年 7 月对宋美龄来说是"风光"的时刻,但并不总是那么令人愉快。这个月,她的美国友人陈纳德将军逝世了。

陈纳德是蒋介石宋美龄夫妇诚挚的友人。国民党政府退台后,陈纳德也到过台湾,他与夫人陈香梅在台北武昌新村十二号租了一幢房子,他的民航空运队在继续为台北政权服务。1957 年 8 月 29 日,陈纳德在作发炎的肺组织切除手术时,切片检查发现组织有癌细胞。后来又发现肺腔内有恶性肿瘤斑点。

---

①　王亚权编纂:《蒋夫人言论集》下集,台北"中华妇女反共联合会"1977 年版,第 1184—1194 页。
②　王亚权编纂:《蒋夫人言论集》下集,台北"中华妇女反共联合会"1977 年版,第 1195—1197 页。

1958 年 7 月 15 日,艾森豪威尔总统要求国会晋升陈纳德为中将,获得通过。这时,陈纳德已骨瘦如柴,皮肤紧包住他发高烧的脸庞。宋美龄到医院去看望他。他想说话,但有气无力。"上校,不要说话",她止住他,"这次,由我说。"上校是她熟悉的老军衔。27 日陈纳德去世了。

几天后,陈纳德的葬礼在华盛顿隆重举行。他被葬在阿林顿公墓俯瞰无名战士墓的绿草如茵的山上。宋美龄与陈香梅坐在一起出席了墓边举行的仪式。墓碑后边是用中文写的"陈纳德将军之墓"——这是阿林顿公墓中唯一的中文文字①。陈香梅在美国政界十分活跃,并与蒋家保持联系。中美关系正常化后,她不断来往于北美、台北与中国大陆,在中美、大陆与台湾关系中,起着一种特殊的作用。

正当宋美龄在美国积极活动之际,台湾海峡形势急剧紧张起来。8 月 6 日,台"国防部"宣布,台湾海峡情况高度紧张,命令部队进入紧急戒备状态。8 月 17 日,中共中央召开的北戴河会议上,决定炮击金门,攻而不取,粉碎美国"划峡而治"制造"两个中国"的阴谋。炮击从 23 日下午 6 时开始,一直延续到 10 月 25 日,共发炮四十七万余发。这次两岸炮战,是国共两党内战的顶点,此后便由军事抗衡转向冷战对峙。

在金门炮战以后迄 1958 年底,宋美龄在美国继续进行反共宣传,公开演说达七次。8 月 28 日,在美国律师公会第八十一届大会餐会中演说,题为《不加分辨的乐观》;9 月 3 日,在美国退伍军人协会妇女分会年会上讲《注意共党的伪善与诈欺》;次日,在美国退伍军人协会演说《对当前国际局势的认识》;11 月 6 日,在佛罗里达州迈阿密滩城演说《晚,犹未太晚》;14 日,出席全美反共大会,发表《魔鬼虽恶人性决不会灭绝》的讲话;19 日,她在美国罗德岛新港海军大学讲演,分析"维系和平的最确实方法";12 月 9 日,她针对大陆的"人民公社化"运动,发表题为《匪对农民残酷剥削业已失败》,以答谢邀请她出席美国农会联合会第四十届年会的主人。

在这一系列演说中,宋美龄不厌其烦地讲斯大林、赫鲁晓夫所执行的政策,也讲金门炮战和台海关系,对于大陆推行的"大跃进"、"人民公社化"运

---

① [美]杰克·萨姆森著:《陈纳德》,东方出版社 1990 年版,第 381—387 页。

动,攻击更是不遗余力。与此同时,她还介绍台湾"解决土地问题及改善农村的状况"①。此后几年,她不止一次在"公社制度"上做文章。所有这一切,都是为了实现"反攻大陆"进行舆论准备,争取岛内外反共势力的支持。

1959 年 6 月 14 日,宋美龄在返台途中,在夏威夷大学接受荣誉法学博士学位。在接受仪式上,她讲演《思想摹拟之害》,主张独立思想,反对"环境思想"。她讲话主题仍然是反共。她认为:"目前有一种倾向,个人让他自己在思想上完全为环境所同化,而摒拒一切外来的影响,甚至除了刻着环墙标志的东西外,拒绝接触一切新的情操和新的思想。"②她说,"强调思想的集中主义,而不应仅只重视一种思想,摒拒其他思想",这是"自由世界""为对抗共党以瘫痪人心智的任何一种思想来控制思想的手段"。

宋美龄这次赴美,前后住了十四个月,最后还是回台湾去了。她在美国除了上述公开活动之外,还做过什么事,不详。蒋介石"老总统"还活着,还需要她。她还得回台湾去,这次回台,一住就是六年。

如前所述,朝鲜战争的爆发改变了蒋介石集团在台湾的生存环境。随着美国对台湾战略地位的重视,美军"协防"台湾,美援也滚滚而来。相对而言,政局稳定,经济也有了发展。蒋介石在反对"两个中国""中立主义"的国际舆论的同时,念兹在兹的是"反攻大陆"。1959 年 3 月,蒋介石发表《告西藏同胞书》,支持西藏达赖集团叛乱。5 月,国民党八届二中全会召开,蒋介石大讲其"掌握中兴复国的机运",全会通过《策进大陆反共革命运动案》《光复大陆政治行动纲领》等,妄图利用 1957 年大陆"反右派运动"、1958 年"大跃进运动"及随之而来的经济困难局面,以为时机已到,采取"反攻大陆"行动。与蒋介石的亢奋情绪不同,他的左右重臣如何应钦、陈诚("副总统"兼"行政院长")、俞大维("国防部长")等人,则较为持重。他们并非不想重返大陆,而是了解大陆建政以来政权日趋巩固,台湾那点经济体量,也不足以支持一场战争,还有,美国人意在划峡而治,搞"两个中国",不支持"反攻"。在这些大员中,陈诚态度尤为突出。

---

① 王亚权编纂:《蒋夫人言论集》下集,台北"中华妇女反共联合会"1977 年版,第 1270 页。
② 王亚权编纂:《蒋夫人言论集》下集,台北"中华妇女反共联合会"1977 年版,第 1316 页。

　　根据陈诚日记,1961 年 7 月 2 日蒋介石主持军事会议,决定 8 月军事行动,陈诚反对,陈以为要考虑时机,话没说完,就被蒋介石打断,蒋大骂陈破坏"总统"威信,阻扰反攻。

　　陈诚毫不客气反驳蒋怀疑他的人格,让他不能做事,也不能做人。陈诚认为,反攻虽不是宣战,却不能糊涂战,最低也要做到舍命战。蒋、陈争吵,惊动宋美龄出来劝架,当和事佬,因为宋出面,蒋才心平气和,改口要积极准备①。

　　宋美龄是如何调解这场冲突的,不详。事后,台湾当局确实仍在作积极准备。1962 年,蒋介石又想采取行动,据说,连福建、广东、江西、浙江四省的钞票都印好了。但是,6 月 10 日中国政府发出"准备粉碎蒋帮窜犯东南沿海地区"的指示,美国政府也警告台湾当局,解放军在福建集中,有进攻可能。形势不利,蒋介石终于不得不暂时放弃"反攻"行动。

九、局势逆转下的奋斗

　　1965 年 10 月 20 日,宋美龄来到她的母校美国佐治亚州威斯里安学院,在讲话中,强调她一生奉为圭臬且为其生活纪律的一个主要原则:"工作,更努力地工作,永不失望沮丧。"②宋美龄在台湾政坛上,不是主角,但起重要作用。在岛内,她的活动主要在妇女工作以及军人遗族、子弟育幼院等方面。1960 年 6 月 6 日,她在"亚洲妇女团体联合会"上,号召"亚洲妇女精诚团结"反抗共产政权。同年 8 月 12 日,在"中华妇女反共联合会"成立十周纪念会上,她总结了该会的成绩,认为"妇联会"的工作与军队实际上分不开。例如慰劳工作,发动残而不废运动(安假肢),帮助与鼓励军人子女就学,慈孤教育,筹建军眷住宅,办救护干训班等。她离开台湾,就由谭祥(陈诚夫人)代理,实际由总干事皮某主持其事。

　　但是,比较起来,宋美龄在美国的活动,更卖劲也更为出色。

　　1965 年 8 月,宋美龄又一次赴美国,她曾于 9 月 11 日赴华盛顿与美国

---

① 《台报揭陈诚阻蒋"反攻"内幕》(原文刊台湾《联合晚报》2015 年 9 月 27 日),《参考消息》2015 年 9 月 29 日第 14 版。

② 王亚权编纂:《蒋夫人言论集》下集,台北"中华妇女反共联合会"1977 年版,第 1330 页。

1965 年 10 月，宋美龄赴美访问，回母校威斯里安女子学院视察，与师生座谈

总统约翰逊会谈。这年 1 月，蒋经国任台湾"国防部长"。9 月 19 日，他受美国国防部长麦克纳马拉邀访。十余年来，由于美国的大力支持，台湾海峡两岸的军事力量大体上是平衡的。但是，1964 年 10 月、1965 年 5 月，大陆两次进行核装置试爆成功，引起国际强烈反响，势必导致两岸局势发生逆转。1964 年法国与中国建交与 1965 年李宗仁返回大陆定居，同样对台北当局产生强烈冲击波。1965 年 3 月"副总统"陈诚去世，蒋经国失去重要竞争对手，为蒋介石安排长子接班，铺平了道路。不过，蒋经国要有所作为，还须美国大力支持；何况 1966 年 3 月，台湾又面临六年一度的召开"国民大会"，即将进入选举"总统"的政治季节，台方须与美方通通气。

　　说起陈诚去世，蒋介石、宋美龄夫妇恐怕有不同的反应。谭祥是宋美龄的干女儿。陈诚病重，蒋介石前往探视，宋美龄也自然要去看望。1965 年 3 月 5 日，陈诚神智逐渐昏迷。下午 1 时 10 分，宋美龄前往探视弥留中的陈诚。7 时零 5 分，陈诚停止了呼吸。三刻钟以后，陈家再次接待了来与陈诚遗体告别的宋美龄。从翌日起至 15 日为丧期。10 日，蒋介石与宋美龄前往台北市殡仪馆，含泪吊祭。

　　国民党退台后，利用美援和贷款，在朝鲜战争、越南战争时期又作为美军的后勤补给基地,在发展经济方面,抓住了时机,因此经济发展较快。但是,台湾当局有着巨大的隐忧。自1963年后,许多与"中华民国"政府有"邦交"的国家,转而与中华人民共和国政府建立外交关系。美国自民主党上台以来,与台北关系也发生微妙变化。国务院远东助理国务卿希尔斯曼倡言对中共"封锁而不孤立",美国驻联合国代表团成员埃莉诺·罗斯福建议由中华人民共和国在联大代表中国。肯尼迪及其继承者约翰逊都不支持蒋介石"反攻大陆",蒋担心美国与中国改善关系,蒋经国访美,便十分必要了。但"所有这次蒋部长与美政府的磋商内容,都被高度的保持机密"①,外人不得而知。而宋美龄的公开言论与活动,却从侧面反映了台北当局所关注的问题。

宋美龄从1965年9月抵美,迄1966年10月返台,根据收集在她文集中的记录,她在各种场合讲话稿有二十篇之多。其中殿后几篇,是对大陆"文化大革命"红卫兵运动进行抨击的讲话。这些讲演(包括在电视台答记者问)的主题,仍然是继续极力贬损中国大陆的政权,制造舆论,阻止美国政府与共产党政权改善关系。

据外国著作综合介绍,宋美龄抵美后,红地毯终于再次为她铺开。台北"驻美大使馆"为一千五百名重要的政客和院外援华集团说客们举行了招待会,宋美龄是主宾。她乘专列从纽约来到华盛顿,受到国务卿腊斯克夫人的欢迎。她乘高级轿车来到时髦的克洛拉玛路为她租用的漂亮大厦。这座大楼离国防部长罗伯特·麦克纳马拉的住宅仅咫尺之遥。她与J.E.胡佛、最高法院法官拜伦·怀特、参议员托马斯·多德接触频繁,在白宫与伯德夫人一起喝茶,与林登·约翰逊促膝交谈。蒋经国悄悄地办理他的公务,然后悄悄地离开②。

时隔六年,1965年9月22日,宋美龄又一次受邀出席美国参议院外交委员会午餐会。这次在午餐会上的演说,不再是那样乐观和肯定了。她告诉听众,任何时代场合,"自由非廉价可以得来";她甚至表示:"为了某种无法解释的原因,这种并非新奇的真理和思想,时常被那些耽于宴乐的人、愤

---

① 江南著:《蒋经国传》,中国友谊出版公司1984年版,第410页。但据西格雷夫的《宋家王朝》所载:蒋经国此行是与约翰逊政府讨论蒋派兵参加越战问题,谈判陷入僵局。美方对宋美龄的热情接待,是希望宋对小蒋施加影响,但她对经国无能为力。

② 〔美〕西格雷夫著、丁中青等译:《宋家王朝》,中国文联出版公司1986年版,第653页。

世嫉俗和故意偏私别有用心的人,视为不合时宜的陈腔烂调,而它却萦回在我心里已数不清有多少次了,每次都留下一些惨痛的回忆。冷酷的事实乃是,希望放弃它,设法逃避它,颠倒是非和摇尾乞怜,都不能以廉价买到自由。"[①]一位贵宾在酒席宴上说这些晦涩而悲怆的话,未免有煞风景。但美国人将"反攻大陆"一类的壮志豪言斥之为陈腔烂调,确实也使她不禁怒火中烧,她在议员先生们面前骂将起来,有失常礼,但她顾不得这些了,她借此发泄一下,以求得心理上的平衡。

10月上旬,宋美龄在纽约参观了世界博览会。据说是在参观梵蒂冈展览馆中受到启迪,她在"双十节",在纽约举行的"中美联谊会"的庆祝宴会上,对听众表示,"我要把天国的钥匙给你"(引述圣经中的话)。她要人们打开人类心灵,以免人们"不致为了世俗的些许财货,把自己出卖给无神论和伪善的不可知论者,而自堕于恶行"[②]。由于她曾一再指责英国与中国建立外交关系是为了四十块银币而出卖自己,所以有理由相信,上述"双十节"演说中含沙射影的话,其舌锋所指,是不言而喻的了。

宋美龄这次赴美期间,从 1965 年 10 月 20 日与 12 月 7 日,先后访问了她的母校佐治亚州梅肯市威斯里安学院及同一教会系统的马萨诸塞州威斯里安学院,均进行了演说。二十二年后重访母校,许多熟悉的标志和朋友,随着岁月的推移已消逝不见了,作为一次旧梦重温,只能是一次"感触万端的旅行",故她将演说词定名为《百感交集的旧地重游》。

她在母校的讲演中,批判"时髦主义者"漫无目标地大力加以破坏,却不能建立另一种秩序来代替,是虚无主义的"软弱思想"。她认为时代的许多病态,如口是心非、荒淫败德、背叛变节、作奸犯科与普遍的贪污腐败,虽然可恶可鄙,毕竟还是可治的疾病;可是,"思想的软化"是内在的疾病,到时候会产生致命的毒害。因此,人们应当追求一个不可或缺的条件:灵性的满足。她要人们明白做人的道理,而不要去追求享乐,爱好新奇,趋向"时髦",导致要打倒所谓"旧制度",而不论其是好是坏[③]。

---

① 王亚权编纂:《蒋夫人言论集》下集,台北"中华妇女反共联合会"1977 年版,第 1322 页。
② 王亚权编纂:《蒋夫人言论集》下集,台北"中华妇女反共联合会"1977 年版,第 1328 页。
③ 王亚权编纂:《蒋夫人言论集》下集,台北"中华妇女反共联合会"1977 年版,第1323—1324页。

　　与在母校大讲人生哲理不同,在马萨诸塞州威斯里安学院,却是按院方出的题目,"简单扼要地介绍一下'中华民国'"。她宣称:"'中华民国'政府现暂迁于台湾省,是全中国唯一正统的合法的'政府'。"在谈到国民党失败逃离中国大陆之后,她转而批评近年来"自由世界"流行的"对基本关键与原则相冲突的看法"。她指出,"有一些幽灵,它们对其力所能及的一切人,一心要腐蚀他们的道义与精神价值,俾有助于共产帝国的标准"。"也有一些人,藉退让表示容忍,而对他们的宽宏大度引以自傲。""当然,也有些诚恳而天真的好人,一些空洞夸大的理想主义者,他们蒙昧了良知;拘束在他们自认是同类的小派系之内,不自觉地袒护共党路线,却妨碍了自由与正义的大业。"①演讲人对"自由世界"这三种共产党的支持者、同情者,当然是以第一种(幽灵)为最可恨、最可恶;她没有点明,这类人是谁,但明眼人都明白,她指的是各国主张承认中华人民共和国的政客们,更主要是指美国政界要求放弃支持蒋介石政权的人们。不过,在这种场合进行反共演说,是否能收到什么成效,是颇为可疑的。顺便说一句,宋美龄的演说有一个通病,就是她没有向自己的听众交代,她所说这么"美好的、正统的、合法的",得到近四十亿美元援助的国民党政府,为什么在短短的三年之内,便被中国共产党领导的人民解放军摧毁了? 若以为老美都不懂中国国情,则未免是"君子可欺之以方"了。

　　尽管如此,美国人对宋美龄还是重视的。在纽约,她接受了授予她的拉斐耶特自由奖章。华盛顿国防大学、华盛顿三军工业学院、陆军大学,都先后请她去讲演。另外,在华府美国全国记者联谊会,在底特律经济联谊会,在密歇根州格罗斯角政治研究会,在宾夕法尼亚州卡莱尔城美国陆军大学,在芝加哥各界领袖联谊会,以及在华府美国国会议员眷属联谊会等场合,她讲的内容思路上与措词上都大同小异。

　　由于她的演说"还是那套辞令和情调",时代变了,听起来就不免有腻味之感,连她自己也承认她只是扮演一个"没有号召力的唠叨的老姑母"的角色,是缺乏魅力的活动。1966 年 4 月,她在曼哈顿格拉西广场的一座豪华公寓里住了下来,这套公寓是孔令杰给她买的。不管美国款待她是否做给

---

　　① ［美］西格雷夫著、丁中青等译:《宋家王朝》,中国文联出版公司 1986 年版,第 654 页。

人家看的，但对宋美龄来说，这次访美是她政治生涯的回光返照，她以蒋介石夫人的政治身份在美国进行公开的活动，这次是最后一回了。她本人也许意识到这点，所以越是到接近返台，对美国的言论便愈激越。1966 年 9 月 29 日，她在内布拉斯加州林肯市威斯里安大学讲话，便直言美国外交政策态度怯懦，以及用推、拉、求近功、图侥幸的手法来对付中共。10 月 21 日在旧金山联邦联谊会上演说，她更警告美国当局：小心，不要"走向耻辱的道路"①。她害怕美国当局接受"研究中共问题的人士们"的意见，承认中华人民共和国，让北京"加入联合国"。她谈联合国安理会常任理事国问题，已不是第一次了。这是一个敏感而又迫在眉睫的问题。在这年 5 月 2 日她应美国广播公司"问题与答案"电视节目记者克拉克访问时，便接触到这个问题，她一方面承认台北实际上并不代表中国大陆、大部分中国人民，但又表示不能想象一旦投票决议台北不能在安理会中享有常任席位时的情况②。但是，历史是无情的，1971 年 10 月 25 日，二十六届联合国大会以压倒多数通过恢复中华人民共和国在联合国的席位，台湾国民党当局被逐出联合国。随后，一系列国家与中华人民共和国建立了外交关系。1972 年 11 月 17 日，在第二十二届"国际青商世界大会"上，宋美龄作了题为《反击当前道德的卑怯和不健全的思想》的致词，怨恨"过去的一年之中，很多政府为自身短暂的便利，甘愿屈服，背弃了它们日常一再夸耀的道德原则"；她断言："历史会裁决他们的行为是否奸诈。"③但是，任何露骨的、不留余地的指责，都证明无补于事。1972 年 2 月 21 日，美国总统尼克松访问中国，标志着中美两国关系正常化已迈出决定性的一步，随之而来的是中日关系正常化。台湾失去这两个老朋友，外交舞台上日见孤立，已不是口舌上争锋可以判赢输的了。

总之，宋美龄 1965 年—1966 年间的赴美活动，是企图挽救台湾在国际舞台的地位，但无可奈何花落去，不管她承认失败与否，她的一切努力都是白费工夫，一切努力都付诸流水，留下的仅仅是令她伤感的回忆。

---

① 王亚权编纂：《蒋夫人言论集》下集，台北"中华妇女反共联合会"1977 年版，第 1519 页。
② 王亚权编纂：《蒋夫人言论集》下集，台北"中华妇女反共联合会"1977 年版，第 1553 页。
③ 王亚权编纂：《蒋夫人言论集》下集，台北"中华妇女反共联合会"1977 年版，第 950 页。

第十章　人生何处见晚晴

一、泪尽慈湖

　　自从 1971 年 7 月美国总统国家安全事务助理基辛格博士访问北京以来，数年之间，台北流年不利。蒋介石年事已高，罹此百忧，身心都难支持。从 1972 年起，他实际已部分失去处理公事的能力，挂着"总统"的名义，而党政军的一切事情，均由蒋经国处理后向他报告。1972 年 5 月蒋经国接严家淦继任"行政院长"，当然更名正言顺了。这年 7 月，蒋介石因染感冒而转为肺炎便长期住院。1974 年 12 月，蒋又因流行性感冒而发生肺炎。长期以来，他因治疗慢性前列腺炎使用抗生素药剂，细菌抵抗药物性能增强，故治疗颇为费事。十二位医生侍疾，二十四小时均有人值班，房子周围都有监护系统。

　　在蒋介石病重之际，1975 年 3 月 6 日，宋美龄在台湾各大报刊发表了一篇长文——《不要说它——但是我们要说》。不想说而又不得不说，究竟为何事体呢？她想对 1974 年发生若干重要事件或次要事件，作一般性的评估和检讨，即美国于 1974 年后半年所标榜的重新致力于美苏和美中间紧张关系之缓和。但是，问题的重点还是新闻报道认为"中华民国人民"因基辛格七度访问中国大陆而"泄了气"，并且台北当局使用了"北平"来称中共

蒋介石、宋美龄居家小照

在蒋母一〇三岁诞辰之时,学习中国画的宋美龄特地画了一幅《溪口雪窦峰》,蒋介石以"瑞元敬题"落款题字,抒发"怀乡慕亲"之情

政权所在地引起的误解。这篇长文历数了美国存在的国内严重问题,攻击美国与中共妥协,认为"自由世界现在已经到了为之掩饰甚至赞扬其思想上基本差异和残酷无情的作风"的地步①。在这种形势下发表该文,原意是为了安定人心,也是考虑到万一蒋介石"归天",不至于出现不稳的局势,这叫防患于未然吧。

4 月 5 日,值班医生姜必宁和另一名医生值凌晨 4 时至早上 8 时的班,住在楼上,当晚 9 点多钟,值班医生发现蒋介石心脏停止了跳动,马上把姜必宁叫去做心脏按摩、打强心针等急救措施,折腾了一个多小时,毫无效果。姜必宁报告宋美龄,可能没有太多希望了。但宋美龄还是要求他们再试一试。医生护士只好遵嘱再抢救一番,弄到 11 时 50 分,蒋介石确实死了,享年八十八岁。据记,3 月 29 日,蒋介石口授遗嘱已经写好,并经宋美龄、严家淦、蒋经国等人签字。从 4 月 6 日开始举行"国丧"。4 月 9 日,蒋的灵柩移入"国父纪念馆",供民众瞻谒遗容。一切仪式结束,灵柩移至台北以南六十公里桃园县慈湖寄厝。

早在 1961 年,蒋介石就在桃园大溪镇福安里村选定坟址,此地形胜颇似他的家乡浙江溪口,建成中国四合院式的"行宫"。蒋母坟庄名"慈庵",乃取大溪行馆为"慈湖"。蒋氏生前,常来此处小住。"慈湖"行馆既遵蒋氏本人之嘱为厝枢之所,棺椁停于正厅,厢房则依原样之卧室供人参观。

宋美龄和蒋经国,一直在病榻边照料蒋介石,以至泣别。几个月后,宋美龄告诉台湾民众:"算来将近半个世纪——业已四十八个春秋——余与'总统'相守相勉:每日早晚'总统'偕余并肩一起作祷告、读经、默思,现在独对一帧笑容满面之遗照,闭目作静祷,室中沉寂,耳际如闻謦欬,余感觉伊仍健在,并觉随时在我身边。"②浮想归浮想,现实归现实,如今人去楼空,慈湖尸冷,未亡人面对后蒋介石的政局,她以后如何出处,是否能继续发挥自己的作用以影响政坛呢?据载,蒋介石刚去世时,宋美龄俨然以权力的继承者自居,并挟蒋氏之余威,想让孔令侃在台谋个重要职位,如"行政院长"什么

① 王亚权编纂:《蒋夫人言论集》上集,台北"中华妇女反共联合会"1977 年版,第 331—371 页。

② 王亚权编纂:《蒋夫人言论集》上集,台北"中华妇女反共联合会"1977 年版,第 671 页。

的。但为蒋经国所拒绝。孔令侃还想在群龙无首之际联手捞一把,这个打算由"官邸派"大将秦孝仪传达到上层。当时国民党中央秘书长张宝树连夜奔走于各大佬间,紧急会商如何能挡掉这件事而又不伤害宋美龄的尊严。最后,决定将国民党总裁一职空起来,由"副总统"严家淦提名,另举蒋经国为国民党代理主席,从而解决了这个大难题。

蒋经国时代开始了。宋美龄若继续留在台湾,她要干政的传言便不会停止,何况经过这次失败,她心中也气郁难消,所以决定离开这块是非之地,赴美养疴。

1975 年 9 月 17 日,宋美龄赴美就医,行前,发表书面告别演说,其中谈到蒋介石病重期间,她日夜侍疾,"及今顿感身心俱乏,憬觉已罹疾,亟需医理"①。同时,她也感谢民众的悼念之情。这个告别词当然少不了要讲继续反共一类的套语,但通篇并无只字表示要民众支持新主席领导以竟"反攻大陆"大业。这是耐人寻味的。由此也可说明,外传其母子不和,此行是避开与蒋经国权力抗衡,是有根据的。

在宋美龄离台之日,还发生了一桩迫使蒋经国授予蒋纬国上将军衔之事。

在经国、纬国兄弟中,宋美龄比较喜欢纬国。由于 1966 年 1 月台湾新竹湖口装甲兵基地发生一起所谓"兵变",大大影响了蒋纬国的政治前途。其实这时他已卸任装甲兵司令之职,有关肇事人员当时与他已无部属关系。因为这件事,纬国当了十五年的"中将",到 1975 年五十九岁之年行将退休。

在宋美龄赴美前,官邸中的秘书、侍卫们都去帮助收拾行李,经国兄弟也被通知去送行。在启程前一二个小时,纬国便到了士林官邸。这一天,与往日不同,他穿着一身军装,全身披挂,还佩带勋章勋标。以往家人团聚,都穿便服,如今居然全副戎装,进门便给夫人敬礼,不觉令她奇怪起来。她端详了一阵子,问道:"你穿军装的确很有精神,但平常来这里都不穿,啥事情今天给我送行又穿军装又行军礼?"纬国回答说:"因为再过不久,我就没有

---

① 王亚权编纂:《蒋夫人言论集》上集,台北"中华妇女反共联合会"1977 年版,第 666 页。

资格再穿军服了。所以今天给妈送行,特地让妈看看我穿军装的模样。"宋美龄不明白怎么回事,纬国怎么还会有没资格穿军装这种事发生,便问他"为什么?"纬国说了军中制度强制服龄退役,并谓"今年已到了我中将限龄退役之年龄,我已在报请退役了。妈回来时,我已退了役,自然不能再穿军装给妈看了"。对限龄退役之事,她还是不明白,因为何应钦、薛岳等常见到的老军人,一直都穿军装,就再问他:"何敬之为什么可以继续穿?""那是一级上将,终身制。"纬国回答说。

　　宋美龄终于明白了。他们正在说着,经国一家也到了。纬国站起来,向他行了个军礼。经国不解地说:"在家里干什么来这一套?"宋美龄指着纬国问经国:"他做军人还行吗?""他本来就是军人,干得很出色。"经国这么说。"既然他干军人很出色,为什么听说他在办报请退役手续,要脱掉军装?"宋美龄问道。这时,经国明白过来了:"纬国中将年龄到了,也听说他在报请及龄退役,不过我已经交代给他办升级上将的事体。"①

宋美龄赠送蒋纬国圣诞节礼物

---

　　① 杜少卿、邓吾仁编著:《台湾政要子弟秘闻》,时事出版社 1992 年版,第 28—29 页。

蒋纬国的上将是当上了，可是也有他不如意之事。他和夫人邱爱伦的夫妻关系已经很紧张，二人分居，对外秘而不宣。这次宋美龄赴美养病，邱爱伦以随行照料宋美龄为由也去了美国，一去便多年不归。

二、宋氏家族老成凋谢

蒋介石去世后，宋美龄在赴美前发表的《书勉全体国人》一文，开篇便说："近数年来，余迭遭家人丧故，先是姐丈庸之兄去世，子安弟、子文兄相继溘逝，前年蔼龄大姐在美病笃，其时总统方感不适，致迟迟未行，追赶往则弥留，无从诀别，手足之情无可补赎，遗憾良深。"[①]雁行摧折，真是无限的伤感。从 20 世纪 20 年代开始，宋氏家族的几个主要成员，在国内、国外积极活动，纵横捭阖，各逞其能，风云际会，威风八面。可是，天道好还，人生如梦，往事如烟，是非功过，只有留待后人去评说。

宋氏家族第二代中较早离开这个世界的是孔祥熙。1962 年，他在长期寄居美国之后回到台湾。据说，他想在国内颐养天年，不再出去当寓公了。但当局并未重用他（年事已高，实际也无法重用了），仅给他安排了一个国民党中央评议委员会的委员。在台住了三年，未免寂寞，又于 1966 年 2 月 28 日离开台湾，在孔令仪陪同下，去了美国。他连中国银行董事也辞去了，与夫人宋蔼龄住进纽约长岛蝗虫谷菲克斯巷的一幢新房子。1967 年 8 月 16 日，这位老人病逝于纽约一家医院，得年八十八岁。曾经活跃在政坛上的人，很少是没有争议的，孔祥熙也是一样。他的葬礼在纽约第五街马布尔联合教堂举行。宋美龄闻耗，偕蒋纬国带一个五人护旗队从台湾来美国参加葬礼。中外数百来宾与之告别，但在美国居住的宋子文却没有出席葬礼，留下了他们郎舅之间积怨未解的猜测。在纽约市北郊哈兹代尔的凤可利夫墓地，成了孔祥熙埋骨之处。

1971 年 4 月 27 日，台北《中央日报》刊登了"中央社"旧金山 26 日电："曾在中华民国政府担任许多要职的宋子文博士，于昨晚在此间逝世，享寿

---

① 王亚权编纂：《蒋夫人言论集》上集，台北"中华妇女反共联合会"1977 年版，第 666 页。

七十七岁。据验尸官杜克说,宋博士是在他的一位老友所设的晚宴中逝世的。"宋子文是在晚餐中由于鸡骨卡在咽喉里,当他由餐桌起立后便突然不支死去。"这位出身于哈佛大学的中国财政专家,生前曾在中华民国政府中担任许多要职。"但十分不幸因为一顿晚宴就送了命。在5月1日纽约市中心举行的追思礼拜上,宋氏遗孀张乐怡及三个女儿、宋子良、顾维钧、刘锴等五百余人参加了仪式。蒋介石颁挽一块,上题"勋猷永念"。宋美龄未能赴美奔丧。姐夫之丧,宋美龄尚且带着儿子前去参加丧葬仪式,对自己的亲兄长去世不前去告别,于情于理,都不合中国人的规矩,宋美龄自应对此有所交代。台湾官方解释说,她原定4月30日上午飞赴纽约,参加翌日举行的殡仪,但由于获悉中共方面可能派宋庆龄赴美,她便"立即决定取消此行"①。

这种解释似乎简单了一些。原来,在葬礼时间决定后,当时任美国总统的尼克松决定,通过热衷于为中美建交而奔走的美籍华裔政界人士出面,分别电邀住在北京、台北和纽约的宋氏三姐妹参加宋子文的葬礼。

4月27日发出电报,当天即收到北京方面的通知:宋庆龄副主席将赴美参加宋子文葬礼,因无直达航班,现正通过英国航空公司联系专机,拟经伦敦转飞纽约。同时,尼克松也得知,宋美龄已由台北乘专机启程赴美,夜宿檀香山,翌日直飞纽约。

尼克松收到北京的通知后,立即召见国家安全事务助理基辛格,研究秘密访华事宜。正当他们研究如何利用宋子文葬礼,来加速中美建交进程时,出人意料地收到一份情报,已经到了檀香山的宋美龄接到蒋介石的通知,"避免误入中共统战圈套,停止飞赴美国参加葬礼"。

当时中美之间进行"乒乓外交",引起世人注意,中美之间关系行将解冻,蒋氏父子当然不会懵无所知。他们惊悉宋庆龄将赴美国,为防止接触,便急电宋美龄停止飞美。是日中午,张乐怡收到孔家电话通知:宋蔼龄也临时决定不参加胞弟葬礼。尼克松了解这些动向之后,无可奈何,只得依基辛格的建议,立即通知有关部门,电告蒋介石,说明宋子文的葬礼是宋家的私

---

① 吴景平著:《宋子文评传》,福建人民出版社1992年版,第528页。

事,和大陆中共无关,出于人道主义,希望宋美龄女士能应邀来美出席其胞兄葬礼。

两天过去了,仍无关于宋美龄来美消息。4月30日,中国方面通知美国,由于包租不到专机,宋庆龄副主席不能应邀赴美参加其胞弟的葬礼。尼克松此时别无良策,只得决定将宋庆龄女士不能来美奔丧之事通知蒋、孔两家,若她们姐妹二人能赶来参加葬礼,无论对生者还是死者,都是一种安慰。结果是,宋美龄乘飞机回台湾去了,宋蔼龄在犹豫不决。为了等她前去,葬礼也推迟到下午举行。宋氏三姐妹因此失去了一次相见的机会①。

宋蔼龄在子文去世后两年多,即1973年10月19日,以八十五岁高龄,死在纽约哥伦比亚长老医院。这位妇人从1912年任孙中山的秘书开始,迄她辞世,刚好在政坛上活动了一个甲子。在她生前,足智多谋,饶有资财,作为宋家的主心骨,为"宋氏王朝"的建立作出了贡献。但是,在她身后,人们对她若仍有兴趣的话,也仅是在议论她究竟聚敛了多少资财。仅此而已。

宋氏家族留在大陆的,仅有宋庆龄一人。在"文化大革命"结束后,宋庆龄开始想与自己的亲属联系。

根据爱泼斯坦在《宋庆龄——二十世纪的伟大女性》书中的记载,1979年,她给理查德·杨信中打听她在美国的亲属:"你有没有见过戴维(指孔令侃),同他谈过话? 我所有亲属的地址我都没有。最近听上海的一个老朋友谈起,子安的妻子婷婷(指胡其英)嫁给了一个埃及人! 大约六七年前,我的亲爱的小弟弟在香港突然去世之后,她就到美国斯坦福大学去念书了。他们有两个儿子,但我从来没有见过他们,因为子安是战时在美国结婚的。""后来我又听说我的第二个弟弟子良病得很厉害,自己的积蓄已经花光了,现在靠亲属赡养他。战时我同这位单身的弟弟同住,后来他同银行家席德懋的女儿结了婚,也是在美国,我也没有见过这位弟妹……但我知道他们有一个女儿,他非常宠爱……"

其后不久,就同子安的遗孀联系上了,她在一封信上写道:"婷婷终于把

_____

① 王廉:《政见胜关山割断姐妹情》,《团结报》1993年6月30日。

子安的照片寄给我了。我真难以相信他已经离开了我们！他是我的多好的弟弟,他从不伤害任何人,对他的猝然去世,我止不住掉泪。”

后来她又给杨写信,询问子安的两个儿子在做什么工作。又提到,“听说劳拉(张乐怡)得了帕金森氏症,这种病很难治……”①总之,宋庆龄很关心海外的亲人。

在宋庆龄去世前三个月,廖承志(主持对台工作)给宋一封信,告诉她,“从您的亲戚和妹妹那里”得到的消息知道,“您妹妹是想着您,并想找机会看您。而我相信这并不是不可想象的”。不仅如此,在一个美国人——里根的信使,和一个中国人到过北京后,“她表露了她的感情,而这种感情,我相信,要比家庭感情的含义更多些”。“更有趣的是,大卫·金把您妹妹的地址和电话告诉了我们。如果没有弄错的话,我想大卫是为您而这样做的。”

据沈粹缜(中国福利会前秘书长,在宋庆龄最后的日子里一直陪伴着她)的回忆:“宋庆龄有一个未能实现的愿望。她很思念美龄。她告诉我,如果美龄来了,觉得住在她家里不方便,可以安排她住到钓鱼台去。她把许多细节都想到了。现在她已经故去了,但我还是要把这话传给宋美龄:她姐姐思念她,甚至于想到她可以在哪儿住。我愿意亲自到台湾去传这个口信。”

1981年5月29日晚8时18分,宋庆龄的心脏停止了跳动。宋庆龄治丧委员会向在台湾和海外的宋庆龄亲属发出邀请,欢迎他们前来北京参加丧礼。亲属中包括妹妹宋美龄、孙科夫人、宋子良与夫人、宋子文夫人、宋子安夫人、蒋经国、蒋纬国,以及孔祥熙、宋蔼龄的子女孔令仪、孔令侃、孔令伟、孔令杰等。治丧委员会还通知,台湾中华航空公司的专机可在北京及上海降落,一切费用由该会负担。台湾电信局拒收这些电报。住在台北的孙科夫人派人送了花圈,发来唁电的有旅居美国的宋子良及夫人、宋子安夫人及宋子文的长女。

① 伊斯雷尔·爱泼斯坦著、沈苏儒译:《宋庆龄——二十世纪的伟大女性》,人民出版社1992年版,第655—656页。

宋美龄对电报没有作出反应。据廖承志后来在一篇讲话中说：对于邀请，"蒋经国很恼火，又派人到美国去，又写信去，又如何如何，又通过孔令侃，怎么样怎么样"①。这些举动，无非是劝说她不要表态，不要回大陆去。对于自己的亲姐姐的去世，宋美龄心中不会没有反应。据说，一向安静的蝗虫谷这时也为世人注意起来，大批记者蜂拥而至，挤满了宋美龄住宅前后。他们千方百计地打听宋美龄会不会前往北京奔丧，或派人去奔丧，至少会为有手足之情的二姐的去世发个唁电吧，但结果任何表示也没有。亲姐妹之间仅仅因为政治主张不同而绝情至此，真让人想起来都寒心②。

尽管由于受到压力（来自蒋经国和孔氏兄妹）宋美龄未作表态，但是对于二姐的去世，她心底自然会涌起波澜。当时与她来往的美国友人中，便有年届九十的埃米莉·哈恩。她写的《宋氏三姐妹》对世界各地的读者来说，仍是了解她们姐妹早期生活的基本读物。故人聚首，前尘往事，历历如在眼前，如今三人，已去其二；硕果仅存，言念及此，宁无喟然？

三、长岛悠悠十一年

宋美龄到美国后，住在长岛蝗虫谷。这组庄园式的房子是孔祥熙、宋蔼龄夫妇产业，她来了以后，与令侃四姐弟，比邻而居，相互有个照应。

宋美龄与独身的孔令伟（孔二小姐）关系尤为密切，后者成了前者的总管。宋的活动，包括会客都由孔令伟安排。宋交出台北"妇联会"职务，也是依孔令伟的建议，让辜振甫夫人严倬云接任的。

住在美国的宋美龄，对台湾岛内的政局，并未忘怀。她的老部属、妇女界人士、台湾赴美的官员，她都想见见，在美的台湾"外交"官员，也向她报告情况，因此她对台北政坛动态，很是了解。蒋纬国也定期去探望她，使她得到一些安慰。

---

① 伊斯雷尔·爱泼斯坦著、沈苏儒译：《宋庆龄——二十世纪的伟大女性》，人民出版社1992年版，第666页。
② 韩舞燕、李大宏编著：《蒋氏家人今何在》，百花文艺出版社1992年版，第18页。

对于一个有一定艺术修养的老人来说,纽约不乏观摩和欣赏的去处,宋美龄有时到曼哈顿参观画廊和艺术馆,有时也练字作画;阅读书报是必不可少的,尤其是有关灵修方面的书,钻研天人的学问,还是对现实生活中不如意事的一种解脱。1977年6月20日,是台湾辅仁大学第十一届学生毕业典礼之期,宋美龄作为这所天主教大学的董事长,发去书面训词。在训词中,她强调"崇高道德律为世界所急需",认为"这种道德律正是现代世界所急需的,亦惟有宗教才能给予的"。当然她也提倡实学,她说:"我们为达成人类精神守护者的目标,应当踏实地研求真知实学,尤其了解求知的方法,意识到人类知识的效能和极限。我强调效能的极限,是使所获得的知识,不致流于空虚肤浅、了无真实的内涵。"①如何拯救人类的灵魂,这是千百年来宗教家们所追求的目标。但当宗教已被世俗的权力者所摆布和愚弄的时候,世俗的人类自由精神守护者究竟能有多大作为,这恐怕连"道德律"的提倡者本人也是没有多少把握的事。

事实上,世上并无所有人都认同的"道德律",何况任何一种宗教观念都具有它的局限性,希图通过天主教去"守护"人类的自由精神,就有如西方国家的领袖大谈人权一样,实际上是不可能有统一标准的。宋美龄的这篇对辅仁大学毕业生的书面训词,大讲共产主义之"流毒",当然是坚决反共的用心了。可是她就不讲讲1949年10月之前,在蒋介石统治下的中国是个什么样子。偏执的反共意识似乎并未随她年寿的增高而稍减。1978年12月16日中美建交之后,美国与台湾当局断绝了外交关系,对国共两党的关系便不能不产生巨大影响。18日,中共举行十一届三中全会,会议指出:"随着中美关系正常化,我国神圣领土回到祖国怀抱,实现祖国统一大业的前景已经进一步摆在我们面前","欢迎台湾同胞、港澳同胞、海外侨胞,本着爱国一家的精神,共同为祖国统一事业做出积极贡献!"②但是,就在同一天开幕的国民党十一届三中全会上,蒋经国表示,国民党"无论在任何情况,任何压力,任何变化下,绝不与中国共产党谈判"③。国民党的方针是"革新保台",

---

① 王亚权编纂:《蒋夫人言论集》下集,台北"中华妇女反共联合会"1977年版,第955—957页。
② 《人民日报》,1978年12月24日。
③ 《蒋经国言论集》第1辑,台湾"中央日报社"1980年版,第259页。

中共则是正式结束"文化大革命",开始提出"改革开放"的方针,抓经济建设。无论如何,两岸关系是要发生变化了。可是,宋美龄当时似乎并没有意识到这点。

为了寻求祖国和平统一的途径,大陆方面做了一系列缓和两岸关系的工作,提出了具体主张和建议,中共领导人也一再发表谈话,甚至邀请宋美龄、蒋经国等台湾方面人士来大陆看看,愿谈谈心当然好,暂时不谈也一样欢迎。上海宋氏陵园,溪口蒋母坟庄等,均经修复。1982 年 7 月,廖承志致函蒋经国,重叙世交旧谊,建议他要以国家、民族利益为最高标准,实行国共第三次合作。这封信在报端刊出后,国际上反响强烈。蒋经国一时不好正面作复,"渡尽劫波兄弟在,相逢一笑泯恩仇"(函中录鲁迅诗),这种血浓于水的民族亲情意识,当然不是"三不"主义可以抵拒的。宋美龄这时出面了,由孔令侃代笔,她给廖承志复了一函,谈的内容仍是"三不"政策的老调。这是不合时宜了,因此岛内外对此举颇有非议,也就在所难免了。

1984 年 1 月,是中国国民党"一大"六十周年,北京举行了国民党"一大"六十周年学术讨论会暨孙中山研究学会成立大会。全国政协主席邓颖超在大会上发表了讲话。讲话回顾历史,展望未来,表示只要大家都以祖国统一作为共同的前提,以诚相见,多商量,多交换意见,问题总是不难得到合情合理的妥善解决的。按理,台湾方面如果想答复,是不难找到合适人员或单位来答复的。不知为什么,宋美龄又跳了出来,当然是雇用枪手进行回答。她在致邓函中大谈"一大",讲苏联的援华为了"名利"双收。至于联共,国民党乃共产党的"保姆",说来说去,是讲共产主义不适于中国。讲到中国统一问题,她认为中共"以怨报德,趁火打劫,铸成大陆的沉沦,二次惨痛,殷鉴昭昭,一而再之为已甚,其可三乎!"这种答复,除了对两岸关系的发展添堵外,可谓没有任何实际意义,这足以表示她是时代潮流中的落伍者,无裨于两岸开放交流的展开。

蝗虫谷的岁月虽然悠闲自在,读书绘画,时光易逝,但也不是世外桃源。据有的记载说,早在 1972 年,宋美龄便投资五百万美元开发新墨西哥的天然气,是菲利浦斯石油公司的合伙人。翌年,又投资创办休斯敦的

宋美龄移居美国后,潜心研习作画

韦斯兰石油公司及天然气公司。1974 年,组织夏延石油公司,并控制大信托公司、西部石油开发公司和阿托卡钻探公司。1975 年重返纽约后,她的"大部分精力用在工商方面"①。以一个老年人而经营这么多产业,很辛苦是真的。不过比较起来,她更大的兴趣还是在政治方面,因为这才是她的老本行。

据台湾《纵横》周刊记述,在 1986 年宋美龄返台前,近半年中,她与蒋经国之间联络相当频繁,除了专人专使的报告,不断从台北直奔纽约长岛外,她还经常在每星期三上午,国民党中常会例会散会的时间,直接给蒋经国挂电话,垂询台北的近况②。"老夫人"干政这种事,传出来以后,评论当然不会太好。

宋美龄身在美国,心系台湾,要她忘怀也不可能。她关切的事不少,其

---

① 陈启文:《宋美龄》所附年表,中国文联出版公司 1988 年版,第 314 页。
② 陆临五:《宋美龄在台饱饫天伦之乐》,《蒋介石家世春秋》,中国青年出版社 1991 年版,第 104—105 页。

中之一是蒋经国接班人问题。蒋经国的儿子蒋孝武与蒋孝勇经常前去探视与陪伴她。正当第六届"总统"任期将满,第七届"总统"、"副总统"人选尚未公布之前,有一次宋氏与孙辈谈及政情问题,孙子告诉她,岛内有两个人要夺权,一个是王昇,一个就是蒋纬国。她问:"叔叔要来接班吗?"答:"不可能。"又问:"为什么?"答:"叔叔啊,他只懂得找找女明星,唱唱流行歌曲,他懂什么政治?"这些话,是后来她告诉纬国的。蒋经国确实防备弟弟,长期不让他去美国见母亲。经国当了第七届"总统",便调纬国去联训部任闲差,以防他进入权力核心①。

四、"我将再起"?

为了参加蒋介石一百周年诞辰纪念活动,1986 年 10 月 25 日,宋美龄返回台湾。这次回来,各界估计她不会停留太久,就会离台北,但由于一些妇女团体的"执意挽留",她一住就是四年又十一个月,冷静的士林官邸又热闹了起来。刚回来的那阵子,国民党上层人士分批前往官邸向她老人家致意。

据台湾《雷声》杂志介绍,宋美龄回台后,孙辈蒋孝武、孝勇等人均前往官邸陪伴。远在美国的唯一孙女孝璋,也专程回台陪伴祖母。孙子女及曾孙绕膝,使得夫人又恢复了 1975 年以前"老总统"仍在世的情景,据说心情极为愉快。邱爱伦整日陪伴着婆婆,照料饮食起居。蒋经国夫人方良女士,也每天到官邸请安。如此欢愉的天伦之乐,使宋美龄格外开心,真有点颐养天年的情趣。

蒋经国也克尽孝道,晨昏定省。早上上班之前,必至士林官邸转一下,晚间回家之后又去一趟。后来宋美龄告诉他,你事情太忙,不必每天均来。但他仍抽空前往。据该刊披露,当时宋美龄与蒋经国经过几度长谈,"对岛内外若干重大的政治以及人事上的部署均已获得肯定的共识"。"经国先生

---

① 汪士淳著:《千山独行——蒋纬国的人生之旅》,台北天下文化出版公司 1996 年版,第 258、259 页。

1987 年,宋美龄 90 岁时,摄于台北士林官邸

的政治上革新计划,闻更获得蒋夫人的全力支持,使得经国先生更为宽心。"①

宋美龄回到台湾后,以历史研究者自命,将她去国十余年对过去二三十年自己经历的若干重大事件,作系统回顾,题为《所思所感》,刊在台湾报纸

---

① 陆临五:《宋美龄在台饱饫天伦之乐》,《蒋介石家世春秋》,中国青年出版社 1991 年版,第104—105 页。

上。它的主要内容,包括下述几部分:美尚能推行民主理念,美错误政策影响严重,当年美政要推卸责任,艾森豪威尔盼自金马撤退,"先总统"具特定敏锐力,宁为玉碎而不为瓦全,台湾创造 20 世纪奇迹,未来值得关切的事,日本改侵略屠杀史实,应阻止军国主义复活,知识分子缺乏实际经验,口喊民主而制造暴乱,中外警察有霄壤之别。这组"拼图"式文章,热情颂扬蒋介石和台湾,抨击对手不遗余力,揭露"朋友"的伪善,爱憎分明而直率,与她的文字风格相一致,思想议论广泛而缺乏深度。

她在《我将再起》一文中谓:(民国)二十九年战况正趋激烈,而国际局势益见阴霾之时,她不时振笔为文,以期鼓舞纯正的爱国思想,并建立坚强无比的信心,这些文存,经合刊成书,题名为《我将再起》。"先总统"还特别写了一篇序文,肯定"中国将必从它的许多艰难困苦中,崛起而为一强大的国家"。但也同时提醒国人:"只有拿出坚忍不拔的勇气向前迈进,我们才能使一个新的中国屹立于世。"

"我将再起"一语,来自伦敦圣保罗教堂一个饶趣及感人的故事。伦敦圣保罗教堂南门顶上,有一块镌刻端庄的石头,上面雕刻着一个拉丁字"RESURGAM",意为"我将再起"。说起它的历史来是这样的:当教堂的大圆屋顶行将动工时,建筑师蔡斯陶佛棱爵士(Sir Christopher Wren)要求一块石头作为教堂中央的准据。于是有人从乱草中拿来一块刻着这个拉丁字的墓碑,它的意义如此深刻……

复谓:"美龄因欣赏此字之寓意,亦正恰合我们中华民族全体同胞的精神、意志、希望和观念:一个古老的民族,在天荆的苦难环境中,经过一场生死挣扎,必能重建它的声望和力量,崛起而为一个充满朝气和正气的强大国家。

"'先总统'和美龄,都深深认定中华民族有其必能生存复兴的力量。'先总统'称之为'实践历史使命的力量'。"她认为这种浩大潜力,足以使我们国家民族于痛深创巨之后恢复元气。这种力量来自上下五千年悠久优越之文化与道德的陶冶所酿成,而且波澜壮阔,永不消灭[①]。

---

① 武之璋:《蒋经国身后宋美龄是否准备夺权》,《炎黄春秋》2014 年第 3 期,第 75—76 页。

宋美龄对政治的关心,不免使一些人感到不快。但是,她并不太在意,倒是这种有家庭乐趣的日子并没有过多久,1988 年 1 月 13 日一个大灾难降临蒋家:蒋经国去世了。蒋经国去世,不但对蒋家、对台湾岛内,乃至对整个中国,实际上都是一件大事。国民党的"强人政治"结束了,台湾社会进入"后蒋经国时代",明确点说,进入"李登辉时代"。

在蒋经国上台后,大力提拔台湾本土人士进入国民党高层,李登辉便是十余年间从一普通职员跻身于"副总统"、国民党副主席高位的。蒋经国时代,国民党内各派势力经过调整,比较成型的是"官邸派"与"开明派"。"官邸派"属于保守营垒,主要代表是"总统府"秘书长沈昌焕与国民党当时的"文胆"秦孝仪、《联合报》系董事长王惕吾、"行政院长"俞国华等。"开明派"关键人物是国民党中央党部秘书长李焕、副秘书长宋楚瑜及中常委、《中国时报》董事长余纪忠。"官邸派"碍于"宪法"规定,知道要阻止李登辉继任"总统"是不可能的,他们想推出俞国华与李争夺国民党主席职位,若此计不成,则拥宋美龄在党内当"老佛爷"的角色。

但是,在两派斗法之际,台湾岛内出现一股"拥李潮"。1 月 18 日,国民党内赵少康等三十九名"立法委员"联署发表声明,表示"推李登辉先生代理本党主席,以维护全民信心,并维护本党形象"。此举在国民党内引起巨大冲击波,连俞国华也转而表示要顾全大局,表示拥李。1 月 26 日的国民党中常会已完成推李的准备工作,只待翌日的会议上作形式上的通过。

可是,"官邸派"并不服输。26 日晚,由宋美龄具名的一封函件,送到李焕家中。内称:

李秘书长勋鉴:

　　元月二十四日来报奉悉。经国先生不幸逝世,其对国家及本党之贡献乃尽其最大之努力,普海公认尤不幸者,经国先生逝世,正逢我推行三民主义统一中国之政策及设想以及本党整纪及推动党务之再次强化,尚未能开始逐步行之再者。事实上,经国主席因病缠身,辄不出席主持常务会议,故由诸常委轮流代行主席职务,所庆者乃诸位常委均能尽责,无瑕疵可诟。为符合本党党章,莫若于第十三次全国代表大会开会时，由本党全体同志遴选及表决主席人选。若是，则既可与党章无所抵触，且令党员对党中央处事煜明磊落，有所慰也。专复。并请转诸同志为荷　即此顺颂

党安

蒋宋美龄

七十七年元月二十五日①

送信人是蒋孝勇。信中提出国民党主席继任问题应依执政党章程处理，俟1988年7月7日国民党十三全大会选举，因大丧期间不宜讨论主席继任问题，以免引致党内分裂。李焕接得此函，不敢怠慢，乃就商中常会轮值主席余纪忠与俞国华，余纪忠力主如期提出，俞则希望给他两天时间，以便说服士林官邸，延至蒋灵柩奉厝之后由临时中常会通过。最后决定第二天会议不提代主席一案，希望延至蒋经国奉厝之后，而非宋美龄所要求推迟至十三全大会上选举。

在1月27日的中常委会议上，被称为"白袍小将"的副秘书长宋楚瑜发难，他慷慨陈词，表示原提议案如果搁置不议，对党、对国家所造成的损失将会一天超过一天。他对于此一提案不能尊重多数成员的意见而提出"严重抗议"。说完便步出会场。宋楚瑜系蒋经国亲信，蒋死时宋以孝子一般的身份与蒋家子弟行礼，应接宾客。他公然决断拥李，迫使俞国华不得不领衔、全体中常委连署推举李登辉出任代理主席议案。在余纪忠主持下，会议一致通过了该案。使李登辉实际控制了党政大权。"官邸派"在这一较量中失败了②。

据载，在选举前夕，为了说服宋美龄，蒋纬国特地陪同李登辉见宋美龄。开始宋不肯与李登辉晤面，蒋纬国到内室劝告再三，终于将宋美龄请出，与李作了谈话，使得紧张气氛得以化解③。据说，蒋纬国事先不知道其间有如许曲折，事后他去探视宋美龄，她对提案的通过颇为遗憾，但也只能接受此一事实。

① 武之璋：《蒋经国身后宋美龄是否准备夺权》，《炎黄春秋》2014年第3期，第72页。

② 宋春等著：《中国国民党台湾四十年史》，吉林文史出版社1990年版，第229—230页。

③ 杜卿、邓吾仁编著：《台湾政要子弟秘闻》，时事出版社1992年版，第45页。

宋美龄在阻止李登辉控制党权方面的努力失败后,她的威风扫地了。此事过后不久,她就决定离台,但因发现卵巢良性肿瘤需要动手术,才不得不推迟赴美。

1988年7月,国民党召开十三全会,宋美龄发表著名的"老干新枝"演说

1988年7月7日,国民党十三届"全国"代表大会在台北举行,选举李登辉为国民党主席。在8日的会上,宋美龄发表演说,提出"老干新枝"等主张,此后就很少过问政事了。这篇演说的全文如下:

主席、各位同志:

"中华民国"国民党十三全会定于"民国"七十七年七月七日集会于复兴基地台北近郊,是日为历史上卢沟桥事变日,深具意义。余今与会,目睹各界同志,聚集一堂,实深感慰。尤忆民国十三年一全大会集会广州,与会同志,朝气蓬勃忠党爱国之情溢于言表。余当时在座,曾亲聆总理昭示,组织有力政党,以党改造国家。

国父九十四年前革命创党,先严耀如公为总理密切伙伴,掩护同志筹助经费,余家为秘密集会处所之一,因而遭致清室悬赏通缉,被迫举

家仓促逃避东瀛。国内有志青年纷起响应,诸如无数成仁党国元勋,黄花岗七十二烈士抛头颅洒热血,勇往直前,历经推翻满清创立民国,兴办黄埔军校,总裁受命东征北伐,统一全国,抗日军兴历时八载,始获胜利,得废除不平等条约,收复台澎,其艰难困苦,非身历其境无法体会。而今复兴基地,照耀光明之火,为大陆十亿同胞希望之所寄。北伐成功至抗战开始,未及十年,其间军阀割据,共党猖乱,日本一再侵犯,人民水深火热,全面抗战,阵亡将士及被日军蹂躏杀戮同胞,更不计其数;诸凡前者之牺牲,始有今日之党国。

各位同志熟谙党史,当已了解于胸。三全大会总裁昭示:"保障国民党光荣历史的基础",四全大会昭示:"党内团结为御侮图强之基",民国廿七年临全大会总裁提示:"国民党必须坚强团结"、"强化全党",十全大会昭示:健全组织,悉皆本党奉行之准则。眼前正值紧要关头,老成引退,新血继之,比如大树虽新叶丛生,而卓然置基于地者,则赖老根老干。于今党内白发苍苍,步履蹒跚者,不乏当年驰骋疆场之斗士或为劳苦功高之重臣,其对党国之贡献,丝毫不容抹杀,当思前人种树,后人乘凉。夫国之强,党之壮,赖有一定之原则,连续生存之轨迹,创新而不忘旧,前进而不忘本。当年国父如不建党立国则无今日之中华,台澎依旧(为)日本殖民地,饮水思源发人深省。

诸位与会同志,选自各界,皆党之精英,对党忠诚,为党策谋,此次集会一堂,历时一周,望能竭精殚智,排除自私,捐弃己见,一切以党国为先,以复兴基地为起点,拯救十亿大陆同胞,庶几不负总理、总裁及元勋烈士在天之灵。惟今时逾半世纪,世局不停动荡,总理、总裁昭示之真义未变,吾党之原则亦未变,今后党之发扬光大,有赖纪律之恪遵,有品有德优秀人员之引进,然而其不容变者则是党之精神、党之原则、党之方向及党之纪律,其不可有者则为藉党逞私欲,个体求眩众,标新立异,动摇国本;坊间新闻媒体对国事之批评与建言,应诉诸社论专栏,堂堂正正供大众判读,如任意制造民意,混淆视听,则非所应为,而为国人所共弃。总理创五族共和,志在团结;同为汉族,自无所谓独立之理。以美国之崇尚民主自由,不惜内战,制止分离,其理自明。夫崇尚民主,慎防尔"民"我"主"。如今社会正受冲击，人民企求法制民主，持旧创新，在在需求准则。

　　党设主席表率全党，其产生应根据宪章，不宜草率为之。各位同志身负重托，心系安危，自当内和不同外纳舆情，求新而非排旧，守纪而非乖张，法律必须严格遵守，暴乱亟应依法切实制止，庶几可以推行民主巩固经济，在党主席领导下群策群力继续发扬民党辉煌历史，余饱经忧患，志切党国，肺腑之言，提供各同志参省。

　　敬祝各位身体健康！①

　　如前所记，1940 年，也就是半个多世纪以前，她曾发表系列文章，总题目便是《我将再起》。如果说，在抗日战争时期，以年富力强的第一夫人的地位和能力，高呼"我将再起"，经过全民抗战果然取得抗日战争的胜利，是有其实现的可能性的话，那么以一风烛残年的老妪、在蒋氏父子相继去世、政治影响业已消逝的情况下，仍旧调重弹，则有点与时代不协调了。不但宋美龄无法"再起"，而且就是极力支持李登辉上台的蒋纬国，也毫无办法，他曾做宋美龄的工作，也游说郝柏村等军界实权人物支持李登辉。当李的地位巩固之后，他并未"投桃报李"，反而压制蒋纬国在政治上发展其势力，在"十三全大"上阻遏其进入中常委，又力拒其参加竞选"副总统"，使蒋纬国极为难堪，不得不在 1990 年 3 月 17 日赴美国一行，以"度假"散心。

　　宋美龄对蒋纬国的处境，自然了解。蒋纬国在向宋美龄辞行时，母子之间曾进行过一次重要谈话。宋美龄用上海话告诫蒋纬国说：你的个性最容易遭受误会，因此，过去你受了很多的委屈，这一点我最了解了。我们蒋家从你父亲到你哥哥，对于历史已有交代，一切自有公论，你不必考虑为了蒋家而刻意去做或者不做一些事情。蒋纬国听了这些话之后，心情平静多了，对于他个人未来的出路，也就淡然多了②。

　　蒋氏家族在其全盛时期，从丁口上看，还是比较兴旺的。除老二纬国仅

---

①　武之璋：《蒋经国身后宋美龄是否准备夺权》，《炎黄春秋》2014 年第 3 期，第 74—75 页。

②　韩舞燕、李大宏编著：《蒋氏家人今何在》，百花文艺出版社 1992 年版，第 31 页。

与邱爱伦生一子孝刚之外,老大经国婚生子女有孝文、孝璋、孝武、孝勇,与章亚若非婚生子孝严、孝慈。第四代加起来数量更为可观。但是,在蒋经国去世后不久,卧病多年的蒋孝文于 1989 年 3 月 14 日病死。1991 年 7 月 1 日,蒋孝武亦突然去世。这对宋美龄这位老奶奶来说,这个家族一连折了三个男丁,自然不免苦楚。虽然受了沉重的打击,尤其是蒋孝武之死,她"间接向人宣告,掌握台湾政局长达四十年的蒋氏家族,正式退出历史舞台了"①。但据说她对孙辈之死表现"相当坚强",这或许是上帝点化的结果吧。

历史无情,短短几年工夫,煊赫无比的蒋氏家族,跨过了权力的顶峰,兴衰荣辱,都是眼前的事。如今,蒋家的人即使一时仍未彻底从台湾政坛上消失,但是人脉势力已逐渐散去,仍想要以强人政治的姿态"再起",恐怕是永远不会有这种可能了。

宋美龄住在一个偌大的士林官邸里,后辈们又他处各有住所,虽然不时有人前来请安问候,宋美龄仍不免有孤寂之感。佣人们是不敢随便打扰她的。她笃信基督教,她有时会参加星期三在凯歌堂的祷告会,听听人们的灵修心得。有时也和一些熟悉的老部属的夫人、女儿打打牌,借以消遣。但每人都有自己要忙的事,所以这些"牌友"也不总是来官邸与她玩。她每日要做的事仍是读书看报。这种平淡悠闲的日子也过得挺快,她不愿在台湾住下去了,不管出于何种原因,在台湾住了四年零十一个月之后,她要离开台湾了。

五、蝗虫谷岁暮

1991 年 9 月 21 日的清晨,当有夜生活习惯的台北市民还在梦乡的时候,松山军用机场在严密警卫下,起飞了一架中华航空公司的波音 747SP 型远程客机。在机场送行的是台北最高当局的李登辉、李元簇、郝柏村、蒋彦士、宋楚瑜、李焕以及蒋氏家属。他们送别了宋美龄。九十多岁高龄的宋美龄为作"长期休养",机密地离开故土。此去蓬莱无多路,回来的可能性很

① 姜殿铭主编:《台湾一九九一》,中国友谊出版公司 1992 年版,第 355 页。

小了。

宋美龄这次离台赴美,除了蒋氏家族凋零、不堪孤寂的原因外,也与"台独"势力嚣张有关。自蒋经国开放党禁后,岛内一部分分离势力,在岛内、国外敌视中国的势力的怂恿下,以民主进步党为中心,公然扯起"台独"旗帜,流亡海外的"台独"骨干,在当局默许下,也相继返台。1991年以后,第一届老"国大代表"被迫纷纷退出政坛,这些当年追随蒋介石来台的党国忠贞之士的下场,在蒋氏两代去后,已日益不成气候,"中生代"也无力挽狂澜,对此,宋美龄心中比谁都明白。一旦"台独"得逞,台湾"变天",哪里还有她立足之地? 当上次离台赴美长住时,岛内就有人多次提出要将士林官邸交出公用。1989年下半年,又有民进党的人扛着标语到官邸附近示威,要求将该处改建公用。这种藐视"老总统"夫人的做法,不是带有"驱宋"的味道吗? 眼不见为净,走远一点,心里还安静一些。这便是宋美龄离开台湾的一个不自愿的原因。

至于检查身体与治病,当然也可以作为宋美龄离台的另一个原因来解释。她在1969年7月在台北阳明山曾发生过一次车祸,1989年又摔过一次,右腿骨动了一下手术,但都于健康无碍。1977年,发现宋美龄乳腺癌病,并由美国哥伦比亚大学哈比夫作了乳房切除术。1989年6月,她又因皮肤过敏引起发烧,住进医院治疗,检查身体时无意发现右侧卵巢长了良性肿瘤,仍是请哈比夫大夫来台给她做了卵巢及输卵管切除手术。手术做得成功,据查她的肝、心、肾的功能及脑都很好,只是目力较差,看文字材料要开亮度强的灯。1993年3月4日,当她在长岛度过九十四岁生日的时候,人们发现,她虽年逾九旬,但身体、精神都不错,皮肤敏感的毛病已得到控制,平时生活很有规律,常到附近礼拜堂做礼拜。据透露,她十分关切台湾的情况,目前台湾政局动荡不安,令她心情沉重。这种不安,正是她忧心并出走的主要原因。

宋美龄于1991年9月21日中午1时30分,抵达纽约肯尼迪国际机场,随即驱车回蝗虫谷住所。

这次台湾华航公司派专机送宋美龄赴美国,不用说是经过上峰点头的,由于宋美龄仅是民间团体(当然也是执政党)国民党中央评议委员,不是现任高官因公出访,所以对她乘专机是否合法的问题,在岛内引起风波。台湾教师权益促进会秘书长石文杰等一些社会团体负责人,向台北地检署控告宋美龄可能涉嫌侵占公家资源,而华航涉嫌图利他人,对李登辉等官员在上班时擅离职守至机场送行,也要求予以追究。对此宋美龄也应当受到追究。这种要求当然是不会向有关当事人提出来的,但反映蒋氏家族在台湾政权中的衰败。难怪台湾《新新闻》周刊认为,"蒋家影响中国政治超过一甲子,随着蒋氏父子的相继凋零,蒋家的势力也逐渐退出政坛,而蒋家的核心,九十一岁的蒋夫人宋美龄此次赴美,等于为蒋家在台湾残存的一丝丝影响力,正式画上了句点"。

宋美龄此次离台另一件使蒋家不快的事,是士林官邸原来一位副官的口述暗示,称宋氏赴美时,带走了一百多箱"宝贝"。蒋纬国认为这是不了解实情之下的叙述失实,不得不为之澄清:

"这一百多箱东西,是连随员的行李一起算在内的;何况,老夫人等于是搬家,因为父亲过世了,她认为在感情上所需要的东西就带走。我自己到士林官邸去帮忙装箱的,都是一些书籍。她有许多书,也看了很多书,这些书凡是有她签名、划线或折角的,我全部装箱。另外,所谓装箱,其实就是瓦楞纸箱,而且书很重,纸箱也就不能太大,否则就搬不动的。照我估计,光是书,就有几十箱。"①按照西方世界的规矩,如果是私人财产,物随主迁,原非违法。估计也就是这个原因,百箱"宝贝"运美之事,也就云淡风轻吹过去了。

士林官邸人去楼空,门可罗雀。蝗虫谷林幽草绿,风景依然。经过六十年波谲云诡的国际国内风涛后,如今一切都平静下来了,沉寂了,如平沙孤雁,潮起潮落,都是身外之事了。上次在这里久居,威斯里安时代的同学E. Mills曾常来做客,叙旧谈往,多少有些乐趣。但这位女士在1987年也死了。林下多新鬼,老迈故人稀。

在她有生之年,还可以办一件事:以蒋家现存的唯一权威,让孝严、孝慈

---

① 汪士淳著:《千山独行——蒋纬国的人生之旅》,台北天下文化出版公司1996年版,第338页。

兄弟认祖归宗。据"中央社"报道:正在美国访问的台湾"侨务委员会委员长"章孝严,1993 年 6 月 28 日在电话中向宋美龄"请安致敬"。章孝严夫妇原定 28 日前往长岛探望宋美龄,不巧她身体不适,章孝严为不打扰她,改以电话问安①。她是身体不适,还是有意回避,只能让人们去猜测了。总之,是没有接待孝严夫妇,当然,也就不能讨论她应做的事了。不过,孝严兄弟认祖归宗的事,由于宋美龄与蒋方良从来都没有说过什么反对的意见,蒋纬国给章孝严写信时早就昵称"孝严贤侄",国民党内的大佬也支持,所以这个社会关注的焦点,在各方协助下,终于得到完善的解决,章孝严终于在浙江奉化认祖归宗。2000 年章孝严第一次回溪口祭祖扫墓。2005 年 3 月,章孝严换了身份证,正式改姓蒋,不过,这时宋美龄已不在人间了。

早在 1976 年 10 月 29 日,宋美龄曾在台湾各大报刊发表了一篇长文《与鲍罗廷谈话的回忆》。她根据 1926 年冬与鲍罗廷(孙中山聘请的苏俄顾问)的谈话记录,整理成此文。在这篇长文结束的时候,她引用了 18 世纪爱尔兰诗人兼作家叶慈(William Butler Yeats)的六步格诗,其中有这样几句:"事物皆分崩,中枢不堪守","混乱称当世","善者吝悔罪,恶者欲横流"②。她认为这些诗句是对 20 世纪 70 年代最好的写照。当蒋夫人在 20 世纪 90 年代重读这几句诗的时候,或许会喃喃自语:真是不幸而言中了,世界果然如此!

---

① 《参考消息》,1993 年 7 月 4 日。
② 王亚权编纂:《蒋夫人言论集》上集,台北"中华妇女反共联合会"1977 年版,第 451 页。

第十一章　历史华章的休止符

一、宁静中的波澜

　　离开台湾的喧嚣,隐居蝗虫谷,对一个几十年来与政治生活紧紧地捆绑在一起的前第一夫人来说,无异于自我流放。不过,适应环境之后,一切都归于平淡。"最是盈盈东逝水,都注汪洋","一片汪洋都不见,知向谁边!"

　　宋美龄的日常生活,可以说是平静有序的。或许是阅世已久,年事又高,事事需人,恬静中多了一份诚恳。她已无公事可办,自然不存在紧张的问题,但她有许多头衔。之所以如此,一方面是老的关系,人们还需要她,或感恩她,不愿与她切断原有的联系;另一方面,名义上保留林林总总的职务,表明自己的存在和影响,有地方表达自己的见解,也是一种心理享受。她在90岁的时候,据1990年12月10日《新新闻》周刊记载,她还拥有"中华妇女反共联合会"创办人兼主席,中国国民党中央评议委员会主席团主席,辅仁大学董事会主席,华兴育幼院、振兴复健中心董事会主席,中国国民党妇女工作会指导长,台北市"国际妇女俱乐部"荣誉主席,"中国护士协会"、"中国女童军"、"中国妇女救灾总会"纽约分会及"美国医药援华会"荣誉主席,台北"国立故宫博物院"管理委员会常务委员等职务。在海外,她担任

Catherine Lorillard Woife 艺术俱乐部及 Tall Zeta Epsilon 理事会理事，Phi Betakappa、Etachapter、Phi Deha Gmma 及纽约动物学会荣誉会员，美国海军陆战队荣誉中将。她担任这些职务，一般说来是不用她费神的，就是其中个别要写点文字材料，也有人代理笔墨，予以处理。那么，她一天主要忙什么呢？

宋美龄实际是闲不住的人，她关注天下大事，订了美国多份报刊，也逐日看台湾邮来的《中央日报》。好消息不多却有令人不快的新闻，如台报上刊出国民党的反对势力要她搬迁士林官邸的消息。她还继续画国画，甚至向侍卫人员解说自己的画风，教一些欣赏国画的常识，细心又耐烦，有如老教授之对学童。

她注意养生之道，喜欢吃水果、生菜，忌油腻食品，口味是喜欢浙江风味的菜肴。她高兴时偶尔还会亲自下厨房，包馄饨，做点心，供身边的人共同享用。发现身体一有不适，便立即就医，认真维护身体健康。据说，她还服一种中国饮料——"回春乐富酒"。各种因素加起来，又保持童心，善待左右，故虽百岁高龄之人，仍大体无恙。

宋美龄是笃信基督教的，她每天的活动，必有一二小时的灵修生活，虔诚地研读《圣经》，将自己融化在上帝的旨意之中。她在美国不可能自建教堂，也没有那么多的朋友故旧可以召来一起祈祷，所以只能到曼哈顿或长岛的住宅附近的教堂去做礼拜。宗教成为她的重要精神支柱，借助这种无形力量，有了精神上慰藉，使她能度过许多难关。

自 20 世纪 60 年代孔二小姐成了士林官邸的"总管"以来，孔令伟几乎成为宋美龄最为信赖、她身边不可或缺的角色，成为她贴身侍从与情报官。蒋经国死后，孔二小姐随宋美龄赴美，因感身体不适，返台检查，确诊患了直肠癌，手术后情况稳定，复赴美随侍。1993 年 9 月病复发，二度返台治疗。次年宋美龄回台北探视这位年届七十五岁、终身未曾婚配的外甥女。

当时台湾虽由国民党执政，但李登辉的"台独"面目已愈来愈清晰，民主进步党（民进党）也不断发表不利于蒋家的言论，在这样的政治环境下，宋美龄作返台之行，确实需要有点冒被羞辱的勇气。

宋美龄在返台的当天下午即回到士林官邸。她离开这处居所，头尾已有三年。当听说蒋夫人要回来的消息后，老侍从们认真准备了一番，以免她感到与从前有什么异样。宋美龄回到官邸，据载，她先上楼，走进每个房间，向侍从人员致谢。然后进入蒋介石的卧室。见床帐如前，床边茶几上放着半杯白开水，也是温的。她在该处默祷了半分钟，摸摸枕头、睡衣，即下楼，离开官邸。这次返台，或许她感到是出于人情，出于无奈。孔二小姐的生命差不多已进入倒计时。宋美龄在经过短期的探视、慰问后，即动程回美国。不久，孔令伟便去世了。她的遗体被运到美国，与其父母安葬在一起。宋美龄出席了这位外甥女的追思礼拜。人们无法了解宋美龄此时的心态。但她以九十七岁高龄为探病而万里奔波，无论如何会有一种深刻感受。

二、曾提出"和平统一"的意向

中共十一届三中全会以后，提出和平统一祖国的政策，通过叶剑英讲话、廖承志函件和邓颖超讲话，对台湾当局一次次释放出善意。蒋经国虽然仍坚持不接触、不谈判、不妥协"三不"方针，但也不完全是深拒固闭，他临终前开放老兵返乡探亲之举，毕竟打开了两岸紧闭大门的门缝。1995 年 9 月，为纪念抗日战争胜利五十周年，两岸学者数十人在台北举行了一次学术讨论会，气氛极为融洽。现在无法知道宋美龄事先是否了解这次研讨会（事后应当是知道的，因为她的亲信秦孝仪就曾接待过大陆的与会学者）。7 月12 日，全球"遗族"学生代表在美国新泽西州举行庆祝抗日战争胜利五十周年纪念大会，宋美龄未能出席。她在给大会的书面发言中，就提出两岸最终实现"和平统一"的问题。

宋美龄在书面发言中说："从'九一八'事变，到今天已经经历了六十四年，卢沟桥事变至今也已经五十八年，今年是抗战胜利五十周年，这期间内乱外患，血泪艰难，真不胜其感慨系之！各位遗族子弟都是在痛苦中成长，在千磨万劫中倔强地承担困难。"又谓："五十年过去了，今天国家民族，仍然深陷分裂之中，其最后的和平统一，尚有待大家始终抱持自己父兄母姐们，当年大忠大孝的愿力，从海内海外，从各个领域岗位来协力完成。"总之，要完成"蒋公主张统一国家民族的志业"，不要由于一时的不虞匮乏，而忘了复兴民族的重责大任①。

宋美龄与蒋介石一样,坚持一个中国,坚定地反对"两个中国""一中一台"乃至"台湾地位未定"论。在蒋介石逝世后,宋美龄从"光复大陆"到"三民主义统一中国",回到现实中来,再到昌言"和平统一",与中共所提出的"一国两制、和平统一"主张相交集,是一个历史性的发展。可惜,嗣后未见她再有这方面的言论,加上国民党被李登辉的"台独"路线所瓦解,鼓吹"特殊的国与国"两国论,及至政党轮替,国民党下台,民进党公然搞"一边一国",两岸渐行渐远。2008年民进党的陈水扁下台,国民党的马英九上台后,大陆与台湾坚持"九二共识",坚持一个中国原则,两岸恢复通邮、通航、通商,两岸人民的交往日益频繁,形成了和平发展的新局面,尽管两岸分裂分治了半个多世纪,还有许多政治、军事、经济方面的问题有待协商解决,但宋美龄当年"和平统一"的意愿终归会实现。

三、两蒋移灵风波

李登辉上台后,怂恿"台独",对蒋家愈来愈不利。台北"总统府"前的介寿路,改名凯达格兰大道,蒋介石的多处铜像遭到破坏和污损。民进党以"二二八"事件说事,要清算蒋介石、国民党,在蒋孝文、蒋孝武相继去世,到1996年,蒋纬国也重病缠身。因为重病,他已两年多未赴美向母亲请安了。人情冷暖,面对严酷的现实,蒋家的人对两蒋灵柩的安置问题也有了迫切感。

宋美龄年事渐高之后,也开始想到身后的安排。1995年底,蒋孝勇到纽约探视祖母时,她就有所交代。不久蒋孝勇因患癌症返台住进荣民总医院治疗。其时,适蒋纬国也住在"荣总"治病,孝勇便向其叔父纬国谈到老夫人心愿。

据说,蒋介石在大陆时,已选好百年后的吉地,一个在南京紫金山,一处是溪口附近的四明山顶。蒋纬国从蒋孝勇口中知道,"未来'老总统'移灵大

---

① 陈达萌著:《宋美龄传》,中国文史出版社2012年版,第428页。

陆,如果照着父亲生前亲自选定的南京紫金山中山陵附近的紫霞湖为墓址,则她希望葬在上海她母亲的墓旁,因为紫金山先后葬了总理和总裁,不是她可以随着安葬的;但如果'老总统'未能葬于紫霞湖畔已立正气亭为标志之处,而是归葬溪口家乡的四明山顶,则她愿与先生葬在一起"。蒋孝勇同时也在提到自己父亲生前对身后的愿望——故去之后,希望能够葬在溪口家乡母亲毛氏墓旁。蒋纬国还从蒋孝勇转述中了解到,他父亲生前交代过,"中国只有两位'领袖',一位是'国父',一位是总裁,所以我的身后不要当成大事情,我愿意葬在你祖母的墓旁边,简单就行了"。如何实现蒋夫人的心愿,兼顾哥哥身后事的情怀,蒋纬国虑及这不是蒋家的私事,而当时台湾正在搞第九届领导人竞选,故他决定在选后人事安排底定之后再提出来。

1996年7月8日,蒋纬国在参加国民党台北市党部直六小组会议时,提出临时动议,以当时社会对两蒋不够尊重,陵寝有随时被突击可能为理由,建议党中央成立"故总统筹画奉安事宜"。提出这项动议时,蒋纬国并未提及宋美龄表达过的心愿。动议提出后,经媒体传播,马上引起各界的重视,包括蒋经国的非婚生子章孝严的反弹。

在临时动义提出前后,蒋纬国、蒋孝勇分别做了一些前期性的准备工作,即派人或亲自返大陆调查与联络,了解大陆方面的态度与环境。

据载,蒋纬国在1996年3月—10月间,曾委托友人武宦宏、张辅、胡仪敏等人返大陆联系。张辅是一位教授,他曾见过大陆海协会负责人汪道涵,征询大陆方面意见。这些朋友回台后告知蒋纬国,他们分别到过所指的几个地方,其中毛福梅的墓地在一个村落里,杂草丛生,空间有限,似不宜作蒋经国的迁葬地。倒是蒋母墓地,因已修茸;还有一间厅房,陈列了蒋氏家人的彩色照片,是奉化一个著名的风景点,比较合适。朋友还带回一篓奉化特产水蜜桃,以解蒋纬国的乡愁。至于蒋孝勇,他虽然病势严重,仍赴大陆,在检查治疗的同时,回浙江奉化扫墓。本来还想登黄山替乃父了却一个心愿,但终于未能成行,因必须赶回台北入医院做脑部手术。

台湾社会对移陵问题的反应,是各有各的考量。国民党官方认为,落叶归根是中国人传统的习俗,应尊重蒋家后人的决定。新党方面说,这件事纯从法律上来看,蒋家应有权来处理。民进党要"去中国化""去蒋化",认定他们应移回大陆去,故乐观其成。也有人认为这是蒋纬国给李登辉出难题,更有人说这是蒋氏后人以前人遗骸玩政治游戏。

当时章孝严的兄弟孝慈已去世,但仍未认祖归宗。他在 1996 年 7 月 17 日国民党中常会上表示,认为两蒋厝墓"已有随时被突击的可能","实在不能反映台湾社会现况","两位蒋'总统'分别在台湾居住 26 年和 39 年,已与台湾同胞结为一体,上述忧虑应不存在"。又称:"目前时机不宜处理两位蒋'总统'的奉安事宜,应等两岸统一后处理。"这种观点,显然未与蒋纬国、孝勇叔侄交换过意见,未叙及亲情,据说,章孝严的发言在蒋家引起微妙反应。章在 3 月间高票当选"国代"时,即曾表示他"已走出蒋家的阴影",当时引起蒋家内部的不悦。四个月后他对两蒋移灵的发言,蒋家人并未认同。

国民党高层对于此事反应较为低调。他们认为移灵之事牵涉的问题相当多,必须考虑到现行法律、政治现实及社会反应等各方面的影响,并尊重两蒋遗孀的意见。因需审慎研究,决定由三任前秘书长等人组织筹画委员会,就蒋纬国提议进行研究。其中,蒋彦士认为,此事待国家统一后再谈比较适宜。

8 月 24 日,蒋纬国在国民党十四届四次中评委会议上重提"移灵案",并有陈立夫、夏功权的连署。他在案中提出五点说明、三点意见。这些意见,归纳起来是,将奉安研究小组迅速改组为"移灵筹备委员会",进行工作;移灵行动前后的安全问题;与大陆方面之诚恳要求。蒋孝勇除了质疑对蒋家父子移灵事宜的做法,并在国民党十四届四中全会上表示,"移灵应是很单纯的事,但现在似乎把它太政治化了"。

在台湾议论纷纷的事,远在纽约的宋美龄态度如何呢? 11 月间,海基会董事长辜振甫的夫人辜严倬云把移灵小组所拟的两项方案,带给宋美龄,她在公文上批了"同意"二字。据此,移灵小组才做成"先在台湾'国葬',等统一后迁葬大陆"的决定。另据载,是国民党派员告诉蒋孝勇之妻方智怡,宋美龄已亲笔同意国民党的两阶段移灵方案。"同意书"是由辜严倬云经由"妇联会"管道,将两蒋移灵的两项方案以传真先和宋美龄联系后,再用"外交"邮袋送到纽约,宋美龄亲自以红笔批示"同意"之后,仍以"外交"邮袋送回台湾。不论用什么方式,总之是蒋夫人宋美龄批准了分两阶段走的方案。

蒋孝勇获知此事较迟,经其吩咐方智怡核实之后,以老祖母已表态,后辈也就不好再说什么了。

不久,蒋纬国、蒋孝勇先后去世,加上后来国民党丢掉了在台湾的执政权,宋美龄也离开人间,移灵、安葬之事,便再没有人过问了。中国人讲"入土为安",两蒋在慈湖、头寮长期寄厝,对国民党来说固然是无所谓,但对民进党而言,或许会如芒在背,毕竟在台湾土地上,两蒋是"一个中国"的象征,两蒋的幽灵,仍无时无刻不在民进党总部里徘徊。

四、百年华诞

1997 年 3 月 20 日,是宋美龄的百年诞辰。一个人能活到百岁,实在不容易。她虽然远离台湾,但是当年跟随两蒋打拼,见证了来台岁月的高官,还大有人在,不论从何种角度考虑,他们都不会忘怀蒋夫人。从年初开始,台美之间就开始联络、协调,做庆贺的准备工作。

宋美龄的生日庆祝活动包括:由国民党中央筹组祝寿代表团赴纽约行祝寿礼;在"纽约华夏文化中心"(即国民党驻纽约办公处)设寿堂,供国民党员及侨胞前来行礼祝寿;举办祝寿餐会。这些当然是粗线条的计划。实际上活动分台湾、纽约两处进行,重头戏在寿仙所在地纽约。

在台湾的活动,主要是两次座谈会。2 月 27 日,在台北阳明山原蒋介石官邸阳明书屋,举行"庆祝蒋夫人期颐嵩寿座谈会"。座谈会是由国民党党史会出面组织的,由国民党副主席俞国华主持,邀请的对象,包括国民党老干部、蒋氏夫妇前随侍人员、亲友、旧部及学者等凡三十三人。参加者有:郝柏村、蒋纬国、秦孝仪、辜严倬云、周宏涛、熊丸、曹圣芬、唐振楚、楚崧秋、孙义宣、蒋孝肃、赵筱梅、李钟桂、邵梦兰、林建业、潘振球、李云汉、石之瑜、夏功权、夏黄新平、文立徽、胡忻、胡章蕴文、孔令晟、邹坚、陈宗璀、钱义芳、魏小蒙、陈在俊、黄昭顺、陈鹏仁、乔宝泰、楼文渊等。座谈会目的在彰显宋美龄的"卓越贡献和懿行德范",故发言者都着意以各自的亲身体会概述宋氏在爱国、民族复兴及各项建设上的贡献与德范。

在"妇联会"举行的"庆祝宋美龄女士百龄华诞茶会"上,台湾地区领导人李登辉作了题为《蒋夫人无私奉献，爱心无远弗届》的演说。他在演说中回顾了宋氏的历史功绩：1929 年，创办国民革命军遗族学校，照顾孤苦无依遗族；1937 年，率领妇女同胞慰问前线官兵，探视战地医院，救济流离难民；1938 年，成立战时儿童保育会，抢救战地儿童；在台湾创办华兴育幼院，复健医学中心；成立"中华妇女反共联合会"，有组织、有系统地关怀三军、服务妇女，以及济助老幼、残障、贫苦同胞，成为建设社会的一股重要力量。李氏又谓："蒋夫人不但是'先总统'蒋公的得力助手，并以全部的智慧和力量，投入国家各阶段建设。蒋夫人成功的因素很多，但是重要的有两点：一是在美国所接受的教育，一是虔诚的基督教信仰。"①这篇演讲词，除了表面上对宋美龄的敬意外，恐怕没有其他什么意义，因为在 1945 年之前的事，李登辉未必知道。但是，无论如何，在宋氏一手创办、掌控的"妇联会"茶会上的这些说辞，还是大体上符合实际，也是听众可以接受的。

纽约曼哈顿的庆祝活动，从 3 月 14 日至 20 日前后花了一周时间。考虑到可能前来祝寿的人多，宋邸主持日常事务的主管安排每日接见二人（或二组）。14 日下午，首次受到接见的是台湾当局前"驻日代表"蔡孟坚。蔡送来的贺礼是由台湾著名画家欧豪年所绘寿桃图。宋准时从楼上下来会客，交谈甚欢。宋以自己出版的山水、花卉册各一本回赠。

15 日上午，由台北华兴中学及育幼院数百位在校及退休或毕业师生组成的代表团，向这位创校"母亲"表达敬意。18 日下午，台北华兴中小学师生、校友代表四十一人，在校长与前任校长率领之下，再次到宋邸拜寿。宋与代表们一一握手——他们最小的三年级，最大的五十多岁——显得十分愉快，她谈到当年创办华兴的情形，"当年是基于基督的爱，而创办华兴"。拜会历时一小时之久。

18 日下午的另一场拜寿是全部庆祝的最重要活动。由俞国华率领的来自台湾和美国的中国国民党祝寿代表团，成员共十二名，包括国民党中评会主席团主席沈昌焕夫妇、中常委郭婉容、副秘书长钟荣吉、妇工会主任黄昭顺、台"驻美代表"胡志强等。在接见祝贺团之前，宋氏首先接见了胡志强

---

① 佟静著：《晚年宋美龄》，新疆人民出版社 2008 年版，第 398 页。

1997 年，宋美龄百岁寿辰，摄于纽约曼哈顿寓所

夫妇及台驻纽约"台北经济文化办事处"处长吴子丹夫妇。胡代表台湾地区领导人李登辉、连战向宋氏拜寿，呈献了贺函与贺礼。

下午 3 时 10 分左右，赴美祝寿团代表中国国民党主席李登辉及全党向宋美龄行礼祝寿。俞国华呈上李的贺函以及由欧豪年所绘的"山高水长"国画。宋美龄显得十分高兴，献礼之后，彼此进行了幽默而亲切的谈话。她富于情感的表达,使在座的人都感到这位百岁老人的精神与健康较往年为佳。

当晚,由俞国华主持,国民党与纽约侨界共同举办了祝寿餐会,参加者近八百人。俞代表李登辉与国民党向侨胞致意;随后代表宋美龄感谢在座各位的盛情,又详细介绍了代表团向宋美龄拜寿的过程。最后齐唱《生日快乐》歌,并切了十层巨型蛋糕。

3月19日晚上,由孔令仪、黄雄盛在曼哈顿寓所举行祝寿的家庭聚会。参加者除孔、宋、蒋三家外,俞国华、沈昌焕等亦应邀出席。这是近几年来宋美龄至亲难得一遇的聚会,若在往昔,称之为"豪门盛宴",绝非谀词。但在此日,风光不再,一切也就凑合了。

3月20日中午,五十多位宋美龄的至亲、故旧,包括祝寿团成员,来到宋氏寓所,做感恩礼拜、唱诗、读经、祈祷。这是宋氏百年华诞庆祝的高潮。宋美龄十分欢快,她表示:"不要只为我祝福,更要为我们的国家、人民多祷告,祈祷上帝赐福。"这场活动长达两小时。当晚,宋氏外甥女孔令仪夫妇代表宋在曼哈顿万寿宫餐厅设宴,答谢向宋拜寿的各团体与个人。孔令仪代表宋美龄向出席者赠送了她的画册,以作留念。

百年华诞庆祝活动,安排完善,进行有序,圆满结束,使宋美龄十分满意。就国民党方面而言,也做得很得体,对得起这位有七十年党龄的忠贞党员。台湾政党轮替后,国民党失去长期执行地位,颇似日薄西山。2001年9月开除李登辉的国民党籍以后,重新进行党员登记。在国民党的艰难时刻,宋美龄义不容辞按规定交了两张照片和一万元新台币党费,亲笔签名支持绝不参加其他政党的党员规约,完成登记手续,成为终身的国民党员。

五、跨进新千年

热闹过后,一切复归于平静。

在相当长的时间里,蒋纬国的夫人邱爱伦在曼哈顿宋邸陪伴老夫人,甚是相得。后来蒋纬国生病,且久治不愈,妻子当然得回台北侍疾了。在宋氏百年华诞后不过半年光景,1997年9月22日,蒋纬国便撒手西归了。宋蒋母子间早年前有不融洽的经历,但经过多年磨合,其母子间关系至为密切。

而且在溪口蒋氏族谱中,纬国名字是列在宋氏名下的。名分在中国人传统观念上是十分重要的,有了这层关系,其母子关系,就非寻常子嗣可比。现在儿子走了,相信宋美龄获悉后,心中会有无限苦楚。据载,早在1996年间,宋美龄曾经说过,上帝让我活着,我不敢轻易去死;上帝让我去死,我决不苟且地活着。这种信念,对于一个基督教徒来说,应是真诚的,无可怀疑的。

回过头来看,宋美龄在美国的生活,是很舒适的。台湾当局从"荣总"派出四名得力护士照料她的生活,还派出一个保安组,负责其寓所的安全,使之无后顾之忧。

宋美龄原来住在蝗虫谷孔宅。后来搬到曼哈顿孔令侃特地为她购买的一套大公寓里。实际上,她并没有属于自己所有的邸宅。由于孔家无力照顾闲置的蝗虫谷豪宅,1998年12月,报纸刊出消息,将委托房地产公司拍卖这所住宅。结果以超低价不到三百万美元出售,买主转手便卖了六百五十万美元。

在拍卖住宅之前,言明家具由新主人接收。一共拍卖了六百多件的古董、器皿等物,以及一些被挑出来的艺术品。这些物品在康涅狄格州布来思威尔艺廊作拍卖展。对无法出售的物品全数捐给中华儿童社区。出卖物品共获款多少,外界无从知道。1999年9月台湾南投大地震发生后,宋美龄捐助了新台币一亿元,以示对受灾同胞关怀之情,这些钱应是拍卖物品所得之部分。

2000年元旦,年届一〇三岁,走进第三个世纪的宋美龄,由纽约《世界日报》为她举办了个人画展(这些国画精品后来在旧金山再次展出)。她将自己珍藏多年的画作,展现在中西人士面前。她坐着轮椅出席画展。她画画,得到黄君璧、张大千的点化,在山水花鸟方面都有自己的特色。因年事已高,画展过后,便可能封笔了。她画作的真迹,除画册外,罕见流传,所以画界颇难进行评论。

在孔宋四个子女中,孔大小姐生于1915年,是姐弟中最高寿的。她比较幸运,活到了21世纪。在孔令伟、令侃姐弟走后,令仪是宋美龄可与谈心的极少几个人之一。正是她,被上帝留下来为其三姨妈送终。

六、寿终正寝于异国他乡

2002 年 3 月 20 日,宋美龄照例在她的住所欢度一〇五岁生日,可是,第二年她可就无法和亲友家人一起庆祝生日了。她因肺炎住院,才刚回来,又隔了几个月,据说着凉,演变成轻微的肺炎症状。美国东部时间 2003 年 10 月 23 日 23 时 17 分,宋美龄在曼哈顿家中平静地过世[1]。

宋美龄逝世后,台湾岛内各界纷纷表示哀悼,组织悼念活动。国民党主席连战适在美国,闻讯后即表示震惊与哀悼之意。国民党中央决定降旗三天。国民党、亲民党及新党与"妇联会"共同组成治丧委员会,由连战任主委,宋楚瑜、郁慕明、辜严倬云任副主委。"妇联会"、振兴医院等单位分设灵堂,"工商总会"表示哀悼,一些政界人士相继表示哀悼。

噩耗传到中国大陆后,10 月 24 日,全国政协主席贾庆林致电"宋美龄女士亲属",内谓:"惊悉中国近现代史上有影响的知名人士宋美龄女士逝世,我谨代表中国人民政治协商会议全国委员会表示深切哀悼,并向你们表示诚挚慰问。"

25 日,大陆海协会会长汪道涵、民革中央主席何鲁丽、黄埔军校同学会,均电唁宋美龄逝世。28 日,中国外交部发言人透露,驻美大使杨洁篪受全国政协委托,将参加宋美龄女士的吊唁活动。

28 日,美国总统布什发表声明,对宋美龄女士的逝世表示哀悼。同日下午,宋美龄遗体告别仪式在法兰克坎贝尔殡仪馆举行。蒋方智怡代表家属宣读关于宋美龄的治丧事宜。据称,经过家属数日商量,决定将宋美龄灵柩暂厝纽约,待将来会适时和蒋介石一同安葬。蒋氏家属举行了家祭,由牧师祷告后,为宋美龄封棺。从此,宋美龄正式告别了这个世界。29 日,公祭活动在坎贝尔殡仪馆举行。30 日,移灵于纽约州凤可利夫公墓,安放在宋蔼龄、孔祥熙夫妇墓室相邻的一处墓室。宋美龄安息在异国他乡,至于哪年哪月才能与蒋介石聚首在故土,无人知晓,或许只有上帝才知道。

在台湾岛内,围绕李登辉指责宋美龄搞"金钱外交"的问题,引起一阵喧

---

① 〔美〕汉娜·帕库拉著、林添贵译:《宋美龄传》,东方出版社 2012 年版,第 515 页。

器。其实,台湾这个小岛不论哪个党派上台执政,只要是不与大陆统一,他们就不能不乞求于"院外援华集团"之类的说客,"金钱外交"的浑水,就会继续以各种形式蹚下去,就会继承宋美龄的这笔政治遗产。

宋耀如以传教士出身,兼营印刷业,家道尚裕。自 1912 年 4 月孙中山辞南京临时大总统赴上海,旧友重聚,宋氏长女蔼龄随孙任秘书后,宋氏家族始登上中国政治舞台。其后宋氏三姐妹先后分别结缡孙、孔、蒋三家,以"外戚"之尊,横空出世,宋氏家族在中国近现代史上风光了几十年。但是,一台大戏,有开幕便有谢幕。随着宋美龄被上帝召回天国,这部历史华章也就画上了休止符。留下的,是供文人学士掘之不尽的研究资料。就本传而言,吉光片羽,它仅是传主生平的梗概而已。

附录一　生平大事年表

1899 年 4 月 2 日（光绪二十五年[己亥]二月十二日。关于宋氏生年月日,另有它说）宋美龄出生于上海。祖籍广东海南文昌（今属海南省）。父宋嘉树（耀如）,母倪珪贞。宋氏于 1907 年赴美留学,1917 年毕业于威尔斯利学院。是年 8 月回到上海。有姊二,蔼龄、庆龄,兄子文,弟二,子良、子安。

1918 年 5 月,宋耀如病故。

1927 年 12 月 1 日,在上海与蒋中正（介石）结婚。蒋为浙江奉化溪口人。婚前,蒋氏已处理完毕与妻毛氏、陈氏,妾姚氏之婚姻关系。同年 12 月,蒋氏复任国民革命军总司令职。次年 2 月国民党二届四中全会推蒋氏为军事委员会主席,后又任组织部长、政治委员会主席。

1928 年,宋美龄在南京创办国民革命军遗族学校。

1930 年 10 月 23 日,在宋美龄坚持下,蒋介石加入基督教,受洗礼。

1930 年—1934 年间,蒋介石对江西苏区发动五次"围剿",宋美龄多次随蒋行动。1934 年 2 月开始,蒋氏夫妇正式发动"新生活运动",力图向全国推广。

1931 年 9 月 18 日,日本关东军发"九一八"事变,占领沈阳。南京当局执行"绝对不抵抗"政策,随后东北三省相继沦陷。10 月 30 日,蒋介石宣布"攘外必先安内"为方针。次年 3 月 9 日,伪"满州国"在长春成立。

1932年1月28日，日本海军陆战队突袭我上海驻军，第十九路军奋勇抵抗，淞沪抗战爆发。

1933年2月，蒋介石设立中国航空委员会，任命周至柔任主任，宋美龄任秘书长。宋在国民党军队系统中被称为"中国空军之母"。同年11月20日，第十九路军将领联合李济深等反蒋势力，在福建成立"中华共和国人民革命政府"。蒋氏入闽指挥镇压，宋美龄随行。

1934年10月4日，宋美龄等人陪同蒋介石出巡，先后赴汉口、洛阳、西安、兰州、银川、开封、济南、北平、太原。蒋宋至此分途，蒋遄返南昌，宋则取道北平、天津、青岛、上海，返南京。此行历时一个月。

1935年10月19日，中国工农红军主力经过长征，抵达保安县吴起镇。此前10月初，南京当局在西安成立"剿匪"总司令部，以蒋为总司令，张学良为副总司令。10月22日，蒋偕宋美龄自宁飞西安，部署东北军、西北军对红军作战。29日转洛阳，部署中央军与马鸿逵部队进攻红军。12月4日，蒋由张学良陪同再飞西安，宋美龄返上海治病。12日凌晨，张学良、杨虎城在临潼捉蒋，即发动逼蒋抗日的"西安事变"。22日，宋美龄抵达西安。24日上午，宋美龄加入蒋方（宋子文）与西安方面（张、杨、周恩来）的谈判。双方达成多项协议，宣示停止内战，一致抗日。25日下午3时，蒋、宋、张学良等飞返南京（次日中午抵达），西安事变和平解决。1937年1月，宋美龄撰写了《西安事变回忆录》。对于张学良之被罪及终蒋之世被软禁，宋美龄认为"我们对不起张学良"。

1936年，宋美龄曾访问美国，请求当局派员来华培训飞行员和航空技术修理及管理人员。次年6月，宋结识美国空军军官陈纳德。

1937年4月，蒋经国携俄籍妻子返国，经蒋介石安排，认宋美龄为母亲。从此二人以母子名分相待。

1937年开始，宋美龄协助蒋介石调整中苏关系。6月，参与蒋方与中共代表的谈判，在"七七"卢沟桥事变后，终于促成第二次国共合作，进行全面抗战。

7月7日，卢沟桥事变发生，全面抗战开始。8月13日，日寇在上海发动进攻。9月12日，宋美龄向美国民众发表题为《告美国民众》的广播。她还利用报刊和与访员谈话等方式,宣示中国人民抗战的决心和争取国际支持。同年8月在美国《论坛》杂志发表《中国是不可征服的》一文,8月7日《自由》杂志刊出采访录《中国女强人的声音》。此后她不断向外发声,次年将演讲稿编为《战争与和平通讯》一书出版。

8月1日,宋美龄在南京成立中国妇女慰劳自卫抗战将士总会。总会委员提出发起组织儿童教养院,获宋支持。

12月7日上午,蒋宋夫妇乘飞机离开南京。此前(11月20日)国民政府已决定以重庆为陪都。13日,南京沦陷,日寇屠杀我军民达三十万人。

1938年3月10日,宋美龄在汉口成立战时儿童保育会。

3月15日—17日,宋美龄在武汉组织抗敌运动大会,鼓励同胞发扬抗敌精神,从艰苦中缔造崭新的民族。

5月—6月间,宋美龄在庐山召集各党派、团体代表大会,成立全国性统一的妇女组织——新生活运动妇女指导委员会,并任该会指导长。会议还通过《动员妇女参加抗战建国大纲》。

8月15日,中国工业合作协会("工合")在武汉成立,宋美龄予以支持,担任该会顾问。

12月初,蒋宋夫妇抵陪都重庆。18日,汪精卫出走赴昆明,转河内。31日,汪在香港报纸发表事先拟定的"艳电",正式表示叛国投敌。至1940年3月30日,南京汪伪政府成立。

1939年5月3日、4日,日寇军机轰炸重庆,造成死亡四千四百余人、受伤三千一百余人,炸毁房屋一千二百余幢的大惨案。是夏,蒋介石致电美国总统罗斯福,呼吁美国援助。与之相配合,宋美龄在美刊著文,希望美国民众不要在某一天后悔让日本打败中国。6月,已辞各项公职的宋子文被蒋介石任命其为私人代表,赴美活动。

1940年2月5日,宋美龄以治病为由赴港,兼从侧面协助蒋方代表与日本代表进行的秘密谈判工作,且设法将宋庆龄请到重庆去。12日,宋美龄在机场迎接来华洽商美机援华的陈纳德(15日陈纳德飞重庆)。3月8日,宋美龄与宋庆龄及宋蔼龄(二人原本居港)共同出席香港各界纪念"三八"国际妇女节茶话会。28日,宋美龄召集香港各界爱国团体举行联席会议,讨论在港开展"伤兵之友"运动的问题。31 日,宋氏三姐妹联袂飞渝。在宋美龄陪同下,宋庆龄在重庆和成都进行多项活动。5 月 9 日,宋氏三姐妹赴香港。事毕,宋美龄返重庆。

6 月,蒋介石为宋美龄的小册子《我将再起》作序出版,它是十三篇文章的结集。

9 月—10 月间,宋美龄以家事纠结赴香港,延至次年 2 月 12 日,始返重庆。

1941 年 11 月 10 日、12 月 4 日,宋美龄相继发表题为《民主中国的贡献》与《答谢美国友谊》的对美广播。在广播中,她答应送给美国一对大熊猫。这是中国政府第一次将大熊猫作为"友好使者"赠送给外国政府。

12 月 7 日,珍珠港事件爆发,美日交战,美国开始重视中国战场。陈纳德的援军志愿队"飞虎队"也结束了它与中国政府的雇佣关系,编入美国陆军航空队(第十四航空队),陈纳德成为美国现役空军准将(1943 年 3 月又提升为少将)。

在突袭珍珠港的同时,日机即开始轰炸香港。12 月 25 日,在港英军投降。日军占领香港前六小时,宋庆龄与宋蔼龄乘机返回重庆。

12 月 23 日,宋美龄以"权威人士"身份参加由蒋介石主持的中、美、英三国联合军事会议。

1942 年元旦,外长宋子文在华盛顿出席二十六国联合宣言签字仪式。罗斯福在签字时表示,欢迎中国列为四强之一。

同年,经与英印殖民当局商定,从 2 月 4 日至 22 日,蒋宋夫妇访问印度。访印期间,与甘地、尼赫鲁几次长谈。宋美龄除了参加各项官方活动,还对"夫人外交"进行了初步尝试。2 月 12 日她出席全印妇女会议主席潘迪特夫人召集的欢迎会,做了《我们中华妇女》的讲演。她还对全印妇女发表演说。17 日,又向全印人民广播致词。21 日,经由加尔各管广播电台公开用英文对印度人民告别。

当蒋宋夫妇从昆明乘机赴印时,曾在缅甸腊戍视察中国远征军,并与中国战区参谋长史迪威会见。

1942 年 8 月 30 日,宋美龄在国民党中常委、军委会政治部副部长梁寒操等陪同下,访问新疆迪化(今乌鲁木齐),受到盛世才的热情接待。三天后返回重庆。

10 月 2 日,美国总统罗斯福的私人特使威尔基抵重庆考察访问,8 日离开,受到蒋氏夫妇的欢迎。

11 月 18 日,宋美龄启程赴美国访问。27 日抵纽约,美方由总统代表贺浦金斯陪同接待。28 日,她会见总统夫人。1943 年 2 月 17 日,宋美龄抵华盛顿,拜会总统罗斯福。18 日,她受邀在众、参两院先后发表演说。19 日,在总统夫人陪同下,到白宫椭圆形办公厅举行记者招待会。她的行程包括到纽约、波士顿、芝加哥、旧金山、洛杉矶,以及她的母校威斯里安女子学院。5 月 3 日、6 月 24 日,她又两次作客白宫。6 月 14 日,她抵加拿大渥太华,16 日,在加拿大国会发表演说。6 月 24 日,她到白宫辞行。29 日,她乘美国专机启程返国,途经巴西、南非、印度,7 月 4 日抵渝,结束了这次马拉松式的准国事访问。

1943 年 11 月 18 日,蒋宋夫妇率随员动身,飞往开罗,21 日上午抵达,旋与罗斯福、英国首相丘吉尔会晤,举行开罗会议。26 日,蒋介石与罗、丘举行三方第二次会议,拟定最后宣言。《开罗宣言》规定,把日本从中国掠夺去的领土,诸如东三省、台湾和澎湖列岛,归还中国。是日下午,蒋宋夫妇向罗斯福话别,谈话涉及十亿美元经援、军援及蒙藏问题的内容。

1944 年 6 月下旬,美国副总统华莱士访华,蒋氏夫妇予以接待。

8 月 13 日,宋美龄赴美"疗疾"。次年 9 月,始返抵重庆。因此行属私人活动,美国当局未予公开接待。

1945 年 8 月 15 日上午 10 时,即日本天皇宣布无条件投降之前一小时,蒋介石在重庆中央广播电台发表抗战胜利的广播演说。此前一日,宋美龄已向美国民众发表《胜利广播》。

8 月 28 日,毛泽东应蒋介石邀请抵重庆。双方代表经过反复谈判,签订《双十协定》。9 月 5 日晚 8 时,蒋宋夫妇举行茶会宴请苏联大使,邀毛作陪。9 日,毛泽东邀请蒋氏夫妇共进午餐。蒋氏夫妇随后为庆祝胜利举行一场晚会,邀请毛泽东、周恩来赴会。

12 月 31 日,蒋氏夫妇在黄山官邸为美国总统特使马歇尔六十五岁寿辰庆祝。

1946年1月22日,宋美龄作为蒋介石的代表,赴吉林长春,向驻东北苏军慰问、送行。

1月底,在宋美龄支持下,陈纳德成立名为"民航空运队"的航空公司。该公司最初运送救济总署的物资,返程则运商货。

2月6日,宋美龄赴新疆视察。

5月3日,蒋宋夫妇飞抵南京。5日,蒋氏国民政府宣布还都南京,同日蒋氏夫妇率文武百官赴中山陵谒陵。

5月23日,国民党军占领长春当天,蒋宋夫妇抵沈阳视察、部署。6月26日,蒋军大举进攻中原解放区,全面内战开始。

1947年1月8日,蒋宋夫妇在南京大校场机场送别马歇尔。马氏在华调停使命以失败告终。

1948年4月19日,蒋介石在"行宪国大"上当选总统,5月20日就职。

10月1日,宋美龄为保护孔令侃及其经营的扬子公司,破坏蒋经国的上海"打虎运动"。

11月13日,中央政治委员会秘书长、蒋介石的文胆陈布雷自杀。15日,蒋宋夫妇前往南京殡仪馆吊唁,蒋且致挽匾一方,书"当代完人"。

1949年11月30日,宋美龄抵达旧金山,为获取美援最后一搏。12月1日抵华盛顿。12月10日下午,美国总统杜鲁门接见了宋美龄(驻美大使顾维钧未预其事),且为之举行了一次茶话会。她对美方摆出金援、军械、派军事顾问团的要求,但彻底失望。随后,她转到纽约里弗代尔孔祥熙宋蔼龄住所居停。此后虽然继续活动,但并无实际效果。1950年1月10日,她离纽约返国。这时国民党已丢掉大陆,蒋介石在台北士林官邸这个新住所迎接她的归来。

1950年3月1日,宋美龄出席了蒋介石在台北"复职"为"总统"的典礼。次日,蒋氏夫妇在中山堂光复厅举行茶会。

3月8日,宋美龄举办台湾第一个妇女节。

4月17日,宋美龄在台北宾馆成立"中华妇女反共抗俄联合会"("妇联会"),控制国民党和台湾社会的妇女工作。

6 月 25 日,朝鲜战争爆发。27 日,杜鲁门下令,第七舰队阻止中国大陆进攻台湾。7 月 31 日,麦克阿瑟访台,蒋宋夫妇热情接待,美方开始给台湾大量军援。两岸以此开始隔绝近四十年。

1952 年 4 月 27 日,美国退伍军人协会全国司令史密斯,在柯克郡退伍军人协会年会聚餐时,宣读宋美龄给他的复信,信中表示反对朝鲜战争谈判,美国应增加对台湾的经援与军援。

1952 年 10 月 18 日,宋美龄飞抵纽约,对美展开活动。

1953 年 3 月 9 日下午,美国新任总统艾森豪威尔在白宫举行茶会,款待宋美龄。3 月 22 日,宋离纽约返台。

1953 年 5 月 24 日,已辞去台湾省"主席"的吴国桢,在宋美龄的帮助下,离台赴美,引发"吴国桢事件"。

1954 年 4 月 28 日,宋美龄赴美,在旧金山治病,两个月后赴纽约。

8 月 30 日,宋美龄出席华盛顿国民警卫队训练中心举行的美国退伍军人协会集会,听取艾森豪威尔的演说。当晚,在斯塔特勒饭店举行宴会,作了为时三十分钟题为《中国将重获自由》的演说。10 月 6 日,宋美龄启程回台北。

1955 年 2 月 20 日,宋美龄接见美国《克利夫兰新闻报》记者,驳斥"两个中国"的谬论。

4 月 14 日,蒋宋夫妇赴马祖视察。

1957 年 10 月 10 日,国民党"八全大会"在台北举行。宋美龄当选中央评议委员。

1958 年 5 月下旬,宋美龄又一次作美国之行。在美期间,她先后作了十二次演说。7 月 10 日,密歇根大学授予她荣誉博士学位。7 月 16 日,在美国参议院外交委员会午餐会上,大谈"美国行动的重要性"。17 日,应邀在美国记者联谊会上讲"对共产主义危险性的认识"。21 日,又在美国众议院外交委员会午餐上演说。在 8 月 23 日金门炮战之后,迄是年年底,她还相继作了七次演说。1959 年 6 月 14 日回台途中,在夏威夷大学接受了荣誉法学博士学位。

1961 年 7 月 2 日,在蒋介石主持的军事会议上,就 8 月军事行动("反攻大陆")决策讨论时,蒋与陈诚意见歧异,宋美龄进行调和,蒋改口"要积极准备"。

1965 年 8 月,宋美龄赴美。9 月 11 日,赴华盛顿与美国总统约翰逊进行会谈。9 月 22 日,她又一次出席美国参议院外交委员午餐会。此次访美,经收集起来的演说词,便有二十篇之多,她的所有活动,都是为了挽回台湾在国际舞台上的地位,但收效甚微。次年 10 月,她始返台。

1970 年 6 月 18 日,宋美龄在台北主持中国古画讨论会开幕式,讲述中国画与诗融为一体使中国文化更为丰富的命题。

1975 年 3 月 6 日,宋美龄在台湾各大报刊发表《不要说它——但是我们要说》。历数美国国内存在的严重问题,攻击美国对中共的妥协。

4 月 5 日,蒋介石去世。9 月 17 日,宋美龄赴美就医。

1976 年 10 月 29 日,宋美龄在台北各大报刊登出《与鲍罗廷谈话的回忆》一文,此文系据 1926 年冬与鲍顾问谈话记录整理而成。

1977 年 6 月 20 日,作为台湾辅仁大学董事长,宋美龄给该校第十一届毕业生发去书面训词,强调"崇文道德律为世界所急需"。

1981 年 5 月 23 日,中国政府将宋庆龄名誉主席病危的消息通过中国驻美国大使馆转告宋美龄。29 日,宋庆龄逝世。

1982 年 7 月,廖承志致函蒋经国,重叙世交旧谊,建议他以国家、民族利益为重,实行第三次国共合作。宋美龄(由他人代笔)出面复寥,仍弹"三不"政策老调。

1984 年 1 月,全国政协主席邓颖超在北京举行的国民党"一大"六十周年学术研讨会暨孙中山研究学会成立大会上讲话,希望国共双方以祖国统一作为共同的前提,以诚相见,多商量,多交换意见,问题总是不难得到合情合理的妥善解决的。宋龄出面作答,称"二次惨痛,其可三乎!"一口拒绝接触。

1986 年 10 月 25 日,宋美龄返回台湾。返台之后,仍极关注政局,先后发表《所思所感》《我将再起》等文,欲在政治上有所作为。

1988 年 1 月 13 日,蒋经国去世。25 日,宋美龄致函国民党中央党部秘书长李焕,欲以中常委轮流代理主席办法,以阻遏李登辉代理主席,被"拥李派"、副秘书长宋楚瑜等破坏，未果。7月7日，国民党召开"十三全大会"，选举李登辉为国民党主席。8日，宋美龄在大会发表演说，提出"老干新枝"等主张。

1990年3月17日，宋美龄赴美。不久又回到台湾。

1991年9月21日清晨，李登辉等一干人送宋美龄赴美。宋氏抵达纽约，仍入住蝗虫谷寓所。此次赴美，被认为"等于为蒋家在台湾残存的一丝丝影响力，正式画上了句点"。

1994年，宋美龄曾返台探视病危的孔令伟。

1995年7月12日，全球"遗族"学生代表在美国新泽西州举行庆祝抗战胜利五十周年纪念大会，宋美龄在书面发言中，提出两岸最终实现"和平统一"的问题。

1997年3月20日，为宋美龄百年华诞，在美国、台北，进行多处祝典。相关人士，歌颂宋生平的"卓越贡献和懿行德范"。

1999年9月台湾南投大地震后，宋美龄以拍卖古董、器物所得，捐献新台币一亿元。

2001年9月，国民党开除李登辉党籍后，重新进行党员登记，宋美龄办理各种手续，并交纳一万元新台币的党费，成为终身党员。

2003年10月23日，宋美龄在曼哈顿寓所逝世，享年一百〇五岁。10月24日，中国全国政协主席贾庆林致电宋氏家族志哀和慰问。大陆民革中央、黄埔军校同学会及驻美使馆，均予致唁。30日，宋氏安息于纽约州凤可利夫公墓。"宋氏王朝"，于焉谢幕。

附录二　主要人名索引

后　　记

　　在 20 世纪 90 年代,作者出版了《宋美龄传》一书(1995 年 9 月河南人民出版社出版)。尽管该书社会反映尚好,印数也不少,但由于受到当时条件限制,我们仍然感到不满意,存在的问题依然不少,不能全面地系统地反映宋美龄一生的思想和活动。这次,我们做了较大的修订和增补,我们的基本观点不变,但在陈述时该详的详,该略的略,在写法上坚持实事求是的原则,对于宋美龄一生以陈述史实为主,一些评论性的文字在陈述史实时略有提到,但没有就她的思想做专章专节论述。

　　这次修订和增补,参考了海内外学者的许多研究成果,一般我们都注明资料的来源和出处,并对他们表示衷心的感谢,但也可能有被我们遗漏和忽视的地方,希望有关人士包涵、批评和指正。

　　本书这次得以出版,首先要感谢中华书局的领导和有关人士的热诚支持和关爱,该书责任编辑欧阳红等同志,尽心尽力做了大量的工作。在此,表示我们由衷的谢意。本书得以新的面目与读者见面,也要感谢海峡两岸为我们提供参考资料的朋友们。利用本书出版时机,向凡是为本书给予过支持帮助的有关人士,表示我们崇高的敬意和衷心的感谢。

作　者

2018 年 4 月 20 日于

广州中山大学孙中山研究所